21 世纪全国高校应用人才培养旅游类规划教材

旅游文化学

谢元鲁　主编

北京大学出版社
PEKING UNIVERSITY PRESS

内 容 提 要

本书全面地探讨和分析了旅游文化学的领域中目前所出现和研究的重要问题，而且有许多是目前学术界正在探讨，但在旅游业中又是难以回避的重要问题，如旅游文化时空的变化，旅游文化的交流与冲突，旅游文化的价值和收益，旅游文化的形象与品牌诸方面，目的是向读者展现旅游文化学领域中的最新研究成果，并且提供较全面的解读。为了方便教学和阅读，本书在叙述分析的内容中，大量引用案例，以生动活泼的旅游实际，来方便读者理解本书的内容，并为读者提供进一步思考的广阔空间。

本书可用作高等院校旅游本科专业学生的教材，也可供对旅游文化感兴趣的读者阅读。

图书在版编目（CIP）数据

旅游文化学/谢元鲁主编．—北京：北京大学出版社，2007.4
（21世纪全国高校应用人才培养旅游类规划教材）
ISBN 978-7-301-09935-3

I．旅… II．谢… III．旅游—文化—高等学校—教材 IV．F590

中国版本图书馆CIP数据核字（2005）第132719号

书　　名：旅游文化学
著作责任者：谢元鲁　主编
责 任 编 辑：王登峰　王树勇
标 准 书 号：ISBN 978-7-301-09935-3/G · 1705
出　版　者：北京大学出版社
地　　址：北京市海淀区成府路205号 100871
电　　话：邮购部62752015　发行部62750672　编辑部62765126　出版部62754962
网　　址：http://www.pup.cn
电 子 信 箱：xxjs@pup.pku.edu.cn
印　刷　者：三河市博文印刷有限公司
发　行　者：北京大学出版社
经　销　者：新华书店
787毫米×1092毫米　16开本　22.75印张　566千字
2007年4月第1版　2017年7月第6次印刷
定　　价：45.00元

---

21 世纪全国高校应用人才培养旅游类规划教材

丛书总序

旅游在我国发展的历史是源远流长。而现代旅游则勃兴于欧洲。旅游在当今影响是多方面的、深远的，涉及经济、文化、自然生态、社会环境等大的范畴。从经济角度来说，旅游是现今世界许多国家，包括一些发达国家的重要产业，它引导经济生态圈和产业链的循环发展，其经济价值及相关产值规模巨大。而我国自改革开放以来，首先就从国外借鉴引进旅游产业化的一些经验，取得了良好的效果，而今，根据国家规划要发展大旅游，要建立具有可持续发展前景的科学旅游模式，就应当从教育、科技、学术三方面加强对我国旅游的投入。

我国经济与社会都在融入全球化潮流，旅游产业不仅在国内竞争已经很激烈，而且还面临着激烈的国际化竞争，人才的竞争是关键，也同样体现在旅游领域。培养我国高层次、高素质、复合型的旅游人才，正越来越成为企业、社会可持续发展战略的迫切需要。

《21 世纪全国高校应用人才培养旅游类规划教材》是为适应旅游形势大发展的需要而组织的。本系列教材共 17 册，包括：《旅游学概论》、《导游基础》、《旅行社经营管理》、《旅游市场营销学》、《旅游经济学》、《旅游资源保护与开发》、《中国旅游地理》、《中国公民出境旅游目的地国家/地区概况》、《旅游文化学》、《旅游法规教程》、《旅游心理学》、《会展与节事旅游管理概论》、《旅游信息管理》、《旅游企业财务管理》、《现代旅游接待礼仪》、《中国西部旅游研究》、《世界遗产旅游开发与管理》。

与已有的旅游教育教材建设成果相比，该系列教材具有以下特点：

一是创新内容多。及时从理论上跟踪旅游教育的发展；并总结旅游业的成就。一些近年来在实践中提出的大量新理论、新技术和新方法在教材的编写内容中也得到体现，并及时反映到教学理论中。

二是针对性强。在编写中突出旅游实践和培养学生实际运用能力，并以学生的知识结构和技能水平能满足旅游业的实际需要为前提，体现学以致用的原则。

三是编写力量强。该系列教材的编著者均是高校旅游专业中有影响、有研究的专家学者，他们长期从事旅游专业的教学和科研，教研成果丰硕，具有较高的学术造诣和丰富的实践经验，从而为该系列教材的高水平提供了坚实的基础。

旅游学科建设与教材建设还处于不断完善的过程中，这套系列教材是把旅游教材建设与教学改革相结合的实践成果，难免还存在许多问题，我们诚挚请求广大读者批评指正，我们也将认真收集和听取意见，使之日臻完善。

卢　一

2006 年 2 月于成都小鲜书屋

前　言

中国旅游学的研究几乎是与二十多年前的旅游业的发展同时兴起的。在高等学校中，旅游专业也逐渐成为兴旺的门类。但是在很长时间内，旅游专业被视为管理学的分支，除了管理类和操作类的课程外，就只有一些由文科转入旅游专业的院校，根据自己的学科传统开设一些历史文化、美学研究、文学欣赏之类的课程。虽然对提高学生文化素质有重要作用，但终究并非为旅游专业量身打造，并不完全适合需要。进入21世纪的最初几年，随着文化热潮的兴起和旅游业向更高层次发展的需要，对旅游文化的研究逐渐成为热点，由言必称经济向言必称文化转变。因此，在高等院校的旅游本科专业中，开设旅游文化学，就成为未来旅游专业教学的必然趋势。

旅游文化学的著作，近年来已出版多部。但多数为专门性著作，阐发作者的理念，并非全面介绍并分析论述旅游文化学的学科体系。有的虽然也属于专业教材范畴，但其研究特色仍然较明显，并不完全适合旅游本科专业教材的要求。由此，编撰一部旅游文化学的新教材，就成为各高校旅游本科专业教学的需求。有鉴于此，借北京大学出版社组织旅游本科教材编写之机，集四川师范大学等几所高等院校旅游专业近几年来旅游文化研究生与本科生教学的理论探讨研究和教学经验撰写本书，以适应时代的需求，使旅游本科专业的学生，包括对旅游文化感兴趣的读者，对于旅游文化学的发展能有一个较全面的了解。

本书的特色是：全面地探讨和分析了旅游文化学领域中目前所出现和研究的重要问题，而且有许多是目前学术界正在探讨，但在旅游业中又是难以回避的重要问题，如旅游文化时空的变化，旅游文化的交流与冲突，旅游文化的价值和收益，旅游文化的形象与品牌诸方面，目的在于向读者展现旅游文化学领域中的最新研究成果，并且提供较全面的解读。为了方便教学和阅读，本书在叙述分析的内容中，大量引用案例，以生动活泼的旅游实际，来方便读者理解本书的内容，并为读者提供进一步思考的广阔空间。不过，旅游文化学是不断更新的学科，本书的内容和论述，也不过是这一学科发展中的阶段性成果，也是尽到自己的一点微薄心力而已。

由于本书的体例原因，撰写采用编著的方式，较多地采用近年来对旅游文化学的研究成果，以利于读者能了解到本学科的最新发展。对直接引用的论文和著作，以至于案例，都在每页之下给予注释，并在每章之后列出参考文献，以尊重作者的劳动。因此，本书实际上是近几年来国内对旅游文化学研究的整理和汇集。但本书同样凝聚了参与撰写作者的研究成果与心血，希望能给予读者以启迪，这就是我们的愿望。

本书作者分别承担的内容是：

谢元鲁（四川师范大学）：本书主编。决定本书结构、观点和撰写本书纲目，撰写前言，第一章，第三章第二节、第九章第二节、第三节，并对全书内容进行通盘修改订正和补充。

宋雪茜（成都信息工程学院）：撰写第二章。

赖启航（攀枝花大学）：撰写第三章第一节。

余娟（四川师范大学）：撰写第三章第三节，第八章第二节、第四节、第六节、第七节。

肖芸（四川民航飞行学院）：撰写第四章。

李旭东（渝西学院）：撰写第五章。

张哲乐（四川旅游学院）：撰写第六章第二节，第七章第一节，第十章。

阮开波（成都市旅游局）：撰写第六章第一节，第七章第二节，第三节。

曹丹（四川师范大学）：撰写第八章第一节、第三节、第五节。

王利（四川师范大学）：撰写第九章第一节、第四节。

汪克会（宁夏大学）：撰写第十一章。

由于旅游文化学的研究是新兴的学科，本书的体例、结构和论述内容的缺陷在所难免。希各位读者不吝赐教。

谢元鲁

2006年2月

于四川师范大学旅游学院

目　录

第一章 旅游与文化的关系

第一节 旅游文化的概念

旅游文化是一个较广义的概念。一般认为，应包含“旅游”和“文化”两个领域，以及其不同方式组合的边缘领域。由于学者对旅游与文化有着多种多样的概念与定义，这两个因素的组合方式同样有相当多的选择，所以，目前学界对旅游文化的定义，还未获得统一的共识。

对于旅游的文化概念的阐述，至今仍然有许多不同的见解。首先，旅游文化涉及到对旅游活动的解释。刘振礼认为，旅游活动的基本层次是对陌生的自然景观和人文景观的游览观光，这种旅游活动是对人类最本能的好奇心理的满足。[①]提高层次是娱乐旅游和购物旅游，专门层次是特殊目的旅游，如会议旅游、商务旅游、探险旅游、科考旅游等。但是上述定义，仍然主要注意于旅游的行为层面，而较少涉及文化层面。对旅游活动还有另外一个方面的视角，即从经济层面上进行解释。黄晶认为，旅游活动的社会化使旅游者与为旅游服务的有关行业之间的联系建立在全社会的基础上，旅游成为一种社会经济活动，旅游活动过程中出现了诸多的经济现象与经济关系。[②]张辉认为，旅游经济是人们在空间移动中表现出的经济现象。[③]

但是，当代旅游学者对旅游活动进行了多方面的阐释，但对旅游文化是旅游活动的一个重要层面认识不足。因此许多学者对旅游文化的重要性进行再阐释。宋采义、程遂营认为，旅游文化就是以一般文化的内在价值因素为依据，以旅游诸要素为依托，作用于旅游生活过程中的一种特殊文化形态。[④]章海荣认为，旅游活动是实际促成一种文化进入到另一种文化环境中相互交流，相互沟通的事实。[⑤]郭少棠认为，旅游与文化的关系可以有两个视角，一是斯特拉斯伯格所说的“被记录的风景”，二是旅行过程中主客体的互动。[⑥]

张国洪认为，旅游文化及其关联要素应包括：旅游文化场景及环境；旅游文化符号系统；旅游文化景观；旅游价值观念及其差异；旅游活动方式及其过程；旅游产品及服务。旅游文化是以旅游行为为核心，旅游产品为依托，旅游环境为背景的系统性的场景文化。旅游文化学是研究旅游及相关要素的文化属性、结构、功能及其变迁规律的学科。[⑦]贾祥春认为，旅游文化并不是旅游和文化的简单相加，而是一种全新的文化形态，它是环绕旅游活动有机形成的物质文明和精神文明的总和。它以一般文化的内在价值为依据，以行、

---

① 刘振礼，王兵.《中国旅游地理》. 南开大学出版社，2001 年.
② 陶汉军，林南枝.《旅游经济学》. 上海人民出版社，1995 年.
③ 张辉.《旅游经济论》. 旅游教育出版社，2002 年.
④ 宋采义，程遂营.《中国旅游文化》. 河南大学出版社，1999 年.
⑤ 章海荣.《旅游文化学》. 复旦大学出版社，2004 年.
⑥ 郭少棠.《旅行：跨文化想象》. 北京大学出版社，2005 年.
⑦ 张国洪.《旅游文化学：研究选位与学科框架》. 旅游学刊，1999 年第 1 期.

吃、住、游、购、娱六大要素为依托，以旅游主体、旅游客体、旅游中介间的相互关系为基础，始终作用于旅游活动整个过程。它覆盖和包罗了与旅游业相关的一切文化事业，文化研究和文化环境。旅游文化具有继承性，创造性，服务性和空间、时间差异性。①

但这些阐释或者语焉不详，或者语言过于专业化。鉴于上述原因，本书从现代旅游业发展的过程认为，旅游文化是包含了旅游主体、旅游客体和旅游中介在旅游过程中的一切有文化价值的观念、行为及其产物的总和。在现代旅游业发展阶段，包括了旅游文化功能、旅游文化时空、旅游文化行为、旅游文化交流与冲突、旅游文化价值与收益、旅游文化产品与营销、旅游文化景观、旅游文化品牌、旅游文化休闲和旅游文化资源保护与开发等主要内涵。

第二节　旅游文化的分类

由于旅游文化内涵与外延的包容性和复杂性，所以还应对旅游文化的概念进行分类。

一、按旅游活动的对象划分

（一）旅游主体文化。它指在旅游行为发生的全过程中，旅游者和旅游经营者两方面的文化观念、文化行为的总和。

（二）旅游客体文化。它指对旅游资源的文化价值、表现、内涵与环境的解读与塑造过程的总和。

（三）旅游中介文化。它指旅游经营者在旅游产品的开发及销售过程中，对旅游产品的解读、营销及实现产品价值的文化行为。并包括作为非旅游经营者的旅游地居民，对这一过程解读的文化观念和行为。

二、按旅游活动的过程划分

（一）旅游时空文化。它是以地理空间为基础，研究不同的旅游文化资源，包括城镇、建筑、宗教、民族、文学艺术、餐饮等在地理空间和时间中的分布情况及其景观。

（二）旅游行为文化。它是研究旅游者与旅游经营者的文化动机和文化行为的文化背景与文化内涵，包括旅游者的审美、刺激、学习、怀旧、占有、体验等文化动机及行为，以及旅游经营者对文化保护、品牌、商品、营销、形象塑造的动机及行为。同时研究在这些动机及行为发生时出现的文化冲突。

（三）旅游环境文化。它是研究在不同的旅游环境中，包括城镇、民俗、宗教、艺术、景观、历史、民族等环境中的旅游文化展示、交流与冲突。

（四）旅游产品文化。它包括旅游文化产品的创造与营销，其营销方式和营销策略，也包括旅游文化产品的价值与收益，以及影响旅游文化产品开发和营销的旅游文化资源的产权定位、结构及管理等问题。

---

① 贾祥春.《旅游文化的特点及其在旅游业中的地位和作用》. 复旦学报，1997 年第 4 期.

（五）旅游休闲文化。它是研究休闲动机、休闲过程，休闲角色变化以及休闲旅游要素构成，以及休闲旅游开发领域中的文化内涵及文化价值。

（六）旅游形象文化。它是研究旅游品牌的战略、开发，旅游品牌的价值取向，旅游品牌的推广与传播，以及旅游形象的内涵与价值。

（七）旅游资源保护文化。它包括对自然旅游资源和人文旅游资源的开发、定位、保护以及其冲突与平衡。

以上分类并非最终的定义，随着旅游文化研究与实践的不断增加，今后还有可能出现新的对旅游文化的解析角度与看法，也会出现新的分类。

第三节　旅游文化的价值

一、通过文化形象及内涵的解读，实现旅游中的跨文化的赏析与交流

当今时代，全球化把世界各国紧密地联系在一起，不同文化理念的碰撞、交融成为全球化时代的一个显著特征。世界跨文化交流源远流长。而对跨文化交流的研究已经成为一门学科。在经济全球化的今天，“地球村”概念的提出，更使跨文化的交流成为人们日常生活中的一个不可或缺的组成部分。不同文化之间的交流、借鉴、学习和对话，对一个国家的文化发展，对一个民族的文化提升，甚至对一个人的个性培养和文化熏陶，都会产生深远的影响。虽然当代社会不同文化背景的人们，可以借助现代交通、通信、传播媒介和互联网，进行日益频繁的跨文化交流，但是旅游则是跨文化交流的最佳途径之一。旅游为旅游者打开了一扇了解所生活的区域之外的新天地和新的文化景观，最重要的是，可以亲眼看到和体验到国内甚至世界各地的风土人情及不同的文化特色，消除彼此之间在了解与沟通方面的障碍，这是其他交流手段所难以实现的。

二、通过文化内涵的解读与扩展，实现旅游资源的提升

旅游文化景观具有丰富的文化内涵，无论是前人古人留下的古迹遗产，还是近现代以来创建的名胜景观，都闪耀着人类文化灿烂的光辉，蕴含着人类文化浓郁的风韵。例如人居景观的旅游资源开发，走过了从大城市到中小城市，再到小城镇，最后到村落的开发，从北京、西安、南京等古都旅游的兴盛，到丽江、平遥、凤凰、阳朔等小城旅游的开发，再到西递、宏村、周庄、乌镇等古镇旅游的兴起，与这些人居景观的文化内涵解读有直接的关系。

随着旅游者生活水准和文化层次的逐年提高，人们对于旅游的质量要求也普遍上了一个档次。以往的那种大众化的旅游方式已开始向着多样化和精品化演进。为了适应新形势下的市场需求，就需要更深入地发掘旅游景区的文化内涵，走旅游文化与市场相结合的道路。在上述人居景观旅游资源开发提升的过程中，风水文化、地域文化、生态文化、民族文化、民俗文化的解读与扩展，起到至关重要的作用。

三、通过文化的研究，解读旅游者与旅游经营者的行为规律

旅游行为规律是指旅游客流主体的主观愿望与客观行为统一体的规律性表现。其行为

不仅决策于对环境信息进行感应、评价，还取决于人的主观上因为其不同地域、不同阶层和年龄层次、不同知识结构、不同偏好的选择。旅游者的行为表现与旅游地的旅游资源分布状况、配套设施情况、实际旅游形象与感知映象间的差距反馈等，随旅游者的收入、职业、年龄和文化层次的不同，产生不同的活动规律和审美意识境界，因而其旅游行为有偏好方向和活动强度上的差异。虽然旅游行为往往受时间和费用的高度制约，文化偏好不一定转化为实际行为，尤其是“理性经济人”的存在。旅游者决策行为受追求最大旅游效益的影响，个体决策行为更多的是考虑其理性经济性。但是，对文化影响力与行为能力的研究分析，对研究旅游者与旅游经营者深层次的行为规律，会起到极为重要的作用。总的来说，人们的旅游决策偏好在理性经济制约的前提下，实质上是个人情感基础上的文化体现。

四、通过文化的研究，对旅游品牌进行定位与开发

旅游品牌是指旅游地把自己的内涵和特色，通过可知的、鲜明的、形象的方式显示给旅游者。旅游品牌包括主题与形象，是旅游地的生命。一个良好的、个性鲜明的品牌，是旅游者对一个旅游目的地的信任、意见及印象的总和。人们对旅游目的地的品牌认知，除受公众媒介的报道与描述影响，还建立在其实际旅游经历上，并受许多因素制约。所以旅游地品牌的定位与开发，除了通过宣传营销外，还要注重文化力量的结合，以高品位资源、深厚的文化内涵和高水平的旅游服务来吸引游客。旅游景区要提高知名度和扩大影响力，必须发掘其旅游文化内涵，形成独具特色的旅游文化品牌。在这方面，旅游文化的研究可以起到极其重要的作用。

第四节 旅游文化学研究的发展

一、国外旅游文化学的发展

国外对旅游学的研究，最早发端于19世纪末，一般认为1899年意大利的波秋奥发表的《关于意大利外国旅游者的流动及其花费》一文，是在理论上关注旅游现象的最早一篇理论文章，从此拉开了旅游学研究的序幕。1927年罗马大学讲师马里奥蒂出版了以《旅游经济讲义》为书名的旅游专著，首次从经济学角度对旅游现象作了系统的剖析和论证。随着20世纪西方大众旅游的兴起，尤其是在从二战以后的50年代开始，旅游学研究进入快速发展时期，并逐渐构建起了旅游学理论的基本框架。但是，在旅游学发展的初期阶段，研究的主要方向是经济学与地理学，包括旅游地理空间、旅游管理和旅游经济活动。内容包括旅游地理区划、研究旅游空间影响要素、旅游地的宏观区位特性、可进入性与旅游地开发、旅游投资与收益等。20世纪60年代后，西方世界的旅游业快速兴起，在目的地和客源地都引发了广泛的社会文化问题。人文学者开始关注旅游现象，并以多种视角加入旅游研究。对旅游文化的研究领域逐渐扩展，主要包括旅游社会学、旅游人类学等。第一个旅游人类学研究成果出现于1963年，而第一个大型的旅游社会学研究成果迟至20世纪60年代才出现。

进入20世纪70年代，旅游文化领域的各学科得到迅速发展，扩展到休闲学、教育学、民俗学、心理学、符号学等领域。由贾法（Jafar Jafari）在1974年创办并主编的《旅游研

究年报》(Annals of Tourism Research，每年一卷四期) 从 1979 年第 6 卷至 1993 年第 20 卷每卷都有一期专辑，即《旅游社会学》(1979)、《旅游地理学》(1979)、《旅游管理学》(1980)、《旅游教育》(1981)、《国际旅游经济学》(1982)、《旅游人类学》(1983)、《旅游与政治科学》(1983)、《旅游与社会心理学》(1984)、《旅游民俗学》(1984)、《旅游与环境科学》(1987)、《旅游符号学》(1989) 等，到了这时才真正开始对旅游现象进行有组织、有目的的多学科综合研究。1991 年《旅游研究年报》出版了《旅游社会科学》专辑，以期对旅游各分支学科的研究成果进行阶段性总结；从 1997 年起开始出版由旅游各分支学科的研究成果发展成熟的"旅游社会科学丛书"。

从 70 年代开始，旅游社会学才开始奠定其学科地位，并取得了重要进展。美国的 D·麦肯莱尔 (Mac Cannell，1973、1976)、以色列的 E·科恩 (Cohen，1972、1974、1979a、1979b) 和英国的 L·特勒和 J·亚斯 (Turner & Ash，1975) 等人均在 20 世纪 70 年代发表了影响深远的、并被后来者奉为经典的著作和文章。研究旅游对目的地社会文化影响及其变迁的原因和本质、人们的旅游动机、旅游体验等问题。例如格拉伯恩 (Graburn) 分析了现代旅游与宗教仪式在结构、功能等方面的相似性，认为旅游是一种现代世俗化仪式，人们外出旅游是为了满足过去通过宗教仪式满足的精神需要。格拉伯恩 (Graburn) 指出日本游客喜欢以团体的形式旅游反映了日本社会较强集体性的特点，是日本人社会生活团体化特点的延伸。

20 世纪 90 年代以来，由于旅游在西方"后工业化"社会中的作用愈显突出，加入旅游社会学阵营的专业社会学家也逐渐增多。国外旅游社会学的研究领域主要包括四个方面：旅游者、旅游对接待地社会文化的影响、旅游系统的结构与功能。其中旅游的影响是迄今为止旅游社会学研究得最多、最充分的领域，而且绝大多数的研究又都集中于东社区或社会的影响方面。旅游的社会文化影响涉及面很广，例如旅游大背景下社区的混乱、人际关系的性质、社会组织的基础、社会生活的节奏、移民、分工、分层、权利分配、行为异常、风俗和工艺品等。

又如在休闲学方面，1955 年，荷兰著名学者约翰·赫伊津哈发表《游戏的人》(Homo Ludens)，这是休闲学研究领域的经典著作之一。作者发现游戏作为文化的本质和意义对现代文明有着重要的价值，游戏不仅是人类文化的开端，也是生活与文化的中心。人只有在游戏中才最自由、最本真、最具创造力。1962 年，葛拉齐亚在其论著《关于时间、工作与休闲》中指出，休闲是一种难得的使人崇高与成功的理想存在状态。1963 年，J·皮普尔的《休闲：文化的基础》充分阐释了休闲作为文化基础的价值和意义。1987 年，美国学者约翰·凯利 (John R.Kelly) 发表《走向自由-休闲社会学新论》，主要从社会学及心理学的角度，对休闲理论作了全面的阐述。1988 年，美国休闲学家托马斯·古德尔 (Thomas L.Goodale) 和杰弗瑞·戈比 (Geoffrey Godbey) 的《人类思想史中的休闲》，则探索了休闲在人类思想史中的演变及其价值问题。80 年代以后大量休闲学论著的问世，标志着这个领域的研究逐步走向成熟。

在城市旅游方面，城市旅游研究的兴起与旅游业在城市中的兴起与发展关系密切。斯坦费尔德 (Stansfield) (1964) 最早在旅游研究中提及城市旅游业的重要性。他在《美国旅游研究中的城乡不平衡》中首次阐述了旅游业中一个不可忽视的领域：城市旅游的研究。到了 20 世纪 70 年代，西方学者开始认识到城市旅游的重要性。但整个 20 世纪 70 年代，乃至 80 年代初期，国外绝大部分城市旅游研究停留在描述以城市为目的地的国际旅游现象上，明显缺乏理论探讨。到了20世纪80年代末，城市旅游研究得到相对快速发展，逐渐成为一个有价值的、特点鲜明的研究分支。目前，国外城市旅游研究主要集中在城市旅游的需求与供给，城市旅游的经济、社会、文化和环境的影响，城市旅游规划与管理，以及旅游地的市场营销等方面。

进入20世纪90年代以后，旅游学的研究在国外许多大学中兴起。旅游研究及相关学科在美国大学系科中常见的名称包括游憩研究、休闲研究、酒店管理、餐饮管理、食品服务、资源与公园研究、健康与运动研究、景观规划与设计、人类学等。在美国旅游及酒店管理（HTM，Hospitality and Tourism Management）较为著名的几个大学中，其课程设计和研究重点都有较大的差别，但同时又在主要的基础专业课程方面，表现出一定的相似。其中对旅游文化的研究占有重要的地位。

但总的说来，到20世纪90年代，国外旅游研究多趋于旅游应用性研究，有关旅游学基础理论、学科性质、方法论研究成果寥寥无几。据国外90年代博士学位论文抽样调查表明：199篇与旅游题材相关的论文中与基础理论相关的仅9篇，占4.5%。可见旅游学理论研究业绩远不及旅游应用性研究。

随着旅游业在全球经济地位的逐步提高乃至于最终成为世界第一大产业，重视学术与社会紧密结合的美国大学，也就理所当然地对旅游研究越来越加以重视（表1.1）。随着旅游业在全球经济中地位越来越稳定且确定了重要的地位，旅游对人类社会产生的影响逐渐深刻和广泛，即使像哈佛这样的大学也开始改变对旅游研究的看法，不再对旅游现象视而不见、熟视无睹了。旅游研究从20世纪90年代起逐步向这些最高学府渗透，引起越来越多学者的注意。

表1.1　美国主要大学的旅游研究

大学名称	研究方向及内容
普林斯顿大学	宗教遗产作为旅游吸引物的展示及其形象识别；国家公园生态学和生态旅游
哈佛大学	作为现代宗教朝觐活动的旅游；人类本身作为旅游吸引物
耶鲁大学	《亚洲的旅游与文化》课程
麻省理工学院	太空旅游；《成功开发太空旅游的政策框架》
斯坦福大学	旅游与文学；小镇的生态旅游；《应用人类学与发展研究》
宾州大学	旅游文学
达特茅斯学院	旅游、野生动物保护、土著居民在保护中的地位
哥伦比亚大学	云南的民族文化旅游；旅游对家庭、外来者和当地居民的影响
康奈尔大学	游憩土地利用；自然资源教育与解说；游憩项目规划与评价；旅游经济影响研究
芝加哥大学	玛雅的旅游与人类学

2000年度美国前12所最负盛名的大学中，有10所大学都已经不同程度地开始对旅游现象从不同角度和侧重点进行了研究。而且由表1.1可见，在美国的主要大学旅游研究中，对旅游文化的研究成为重点。

（一）普林斯顿大学。普林斯顿大学宗教学系对于将美国与墨西哥边界地区的宗教遗产作为旅游吸引物的展示及其形象识别进行了研究。该项研究采用了历史学和民族学相结合的方法，从历史内涵的角度对当前的实践进行了观察与分析。此外，特别是在国家公园生态学和生态旅游研究方面，开设了本科课程。

（二）哈佛大学。哈佛大学对席卷全球的旅游发展潮流及其引起的经济社会影响十分重视。哈佛大学人类学系的《社会人类学导论》课程中，已经将旅游现象列为研讨的专题，并侧重于旅游引起的现代文化问题，将旅游理解为一种销售本土文化（selling culture）的方式，涉及的话题包括作为人类社会不可或缺的组织形式的旅游活动；旅游的运作；作为现代宗教朝觐活动的旅游；自由、民主与资本主义作为抽象价值观；原始艺术的商品化；本土性问题；人类本身作为旅游吸引物等。

（三）耶鲁大学。耶鲁大学的旅游研究颇具亚洲色彩。在其一系列的东亚研究课程中，《亚洲的旅游与文化》针对东亚和东南亚各国旅游业迅速发展及其产生的严重社会问题，进行研究分析，并着重探讨了旅游对当地性别角色、社会阶层和民族特色的影响。耶鲁大学另一个关注的亚洲地区是中东，对中东地区的旅游发展给予了极大关注，关于那里的旅游研究受到耶鲁的积极鼓励。

（四）麻省理工学院。麻省理工学院对旅游活动的研究，集中于如何开展太空旅游。对人类大规模、低成本的太空旅游成为可能性，对太空旅游船的商业可行性、太空旅游市场风险的分化、太空旅游的经历设计、太空旅游的空间域野等进行了研究，并促进太空旅游业的最终形成。麻省理工学院专门在为本科开设的《全球文化》一课中，设立了旅游专题。

（五）斯坦福大学。斯坦福大学的旅游研究主要集中在人类学及英语文学领域。在其开设的《应用人类学与发展研究》课程中，将旅游列为近十个专题之一，包括旅游与文学、生态旅游、文化旅游的研究。

（六）宾州大学。宾州大学的语言学家和文学研究者，则将旅游活动视为文学创作和语言交流过程中的一个特殊部分加以分析，其中一个主要角度就是地方感的形成、旅游者对地方感的体验，以及它们在文学作品中的反映。

（七）达特茅斯学院。达特茅斯学院从可持续发展角度对旅游发展给予极大关注。该学院提出并完成的美国上谷地农业可持续发展研究项目中，将农村景观视为一种重要的观光旅游资源，但面临着社会可持续发展问题。对非洲旅游的研究，同样侧重于开发与保护的关系，包括旅游、野生动物保护、土著居民在保护中的地位等。此外，资本和文化的全球化、旅游和拉丁美洲的社会运动，游记文学和旅游均为研究主题。

（八）哥伦比亚大学。哥伦比亚大学的旅游研究与中国关系密切。包括云南的民族文化旅游研究，中国民族地区文化旅游的发展和文化遗产的保护、生态旅游等问题。哥伦比亚大学对旅游与文化、人际关系、城市公共空间等方面研究十分重视。开设了“文化、旅游与发展”和“城市集会：对公共空间的个性化阅读”的课程，向学生介绍国际旅游业中文化和经济过程的分析模型，以及城市地铁空间、纪念馆、性别的城市等问题。此外，研究内容还包括旅游对家庭、外来者和当地居民的影响，文化与旅游对城市经济发展的影响等。

（九）康奈尔大学。康奈尔大学的酒店管理学院无论从办学规模还是学术水平都具有世界领先地位。就旅游研究而言，包括酒店业营销管理、营销研究、旅游、消费者行为、战略营销、服务营销、宾馆营销规划、旅游分销渠道、营销沟通、国际营销、服务企业决策模型、食品及饮品营销战略等课程。此外，从自然资源（包括旅游资源）管理和政策的角度开展对人类行为的探索研究，提高人们对旅游资源管理中人类行为规律的理解研究，旅游可达性与游憩土地利用、游憩项目规划与评价、游憩规划与管理研究、旅游营销与经济分析、游憩野生动物资源管理与政策等均为重要研究对象。

（十）芝加哥大学。芝加哥大学的旅游研究也集中在旅游人类学，主要研究旅游者的进入对玛雅文化的影响。①

在日本的大学中，对旅游学的研究，主要集中于地理学和管理学方面，例如东京工业大学的社会工学专业、筑波大学和东京大学的林学专业、立教大学的观光学专业、千叶大学的造园专业及地理专业等。从事旅游资源与环境方面研究的机构除大学以外，还有一些国立研究所、民间公司的研究部门、规划设计事务所及民间组织等机构及其人员，例如国立环境研究所社会环境系统研究部、国立森林综合研究所、日本交通公社调查部、（株式会社）LAC计划研究所、日本生态旅游推进协议会等。大学和其他机构的研究涉及旅游地理学、旅游规划、风景规划与评价、旅游地环境保护的工程、技术及社会学方法、生态旅游、森林旅游等诸多领域。②

旅游学在澳大利亚的学术界和教育界也是一门新学科。自1979年开始在大学开设第一门接待业课程和1978年开始开设第一门旅游学位课程起，也仅有20多年的历史。目前，在澳大利亚40所大学中，约有30所开设有旅游或相关的本科及研究生学位课程（Craig-Smith和Ding，2000）。这与国际旅游业发展及旅游研究兴趣的发展趋势是一致的。③

二、中国旅游文化学的兴起

中国旅游学的研究，是随着旅游业的发展，从20世纪80年代开始的。由于旅游学的研究起步较晚，受国外研究的影响很大，所以旅游文化一开始就已进入研究领域。在20世纪80年代研究的领域集中于旅游文化史、旅游文学、旅游民俗学、旅游美学、旅游教育等方面。此外，对旅游活动中的各种文化现象，包括饮食文化、酒文化、茶文化、园林文化、娱乐文化、宗教文化、服饰文化等领域，尤其成为研究的重点。不过，在20世纪80年代到90年代，旅游学的研究重点，和国外旅游学发展的历程相似，主要集中于旅游经济学、旅游地理学与旅游管理方面，旅游文化直到21世纪初期，才逐渐成为研究的热点。中国旅游文化学的研究领域，集中于以下几个方面：

（一）关于旅游文化的概念

20世纪80年代的旅游文化研究认为，旅游文化的概念应包括文化和精神两大范畴。旅游文化应由旅游主体、旅游客体和旅游介体三个方面构成。旅游文化具有新奇、地域、继承等特性。

20世纪90年代对旅游文化概念的研究，扩展到旅游心理学、旅游社会学、旅游哲学、旅游美学等方面。杨建新认为旅游文化主要是指旅游经营者所表现出的精神风貌和文化素养，“旅游文化其中包括物化于各种旅游设施中的文化因素”。唐友波、徐吉等从文化学的角度来讨论旅游，从社会性和创造性的角度来看旅游，从意识、行为和物质这三个层次来剖析和研究旅游。旅游文化的审美价值受到重视。姚家齐认为，只有具备较高审美价值的

---

① 吴必虎，蔡利平.《美国大学中的旅游研究——旅游研究向名牌大学的渗透》. 旅游学刊，2001年第4期.
② 乌恩，金波，蔡运龙.《日本对旅游资源的开发和管理》.《人文地理》，2002年第3期.
③ 李建欣.《旅游学科体系研究：回顾与展望》. 开思九州旅游规划网，2005年12月21日.

文化才可以形成为旅游文化，旅游文化一经形成将对原文化价值的充分体现产生积极的促进作用。关于旅游文化研究的目的，杨建新认为，现代旅游现象实际上是一项以精神、文化需要和享受为基础的综合性大众活动。进入 21 世纪，对旅游文化的研究进一步深入，范围更加广泛。李学江认为，“旅游文化”含有旅游和文化两个概念。现代旅游可从横和纵两个向度考察。横向看，旅游可分为两大类别：以“游”为主的旅游和以“旅”为主的旅游。前者如观光旅游、民俗旅游、朝圣旅游、文化旅游等，以游为核心，旅行为手段，游乐是目的，旅游者在景区停留时间较长。后者如商务旅游、会展旅游、探亲旅游、休学旅游等，旅游者较少逗留于旅游景区。纵向看，旅游是旅游者的旅行和游乐活动。旅游文化就是旅游者旅行、游乐引起的一系列文化现象，是旅游者离开居住地旅行、游乐过程中产生的一系列物质、制度、精神、行为文化成果的总称。①

谢贵安则从文化学的角度去界定旅游、旅游文化乃至旅游主体，把旅游学与文化理论紧密结合。认为“从旅游活动的全过程来看，旅游文化包括旅游主体（旅游者）、旅游中介体（旅游制度和企业）、旅游客体（旅游对象）和旅游社会环境四环节的文化。”②马波则强调旅游文化是旅游者和旅游经营者、旅游客源地互相碰撞交流过程中产生的文化现象。③李莉认为，旅游文化学主要是以文化学的基本原理和旅游文化的成分相结合。旅游文化学就是研究上述学科重叠部分。研究对象以建筑、石窟艺术、工艺美术、音乐舞蹈、风土人情、饮食风味等为代表。④章海荣则认为，“旅游文化是奠基于人类追求人性自由、完善人格而要求拓展和转换生活空间的内在冲动，其实质是文化交流与对话的一种方式。它是世界各区域民族文化创造基础上的后现代全球化趋势中，大众的、民间的休闲消费文化。”⑤同样偏重于旅游的文化内涵的研究。

由于 20 世纪 90 年代国内旅游高潮涌起，重视旅游文化的研究与运用逐渐成为共识，关心旅游文化在旅游业各个环节中的地位者日多。认为旅游文化大量地体现在旅游企业及人员身上，其文化素质的高下决定了旅游者能否获得良好的审美享受，旅游资源能否得到合理开发利用。陈传康认为，旅游业一方面以天然风光和传统文化为主，它符合人们追求异乡情调、回归自然和文化寻根的心理需求，另一方面旅游业又是一种现代产业，因此作为消费者的现代旅游者要求有相应的现代生活享受与之配合，这种二元现象在旅游管理、接待服务措施、市场、客源、餐饮、购物、娱乐乃至风景资源等各个环节都普遍存在。因此他认为管理人员应具备传统文化知识和现代观念。冯乃康提出，应把对旅游者的研究作为旅游文化研究的重点，因为旅游文化所研究的是旅游这一社会活动，而这一活动的主体就是旅游者。旅游管理工作的出发点和归宿也是旅游者。

（二）旅游研究领域的扩展

20 世纪 90 年代以来，旅游文化的研究领域，从探讨概念与研究范围，逐渐向更为广泛的领域扩展。由于旅游人数的快速增加，形成中国社会的重要发展特色，对旅游社会学与旅游人类学的研究日渐增多，特别是对旅游对接待地社会文化影响引起关注。包括形成

---

① 李学江.《旅游文化论》.《东岳论丛》，2004 年第 6 期.
② 谢贵安.《旅游文化学》. 高等教育出版社，1999 年版.
③ 马波.《现代旅游文化学》. 青岛出版社，1998 年版.
④ 李莉.《浅论旅游文化学的研究对象和范畴》.《东南文化》，1991 年第 6 期.
⑤ 章海荣.《旅游文化学》. 复旦大学出版社，2004 年版.

接待地社会压力的因素，旅游的文化交流特性，社会交换理论在旅游社会文化影响研究中的应用，旅游地社会文化环境变迁机制等。如以 90 年代末期发展起来的假日旅游为例，由于旅游者在旅游黄金周中对于旅游热点地区的选择过于集中，从而导致了住宿接待设施的短缺，旅游交通的拥挤和景点的人满为患，从而在一定程度上造成了旅游者的不良心理预期，对旅游业的发展产生了负面的影响。如何实现假日旅游消费与休闲产业的多元化和文化内涵的增加，以及分散旅游热点，就成为旅游社会学与旅游人类学研究的热点。

进入 90 年代以来，旅游文化研究也开始出现重视区域特色的研究趋势，对城市旅游、古都旅游、区域旅游均有开展，例如对上海、西安、江浙、海南等地旅游的研究，即是如此。90 年代区域旅游文化研究除了表现在名城开发和省、市、县范围的旅游开发上外，对名山大川旅游文化的研究也成为热点。例如泰山、黄山、庐山等文化名山，峨眉、普陀等佛教名山，武当山、崂山、青城山等道教名山等，对这些名山自然、人文景观及其中所包蕴的文化内涵作分门别类的介绍，起到引导旅游审美的作用。

旅游文化和旅游经济的关系也开始进入视野。对 80 年代流行的“文化搭台，经济唱戏”的旅游发展思路，开始重视文化在旅游业发展中的地位和作用。李刚认为，旅游是以一国一民族独特的文化招徕游客赚取外汇的文化经济。所以旅游经济要发展，在于挖掘具有独特魅力的民族、地方文化，旅游通过文化来发展自身，而旅游业的拓展反过来促进文化的进步。陈从周认为，旅游没有文化建设是徒劳无功的，终于要走向反面。因此大多数研究者认为，文化是旅游的灵魂及特色，只有有文化特色的旅游才具有吸引力。邓祝仁认为，“旅游事业发展中除较为单纯一些的经济活动外，其余活动均是旅游文化所包含的内容，都是在建构旅游文化系统。”旅游的经济特性在旅游者身上表现为高档消费与高层次享受。在旅游服务者身上表现为提供商品服务。然而这种商品服务又是以文化为灵魂的商品。王大悟对于旅游经济与旅游文化的关系说：“从旅游供给一隅来看，经营者的目的是经济盈利，但他必须提供文化享受才能实现盈利；从旅游需求一隅来看，旅游者希望得到文化享受。”他还提出，一个国家、一个民族通过旅游文化商品的市场销售，才能最大限度地弘扬她的文化。

90 年代以来，旅游形象的研究领域取得了很大进展，特别是对旅游形象设计的概念、内涵和营销等方面做了很多的实证研究。研究内容涉及到旅游形象设计与旅游城市、文脉传承的关系，旅游感知形象和旅游者的期望与偏好之间的差异性，旅游形象受到感知距离和目的地的人文事象等因素的影响，以及如何正确运用旅游形象要素进行营销策划等问题，提出了旅游感知形象的策划设计内容、方法和旅游感知形象评价指标体系。

此外，对城市旅游文化的研究也逐渐成为热点。国内的城市旅游研究起步较晚，但因为借鉴了国外丰富的研究成果，涉及的研究领域注意了理论意义和实践意义的结合，例如：城市旅游的概念与内涵，城市旅游形象和定位研究，城市旅游发展模式探讨，城市旅游结构与系统分析，城市旅游规划与管理等。

随着国内旅游的蓬勃兴起和中西旅游文化的交流，认识中国旅游文化传统的问题被提上日程，对旅游文化传统的研究，大体上是从以下几大方面展开的：一是宏观研究，如喻学才对儒家的旅游理论与思想对古代旅游影响、儒家的尚古意识对中国旅游文化特色的影响、儒家的“与民偕乐”观对中国旅游文化的影响等问题，认为孔子旅游活动开了中国文化旅游与政治旅游的先河。这里的政治旅游，指的是布衣知识分子的游说求仕。这里的文化旅游，包括文化探求与旅游学。这种文化旅游的影响是积极的、深远的。这对于从较高层面认识中国旅游资源、旅游价值观、旅游史料等传统旅游文化特色自然有一定的启发意义。二是微观研究，诸如对旅游茶文化、旅游竹文化、旅游酒文化等方面的专题性的文化信息。以及对历史上的著名旅行家如玄奘、苏轼、徐霞客等人的研究，对古代士大夫群体旅游行为的研究，也逐渐成为旅游文化研究的对象。①

随着旅游学研究的发展，中国旅游研究的论文数量也开始不断增加：诸如《旅游学刊》、《旅游科学》、《桂林旅专学报》、《中外饭店》和《现代酒店》等专业性学术刊物，以及各类综合性学术刊物上发表的旅游学术论文，在旅游学研究中起到日益重要的作用。其中《旅游学刊》是公认的比较权威的旅游专业学术刊物，自 1986 年创刊至今已经累计发表文章将近 1500 篇左右。可以说，《旅游学刊》的文献数量和质量，基本代表了国内旅游研究的规模和质量。然而，中国旅游研究的期刊数量与质量，与国外相比仍然较少。国外的旅游研究刊物在 20 世纪 90 年代已达 40 余种，饭店研究刊物 50 余种，休闲、余暇和交通研究刊物 20 余种，总计主要的旅游相关研究刊物多达 110 多种。因此，中国旅游学的研究，包括旅游文化学的研究，无论是从成果数量上还是从质量上看，与国际旅游学的研究仍然存在较大的差距。

① 喻学才.《近七年旅游文化研究综述》.《社会科学动态》，1996 年第 8 期.

第二章　旅游文化功能

第一节　旅游文化的审美

旅游文化与旅游审美有着密切的联系，从某种意义上说，审美本身就是旅游的文化性的代表。亚里士多德在《政治学》中说到："整个生活遂被分解为两个部分：事功和闲暇，战争与和平，某种以必然和有用的东西为目的的行为与某种以'美的'东西为目的的行为。"旅游就是以"美的"东西为目的的行为，旅游是人们日常生活链的断开，是在人们获得了物质生活的满足后追求的一种精神享受，因此，审美是旅游文化的根本属性之一。同样，旅游文化的存在与发展也充分扩充了传统审美的内容，丰富了审美的内涵，是一种不同于一般艺术审美的综合的、动态的审美。旅游是使人类实现审美的最高追求——生活的诗意化的最佳途径之一，这就是旅游文化的一个重要的功能。

一、旅游资源的审美价值

几乎所有的旅游资源都有其文化含义，自然旅游资源和人文旅游资源的差异只是文化含量的多少不一而已，这些文化含义提升了旅游资源的审美价值。

（一）自然旅游资源的审美价值

1．旅游使自然成为人们审美的对象，是人类社会进步的表现

旅游不是人的基本需要，而是人的文化需要。自然由被人征服、利用的对象，变成人类"浪漫地凝视"的对象，从而成为人类审美的对象。由于文化的介入与存在，文化已经成为自然与人类这两个分离的物质实体之间交流感情和价值观的无形的表达桥梁。而旅游审美是这种人类精神与外在物质之间现代交流的最重要渠道之一。

2．旅游文化中的自然是受文化感染与影响的自然

自然环境是人类旅游活动的背景，只有当其与人类旅游活动发生关联之后，自然环境才会富有意义，才会具有人类赋予的审美价值。描述自然景观的文化价值主要有三种形式：人格化、关联化、选择化。

自然旅游资源的人格化是指，将文化人物与自然旅游资源结合起来，或使其拟人化，从而赋予自然旅游资源以文化生命。如洞庭湖中君山上的斑竹本是由于其自然属性而在叶片上有点点斑痕，但人们却传说这是由于舜的妃子娥皇、女英听到舜病逝的消息后流下的眼泪滴落在叶片上所至；烟波浩渺的太湖也因范蠡携西子而去的故事而变成了人们心中隐逸、浪漫的符号；昆仑山也被无数神化传说渲染成了一座神山，成了生命永恒的象征；云南路南石林中的石峰也因阿诗玛的故事而变得充满了灵性……自然旅游资源的人格化还体现在其拟人化上，中国历史上的文学巨匠都喜欢在其作品中把自然当作知己，如李白的"相看两不厌，只有敬亭山"，辛弃疾的"我看青山多妩媚，料青山，见我应如是"，苏轼

的“明月几时有，把酒问青天”等等，他们把自然看成了具有人性的物象，并与之交流，似乎还能相互理解，此所谓达到了“天人合一”的境界。因为自然旅游资源被人格化，我们在旅游审美时不仅是在欣赏自然景观，同时也是在欣赏其中的文化内涵，这无疑提升了自然旅游资源的审美价值。

自然旅游资源的关联化是指，自然旅游资源本身富有某些象征意义的文化因素。如中国的五岳，是中国古代政治、宗教文化在地缘上的表现。五岳如同五个巨大的华表分别矗立于五个方向，是华夏的界域在文化上的象征；古代帝王于五岳“柴望四方”、于泰山“封禅”祭祀天地，包含着政治和宗教的双重文化含义；五岳也是中国著名的道教名山和佛教名山。因此，中国人对“五岳”的认知已不仅仅是恒山如行，泰山如坐，华山如立，嵩山如卧，南岳如飞，更重要的是，五岳已经成为了华夏文明的一种文化象征。

自然旅游资源的选择化是指，用文化的标准对自然物象进行选择，被选择出来的对象代表着选择者的文化趣味或理念。孔子说：“智者乐水，仁者乐山”，是因为水和山分别迎合了“智者动，仁者静；智者乐，仁者寿”的特征。中国人自古好赏石，而众多的石头当中，又尤其喜爱太湖石，把它列为古代四大名石之首，这是因为太湖石石型苍劲圆润，雄浑有力，粗犷简洁，石峰能达到“一峰而蕴千岩之秀”的神效，以至于唐代诗人白居易赞到：“远望老嵯峨，近观怪嵚崟，才高八九尺，势若千万寻”。中国许多地区有“某某八景”、“某某十景”之说，这就是自然资源选择化的表现。

3．旅游文化使自然旅游资源成为了人类精神上的家园

自然是人们实现“诗意地栖居于这片大地”的场所，“到自然中去”被赋予了“回家”的概念，这在中国传统文化中表现得十分突出，如儒家的“曾点之志”、道家的“逍遥游”、释家的“游方”都隐含着在自然中寻求精神家园的意义。

案例 香格里拉

詹姆斯·希尔顿的小说《消失的地平线》记叙了康韦等四位西方人士，在战时从南亚次大陆在乘机转移去白沙瓦时，被一个神秘的东方劫机者劫往香格里拉蓝月山谷的神奇经历。

在小说中所描写的整个香格里拉，各种信仰和平共存，四处遍布着基督教堂、佛教寺庙、道观和儒教祠堂。人们奉行适度的原则，对任何事情都保持一种适度的原则，即使对待欢乐也不例外。香格里拉就是一个自然景色——雪山、冰川、峡谷、森林、草甸、湖泊，财富——那里富含金矿和纯净空气的汇萃地，是美丽、明朗、安然、闲逸、悠远、知足、宁静、和谐等一切人类美好理想的归宿。

当 1934 年 4 月英国伦敦麦克米出版公司出版该小说时，令出版商和作家始料不及地在欧洲引起了轰动，并很快畅销到美、日等国。小说出版后，立刻被独具慧眼的好莱坞制片公司摄制成电影，影片风靡全球，主题歌“香格里拉”唱遍全球。后来，“香格里拉”一词被香港企业家郭氏家族买断，成为酒店的商号，进而风靡世界，成为世界酒店品牌的至高象征之一，这从侧面印证了《消失的地平线》在人文学上的伟大意义。《消失的地平线》成了西方人的《桃花源记》，《消失的地平线》伟大的意义在于，为西方的文化价值观念，植入了人间乐土的意境。正如《不列颠文学家辞典》在评述《消失的地平线》时所指

出的：它的功绩在于为英语词汇创造了“世外桃源”一词——香格里拉。从此，这片想象中的人间乐土就成了“伊甸园”、“世外桃源”、“乌托邦”的代名词。

（二）人文旅游资源的审美价值

1．旅游文化与人文旅游资源审美价值的评价

在人文旅游资源方面，人类创造的旅游文化精品，如宫殿、雕塑、园林、寺院等，同样也是旅游者追求的精神家园。北京的故宫，会给予旅游者历史的思索，而巴黎圣母院的教堂，会给予旅游者以精神的崇高。当人们对人文旅游资源的审美价值进行评价时，关注的重点必定是这些资源蕴含的文化，具体的评价标准有以下几项：

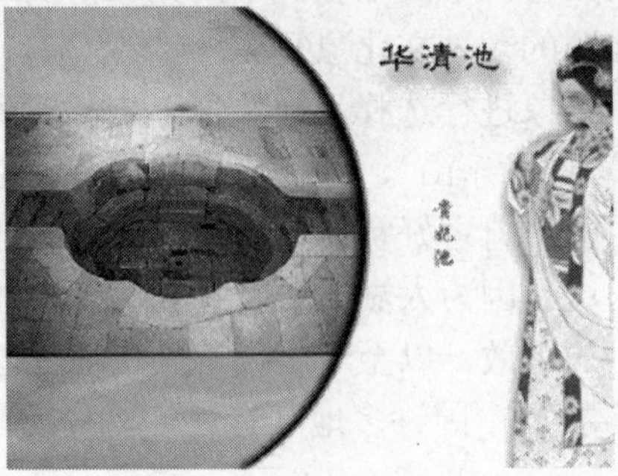

图 2.1　贵妃池拟像图

（1）历史价值。这是指旅游资源产生的年代以及是否与重大历史事件或历史人物有关，以及其所存文物古迹的数量。如当游客在游览陕西西安的华清池时，只有想到唐明皇与杨贵妃的历史故事，才会欣赏到贵妃池（图 2.1）的美感；也只有了解西安事变的历史事件及其意义，才会理解五间亭的墙上和玻璃上并不显眼的弹痕的美感价值。又如红色旅游，也就是通过向人们再现老一辈革命者为了国家和民族所奋斗的历史，使人们在受到教育的同时感受到美。

（2）艺术价值。这指旅游资源本身是否具有较高的艺术价值或是否与某些艺术作品相关。如人们在法国巴黎参观卢浮宫，必然会对其内收藏的艺术珍品所震撼；在北京故宫欣赏古代建筑时，也会因设计者和修筑者的艺术造诣而折服。这是由于这些旅游资源本身就具有很高的艺术价值。而当人们在登西岭雪山时想到“窗含西岭千秋雪，门泊东吴万里船”的诗句，或在游览一方小小的荷塘中背起《荷塘月色》中的片段等，都会觉得这些旅游资源的美感更丰富，这就说明艺术作品提升了旅游资源的美感。

（3）科学价值。这是指旅游资源在大自然变迁或人类科学文化发展中的地位。如长城因其为中国古代规模宏大的军事防御工程而著名于世，都江堰因是世界现仍使用的最古老水利工程而具有特殊价值，北京故宫因其中国传统文化的布局及精美的建筑而受到更多人的瞩目。

（4）宗教价值。这指旅游资源是否在某一宗教文化中具有特殊的地位和含义。如我国的四大佛教名山因在佛教中占有重要的地位而受到人们的重视，沙特的麦加因是伊斯兰教创始人穆罕默德的诞生地而受到穆斯林的膜拜，从而也吸引了大量的旅游者。

案例　　白帝城的魅力

白帝城距重庆市奉节县城约 8 公里，是一个始建于西汉末年，历史悠久的古城。东汉时期，公孙述于公元 25 年自称白帝，并把子阳城改为白帝城，白帝城因此得名。作为长江瞿塘峡口的一个弹丸之地，白帝城能享誉海内外，是得益于他独特的文化魅力。

一、三峡起点的自然魅力

白帝城是三峡第一峡——瞿塘峡的起点。白帝城高出长江水面160米，三面环水，是观赏瞿塘峡入口夔门的最佳看台。夔门两山陡峭，绝壁相对，犹如两扇雄伟的大门，镇一江怒水，控川鄂咽喉，形势非常险要。正如唐代诗人杜甫所描写的那样："众水会涪万，瞿塘争一门"，故有"夔门天下雄"之誉。三峡工程建成后，三面环水的白帝水位抬升102米至半山腰，成为一个四面环水的白帝岛，那时，白帝城周围兼具湖光山色，游船可直接停靠在白帝城城门下，游客不必登800级台阶就可领略白帝风光。

二、刘备托孤的历史魅力

白帝城据水陆要津，扼巴蜀咽喉，历来是兵家必争之地。公元222年8月，刘备为替关羽报仇，不听劝阻，执意兴兵讨吴，惨败后退守白帝城，病死前托孤诸葛亮。因此有人认为，正是"白帝托孤"这一典故使白帝城名扬天下。白帝城历史文化积淀深厚，至今仍留有大量的三国遗迹，特别是有关刘备墓在成都还是在奉节等历史之迷至今无法破解，更引起了游客、学者的兴趣。

三、李白、杜甫的文化魅力

"朝辞白帝彩云间，千里江陵一日还。"这首家喻户晓的唐诗使不少华人从小在脑海中就烙下了白帝城的印记。李白、杜甫、白居易、刘禹锡等大诗人都曾寓居或游历过白帝城，留下了数千首不朽诗篇，因此白帝城又享有"诗城"美誉。唐朝诗人中，与白帝城最有缘分的是杜甫。杜甫在白帝城寓居的近两年中，著诗437首，占他一生创作诗歌的三分之一，并写下了"无边落木萧萧下，不尽长江滚滚来"等传世名句。因此，在白帝城让从小耳熟能详的诗句幻化为眼前的美景，一一应对，也是一件有趣的事。①

2．旅游文化对人文旅游资源价值的提升

当被旅游者迎合旅游者趣味而对自身文化的某些成分进行拣选时，这些被拣选出来的文化成分往往具有文化身份的象征意义。以致它们在被作为特定旅游符号的同时，也被作为了某种文化的符号。奥地利的华尔兹音乐、墨西哥的牛仔、傣族文化的孔雀舞、藏族的跳锅庄等等，这些文化符号增强了旅游者对当地文化的认知，其作为旅游审美对象的价值得到了提升，而意识到这一点的本地人又会为其独有的文化感到荣耀与自豪，滋生出民族认同感与归属感，这对于当地文化的恢复和发扬有着至关重要的作用。

案例　　纳西古乐成为世界旅游文化品牌

纳西古乐是丽江纳西族保留至今的原始古老音乐。由于其久远的历史和神秘的音乐色彩而在世界上引起轰动。如今它已经成为丽江旅游的灵魂之一。

纳西古乐由世界上已经很难找到但仍存活于纳西人生活中的原始音乐标本"热美蹉"和公元13世纪就已存在于纳西族中的"崩时细哩"及唐、宋、元时期的词曲音乐和道教科仪音乐组成。其中"热美蹉"是产生于氏族社会时期的原始舞蹈音乐，属于无音阶，无音列的混唱；"崩石细哩"至今流传了700多年，这套曲目的7个章节构成了一部纳西族音乐史诗，由独奏、合奏、歌唱和舞蹈组成。如果说这部乐曲可与西方"交响乐"同类的

① http://news.sohu.com/13/69/news147706913.shtml

话，从时间上比被誉为“交响乐之父”的海顿的《第一交响乐》还早400多年。世界上其他地区13世纪以前还未产生过这种有章节、有故事、有哲理、有和声的管弦乐并延续至今。

被中国知名音乐家誉为“音乐活化石”的唐、宋、元时期的词曲音乐和道教科仪音乐是那几个时期逐渐从四川传入云南丽江纳西族地区的，经过纳西人漫长岁月的保存、演奏，融进了纳西族音乐风格，音乐素材和审美意识，成为纳西化的古乐。如今这些音乐在中国已属绝响。

如今，纳西古乐这一无形文化遗产已经作为世界知名的旅游文化品牌而享誉国内外。[①]

二、旅游者的审美意识

（一）旅游者的审美态度

要想在旅游时获得深层的美的感受，除了需要旅游者具备一定的审美能力以外，还需要他们能对旅游对象投以一种积极的审美态度。当旅游者积极地面对旅游资源时，一般来说有三种态度：认知的态度、功利的态度和审美的态度。以认知的态度对待审美对象，就仅仅是简单的静观，无法深入地理解其美的本质；以功利的态度对待审美对象，就只会追求其有用性，从而导致单纯地追求感官享受；只有审美的态度才能使旅游者获得一种超越世俗的态度和闲适的心境。如晋代王子猷居山阴，逢月夜，忽忆起隐居在剡溪的好友戴安道，便立刻登舟往访，在大雪中行经一夜才到达，快到门口又转身返回，人问其故，王子猷说：“吾本乘兴而行，兴尽而返，何必见戴？”由此，“乘兴而游，兴尽而返”便成为中国历史上的文人墨客旅游审美的态度原则。

（二）旅游者的审美个性

对美的追求是人们出游的一个重要动机，但由于人们的先天条件、心理素质、文化修养、生活阅历、以往的旅游审美实践，以及所处的时代社会背景不同，他们在旅游审美能力上有高低之分，在审美格调上有雅俗之别，而且在对美的欣赏和判断中也有各自不同的指向性，会对旅游资源美的方面显示出不偏爱，表现出一定的旅游审美情趣，展现出丰富多彩的旅游审美个性。

1．旅游者的审美能力

旅游者的审美能力与旅游者的文化修养有关，在对自然景观和人文景观的欣赏中都有明显的表现。

自然景观在基本层次上能激发旅游者的感官而产生视觉美、听觉美、嗅觉美、味觉美、触觉美、动感美等一系列美感，此所谓旅游审美层次中的“悦耳悦目”的状态。这种层次的审美是绝大多数人都能做到的。但是，对于这些美感的把握是否敏锐，则要看旅游者是否具有较强的审美能力。如宋代文豪苏轼，在一个夜晚解衣欲睡之时，看到月色入户，便找了一位好友在承天寺的庭园中散步，并记下了当时的美景：“庭下如积水空明，水中藻荇交横，盖竹柏影也。”而这样平凡而美丽的景色是为一般人所忽视的，因此苏轼又感叹到：“何夜无月，何处无竹柏，但少闲人如吾两人者耳。”可见，如果具备较高的文化修养和较多的审美实践，人们才会拥有较高的审美能力，才能于平常事物中发现不平常的美。

---

① 云南信息港 http://travel.yninfo.com/jddy/xgzx/2002/2002-04/2002-04-07/1018163396_2/

案例　摄影师眼中的尼泊尔

2001年5月，作为《中国国家地理》杂志的首席摄影师，我终于有机会走近这个神秘的高山王国，去真正领略和深入了解这个美丽的国度和奇特的民族（图2.2）。当我走出机场，扑面而来的异国气息给我莫大的惊喜：古老的城市、无规则的街道、拥挤的车流、喧闹而嘈杂。再往下走，我看到这个城市布满色彩，在红色的基调中，经常会有一片片彩云从眼前飘过；一群群尼泊尔少女擦肩而过，鲜艳的纱丽包裹着她们，从头到脚，大红、橘黄、鲜绿或纯白；额头眉间醒目的红色印记告诉我，她们是有信仰的民族。从那一刻起，来自视觉的刺激就没有停止过；众神出没的神秘山谷，雄奇秀美的喜马拉雅、稻花飘香的河谷平川……从此，我爱上了这片秀美、神奇的土地和生活在这里的人们。①

图2.2　尼泊尔文化图集

自然景观除了拥有能刺激人的感官的美的特质以外，还蕴含着一定的文化信息，只有具备一定文化修养的人才能体会。如儒家“比德”的山水审美观能使人在欣赏自然景物时获得更深层的美的享受，达到“悦情悦意”甚至是“悦神悦意”的旅游审美层次。因此，在泰山上孔子会说：“登东山而小鲁，登泰山而小天下”，杜甫会说：“会当凌绝顶，一览众山小”，在洞庭湖畔范仲淹会“先天下之忧而忧，后天下之乐而乐”。自然景观能激发旅游者的情感，除了景观本身有美的物质以外，更需要人有较高的审美能力，晋人袁山松在陶醉于山水时感叹到：“山水有情，当惊知己于千古矣！”只有人们拥有了较高的审美能力，才能领会自然美的真谛。由此可见作为一个身心并用的旅者，知性和感性双重都得跟随上脚步，因此，事先必须具备充分的人文素养，以期能够获得真正的印证了悟。

对人文景观的欣赏更需要旅游者对相关知识有一定的了解。一个对中国古代建筑知识没有任何了解的人，是无法理解故宫体的文化内涵的。如选择哪条路线游览，才能更好地体会到建筑群如音乐般的开端、发展、高潮、结尾等部分的分布？站在什么位置观赏太和殿广场，才能理解到设计者的匠心独运？门钉、门柱、屋顶、台基等是怎样体现建筑的等级的？建筑的各种装饰小品除了其物质功能外还有什么寓意？如果没有这些文化知识，旅游者的信息获取量就会较小，其旅游满意程度也就不会太高，我们有时会听到一些人在游览了长城后说：“不到长城非好汉，到了长城真遗憾。”就是因为他们不了解长城的文化含义，自然不会产生强烈的美感，更无法产生震撼、赞美之情。

案例　长城的文化遗产价值

万里长城从春秋战国开始，伴随着中国长达两千多年的封建社会行进。众所周知，一

① 姜平．旅行者．上海人民美术出版社，2005年7月，第62页．

部悠久的古代中国文明史，封建社会是最丰富最辉煌的篇章，举凡封建社会重大的政治、经济、文化方面的历史事件，在长城身上都打下了烙印。金戈铁马、逐鹿疆场、改朝换代、民族争和等在长城身上都有所反映。长城作为一座历史的实物丰碑，将永存在中华大地。在万里长城身上所蕴藏的中华民族两千多年光辉灿烂的文化艺术的内涵十分丰富，除了城墙、关城、镇城、烽火台等本身的建筑布局、造型、雕饰、绘画等建筑艺术之外，还有诗词歌赋、民间文学、戏曲说唱等。古往今来不知有多少帝王将相、戍边士卒、骚人墨客、诗词名家为长城留下了不朽的篇章。边塞诗词已成了古典文学中的重要流派。如李白的“长风几万里，吹度玉门关”，王昌龄的“秦时明月汉时关，万里长征人未还”，王维的“劝君更进一杯酒，西出阳关无故人”，岑参的“忽如一夜春风来，千树万树梨花开”等名句，千载传诵不绝。孟姜女送寒衣的歌词至今还广泛传唱着。古塞雄关存旧迹，九州形胜壮山河，巍巍万里长城将与神州大地长存，将与世界文明永在。①

2．旅游者的审美情趣

旅游者由于审美能力和审美个性的不同，会产生不同的审美情趣，相对于文化中的精英文化和大众文化，旅游审美也有雅俗之别。如欣赏博物馆的艺术品、文化旅游、求学旅游等，当属于所谓“雅”的旅游审美活动，而如成都等城市的市民每逢节假日就到郊外农家乐打麻将，则属于相对较“俗”的旅游审美活动。但雅俗只是情趣不同，却无好坏之别，因为评判好坏的标准应是属于道德和法律层面。基于此论，我们把旅游审美分为精英的旅游审美和大众的旅游审美两大类。

精英旅游审美的主要特点是个性化、精神化和理念化的审美，他们对旅游地文化的态度已经从文化猎奇转向了文化寻异，转向了承认文化的差异性与文化交流的合理性；在旅游地的选择上往往趋向于非热点地区，表现出较强的审美个性；在旅游审美的目的上，是以追求精神享受或考验为主，如以攀登珠穆朗玛、徒步穿越罗布泊等方式得到精神上的慰藉；在旅游审美方法上，会主动运用动静结合、情景交融、虚实相生等方法进行审美。他们往往会从喜好旅游到将旅游变成一生的追求，变成职业旅行家，就是因为文化感受已经成为他们生命体验的重要内容，甚至成为其生活的一种目的。如徐霞客出身豪门，但却不应科举，不入仕途，终生寄情于祖国的山河大地。从22岁起，直到逝世的30多年间，徐霞客几乎年年在外，跋山涉水，风餐露宿，踏遍了大半个中国；司马迁20岁开始云游四方，足迹踏遍祖国大江南北，到处采集传说、考察风俗，其后来所著《史记》被称为“千古之绝唱，无韵之离骚”，中国历史上这样的例子不胜枚举，李白、苏轼、陆游、顾炎武等无不是足迹遍天下的人物，他们的行旅总是伴随着对世界、对人生的深沉思考，在旅途伴生的文化经验重点不在知识的增量，而在观念的改变上，在其世界观、人生观的改变上，因此才为后人留下了宝贵的精神财富。

案例　　李乐诗的旅游人生观

香港著名旅行家李乐诗，一生走过许多地方，南极北极，沙漠珠峰。每一次的出行，

---

① 杨帆．世界文化遗产——长城．人民网，2004年5月9日．

都给她的人生理念带来这样那样的变迁。当她第一次探访南极后，她的朋友写道："在她回来的时候，我发现她比以往超脱了，一襟仙气"，"经过南极冰雪的洗练，她的思绪比以往深邃，她的人生观也进入了一种新的境界"；当她再次从南极回来，这位朋友又说："我发现她意志更加坚定，深沉的人生观使她更深沉。她的胸怀更宽广，浑然忘我。"而她自己则是这样描述："在经过南北极洗礼之后，我庆幸自己获得一种精神上的超脱，也更加理解人生的意义，我坚定地走自己的路，使自己的人生脚印更踏实，足音更响亮"……①

大众的旅游审美，主要具有群体化、物质化和情感化的特点。多数人具有从众心理，因而往往选择热点旅游地，同时在审美时会努力使自己的感受与旅游资料或导游讲解的内容趋于一致，其旅游审美趋向于文化认同；在具体的审美体验中多是以感官为主的物质化审美，比如在旅游活动中把饮食、娱乐、购物等作为旅游中的重头戏，获得的多是某种感性快感。他们对环境的需求很高，之所以说在游览地"打麻将"也是一种旅游审美活动，是因为其地点是在环境优美、空气清新的旅游区，虽然他们没有刻意地欣赏山水，但却是在追求一种闲适的感觉，即精神上的放松状态。

总体而言，旅游文化的发展趋势是精英旅游对大众旅游起着示范作用。比如古代的文人墨客对景色的描写为大众所熟悉，当人们面对相同或相似的景观时，这些文学作品就会对旅游者产生权威暗示。人们到苏州寒山寺旅游时，自然会想到张继的《枫桥夜泊》，在三峡旅游时往往又会吟诵李白"朝辞白帝彩云间，千里江陵一日还"的诗句，从而会不自觉地尝试着去体会诗中的意境。一些山水游记或"某人带你游某地"的读物受到人们的喜爱，就充分说明了大众总是在试图使自己的审美观趋向于精英的审美观。

（三）旅游者的审美层次

不同文化层次和知识结构的旅游者，具有不同的审美层次。这种不同的审美层次，在旅游过程中往往通过不同的审美方式体现出来。

1．欣赏景观的位置

"横看成岭侧成峰，远近高低各不同"，在不同的位置欣赏景物会产生不同的美感效果，对不同类型的旅游资源要选择不同的观赏位置才能获得最佳的享受，现以自然旅游资源的欣赏为例说明欣赏位置的选择：

（1）峰峦——远眺或俯瞰

峰峦的雄伟峻秀唯远眺可得，因为无眺不可以看见峰峦的全貌，否则苏轼不会说："不识庐山真面目，只缘身在此山中"了。在山顶俯瞰也是欣赏山景的好位置，如在峨眉金顶看云海日出（图 2.3），在华山山顶看连绵的群峰等。

观赏山景还有一种情况，即某些地貌的酷似造型，只能在特定的观赏点，充分发挥想象才能体会到某种形象，如黄山"仙人晒靴"（图 2.4）、"石猴观海"，桂林的象鼻山、巫山的神女峰等都必须在某个适当的位置才能欣赏到逼真的造型。

① 郭少棠．旅行：跨文化想象．北京大学出版社，2005 年版，第 112 页．

图 2.3　峨眉金顶远眺图

图 2.4　黄山仙人晒靴图

（2）峡谷、洞穴、一线天——置身于其中近观

某些景观又只有在深入进中时才能体会其中的美，如游览长江三峡，只有乘舟游于其中，才能领略到自然景色和文化景观完美结合的三峡魅力。又如永安的“一线天”（图 2.5），只有当人们沿着溪流走进山谷深处抬头仰望时才能看到这样的景观。至于一些天然溶洞，若不身入其中，除了看不到奇异的景象外，也无法感受到洞内高负氧离子给人带来的清新感觉。

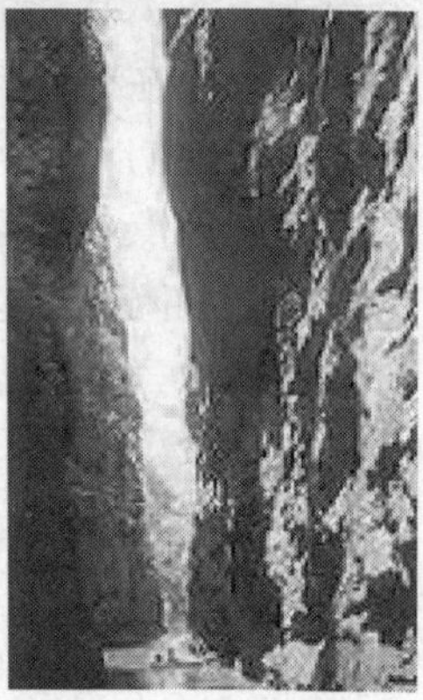

图 2.5　永安“一线天”

（3）瀑布——适当距离仰观

“日照香炉生紫烟，遥看瀑布挂前川。飞流直下三千尺，疑是银河落九天。”从李白这首《望庐山瀑布》中不难看出，观赏瀑布的位置最好是站在瀑布下距其有一定距离之处。这样不仅可以看到半是水来半是烟的美景，还能听到瀑流飞泻的声音，或许还有些许水珠没落在身上，则更有一番情趣。

除此之处，还有一些观赏位置是可遇而不可求的，如我国著名的黄果树瀑布，其后的山崖内有一溶洞横贯，并且在面向瀑布的一侧还有自然形成的“天窗”，在此处观赏瀑布，则是不容错过的绝佳位置。

案例　　黄果树瀑布

图 2.6　黄果树瀑布

黄果树瀑布（图 2.6）除去瀑之外，还有二奇：一曰瀑上瀑与瀑上潭，是为主瀑之上一高约 4.5 米的小瀑布，其下还有一个深达 11.1 米的深潭，即是瀑上潭。瀑上瀑造型极其优美，与其下的黄果树主瀑形成了十分协调的瀑布组合景观。二曰水帘洞，其为主瀑之后，瀑上潭之下，钙华堆积之内的一个瀑后喀斯特洞穴。

水帘洞，高出瀑下的犀牛潭约 40 余米，其左侧洞腔较宽大清晰，并有三道窗孔可观黄果树瀑布；右侧因石灰华坍塌，洞体残存一半，形成一个近 20 米高的岩腔。水帘洞不仅本身位置险要，且洞内之景色颇有特色，然而，长期以来，由于进洞道路艰难危险，除少数探险者敢冒险进洞游览之外，一般游人是很少进去的，据《镇宁县志》记载："路从左半岩横迤而入，上顶飞瀑，下临深潭。行时须面壁匍匐攀援而进，稍一疏忽便堕入深渊。"深渊便是下面的犀牛潭，其深达17.7米，在黄果树瀑布跌落的巨量水流冲击下，激起高高的水柱，若游人从水帘洞中滑入犀牛潭中，则是极其危险的。水帘洞的开发修设，是从1978年开始的，直至1984年秋季才正式开放，供游人游览水帘洞风光。现在，水帘洞内已架设电灯，危险地段亦已修起栏杆，进出口修建壁上长廊，供游人休憩和从侧面观赏黄果树瀑布的雄姿。

游人在水帘洞中观赏这里的美景时，往往会想到自己正在瀑布之下，巨量的水体正从头上压顶而过时，不禁会产生一种难以言状的压抑感，甚至是一种恐惧感。仿佛洞内的岩壁会随时被压垮倾覆，钙华随时会跌落下来一般，以致不敢久留，只有当走出了水帘洞时，看到洞外一片明亮，灿烂阳光下，翠竹簇簇，婆娑起舞，树木葱茏，树叶扶疏，才觉松了一大口气，精神为之一振。①

（4）江河湖海——俯览或远望

江河湖海的旅游审美，宜于俯瞰或远望。范仲淹在其名著《岳阳楼记》中写到："在洞庭一湖，衔远山，吞长江，浩浩汤汤，横无际涯"，这是秋天在湖畔的楼阁岳阳楼上远望洞庭湖所见之景（图2.7）。苏轼在《赤壁赋》中写到："稍焉，月出于东山之上，徘徊于斗牛之间，白露横江，水光接天"是描写的他与朋友于月夜乘一叶扁舟游于赤壁之下的情景，其欣赏的河水的视角是在湖面舟中远望。

图2.7 岳阳楼图

（5）湖沼池塘——近水观赏

相对于大江大湖而言，一些秀丽的湖沼池塘则显得更加与人亲近，游人应十目所视欣赏，产生人在画中游的意境。如杭州西湖，只有当人们走近时才能观赏到诸如"三潭映月"、"曲院风荷"（图2.8）、"苏堤春晓"、"断桥残雪"等美景。针对这种情况，类似的旅游景区应在湖边设置供人休息、赏景的设施，为人们营造良好的游憩氛围。

图2.8 杭州曲院风荷

2．欣赏景观的时机

旅游审美与一般的审美不同的是，其审美的对象是随着时空的变化而不断改变的，因此要欣赏在特殊的时间出现的特殊的景观，必须把握观赏时机。

（1）不同季节出现的景观

如只有在深秋才能欣赏到"霜叶红于二月

① 华夏经纬网，2004年5月3日．

花”的香山红叶，只有在夏季才能见到最美的黄山云海，只有在隆冬才能看到琼枝玉叶般的雾凇美景（图 2.9）。

图 2.9　阿尔山雾凇

（2）特殊时间出现的特殊景观

如每年只有在五月份才能见到青海候鸟的壮观景象，每年八月十八左右，人们才能看到“壮观天下无”的钱塘大潮。

3．对景观特点的把握

不同的景观有不同的特点，蕴藏的内涵给予人们的观感不同，因此，在欣赏旅游资源时，除了位置和时机的把握以外，还需要了解景观的特点。现以中国古典园林为例讲述如何抓住景观的特点。

中国古典园林是中国传统文化中的一块艺术瑰宝，是人类文明的重要遗产，中国的造园艺术以追求自然精神境界为最高目的，从而达到“虽由人作，宛自天开”的审美旨趣。中国古典园林按其地理位置可分为北方园林、江南园林和岭南园林三类，这三类园林各有特点，只有把握了这些特点，人们才能更好地欣赏到园林的美，才能体会到园林表达的意境。

北方园林以红黄为主色调，配以苍松翠柏，形成富贵尊荣、庄严雄浑的特色，如北京颐和园（图 2.10）、承德避暑山庄、北京故宫御花园等；

图 2.10　颐和园

江南园林以黑白为主色调，园内建筑多为粉墙黛瓦，其借助光影艺术，呈现素静、淡雅、温和之美，如苏州拙政园、留园（图 2.11）、沧浪亭等；

岭南园林不似北方园林厚重，又不似江南园林秀巧，而是简洁、轻盈，形成畅朗、玲珑典雅的风格，如番禺的余荫山房、广州的越秀公园、佛山梁园（图 2.12）等。

图 2.11　苏州留园

图 2.12　佛山梁园

由此可见，不同的旅游资源有其不同的特点，也具有不同的审美层次。在旅游审美时，如能事先做好准备，对即将到达的景点的文化特征、表现形式进行较为深入的了解，就能使现场的旅游审美活动更有针对性，其审美感受也会达到更深的层次。

三、审美想象

当我们以审美的眼光观照大自然的时候，从纯形式的视角很难获得强烈持久的美感体验。但只要我们渗入一点点人类的理想或有关人的联想，感觉就大不一样。就审美心理而言，感知的景物为实景，想象的景物为虚景。所谓实景，即用白描写实手法逼真地描绘出景象；虚景则是调动想象、联想、幻想，运用比喻、暗示、象征、夸张、拟人等手法虚化而出的景象。在旅游审美的过程中，只有主体充分把握虚景与实景的关系，才能体会到中国传统美学追求的象外之象、景外之景的境界。比如当人们欣赏潮水时会联想起晶莹的雪花，当人们欣赏月光时会联想起婷婷的的美人，当人们看到风起云涌的景色时会联想起波澜壮阔的大海……这些联想会让人的审美感受更加丰富。而要想产生丰富的联想，则要求旅游者自身具备一定的文化修养和创造性思维，比如在登临泰山时能想到古代帝王封禅的宏大场景，在游太湖时能产生范蠡与西施泛舟远去的浪漫情怀，在雪山上回忆起“山舞银蛇，原驰蜡象”的壮丽词章等，不但能让人在旅游中获得更多的乐趣，还能帮助旅游者更好地理解景物的审美意境。

值得注意的是，旅游者在实地游览过程中，要想比较充分地欣赏虚景，就得充分利用自己的审美想象力，抛开日常的实用功利心，在“似与不似”之间观照实景的形象，感悟虚景的内涵。倘若一味求实较真，那只能是缘木求鱼而已。比如峨眉山跳岩成仙的传说对绝大多数人而言，只是一种神奇而美丽的想象，这种想象能让人在旅游时获得更多的审美享受，要以实证的态度来对待这些传说和想象都是没有意义的。

综上所述，旅游文化对于旅游审美具有不可或缺的作用，同样，旅游审美也表现、丰富了旅游文化的内涵。

第二节 旅游时空的拓展

旅游文化的重要功能之一就是实现生活时空的转换。旅游文化从纵横两个维度实现了人们生活空间的拓展。在不同类型的旅游活动中，人们对空间层次的要求和空间的具体感受是不同的。在旅游活动中，空间的转换除了表现在相对静态的生活空间与相对动态的旅游空间的关系转换以外，还表现在旅游形成了一个交流的空间，并且在某项旅游活动中，某些人能体会到神圣和世俗的空间转换。旅游活动使人们在实现生活空间转换的同时，使人们体会到时间的转换，具体表现为工作时间与休闲时间的转换以及对异文化时间的体验，而现代交通工具的使用对旅游实现时空转换有着十分重要的影响。

一、生活空间的转换

人类与生俱来就有不断转换生活空间的要求，这是人类存在和发展的根据或本质，旅游是转换生活空间在一定时代的表达方式。人类旅游的最初源头存在于人类诞生之初，即原始初民为生存而进行的迁徙、劳动之中。这样的迁徙、狩猎、游牧、漂泊等为生存和发展的历史奠定了人类转换生活空间和开拓生活领域的本质。今天的人类，狩猎和游牧的步履已成背影，漂泊的民族也已逐步融入当地的世居民族，那些转换生活空间的古老方式已失去了市场，代之而起的是迁居、商贸、各种跨文化的互访交流和旅游等现代形式。而由现代旅游形成的空间转换与一般的空间转换之间最大的差别就在于，旅游者并不是以谋求利益为目的，而是为了在异时空中获得一定的体验而进行的空间转换。

（一）旅游空间的概念

旅游者在旅游活动中的空间是指旅行者需要进行短期生活、观察、了解、体验或者观光的地方和地点。旅游空间的拓展是从纵横两维展开的，横向的空间拓展是指旅游者在旅游的过程中，从一个地理空间移动到另一个地理空间的一系列连续的空间移动。比如从旅游地北京到西安，又在西安境内从一个旅游点到另一个旅游点，整个旅游活动就是在一系列的空间转换中完成的。纵向的空间拓展是指旅游者在旅游目的地体验的深度。这里的空间不仅指具体的地理上的范围，还涉及为游客所提供的社会空间。如果游客在旅游目的地社会的实践空间大，了解到的事情多，与地方民众接触深，那么，就表明他所进行的旅游程度相对地深入。反之亦然。这意味着旅游目的地的社会具有多种意义的空间概念和空间实践的分类和差异。从这个意义上说，旅游实际上是一种“空间的实践”。①

（二）旅游空间的分类

旅游活动的空间分类首先与旅游观光的类型存在着密切关系。

以自然景观和人文景观为主要旅游活动对象的旅游空间，是现代各种旅游方式存在的基本空间。但是，由于旅游者的旅游活动方式的不同，又可以分为动态空间和静态空间两种。

1．动态旅游空间。主要对应旅游活动中由旅游者从出发地到下一个旅游地较长距离的空间转换，这种转换往往呈现连续线的或封闭线的空间移动方式，并且是非定居式的空间活动，所以可以称为动态旅游空间。

2．静态旅游空间。主要对应旅游活动中旅游者在某一旅游地的定居式行为。这种行为往往局限在较小的范围之内，并且类似于家居日常生活有一定规律的行为方式，所以可以称为静态旅游空间。它具体地说就是对应于旅游者在旅游地的较长时间休闲度假，或观光式旅游中在某一旅游地作一夜以上停留的行为。例如旅游团队到达某一旅游地后停留一夜以上，以居住宾馆为中心的观光游览活动。

其次，与旅游地的自然及人文性质有密切关系。

旅游地的自然及人文性质，依据其原真性程度的高低，对旅游者呈现不同的图景，但能够使旅游者认为是真实的或主观上有真实性体验。由此可以把旅游地按其自然及人文性质原真性的高低，分为本真旅游空间与建构旅游空间两类。

1．本真旅游空间。所谓本真旅游空间，即旅游地的自然和人文环境是较少受外界扰动的，近似原生态或模拟为原生态的景观空间。例如绝大多数文物古迹景观由于自然或人工损毁，不同的时代均不断修复，但在“修旧如旧”和保护环境的前提下，旅游者认为这些文物古迹景观是原生态的。如故宫、长城、敦煌莫高窟等旅游空间均是如此。

2．建构旅游空间。建构旅游空间，即旅游地的自然和人文景观，经过现代旅游业的包

---

① 彭兆荣．旅游人类学．民族出版社，2004年，第116页．

装和改造，模拟化和舞台化，甚至创造出虚拟化的幻想世界，但让旅游者仍然相信是真实或近似真实的景观空间。如黄山“梦笔生花”，民俗文化村，三国水浒城，迪斯尼乐园等。

3．与旅游地的景观性质有密切关系。旅游地的景观性质，可以分为自然景观和人文景观两类，因此自然景观旅游空间与人文景观旅游空间就是又一种旅游空间形式。

（1）自然景观旅游空间

自然景观旅游空间的广度和深度会由于具体的旅游活动而有所不同。可以分为体力型和观察型两大类。体力型旅游空间，是在诸如冒险旅行、生态观察旅行或体育旅行的旅游活动中，人们与自然以及自然物种所建立的空间关系的互动性相对较大，旅游者需要通过自己的积极和努力才能完成与旅游空间的亲密接触。如野外探险、漂流、登山等活动，这种旅游活动显然建立在人与自然的近距离关系上。而观察型旅游空间，主要通过视觉、听觉等与观察目标保持一定的距离方式实现空间感受，主要体现在观光、欣赏、审美及对自然的观察方面。

在观光、欣赏、审美及对自然的观察等旅游活动中，旅游者的空间感受主要体现一种现场感的体验上。比如到世界自然遗产地去旅游，游客主要是通过对著名世界自然遗产的现场性之“在场”去体验和欣赏自然奇观。在这种情况下，游客通常并不被要求，甚至还会被限制与这些自然遗产作进一步的亲密接触，以便对自然遗产的保护。比如人们对自然保护区进行了绝对保护区、一般保护区和游览区的划分，这就是人们对自然旅游资源的空间距离的不同要求的表现。在旅游审美活动中，空间距离的层次性十分重要，旅游者选取不同的空间距离会体会到不同的美感，针对不同的自然旅游资源应选择不同的距离才能获得最佳的美感享受。

（2）人文景观旅游空间

在以建筑、园林、雕塑、绘画等人文景观为欣赏对象的旅游活动中，人们可以明显地体会到空间的转换。例如在欣赏园林时，空间的层次递进关系尤为重要，中国古典园林往往善于在有限的空间中通过隔景、障景、框景、借景、漏景等各种方法分隔出不同的空间层次，以此体现无限的意境，旅游者在欣赏园林时如能把握好不同的空间之间的关系，则能对整个园林有一个较好的整体的认识和美感享受，而除了对空间的宏观把握以外，还要懂得在各个相对独立的空间中欣赏局部的细节，才能真正体会造园艺术的精髓。

在以旅游目的地社会人文景观为欣赏对象的旅游活动中，空间转换的方式就要从目的地社会入手。在这种情况下，其“空间体验”就会更加复杂，这主要取决于两个方面。一是目的地社会存在着“内与外”两分的空间关系。其中有些事物、事件、活动并非是游客可以观察到和体验到的。比如某些民族或族群的宗教仪式、禁忌、秘仪、祭祀、妇女活动等。一个典型的例子就是藏族地区的特殊葬俗——天葬，就是不便于被旅游者观看的。还有一点在于现实的旅游活动中，展现在游客面前的东西只是一个特定社会所呈现出来的一部分，或者说是一部分社会现象。真正要对旅游目的地的社会空间有深入的体会和体验，就有赖于游客对自己所进行的旅游活动的目标、动机与期待以及为了达到具体目标所进行的各种准备。我们常见的“走马观花”式的旅游只能满足空间移动的数量，却远未达到真正意义上的“深度空间体验”。比如游客到希腊雅典旅游，有可能会带回一大堆卫城的帕提侬神庙、厄瑞克提翁神庙或胜利女神庙的摄影照片，却对希腊文化缺乏深入的了解，这种旅游活动在旅游空间上实现了巨大的转换，可对于目的地的社会空间的纵向了解却没有实现。

（三）生活空间转换的不同关系

1．静态与动态的空间关系

旅游是一种空间移动的活动，即由日常定居生活的空间，向非定居生活的移动空间转换。日常定居生活的空间图景，对于绝大多数人而言，是有规律变化可循的，家庭、单位和街道，构成一种熟悉的但又相对程式化的空间图景。这种程式化的空间图景，容易使人感到枯燥无味。可以把它看作人的生活中相对静态的空间。旅游者最直接的旅游动机即是从这种程式化的空间感受中产生出来的。旅游者由于不满和厌烦没有新意的生活内容、一成不变的生活节律、家庭与工作场所之间两点一线的单调环境、丧失激情的和死板的社会关系，以及紧张的人际关系，并因此产生强烈地暂时要改变生活方式和环境空间的要求和愿望。旅游成为一种实现这一要求和愿望的最佳选择，是人们对非定居的甚至未知空间的追求和探索，它在空间方面的基本行为，是行走与迁徙，不断的变换以追寻心灵的刺激与满足，是一种动态的空间。总的来说，由日常生活到旅游生活的空间关系，是由静态到动态的空间转换，但这种转换的主体，是旅游者本身。实际上旅游者在经过一段时间不断变化的空间环境之后，在心理上又会产生对定居生活回归的渴望。

2．主客交流的空间关系

这是一种由于旅游行为所产生的游客与东道主之间非常复杂多样的社会空间机制。在这一关系空间中，交流是至为重要的内容。主客交流的空间关系主体，是旅游者与旅游地的东道主以及物质文化载体。

交流的方式是通过多种形式得以实现的，最普遍的一种形式是旅游者参加旅游团队，与导游人员之间的交流所形成的空间。旅游者有可能在整个旅游活动中都处于这样一种空间当中，导游人员作为主人，通过照顾游客的食、住、行以及为其讲解旅游景区而与游客建立起一种交流关系，因此导游人员的能力和素质就对其代表的城市或地区对游客留下的印象产生非常大的影响。同时，游客的一言一行也会体现出旅游客源地的某些特点，使导游人员从中获取一些信息并产生某种判断。

另一种形式是游客参加旅游目的地组织安排的庆典或大型娱乐项目。宾主双方的行为在这些活动中享受着一种新的状态和身份，在交流中，这些精心安排和组织的活动得以实现。如在一年一度的上海国际旅游节中，大巡游、大狂欢、国际音乐烟花节、啤酒节等活动，为八方游客及当地居民营造了良好的交流空间。而且，在这样的空间关系中，宾主双方的行为往往在向自己和他人展现自己。

还有一种交流方式是旅游者与当地居民日常的交往，相对于参加庆典或大型娱乐项目，这种交流方式使游客更贴近当地居民的生活，更能深入地体验当地的文化。如游客通过语言交流了解当地居民的方言、思维方式、基本的价值观等信息，通过体验当地居民普通的生活品尝到地道的地方美食，体验当地的大众的娱乐方式，甚至学会某些当地人的特殊技能。同样，在与旅客交流的过程中，当地居民也会受到旅游者所带来的某种文化的影响。这种由体会日常生活而形成的交流空间是现代旅游新的趋势。

旅游者在旅游过程中即使和东道主没有直接交往，但通过观察和体验旅游地的精神与物质文化载体，如语言、风俗、建筑、餐饮等，仍然能够产生主客交流的社会空间。这就是即使旅游者去到语言不通的国度，尽管行程匆匆，仍然能够感受到跨文化交流的原因。

上述的交流方式都是通过旅游实现的，旅游活动中游客与旅游目的地居民所建构的关系空间是一种基本的交流传媒，它聚集了社会价值观念、道德观念等，成为不同文化实际接触与交流的空间背景，也就是说旅游文化创造了主客交流的空间。

案例　　阳朔有个“地球村”

西街是阳朔县城最古老的一条小道。一条青色的石板路，两排低矮的砖木房，小青瓦、白粉墙、坡屋面、吊脚楼，散发着浓浓的古香，是土得不能再土的典型的桂北传统小街。

被当地人称为“背包老外”的旅客们来到西街，把背上的大行李包一放，痛痛快快地冲个澡，然后坐在街边小桌边，喝干一杯咖啡或啤酒，然后租个单车，满街满巷、农村田野到处转，或租个橡皮圈到漓江漂游。也有些到街上的文化中心学中国象棋、中国书画、中国烹调，或到武馆学中国武术，还有的到当地的外语学校既当学生学中国文化，又当老师教中国同学学英语。

西方人迷恋西街，除了它有着阳朔秀美绝伦的自然风光这个大环境为依托以外，丰富的文化内涵是西街最大的魅力，西街使西方游人们体验到一个东方文明古国的家庭式的温馨。西街的店主们似乎从来没有把自己看做老板，而是看做这里的主人，顾客都是来家里的客人。他们在自己经营的家庭式的夫妻店里，用待客的心理和方式，使顾客们享受到家庭式的服务。在这里可以随便找许多国家的朋友面对面地聊天。这里是一个国际小院，或者叫做“地球村”。

川流不息的西方人给西街带来了西方世界的气息和观念，使西街人墨守了千百年的淳朴但又显得保守的观念动摇、变化了。这些变化的观念中，最为突出的是婚恋观念。这里的青年男女认识到爱情不应受国界的限制，许多父母放弃了把孩子“捆”在身边防老的想法。于是，这里的姑娘小伙，在与这里长住的外国小伙姑娘们的接触中，毫无顾忌地产生和发展着相互的爱情。

近几年，西街多元化的文化环境更增强了它的吸引力和包容性，越来越多的西方人向往西街的常住环境。现已有十多个西方家庭在这里长期居住，成为西街的“洋居民”。西街成了名副其实的“地球村”。①

3．世俗与神圣的空间关系

旅游者对于自己所尊崇的对象的旅游过程，构成了神圣与世俗的空间关系转换。我们知道，朝圣是旅游活动的一个类型。如穆斯林向麦加的朝圣、藏传佛教的信徒向布达拉宫的朝圣、汉族佛教信徒向佛教名山的朝圣等。在这样的活动中，生活空间的转换就包含了在世俗的居住地与神圣的目的地这两种空间中转换的含义。

对于一般游客而言，除了这种有宗教意义的旅游活动以外，还有许多旅游活动的空间转换也具有从世俗的空间到神圣的空间的含义，如中国人到天安门广场去看升国旗，美国人到纽约参观自由女神像时，由于能在旅游中感受对祖国的热爱，目的地空间抽象为祖国的概念

① http://51ding.com/News_Show.asp?NewsID=3872

而成为人们心目中神圣的空间；去曲阜孔庙拜谒孔子，此时的空间就是儒家文化的象征或教育者心中的圣坛；还有一些热爱艺术的人，去卢浮宫观赏精美的举世闻名的艺术作品，则如同走进了一个梦想中的王国；再如人们参观名人故居，也有进入神圣空间的含义……这些旅游活动对于不同的旅游者而言，都包含着从世俗的空间走向神圣的空间的含义。

值得注意的是，旅游者自身的不同特点对评判一个空间神圣与否具有决定性的意义。比如对于一个中国人而言，红色旅游的目的地是具有政治意味的神圣空间，而对于不了解中国这段历史，或与这段历史没有任何关系的人而言不具有神圣的含义。

二、生活时间的转换

（一）旅游实现从工作时间到休闲时间的转换

1. 日常生活链断开的状态下体会到自由

随着现代社会工作和生活节奏的加快，人们仿佛生活在“工作时间/休闲时间”两种时间制度中，“工作时间”是人们维持生存和谋求利益的时间段，而“休闲时间”则是人们追求放松、追求美的时间段。现代旅游是人们实现从工作时间到休闲时间转换的重要方式，也就是使人从精神紧张的状态向精神放松的状态转换的重要方式。

现代社会的自由时间总量持续增长，就我国而言，法定假日的增加，每周的工作日由六天减为五天，每天八小时工作制等等，都使现代人的自由时间增加了。但是，由于竞争的激烈、生活节奏的加快，人们在自由时间增长的同时感到生活更加匆忙了，有人甚至感到了对时间“极度的饥渴”。其原因在于日常的居家生活至少要面临三个问题：首先，日常生活所从事的生产，其目的是为了获得物质财富；其次，日常生活中人们的社会关系是以物质关系为最终的根本关系；其三，以财富的增加为目的的物质关系，将生产、生活中的一切事务，从不同层次展开到不同领域表现的事务可串联起来，构成了一条环环相扣的链条。可见，如果一直处于这样的日常生活中，即使是在自由时间中，人们也不易体会到真正的放松。解决这个问题的方法之一就是去旅游，即从日常生活中逃离出去，也就是实现日常生活链的断开。

由此可见旅游文化的功能之一就是，使人真正实现从工作时间到休闲时间的转换，从而获得身心的放松。

案例　　闲游大理

云南的天早晨亮的晚，晚上黑的晚。天黑以后到街上闲逛已经九点多钟了。大理古城和丽江有相似之处，也是条石铺路，店铺成行，只是街道比丽江宽了一些，街上人来人往，时时传来几声鞭炮，好像在提醒着人们春节将近。在街头一家烧烤小摊旁坐下，这里有烤肉串、烤鱼、烤土豆、烤豆腐……各种各样，都无一例外地撒上辣椒面。品尝着风味小吃，看着一群群小孩在周围欢快地跑来跑去，一簇簇花炮焰火时而蹿上夜空，炸开缤纷的星雨又四散飘落下来。忽然体会到一种莫名的轻松，一种摆脱了工作束缚、日常生活劳作束缚、节日习俗束缚的轻松，一种进入一个陌生环境、无所事事、随意行止的旁观者的轻松……身心一下子放松了，一切责任和重负在刹那间倏然远去，使你像失重的太空人一样可以无所依托地漂浮起来。旅游之吸引人，除了饱览新鲜的自然风光以外，这种全身心解放的感觉也是一个重要原因吧。[①]

2．对闲暇时间的利用从消磨时间到积极追求的转化

从休闲时间的利用方式来看，旅游是使人从时间的消磨转换到积极地追求某个目标的方式之一。对于人们在完成工作和生活所必须的活动之后，可以自由利用的休闲时间，人们并不一定都能很好地利用。美国学者纳什对人们休闲时间的利用状况分类，他认为最低层次的休闲方式是反社会的行动，其次是放纵行为为主的伤害自我的行为；中间层次的的行为包括以解闷为目的的娱乐、寻求刺激、摆脱单调、消磨时间等行为；较高层次的休闲方式包括作为欣赏者投入感情地参与某项活动，作为追随者积极参与某项活动；最高层次是以发明家、画家、作曲家等为主的创造性地参与某项活动。旅游属于中间及较高层次的休闲时间利用方式，因为旅游这个行为本身，就是从消极地度过休闲时间向积极地利用休闲时间的转换。

（二）旅游是对异文化的时间体验

旅游文化是一种对“异文化”的时间体验和实践的文化，旅游活动实际上就是体验目的地社会的“他者时间”。旅游对异文化的时间体验也是从纵横两维进行的。

1．旅游者纵向体验异文化时，势必会关注当地文化的历史事件，也就是过去的故事，这些故事不仅是与现在相关系的连接纽带，而且还与未来相维系。因此，“他者的时间”会转化成为旅游者自身的“现代理解”和“未来影响”。比如，当外国游客徜徉在中国的世界文化遗产秦始皇兵马俑时，会用根据眼前的景象去想象发生在二千多年以前的场景，并且会对用其当前的知识和态度去理解这段“过去的故事”。而当他们被这种场景震撼的同时，会对中国古代文化进行重新思考，这就会改变他们有可能存在地对东方历史无知的西方人的狂傲态度，由此对其未来产生影响。

案例　　恰纳卡莱：历史之爱

毫无疑问，吸引我来恰纳卡莱的就是那个传奇故事——特洛伊，一个开启了希腊乃至整个西方文明曙光的传奇故事。

然而第一眼看到今天的特洛伊，却着实让人失望。城池不再，英雄不再，剩下的只是断壁残垣和疏木荒草。还好，同行的安卡拉大学的哈克教授的讲解让一切鲜活再度起来。从 1873 年起，德国人谢里曼的名字就像古希腊英雄一样与特洛伊联系在一起。当谢里曼还是一个穷孩子的时候，他就有了挖掘特洛伊的雄伟构想。1870 年，谢里曼认定土耳其西北部的西沙里克小山最符合史诗中特洛伊城的位置。在此后几年的时间里，谢里曼率领一支一百余人的挖掘队，在预定地点相继挖掘出了上下层叠的四座城市遗址，其中一处还有明显被火焚过的痕迹。谢里曼兴奋地宣布：“他发现了荷马史诗中的特洛伊城墙。”哈克教授指向依稀可以辨别焚毁痕迹的砖石，蹙眉说到：“可惜啊，由于心态过急和缺乏专业知识，谢里曼挖过了头，他最终认定的特洛伊王宫实际上要早去荷马时代一千多年，而谢里

① 云南信息港 http://travel.yninfo.com/zyrdbbzl/zt/2005/2005-07/2005-07-20/1121840252_5/

曼急于寻找的那个英雄时代的城市已经被他当作垃圾仍掉了。”1873 年，谢里曼夫妇转移了从遗址中清理出来的九千件金器。这个发现不仅使他一夜暴富，还使他实现了他一生的梦想——找到特洛伊城。

这座伟大而沧桑的城市曾经经历了 9 个历史文化时期，其中它的历史可以追溯到公元前 8 世纪希泰族国王图塔利亚 5 世的时候。阿索斯的传奇来源于我们耳熟能详的雅典娜神庙，当我在慨叹神庙庄严伟岸的建筑时，哈克教授悠悠地说：“如果真有女神，她也会为恰纳卡莱战役中的亡灵流泪呢。”是啊，逝者如斯，曾经的一切不复存在，包括爱情。可是，就是流传下来的这一点光亮也足以照亮后人的梦想。①

2．旅游者横向体验异文化是指到异地体会时间感的差异。这种差异主要体现在两个方面：一方面是时间的节奏感不同，比如农村人来到城市，会感受到城市人生活的节奏快，时间利用的方式也与自己的生活不同；城市人来到风景宜人的偏远之地，也会在相对宁静的氛围中体验更加悠闲的生活，在没有电视等娱乐方式的夜晚，甚至会感到时间的步伐明显放慢了；另一方面是不同空间体现出不同的时代特征，如人们来到一家上海怀旧餐厅，其中的音乐、装修、布局、服务员的服饰等都在营造一种老上海的格调，人们置身其中会感到仿佛回到了二三十年代，而当人们参观科技博物馆时，各种先进的设备和超前的思想又会使人感受到未来的魅力，而人们在参观迪斯尼乐园时，又会在美国乡村中体会到过去，在观看球幕电影中体会到未来。这种时代感同样会表现在城市与农村之间、城市与城市之间、或国家与国家之间、发达与不发达之间的时间维度。

（三）现代生活与对旅游实现时间转换的影响

1．交通工具对旅游时间转换的作用

现代社会的交通工具大大方便了游客的出行，不同历史时期的旅游活动的重要差异在于“时间”的概念和“时间”安排上的变化，这主要来自于交通工具的改变。现代快捷的交通工具从某种意义上说是在“创造”或“赚取”时间，这增加了空间的跨越性，如果没有现代交通工具，人们就无法体验到某种时间转换。如借助飞机等交通工具，人们可以今天还在繁华的大都市中忙碌地工作，明天就来到辽阔的大草原宁静地漫步。但是，在某些情况下，交通工具的快捷所表现出的时间紧张感，却又恰恰使人失去了古人那种“优哉游哉”的优游之乐。因为在这种紧张感受、快速感受中，人们的旅游时间、方式和工具却无法与自然节律保持一致的状态。如现代流行的自驾游，使人们在享受到方便的同时也付出了错过一些静心欣赏沿途美景的机会。

案例 灵谷夜籁

又一个闷热的周末傍晚，在沪宁高速公路上飞驰 2 小时 28 分钟之后，我们掉进了号称火炉的古城南京。

刚看到指向东郊风景区的路牌，就觉得突然掉进了久违的纯正的黑夜。记忆中的东郊，只有延绵不绝的绿色。车灯像一把锐利的剪刀刺开了无边的漆黑，灯影中的梧桐哨兵般地

① 《时尚旅游》，2005 年 4 月．

在路边列队。关掉空调，打开窗，一股夹杂着青草味的凉风便悄悄钻进车内，耳边只有沙沙的轮胎声和鸟虫们合奏的小夜曲，让一直骚扰着我们的暑气彻底逃散。

不知不觉驶入了东郊最静谧的灵谷公园，总觉得这里即使白天也是清凉寂寞，游人稀少。对这个未知的夜晚还存有不少戒备，所以借助大灯缓缓驶上了一条鹅卵石铺垫的路，而超越我们的一盏盏火红尾灯很快就消失在树林间了，只剩下不知名鸟虫们的对唱和无尽的黑夜。

干脆关掉车灯，静静地享受一下寂寞。而当眼睛适应黑夜的那一瞬间，我惊呆了！车窗外、树丛间、枝头上、鹅卵石路上，无数的萤火虫静悄悄地闪烁着，星星点点，仿佛整个银河的繁星落在了我们面前！童话般的萤火虫世界就在我们周围，一种从未有过的感动油然而生，如果没有融入黑暗，我们怎么会邂逅这童话般的世界！几只小虫忽闪忽闪地飞进车内，不忍打扰这些小虫的舞蹈，轻轻引导它们重返自然。几道刺眼的灯光不知趣地撕破了美好的画面，让我们从震撼中回过神来。一辆 SUV 趾高气扬地从我们身边驶过时，他们也许从没有想过，这强烈大灯下的世界里会有这样一片精彩。①

当然，交通工具的发展对旅游而言一定是利大于弊，在利用它的时候保持旅游的良好心境，才能使旅游成为生活时间转换的可行方式。

2．现代旅游行为对旅游时间转换的影响

旅游本是人们从工作时间逃离出去，积极地利用闲暇时间的重要方式，但是现代工业社会人们的生活方式、思维方式也影响了人们的旅游行为，这些行为往往又妨碍了时间转换的真正实现。如现代社会发达的通信工具，一方面方便了人与人的交流，增加了信息的传播渠道，另一方面却又使人难以摆脱外界的打扰，这就使旅游者很难在旅游时真正实现“工作时间/休闲时间”的转换。又比如人们在黄金周出游本是想很好地利用难得的假日，但大量出游的人群又使人无法真正享受到假日的快乐。还有许多旅游者在旅游时不懂得如何利用时间，认为在旅游时必须抓住一分一秒的时间走遍所有的景点、参加各种活动，才算“游有所值”，这样既无法真正实现休闲放松的目的，也无法深入地体会旅游地的文化精髓。因此，要使旅游成为转换生活时间的方式，就必须改变这样的旅游行为。

第三节　旅游信息的增加与激励

旅游文化的重要功能之一就是使旅游者接受大量信息，并以这些信息吸引旅游者，满足旅游者的需求，使旅游者在获取信息的同时感受到旅游的乐趣和魅力。旅游信息对于旅游者与目的地居民和政府而言有不同的意义。对于旅游者而言，旅游文化的功能主要体现在增加旅游者的信息，从而使旅游者在陌生的环境中能满足好奇心，增加知识量，在跨文化的环境中体验异文化、吸收异文化并对自身的文化进行认证；对于目的地居民和政府而言，旅游文化的重要功能在于信息的激励，既通过在旅游者的评价和当地人的塑造，以及二者的文化碰撞的共同作用下，形成成功的旅游形象。

---

① 《南京夜游路线 俯瞰万家灯火》. www.southcn.com/travel/car/zjjd/ 49K 2005-8-7

一、陌生环境的信息刺激

陌生环境是指在同一文化区内的不同的区域环境。在陌生环境中旅游者从异地获取的信息会对其形成刺激，正是在这些信息刺激中，旅游者获得了旅游的乐趣，具体表现在以下三个方面。

（一）满足旅游者的好奇心

在旅游中寻求异地与居住地的文化差异是旅游者普遍的心理，当旅游者获得了这些有差异的信息，其好奇心就会得到满足。因此在旅游的过程中，人们会刻意关注沿途和目的地在自然景观、人文景观以及当地人的方言、性格、居住习俗、饮食习惯等方面与居住地的差异。比如来自江浙的游客到了陕西会看一看窑洞，吃一碗羊肉泡馍，学几句陕西话，爬一爬西安城墙；而陕西人到了江苏又总想听一听吴侬软语，品一品地道的龙井，吃几只阳澄湖大闸蟹，体会一下水乡风情。在寻找差异的过程中，旅游者的好奇心得到了满足，对目的地的了解也随着信息的增加而加深了。

获取差异信息有两种不同的情况。第一种情况是旅游者在为此次旅游做准备时已经收集了较多目的地的信息，在旅游活动正式开始之前就对目的地产生了期望值，在旅游过程中他们会用在现场获取的信息去印证、评判已有的期望值，这种过程也就是好奇心满足的过程。比如当一位旅游者在到达北京天坛之前已经通过各种途径对天坛有了较多的了解，在他亲临现场时，就会用在现场获取的信息与以前得到的信息进行比较。比如他会印证天坛的规模是否与自己想象的一样大，走在“海墁大道”上是否与想象中一样有天高地阔、庄严肃穆之感，站在天心石上击掌是否能听到明亮而深沉的回声……这一系列信息的获取、印证、修改的过程使旅游者感受到许多乐趣。

第二种情况是旅游者在旅游过程中获取了以前根本不了解的信息，这种信息会让旅游者产生很大的兴奋感。比如一位旅游者在到西安之前只知道西安有著名的羊肉泡馍，到了西安以后却吃到了像锅盖那么大的锅盔、像腰带那么宽的面条，这样的经历会让他兴奋不已，津津乐道。

（二）增加旅游者的知识量

对旅游者而言，到达一个陌生的环境，会接触到大量的信息，这些信息触于目、入于耳，成为旅游者的见识。旅游者对这些见识做出分析、综合之后，使之具有了再现的文化意义，便成为了知识。因此，这里所谓知识，就是指一种经过认同、提升、内化的文化经验。

在旅游者进入一个陌生的环境时，所接受的大量信息也是陌生的，这种陌生感让旅游者觉得新奇、兴奋甚至震惊。在接受这些陌生信息时，只有当旅游者对当地文化具有认同感，才会把这些信息积累为个人的知识。因为知识是必须进行价值判断，要求表现强烈的认同的。如一个游客对陌生环境的文化有抗拒心理，或者蔑视这些文化，这些文化的价值就不会被其发现，更不可能成为此旅游者的文化经验。由此可见，要在陌生环境的信息刺激下增长自己的知识，就必须改变自己的文化抗拒态度，认同当地文化。比如一位来自大城市的旅游者来到江西南丰石邮村观看当地的傩戏，就应了解傩本是古代驱逐疫鬼的宗教仪式，跳傩起源于原始社会，盛行于商周，在中国已经持续了数千年，是一种值得保护的文化现象。但是如果旅游者把这种文化现象视为落后的封建迷信，就不可能接受它、欣赏它，更不可能把观看傩戏获取的信息当作知识积累下来，知识量的增加也就无从谈起了。

二、跨文化环境的信息冲击

跨文化环境是指不在同一文化区内的不同地域环境。当人们在做旅游决策时，往往会选择与居住地差异较大的目的地，跨文化的地区对旅游者的吸引力尤其明显，这主要是因为在跨文化的环境中，旅游者获取的信息会对其产生强大的冲击力，从而获得更大的满足程度和更多的信息获取量。

（一）文化体验

1．旅游使文化成为体验的对象而非评判的对象。在旅游时，人们会对异文化报有相对客观的态度，人们接触这些异文化的动机往往是单纯地体验，这种体验可能以观察的形式实现，也可能以亲身经历的形式实现。由于旅游具有非功利的特点，人们在旅游时一般不会在思想上有先入为主的偏见。比如当人们到非洲旅游与当地居民交流时，会事先注意当地的某些禁忌，如不要瞪眼看对方，不要称呼其为“Negro”或“African”；再学习一些在当地适用的交流方法，如在握手时用力握对方的手等，在旅游过程中对当地文化进行体验便是一件有趣的事，而不会认为这些禁忌或风俗是落后的而对其产生强烈的排斥。由此可见，旅游的重要功能之一就是在文化体验的过程中使世界各地的人能以求同存异、相互尊重的态度进行交流。

2．旅游使文化体验具有随机性特征。在旅游过程中，人们一般不是带着主动地学习、考查某种文化的目的去旅游，在旅游过程中，跨文化的信息冲击常常地表现于不自觉的体验当中。比如人们去斯里兰卡旅游，有可能是被其宜人的风景所吸引，当旅游者来到海边欣赏大海时，却见到了当地人坐在一根根细细的木竿上钓鱼的场景，这种奇特的垂钓方式会让每一个外地人眼前一亮；又如旅游者走在阿拉伯的街上就能看到带着头巾的阿拉伯人，这就是在无意中体验到了当地独特的服饰文化；又如旅游者走在俄罗斯莫斯科的街头望见拜占庭教堂的“洋葱头”屋顶就是无意间了解到了东正教建筑的重要特点……异文化的体验就这样不经意地实现了，在旅游的过程中对异文化的了解是更多地实现于这种无意识的活动当中。

（二）文化吸收

我们认为旅游对异文化的体验具有随机性，并不否认旅游具有对异文化主动了解和吸收的功能。文化吸收是双向的，既是旅游者吸收旅游对象的文化，又是旅游目的地居民吸收旅游者的文化。各种旅游者在自身的时空转移活动中，有意或无意地带动不同时空的文化因素发生转移。在空间的转移过程中，他者文化的成分被大量地结合到旅游者原有文化之中，导致原有文化结构发生改变。比如西班牙人来到了古巴岛，发现当地人常衔着一支燃着的小棍，里面的药草能散发出迷人的香味，他们对当地人这种“喷云吐雾”的行为倍感惊奇，并将其带回了欧洲大陆，便成为了后来在欧洲广受欢迎的雪茄；又如旅游者到四川享受了四川的美食，便对川菜饮食文化有了一定的了解，并会在旅游归来后把这样的体验保存于记忆中或传递给其他人，导致川菜饭馆在中国其他城市中越来越受欢迎。这些旅游活动实现了文化的吸收乃至转移。同样，旅游者也会把自身具有的某种文化特质带到目的地，其行为方式、衣着、语言等也有可能被当地人吸收。例如云南丽江古城是各地旅游者的聚集地，使丽江的店铺、旅舍、餐饮、娱乐方式等，都不断与时尚接轨，冲淡了本地的纳西族传统文化。

（三）文化认证

文化认证是旅游者通过旅游确认自己身份的文化。在旅游的时空转移中，旅游者总是处在一种不断的文化认证之中。一方面，旅游者总是面对着自己不熟悉的文化，并试图理解、适应旅游地的异文化；另一方面，他者的文化又总是牵引他们回到自己的文化之中，使旅游者成为异文化的比较者与评判者。在不知不觉的时空转移中，他们原有的文化身份已经发生了改变。虽然旅游者体验异文化的初衷并不在于评判，但旅游者接触到陌生的异文化时，又势必不自觉地会用其居住地的文化为标准对异文化进行比较。比如中国人到日本参观了佛教建筑奈良东大寺后会拿中国的佛教建筑与之比较，而到泰国旅游后，又会对在泰国流行的小乘佛教的佛寺布局与四面佛等佛像产生兴趣。在这种比较的过程中，也就对本国的佛教文化进行了认证，对本国的佛教文化特色和地位有了新的认识。

三、旅游形象的塑造与传播

（一）旅游文化与旅游地的形象塑造

1．旅游文化催生旅游形象塑造。旅游形象被认为是旅游地成功与否的一个关键性因素。旅游形象具有有形和无形两重特性，前者是就该地的自然环境而言，而后者源于人类的历史文化活动。在大众旅游勃发的时代背景下，旅游形象与地区形象之间形成了高度的替代性。旅游形象上升到地区形象的过程中，经历了这样两个阶段：

（1）现代大众旅游兴起之前的城市形象塑造

古代一些重要的城市，很早就开始形成自己的城市形象，比如“扬一益二”、“上有天堂、下有苏杭”这样一些在民间广泛流传的说法，就是对城市形象的一种表达。杰出的文学作品、艺术作品，如《东京梦华录》、《清明上河图》等，在古代城市形象的塑造和传播上也发挥了重要作用。这样一种形象具有自发性、模糊性、零散性、偶然性，还不足以准确有效地表现出城市的真实面貌。这时候的城市形象对当地人和外地人来说，实质性的影响都是非常有限的。

近代以来，城市形象的塑造主要围绕政治、经济因素进行。中华人民共和国建立之后，北京作为红色之都，在外国人的眼中是红色中国的缩影，在中国人眼中则是祖国的首都，具有崇高无比的地位。这时北京的城市形象，突出了它在政治上的重要地位。再比如四川的攀枝花，本来就是依矿建城，所以它的形象自然而然地就成为“钢铁之城”。这一时期开始有意识地进行城市形象塑造，但其目的与旅游无关，而在于表现伟大的胜利、杰出的建设成就、征服自然的功绩，中外都经历了这样一个历史时期，只是在具体的时间上有所不用。此外，城市和地区在其他方面某些重要的特征也会对其形象产生重要的作用，如广州被称为“羊城”是由于古代“五羊衔谷、革于楚庭”的传说，成都被称为“蓉城”是由于后蜀王朝孟昶于市内遍植芙蓉，昆明被称为“春城”是由于其气候四季如春等。

（2）现代大众旅游兴起后的旅游形象塑造

现代大众旅游兴起和发展，使各地开始有意识、有目的、广泛地进行旅游形象塑造。由于旅游往往是某一地区或城市给予外来者的第一印象，所以旅游形象与地区形象之间形成了高度的替代性。旅游形象设计不仅成为旅游目的地营销的一个基本步骤，而且往往成为不同的地区和城市构建自己形象的重要选择。旅游规划者们形成了这样的共识：良好的、鲜明的旅游形象是旅游地获得成功的先决条件。优秀的旅游形象背后是滚滚而来的经济效益。在这样的背景下，旅游形象被提到前所未有的高度。例如，四川攀枝花的城市形象，已经逐渐由“钢铁城”向“阳光城”演变，这种变化，正是适应旅游的需要。

旅游的进一步发展，使人们对已有的旅游形象重新审视。以前没有旅游形象的城市或景区开始设计新的旅游形象。已有旅游形象被认为需要进行重塑，其原因可能是多种多样的，如：已经形成的形象没有突出本地区最具吸引力的旅游资源，与周边地区大同小异，出现形象遮蔽；游客的旅游偏好发生比较大的改变，或者主要客源地市场发生变化，原有的旅游形象不再适合旅游者的口味；或者出现了具有巨大魅力的新兴旅游资源等，都有可能导致旅游形象的重塑。如南京传统的城市形象是“火炉”，形容其夏季之热。但最近几年来，南京市政府要求取消“火炉”的称号，而更换为“十朝古都”等城市旅游形象，其根本原因就是适应旅游的发展需要。从总体趋势上看，文化性因素对旅游形象塑造的决定作用越来越显著。

2. 旅游文化塑造旅游形象

（1）旅游形象是在当地居民和旅游者共同作用形成的旅游文化中产生的

旅游地的一切对于居民来说是现实的生活，但展现在旅游者面前的是事先经过选择的内容；旅游者当然也会对被旅游地进行描述，而他的出发点是其固有的文化经验，其间还隐含着当地居民对旅游者喜好的揣度，以及双方为了相互迁就而做出的某些改变的情况。旅游形象的塑造，既不是当地人通过自我叙述能够完成的，也不是旅游者经过短暂的接触就能够概括的，而是源于旅游者和当地人之间的文化碰撞。比如杭州市曾以“爱情之都”为城市名片、大连市曾以“足球之都”为城市名片、珠海市欲以“浪漫之都”为城市名片等，都是其本市的人民和政府试图塑造的城市旅游形象，但其成功与否还有赖于旅游者对这些形象的认可程度；而外地人也以“红粉之都”评价成都市，这也是一种片面的看法，并不能被当地百姓和政府所接受。

案例　　昆明的城市形象

昆明是云南省的省会，西南地区的中心城市之一，由于年平均日照时间长达 2400 多小时，无霜期达 230 天，鲜花常年不谢，草木四季常青，独具“天气常如二三月，花枝不断四时春”的特色，一直享有“春城”的美誉。但由于时代的发展与现代旅游观念的不断进化，传统意义上的“春城”品牌受到了严峻的挑战。1999 年，世界园艺博览会要在昆明召开。昆明市政府敏锐地意识到这是重塑昆明品牌形象，再造昆明城市名片的千载良机，于是投入了大量的人力、物力、财力，成功举办了“中国 99'昆明世界园艺博览会”，创建了“昆明世界园艺博览园”，在国内外引起了巨大的反响，从而迅速塑造出“昆明世博园”这一能够代替“春城”的崭新品牌形象，成为当时现代城市名片塑造的成功典范。但随着“世界园艺博览会”影响力的逐渐下降，“春城”的传统品牌依然保持相当的吸引力。[①]

（2）塑造成功的旅游形象的关键在于表现出本地文化的独特性

旅游者总是选择和他的居住地有明显差异的地区作为旅游地，而地区间的差异体现在两方面：自然环境和社会文化。自然环境是相对确定的，旅游者作为观赏者来面对它，具

① http://www.huash.com/gb/hscb/2004-04/28/content_989758.htm

有较强的可控性。而社会文化则是不确定的，旅游者和被旅游者之间始终保持着一种互动关系，旅游者不再是抽身事外的观赏者，而成为亲历亲为的参与者，该过程充满了不确定性，因而也生发出巨大的刺激性，成为旅游过程中最富吸引力和最具想象空间之所在。

旅游地总是希望自己的旅游形象更加适合旅游者的口味，以吸引到更多的旅游者。中国许多旅游地在宣传中将自己表述为“东方的某某”，希望突出本地文化与西方文化的某些共同点，以唤起旅游者的兴趣。苏州就曾经提出过“东方威尼斯”的口号，但被证明是不成功的：中国人对“威尼斯”缺乏足够的了解和认同，而外国人要领略威尼斯的风情直接就去了意大利。而且熟悉历史的人都知道，当苏州已是一座闻名遐迩的大城之时，威尼斯还只是一片荒漠。成都也曾提出自己是“东方伊甸园”的形象设计，但伊甸园同样是西方基督教圣经中的传说，成都本身早有流传千年的“天府之国”标志。因此，这个新的形象并未得到旅游专家和市民的认同。这样的一种旅游形象塑造，既是对自身文化的背弃，也无法得到旅游者的认可。而一些东南亚国家，如斯里兰卡、印度尼西亚等，却通过努力渲染自己与众不同、独一无二的文化特色，刺激旅游者求新求异的心理需要，从而促成该地区旅游业的巨大成功。

（二）旅游文化与旅游形象的传播

1．主观塑造与客观传播的关系

旅游形象的塑造和传播在某种程度上说是同一个过程。如果没有旅游者，旅游形象的塑造是无从着手的；当旅游者进行旅游形象的描述时，当旅游者接受到关于旅游形象的信息时，这就已经是一个传播的过程了。不同之处在于，无论是旅游地在进行宣传时，还是旅游者在向朋友讲述自己的旅游经历和感受时，他们主观上是在进行关于旅游地的形象塑造，而此时，旅游形象的传播作为一个客观过程也正在进行中。从这一点上来说，旅游形象的塑造过程同时也是传播的过程。

2．现代传播方式对旅游形象的影响

旅游形象在塑造的同时开始了传播，同样，在传播的过程中，塑造活动也从未间断过。旅游形象在漫长的传播过程中，受到系统或零散，正面或负面的评价和加工。尽管旅游地会对自己的旅游形象有一个明确的表述，但具体到每一个旅游者，他们眼中的旅游形象又是各不相同的。

在现代社会，旅游形象的传播主要是依靠报刊杂志、广播电视、网络、户外广告等现代媒介。相对于传统的文艺作品和口传的传播方式，现代传媒传播迅速且覆盖面广。并且媒体在现代社会中的强势地位使其成为时尚的缔造者和把握者，它们在进行旅游形象传播工作的同时，也把自己的价值判断普及到大众之中。也就是说，现代媒体对旅游形象的传播具有决定性作用，它们不仅仅把旅游形象传达给尽可能多的人，而且引导人们对其做出判断。

旅游形象的传播也有主观与客观两种类型。比如当地政府为了宣传既定的旅游形象会利用各种媒体或开展各种公关活动来传播其旅游形象，这种形象的传播必定是正面的。为了与其他城市或景区竞争某一形象，各地相互之间可能会有一些负面报道以贬低对方的形象，如云南中甸与四川稻城都希望自己被认可为“香格里拉”，而曾在竞争中有不利于对方的言论。无论正面还是负面，这两类传播都是主观的，其形象塑造成功与否并不能单由主观传播所决定。

客观的传播主要表现在旅游者在某地旅游了以后，对当地的评价。这种评价可以通过

口传告诉亲朋好友，也可以通过写游记小品等书面方式传播给其他人。现代最有影响力的传播方式之一就是通过网络发布对某地旅游形象的评判，这种方式越来越受到人们的重视，并被多数人认为是较为可信的信息途径，但这种传播方式也可能表达的是一些人的偏见，而且不同的人有不同的意见，因此也不能对某地的旅游形象产生绝对的影响。

因此，旅游形象的塑造是在传播的过程中形成的，主观传播和客观传播相互作用、相互认可才会形成稳定的、成功的旅游形象。

第四节 思考题

1．自然旅游资源的审美价值体现在哪些方面？

2．游览一处附近的人文旅游景观，尝试从旅游文化的角度对此景观的审美价值进行评价，并思考旅游文化对此处景观的价值是否具有提升作用？

3．你认为在旅游审美时应该采取怎样的态度？并试着用这种态度欣赏周围常见的景观，努力寻找被自己忽视的美景。

4．精英的旅游审美与大众的旅游审美分别有何特点？

5．在杂志或互联网上查找优秀的风景摄影图片，分析摄影师的视角和图片拍摄的时间。

6．浏览苏州拙政园、北京颐和园、番禺余荫山房的网站，体会三类园林的不同特点。

7．思考旅游文化与旅游审美的相互关系。

8．简述旅游空间的概念和分类。

9．旅游能实现哪几种不同关系的空间转换？

10．为什么说旅游实现了对闲暇时间的利用从消磨时间到积极追求的转化？

11．在旅游中体验纵向时间转换和体验横向时间转换有何差异？

12．分析现代交通工具对旅游实现时空转换有何利弊？

13．举例说明旅游者在陌生环境中获取的信息刺激。

14．旅游者的文化体验有何特点？

15．请找一个案例证明在跨文化旅游中的文化吸收现象。

16．何为文化认证？旅游与文化认证有什么关系？

17．简述旅游形象塑造的两个发展阶段。

18．为什么说现代旅游形象塑造中最重要的因素是文化因素？

19．为什么说旅游文化塑造了旅游形象？

20．现代传播方式对旅游形象的传播与塑造有何作用？

本章参考文献

[1] 宗白华. 艺境. 北京大学出版社，2003年版.

[2] 朱立元．美学．高等教育出版社，1998年版．
[3] 章海荣．旅游审美原理．上海大学出版社，2002年版．
[4] 徐缉熙，凌珑等著．旅游美学［M］．上海人民出版社，1997年版．
[5] 谢凝高．山水美学——人与自然的交响曲［M］．北京大学出版社，1991年版．
[6] 王柯平．旅游美学新编［M］．旅游教育出版社，2000年版．
[7] 彭兆荣．旅游人类学．民族出版社，2004年版．
[8] 章海荣．旅游审美学原理．上海大学出版社，2002年版．
[9] （美）杰弗瑞·戈比．你生命中的休闲．云南人民出版社，2000年版．
[10] 朱路平．旅游跨文化行为研究．南开大学出版社，2004年版．
[11] 韩杰．现代世界旅游地理．青岛出版社，2002年版．

第三章　旅游文化时空

《文心雕龙·时序》曰："文变染乎世情，兴废系乎时序。"指文化具有地域性和时间性，也即文化的产生、发展具有时空分异现象。生活在不同地区的人们，在认识自然、改造自然的过程中，在不同的生存环境中逐渐形成了风格独具的生产、生活方式，创造了各种类型的文化。即使生活在同一地域的人群，因为生活环境的变化和在文化运动规律的作用下，在不同的历史阶段形成不同的文化，产生了文化的时间差异。同理，旅游文化的产生、发展，既是时间演变的结果，同时也与地理空间有着千丝万缕的联系。中国有着几千年连续不间断的悠久历史、数百万平方公里的辽阔土地、再加上我国历来民族和人口众多，这给旅游文化的形成和发展提供了充分的时间和空间。

第一节　旅游文化的空间分布

一、旅游城市的空间分布

旅游城市是一个相对性的概念。因为随着大旅游观念的引入和确立，旅游者的外延越来越广，几乎在所有的城市里都可以看到旅游者的身影。这里所指的旅游城市，是城市的旅游业在其国民经济中占有相当比例，并对其经济生活和社会生活的方方面面带来重大影响的城市。如纽约、巴黎、伦敦、威尼斯、罗马、新加坡、日内瓦等为国际性的旅游城市。国内同样有一些具有代表性的旅游城市，如桂林、杭州、丽江、西安、北京、扬州、敦煌、成都、昆明、凤凰等。旅游城市既是旅游资源也是旅游各种活动的载体，是旅游空间、游客和旅游物资的集散地。

自 1995 年 3 月，国家旅游局发出《关于开展创建和评选中国优秀旅游城市活动的通知》以来，到 2004 年，我国已有 206 座城市被评为中国优秀旅游城市，占我国城市总数的 31%[①]。其中，1998 年批准的第一批中国优秀旅游城市 54 个，2000 年批准的第二批中国优秀旅游城市 68 个，2001 年批准的中国优秀旅游城市 16 个，2003 年已批准的中国优秀旅游城市 45 个，2004 年已批准的中国优秀旅游城市 23 个。

（一）旅游城市类型

我国优秀旅游城市均有各自的城市发展轨迹及特点，这两百多个优秀旅游城市，若根据国内外一般情况的划分标准，大体可以定义三类四种的旅游城市：

1. 专门旅游城市。一是风景旅游城市，如武夷山、泰山、黄山、峨眉山、都江堰等。二是文化旅游城市，如苏州、西安、安阳、曲阜、凤凰等。

2. 转型旅游城市，如鞍山、荆州市、十堰市等。

---

① 2004 年末，全国设市城市 661 个.

3．综合旅游城市，如北京、上海、武汉、广州等。但从城市景观角度来看，旅游城市大致分为以下三大类型：

（1）自然-文化景观类旅游城市。这类旅游城市往往以某种独特的旅游资源，如自然山水、人文遗迹等旅游景观著称，并以此作为旅游吸引物，形成独特的旅游城市形式。旅游则成为其黄金招牌，如风景类的青岛、黄山、大连、厦门、秦皇岛、大理，文化类的苏州、敦煌、泉州、绍兴、泰安等。虽然在旅游资源上有所偏重，但这类城市一般都兼有山水与人文之美。

（2）文化景观类城市。这类城市是指在特定的历史阶段，有着重要的政治、经济、文化地位，有着深厚的古代文明的积淀，其范围内拥有众多的文物古迹、或具有一些有代表性的、典型民族风格的或鲜明地域特点的建筑群，拥有历史价值、艺术价值和科学价值文物的城市，并且至今仍有着相当规模和影响。文化景观类城市最有价值的吸引物往往是没有被现代的、外来的风格影响的“古旧”内容，历史性建筑被破坏得越少就越有价值，它们对旅游者具有的吸引力就越大。一方面这些历史文化城市作为旅游目的地已经历久弥新（像苏州古城、曲阜、沈阳、敦煌等）；另一方面，当前很多城市还在有意识地促进和重建历史、文化使其成为旅游目的地。文化景观类旅游城市不同于那些直接为旅游建造的城市，其旅游活动空间建在城市的建筑和文化网络当中，旅游者和当地居民混合在一起，而没有严格的独立空间。这类城市为旅游者消费提供文化体验，以开展文化旅游为主，如西安、洛阳、阆中、泉州、拉萨、开封、承德、平遥等。

表 3.1　中国历史文化名城中的 66 个中国优秀旅游城市（截至 2005 年）

区域分布	东部（34 个）	中部（16）	西部（16 个）
直辖市（4 个）	北京、天津、上海（3 个）		重庆（1 个）
省级副省级市（12 个）	广州、杭州、哈尔滨、沈阳、青岛、宁波、济南、南京、徐州（9 个）	武汉（1 个）	成都、西安（2 个）
地级市（36 个）	肇庆、苏州、承德、柳州、佛山、泉州、扬州、保定、绍兴、桂林、镇江、吉林、常熟、福州、漳州、潮州、邯郸、聊城（18 个）	郑州、长沙、开封、亳州、岳阳、洛阳、大同、南昌、呼和浩特、襄樊、安阳、安庆、濮阳、赣州（14 个）	昆明、咸阳、银川、拉萨、延安、自贡、乐山（7 个）
县级市（10 个）	琼山、曲阜、临海、集安（4 个）	钟祥（1 个）	大理、天水、敦煌、喀什、阆中、都江堰（6 个）

注：第一批：1982 年 2 月 8 日公布，共 24 处；第二批：1986 年 12 月 8 日公布，共 38 处；第三批：1994 年 1 月 4 日公布，共 37 处；2001 年 8 月和 12 月分别公布 2 处（凤凰、山海关）；2004 年 10 月 1 日公布 1 处（濮阳）；2005 年公布 1 处（安庆）。

在文化景观类旅游城市中，我国的历史文化名城尤其具有代表性。截止到 2005 年上半年，我国有 103 个城市被国务院正式批准为国家历史文化名城。到 2004 年年底，在已经批准的 206 个中国优秀旅游城市中，共有 66 个中国国家历史文化名城榜上有名，占中国优秀旅游城市总数的 32%，占中国国家历史文化名城总数的 64%。历史文化名城是中国城市景观中最具中国文化特色的代表，是我们祖先智慧和血汗的结晶，也是中华民族历史发展不可替代的见证。在这些历史文化名城的地上、地下，至今仍保存有大量的历史文物和不同类型的文化载体，它记录了我国古代城市向现代发展演变的过程，保存着中国城市发展历史信息，是了解中国古代历史的超大容量信息库。如果说建筑是石头的史书，那么历史文化名城则是历史的“百科全书”。当然，这66个历史文化名城并非全都是文化景观类旅游城市，有许多城市具有自然景观，或者是两者兼顾，而以文化景观为主。

（3）综合旅游中心城市

综合旅游中心城市是中国旅游业的管理中心、旅游交通中心、旅游服务中心和旅游景点集中分布区，具有较强旅游中心职能的城市都为特大型和大型综合性城市。它们或因城市自然景观和文化的积淀欠缺而更借重于城市的综合实力，如科技、教育、文化、金融、外贸、工商和现代城市风貌等方面的优势，再加上其所处的优越的地理区位及便捷的交通等优势来吸引旅游者。这类城市现代化程度很高，旅游配套设施齐全，在旅游业中以都市风情旅游取胜，旅游活动形式比较丰富，融观光购物、娱乐休闲、商务考察和会展旅游于一体，旅游无季节性。如上海是以现代科技文明、教育文明、工商文明的高度发达，使其成为亚洲乃至世界上主要的旅游目的地之一。或者是自然景观和文化积淀丰富，同时也具有相对发达的现代城市文明，以其多方面的优势来赢得客源市场，如北京、广州、成都等城市，既有得天独厚的旅游资源，也有现代城市所拥有的科技、经济、文化的条件和城市风貌，是著名的国际性旅游城市，具有开展多种城市旅游项目的条件，在此可以找到几乎所有的城市旅游形式。

（二）旅游城市的地域分布

由于历史、地理、气候环境和社会经济发展多种影响因素，中国的城市分布近代以来一直呈现自东而西由密到疏的空间分布特征，但绝大部分集中在东部沿海地区。自新中国成立以来，特别是“九五”规划期末以来，尽管国家加强了中、西部地区工业建设和城市建设，但东密西疏的城市分布格局仍没有大的改变。中国城市的空间分布偏集于沿海，尤其集中分布于长江三角洲、珠江三角洲、京津唐、环渤海经济圈及辽中南城市密集区。中国优秀旅游城市的分布特点与我国城市分布格局基本上相符。中国东部地区所占国土面积仅为总面积的14%左右，优秀旅游城市123个，占全国优秀旅游城市总数的60%。地级以上的优秀旅游城市 82 个，主要集中在东部地区的沿海地带。东部省市中广东、江苏、山东的优秀旅游城市分布在数量上占优势；而中部地区所占国土面积约为总面积的29%，优秀旅游城市 50 个，占全国优秀旅游城市总数的 24%；西部地区所占国土总面积最大，约为 57%，而优秀旅游城市占全国优秀旅游城市的 16%。其中，文化大省和经济大省如湖南、湖北、河南、河北、陕西、福建等省也有较多的旅游城市分布。

表 3.2 中国优秀旅游城市名单（截至 2004 年底）

区域分布	东部（123 个）	中部（48 个）	西部（33 个）
直辖市（4个）	上海、北京、天津市（3 个）		重庆（1 个）
省级副省级市（15个）	深圳、杭州、大连、南京、厦门、广州、沈阳、青岛、宁波、济南、长春、哈尔滨（12 个）	武汉（1 个）	成都、西安（2个）

（续表）

区域分布	东部（123个）	中部（48个）	西部（33个）
地级市（117个）	无锡 扬州 珠海 肇庆 苏州 桂林 威海 烟台 海口 南宁 绍兴 三亚 承德 镇江 泰安 北海 常州 锦州 淄博 温州 三明 韶关 清远 阳江 梧州 湛江 潮州 东莞 中山 佛山 泉州 福州 江门 汕头 徐州 金华 惠州 丹东 柳州 吉林 玉林 鞍山 大庆 抚顺 伊春 本溪 南通 嘉兴 潍坊 聊城 廊坊 保定 湖州 漳州 日照 河源 辽阳 济宁 邯郸 秦皇岛 葫芦岛 石家庄 嘉峪关 连云港 齐齐哈尔 常德牡丹江（67个）	长沙 黄山 郑州 合肥 岳阳 包头 南昌 宜昌 芜湖 安庆 开封 亳州 濮阳 太原 荆州 十堰 九江 洛阳 赣州 安阳 焦作 鹤壁 襄樊 荆门 鄂州 郴州 许昌 赤峰 大同 马鞍山 张家界 三门峡 呼和浩特 呼伦贝尔 （34个）	昆明 咸阳 贵阳 宝鸡 乐山 拉萨 银川 绵阳 广安 自贡 延安 天水 兰州 西宁 克拉玛依 乌鲁木齐 （16个）
县级市（70个）	曲阜 昆山 南海 江阴 吴江 宜兴 常熟 临安 诸暨 句容 琼山 阿城 永安 儋州 建德 蓬莱 文登 荣城 崇州 胶南 青州 东阳 桐乡 涿州 琼海 临沂 临海 温岭 桂平 乳山 兴城 铁力 蛟河 开平 溧阳 富阳 集安 海宁 武夷山 绥芬河 满洲里（41个）	韶山 登封 济源 钟祥 锡林 赤壁 永济 灵宝 新郑 资兴 井冈山 扎兰屯 呼和浩特（13个）	大理 瑞丽 景洪 敦煌 都匀 喀什 哈密 凯里 潞西 阆中 峨眉山 都江堰 库尔勒 吐鲁番 格尔木 阿尔山 （16个）

（三）旅游城市的空间分布成因

我国旅游城市的空间分布具有一定的规律，现从地理环境、历史文化的影响、经济发展状况等方面来考察一下这个问题。

1. 自然山水对旅游城市分布的影响。我国主要分布在温带季风区，同热带和寒带相比，这是自然条件最好的区域，气候冷暖适中，雨量充足，植被良好，自然资源得天独厚。而且我国地势西高东低，呈三级阶梯状分布，山地、高原、丘陵、平原等地形多样，黄河、长江两大河流横贯我国中部和东部，水网密布，形成众多湖泊。东部有漫长的海岸线，众多的岛屿和广阔的海域。在古代科技和交通不发达的情况下，中国城市讲究"因山就水"、"城得山水而灵"的原则，非常注重与山林水网的密切结合。城市的发源地在地理环境上多靠近水源，许多城市都依傍于河湖干流而建，一则可顾及居民生活，得以就近饮水水源之便，二则可充分利用水运的有利条件，发展商业。因此许多城市建在水陆交通中心或河川渡口。以上这些因素造就了许多山水旅游城市。如依靠近郊名山发展旅游的城市有泰安、黄山、九江、青岛、福州等。依靠水环境发展旅游的城市如桂林、杭州、昆明、武汉、兰州、广州、济南、福州、常熟等。如桂林"城市山林皆郁葱"、独秀峰耸立城市中轴线上，群峰怀抱，与漓江结为一体；福州三山鼎足而立，前有丘虎山，后有莲华山，东西二湖映带（只是后来东湖干枯了），并有旗山、鼓山伺立左右；常熟有"七溪流水皆通海，十里青山半入城"的美称。

古城苏州，布局以水为中心进行规划和建设，自然和人工开掘的方格网河道系统与方格网道路系统密切结合，形成了古城内水、陆配合，路、河平行的双棋式格局。城河围绕城墙，街道依河而建，居住房屋临水建造，前街后河，粉墙黛瓦，形成了典型的“小桥、流水、人家”的江南水乡城市风貌。苏州古城内北、东、西南三方有高耸挺拔的古塔，加上市中心玄妙观古建筑群，以及城门、城墙、寺庙、署馆、楼阁、民居等有机地构成了古老而美丽的城市立体空间构图。

山东济南则是山水结合的另一个成功的例子。济南的南面有千佛山，北面有大明湖，可以说是背山面湖的山水城市，故有“一城山色，半城荷”之称。济南的远处黄河边尚有“齐烟九点”，是九座小山丘，因而造成了“水抱城，城抱水”之势。在济南城的营造时充分重视了“品”字形“三泉鼎立”的形势，把城的西南、东南角正好选在趵突泉和黑虎泉，把城市的中轴线安排在珍珠泉。在住宅区的建设中还充分运用泉水这样的优势自然条件，做到了“家家泉水，户户垂杨”，因此，济南这个泉城有“人杰地灵”,“济南名士多”的称号。济南城不论在大环境、小环境上都处理得十分精细、周密，不愧为我国古代城市建设史上的绝妙范例。

2．区域文化对旅游城市分布的影响

我国是一个有五千年悠久历史的文明古国。在漫长的历史时期，勤劳智慧的各族人民创造了灿烂的文化。俗话说“十里不同风，百里不同俗”，在我国大致形成了四个不同的文化大区（《中国区域文化》)，即北方文化大区（包括西域文化区、松辽文化区和蒙古草原文化区)，中原文化区（包括齐鲁文化区、中原文化区、燕赵文化区和关中文化区)，南方文化区（包括巴蜀文化区、荆楚文化区、吴越文化区、岭南文化区、滇黔文化区和闽台文化区）和青藏文化大区。正如一颗树上找不出两片完全相同的叶子一样，世界上也找不出两座完全相同的城市。但由于地域文化的相近，历史文化的相亲，人类智慧及审美趣向的趋同，在不同文化区内形成了不同的旅游城市文化。如中原文化区的黄河中下游地区，是仰韶文化的发源地，是一个文化之邦、人才荟萃之地，诸多王朝建都之地，如安阳、洛阳、开封。位于函谷关以西至秦岭北麓的关中文化区，为中华民族的重要发祥地之一，半坡遗址是其代表。古代周、秦、汉、唐等王朝曾定都于此，曾是全国政治经济文化中心，笼罩着隆声威严、仪态万千的帝都文化。

3．风水文化对旅游城市分布的影响

在中国传统的“天人合一”的哲学观影响下，中国城市重视山水构图和城市选址布局的“风水学说”等理论，把山水作为城市构图要素，使山、水与城市浑然一体。山水城林相得益彰，具备了一种独特的布局和文化，体现了精于相地、因山就水，因地制宜安排城市功能分区和布局。中国古代风水的“负阴抱阳”原则，其模式是左青龙，右白虎，前朱雀，后玄武，四面围合，呈封闭特征。这一风水法则影响到古代都城的分布，主要表现在两个方面，第一是封闭性原则，即在古代都城择址上，尽可能在封闭地形或盆地中，如西安、北京、南京、洛阳等，就有封闭性的特征；第二是边缘性原则，即尽可能地选择在中原的边缘地带，如西安、北京、南京等地作为都城。与现实相比，风水在都城分布上表现出明显的理想和美学的色彩。一个典型的风水四周应当是这样的：左青龙，右白虎，前朱雀，后玄武，这四个传统上表示方位的名称在这里则是指四个方向上的具有屏障作用的自然的山、水或经人工改造过的水、森林等，相当于符号，处于围合中的是“穴”或明堂，就是都城、市镇、村庄或住宅。

我国城市建筑从选址、规划、设计及营造，几乎无不受到所谓风水理论的深刻影响。小的城市如阆中、岳阳、安阳等，中等城市如泉州、咸阳，大的城市，特别是作为帝都的城市，对风水尤其重视。如洛阳是周公精心选择的帝都，位居“天下之中”，八方辐凑。它北临邙山，南系洛水，东压江淮，西挟关陇。它有群山环绕，东据虎牢关，西控函谷关，北通幽燕，南对伊阙。人称“山河拱戴，形势甲于天下。”古代风水学认为洛阳是嵩山、邙山、黄河与伊洛诸水的龙脉集结处。有东周、东汉、曹魏、西晋、北魏、隋、唐 13 个王朝建都于此，累计有近一千四百年的建都史，所以洛阳向来有我国“六大古都”之称。

北京地处华北平原与西北蒙古高原、东北松辽平原之间，西北是燕山山脉，西南是太行山脉，南面是华北平原，东面是渤海湾。山东半岛和辽东半岛环抱渤海，成为拱卫北京的屏障。北京北依山险，南控平原，处于北京小平原、南方大平原、北方山地之间，必然引起历代先哲的重视。明成祖所谓“北京龙兴之地，北枕居庸，西峙太行，东连山海，俯视中原，沃野千里，山川形势，足以控制四夷，制天下，成帝王万世之都也。”

西安之所以能为古都千余年，应该说是古代西安地区优越的自然地理环境为它的形成与发展提供了重要条件。古都西安在关中平原的中央，渭河之南，秦岭之北；东有函谷关，西有大散关。南有五关，北有萧关，稳居于四关之中。在古代，西安地区河流密集，有渭、泾、灞、沣、滈、涝等八条河流滋润着关中平原，故有“八水绕长安”的记载；当时的西安地区气候宜人，雨量丰沛，物产丰饶。自西周文王建丰镐于西安地区之后，有秦、西汉、隋、唐等 12 个王朝先后建都于此，历时一千零七十七年。古人诗赞长安是“秦中自古帝王都”。从某种意义上讲，在宋代以前，古都西安就是中华民族的发展代表。

4．政治、经济、军事文化对旅游城市分布的影响

中国悠久的城市发展历史造就了城市职能的历史性，长期的中央集权形成了中国城市强有力的政治职能，城市经济、文化的职能在很大程度上依赖于政治职能，一旦城市政治职能确定，必将使相应的经济、文化要素向城市集中，服务于政治职能。在经济上，要求城市的附近区域必须是一片富饶的地区。那样，才可以在较大程度上解决统治集团的物资需要，几乎不需要或很少需要远处的物资供给。自商代以后，到隋唐以前，历代都城都没有离开过中原地区。因为长期以来，中原地区经过我国先民的垦殖与开发，已经成为全国经济最发达最富庶的地区。

唐代中后期，长江以南诸省便不断得到开发，南方经济迅速崛起，经济重心开始南移，历五代至宋，经济上形成南重北轻的局面。北宋以后我国都城位置的变化主要表现为南北迁移，城市分布上表现为宋、明二代设立的都城主要密集分布在长江下游。如南宋都城临安（今杭州）和明初都城南京，成为重要的历史文化名城。

在 20 世纪 80 年代，随着对外开放政策的实施，东部沿海、沿江地区城市，如上海、广州、厦门、大连、青岛等城市在改革开放中，凭借其所处的对外交通的便利，经济的快速起飞与客流量的不断增加，使其旅游业迅速发展起来，崛起成为“门户型”综合旅游中心城市。

长城沿线的许多旅游城市，如秦皇岛、太原、大同、包头、银川、酒泉等，在历史上主要是因军事的需要而兴起的城市。位于山西省北部的塞上古城大同，从赵武灵王“胡服骑射”开辟起，已有二千三百年的历史，曾为三代京华，两朝重镇。大同位于内外长城之间。西界黄河，北控大漠，东连倒马、紫荆之关，南据雁门、宁武之险。在军事史上被誉为“北方锁钥”。特别是明代大同成为长城九边重镇之首，设立了 13 个卫所和数百个堡寨、墩台，至今

南北两道长城婉蜒起伏在大同北面的高山峻岭之间，配以内堡外墩，烽堠相望，宏伟壮观。

案例　　国际旅游城市——深圳

深圳地处广东省南部沿海，1979 年设市，为中国第一个经济特区。就自然风光和历史名胜而言，深圳的旅游资源并不丰富。但深圳作为发达的对外贸易和国际交往口岸，具有毗邻香港、澳门的区位优势。

为大力发展旅游业，深圳推出了具有自身特色，融东西文化于一体的人造旅游景区，如世界之窗、锦锈中华、野生动物园、欢乐谷、民俗文化村、未来时代以及青青世界、野生动物园、银湖旅游度假村、香蜜湖旅游度假村、仙湖植物园、小梅沙海滨旅游中心、观澜湖高尔夫乡村俱乐部等中国最大的主题公园和人造景观产业群，它们已成为深圳旅游业的拳头产品，对旅游业的发展具有举足轻重的作用。据统计，目前，深圳有收费和免费景点景区共 50 多处，而且每年深圳还有许多旅游盛事活动，如各类文化风情周、南山荔枝旅游周、黄金海岸海洋旅游节、华侨城狂欢节、深圳美食节等，有力地激发和提高了公众对旅游的参与热情和对旅游业的关注程度。

深圳把对外开放的政策优势转化成广告宣传优势，把地域优势转化成市场优势，把现代城市景观优势转化成旅游产品优势。近年来，深圳还获得联合国授予的“国际花园城市”、国家授予的“国家园林城市”称号，是目前经济最发达和旅游产业最成熟的国内城市之一，每年有数以千万计的海内外旅客前来观光、度假、投资、招商。旅游业 2002 年接待海内外游客 5062 万人次，旅游总收入 355.48 亿元，创造的 GDP 占全市 GDP 的 15.88%，旅游业已成为深圳的支柱产业。

（资料来源：宋丁.《深圳旅游业五大战略趋势》. 深圳商报，2004-1-12）

二、旅游建筑文化的空间分布

建筑是指人类创造并为自身服务的物质环境，人类文化的一个重要组成部分，一座有代表性的建筑往往集中了当时文化、艺术的精华。建筑被喻为“凝固的音乐”，以其特有的魅力吸引着旅游者。古代建筑是古代社会一定历史的缩影。

我国古代建筑文化主要分为三种类型。

1. 以官文化为载体的官式建筑，如宫殿、苑囿、陵寝、学宫，以及府第、寺庙等。官式建筑，莫不追求雄伟壮丽。所谓“非壮丽无以重威”，表现其神圣权威、森严等级。它作为一种统治工具，无论在规模、体量、造型、色彩、装饰等都要力求与众不同、唯我独尊的地位，以表现其皇家气息。

2. 以士文化为载体的文人建筑，如园林、书院。文人建筑如其居室、园林、书院，以及一些文人活动场所，莫不追求幽静典雅。所谓“安身立命”、“修养心性”，和“诗情画意”的境界，表现出朴实、淡雅、自然、含蓄等特点，表现其斯文气息。

3. 以俗文化为载体的民间建筑，如民居。民间建筑简单，受官方的限制极少，其结构虽然简单，但意蕴十分丰富。民间建筑取材自然，立足于自然之中，建筑的色彩和周围的环境十分协调，如同国画中的“水墨山水”，充满诗情画意。在民间住宅的空间中，突出"人"这个主题，使人感到自然，有亲切感、安全感。

本节从三种类型的建筑文化中分别选取陵墓建筑、园林建筑和民居建筑，来说明建筑文化的分布特点。

（一）陵墓建筑文化的空间分布

我国的帝王陵历史悠久、数量众多。有人统计，中华民族自黄帝起，至清代亡，帝王绝，其间经历四千六百四十三年，建立了83个王朝（指中央政权），出现过559位帝王。至今，地面有迹可寻、时代明确的帝王陵寝有100多处，它们分布在全国半数以上的省区（表3.3）。不过，有些则为纪念性帝王陵，如传说中的三皇五帝陵。

表3.3 中国历代主要帝王陵分布图

时代	陵名	帝王姓名	埋葬地点
西周	文王墓	周文王昌	陕西咸阳
	武王陵	周武王发	陕西咸阳
	昭王陵	周昭王瑕	河南登封
秦代	始皇陵	秦始皇嬴政	陕西临潼
汉代	长陵	汉高祖刘邦	陕西咸阳市窑店
	茂陵	汉武帝刘彻	陕西兴平
	原陵	光武帝刘秀	河南孟津
三国	惠陵	蜀昭烈帝刘备	四川成都
	高陵	魏太武帝曹操	河北临漳
	蒋陵	吴大帝孙权	江苏南京
两晋	峻阳陵	晋武帝司马炎	河南洛阳
	建平陵	晋元帝司马睿	江苏南京
隋代	太陵	隋文帝杨坚	陕西武功
	炀帝陵	隋炀帝杨广	江苏扬州
唐代	昭陵	唐太宗李世民	陕西礼泉
	乾陵	唐高宗李治	陕西乾县
两宋	永昌陵	宋太祖赵匡胤	河南巩县
	永思陵	宋高宗赵构	浙江绍兴
明代	孝陵	明太祖朱元璋	江苏南京
	长陵	明成祖朱棣	北京昌平十三陵
	定陵	明神宗朱翊钧	北京昌平十三陵
清代	昭陵	清太宗爱新觉罗皇太极	辽宁沈阳
	孝陵	清世祖爱新觉罗福临	河北遵化清东陵
	泰陵	清世宗爱新觉罗胤祯	河北易县清西陵

（资料来源：罗哲文等.《中国历代帝王陵寝》. 上海文化出版社，1984年版）

综观历代帝王陵区分布，我们可以发现，一般它们都选建在离都城不远的地方，且地势较高的山上，大多背山面河或面对视野开阔的平原，如许多帝王陵就分布在关中。除了山地海拔较高，水位偏低，容易保持陵墓内的干燥，适宜深挖墓穴以及便于就近取材，开采所需石料建造陵墓和雕刻石像外，还受到以下因素的影响。

1．受"筑陵以象山"、"因山为陵"思想的影响

据古书记载，皇帝的坟墓在秦代被称为"山"，在汉代被称为"陵"，所以"山陵"便成了表示皇帝坟的代名词。到了魏晋隋唐时代，帝王们为了增加坟的高度，往往借用山体

来充当自己的“陵”，如唐太宗修建昭陵，就是把九峻山当做陵体，凿山而建成的。帝王陵称山陵，表示它高大如山陵，象征王权永固，代表着等级制的最高一级，是尊贵身份的标志。我国传统上把帝王同自然天地联系在一起，在我国自古以来“天人合一”思想的指导下，在帝王陵墓选择和营建上也必然要求与山川浑为一体，把山岳自然景观与人文景观美融为一体。因此，历代帝王陵都是建在山上或筑陵以象山。

2．帝王陵分布由分散到集中的趋势

西汉 11 座帝陵，分为南北两大陵区，分别位于汉长安城北和城南的咸阳原、白鹿原等原上。东西绵延 50 余公里。唐代共历 21 帝，其中除武则天合葬于乾陵，昭宗和陵和哀帝温陵以外，其他 18 个皇帝的陵墓都在陕西省关中盆地，渭河以北的黄土原及山岭上，东西绵延 100 余公里。宋陵及以后的帝王陵多集中分布。如北宋陵集中于河南巩县洛河南岸台地上，明代陵除朱元璋孝陵在南京市东郊紫金山南麓外，其余 13 座均在今北京市昌平县东北 10 公里天寿山下方圆 40 平方公里的小盆地上，统称“十三陵”。清陵除“清初三陵”外，其他 9 个皇帝的陵墓分别建在河北省遵化县和易县。由于二陵东西各距京师 100 余公里，故称“清东陵”和“清西陵”。

3．受风水思想的影响

受中国传统文化以及堪舆家的影响，古代认为一国之君的陵冢是“龙脉所系”，其地势好坏不但关系到其子孙后代的命运，而且关系到整个国家的命运和前途。故帝王陵在地理位置的选择方面，是非常注重风水的，讲究枕山、环水、面屏，河流或溪水从陵前潺潺流过的山环水绕的地形模式。风水学在陵墓中的应用，最早见于陕西黄陵县桥山的黄帝陵，位于沮水河弯道北侧，陵周山峦形成东青龙，西白虎，南朱雀，北玄武的典型风水格局。秦始皇陵后靠骊山，山下流水潺潺。汉高祖长陵北为巍峨壮观的九峻山，南为川流不息的渭水河，地势高而平坦，视野开阔。唐乾陵依梁山而建，东连九峻山，西接翠屏山，似乾陵的天然屏障。陵前方渭水河蜿蜒曲折，可聚气藏风。北宋皇陵区位于嵩山北麓，此地南有金牛山、黑砚山、少室山、白云山，东有青龙山、石人山，诸峰峻峭耸立，似陵区的六个屏风，在陵区的西北又有洛河水流淌而过。明代的十三陵位于北京郊外昌平北 10 公里处，燕山余脉自西向东迤逦而来，在陵区的东、西、北三面形成环抱之势，南面蟒山、虎峪山相峙而立，如屏风拱立，又有弯曲的河流缓缓流过，形成山水风光共一色的风水宝地。清代的东陵与西陵亦分别位于河北遵化的马兰峪和河北易县的泰宁山，皆为山青水秀，风景幽美的地貌景观。

案例　　洛阳邙山缘何古墓多？

关于洛阳邙山古墓之多，有很多夸张的说法。白居易有诗道：“洛阳城北山，古今葬冥客。聚骨朽成泥，此山土多白。”这是说邙山作为墓地由来已久。从汉代到唐代，洛阳北邙一带一直是人们向往的长眠之地。“北邙山上朔风生，新冢累累旧冢平。”一代又一代的洛阳人，还有数不清的异乡、异国人，把邙山当成了自己的人生终点。

邙山古墓众多，与邙山的地势地质有很大关系及洛阳的繁荣有关。邙山在洛阳市北，名虽为山却无岭，但地势较高。由于它背对黄河，南望伊阙，在这片古老的土地上，北有大河护卫，南有伊阙之险，西有崤山之固。在古代洛阳人的眼里，颇具气势，是绝好的风水宝地，有“生居苏杭，死葬北邙”的说法。而且在南北16公里、东西30公里、面积约有500平方公里的北邙山，地势高，视野开阔，土层深厚，土壤密实，适于挖掘墓穴。而邙山脚下的洛阳，有13个朝代在此建都，在累计1000多年的时间里，洛阳一直是中国政治、经济、文化和交通中心。繁荣的洛阳常常有数十万人居住，最兴盛时期城市人口超过百万。于是邙山上历朝历代的古墓冢连冢，墓压墓。“黄河渡口人，北邙山下路。但见冢累累，无地栽松树。”这是说邙山古墓密布。“北邙山头少闲土，尽是洛阳人旧墓。旧墓人家归葬多，堆著黄金无买处。”王建的诗说明，唐代的邙山已然是“寸土寸金”。

（二）我国园林的空间分布

中国古典园林以“景自天成”为特点，“虽由人作，宛自天开”，（[明]计成《园冶》）讲究源于自然、利用自然、高于自然。不仅其建筑艺术巧构奇筑，鬼斧神工，奇思异想，造化生机，而且荟萃了中国古代文学、绘画、雕塑、哲学等文化艺术，是中华民族建筑艺术的结晶。北宋画家郭熙曾说：山水有“可行”、“可望”、“可游”和“可居”数种，只有达到“可游”和“可居”的境界，才能称为“妙品”。我国园林既有山水林泉，重视自然美景的再造，又有厅堂书斋，讲究起居生活的舒适和方便，具有“不出城郭而获山水之怡，身居闹市而有林泉之幽”之功效，能满足游人可望、可行、可游、可居等多种功能。

我国园林从所处的空间分布来看，可分为北方园林、江南园林和岭南园林。北方园林多属于皇家园林，江南园林和岭南园林多属于私家园林。目前我国的园林遗存体现了北方和南方的地域差异。北方气候寒冷，常绿树较少，而且北方地形比较平坦，少湖泊河川，构园所需的园石较小，使得园林显得较粗犷，多野趣，各种人工建筑厚重有余，委婉不足。而江南园林和岭南园林由于城市人口密集，可以用来造园的土地狭小，因此规模较小，但就在这一方方小小的天地里，营造出了无限的境界。正如清代造园家李渔所说：“一勺则江湖万里”。私家园林不失小巧玲珑，轻盈秀丽，淡雅朴素，曲折幽深，富有田园情趣之特色，充满诗情画意。

1. 北方园林

北方园林属黄河类型，主要集中分布在西安、洛阳、开封、北京等古都，以北京的皇家园林为代表。皇家园林虽然吸收了私家园林的文人式的游赏布置等内容，但总体上还保留了皇家个性，为反映天朝威仪、四海统一、皇权巩固的主旨，其规模宏大，常以自然山水改造成宫苑，建筑风格浑厚雄伟，富于宫廷气派，以“壮丽”体现其显贵地位。明清两代是我国园林建筑走向成熟的时代，而两代又都定都于北京，因此北京及其附近是我国皇家园林分布最为集中的地方。其中最为著名的是圆明园、颐和园以及承德避暑山庄。圆明园被称为“万园之园”，法国大文豪雨果曾将圆明园与埃及金字塔并列誉为人类文明的奇迹。然而在1860年和1900年，正是来自雨果故乡的英法联军和八国联军，彻底毁灭了这一奇迹，剩下的残垣断壁作为帝国主义的罪证，现已辟为遗址公园而加以保护。颐和园为我国保存最为完整的皇家园林，1998年被联合国教科文组织列入“世界文化遗产”名录，成为世界级的文化遗产；承德避暑山庄是清代皇帝夏日避暑和处理政务的地方，是我国现存最大的皇家园林，占地面积564万平方米。避暑山庄分为宫殿区和苑景区两大部分，其景观建筑和风格所蕴含的政治象征意义大大高于一般行宫的游憩意义，具有象征维护国家统一和满族的最高统治地位的大一统的国家观念。

西安、洛阳、开封、北京等地曾为我国古都，是当时的政治文化中心，聚集了大量的能工巧匠。修建皇家园林是为了满足当时统治阶级的需要，必然得到统治阶级的大力支持，因此我国皇家园林的分布主要受政治的影响较大，这与园林的功能有关。我国的园林起源于商周时期的“囿”，当时有专门官吏“囿人”来“掌囿游之兽禁，牧百兽”（《周礼·地官》），出现了方圆七十里的“文王之囿”，建造“囿”的主要目的不仅是为了满足奴隶主们游乐、观赏和放牧游猎需要，而且还被赋予神圣宗教使命，苑囿中的台即为帝王进行祭祀和通天的礼制建筑。

秦汉之际，封建帝国强盛，苑囿规模不断扩展。如秦始皇在咸阳仿造六国宫苑，并将南山、渭水自然山体与水体纳入宫苑中，营建成规模宏大、气势恢宏的宫苑建筑群，“以象天极阁道绝汉抵营室”。汉武帝广开上林苑，周袤三百里，珍宝禽兽，无奇不有。司马相如在《上林赋》中言其“左苍梧，右西极，丹水更其南，紫渊径其北”，“以外象天河”。秦汉苑囿总括宇宙的精神，追求与模写、体象天地的宫苑格局，是皇帝作为天下之绝对权威的象征与统一帝国的艺术代表，使宫苑山水负载着浓厚的宗教与政治意念，成为皇权一统天下、包蕴山海的象征。

隋唐是我国又一个封建社会强盛时期，为显帝王声威和气派，其兴建的宫室苑规模巨大。如隋炀帝在东都洛阳营建宏大的西苑，周二百里。唐代西京长安有西内苑、东内苑与禁苑三苑，其中禁苑方圆百二十里，为三者中最大者。在东京洛阳还有一苑囿，方圆一百二十六里。唐宋时期为造园艺术成熟时期，园林建筑物样式成为定制，并受中国山水诗、画的影响，出现了把诗情画意“写”进园林的写意山水园。由于当时政治中心在北方，记载的名园大都在京城附近。如唐长安的芙蓉苑、华清宫，宋汴梁的琼林苑、艮岳等。

清代康、雍、乾三朝，国内政局稳定，经济也得到了恢复和发展，是中国历史上著名的盛世王朝，皇家苑囿的修建达到了繁盛时期。康熙时期，陆续建造了建福花园、慈宁宫花园和畅春园，并在北京城的西北郊和河北承德两地进行大规模的园林建设。乾隆皇帝时，由于政治清明，经济繁荣，加上他好大喜功，醉心游乐，曾六下江南，饱览各地风光，回京后大兴土木，将长春园、绮春园并入圆明园，使之成为占地五千余亩的大型离宫园林。乾隆十五年（1750 年），他又借母亲皇太后六十大寿和整治京城西北郊水系的名义开始了颐和园的建造，并于乾隆二十九年（1764）建成了占地 4000 余亩，水面占四分之三的又一座大型皇家园林。乾隆又对承德避暑山庄进行扩建，至 1790 年，使其在康熙皇帝将园内风景命名为 36 景的基础上，再增添 36 景，共 72 景，将园林修建推向顶峰。最后使清朝皇家园林形成了以“三山五园”（香山、万寿山、玉泉山和静宜园、静明园、清漪园、畅春园、圆明园）及承德避暑山庄、皇城西苑为主体的皇家苑囿，它们是中国古典园林审美艺术的最后总结和集大成者。

2．江南园林

江南园林为扬子江类型，主要分布在长江下游三角洲地区，集中有苏州、扬州、无锡、杭州、南京、湖州等城市，尤其是苏州、杭州和扬州三地的园林最为典型，有“江南园林甲天下，苏州园林甲江南”之称。比较著名的有拙政园、留园、网师园、个园、何园、瘦西湖、豫园等，可视为江南园林的代表。

3．岭南园林

岭南园林属珠江类型，主要集中分布在珠江三角洲地区。其风格介于北方园林和南方园林之间，兼有一些国外造园手法，是中西合璧的产物。岭南园林以宅园为主，一般作庭园的形式。岭南园林多用姿态嶙峋、皴折繁密的英石包镶，具有水云流畅的形象；沿海也有用珊瑚石堆叠假山的。由于气候温暖，观赏植物的品种繁多，园林之中几乎一年四季都是花团锦簇、绿树成荫。现存著名的岭南四大园林是顺德清晖园、东莞可园、番禺余荫山房和佛山梁园，它们也是我国岭南园林建筑中的四朵奇葩。

除了地理空间与园林的分布有密切关系外，中国园林的主体是私家园林。它的空间分布同样与私家园林的特点密切相关。私家园林为官吏、富商、地主等私人所有的园林，是士大夫阶层感悟人生、俯仰天地，洞悉宇宙的精神空间，是中国古代人文精神的物化。对私家园林而言，其地理分布同样受到当时政治的影响。如在魏晋南北朝时期，由于社会动荡不安，战争频繁，社会生产力严重下降，人民对前途感到渺茫，于是就寻求精神方面的解脱，使人们产生了消极遁世思想。此时道家和佛家的思想也深入人心，这样有大批的文人为逃避现实，远离是非，便留恋自然山水，隐逸山林。加上当时山水诗、山水画等文学艺术极盛行，他们便极力营造仿自然的景观，于是山水园林便逐渐形成。位于中国南方会稽的东晋山水诗人谢灵运的山居，就是在自然山水基础上稍加经营而成的山水园。

私家园林的空间分布除受政治影响外，中国现存私家园林，主要集中分布于长江下游的江苏、浙江和安徽地区。这是由于私家园林的建造，还受自然、经济和人文环境等因素影响。

首先是自然因素：不论哪一种类型的园林，水是最富有生气的因素，无水不活，因此造园离不开水，有“名园依绿水”的说法。而江南江流纵横，河网密布，水源丰富，有建山水园林所必需的水。“山借树而为衣，树借山而为骨，树不可繁，要见山之秀丽；山不可乱，须显树之光辉”，而且花木犹如山峦之发，可见树木花草在园林中之重要。而江南气候温和，冬无严寒，空气湿度大，有利于常青树木和植物花卉的生长，有造园所需的植物；而且江、浙一带多产石料，如南京、宜兴、昆山、杭州、湖州等地多产黄石，苏州出产湖石，湖石采自江湖水涯，经过常年水流冲刷，石色有深浅变化，表面纹理纵横，形态多玲珑剔透，为园林用石之上品。

私家园林的修建需要经济的支撑。江浙一带因其自然条件优越，自古即为鱼米之乡。手工业发达，苏州和杭州一带自两汉以来即盛产丝绸。自南宋以来，该地区已是中国经济最为富庶、文化最为昌盛的地方。从商业上说，明末清初中国资本主义最早在这个地区的一些工商业城市萌芽，如苏州、杭州、江宁、松江等地。这为造园提供了坚实的物质条件。清朝乾隆皇帝曾六下江南，遍游江南名山名园，使江南掀起了造园高潮。扬州一带的富商大贾为求得乾隆皇帝的御宠，凭借其雄厚的财力，在扬州兴建了庞大的瘦西湖园林区，自城北天宁寺到平山堂，沿岸布满了官僚富商和文人的园林，出现“楼台画舫，十里不断”，形成了一条水上园林带，有“扬州以园林胜”和“扬州园林甲天下”之誉。

私家园林的空间分布还离不开人文环境因素。江南自古文风盛行，南宋时盛行文人画和山水诗，随着朝廷将都城南迁到临安（今杭州），官吏、富商、文人等便尾随而至，造园盛行。在明清两朝实行科举考试中，江南中举者进京当官的人数不少，他们告老回乡后便购置田地，建造园林。而在清朝后期，由于政治腐败，北方战乱等因素，也有大批官僚商贾南逃。这些文人商贾在江浙一带亲自参与精心设计、经营自己的宅邸，使长江下游的江南一带的私家园林的数量和质量上都达到一个顶峰，成为私家园林的集中分布区。

（三）民居文化的空间分布

我国民居文化，是古代先民从事农牧业生产和探索自然环境变化规律，认识自然、适应自然和利用自然的结晶，它忠实地反映时代历史、人文风貌。我国各民族由于生活地域、地理环境、生产方式、生活习俗、宗教信仰等方面存在着各种差别，受中国传统文化影响，造就了丰富多彩的民居文化，具有较鲜明的文化特色。如侗、苗、土家等族的吊脚楼、白族的“一颗印”民居、傣族的竹楼、藏族的碉楼、蒙古族等其他游牧为主民族的蒙古包、毡房，维吾尔族的“阿以旺”、纳西族摩梭人的木楞房等。

从旅游文化视角来看，民居是指在历史时期形成的、具有特定的文化特色、主要分布在广大农村，能为旅游业开发和利用的传统民居及其周围环境构成的建筑文化景观。由于我国绝大多数民居建筑系木结构体系，其最大的缺点就是怕火，怕潮湿与虫害，再加上历经多次战乱，古代民居鲜有保存至今，故本文中民居主要是指明清古民居、少数民族民居以及当代地方特色民居。

我国民居数量众多，分布地域较广。从旅游资源角度看，我国民居主要分布见表3.4。

表3.4 我国民居主要分布

民居类型	所 在 地 区
明清古民居	北京、歙县、黟县、屯溪、绩溪、平遥、阆中、婺源、犍为、苏州、韩城、江安、凤凰、广州、岳阳、泉州、赣州、襄汾、兰州、灵石、祁县、定襄、天津、泾县、东阳、栖霞、景德镇、丁村等地
少数民族民居	泸沽湖、鄂西、丽江、拉萨、湘西、松潘、四王子旗、从江、荣成、龙胜、大理、镇远、西双版纳、黔东南、呼伦贝尔等少数民族分布地区
地方特色民居	漠河、南靖、永定、漳州、潍坊、南浔、无锡、喀什、永安、华安、漳浦、延安、扬州、同里、周庄、王村等

资料来源：黄芳.《传统民居与现代旅游》. 湖南地图出版社，2002年12月.

我国民居的空间分布除受当地自然、社会因素影响外，还受经济和风水观念等因素影响。具体表现在：

1．受自然地理环境的影响

民居在建造过程中，必然受自身人力、物力、财力等因素制约，不能在大范围内改变自然地理环境，必须适应自然环境。如在黄土高原64万平方公里范围内生活的6000多万乡村居民中，相当数量仍然住在窑洞里，而陕西延安简直就是一座窑洞城：民居是窑洞，庙宇是窑洞，商店是窑洞，学校也是窑洞。黄土高原上这种民居产生，与黄土高原的地理环境是密不可分的：一是这里水土流失严重，生物质建材如木、竹等奇缺；二是黄土高原裸岩少露，石料缺乏；而黄土层以下为第三纪红岩，成岩时间晚、岩性不坚，多不宜作建材石料；三是黄土的颗粒成分与矿物成分均一，为钙质胶结的相对松软的土层，易于掘穴且不易坍塌；四是黄土垂直节理发育，地势起伏频率大，梁峁坡面陡立，有利于造穴的坡面多。以上因素造就了黄土高原上独具特色的民居文化。此外，其他富有地域特色的如在高寒青藏区的藏族独特的厚重粗犷的平顶式碉房、内蒙古的蒙古包、云南“一颗印”、福建“土楼”等民居也充分体现了对当地综合自然地理环境的依赖，体现了因地制宜、因山就势、相地构屋和因材施工的营建思想，力图以最经济实用的方法，解决实际生活的基本需求，具有经济实用性和环境适应性。

2．受安全防御因素的影响

中国古代社会在战乱时期或对抗外敌侵扰时，迫使相当部分地域的民居在选址上特别注意安全防御工作。通常在民居建筑中采用厚实的墙体、高高的望口，墙体中下部不置窗等措施为其共性景观。如广东开平的碉楼、福建圆楼、藏族的碉楼等。例如，历史上客家居住地区经常发生械斗，为求生存，农民多聚族而居，多座住屋围着自己的宗族祠堂而建，形成团块与村落，相互依靠，患难与共，以求安泰，于是创造了容纳整个家族几十户人家的大型圆形土楼。这些分布在永定县、南靖县西部、龙岩县南部等地客家人居住的偏僻山区的福建土楼，被外国专家称之为“世界上独一无二的山区居住模式”。福建土楼的特点是：一是墙厚，底层土楼厚度达 2.5 米；二是设有隐通廊、传声洞，暗道等防御设施；三是全楼只有一个出入口，大门用粗石料制作门框，用原木料制造门板，包以铁皮，并有水槽等防火设施，以加强防御力量。

3．受经济及交通条件的影响

明清时期，国内的许多大商人、官僚、大地主等，拥有营建高层次民居的资金和文化，往往在他们家乡修建豪宅。因此在许多经济发达，文化品位较高，但远离近现代交通中心的地区，通常遗留有明清时期的古民居。如皖南黟县西递村、宏村，浙江东阳肃雍堂、一经堂，山西祁县乔家大院、渠家大院等。

例如明清时期，徽州商人称雄全国。据明万历年间《五杂俎》记载：“富室之称雄者，江南则推新安（即徽州），江北则推山右（即山西）。新安大贾，鱼盐主业，藏镪有至百万者，其二三十万则中贾耳。”这些徽商遍及各地，形成帮派，操纵着许多地区的经济，民间有“无徽不成镇”的说法。徽商兴旺时，扬州巨贾多为徽州人。受家庭观念和乡土观念的影响，这些衣锦还乡的富商大贾，不惜万金筑屋，他们置宅院、建园林、修祠堂。经济的发达对民居建筑风格起的影响很大，其民居建筑水平很高。徽州人把天下第一的扬州建筑搬回家乡，至今还令人赞不绝口的被称为“徽州三绝”的徽州三雕：清雅细致的砖雕，玲珑华美的木雕，浑然天成的石雕。徽州之雕是中国古代建筑瑰宝。随着历史发展，昔日经济文化发达的古徽州文化区，因偏离重要的铁路、公路交通线，曾经备受冷落。但由于未受现代文明和城市化的冲击，其保存完好的传统民居文化保留区随着旅游的发展而向世人再现其历史风貌。

而在经济相对欠发达的少数民族集中分布的地区，如我国东北的满族、朝鲜族，西北的蒙古族、维吾尔族、哈萨克族，西南的傣族、白族、彝族、纳西族等聚居的地方，由于经济欠发达，交通、通讯、文化的发展相对滞后，受现代文明尤其受汉族民居的影响较小，民居仍保持了其原有的民族特色。如北方蒙古族的蒙古包；新疆维吾尔族的“阿以旺”、广西壮族和贵州侗族、苗族、布依族居住区依山而建的吊脚楼；云南怒江地区怒族、独龙族和傈僳族居住的木楞房；藏族碉楼和羌族碉房等。这些民居依靠周围的山川地理、自然植物、依靠乡里的人物服饰，依靠民俗民风把建筑环境打扮得多姿多彩、有声有色，构成一幅幅优美的画卷。

4．受风水文化的影响

中国传统民居环境自古强调风水。风水施加于居住环境的影响，主要包括三个方面：第一，是对基址的选择，即追求一种能在生理和心理上都得到满足的地形及环境条件；第二，是对居处的布置形态的处理，包括自然环境的利用与改造，房屋朝向、位置、高低大小、出入口、道路、供水、排水等因素的安排；第三，是在上述基础上添加某些符号，以满足人们趋吉避凶的心理需求。

“凡宅左有流水谓之青龙；右有长道，谓之白虎；前有塘池，谓之朱雀；后有丘陵，谓之玄武；为最贵地。”民居寻求“左青龙，右白虎，前朱雀，后玄武”这种理想选址的基本格局，以达到山水交会，动静相乘，尊重自然形态，加强内外环境的关系，进行民居合理的布局和空间组织，以达到“人杰地灵”的理想境界。理想的居住环境，是把天、地、人的整体性作为环境抽象的框架，把社会和谐关系委之于自然节律的共存，达到了生态平衡。

以上各因素，一方面分别对一个区域的民居文化分布单独起作用，同时各因素又综合起来，形成一个总体的区域环境对民居文化分布起作用，只是区域不同，因素结合有异，有的区域是以经济因素影响为主，有的区域是防御因素影响为主，有的则以自然环境因素影响为主，有的则以风水影响为主。

案例　浙江民居：风水观念影响下的民居传统

以风水择地，既可以满足人们精神上的寄托和对吉地的依赖感，同时在物质环境上又能获得一个和谐、优美的村落外部空间。

水口是村落外部空间的重要标志，用以界定村落空间序列的开端，村民到此便有一种强烈的归属感。在风水观念的影响下，水口不仅是村落的入口，而且对村落的兴衰与安危起着精神主宰作用。浙江许多地区传统村落的水口常以祠庙、文昌阁、桥梁、大树等作为“关锁”，是基于风水水口处宜“障空补缺”理论的影响。淳安何村在村口建有高大的文昌阁；建德新叶村的水口建有文昌阁、五谷祠和抟云塔。这种于村口建高大建筑或桥梁、亭阁，或种植大树的做法，虽然是出自一种象征意味的目的，但在客观上弥补了自然环境的不足，使景观趋于平衡与和谐。

对于那些并非理想的地理环境，风水往往采取积极的态度，对村落的形态进行修正，努力使之趋于理想的格局，即所谓“趋吉避凶”。以村落形态中一个重要构成因素——水为例。风水中的水是财源和吉利的象征。池塘的形状多为半月形，因为风水中池塘的形状也是有吉凶意义，在建德新叶村、诸暨斯宅、仙居枫树桥村、庆元大济村等许多古村落至今仍保留了一些半月塘，以取吉利。

民居是村落形态最主要的构成因素，民居的朝向、形式、布局及相互关系几乎都受到风水观念的控制和影响。在浙江民居中，风水的趋吉避凶处理手法，主要表现在迎合、避让、符镇等方面。

风水对住宅外形和布局的要求，是住宅应呈规则方正的合院布局。门在风水中具有特殊的精神意义，民居中的斜门和永不开的门都是吉凶观念的具体表现。符镇是风水中避凶的主要方法之一，如在住宅门侧置一“泰山石敢当”石镇之，这无论在温州、宁波，还是金华、衢州一带都是如此。此外，更多的是在门上画阴阳八卦、安尖叉等符镇，以及吉祥物、吉祥语等装饰图案，以达到趋吉避凶的目的，获得精神上的寄托。

（资料来源：人文浙江. http://culture.zjol.com.cn/05culture/system/2005/03/28/006080126.shtml 2005年3月29日）

三、宗教文化的空间分布

宗教是一种重要的文化现象，是历史文化的载体。我国是多种宗教并存的多民族国家，各种宗教源远流长，根深叶茂，千姿百态。除道教、民间宗教等本土宗教外，佛教、伊斯兰教、基督教三大世界性宗教先后在中国安家落户，逐步发展，与中国传统文化不断融合，形成了各具民族特色的宗派和学派，成为中国社会上层建筑的一个重要部分。而我国土生土长的道教，对中华民族、文化和传统都产生了重大影响。而在外来宗教中，佛教对我国影响最大，基督教次之，伊斯兰教再次之。

经过千百年积累发展，形成了独特、灿烂的宗教文化，它包括哲学、神学、文学、音乐、美术、建筑以及修持制度和风俗习尚。我国宗教文化中，佛教的寺庙、造像，道教的宫观壁画都成了稀世珍宝，在国内外享有盛誉，凡有这些遗存的地方，无不成了海内外知名的旅游胜地。就宗教文化分布而言，宗教文化遍布全国，据有关单位统计，20 世纪 50 年代初期我国有道教宫观约 10 000 处，佛教寺院约 50 000 处，伊斯兰教清真寺约 39 490 处，天主教堂 19 009 处，基督教堂 6482 处，可谓浩若繁星。许多宗教活动场所，已成为宗教名胜古迹，全国现存主要名胜古迹中，宗教文化遗迹约占的二分之一。敦煌、云冈、龙门等石窟中的雕塑和壁画，成为我国古代艺术的宝库，闻名于世界。我国国务院公布的三批全国重点文物保护单位中，各种宗教名胜古迹占 150 多处，全国各省、市、自治区与宗教有关的名胜古迹共有 3000 多处。这些宗教名胜古迹，是我国宝贵的历史文化遗产，是劳动人民集体智慧的结晶。

（一）道教文化空间分布

古代道教名区主要分布在湖北武当山、北京白云观、山西芮城永乐宫、陕西华山、湖南衡山、四川峨眉山和青城山、湖北九宫山、安徽天柱山。此外。道教还有“十大洞天”、“三十六小洞天”、“七十二福地”之说。现在，旅游发展较为著名的道教名山主要有：山东泰山、崂山、湖南衡山、陕西华山、山西恒山、四川青城山、江西龙虎山、广东罗浮山、湖北武当山、江苏茅山等。

道教宫观众多，建筑多以壁画、雕塑、书画、联额、题辞、诗文、碑刻、园林等多种艺术形式与建筑物综合统一，具有较高的文化水平和多彩的艺术形象，很有艺术感染力。陕西周至县终南山楼观台、北京白云观、沈阳太清宫、成都青羊官、福建莆田妈祖庙、苏州玄妙观、山西芮城永乐宫、泉州清源山老子天下第一雕像等，都是各具个性的著名道观。

（二）佛教文化空间分布

相传东汉明帝感梦遣使西域求取佛经，并在洛阳建白马寺，这是有关佛教传入中国的最早记载。佛教传入中国后，发展较快，曾有“天下名山僧占多”的说法。山西五台山、浙江普陀山、四川峨眉山和安徽九华山合称为“中国四大佛教名山”。山西五台山，有“清凉佛国”之称，相传是文殊菩萨的道场，每年六月初六至十五举行“大誓愿会”，是五台山的盛大宗教活动；四川峨眉山，有“峨眉天下秀”之誉，相传为普贤菩萨的道场；浙江普陀山有“海天佛国”之誉，相传是观音菩萨的道场；安徽九华山有“仙城佛国”之称，相传为地藏王菩萨的道场。以上传统的四大佛教名山一直是旅游的黄金线。

我国寺庙众多，以历史悠久，形制巨大，文化荟萃，风格独特而著称。如禅宗寺庙有河南少林寺（祖庭）、成都文殊院、新都宝光寺、扬州高旻寺、镇江金山寺；华严宗祖庭陕西长安县华严寺；净土宗祖庭山西交城石壁山玄中寺；天台宗祖庭浙江天台山国清寺；三论宗祖庭江苏南京栖霞寺；密宗祖庭陕西西安大兴善寺；藏传密宗布达拉宫、大昭寺、小昭寺、北京雍和宫。另外北京法源寺、河南洛阳白马寺、上海龙华古寺、玉佛禅寺都是规模宏大，个性鲜明，游客众多的景点。近年来，以佛教为依托，开发旅游新品已成为不少旅游景点的趋向，其中最成功的是无锡灵山景区，无锡灵山大佛，有“佛大山灵”之誉，以神州第一大佛、佛教文化博览馆等新景点吸引游人，年均客流量逾200万人次，成为华东地区旅游热点。

佛教著名人物生活传教的场所也成为旅游热线，比如唐僧取经线，将西安大雁塔、小雁塔、法门寺，甘肃麦积山石窟，兰州拉卜楞寺，青海塔尔寺，敦煌莫高窟，新疆火焰山等景观串连成线，对日本、欧美旅游者很有魅力。鉴真和尚东渡线，将南京栖霞山，扬州大明寺、鉴真纪念堂，镇江金山寺，常州天宁寺，日本鹿儿岛，奈良东大寺、唐招提寺连成一线，在日本很受欢迎。

（三）伊斯兰教的空间分布

伊斯兰教产生于公元7世纪初的阿拉伯半岛。中唐时期，随着中国同西亚陆上与海上交通大开，唐永徽二年（651年）伊斯兰教开始随着来华使节和商人传入中国，一沿陆路——丝绸之路，从大食（阿拉伯），经波斯（伊朗），过天山南北，穿河西走廊进入中原；二沿海路——香料之路，即从大食，经印度洋，到天竺（印度），经马六甲海峡，到东南沿海广州和泉州等地。

与此相关，伊斯兰教清真寺就形成了东南、西北、中原三个相对密集区。东南及沿海的广州、泉州是最早传入伊斯兰教的地区之一，江浙在元代是信奉伊斯兰教色目人集中所在的地区，从而使该区分布有中国古代四大清真寺：广州怀圣寺、泉州清净寺、杭州凤凰寺和扬州仙鹤寺。西北地区是我国最大的伊斯兰教区，主要分布在回疆区和陕甘区中，伊斯兰教寺在西北回民相对集中的聚居区分布密集，著名的有新疆喀什艾提卡尔礼拜寺、青海西宁的清真大寺、宁夏同心县清真大寺、银川市清大寺，以及西安化觉巷清真寺等。中原的大河南北乃至湖广也是伊斯兰教寺分布较多的地区，尤其是河南中州之地更是如此。开封在北宋时为京师，西域使节和阿拉伯商人不少在此居留，相传宋时已有清真寺。元代，开封为河南行省治所，是蒙古、色目人驻军重镇，明清两代，开封的省治地位不变。这一时期伊斯兰教寺增多，如著名的东大寺，有“敕赐寺”衙匾，文书寺则是士大夫“舍宅为寺”而建。河南伊斯兰教寺在一些州县也有分布。

（四）基督教的空间分布

基督数一般分天主教、东正教和新教（耶稣教）三大教派。天主教各修会受罗马教皇控制，是最早来华的基督教教派。清代末年，基督教势力向内地不断渗透，到20世纪二三十年代，已在中国设20个大教区，下分129个教区，其大主教区在澳门。基督教的另一教派东正教则主要分布在京津和东北地区。新教（即耶酥教）传入时间较迟，但后期势力最大，到20世纪已遍布全国。著名的天主教堂有：北京南堂，它是北京第一座天主教堂，为意大利传教士利玛窦始建。上海有徐家汇天主堂，是上海最大的天主教堂，当年曾誉为远东最壮观宏丽的天主堂。此外，还有国际礼拜堂、沐恩堂、东正教堂。另外天津老西开教堂，哈尔滨圣索菲亚教堂等，这些教堂形制规模较大，一直成为基督教徒活动传教之地。

对宗教文化分布而言，无论是古代、近代还是现在广大汉族文化区内，很难划分出明晰的宗教文化区。因为就较大的地域而言，几乎没有某一个地区专门信奉佛教、道教，或是基督教，尽管各自教徒的绝对数量是很大的。但是宗教文化的分布必然受到中国政治、传统文化和环境等多种因素的深刻影响和制约。

1．政治对宗教文化分布的影响。

宗教是一种社会意识形态，是上层建筑的一部分。在历史上，宗教常常被统治阶层用来作为统治人民的精神工具。因此，宗教文化在我国的空间分布，受统治者对宗教的态度的影响。当统治者大力提倡某一宗教时，该教分布必然较广；反之，则会受到遏制。如东晋以后，出于统治者的需要，儒、佛、道三家均有较大发展，渐成并立局面。南朝时梁武帝肖衍（502－549年在位）时，大兴佛教，建佛寺达700所，亲自讲演佛经，使佛教在南朝迅速发展，据传当时寺院有2846所，僧尼82700余人。同时他宠任道教徒陶弘景，致道教在南方滨海各地大为得势，于是形成了南北朝时期儒、佛、道相互鼎峙的错综复杂局面。而当宗教危及统治者利益时，统治者对宗教采取钳制甚至打击的态度。如魏晋南北朝至唐代出现的“三武一宗”灭佛事件。以及清初的限制、取缔天主教在中国传教，拆毁教堂，迫令西方教士回归本国，天主教的活动受到打击和限制。这时，宗教文化的分布范围必然大大缩小。

2．中国传统文化对宗教文化分布的影响

佛教文化与道教文化作为中国传统文化的一个组成部分，必然受到中国传统文化的深刻影响和制约。如道教在道观选址上十分注重环境形势的地理特色，特别崇尚自然，追求名山形胜。此外，道观建筑大多依山就势、顺势布局、高低错落，与周围环境融为一体。凡名山中的道观宫府、洞天福地，往往都是山环水绕、山川秀丽、风光奇特的风水宝地环境。作为外来的佛教，在发展过程中，也必然受到中国传统文化的影响。佛教在选址过程中，与道教有异曲同工之处，同样打上了风水的烙印，从而出现了“天下名山僧占多”的局面，从中可以看出佛教的地理分布特点。

3．宗教文化分布受宗教传播路线影响

佛教传入中国的路线大致有三条：一条是通过西北陆上的“丝绸之路”向北传入中国，中介站是西域，人称北传佛教、或汉地佛教、汉传佛教，主要流行于汉族聚居区，这类佛寺数量多、分布广。第二条是古印度向南通过斯里兰卡、泰国、缅甸传入中国云南等少数民族地区，其中介站为广州，以小乘佛教为主。这类佛寺主要分布在云南省西南部。第三条是从印度经西南陆路传入中国西藏地区，与当地古老宗教融合形成藏传佛教，亦称喇嘛教，主要流行于藏族、蒙古族等聚居区。这类佛教主要分布在西藏、内蒙古以及青海、甘肃、四川、云南等省区。因此，“丝绸之路”上佛教文化遗迹普遍分布，特别是甘肃省的天水、武威、张掖和敦煌等4座历史文化名城，以及被联合国教科文组织列入《世界遗产名录》的佛教艺术宝库敦煌莫高窟。

伊斯兰教的传入主要通过陆上与海上两条路线。陆上交通主要通过“丝绸之路”，自阿拉伯半岛经波斯、阿富汗到达中国的新疆，再经青海、甘肃到达长安。海上是由波斯湾出发，经过阿拉伯海、孟加拉湾，过马六甲海峡到达当时中国对外贸易的口岸广州、泉州、杭州、扬州等地。早期的清真寺主要集中在广州、泉州、杭州、扬州等城市。因此，以清真寺为标志的伊斯兰教文化主要集中在新疆、青海、甘肃和宁夏西北地区以及阿拉伯侨民较多的古代都城和沿海城市。

由于传播的时间先后不同，宗教受各地自然环境、历史背景、宗教信仰和民情风俗的影响，外来宗教文化和中国本土文化不断融合，便形成了各具特色的宗教文化。

案例 南岳衡山推出宗教文化体验游

宗教文化极具旅游魅力和开发价值，是宝贵的人文旅游资源。随着我国旅游业的发展，以宗教文化为主的旅游产品逐渐增多，但单纯的朝圣观光游是很难满足游客多方面需求的，应从宗教文化的内涵入手，进行多类型多层次的开发。

南岳衡山推出宗教文化体验游，吸引了大量游客前来体验宗教文化生活。南岳宗教文化体验程序共分十项内容：一是礼佛，游客居士入住寺院，安置住宿，换着僧衣参加这个首游仪式，并听取佛门大德介绍南岳宗教文化历史、宗教仪规、宗教生活习俗后，进入天王殿，引礼法师解拜佛仪规，礼拜天王；再进入大雄宝殿，参加寺庙举行的普佛法会，为游客颂经祈福，并赠开光圣物。二是过堂用斋，同寺内僧众一道，在斋堂举行宗教仪式，然后就餐。三是听经坐禅，乘车上山，参观“祖源”，礼拜怀让大师塔后，取道福严寺，听寺内住持介绍禅宗历史与禅宗哲学。四是拜塔颂经，参观福严寺后，转行南台寺，参观舍利塔，膜拜佛祖舍利。五是祭祀祝融，登南岳最高峰祝融顶峰，拜圣帝菩萨，祭祀祝融祖先。六是品尝斋席，返回祝圣寺后就佛教斋席。南岳佛教斋席全国知名，其斋菜有：四大皆空、五福临门、六根清静、罗汉聚会、麻姑献寿等数十种。七是坐禅开示，应板声指引，齐聚禅堂，在引礼师的辅导下，念佛，坐禅，其后由法师开示、解疑。八是早晚功课，僧人每天早晚念经，主要念《楞严咒》、《大悲咒》、《心经》。九是参与寺务，真正的出家人，必须打扫卫生、种菜、养草等。由寺内执事安排，与寺内僧众一同参与打扫卫生等，体验佛教“一日不作，则一日不食”的僧人生活。十是摄影留念。此项活动受到宗教信徒和游客的好评。

（资料来源：吴桂生. 论宗教文化旅游资源的利用与开发. 湖南商学院学报，2004年第4期）

四、民族文化的空间分布

民族文化是各民族在长期的历史发展过程中所创造出来的带有该民族特点、反映该民族历史和社会生活的文化。任何一种民族文化，从旅游的角度看，可以分为三种形态：一是显性文化要素，如住房、衣着、交通设施等，它们是最容易为游客感知和理解的文化现象；二是隐性文化要素，如民族的伦理观念、价值观念、认知模式、审美情趣等社会行为规范，是游客不易感知和理解的文化现象；三是混合型的文化要素，其物质形态是显性的，但它的含义是隐性的，如语言、社会身份的标志、节日习俗、人生礼俗、装饰特点等，这类现象对游客来说，有时虽然难于理解，但却能使游客获得不同以往的生活经历的感受。

几乎所有的民族文化形态都可以通过民俗以小见大、触类旁通地表现出来，因此，民俗文化是民族文化的核心内容，是民族文化较直接的和外在的表现形式，是较易观察到的文化形象，是了解民族文化最好的窗口。由于中国民族地区大多处于中西部等偏远地区，大部分地方山高路远，交通不便，造成民族间的自然隔离，不仅民族之间有不同的文化特点，而且在一个民族内部也往往因为支系不同，所处的地理环境差异，与之共处的民族有别，以及经济发展的历史不平衡性，使民族文化总是各不相同、千差万别，于是形成了丰富的民族文化旅游景观。

目前，我国有 56 个民族，包括汉族和 55 个少数民族，共有近 13 亿人，其中汉族人口最多，约有 11.59 亿人，占总人口的 91.59%；各少数民族人口为 1.06 亿人，占总人口的 8.41%。从分布来看，汉族聚居中原，遍布全国；各少数民族主要分布在西南、西北、华北和东北的边疆地区，形成了以汉族为主体的大杂居、小聚居的局面。因此，中国民族文化景观的空间分布也就形成了以中原地区为核心，向东、南、西、北四周进行辐射和吸收的“一点四方”模式。

（一）民族服饰文化

服饰作为人类特有的劳动成果，它既是人类在一个时期内征服大自然的物质成果，又是人们的生活习俗、审美情趣、色彩爱好，以及其他种种文化心态、宗教观念等的反映。

藏装的基本特点是长袖、宽腰、大襟、肥大。藏族服饰追求宁静的风格，同时又强调华美、富丽。但是，由于藏族劳动生息在雪域高原之上，各地自然条件差异很大，加上宗教信仰的影响，所以藏族服饰并非清一色的宽袍大袖，而是丰富多采的。比如藏北的藏族，衣服的质料以兽皮为主，服装多为长宽藏袍，皮袍肥大，袍袖宽敞。臂膀伸缩自如，穿时腰间扎腰带。这种穿着是和草原放牧生活相适应的。宽大的藏袍不仅乘马放牧中能护膝防寒，夜晚还能当被盖，白天可以方便地挽去一袖或二袖，袖子束在腰间。这种藏袍穿时提起下部，腰带一束，怀里和腰间成了一个大行囊，里面可以装不少随身用品。这种服饰主要是因为藏北地区海拔高，风沙大，气候高寒，多为牧区，是受气候条件、游牧的生产方式和生活方式制约而形成的。

蒙古族服装以宽袍阔带著称，俗称蒙古袍。春秋穿夹袍，夏季穿单袍、棉袍。男袍一般都比较肥大，女袍则比较紧身，以显示出女子身材的苗条和健美。蒙古族服装色彩明亮浓郁，充分显示出蒙古族人热情、骠悍、豪放的性格。腰带是蒙古族服饰不可缺少的重要组成部分。一般多用棉布、绸缎制成，长三四米不等。色彩多与袍子的颜色相协调。束腰带既能防风抗寒，便于骑马，而且还是一种漂亮的装束。男子扎腰带时，多把袍子向上提，束得很短，骑乘方便，又显得精悍潇洒，腰带上还要挂上“三不离身”的蒙古刀、火镰和烟荷包。女子则相反，扎腰带时要将袍子向下拉展，以显示出娇美的身段。

回族的服饰与其他民族之不同处，主要在于头部。回族男子普遍戴白色或黑色无檐小圆帽，也称礼拜帽。而回族妇女有戴盖头或披头巾的习惯，她们披戴各色盖头、纱巾，婀娜多姿，十分俏丽。在服饰色彩上，回族人崇尚白色，这是宗教信仰所致。穆罕默德曾教导教民，白色衣服是最好的衣服；同时，回族视白色为最洁净之色。

彝族服饰集多种装饰工艺于一身，美观大方，纹样丰富多变，色泽沉着和谐，色调简洁明朗。彝族服饰种类繁多，一般以黑或近黑的青蓝等色为主，衬以红、黄等色，尤为注重红、黄、黑三色的搭配和图案的选择，单纯之中显露出丰富的感觉，象征着彝族人民的刚强、坚韧和善良。

服饰作为一个民族或地区在穿戴佩饰方面的物质创造，就是一种无字的天书，象形的史记、随身携带的百科全书。服饰是民族构成的要素之一，是识别民族的标志。比如回族的白布圆帽，维吾尔族的四楞小花帽，彝族男子头上的“天菩萨”，独龙族的披毯，傣族妇女的筒裙，苗家姑娘的大银冠等，都是令人看一眼便不易忘记的标识，有的甚至成为该民族的符号。民族服饰如一面镜子，从中我们可以看见各民族的远古的神话、民族的历史、习俗、宗教信仰及道德规范。如苗族服饰图案丰富，黔东南多以花鸟虫鱼国图，象征吉祥幸福；黔西北多反映民族的历史，如表示祖先迁徙过的江河、平原，或居住过的城郭、田园、山水等。

（二）民族建筑文化

不同的民族由于生活的环境、经济发展状况、主要生活方式的不同，各民族形成了最适宜于本民族生产生活的民居类型。碉房是分布在青海、西藏、甘肃、四川等地高寒地区的一种民居，天气寒冷，雨水稀少，该地区石材丰富，故用石材砌墙，房屋顶部为厚重粗犷的平顶式，其墙面下大上小，略作倾斜，远看极像碉堡，故称碉房，布达拉宫、大昭寺、甘丹寺为其代表。

以侗族民间建筑为例，其可观赏性在我国西南少数民族当中是首屈一指的。走进侗寨，都会看到鼓楼、风雨桥及寨门、戏台等公共建筑。“处处亭桥石板路，寨寨鼓楼芦笙坪”，这是对侗族村寨形象的真实描写，也是侗族民间建筑在西南少数民族地区成为最具特色的传统建筑体系的重要原因之一。历史上，由于自然和社会等原因，侗族过着群聚而居的集团式生活。这种生活方式形成了侗族强烈的群体意识和聚落心理。鼓楼，不是作为报时用的，而是作为族姓的标志，有一个族姓就有一座鼓楼。鼓楼的功用成为一种文化现象，不仅是议事、庆典、休息、娱乐的场所，而且也成为侗族传统文化和民族精神的标志和象征。鼓楼还集侗族的建筑、绘画、雕刻、工艺等传统文化于一身，成为综合、完整的侗族民间建筑艺术。侗族村寨的另一特殊标志是风雨桥，又叫“回龙桥”。由于侗寨山区温湿多雨，溪流纵横，桥成了沟通村寨、组织交通的重要手段。风雨桥在这种环境中应运而生并不断发展，其功用与鼓楼一样，远远超出了初始的含义而成为侗族民间多种社交活动的公共空间，是人们休息避雨、乘凉小憩，嬉戏游玩、迎宾送客的地方。它与鼓楼异曲同工，也是集侗族民间建筑艺术于一身，桂北三江的程阳桥、巴团桥、八协风雨桥、良口乡人和桥等是其代表。

另外，适合游牧时使用的蒙古包、毡房、布依族的“半边楼”、苗族、土家族的“吊脚楼”、白族的“一颗印”民居、维吾尔族的“阿以旺”、纳西族摩梭人的木楞房、傣族的竹楼等都是各具特色的民族建筑。

（三）民族饮食文化

我国汉族聚居的东部平原，耕作条件较好，盛产稻米、小麦，同那些以耕作业为主的少数民族像朝鲜族、锡伯族、傣族、壮族、独龙族等一样，以五谷为主食。朝鲜族喜食干饭、打糕、冷面、狗肉、猪肉、海鱼、大虾、辣白菜，餐餐离不开大酱、清酱；松花江、黑龙江沿岸的赫哲族以渔猎为生，鱼兽肉为其主食。鄂伦春族、怒族和牧区藏族，由于居住在寒冷地区，又多水产和畜肉，为抵御严寒，故以高热量的肉类为主食，习惯吃面食、酥油茶、点心、糌粑、手抓肉、肉面条，以增加身体热量，舒筋活血，防治皮肤干裂；蒙古族以放牧为主，饮食分白食和红食，白食为各类奶制品，如奶茶、奶酪、奶酥，红食主要是牛羊肉，如烤全羊、拔丝羊尾、哈达饼。维吾尔族则爱吃用大米、羊肉、胡萝卜等做的抓饭，以及拉面、烤羊肉、馕等。回族虽然分布广泛，但以牛羊肉小鸡面食为主，按教规忌食猪肉，也忌食无鳞类水产品，有涮羊肉、烧牛蹄筋、白水羊头、炸油香。羌族人喜欢将大米掺入玉米混蒸，称“金裹银”。壮族的“包生饭”，苗族的“乌米饭”均颇具特色。哈萨克人的风味小吃是用奶油混幼畜肉装进马肠内蒸熟的“金特”和肉碎拌香料蒸成的“那仁”、牛奶、黄油、手抓羊肉、奶油、新鲜瓜果、烤羊肉串；苗族、侗族因缺盐形成了食酸的习惯，酸肉、酸鱼、酸鸡、酸鸭，既好保存也开胃下饭；小凉山彝族，平日以荞麦、洋芋、玉米等为主食，肉类有猪、牛、羊、鸡等，以羊肉为贵，其风味饮食有“砣砣肉”、“烧鸡”。受自然条件的约束，各民族在民族发展过程中形成了各自的图腾信仰和对动植物的精灵崇拜，这同时也影响到饮食，比如鄂温克族人的祖先禁止猎熊，这样尽管他们以肉类为主食，却也不会吃熊肉。这些食俗往往受地域、气候、物产的限制，代代传承，形成了与之相应的风俗习惯。

（四）民族节日文化

我国历史悠久，民族众多，形成了丰富多彩的节日文化。据有关资料统计，我国 56 个民族从古到今约有节日 1700 多个，其中少数民族民间节日有 1200 多个，汉族节日约 500 个左右。中国节日数量之大，在世界上首屈一指。节庆具有时间集中性、地域性和民族性，它通常在同一文化圈内或认同于同一文化理念的人类群体中发生。每个民族都有自己的盛大节日，但有时不同的民族具有相同的节日，如彝、白、纳西族乃至于云贵地区的汉族，都过火把节。又如壮族的“三月三”与歌圩节，已经演变为国际歌舞节，海南黎族的“三月三”则已演绎成海南国际椰子节，不仅是民族节日，而且也是是海内外游客的共同节日。

从某种角度上说，民族节日，它好似一个民族的族徽，我们可以把一些民族节日和其所属民族划分相联起来，例如：泼水节与傣族，火把节与彝族，雪灯节与藏族，三月歌圩节与壮族，摆手节与土家族，西迁节与锡伯族，老人节与朝鲜族，唱哈节与京族，那达慕大会与蒙古族等。而每个民族的节日其来源和节日活动安排各不相同。如哈尼族的“十月节”是按哈尼族历法推算的，是哈尼族的“新年”，节日首先是举行轮流的酒宴活动，全村男女老幼届时汇集一起，边喝酒边唱起古老的传统民歌“哈巴热歌”，年轻人纷纷向老一辈敬酒。夜幕降临，青年人围着篝火，敲起牛皮鼓、铓锣，弹起三弦琴，吹响竹笛、响篾、芦笙，吹起哈尼人动听的“阿基佑”（山歌）。节日期间，家家户户敬献祖宗。此外，还要举行荡秋千、摔跤、对歌以及各种游戏。这个节日集天文历法、信仰、仪式、礼节、歌舞、体育、饮食等文化内容于一体，是多种文化因素的复合体。又如 陕西安塞县素有“鼓之乡”的美称，安塞鼓被誉为“神州第一鼓”，具有二千年以上的悠久历史。据传在秦汉时期驻守在万里长城的士卒，视鼓为战斗中必不可少的装备，遇到敌人突袭和异常情况时，就以击鼓来报警。在作战失利时，作为求援讯号。两军对垒时，则以击鼓助威，鼓舞士气，取胜后则以鸣鼓来庆贺。传到民间后，截为小筒状，蒙牛、羊皮于两端，成为今天的腰鼓，每逢节日击鼓助兴。

中国各民族具有不同含义和风格的节日则更多，如柯尔克孜的“诺劳孜节”，回族的“开斋节”，土族的“擂台会”，锡伯族的“娘娘会”，俄罗斯族的“复活节”，朝鲜族的“回婚节”，蒙古族的“那达慕大会”，藏族的“望果节”，白族的“三月街”，哈尼族的“尝新节”，纳西族的“骡马会”，景颇族的“目脑纵歌节”，普米族的“转山会”，怒族的“祭天”，苗族的“苗年”，侗族的“斗牛节”，壮族的“歌墟”，瑶族的“耍歌堂”，京族的“哈书”，高山族的“收获节”等，都是我国民族有代表性的节日。集中节日最多的是苗族，一年之中要过的节日共 40 个。

（五）民族歌舞文化

我国少数民族群众不仅平时有唱歌的习惯，而且还有自己传统的歌唱节日，如壮族的“歌墟”，苗族的“游方”，侗族的“踩歌堂”，蒙古族的“敖包会”，回族的“花儿会”，瑶族的“放浪”，仫佬族的“走坡”，维吾尔族的木卡姆、赛乃姆，藏族的囊玛、弦子、锅庄，彝族的阿细跳月，土家族的摆手舞，苗族的芦笙舞等等。每逢佳节，各村寨的青年男女会聚一处，对歌赛歌，表达他们之间纯洁的爱情和对幸福生活的向往。

我国各族的民间舞蹈历史悠久，丰富多彩，千姿百态，在国内外享有盛誉。20 世纪 80 年代统计，我国 56 个民族共有民间舞蹈 17636 个，另外港澳台地区还待补，其中汉族舞蹈 14291 个，少数民族舞蹈 3345 个。汉族舞蹈名列榜首的是河南省，有 1436 个，这是因为河南史称“中原文化的摇篮”，商周之际，民间的郑卫之音，已响彻中原，冲击宫廷乐舞。1000 个舞蹈以上省份还有陕西、山西、江西、四川。原因也是这些地区历史上都是某些王朝的政治、文化中心，文人荟萃之地。800 个舞蹈以上的省份有湖南、湖北、江苏，这些地区都是春秋时期就“巫舞成风”的吴楚之地。而舞蹈最多的省份是云南，有 1552 个，其中少数民族舞蹈 1362 个，汉族舞蹈 190 个，这是因为云南是我国少数民族最多的省份之一，而且云南境内横断山脉和多条江河的分割，加上各少数民族“大分散，小聚居”的空间分布状态，形成了云南特有的“十里不同俗，百里不同音”。如昆明（包括路南石林）旅游区，主要有彝族撒尼人大三弦、阿细跳月、烟盒舞及少数白族歌舞。大理旅游区、丽江旅游区，主要有白族、纳西族、纳西古乐。西双版纳旅游区，主要有傣族，基诺族的孔雀舞、象脚鼓舞等。“三江”并流带旅游区有彝族歌舞、纳西古乐，迪庆州中甸“香格里拉”旅游线有藏族歌舞等。对云南的少数民族来说，少数民族地区可被誉为“歌舞的海洋”。

案例　　**云南傣族孔雀舞**

富饶美丽的傣乡，素有“孔雀之乡”的美称，过去每当晨曦微明或夕阳斜照时，常见姿态旖旎的孔雀翩翩起舞，因此，孔雀在傣族人民心中是吉祥、幸福、美丽、善良的象征。孔雀舞，是傣族人民最为喜闻乐见的舞蹈 ，流传于云南德宏傣族、景颇族自治州和西双版纳傣族自治州境内。每逢佳节，傣族人民都要云集一堂，观看由民间艺人表演的根据民间故事、神话传说，以及佛经故事等编成的孔雀舞及表现孔雀习性的舞蹈。

在一些古老的缅寺壁画和雕刻中，可以看到不少栩栩如生的人面鸟身的孔雀形象，这与头戴尖塔盔和假面具、身着孔雀服的孔雀舞十分相似。明代《南诏野史》中就已有关于孔雀舞的记载，可见其历史源远流长。

孔雀舞的动作异常丰富，最常见的手式有掌式、孔雀手式、眼式、起伏步等。从舞蹈风格上可归纳三类。第一为雄孔雀舞。民间多跳此舞。膝部起伏刚韧。舞姿有明显的“三道弯”特点。第二为雌孔雀舞。在民间多由男子表演。膝部起伏柔韧缓慢，舞姿优美动作细腻，并常有拱胸和肩的转动，体现其含蓄、妩媚的形态，鼓点轻盈缓慢。第三为小孔雀舞。常采用快速的小颤和保持半蹲状态的矮步，小腿灵活轻巧，常用连续的小耸肩，鼓点快速而轻巧。

各地区的孔雀舞既有统一风格，又有不同特色。瑞丽、孟连、孟定的孔雀舞，以跳、转、翻等动作技巧和优美的舞姿造型，表现孔雀下山、林中窥视、漫步森林、饮泉戏水、追逐嬉戏，以及拖翅、晒翅、开屏、飞翔等。西双版纳一直保持双人孔雀舞的形式，表现雌雄孔雀对舞；景谷、沧源地区为民族杂居区、受汉族文化影响，其形式已演变为载歌载舞的双人孔雀舞。

（资料来源：职慧勇.《中国民族文化百科》（上下卷），第1040页）

五、文学艺术文化的空间分布

文化艺术是人类文化的重要组成部分，包括诗词、小说、散文、游记、传说、舞蹈、戏剧、绘画、书法、雕塑、工艺品、电影、电视等。文化艺术对旅游的影响很大，其影响主要包括：文化艺术自身能形成旅游资源，借助文化艺术的魅力而形成旅游资源，以及渗透入各类旅游资源三种情况。这三种情况，均对文化艺术旅游资源的空间分布，产生极为重要的影响。此外，直接以描写自然山水和人文景观为对象，反映旅游生活的旅游文学，也是影响旅游资源空间分布的重要因素。

文化艺术对我国旅游资源空间分布格局的影响，主要分布在黄河流域和长江流域两条带状上。其主要原因是：

首先，黄河和长江流域名山胜水和名胜古迹众多。不但自然环境优越，名山胜水众多，而且文化传统深厚。早在春秋战国时期就有“五岳”（即东岳泰山、西岳华山、南岳衡山、北岳恒山、中岳嵩山）、“四渎”（即长江、黄河、淮河、济水）的说法。随着佛教的传入，又有“佛教四大名山”的称谓。随着道教的兴盛，道教又有“十大洞天”、“三十六小洞天”、“七十二福地”的说法。还有许多与帝王将相、仙佛僧道、隐士名流、才子佳人、骚人墨客等相关的神话传说、英雄史迹、奇闻佚事而著称于世的名胜古迹等。如 “奇秀甲于东南”的武夷山不仅有“溪曲三三水”（九曲溪）、“山环六六峰”（三十六峰）的自然风景，其中尤以大王峰、玉女峰、天游峰、接笋峰、小桃源、水帘洞、流香涧及一线天诸胜最为著名，而且有著名的武夷道宫，朱熹讲过学的紫阳书院，悬崖隙洞中的千年虹桥和架壑船棺以及历代摩崖题刻等人文景观。杭州的西湖，不仅有“水光潋滟晴方好，山色空濛雨亦奇”的锦绣山水，还有灵隐寺、保俶塔、岳王墓、南宋皇宫等文物史迹，以及苏东坡、林和靖等的文采风流和白蛇传、济公传等神话故事。而这些名山胜水和名胜古迹绝大多数都是分布在黄河流域和长江流域。

其次，两大流域是我国的政治、经济和文化中心。水路交通比较发达，地势相对低平，河流湖泊众多，平原上人口稠密，经济繁荣，教育环境优良，是人才辈出之地，是我国的政治、文化和经济中心的集中分布区域。黄河流域，从来被认为是中华民族的发祥地。中国历史上最辉煌的几个朝代都建在北方——周、秦、汉、唐、宋……，七大古都（北京、西安、安阳、南京、开封、洛阳、杭州）除北京外，其余都分布在这两大流域。当然，在这两大区域内，因时代的不同，经济发展重心也不相同，如唐代的长安、洛阳、南阳、成都地区，宋代的江西地区，明清时长江下游地区的江浙一带。另外，中国文化的两大发源地是黄河流域和江汉流域，而中国文学的中心，大体上是沿着现在的津浦线和京广线南北移动着。历代的几个文学中心，大致看来是分布在这两条纵的座标轴上[①]。甚至有人说："中国文学有一半是旅游文学"。

再次，受孔子"智者乐水，仁者乐山"观念的影响。人们在对自然的崇拜过程中，萌发了对自然山川的审美意识和精神活动。推动了人们对天下自然山水美景的发现、观赏和赞美。汉代文学就已经出现自然山水为审美对象的趋势。到了魏晋南北朝时期，由于朝代更替频繁，战争连绵不断，社会动荡不安，统治集团中的一部分人为躲避现实，啸傲山林，过着隐逸生活，他们在长期的山水生活中，把对现实生活中无法获得的理想、情操寄托于山川景物，并通过优美的艺术形式把它们抒发出来，揭示出山水的自然美，反映出人类对美好景色、美好事物的追求，写下了许多脍炙人口的山水诗文，山水文学由此得到迅速发展。之后随着人们旅游范围的不断扩大，内容的不断丰富和自觉性的不断提高，使山水文学的描写对象扩展到对人文胜迹、风俗民情等。

最后，受旅游观赏的重文意识的影响。中国古人的外出旅游从来就不停留在对山水名胜的消极观赏上，而总是积极主动地对它们作出各种评价。他们口吟、手写、题词、刻石，介绍景点的背景，描绘景点的内容，揭示景点的美学意义，抒发观赏景点的独特感受。如清代的康熙和乾隆皇帝，其所巡视之处，到处是他们的碑亭和诗刻。以泰山为例，乾隆一生八次谒泰山，次次都有诗作，这些诗的碑刻现在保存在泰安市岱庙中。北京香山的许多石壁上几乎都留有乾隆的墨迹。帝王如此，士大夫阶层更是争相效仿，而且其形式更为自由活泼，范围更为扩大。有学者认为，中国古代文学大半是山水文学、旅游文学，这确实有一定的道理。桂林素有"山水甲天下"之称，具有"江如青罗带，山如碧玉簪"的特点，据统计，仅流传至今的歌咏桂林山水的古代诗词，就有四千余首。

这些旅游文学不但为我们今天认识、研究古代旅游、提高现代旅游欣赏水平提供了丰富的资料和可贵的借鉴，而且一个直接的效果就是宣传了这些景点，提高了它们的知名度。一些景点正是由于这些旅游文学的反复描绘而饮誉天下，名垂千古的。元代许有壬说："山川景物因人而胜，因文章而传。人品既高，文足范后，山川景物之得所托而传于久远也必矣"。如宋代诗人苏轼贬居黄州时，常游长江边的赤壁，认为这里是三国赤壁大战之古战场，写下了《前赤壁赋》、《后赤壁赋》和《念奴娇·赤壁怀古》等名篇，生动地描绘了这里的壮丽景色。因此，这里虽然并非历史上赤壁之战发生的地点，但仍旧成为著名的旅游胜地。为与三国时期"赤壁之战"的赤壁相别，清朝康熙年间重修时定名为"东坡赤壁"。

（一）名山胜水与文化艺术的空间分布

"山不在高，有仙则灵；水不在深，有龙则灵。"不用说五岳长江这样的名山大川，就是那些名不见经传的小山小水，也都足以使文人骚客们倾倒、欣羡。"山川之美，古来共谈"，面对这些天工造化，文人骚客总要发抒独特情感，真正是"江山如此多娇，引无数英雄竞折腰"。

1．文化艺术与名山的分布

古人云："天下名山，岿然而大，岩然而尊者，泰山而已"。雄伟壮丽的泰山，为我国"五岳之首"，有"五岳之长"，"五岳独尊"之誉。从二千多年前的孔子"登泰山而小天下"，到汉代司马迁、司马相如，晋代陆机、谢灵运、谢道韫，唐代李白、杜甫，宋代苏

① 袁行霈.《中国文学概论》. 高等教育出版社，1990年，第46页.

东坡，元代张养浩，明清张岱、宋濂、姚鼐，以及近现代郭沫若、徐志摩等人，都游过泰山，并写下了许多传世的诗文。东晋谢道韫的《泰山吟》中就有："峨峨东岳高，秃极冲青天。岩中间虚宇，寂寞幽以玄。"的诗句，描写泰山的巍峨高大。南朝谢灵运《泰山吟》已经成为专吟泰山的诗篇。而李白游泰山则写了六首诗，其中在《泰山吟》写道："四月上泰山，石平御道开，六龙过万壑，涧谷随萦回。……天门一长啸，万里清风来"；"朝饮王母池，暝投天门关，独抱绿绮琴，夜行青山间，山明月露白，夜静松风歇"。杜甫《望岳》诗"岱宗夫如何，齐鲁青未了，造化钟神秀，阴阳割分晓。荡胸生层云，决眦入归鸟。会当凌绝顶，一览众山小"更是流传千古。据统计，历代著名的文人学士写的有关赞颂泰山的诗句、歌赋多达 1000 余首。泰山在自然胜景之外，留下了大量历代文人遗迹，成为中国文化艺术史的一个缩影。1990 年，世界遗产委员会批准泰山为"世界文化与自然遗产"。

庐山风光秀丽，素有"春山如梦、夏山如滴、秋山如醉、冬山如玉"之美誉。如此名山，酷爱如画山水的中国诗人们自然不会惜墨，他们为庐山留下了一首首壮美的诗篇。魏晋南北朝时的诗人慧远、陶渊明、谢灵运、鲍照、顾恺之、宗炳、王羲之等，都有有关庐山的山水诗。仅唐宋两代，到过庐山和隐居庐山的著名诗人就有 180 余人。明清时期到过庐山和隐居庐山的著名诗人则有 330 余人①。描写庐山的诗文很多，唐开元名相、诗人张九龄有《湖口望庐山瀑布水》、《入庐山仰望瀑布水》等描写庐山瀑布的诗，而描写庐山瀑布最为有名的则是李白的《望庐山瀑布》："日照香炉生紫烟，遥望瀑布挂前川。飞流直下三千尺，疑是银河落九天。"真不愧为千古绝唱。苏东坡先后为庐山写了 7 首诗，最著名的是《题西林壁》："横看成岭侧成峰，远近高低各不同。不识庐山真面目，只缘身在此山中。"白居易游遍庐山各处胜境，发出了"匡庐奇秀甲天下"的赞叹，是名家中留下的吟咏庐山的诗最多的人，约有 17 首。此外，古代有关庐山的游记也很多，如《徐霞客游记》中的《游庐山日记》、恽敬的《游庐山记》、现代黄炎培的《庐山》、孙福熙的《庐山》、丰子恺的《庐山面目》、孙友田的《夜宿庐山别墅村》等，从不同角度突出了庐山的风采。庐山被誉为"文化名山"，留有历代游览作品 4000 多首，更是一座诗的山。康有为在谈及庐山时曾说："自太白、东坡以还，名士如鲫，佳句如林"。

黄山原称"黟山"，有"奇秀甲天下"的美称。魏源在诗中赞美黄山说："峰奇石奇松更奇，云飞水飞山亦飞。"黄山集中国各大名山的美景于一身，尤其以奇松、怪石、云海、温泉"四绝"著称。黄山是大自然造化中的奇迹，历来享有"五岳归来不看山，黄山归来不看岳"的美誉。黄山的美是艺术创造的源泉，人们在畅游黄山的过程中触景生情，运用各种文学艺术手段来表现黄山，形成了丰富多彩的黄山审美文化。据《黄山志》记载，从盛唐到晚清的一千二百年间，仅就赞美黄山的诗词来说，现在可以查到的就有两万多首。李白、贾岛、范成大、石涛、龚自珍、黄炎培、董必武、郭沫若、老舍等都有不少佳作流传于世。散文中，徐霞客的《游黄山日记》、袁枚的《游黄山记》、叶圣陶的《黄山三天》、丰子恺的《上天都》等都体现了黄山的绝美秀丽的风姿。李白在《送温处士归黄山白鹅峰旧居》中有对黄山山峰的描述："黄山四千仞，三十二莲峰。丹崖夹石柱，菡萏金芙蓉。伊昔升绝顶，俯窥天目松。"唐末诗人杜荀鹤则以诗歌赞赏黄山的温泉。到了明代，黄山成立了天都诗社，前后历时 70 年，留下了许多有关黄山的诗篇。沈德潜的《登狮子峰望

① 任仲伦.《中国山水审美文化》. 同济大学出版社，1991 年.

石笋》、郑板桥的《题程羽宸黄山诗卷》、梅清的《月中看海歌》、胡与高的《霞海》、龚自珍的《黄山铭》等，都是很有特色的佳作。此外，徐霞客、袁枚等在游记中对黄山也有描述。另外，黄山的故事传说也不胜枚举，如《黄帝炼丹》、《李白醉酒》、《仙人指路》、《仙女绣花》等广为传颂。尤其以体现黄山俊美恬静的黄山画派，更是成为黄山文化的一颗璀璨明珠。

2. 文化艺术与名水的分布

水是中国人智慧的催化剂和精神生活的源头，也是风景的灵魂。孔子面对奔流不息的江水，发出了“逝者如斯夫”的感叹，并提出“智者乐山，仁者乐水”。古往今来，文人墨客面对这些胜水，也留下了许多脍炙人口的诗篇美文，为这些景观注入了文化艺术的魅力。

长江三峡（瞿塘峡、巫峡、西陵峡），是我国第一大河流长江举世闻名的地段，这自奉节白帝城至宜昌南津一段204公里的距离，以雄奇险峻著称。长江三峡之美，全在于雄、险、奇、幽四字。有人认为，三峡之美在于兼有泰山这雄伟、华山之险峻、黄山之神奇、庐山之变幻。这里是无峰不雄，无滩不险，无涧不奇，无壑不幽，无一处不可成诗，无一处不可入画，多少年来它一直引起人们的注意和赞叹。大诗人李白路过此地，写下了“朝辞白帝彩云间，千里江陵一日还。两岸猿声啼不住，轻舟已过万重山”的诗句。杜甫路过瞿塘峡，发出“众水会涪万，瞿塘争一门”（《长江》二首之一）、“地与山根裂，江从月窟来”（《瞿塘怀古》）的吟咏。陆游在《入蜀记》卷六和范成大在《吴船录》卷下中对瞿塘峡之奇险也有生动描述。南朝宋盛弘之《荆州记》（《水经注·江水》注引）对三峡的描写则是三峡壮丽景色的聚集。其文曰：

“自三峡七百里中，两岸连山，略无阙处。重岩叠嶂，隐天蔽日，自非亭午夜分，不见曦月。至于夏水襄陵，沿溯阻绝。或王命急宣，有时朝发白帝，暮到江陵，其间千二百里，虽乘奔御风，不以疾也。春冬之时，则素湍绿潭，回清倒影，绝多生怪柏，悬泉瀑布，飞漱其间，清荣峻茂，良多趣味。每至晴初霜旦，林寒涧肃，常有高猿长啸，属引凄异，空谷传响，哀转久绝。故渔者歌曰：‘巴东三峡巫峡长，猿鸣三声泪沾裳！’”

杭州西湖则以秀丽闻名于世。西湖虽然开发和建设较晚，但自唐代开始，即已成为文人学士咏叹之地，自南宋偏安立此为都以来，更成为骚人墨客聚集地。苏东坡也只能把它的美概括为“欲把西湖比西子，浓妆淡抹总相宜”。除诗人对它多姿的讴歌外，山水游记对它的描述就更为具体。袁宏道在《初至西湖记》中则说它是“白色如蛾，花光如集”的地方。它的湖光山色赢得了众口一致的赞赏。白居易《钱塘湖春行》中有“最爱湖东行不足，绿杨颊，温风如酒，波纹如绫，才一举头，已不觉目酣神醉。”袁枚说：“江山也要伟人扶，神化丹青即画图。赖有岳于双少保，人间始觉重西湖。”现代著名作家郁达夫也说：“楼外楼头雨似酥，淡妆西子比西湖，江山也要文人捧，堤柳而今尚姓苏。”（《咏西子湖》）

吴均的《与宋元思书》则描写了钱塘江中上游的富春江的奇山异水说：“自富阳至桐庐一百许里，奇山异水，天下独绝。水皆缥碧，千丈见底；游鱼细石，直视无碍。急湍甚箭，猛浪若奔。夹岸高山，皆生寒树。负势竞上，互相轩邈，争高直指，千百成峰，泉水激石，泠泠作响；好鸟相鸣，嘤嘤成韵。蝉则千转不穷，猿则百叫无绝。”

从汉武帝赞叹的“高矣、极矣、大矣、特矣、壮矣、赫矣、骇矣、惑矣”的“五岳独尊”的泰山，到以奇松、怪石、云海、温泉“四绝”闻名的黄山；从“匡庐奇秀甲天下”的庐山，到“峨嵋天下秀”的峨眉山；自以“奇拔峻秀”冠天下的华山，到“桂林山水甲天下，阳朔山水甲桂林”的桂林、阳朔山水；从“五岳独秀”的衡山，到“天下秀”的峨眉山；从李白笔下的“君不见黄河之水天上来，奔流到海不复回!”的黄河，到苏轼描写的“大江东去浪淘尽，千古风流人物”的长江；从“峡岸峰回路转，景象万千，犹如山水画廊”的长江三峡，到苏轼所赞扬的“水光潋滟晴方好，山色空濛雨亦奇”的杭州西湖；从昆明杨慎所称赞的“萍香波暖泛云津，渔栅樵歌曲水滨”的滇池，到朱自清笔下的“桨声灯影里”的秦淮河；从山东蓬莱的“海市蜃楼”，到“天下奇观”浙江海宁钱塘潮……，无不留下迁客骚人的踪迹和有关的旅游文学作品。

总之，祖国各地的名山胜水，千奇百怪的自然奇景，无不熔铸在历代名家的生花妙笔之中，使“山川景物因人而胜，因文章而传。人品既高，文足以范后，山川景物之得所托而传于久远也必矣。”

（二）文化艺术在人文景观方面的空间分布

1．文学艺术与景观建筑的分布

古人认为，“山水非有楼观登览者不为显，楼观非有文字称论者不为久。”（滕子京《与范经略求记书》）很好地说明了园林风景与文学艺术之间的关系。许多著名的风景区和园林，都有亭台楼阁点缀其间，再加上文人墨客笔下妙笔生花的描写，使如画的景色更加生辉。

江南三大名楼之一的黄鹤楼，旧址在湖北省武汉市蛇山。相传创建于三国吴黄武二年（公元 223 年），相传王子安乘鹤由此经过和费文祎驾鹤返憩于此，故名黄鹤楼。后几经兴建，历代文人墨客到此游览，留下不少千古绝唱，使黄鹤楼名声大噪，与湖南的岳阳楼、江西的滕王阁齐名。其中，最为驰名的当推崔颢脍炙人口的绝句《黄鹤楼》：“昔人已乘黄鹤去，此地空余黄鹤楼。黄鹤一去不复返，白云千载空悠悠。晴川历历汉阳树，芳草萋萋鹦鹉洲。日暮乡关何处是?烟波江上使人愁。”李白后登楼说：“眼前有景道不得，崔颢题诗在上头。”无作而去……。后来，李白在迁往长沙的途中，还是写了有关黄鹤楼的诗，如“黄鹤楼中吹玉笛，江城五月落梅花。”而李白在漫游金陵时写下的《登金陵凤凰台》，亦成千古绝唱。除崔诗之外，其他诗人有关黄鹤楼的描绘，如黄庭坚的《鄂州南楼书事》、范成大的《鄂州南楼》与陈孚的《鄂渚晚眺》等，都有助于丰富黄鹤楼景观的诗情画意或意境之美。黄鹤楼景观借助名诗的翅膀传播远方，引起海内外游人的关注和思念。

岳阳楼始建于汉晋，重修于北宋，素有“洞庭天下水，岳阳天下楼”之美誉，它是“江南三大名楼”中唯一保留下来的古建筑。岳阳楼自唐张说“每与才士登楼赋诗，自尔著名”后，李白留有“楼观岳阳尽，川迥洞庭开”的千古绝句，杜甫登楼时留下了“吴楚东南坼，乾坤日夜浮”的诗句，此外，白居易、李商隐、刘禹锡、孟浩然、欧阳修、张舜民、杨基等都登楼吟咏，但真正使岳阳楼名满全国的，则是范仲淹的“先天下之忧而忧，后天下之乐而乐”的崇高的思想境界和冠绝一时而又传至永久、回响无穷的《岳阳楼记》。在宋代就由著名书法家书写，名雕刻家邵竦篆刻，作成雕屏立于楼内。后被毁，现又存清乾隆名书法家张照写的雕刻在十二块紫檀木上的雕屏，镶嵌在二楼中厅。岳阳楼成为游人流连忘返的景点之一，正是得力于文学艺术的魅力。

滕王阁坐落在南昌赣江东岸，江西南昌西北，与湖南岳阳楼、湖北黄鹤楼并称江南三大名楼。滕王阁建筑规模很大，阁高九丈，共三层。滕王阁饱经沧桑，历史上屡毁屡建达 28 次之多，世所罕见。唐代上元二年（公元 653 年），洪州都督阎伯屿在此大宴宾客，王勃席间所作《滕王阁序》，成为传诵千古的名篇，“落霞与孤鹜齐飞，秋水共长天一色” 成为王勃盛赞滕王阁的名句。滕王阁因王勃的《滕王阁序》名扬四海，序因阁流芳百世，南昌古城也因此平添不少文采风流。滕王阁自王勃作《滕王阁序》后，唐代的王绪写了《滕王阁赋》、王仲舒写了《滕王阁记》，史称“三王记滕阁”。文学家韩愈也撰文述“江南多临观之美，而滕王阁独为第一，有瑰丽绝特之称”，故有“江西第一楼”之誉。白居易曾为滕王阁的宏伟气势所陶醉，欣然写下了“滕王阁上唱伊州，二十年前向此游。半是半非君莫问，好山长在水长流”的诗句。至北宋时，滕王阁名声尤盛，题咏者纷至踏来。欧阳修、曾巩、王安石、苏轼、辛弃疾、文天祥等都曾留下笔墨，传说明代汤显祖还在滕王阁上演出过他的名作《还魂记》，被传为文坛佳话。据统计，滕王阁留下历代名人题咏 1970 多篇。

坐落在安徽滁县琅琊山的醉翁亭，原是山中和尚智仙所建。亭子紧靠峻峭的山壁，飞檐凌空挑出。1064 年，北宋著名文学家欧阳修被贬到滁州任太守，由于政治上失意，郁郁不得志，使寄情于山水之间，常与宾客饮酒亭中，自称“醉翁”，写下了千古名篇《醉翁亭记》，故此亭名为醉翁亭。著名大书法家苏东坡又亲自书写《醉翁亭记》，镌刻其间，故该亭名声大振。此外，以唐代诗人白居易《与梦得沽酒闲饮且约后期》诗中的诗句：“更待菊黄家酝熟，共君一醉一陶然”而命名的陶然亭、因王羲之醉写《兰亭序》而出名的浙江绍兴兰亭等，都因旅游文学而增辉添彩，使之声名远播。

2．文化艺术在园林、寺庙的空间分布

自唐宋以后，随着经济的发达，造园艺术的不断提高，出现了以写园林佳胜为主的山水文学。唐代长安、洛阳一带园林特多，多称别业，大的有几十里方圆。如大诗人王维在陕西蓝田辋川所置别业，内有景 20 处，王维为此还写了一组著名的《辋川集》绝句。北宋著名词人李清照的父亲李格非的《洛阳名园记》便是记宋时所存隋唐以来的名园。而南方苏州、杭州、扬州一带也成为争相兴建园林之处，如杭州的西湖、南京的莫愁湖、扬州瘦西湖、平山堂、镇江的金山寺、成都的杜甫草堂等。南宋周密的《吴兴园林记》记南宋的吴兴园林，明代袁宏道的《初至西湖》、《晚游六桥待月记》，张岱的《西湖香市》、《湖心亭看雪》，高濂《西泠桥畔醉红树》、《苏堤看桃花》，这些都是描写园林佳胜的名作。文人在诗文中对园林风光作了别致的描绘。陆游曾有两首著名的《沈园》诗和《钗头凤》词追念他与前妻唐婉在沈园相遇的旧事。沈园的出名与陆游的诗歌密切相关。

明清以来，园林艺术中的宅园类型得到了巨大的发展。其数量与质量都达到空前的地步，分布遍及全国南北。此时，江南园林达到极盛时期，杭州有私园别业 70 多家，扬州有私园 30 多家。如明代王献臣建拙政园，著名画家文徵明为他绘制《拙政园景图》31 幅，每幅都有题咏诗文。清代康熙题诗避暑山庄三十六景，乾隆题诗圆明园四十景，更是千古盛事。园林与文化艺术结合更为紧密，成为综合建筑、花木、文学、绘画、雕塑、金石、书法、工艺的集大成者。

宗教在我国人民的生活中占据了极其重要的地位。因此，有关寺庙诗歌的创作，从唐代开始，也进入了一个前所未有的时期。如王维的《过香积寺》吟道：“不知香积寺，数里入云峰。古木无人迳，深山何处钟。泉声咽危石，日色冷青松。薄幕空潭曲，安禅制毒龙”。李白的《访戴天山道士不遇》、杜甫的《同诸公登慈恩寺塔》、常建的《题破山寺后禅院》、刘禹锡的《再游玄都观并行》、贾岛的《题兴化寺园序》、杜牧的《题宣州开元寺水阁》、温庭筠的《苏武庙》、李群玉的《黄陵庙》、方干的《题报恩寺上方》，等等，都是以寺庙以及寺庙僧众的活动作为题材的名篇。而宋、元以下，以寺庙以及寺庙僧众的活动作为咏颂对象的风气一直盛行不衰，许多著名学者如曾巩、苏轼、黄庭坚、陆游、辛弃疾、杨万里、文天祥、陈孚、何中、林弼、边贡、骆用卿、杨慎等人，创作了为数众多的寺庙诗歌。此外，有关寺庙的匾额、楹联等更是富有特色，成为中国文学一笔可观的遗产。

许多寺庙因旅游文学而著名。如江苏苏州西封江的封桥和苏州西南的寒山寺在唐代以前只不过是一般江桥和普通的寺院，而且处于荒寂之地，并不为人注意。但自唐诗人张继《枫桥夜泊》一诗传出，这里的景观就身价百倍，名扬天下，千百年来一直是人们向往、游览的著名景点。位于西安城南的慈恩寺内的大雁塔，原名慈恩塔。唐永徽三年（652年），慈恩寺主持僧玄奘为存藏从印度带回的经籍，由唐高宗资助，在寺内西院建造了慈恩寺塔，是唐代人们登高望远的好去处。著名诗人杜甫、高适、岑参、杜牧、卢宗回、章八元、储光羲等，都曾到此流连徘徊，赋诗留念。岑参的《登慈恩寺塔》诗说："塔势如涌云，孤高耸天宫，登临出世界，磴道盘虚空"，"四角碍白日，七层摩苍穹。下窥指飞鸟，俯听闻惊风"。章八元《题慈恩寺塔》也颇有影响："十层突兀在虚空，四十门开面面风。却怪乌飞平地上，自惊人语半天中。回悌暗踏如穿洞，绝顶初攀似出笼。落日凤城佳气合，满城春树雨濛濛。"大雁塔的著名除了因其修建与唐代著名高僧玄奘和著名诗人登高望景赋诗外，还与"雁塔题名"有关。在唐代它是进士金榜题名的地方。唐朝设科举取士，进士科最难考，录取人数很少。考中进士的人先在曲江举行宴会，叫做曲江会。然后集中到慈恩塔，推派擅长书法的人把考中者的名字刻在砖上，叫做"雁塔题名"。

3．文化艺术与名城的分布

中国历史上有许多著名的城市，成为文化艺术的汇聚之地。同时，文化艺术也为名城增添了无比的魅力与深邃的内涵。

长安是周、秦、汉、隋的故都所在，历史遗留下来的古迹随处可见，足以引发长安诗人的嗟叹咏歌。而唐代的首都长安，真正是"秦川雄帝宅，函谷壮皇居"，真正是"山河千里国，城阙九重门。不睹皇居壮，安知天才尊"。秦川的风物之美，四塞之固，山川的雄伟壮丽；长安的城阙宫殿、楼台亭阁、池苑林园、佛寺道观；长安的街市、酒肆、人物、习俗；长安的音乐、舞蹈、技艺，这一切都是诗人们无尽的诗材。唐朝著名诗人如李白、杜甫、白居易、王维、王勃、陈子昂、高适、岑参、韩愈、李商隐、杜牧等文人墨客都在长安活动过，在此写出许多优秀诗篇，留下了难得的珍贵文化遗产。晚年的杜甫漂泊在夔州（今重庆奉节）时，写《秋兴八首》，诗中反复抒写的就是他对长安绵绵无绝期的怀念。在《秋兴八首》里，杜甫满怀眷恋地回忆了终南山、蓬莱宫（即大明宫）、曲江、芙蓉苑、花萼楼、昆明池、渼陂、昆吾、御宿……这些地方都是他当年频动诗兴之处。长安的四时景色以及与四时相配的节令、民俗，也是诗人们咏歌不尽的诗材。可以毫不夸张地说，几乎所有的唐代诗人都到过长安，都在长安或久或暂地居留过。从诗歌创作上说，长安是诗歌更加社会化、生活化的地方，这里的山川林苑、城阙宫殿，给他们提供了无比丰富的诗材。

被称为"天府之国"的成都，自文翁兴学以后，"诗人从此蜀中多"。尤其是唐朝安史之乱，由于蜀中政治稳定、经济发达，使中原文士流入蜀中。杜甫、高适、岑参、元稹、刘禹锡、白居易等都来到蜀中，使成都府有"天下诗人皆入蜀"之称。如杜甫在这里写下

240 余首诗篇。岑参客居成都，广游名胜，吟咏成都古迹，留下了《先主武侯庙》、《司马相如琴台》、《升迁桥》、《严君平卜肆》、《张仪楼》、《万里桥》等十首五言古体诗。五代词人韦庄，宋代文学家苏轼，诗人陆游、范成大，明代文学家杨慎，曾先后活动或流寓在成都，诗人们对成都这座文化名城的深厚感情，都化作了不朽的诗篇。如李白诗歌说："九天开出一成都，万户千门入画图。草树云山如锦绣，秦川及得此间无。"杜甫诗道："锦城丝管日纷纷，半入江风半入云。此曲只应天上有，人间能得几回闻？"在陆游心中的成都则是"当年走马锦城西，曾为梅花醉似泥；二十里中香不断，青羊宫到浣花溪。"刘禹锡歌咏："濯锦江边两岸花，春风吹浪正淘沙。女郎剪下鸳鸯锦，将向中流匹晚霞"。他们写出了成都的美丽与繁荣。

中国六大古都之一的南京位于长江下游南岸，古称金陵，先后有东吴、东晋，南朝的宋、齐、梁、陈等王朝在这里建都，它曾是"六代帝王国"之地。六朝佛教盛行，南京的寺院盛极一时，晚唐诗人杜牧在《江南春》里曾有"千里莺啼绿映红，水村山郭酒旗风，南朝四百八十寺，多少楼台烟雨中"的描述。南京地形复杂，群峰环绕，山川险固，气象雄伟，自古以来就是形胜佳丽荟萃于其间的好地方。明代诗人高启咏道："大江来从万山中，山势尽与江流东。钟山如龙独西上，欲破巨浪乘长风。江山相雄不相让，形势争夸天下壮。"写出了金陵的山川形胜。李白《登金陵凤凰台》中有"三山半落青天外，一水中分白鹭洲"景观描写。南京莫愁湖风景秀丽，它曾享有"金陵第一名胜"的盛誉，清代诗人袁枚面对莫愁美景流连忘返，故作诗曰："欲将西子西湖比，难向烟波判是非。但觉西湖输一著，江帆云外拍云飞。"

4．文化艺术与其他景观的分布

除了黄河、长江两大流域的景观外，北国长城，西域风情，岭南烟雨，都是古代文人及艺术家歌咏或塑造的对象，同样为旅游景观的审美及传颂，起到了极其重要的作用。

长城是中华民族的象征，自有长城以来，就有关于长城的诗歌出现，人们从不同的角度，不同的侧面吟咏长城，全方位地反映了长城的历史风貌。秦代歌谣"生男慎勿举，生女哺用脯，不见长城下，白骨相撑柱"是目前流传下来最早的长城诗。到了汉代，贾谊之曾孙贾捐之曾说过："长城之歌，至今未绝"。而自汉以降，长城诗更是绵绵不断地产生。唐代王昌龄的《边塞》诗："秦时明月汉时关，万里长征人未还。但使龙城飞将在，不教胡马度阴山"，被后人推崇为描写边关的"压卷之作"。王之涣的《凉州词》写道："黄河远上白云间，一片孤城万仞山。羌笛何须怨杨柳，春风不度玉门关。"李白的《关山月》，被公认为是一首历代咏长城诗中的千古绝唱，诗人通过对关山月夜的描写，表现了守边将士对故乡的思念和诗人对征战不休的感慨。其诗说："明月出天山，苍茫云海间。长风几万里，吹度玉门关"。这些诗歌，无疑是对西部风物的千古绝唱。

案例　　江西旅游与文学的地理空间分布

江西旅游与文学的地理空间分布，明显呈现出点、线、面的构架趋势。庐山、鄱阳湖、滕王阁、青云谱、郁孤台、小梅关等山川亭阁、湖泊驿道，吸引了历代文人墨客的留连吟咏，他们留下了脍炙人口的斐然词章。

"奇秀甲天下"的庐山，在东晋就已成为长江流域的风景名区，千岩竞秀、襟江带湖，历经沧桑千百年，以其独特的自然、人文景观魅力吸引历代文人吟咏唱和。陶渊明以庐山为背景抒写田园山水的隐逸之乐；李白曾经三上庐山，三叠泉、五老峰留有他传世的佳作。白居易在江州，曾以诗唱和于浔阳、庐山两地。苏轼在庐山吟成的《题西林壁》成为庐山旅游文学的代表性作品。自东晋至明清，共有 500 多位文人墨客登临庐山并留下了 4000 多篇诗文作品。

背靠庐山且“襟江带湖”的浔阳是一座风景秀丽人文鼎盛的山水名城，白居易以其《琵琶行》之作使这座名城增色添辉。鄱阳湖在李白的诗中描绘为“开帆入天镜，直向彭湖东。落影转疏雨，晴云散远空”，像解缙、黄庭坚、苏轼等都有名诗题咏。南昌滕王阁在江西旅游文学的发展史上起了重要的作用，历代文人雅集滕王阁，留下了无数咏诵滕王阁的诗文，其中以王勃《滕王阁序》并诗最著。白居易、杜牧、辛弃疾、王安石、文天祥、汤显祖等文学巨匠吟诵滕王阁之作成为一道灿烂的人文风景。

溯赣江而上，赣中赣南的山山水水每每触动宦游贬谪文人的思想和情感，每一处风景的登临观赏，又是每一篇文化苦旅的名作的问世。吉州以文章节义闻名天下，白鹭洲书院留有文天祥读书报国的精神，亦留有张暖、李白吟诵白鹭洲的诗篇；吉水是“诚斋体”创始人杨万里的故里，又是田园诗作的浪漫家园；泰和快阁融建筑艺术、人文风景和自然景观于一体，黄庭坚《登快阁》诗是情景交融登高赏景的佳品。山川秀丽的虔州自古被喻为“南方丝绸之路”，商贾富绅，云集迁徙，贬谪文人，络绎于道。比如白居易、张九龄、王安石、苏东坡、辛弃疾、文天祥、王守仁、杨万里、解缙、八大山人等都有诗作寄情虔州的山水风物。辛弃疾《菩萨蛮 · 书江西造口壁》是虔州旅游文学的代表作。大余小梅关古驿道是“一步跨两省”、“一关隔断南北天”的险要之处，又是中原文化与岭南文化的分水岭，从晋唐至明清，留诗文题咏名作 200 余篇。应该说，赣江是贯串江西旅游文学璀璨明珠的主题线。

如果将赣江旅游文学视为是地理环境下的纵向延伸，那么，信江、抚河与袁河流域则是江西旅游文学的横向发展。辛弃疾壮年以后隐居在饶州城外的带湖及铅山东北的瓢泉等地，留下了描摹江西山水、寄兴风土人情的作品多达 345 篇。瓢泉附近的鹅湖寺，辛弃疾曾约爱国志士陈亮“长歌相答，极论世事”，并写有《破阵子》的悲壮词篇。临川玉茗堂是“东方莎士比亚”汤显祖的府第又是“临川四梦”名著的诞生场所。袁河流域在江西旅游文学史上也占有重要位置，像郑谷、刘恕、孔文仲、孔平仲等都是文学史上有影响的江西籍人物。信江、抚河和袁河在地理上汇入了赣江，同样，信江、抚河和袁河区域的旅游文学也一同汇入了以赣江为代表的江西旅游文学。

（资料来源：陈小芒，廖文华.《古代江西旅游文学的繁荣及原因》. 南昌大学学报（人文社科版），2003 第 6 期）

第二节　旅游文化的时间分布

一、旅游文化的历史视角

旅游文化的视角，在前现代旅游和现代旅游之间，经历了重要的历史时间转换。美国人文地理学家 H.J.德伯里指出，文化景观既包括有形的建筑、道路等人类的创造物，也包括了行为、感觉、气氛等无形的文化象征物。[①]也就是说，以城市旅游为例，一个城市的旅游景观，是这个城市带给旅游者的视觉领域中最富有冲击力的象征。城市文化景观在不同的历史时期，有着不同的文化与审美配合秩序。

中国传统的城市文化景观配合模式，是权威导向的模式，它的最高境界是天人合一，即文化与自然秩序的整合。这种古代城市文化的象征意义，是通过建筑的象征及组合的不同意义进行表达的。对前现代时期的旅游者而言，城市的文化景观在他们眼中的意义是代表君主、官吏或宗教权威的建筑组合。中国古代的城市文化景观，如宫殿、园林、住宅、名人居所、寺院，以及它们的相互关系与布局，实际上与城市总体一道，构成现实与彼岸世界权威的创造与表达。这些景观互相配合，产生独特的文化氛围。例如秦都咸阳与汉都长安：

始皇穷极奢侈，筑咸阳宫，因北陵营殿，端门四达，以制紫宫，象帝居。引渭水灌都，以象天汉。横桥南渡，以法牵牛。[②]

汉长安故城：城南为南斗形，北为北斗形，至今人呼汉京城为斗城是也。[③]

由此可见，中国古代城市，尤其是都城，重要人文建筑以至河流、桥梁都具有明显的象征意义，这种象征既是服从于森严的等级制度的，也是投向于以现世的制度来阐释的自然现象，包括星象、天体、地理诸要素景观，形成一个导向皇权甚至于神灵、祖先的权威理念。

在地方性城市中，没有如都城一样的完整的构成等级权威的建筑系统，但仍以标志性的突出建筑，如城楼、魁星阁、文昌宫、城隍庙、钟鼓楼以及官府衙门等作为权威的象征。在前现代旅游者对城市的感觉中，以对视觉产生强烈冲击的权威象征性建筑为主。这些建筑往往是城中最为高大壮观的建筑，成为城市最引人注目的中心。例如，汉晋时代的成都城，以它高耸的城垣、规模宏大的民居，以及壮丽的宫室吸引着人们的注意力：

金城石郭，兼市中区，既丽且崇，实号成都。辟二九之通门，画方轨之广涂，营新宫于爽垲，拟承明而起庐。结阳城之延阁，飞观榭乎云中，开高轩以临山，列绮窗而瞰江。内则议殿爵堂，武义虎威，宣化之闼，崇礼之闱，华阙双邈，重门洞开，金铺交映，玉题相晖。外则轨躅八达，里闬对出，比屋连甍，千庑万室。[④]

古代城市的标志性建筑同样也是指向权威的。刘敦祯指出，明清时期地方"城市的中心建牌楼或钟鼓楼，有些城内还建有高塔。它们与平缓的城墙以及一二层的住宅商店相配合，构成了城市丰富的轮廓。"[⑤]斯蒂芬·福伊希特旺说，中国的"行政城市的建立以建造城墙为标志，其他标志还有城墙内的一座城隍庙，一座学宫和城墙外的至少一座官方露天祭坛，这似乎是县这个最低行政级别的最低标准。"[⑥]章生道说，中国古代的城市的城门具有象征性的意义："在一个正好有四座城门的城市中，四个方位各有一门，各门的意义被

① H.J.德伯里.《人文地理——文化、社会与空间》.北京师范大学出版社，1988年.第106页.
②《三辅黄图》卷1，咸阳故城，卷4，池沼
③《三辅黄图》卷1，汉长安故城
④ 晋：左思《三都赋》
⑤ 刘敦祯.《中国古代建筑史》.第313页，中国建筑工业出版社，1980年.
⑥ 斯蒂芬·福伊希特旺.《学宫与城隍》.施坚雅主编.《中华帝国晚期的城市》.第701页，中华书局，2000年.

纳入同五行和四方位有关的象征系统中。在明显的象征手法中，东南西北四门分别同春夏秋冬四季相联系。”①明清时代的府州县等大小城市中，官府衙门、书院、庙宇，包括文昌阁、关帝庙、东岳庙、城隍庙、火神庙、龙王庙、土地庙等，几乎是每个城市必有，并且成为古代城市的标志性建筑。

除此之外，寺院等也是古代城市文化景观的象征之一。以南京而言，六朝时称为建康，唐代诗人杜牧诗说：“南朝四百八十寺，多少楼台烟雨中。”而北魏的洛阳，佛寺更为繁盛，竟达上千之数。尤其是洛阳永宁寺中的九层木塔，竟高达九十丈，据说旅游者在离洛阳百里之外已可遥遥见到，曾使印度禅宗祖师菩提达摩赞叹不已。可见洛阳永宁寺塔给予当时的旅游者极其深刻的印象。同样，明代的南京，以其高大古老的城墙和耸立在雨花台的大报恩寺琉璃塔作为城市文化的标志，而北京则以庄严富丽的紫禁城及高耸的天安门作为其象征。即使到 19 世纪末的中国内地城市，在旅游者的眼中，仍然是以其城墙、官府和寺院作为象征的。英国旅行家乔治·沃尼斯特·莫里循（George Ernest Morrison）在 1894 年的中国之行中对重庆的印象是：

重庆是一座非常富饶的城市。护城墙很牢固，从位于其附近最高山顶的高高宝塔上，可以看出护城墙对重庆的积极作用。在重庆，文曲星的影响极大，众多的寺庙、宽敞的政府衙门、富丽堂皇的大楼和皇宫式的大厦，这一切成为文曲星的圣堂。②

这些城市布局与标志性建筑以其鲜明的象征意义，显示了对世俗的、宗教的及天人合一的理念与权威的尊崇。

不仅仅是中国的城市中如此，前现代时期的西方的城市中，也同样是以规模宏大的行政建筑、教堂和商业建筑景观震撼旅游者的心灵：

在君士坦丁以前的罗马，大广场周围聚集着公共建筑群（法庭、剧场、图书馆、浴池），基督教的兴起把中心转移到宗教建筑上。罗马帝国之后和中世纪时期，欧洲修建了许多罗马式和哥特式的大教堂和修道院，欧洲的城市文化景观表现出教堂占优势，在文艺复兴时期仍然如此。巴罗克建筑风格主要在王室鼎盛时期流行，18 世纪和 19 世纪中震撼欧洲的革命使教堂的作用大大降低。罗马式和维多利亚式建筑讲究舒适、商业成功和政治安全，所以欧洲的城镇中心都是由漂亮、豪华的大厦和商人、企业家的住宅所构成。……行政建筑在很多城市中都很突出，从伦敦及其著名的国会大厦到美国较小州的首府，行政建筑都是城市景观的集中点。城市本身已经成为建筑和技术的集成品。宗教、行政和商业建筑都对城市文化景观的形成作了贡献。③

但是，在现代城市旅游中，城市文化景观对旅游者的吸引力已经转向体验性和参与性的都市现代生活，即以观赏、饮食和娱乐等作为行为主体的旅游方式。旅游文化的视角在时间的流逝中，已发生了巨大的转换。旅游者注目的往往不再是城市中凝固的宫殿、寺塔、高楼、城墙等建筑符号，而是着重于行动与体验，以参与性的娱乐代替了敬畏性的瞻仰。

---

① 章生道.《城治的形态与结构研究》. 施坚雅主编.《中华帝国晚期的城市》. 第 105 页，中华书局，2000 年.

② G.E.莫里循.《中国风情》. 国际文化出版公司，1998 年. 第 43 页.

③ H.J.德伯里.《人文地理一文化、社会与空间》. 北京师范大学出版社，1988 年. 第 159～161 页.

即使是那些传统的显示至高无上权威的宫殿、官府、寺院等建筑，在现代化的格局中，城市文化对旅游者的吸引力，也不再是其外在的权威，而是以其内在的商业化与世俗化场景，吸引旅游者的好奇心与满足感。林语堂笔下20世纪30年代北京雍和宫的世俗化即是最好的例子。同样，在余平伯笔下的南京游客，就是以秦淮河的娱乐为中心的。

趸上夫子庙前停泊着的画舫，桨声响了，……船儿悄悄地穿出连环着的三个壮阔的桥洞，青豁夏夜的韶华已如巨幅的画豁然而抖落。哦！凄厉而繁的弦索，颤岔而涩的歌喉，杂着吓哈的笑语声，劈啪的竹牌响，更能把诸楼船上的华灯彩绘，显出火样的鲜明，火样的温煦了。既踏进所谓“六朝金粉气”的销金窟，谁不笑笑呢！①

南京作为六朝故都和明代京城的崇高与威严，在20世纪游人的心目中已经被消解了，巍峨的城墙与苍凉的明故宫，在夜夜笙歌，户户灯火的秦淮河销金窟的娱乐场景面前失色了。

这种转变是随着现代化过程中大众旅游文化取代精英旅游文化而出现的。大众文化的特色，是以工业化方式大量生产、复制消费性文化商品的文化模式。前现代化时期的旅游是以官僚士大夫的精英文化为导向的旅游，旅游活动多为无组织和分散的活动，旅程范围十分有限，也尚未出现以盈利为目的的商业化的旅游企业。只有社会中上层的官吏、文士、商贾、僧侣等才有金钱和余暇在大尺度的空间范围内探求不同的自然与人文景观的刺激，其中又仅有少数人把自己的旅游感受形诸于笔墨，成为留给后代的诗歌与游记。

但是，现代旅游文化取向已经发生了极大的价值转换。以城市旅游而言，由于城市是人口流动的聚集地与不同文化因素的整合地，因而现代城市旅游文化转向以大众文化为主的消费性、娱乐性文化。马波认为，“当代的旅游活动已经不再是社会上等阶层的特权，而是一种社会大众性活动，是社会大众对刻板的、紧张的常态生活环境的反叛。现代旅游文化因此表现出商业性与娱乐性文化特征，旅游大众化刺激了旅游业这一文化产业的兴起。”②如各种各样的的节日、形形色色的娱乐活动、丰富多彩的饮食与购物等。现代旅游在社会的普及程度，已经是前现代时期难以想象的。如1985年中国的国内旅游人次为2.40亿人次，而2000年已达7.44亿人次之多，以人数论已超过全国总人口的一半以上。大众旅游的商业性与娱乐性，在都市旅游中，以其强烈的参与性和体验性为特点。以成都为例，2004年成都市的国内旅游者总数为3215万人次，国内旅游者对旅游资源的选择情况如表3.1所示。

表3.1 成都市国内旅游抽样调查表③

旅游资源	山水风光	文物古迹	民俗风情	文化艺术	饮食烹调	医疗保健	旅游购物	节庆活动	其他
选择占比重	46.7	33.1	26.4	16.8	28.3	10.7	9.3	4.6	1.4

由表3.1可以看出，旅游者对民俗风情、文化艺术、饮食烹调、医疗保健、旅游购物和节庆活动等大众文化旅游兴趣的比重总和为96.1%，大大超过对文物古迹及山水风光的

① 俞平伯.《桨声灯影里的秦淮河》.名家经典抒情散文选.四川文艺出版社，1994年.第275页.
② 马波.《现代旅游文化学》.青岛出版社，2001年.第39页.
③《成都市国内旅游抽样调查资料汇编》.成都市旅游局，2005年.

兴趣。例如成都在 2003 年 3 月举行的“寻找城市名片”的活动中，市民及旅游专家们提出来的对成都的城市形象有：锦绣成都、多彩成都、生活之都、休闲之都、川菜之都、温馨之都、品茗之都、居家之都等二十多种说法，其话语格局的指向也都几乎是从参与和体验为主线的都市流行文化场景。

二、旅游文化的时代变迁

同样，在大众旅游兴起的过程中，旅游文化也出现了时代的变迁。旅游是对现代生存条件下的异化、生活程式化、都市环境的劣质化等伴随现代化而来的负面后果的暂时性和周期性的逃避和解脱。一方面，现代社会中诸如交通、通信等基础设施的发展，劳动生产力的提高造成可任意支配收入和时间的增加，旅游产业化带来旅游产品及其种类的增多，旅游条件的日益快捷、方便和舒适等，构成了旅游发生的必要的物质基础和社会条件。旅游正是人们对这些现代性条件的正面反应。在此基础上，旅游消费文化又进一步推波助澜，“诱惑”潜在的游客出游。另一方面，现代化过程所带来的负面效应，诸如自然的消失、环境污染、生活节奏的加快、技术分工导致工作性质的程式化、大众社会中人情的淡漠以及矫饰和虚情假意的盛行等，使人们对其产生排斥和逃避，因而旅游成了寻求一时“解脱”的方式。在旅游中，人们寻求返璞归真，体验日常生活中所缺乏的自然、简朴和真我，以及异于日常生活的另一种生活方式和生活节奏。旅游不但为现代人提供了暂时的心灵与空间避难所，而且为他们展示了另一个世界，一个被美化了的梦幻世界。

以成都的茶馆为例，成都作为著名的休闲都市，茶馆多达 600 余个，平均每两条街就有一个茶馆。商业化的茶馆是城市的社交中心也是娱乐中心，成为城市休闲文化的多方面的象征，既是与现代旅游的大众性和商业性紧密相连，同时又是具有强烈的参与性与体验性的景观。除了茶馆之外，诸如花会、庙会等民俗旅游，更是一种逃避日常枯燥生活，追求新的人际交往和心灵刺激的现代都市旅游方式。

在以娱乐和交往为中心的现代城市休闲生活中，传统城市旅游中最引人注目的城墙、衙署、庙宇等景观退隐到幕后，大众化的都市娱乐性文化景观成为主角。

案例　　成都的茶馆和花会

茶馆的名称、茶具以及其中的各色人等都反映出丰富的茶馆文化。在四川，人们一般不称茶馆而叫“茶铺”、“茶园”、“茶厅”、“茶楼”、“茶亭”或“茶房”，而“茶铺”为最通常的叫法。茶馆取名非常讲究，都力图高雅而自然，诸如“访春”、“悠闲”、“芙蓉”等。茶馆的择址须考虑到商业、自然或文化氛围。街边路旁引人注目是理想之地，河岸桥头风景悦目亦是绝妙选择，商业娱乐中心颇受青睐，至于庙会、市场更是茶馆最佳地点。街边茶馆多利用公共空间，临街一面无门、无窗亦无墙，早上茶馆开门，卸下一块块铺板，其桌椅便被移到街沿上。茶客们便可毫无遮拦地观看街景、行人往来，街头发生的任何小事都可以给他们增添乐趣和讨论话题。绿树成荫的公园是茶馆的集中之地，城外的茶馆则以其幽雅的环境招徕顾客。①

① 王笛.《二十世纪初的茶馆与中国城市生活——以成都为例》. 历史研究，2001 年第 5 期，第 41～53 页.

成都这城市，有一点京派的风味。栽花种花，对酒品茗，在生活中占了很重要的一部分。一个穷人家住的房子，院子里总有几十株花草，一年四季，不断地开出鲜艳的花。花朝，是成都花会开幕的日子。地点在南门外十二桥边的青羊宫。花会期有一个月，这是一个成都青年男女解放的时期。花会与上海的浴佛节有点相象，不过成都是以卖花为主，再辅助着各种游艺与各地的出产。到这时候，成都人倾城而出，买花的、卖花的、看人的、被人看的，摩肩擦背，真正是拥挤不堪。①

在现代都市旅游中，无论是内陆城市，还是沿海都市，旅游文化的价值指向，已经向社会性旅游资源转移。例如，对于上海这样的东方大都会而言，其现代城市文化旅游的主要资源与价值，已经不是通过上世纪遗留的外滩古典高楼建筑群来体现，而是通过都市生活、都市文化和都市购物的旅游参与性、体验性活动景观来构成。这也是今天中国许多旅游城市共同的特点，这些特点主要是适应大众旅游文化的。

在现代城市旅游文化中，城市的吸引力由静态转向动态，由权威象征的崇拜转向民间的闲暇与娱乐。正如张捷等人认为，“未来旅游业的愈来愈依赖于非物质开发，以适应多变的城市居民的旅游和闲暇需求。非物质开发是城市旅游业规划的重要组成部分，闲暇、娱乐业是未来城市的基本功能，城市良性发展的必需和未来城市第三产业乃至整个未来社会的重要组成部分。城市旅游功能是这种闲暇娱乐功能的体现。”②这一时代变迁，早在上世纪的都市旅游兴起时即已开始。

案例　　林语堂笔下的老北京

在茶馆儿里，吃热腾腾的葱爆羊肉，喝白干儿酒，达官贵人、富商巨贾，与市井小民引车卖浆者，摩肩接踵；有令人惊叹不已的戏院，精美的饭馆子、市场、灯笼街、古玩街、有每月按期的庙会、有穷人每月交会钱到年节取月饼蜜供的饽饽铺。穷人有穷人的快乐，有露天的变戏法儿的，有什刹海的马戏团，有天桥儿的戏棚子；有街巷小贩各式各样唱歌般动听的叫卖声，串街串巷的剃头理发匠的钢叉震动悦耳的响声，还有串街串巷到家收买旧货的清脆的打鼓声，卖冰镇酸汤的一双小铜盘子的敲击声，每一种声音都节奏美妙。可以看见婚丧大典半里长的行列，以及官轿及官人跟班的随从；可以看到旗装的满洲女人和来自塞外的骆驼队，以及雍和宫的喇嘛，佛教的和尚；变戏法儿中的吞剑的、叫街的、唱数来宝的唱莲花落的乞丐，各安其业，各自遵守数百年不成文的传统规矩。

在林语堂的笔下，20世纪的老北京，已经不是以巍峨的皇家宫殿和王府，以及高大的城墙，而是以其动感的不同文化的会聚与体验，吸引着各种对古都有兴趣的定居者和旅游者。这种旅游的时代趋向，还在当代都市旅游中不断加强。例如旅游者通过乘三轮车漫游，对当代北京的胡同文化场景的体验和参与的场景是：

紫色车篷罩着黑亮的三轮车，蹬车的小伙子一色赭黄背心，黑灯笼裤，黑毡帽，随着

① 刘大杰.《成都的春天》. 名家经典怀旧散文选，四川文艺出版社，1994年，第86页.

② 张捷等.《城市旅游业非物质开发的初步研究》. 保继刚，潘兴连，杰弗里·沃尔主编《城市旅游的理论与实践》. 科学出版社，2001年，第95页.

“叮叮当当”的清脆车铃声，载着外国游客的三轮车缓缓在鼓楼脚下的南、北宫房胡同，大、小金丝胡同漫游。偶尔，停车下来走进四合院，看看普通居民的生活环境，饶有兴致地与房主交谈几句；登上鼓楼，俯瞰北京清城区全貌；再来到恭王府，参观这个北京如今保存最完整的清代王府，了解过去达官贵人的生活。对于外国人来说，具有几百年历史的胡同就是一个北京人生活的历史博物馆。①

而现代的重庆城市旅游文化景观在旅游者的心目中，也是以被称为重庆现代社会三道风景线的奥托汽车、山城棒棒军和麻辣烫为代表。另外还加上重庆特色的交通工具：过江索道、爬坡缆车和亚洲最长的自动手扶电梯等。此外，重庆的现代靓女风景线、繁荣的商贸购物景致，编织出一幅生动的现代都市氛围与景观图。这些旅游文化景观由旅游者观看的舞台背景走向中心，成为亮丽的景观，正是旅游文化的时代变迁结果。

第三节　旅游文化空间的变化

我们常常看到这样的情景，每到较大的节假日，各大旅游胜地都塞满了来自四面八方的旅游者。背包客、旅游团浩浩荡荡蜂拥而至、旅游地居民也起程奔向新的旅游地；旅游地空间就像一个大蓄水池，把原来的水暂时性地换掉，又添加了新的水源。新旧文化在旅游空间中互相交流、彼此争斗；各种潮流、观念、生活方式随着人流、物流的进进出出也改变着旅游文化空间的原生态文化特征。

昔日幽静神圣的宗教圣地成为热闹世俗的大庙；古镇简单的生活方式被利润、效益颠覆；质朴的民风民俗被现代商业文化、旅游文化置换；旅游地丰富的文化内涵被沦为各种文化消费符号；同时新的文化空间也在产生：小资文化、西方想象和纳西文化奇妙地交织成丽江新的魅力空间……

如上所述，当大众旅游的时代到来时，旅游已对旅游目的地社会产生了深刻的影响，旅游地文化空间的变迁已经成为一个重大的社会文化问题。那么，旅游文化空间到底发生了哪些变化呢？为什么会出现这样的现象？对旅游业会有怎样的影响呢？本节将和大家一起来探讨这些问题。

一、文化传统的断裂化

文化传统是我们日常生活中耳熟能详的一个词，那么，究竟什么是传统呢？通常，我们说到传统通常是指习惯的、通例的规范。

文化学家德华·希而斯（Edwards Shils）认为，传统是围绕人类不同活动领域而相成的代代相传的行为方式，是一种对社会行为具有规范作用和道德感召力的文化力量，同时也是人类在历史长河中创造性想象的积淀。它包括物质产品、精神观念、惯例和制度。传

① 孙玉波.《展示深厚的文化底蕴——北京胡同文化旅游带来的启示》. 转引自张国洪《中国文化旅游——理论、战略、实践》. 南开大学出版社，2001年，第31页.

统又是一种社会文化遗产，是人类过去所创造的各种制度、信仰、价值观念和行为方式构成的意义象征系统；它使代与代之间、不同的历史序列之间保持了某种连续性和同一性。比如说，中国的节日民俗文化传统讲究过春节摸门钉放鞭炮，上元节吃汤圆放花灯扭秧歌，端午节插艾条挂香符赛龙舟，中元盂兰盆会驱傩……而西方有自己的圣诞节、情人节等等节日民俗文化传统；又如，中国的园林文化传统同中国的书画、艺术一样讲究“师法自然而高于自然”讲究与周围环境的和谐统一，而西方园林则多呈现几何图形，受程式化的约束较少，一般不太注重同周围环境的关系。

一个民族的文化传统就像一条河，它从源头流下，通常会具有较长的稳定性和传承性，但同时受到它自身以及多方面因素的影响，会出现不同程度的变异、断裂。比如，随着新的全球化浪潮，在西方生活方式和西方文化随着经济强势席卷而来的时候，我们的传统文化也在不同程度地受到冲击。新的价值观念、生活方式在改变人们的日常生活的同时也在改变着我们的文化传统习俗。正如一本杂志所言，“90 年代出生的人开始相信圣诞老人了，开始在麦当劳、必胜客里过生日。他们不知道阿福，没放过风筝，没见过长命锁，没上过八仙桌，没爬过大门槛，所以，传统的东西在他们看来，是没有质感的，是苍白的。”

案例　　拿什么拯救你，中国传统的节日文化

今年中国传统的元宵节和刚刚过去的情人节相比，这个中国古时“月上柳梢头，人约黄昏后”的节日则冷清许多，大多数家庭只是草草煮上几颗元宵就算过了节，而商场照例是按照“节日经济”的路子“发”了一把，据说仅一天，稻香村的元宵就卖出 85 吨！与此相对应的，在首都北京，寻遍报端，遍查网络，竟无法找到观灯猜谜之所！“满城灯火耀街红，弦管笙歌到处同”的上元之夜，只能让人自诗中体味了。

春节前后，人们普遍抱怨“年”味儿越来越淡，而没有花灯和灯谜的正月十五又怎能称之为“闹”元宵？节日过得依旧热闹；商场大“血拼”，饭店多折扣，卡拉 OK 订不到房，温泉别墅人满为患……尽管不愿看到，但必须承认，只求热闹，只问经济，已成为中国节日的普遍现象，中华民族传统节日中蕴涵的文化内涵在人们心中日渐淡化！

如今，在某种程度上，中国传统节日已经蜕变为“吃”的节日，国人记忆中的风俗似乎除了吃饭，鲜有其他。春节吃饺子，十五吃元宵，中秋吃月饼，端午吃粽子……似乎只要吃过这些食品，节日就算庆祝过了。但如果春节不守夜，十五不观灯，重阳不登高，中秋不赏月，传统节日和其他日子有什么区别？与之相应的传统民俗文化又靠什么去传承？

摘自 http://tech.163.com/special/t/000915QE/tsjb_zgms.html

文化传统是承载民族认同感的载体，是传承民族文化生命、区别于其他民族的重要标志，那么，随着现代化进程的加速，文化传统的断裂会给旅游业带来什么样的影响呢？

1. 加速了文化的多元化，促使了旅游观念的改变。随着文化传统的逐渐消失，新的文化价值观念、生活方式也在慢慢渗透到日常生活的方方面面；或是与传统“和平相处”或是“争风相对”、或是“你中有我、”“我中有你”互相交融发展。多元化成为社会的另一个特征，人们的生活方式也开始有多样性的选择。中国传统的“父母在，不远游”的旅游文化传统也随着西方现代旅游观念的传入，而逐步被新的旅游观念、休闲态度所取代。节假日去旅游逐渐成为一种新的生活方式和时尚的休闲选择。

案例　调查显示：中国居民多在节假日外出旅游

近年来，中国旅游热持续不衰，不仅促进了消费，也推动了国民经济的发展。调查显示，居民外出旅游多选在节假日和休假日，因而形成节假日旅游非常集中和假日旅游的独特景观。

国家统计局中国经济景气监测中心为了解居民的旅游情况，日前对北京、上海、广州三城市的七百余位居民进行了调查。

随着中国经济的发展和人民生活水平的提高，外出旅游的居民越来越多。据调查，表示经常旅游的居民占11.7%，偶尔旅游的居民占45.6%，两者合计达57.3%。

调查显示，表示选在节日期间、周末假日、年度休假日外出旅游的居民分别占23.8%、12.1%和9.7%，9.3%的居民选在出差间隙，另外4.4%的居民表示不受时间的限制，其他未回答。多数居民选择在节假日外出旅游，表明与近年中国节假日时间的增多有关。

被调查者表示，风光、费用、交通等是决定居民是否旅游的关键因素。因此，要吸引更多的居民外出旅游和保持旅游经济的生命力，必须着力保护和开发好旅游地的风光，提高居民的收入和规范旅游部门的收费，改善交通工具和做好交通资源的配置。

调查还显示，选择自助旅游的居民人数远远高于选择随团旅游的居民人数，而名气、收费和景点安排则是居民旅游选择旅行社的主要条件。近一半的居民对旅行社表示不满意，这表明旅行社急需在各方面提高自己的水平。

摘自：2001年1月23日中新社网站

2．使得独特的旅游文化景观的消失。现代旅游者越来越注重对文化多样性的体验。因此，感受不同民族的文化习俗、体验不同地方的文化传统，往往成为旅游者重要的旅游动机。文化传统是否完整，文化积淀是否深厚，文化景观是否独特往往是旅游者选择旅游目的地的重要衡量标准。文化传统的断裂使得旅游目的地的旅游资源失去“亮点”。标准化、趋同性的文化现象以及文化景观也让旅游者难以感受到“原汁原味”的文化特色。

案例　消失的老洋楼

当十几年前来过青岛或离开青岛的人故地重游时，他们无不对青岛的发展速度之快、变化之大而感慨万分。尤其面对十几年前曾经是一片荒滩野岭，而今已是大路通天、高楼林立、一派现代都市新景象的城区东部时，更是惊叹不已。与此同时，人们发现老城区内的一批曾经辉煌一时的老街、老房子、老院子也被宽广的大道及高楼大厦取而代之。

尽管青岛只有100多年的历史，但青岛却有着极为独特的城市风貌。德国人、日本人曾经为了殖民统治苦心打造青岛。尤其是德国人确立的城市布局基调和自然风貌，直到今天仍然是城市规划上好的蓝本。其后，在上个世纪初建造的八大关别墅群、中山路银行建筑群等一批被称为万国建筑群的建筑，进一步丰富了青岛的建筑特色，使青岛的建筑在全国乃至世界都小有影响。

但是，随着城市的发展，青岛的老建筑与国内大多数城市一样，不断被新型建筑和日趋拥挤的街道所吞噬。据不完全统计，解放前，青岛市区曾拥有德、日、英、美、俄等20

多个国家不同风格的各式建筑 299 处，共 1000 多栋，如今剩下尚不足一半。而余下的这些建筑物，除了几个标志性建筑外，大多缺乏必要的保护。

青岛的老街、老院、老房子是青岛历史的纹脉，就像这里刊登的这些已经消失的建筑一样，失去了，便是永远的遗憾。如今青岛市已把保护老区的重要性提高到了一个相当高度来认识，出台了令人鼓舞的有关老区保护的政策，比如有些老楼哪怕更换塑料门窗，也要经过有关部门批准。八大关建筑群、馆陶路和黄台路一条街被国家、省、市级政府列入重点保护街区，原有的建筑不能随意拆除，以保留其原貌。

但是，要保持青岛的城市特色，老城区、老建筑的保护，无疑任重道远。

摘自《大众日报》2003 年 9 月 6 日

二、文化象征的符号化

（一）符号与符号化

符号学认为：一个物质性的可供感知的事物如果能代表它以外的其他事物，那个该事物就成为一种符号。从结构上分析，符号包括“能指”和“所指”两部分。前部分是符号的物质构成，后部分是指符号所表达的思想和意义。两部分使得物不仅具有使用价值、交换价值，也具有符号价值、象征价值。比如说，一件衣服、一瓶香水、一辆汽车作为物（符号的能指）可以满足人们的基本需要（御寒、交通、审美等）；另一方面，他们也具有彰显社会等级和进行社会区分的功能，消费者通过购买可以分享到衣服、香水、汽车所代表的某种社会地位、名望和荣誉（符号的所指）。在这里某种阶层的文化和生活被符号化特定消费品。

法国社会学家波德里亚认为消费是“一种操纵符号的系统性行为”，人们购买商品，只是部分与商品的物质消费有关，关键是把它作为一种标签。以可口可乐为例，作为一种特殊的饮料，它通过与其他饮料，如橙汁、绿茶、矿泉水等差异在食物符号系统中获得意义，这种意义就是“明示”的。但可口可乐这一符号又可以作为一个能指在另一符号系统发挥作用。如在民族文化这一符号系统中（包括美国的商业文化、欧洲的精英文化、伊斯兰的宗教文化等），可口可乐又代表“美国文化”、“快餐文化”，这样一些并不是严格字面上的意义。

（二）现代旅游的符号化

现代旅游也面临着符号化的过程，如果我们把旅游看作是一种“生活方式”，它明显地具有符号性特征，它可以被定义为“社会中某一群体的特殊生活”。作为一种身份象征的符号象征，旅游者在旅游的同时也分享着旅游所代表的符号。能否外出旅游，到什么地方旅游，花多少时间旅游，采用什么方式旅游，花多少费用旅游，都成为现代社会中不同的社会阶层，社会集团乃至不同的个人的社会地位和经济能力的象征。例如，同样是出国旅游，在 20 世纪 90 年代，能够到澳大利亚和新西兰旅游的人，其经济能力和优越感就强于去东南亚泰国、马来西亚等国的人，而能去夏威夷或西班牙旅游休闲的人，其经济能力和优越感又更高一个层次。在这种意义上，现代旅游往往成为一种身份的符号象征。

（三）旅游文化象征的符号化

当旅游成为一种生活方式，当我们把旅游作为一种“符号性的生产”，旅游文化象征会如何符号化呢？我们认为主要从以下两个方面休现。

1．旅游景观的符号象征

迈克·康耐尔曾经指出，旅游吸引物提供的仅仅是一种文化经验、情感体验，这种特殊商品的价值无法用马克思的商品二重属性（使用价值和交换价值）来解释。波德海拉尔则进一步引入了另一种现代商品的隐含价值：象征价值，并指出这种新的价值是一系列制造出来的意符。于赫认为，旅游活动已经成为一种符号与经验的消费，消费对象不再限于有形的物质，无形的象征、氛围甚至愉悦感，都可以透过符号价值的交换而被购买。这样，旅游被各种符号所代替，人们旅游也像在进行符号的收集。比如说，每个城市都有自己的必游地，去北京必去天安门，去上海必去外滩，去济南必游趵突泉，去三峡必游白帝城，去湘西必游凤凰……在这里，各个有名的旅游景观成为一个城市或者地区的标志。对于有象征价值的旅游景观，旅游者会在有限的时间和经济条件下，重点“阅读”。因为，此时的旅游景观是作为一个城市或者地区文化历史的“代言人”，拥有文化象征符号的功能。

那么，通常什么样的旅游景观承担着文化象征的符号呢？我国学者彭兆荣作了以下分类：文明的遗物（如长城、金字塔等）、自然造化（尼亚加拉大瀑布、石林等）、著名建筑物（艾菲尔铁塔、金门大桥等）、历史实践的遗址（滑铁卢、敦刻尔克）、人造的主题公园（迪斯尼乐园、环球影城等）、伟人故居或遗址（马克思故居），也可以是一种特色性的地方活动（赌城赌博）等。

另一方面，现代旅游作为一种商业活动，视觉消费成为现代旅游活动的另一大特点。旅游者选择什么旅游景点进行消费看上去有很大的随意性，但这种消费行为的选择除了受到经济因素的制约以外，更主要是旅游者的文化倾向和文化口味的投射。于是，“丽江”、“大理”、“阳朔”、“稻城”等成为拥有“小资情调”者的符号，成为拥有同一文化心态，分享同一生活方式的旅游者的“共同符码”。此时的旅游景观就具有了“沟通者”的角色。

法国著名思想家布尔迪厄认为：人们在日常消费中的文化实践，从饮食、服饰、身体甚至音乐、绘画、文学等的鉴赏趣味，都表现和证明了行动者在社会中所处的位置和等级。同样，作为文化实践的旅游，旅游景观的吸引力不仅来自其自身的丰富的文化内涵也来自于它所扮演的符号象征意义。

案例　迪斯尼与符号消费

全世界最小的香港迪斯尼于 9 月在香港开幕。此主题公园地方虽小，但开幕日为数16000 的到场人数却甚为壮观。5000 内地游客亦蜂拥至此，为睹中国首个迪斯尼的开幕风采。在传媒镁光灯下，内地游客顿时成为了米老鼠的新闻配角：在非吸烟区内抽烟、蹲坐在地上、小孩随地大小便、以洗手盆当做便盆大便、放声讲话、插队……有传媒甚至称这种种“不文明”的行为为“中国人的丑陋”。

也许一般彬彬有礼的“文明人”会认为这是不懂礼仪和不进步的行为，然而从文化研究者的角度而言，也许这种旅游方法比“文明人”的方法更为“西方”、更为“进步”。何出此言？盖因这种不顾当地文化历史风土人情，只着眼当下消费的旅游方式正是西方资本主义旅游的终极表现。

文学及文化研究学者卡勒尔（Jonathan Culler）对此有独特的看法。在“旅游的符号学”（《Semiotics of Tourism》）一文中，他指出当今的旅游工业已转变为纯粹对符号的消费。

我们到不同的地方旅游，其实只为了消费被视为代表该地方的“旅游符号”。例如，到法国旅游，为的只是到巴黎铁塔、香榭丽舍大道、卢浮宫、法国名牌服装店等代表法国的符号拍照留念、购买巴黎铁塔模型和名信片、付钱进入卢浮宫走一周、再到名店疯狂购物一番，完全无需理会法国的风土人情、文化历史。所谓的名胜古迹，就是让我们消费的文化符号。旅行团的行程表，就是我们的消费指南。作为游客，我们完全无需参与当地人具体的生活经验和历史文化，只消沉醉于消费与该地方相关的文化符号。在消费主义扩张的年代，消费是唯一的旅游文化和礼仪。

过去，旅游代表了一种新的生活体验。对自己的文化冲击，也可能是对心灵的洗涤。其实最能体现旅游精神的就是法国诗人波德莱尔笔下的“游荡者”。他的旅游方法不像现代人般到处参观名胜，而是一天到晚漫无目的地在新的城镇、不同的街道、各个国家到处漫无目的地流连。透过闲荡体会不同地方的文化及生活，透过生活了解当地历史文化。

在消费主义扩张的年代旅游，似乎无可避免地只能消费旅游符号。迪斯尼乐园这个由众多卡通符号堆砌出来的旅游景点，正是消费旅游符号的最佳场地。现实生活中的名胜古迹，还需通过宣传和重新包装化成旅游景点式的旅游符号，但迪斯尼乐园打从一开始便是符号商品，园内一事一物皆为可被消费的卡通符号。面对这浩瀚的符号商品世界，无怪乎国内游客只顾尽情消费，而忘却了其中的社会文化礼仪。

摘自《中国经营报》2005 年 10 月 8 日

迈克·康耐尔总结到：“象征资本是一个充满了地方和认同价值的标示物，它包含了地方和人们所赋予的著名价值，但却无法用于买卖和交易。”

2．旅游景观被符号所象征

旅游文化象征的符号化，不仅表现为旅游景观成为符号，同时也包括旅游景观本身被其他符号所象征所代表。比如西藏会让人联想到衣着奇特的藏胞、蓝天白云下的寺庙、朝圣路上虔诚的信徒、神秘而诱人的雪山；此时的西藏被藏胞、寺庙、信徒、雪山符号所代替。同样，民俗文化也面临着符号化过程，民俗本来是一种历史的真实，它是一个民族或者群体传承性的生活文化，在现时生活中，它呈现为一种地域性程式化的文化心理模式。但在民俗文化村中，民俗文化更多的是一种仪式化、符号化的表演。“真实实在转化为各种影像，时间碎化为一系列永恒的当下片段，用一种典型化的或者缩微的方式展现某一族群或者社区具有深厚历史意蕴的民俗文化，真实的生活物化为一堆了无生气的建筑、戏剧化地想象成一套千篇一律的仪式。”民族文化村把各地的民俗生活的符号汇集在一起，完成旅游者关于民族生活的想象。

案例　作为上海的“标志性”文化景观的“新天地”

“石库门算得上是最具上海特征的建筑样式和居住空间，19 世纪中叶因为太平军的三次进驻，江浙一带的大量百姓拥入了上海租界，而石库门建筑就是为了满足新移民的居住理念而诞生的。此后的数十年，石库门在上海迅速扩张，到 20 世纪二三十年代，石库门已占据了市区住宅面积的六成以上，成为最具上海风貌的独特建筑。从此，天井、前楼、客堂、厢房、亭子间等空间，构成了上海人日常生活的主要活动区域，而一对沉重的乌漆大门和两个铜质大门环等意象，也成为了上海人在急剧的都市变迁过程追忆和缅怀的内容。”

如今的石库门“各种时髦元素都已镶嵌进狭长的弄堂，酒吧、餐饮和商业在此会聚一堂；旧与新、传统与潮流、怀旧感与流行性在此得到了完美无缺的交融。但是，这已不再是最具上海特征的生存空间，而只是一个有着石库门外壳的精美然而疯狂的梦剧场。”

摘自〈上海酒吧——空间消费与想象〉包亚明等 2001 年 9～11 页

（二）文化符号化对旅游业的影响

1．文化符号化促使旅游地形象的宣传推广。旅游地形象是旅游者对旅游地的总体印象。当旅游地打上某种“文化印记”成为一种文化符号时，旅游地形象也会随之明晰化、情趣化、进而成为某种文化象征。比如说“香格里拉”是中国藏区民族的文化理想。当 20 世纪 30 年代，西方小说家将其创作成文化作品，进而改编成电影时，“香格里拉”开始在西方社会中广泛传播，成为西方工业社会焦虑苦闷的现代人的精神家园。同时，它优美的自然环境、和谐的人文环境、神秘而古老的异质文化也成为西方人躲避现实世界的象征符号。

2．文化符号化有利于旅游景点的集中展示。当旅游地文化被特定的文化符号所象征时，文化的展示将集中于象征符号。主题公园如民俗文化村即是通过对各民族文化最具代表性的建筑文化符号、服饰文化符号、饮食文化符号、节日民俗符号等的提炼、抽离、复制、克隆而完成的。各个地区的标志性建筑汇集展示，使得旅游者可以超越时间、空间完成对异域文化的想象及体验。

3．文化符号化使得旅游文化景观仪式化、戏剧化，进而沦为文化商品。当一个旅游目的地能被文化符号所象征时，也面临被抽离原生态文化语境的危险，成为一种戏剧化、仪式化的具有仿真性的文化商品。比如说一些民族地区的民族民俗是随旅游者兴趣进行表演，利用民族文化符号性的展示获得利润，成为文化商品。不仅如此，文化符号的混乱堆砌降低了旅游地的文化识别度。但大多数旅游者并不像人类学家一样需要对旅游的真实性进行考证，只要文化符号化不影响他们对于异质文化的想象即可得到满足。

三、文化内涵的商品化

（一）文化内涵商品化的含义

顾名思义，文化内涵商品化主要是指旅游文化资源在旅游市场中，可以像商品一样，被贴上标签，在市场上买卖；此时的文化内涵已脱离了文化的原生态环境，发生了改变，出现了商品化的倾向。那么，文化为什么会出现商品化呢？我们应该放在哪种背景下去理解这种现象呢？

（二）文化内涵商品化的过程分析

对于文化内涵商品化的过程，我们应把它放在大的现代旅游业的时代背景中去看待。现代旅游业作为一种特殊的产业，是以大众消费需求为目的的市场交易行为。它的构成因素以及对它产生作用的商业因素都应被考虑进来，特别是“资本”的符号价值——当它成为资本家手中的一个砝码并用于投资和商业运作的时候，就具有超越国境、地域和民族的性质。可以看出，旅游的产业化过程也是文化资源的商品化过程。在这个过程中，任何能吸引旅游者的文化因素都可以成为候选的商品，通过旅游者的旅游活动和消费，成为文化商品。此时，文化资源因受到商业因素和市场因素的影响，越来越脱离其原来的文化生成环境，而出现了商品化的倾向。比如说，目前在市场上演奏的纳西古乐与曾经是人们生活一部分的丽江古乐已经有了本质的差别。从自娱自乐、修身养性的民间音乐到地方文化产业的主要支柱，从自发的纳西古乐爱好者组织到今天的古乐表演团体，纳西古乐已经完成了市场经济环境下的蝶变过程，现在留下的只是民族文化形式之壳，其实质则是一种文化商品。又如，在民族旅游地区或者民族文化村中经常上演的少数民族“婚礼”“对歌”等等民俗文化，都不同程度地脱离了文化的原生环境，成为大众旅游者可供“消费”的文化商品。

（三）文化内涵商品化对传统文化的影响

当文化可以成为商品进行买卖时，一方面它满足了旅游者对异域文化的旅游消费欲望，通过商品流通的方式，扩大了文化的传播广度。但另一方面，在市场化与商品化的同时也与文化内涵本身发生了冲突，那么，文化内涵的商品化对传统文化的影响，我们将如何辨证地去认识呢？

1．有利于传统文化的复兴，增强民族自尊心和自豪感。文化是特定社会中代代相传的一种共享的生活方式，它为旅游者提供了另一种生活方式的可能。随着旅游业的发展，文化因其“独特性”、“稀缺性”等市场价值而被开发利用。

各地区一些先前几乎被人们遗忘的传统习俗和文化活动重新得到恢复；有着浓厚异域风情的音乐、舞蹈、戏剧等重新得到整理、开发、包装；长期濒临毁灭的历史建筑又得到维护和管理等。大量的文化事项通过商品的形式进入旅游市场，这些具有民族历史价值的人文旅游景观的再现和重组，一方面展示了少数民族自身文化智慧和创造力，重新唤起了各民族成员的历史记忆，增强了内聚力、自信心和自豪感，从而塑造出良好的形象；另一方面，也使得主流文化群体的旅游者在民族旅游中获得对少数民族文化的新的认知和再认识，由此对这些长期游离于主流文化之外的边缘群体文化在不同程度上重新得到肯定和新的评价。

2．扩大文化的生存和发展的空间。商品不仅是物质性的，也是观念性的。旅游者通过消费、购买旅游产品，存在于旅游文化商品中的文化价值观念也随着商品本身渗透到旅游者的文化系统中。当文化提供了一种生活方式的可能性时，当来自异国他乡的旅游者通过观光、体验、消费文化商品时，文化也因为商品化而获得了自己的发展资金和进一步发展的空间。

3．文化传统的整体性和原生态遭到破坏。文化的商品化使得文化面临着文化作为商品的“交易化”。交易即要考虑到大众旅游者的喜好，它会使旅游文化的开发者和经营者对于文化的展示只维持在最能带来收益的现实或潜在的顾客的水平上，使文化实际上已经解体，文化的整体性受到了破坏。比如说，当民俗旅游作为文化商品进入旅游市场之后，成为被高度组织化、机构化、舞台化的商业表演，我们不得不看到这么一个现实：民俗旅游越来越抛离其原生的文化生存语境，而有仪式之后，人们看到的仅是徒有其表的躯壳，深厚的民俗文化演变成了高度产业化下快速复制的商品。另一方面，商业化带来的急功近利，往往是能带来旅游收益，能符合旅游者口味的文化形式得到大力开发，而没有旅游市场的文化形式却无人问津。

4．文化传统的肤浅化和庸俗化。现代旅游是已经成为一种大规模的群众性的活动，同时也是一种大众文化消费活动。大众文化是一种彻底世俗化、功利化、娱乐化和感性化的文化。如果只是把文化资源作为市场运作的一种手段，作为一种可以消费的文化商品，不重视文化生成的原生态环境，一味迎合旅游者的需求，就会出现文化的肤浅化和庸俗化的倾向。比如说，为了迎合旅游者“求新”、“求异”、“求奇”的动机，把一些封建的、落后的文化进行大肆宣传。为了满足旅游者关于“异文化”的时空想象，把历史、民俗、宗教等文化外在形式作为粉饰和包装的道具，使之脱离文化本身的生成环境和利益主体，以牺牲文化本身的神圣性、严肃性、本真性为代价。

案例　　过度商业化旅游开发 江南古镇面临二次破坏危机

以小桥流水人家为典型特征的中国江南古镇，在某种意义上可以说是江南的一个文化符号。但是，随着古镇旅游热潮的升温，浙江省所剩不多有江南韵味的古镇由于旅游开发无度，正在面临着再次被破坏的危险。

正在杭州召开的浙江省政协九届三次会议上，政协委员、杭州市文化局副局长吴锡根发出了“警惕过度旅游开发对我省古镇的破坏”的警告。

江苏的周庄是最早走上前台的江南古镇之一，一度是旅游热点，但商业发展的无序混乱，社会舆论颇有微词，不得不进行“减商”。但周庄的前车之鉴并没有引起其他古镇的足够重视。有些古镇为了吸引游客，增加新的旅游景点，不惜破坏整个古镇原来的格调，新建仿古建筑，甚至是和古镇风格不相符合的建筑。

吴锡根说，浙北的南浔古镇就曾建造了一个假古董——小天安门（文园），建造水准很低，以为把北方明清皇家的建筑样式移植到南方小镇就可以了，其实和古镇整个建筑风格、文化气韵非常不协调，让古镇也显得不伦不类。

同时，吴锡根指出古镇“空壳上市”的现象严重，使得当地文化的原有形态消失殆尽。他举了乌镇的例子。他说，乌镇的旅游区主要是两条老街——东大街和西大街。原先的老房子因为有生活在那里的老百姓而弥足珍贵。而现在古镇为了进行旅游开发，把原先生活在古镇老镇区、老街的居民迁出，再对古镇、古宅、古街进行修缮，派出管理人员、讲解人员进驻。目前在老镇区、老街店铺里的人已经大多不是原住民，老百姓能为古镇营造的那份传统意韵丧失了。

吴锡根惋惜地说道，文化内涵的载体不仅是老建筑，更重要的是生活在那里的百姓。任何物的文化都是人赋予的。物是人非了，文化情境就会变化，迁移，甚至消失。

他说，古镇作为整体物化的文化遗产，一旦消亡就难以再现。为了有效保护古镇，防止过度开发给古镇带来更大的破坏，吴锡根呼吁尽快出台相应法规，规范古镇开发，对古镇进行整体性保护。

摘自中新网 2005 年 3 月 1 日

第四节　思考题

1．结合旅游现实，谈谈你对旅游文化商品化的理解。
2．为一个旅游景观设计一个旅游文化主题形象。

本章参考文献

[1]　吴必虎，刘筱娟.《中国景观史》. 上海：上海人民出版社，2004年.
[2]　许峰.《城市产品理论与旅游市场营销》. 北京：社会科学文献出版社，2004年.
[3]　范能船，朱海森.《城市旅游学》. 上海：百家出版社，2002年.
[4]　保继刚.《城市旅游：原理・案例》. 天津：南开大学出版社，2005年.
[5]　聂献忠.《现代城市旅游业经营》. 北京：社会科学文献出版社，2003年.
[6]　吴晓亮.《中国七大古都名胜与文化》. 昆明：云南大学出版社，2000年.
[7]　顾朝林.《中国城市地理》. 北京：商务印书馆，2002年.
[8]　李德勤.《中国区域文化》. 太原：山西高校联合出版社，1995年.
[9]　张鸿雁.《城市形象与城市文化资本——中外城市形象比较的社会学研究》. 南京：东南大学出版社，2002年.
[10]　亢亮，亢羽.《风水与城市》. 天津：百花文艺出版社，1999年.
[11]　何晓昕.《风水探源》. 南京：东南大学出版社，1990年.
[12]　鲍世行，顾孟潮.《城市学与山水城市》. 北京：中国建筑工业出版社，1994年.
[13]　荣斌，徐世典.《中国历史文化名城》. 济南：山东友谊出版社，1996年.
[14]　张秦英，刘汉华.《悠悠帝灵今何在——中国古代帝王陵寝》. 北京：人民日报出版社，1995年.
[15]　罗哲文.《中国历代帝王陵寝》. 上海：上海文化出版社，1984年.
[16]　汤一介.《中华文化通志、宗教与民俗典（9-089）丧葬陵墓志》. 上海：上海人民出版社，1998年.
[17]　何平立.《崇山理念与中国文化》. 济南：齐鲁书社，2001年.
[18]　王其亨.《风水理论研究》. 天津：天津大学出版社，1992年.
[19]　黄景略，叶学明.《中国历代帝王陵寝》. 北京：中共中央党校出版社，1991年.
[20]　楼庆西.《中国古建筑二十讲》. 北京：三联书店，2001年.
[21]　陆元鼎.《中国传统民居与文化》. 北京：中国建筑工业出版社，1992年.
[22]　梁心如.《城市园林景观》. 沈阳：辽宁科学技术出版社，2000年.
[23]　王毅.《园林与中国文化》. 上海：上海人民出版社，1990年.
[24]　唐鸣镝，黄震宇等.《中国古代建筑与园林》. 北京：旅游教育出版社，2003年.
[25]　丁俊清.《中国居住文化》. 上海：同济大学出版社，1997年.
[26]　曹明纲.《人境壶天——中国园林文化》. 上海：上海古籍出版社，1993年.
[27]　黄芳.《传统民居与现代旅游》. 长沙：湖南地图出版社，2002年.

［28］ 潘盛之.《旅游民族学》. 贵阳：贵族民族出版社，1997年.
［29］ 崔世昌.《现代建筑与民族文化》. 天津：天津大学出版社，2000年.
［30］ 邓启耀.《衣装秘语——中国民族服饰文化象征》. 成都：四川人民出版社，2005年.
［31］ 高路加.《中国旅游人类学纲要》. 广州：广东旅游出版社，2005年.
［32］ 易涛.《中国民居与传统文化》. 成都：四川人民出版社，2005年.
［33］ 潘宝明，朱安平.《中国旅游文化》. 北京：中国旅游出版社，2001年.
［34］ 王明煊，胡定鹏.《中国旅游文化》. 杭州：浙江大学出版社，1998年.
［35］ 沈祖祥.《旅游与中国文化》. 北京：旅游教育出版社，1994年.
［36］ 乔正康.《中国旅游文学》. 北京：中国致公出版社，1989年.
［37］ 关立勋，娄程等.《中国文化杂说旅游文化卷三》. 北京：北京燕山出版社，1997年.
［38］ 金其铭，董新.《中国人文地理概论》. 西安：陕西人民教育出版社，1990年.
［39］ 吴传钧.《中国历史人文地理》. 北京：科学出版社，2001年.
［40］ 任宝根，杨光文.《中国宗教名胜》. 成都：四川人民出版社，1989年.
［41］ 段玉明.《中国寺庙文化》. 上海：上海人民出版社，1994年.
［42］ 郑国铨.《山文化》. 北京：中国人民大学出版社，1996年.
［43］ 罗宗阳.《古代山水记探幽》. 南昌：江西高校出版社，1991年.
［44］ 章采烈.《中国宗教特色旅游》. 南京：江苏人民出版社，2002年.
［45］ 庄志民.《旅游经济发展的文化空间》. 上海：学林出版社，1999年.
［46］ 冯乃康.《中国旅游文学论稿》. 北京：旅游教育出版社，1995年.
［47］ 应守岩.《历代山水名胜游记选》. 杭州：浙江摄影出版社，1999年.
［48］ 陈文新，王山峡.《历代山水诗选》. 昆明：云南人民出版社，1989年.
［49］ 朱安群.《历代山水诗选》. 南昌：江西人民出版社，1990年.
［50］ 臧维熙.《中国山水的艺术精神》. 上海：学林出版社，1994年.
［51］ 刘敦祯.《中国古代建筑史》. 中国建筑工业出版社，1980年.
［52］ 龚鹏程.《游的精神文化史论》. 河北教育出版社，2001年.
［53］ H.J.德伯里.《人文地理－文化、社会与空间》. 北京师范大学出版社，1988年
［54］ 张国洪编著.《中国文化旅游-理论、战略、实践》. 南开大学出版社，2001年
［55］ 王大悟.《上海都市旅游的新视角》.
［56］ 曹欢、黄海、吴建华.《论文化与都市旅游的关系——重庆都市旅游探索》. 重庆大学学报，2000年第3期.
［57］ 保继刚，潘兴连，杰弗里·沃尔主编.《城市旅游的理论与实践》. 科学出版社，2001年.
［58］ 马波.《现代旅游文化学》. 青岛出版社，2001年. 第39页.
［59］ 施坚雅主编.《中华帝国晚期的城市》. 中华书局，2000年.
［60］ 汤林森著，冯建三译.《文化帝国主义》. 上海人民出版社，1999.
［61］ 彭兆荣.《旅游人类学》. 民族出版社，2004.
［62］ 王岳川.《后现代文化研究》. 中国社会科学出版社，1992.
［63］ 〔美〕丹尼尔·贝尔，赵一凡著.《资本主义文化矛盾》. 1989.
［64］ 〔英〕迈克·费塞斯通，刘精明译.《消费文化与后现代主义》. 译林出版社，2000.
［65］ 林语堂.《京华烟云》. 时代文艺出版社，1987年. 第175页.

第四章　旅游文化行为

第一节　旅游者的文化动机

郁达夫在游记中说“游亦多术矣，昔禹乘四载，刊山通道以治水；孔子孟子，周游历国以行其道；太史公览四海名山大川，以奇其文；他如好大之君子，东封西狩以荡心；山人羽客，穷幽极远以行怪；士人京宦之贫而无事者，投刺四方以射财。”可见不同的人旅游具有相异的文化动机。

人到底为什么要旅游？络绎不绝的游客不辞辛劳去旅游，追求的是什么？也就是旅游者的旅游动机是什么。由于人的生理和心理需要和外部条件的刺激，人会产生种种动机。旅游动机的分类有多种。比较典型的有德国的格里克斯曼分为心理的、精神的、身体的和经济的 4 类。日本心理学家今井省吾将旅游动机分成“消除紧张感的动机”、“社会存在的动机”和“自我完善的动机”3 种。美国的托马斯提出了包括教育和文化、休息和娱乐、种族传统和其他方面的 18 种动机。美国的麦金托什按身体健康、文化、交际、地位和声誉 4 种动机分类。

从旅游文化的角度看，旅游者具有以下几种主要的文化动机。

一、审美动机

马斯洛认为审美需要是人类高层次的超越性的需要，人是具有多种需要层次的整体，但其中属于超越性需要的自我实现需要的满足是实现人的完美人性的必要途径。审美是自我实现的重要部分。人类的审美需要通过旅游来满足有两个重要原因：

1. 旅游资源与一般资源的根本区别就在于它具有审美的特征，具备观赏性。旅游者外出旅游就是要获得精神享受，通过对旅游资源的欣赏，能够满足人的审美需要。

2. 现代旅游活动是随着现代社会经济、文化发展兴盛起来的，随着人们精神生活的丰富，旅游已经成为社会生活的重要部分，通过旅游来实现审美是现代审美文化的内容。

自然美是最常见的一种美。为了陶冶性情、休息身体，旅游者大多愿意选择自然作为审美对象，消除疲惫，提高自己的审美力。山川河流的质体、线条、色彩等搭配，能够给人以不同的美感。天象、气候、动植物等也能让人有不同的审美体验。自然美的特点在于它浑然天成的无限多样形态。它的形象、五彩斑斓的色彩和天籁之音等从视觉、听觉、嗅觉、触觉等多方面给人的感官美感。一般用“雄、险、奇、秀、幽、奥、旷”来概括自然景观的形象美。四川的旅游广告“雄秀奇险看四川”赢得了市场，就是符合广大游客对自然美感追求的动机。

人文景观也以千姿百态的形象吸引着游客，用人的智慧创造出巧夺天工的艺术。建筑流畅的线条、各异的风格造型显出各种形式的美。各种饮食、服饰、工艺、礼俗同样从人的各种感官上给予愉悦感，这中间不乏许多审美的因素。如饮食，尤其是东方的饮食不仅是为了满足人吃的愿望，更在很大程度上给人带来美的感觉。中国菜讲究的“色、香、味”俱全，还应有形的布置。精致的菜品造型会让人觉得简直就是一件工艺品，不忍下筷。

对美的追求是共同的，但时代、民族及个体不同，对美的标准是未必相同的。地理学家赫特纳说：“风景美的典型在古代是幽雅的地方，在法国路易十四时代还认为卢瓦河边的风景属于这一类，而我们现在却觉得那里几乎是单调乏味的。几百年来，阿尔卑斯山只是一个可怖的对象，到18世纪末时才为人们所赞叹。再晚些时候，又揭开了原野和海的美，对于文明风光的美的评价就降低了。而过去完全不被重视的荒野的自然美却慢慢进入人们的意识中。”人类对美的感受有一致性，也有差异性。

二、学习动机

（一）学习

古人云：“读万卷书，行万里路”。相对于丰富的大千世界，书本知识是有限而单调的。旅游可以开阔人的眼界，能够学到大量书本上学不到的知识，也能为书本知识作补充。

中国古代出于学习考察目的出行的不在少数。春秋时期开始，士大夫阶层出现，以孔子为代表的一批游学者开始奔走四方。孔子从鲁之曲阜游学周之洛邑，问礼于老子。游学之士四方行走、投师访学、切磋学问，穿梭于诸侯各国。汉代司马迁20岁时，走出家门，周游名山大川，考察自然和社会。他第一次旅游从长安出发，“南游江、淮，上会稽，探禹穴……浮于沅、湖；北涉汶、泗，讲业齐、鲁之都，观孔子之遗风，乡射邹、峄；困鄱、薛、彭城，过梁、楚以归”。公元前116－公元前112年，他随汉武帝出游，西至陕西西部、甘肃东部，东渡黄河到山西、河南，西南到四川，渡大渡河，抵金沙江。公元前110年，又东游泰山，东北到辽西，正西行至九原，然后经陕北延安回长安。这些旅游生活，使他了解了各地的自然风光、社会经济、文化、风俗等情况，为他后来写《史记》中的地理篇章积累了丰富的原始资料。

明清时期，学习精神激励了更多的人以各种形式出外行游。李时珍为深入了解药物，走访了湖北、河南、江西、江苏、安徽等地，实地调查研究，采取药物标本，请教劳动人民，收集民间药方，积累了丰富的资料和知识，撰写《本草纲目》。徐霞客从22岁开始怀着“周览名山大川，以阔大心胸，增广见闻”的愿望不畏艰险，涉足名山，搜奇揽胜，考察了石灰岩等自然地理情况，获取了大量一手材料。艺术家也需要从旅行中获取素材和灵感，沈周、唐寅等就周游各地，临摹山川风光。外国科学家也非常重视这种从旅游中获取知识的学法。著名的生物进化学说奠基者达尔文于1831—1836年间在帆船式的英国皇家军舰贝格尔号上环游世界，考察三大洋，南美洲、澳洲大陆及各岛屿的古代、近代和现生的动植物以及地质地貌等的经过情形；以日记的方式和生动的笔调描写了一个自然学家所目睹的新奇事物和物竞天存的自然界美丽风景，并还写述了当地居民及黑人的生活情况和他对奴隶制度的观点。从这次著名的旅行中收集的素材和获取的灵感，确立了他日后创作著名论著《物种起源》的物质基础。达尔文在1839年发表世界经典名著《达尔文游记》。它不仅被英国文艺批评家誉为19世纪英国散文作品的卓越代表，而且是深受广大读者欢迎的游记体自然科学读物。

修学旅游是学习动机激发的一种旅游形式。18 世纪时，欧洲出现了被称为“大旅游”（Grand Tour）的一种旅游形式，其实就是修学旅游。英国的富家子弟有机会越过英吉利海峡在欧洲大陆游览，时间从数月到 8 年不等，观光、学习、购物。此间学习邻国的政治、文化、艺术、历史等。日本自明治维新开始鼓励修学旅行，规定从小学到大学都必须完成在本国或国外的修学旅行。德国巴伐利亚州政府明确将修学旅行写入了当地的教育法，对修学旅行的课程、方式、时间等都作了明确规定。

中国目前满足旅游者修学动机的典型当数孔子家乡修学旅游，它始创于 1989 年，以接待海内外修学旅游团体为主，学员身穿中国古代学士服，头戴学士帽，在孔子当年讲学的孔子杏坛前举行开学典礼（图 4.1）。学习方式是授课与参观、实践相结合，主要学习内容有：孔子生平及其哲学思想以及中国历史、艺术、武术、民俗、中医、烹饪等。孔子家乡修学旅游具有浓郁的中国传统文化特色，融知识性与趣味性于一体，深受海内外游客的欢迎。

图 4.1　外国修学游客在“杏坛”前

如今，随着人们素质的提高，越来越多的游客渴望能从旅途中增长见识、扩大视野。出于学习动机的主要人群是学生和学者。广大学生为了补充书本知识的修学旅游，如中小学生专门针对课文所述景观的旅游，高中生的到大学游览，或者学生到国外的旅游等；专家学者的考察以及学术会议、论坛等。

（二）好奇

好奇是人的本性，对自己不熟悉的事物，希望能够了解。学习动机的游客是抱着特定的学习目的去旅游的；而好奇动机的游客则缺乏这种具体的学习任务，只是怀着一颗探索求新的愿望去了解。大多数旅游者为这种好奇心所激发，想了解外面的世界。异地的不同风景、建筑、街道，那里的人怎样生活，他们的饮食、衣着、节日、婚丧嫁娶等民俗怎样，都吸引着旅游者。在缅甸，有群女人以颈长为美，这些与众不同的长颈女都是克扬族人（Kayah），缅甸克伦族的一支。克扬族女人这种奇特的装饰物吸引了好奇的欧洲游客。游客大多是从西方国家来的，他们兴高采烈地打量着她们，拍上几张照片，然后就心满意足地离开了，而他们往往并不多想了解一下这个少数民族多灾多难的历史。不过，这种纯属猎奇的动机在旅游者中并不少见。

因为好奇，旅游者不仅会去猎奇人文风俗，也会探寻自然风光中的奇胜幽险之地。越是奇风异俗、奇观之类的景观越能吸引人，正是说明了这一点。好奇心会触发人到外地去旅行，去观赏奇特的自然景色，去尝试没经历过的体验，去探寻奇妙的风土人情……。人们不断寻找着旅游地，很大程度上就是为了满足自己的好奇心。旅游者的兴趣不同，对不同景观的好奇程度也不同。

例如，对于西方人来说，遥远东方的中国一直是个神秘的国度，这里有着与他们不一样的风物和人们。新中国成立后，外国旅游者也只有少数能够进入中国大陆。改革开放后，外国旅游团队纷至沓来，希望亲眼看看中国。对于中国人来说，同样如此。有香港媒体说电视广告、外国电影、因特网、精美杂志以及与人交流都使人们对外面的世界充满好奇，白领员工尤其如此。在外企里，中国人经常凑到外国人身边，因为他们可能在传阅度假时拍的照片。在北京一家外企工作、去年第一次出国的海伦·张说："如果我承担得起旅游费用，为什么我不能亲眼看看这些东西呢？"[①]

三、刺激动机

走在俄罗斯莫斯科和圣彼得堡的大街上，可以看到这样的广告："人生可能是瞬间惊险的冒险，也可能是死水一潭。如果您想让生活充满惊喜，请到我们公司来。"这是俄罗斯"惊喜冒险旅游公司"的广告牌。该公司成立至今已经8年，在俄罗斯可谓家喻户晓。公司经常推出一些冒险、猎奇的特色旅游项目，比如徒步穿越撒哈拉沙漠、与澳大利亚海滩的大白鲸共进午餐、在人迹罕至的高山上滑雪、骑自行车穿越西藏高原、猎捕肯尼亚野象等。公司的王牌项目的广告更具煽动性："您想驾驶米格-29战机飞越克里姆林宫上空吗？"这项活动是亲自驾驶俄制战斗机飞向蓝天，让游客十足过一把飞行员的瘾。各式各样满足人们追求新奇刺激的旅游活动日益兴盛。

寻求刺激是人们普遍寻求的一种需要，只是程度上有差异。日常生活的模式化使人厌烦，家庭生活和工作的单调性、可预见性与不变性，必须以一定程度的复杂性和变化来刺激。刺激不足容易使人产生厌倦，而旅游正是对现实生活的逃避，改变其单调性。梁实秋在《旅行》中说道"旅行是一种逃避——逃避人间的丑恶。成年地圈在四合房里，不必仰屋就要兴叹；成年地看着家里的那一张脸，不必牛衣也要对泣。家里面所能看见的那一块青天，只有那么大一块。取之不尽用之不竭的清风明月，在家里都不能充分享用，要放风筝需要举着竹竿爬上房脊，要看日升日落需要左右邻居没有遮拦。在这种情形之下，我们虽无勇气披发入山，至少为什么不带着一把牙刷捆起铺盖出去旅行几天呢？在旅行中，少不了风吹雨打，然后倦飞知还，觉得'在家千日好，出门一时难'。这样便可以抱不可容忍的家变成为暂时可以容忍的了。"

旅游者都带有一定程度寻求刺激的动机，到一个与平时不同的环境中去体验不同的生活。对于与日常生活不同的体验有点不可预见性，这种不可完全预见性多少也就带了刺激的成分。刺激的强度视不同的人而定。人们的个性心理特征可以分为五类，自我中心型、近我中心型、中间型、近多中心型和多中心型。自我中心型的人谨小慎微，不爱冒险，外出的可能性相对较小，旅游时容易选择常规类型，风险小的项目。与之相反，多中心型的人行为上喜欢新奇，爱冒险，更喜欢另类的旅游，以寻求更大的刺激。其他的处于二者之间。今天，

① 香港《远东经济评论》. 周刊2002年3月7日.

刺激更多地表现在对生理和心理极限的挑战上，包括登山攀岩、登山滑雪、攀冰、野外生存、山地穿越、定向越野、漂流、泅渡、划船、潜水、滑翔、蹦极等多种具有挑战性和探险性的体育活动。城市白领等高收入、高压力人群不少倾向于用这种刺激的方式使身心放松。

新加坡旅游业专家说，冒险旅游已经超越休闲旅游成为新婚夫妇的首选。新婚夫妇不再选择浪漫精致的巴黎，而更多钟情于东南亚富有异国情调的潜水胜地或者是尼泊尔山地进行艰苦跋涉。太平洋亚洲旅游协会的高级主管希拉·梁认为，冒险旅游正在成为一种趋势，它吸引游客逗留更长时间。人们对普通的旅游感到厌倦乏味。冒险旅游迎合越来越多的游客热衷于户外冒险的心理，因此冒险旅游市场迅速拓展。而且冒险旅游名目繁多，既有艰苦的登山、配备仪器的潜水等“硬”活动，又有野外观鸟、海上捕鲸等“软”活动。

2003年11月零点数据与新浪网合作对168名网民进行调查，显示97%的人不同程度地希望参与各种新休闲活动，选择最多的露营/野外生存占56.1%，探险漂流占38.9%，拓展训练占37.0%。而人们未来最希望参加的户外运动也是极限运动、竞技运动、意志训练和娱乐健身运动等带有不同程度刺激性的活动。年龄和教育背景及经济收入等也是激发动机不可或缺的因素。极限运动，诸如登山、滑翔、潜水等，都可以看作冒险旅游。极限运动在很大程度上体现了人对刺激的需求。高收入、高学历者构成了这种需求的主体。在美国，潜水和登山两项冒险活动的参与率，年收入在2.5万美元以下的个人仅为2.5%和2.8%，而年收入在十万美元以上的个人是17.6%和6.7%。[①]中国不乏奇山险川，中国公众的休闲意识刚刚具备，所以，在众多休闲方式中，极限运动必将成为亮点。

寻求刺激也不必去野外，城市里的主题公园也给人们提供了可以刺激的地方。迪斯尼、嘉年华这些品牌的诞生就给人类创造了疯狂的空间。过山车是人们认为比较刺激的一项游戏，却还不能让所有的旅游者尽兴，以至于不断升级。一项名叫“未来时空”的游戏，不仅像过山车一样在空中翻腾，而且不是在阳光下，是在一片漆黑中，时而在高山上看见星空，时而加速冲向星际或落入深渊。设计者想方设法不让你知道下一步要发生什么，给你无比的刺激甚至恐惧。一个名CedarPoint的主题公园位于美国俄亥俄州，它宣称自己的过山车是世界上独一无二的，它可以带你从24层楼高的塔上垂直下落。该公园还新增建了一个据说是全球最高的过山车。游玩者先是以每小时50英里的速度冲到接近U型轨道的顶端，然后在空气中静止一段时间，接着再飞速从轨道的另一端冲下来。如果这样还感觉不够，过山车还可以带你以每小时72英里的速度直上直下5次，旋转450度。结果，美国新泽西州杰克逊的一座游乐园又有了更绝的，世界上最高最快的过山车。该过山车高139米，速度达到了每小时205公里。

阅读材料　　全世界第一个登顶珠峰的登山家的访谈

“很明显，我相信动机是成功的最重要因素。体力很重要，技术也很重要，钱在某种程度上也很重要。但基本的动机，渴望成功，希望挑战极限是最重要的因素。

说实话，我只将探险视为爱好。我想它总能使人振作精神。如果你将探险视为商业活动或工作，它就会变得像其他商业活动一样乏味。但是探险改变了我的生活，不仅是我正在做的，而且在经济上也是这样。我总是视自己为一个完全的业余爱好者。正因为如此，

① 张梦，胡春华. 中国旅游报 2005年1月3日6版.

我想每一次探险都会带来新的经历和极大的乐趣。我非常喜欢享受探险的乐趣。许多次，我非常害怕死亡，但，恐惧也是刺激的一个因素。当你害怕时，血脉贲胀，如果你的坚强无法战胜恐惧，它就不是个有利的因素，但如果它是一个刺激性的因素，我想你能发挥出你的极限能量。你会从一个普通人变成一个有相当能力的人。

许多方面，我只是个非常普通的人。我知道自己害怕许多事，但我知道，谦虚会使你成功。比如，当你做计划时，会仔细地考虑可能遇到的问题，这是非常有用的。当意外情况出现时，你会考虑你所能做的事，你所能做的决定，你所能做的命令，来克服战胜困难。在我的探险过程中，许多人在学术上比我聪明，在技术上，比我完美。所以如果你想领导一次探险活动，你必须保持领先于他们。每天晚上睡觉时，在床上你要考虑明天可能发生的事，仔细考虑每个可能发生的情况及其解决方法。在第二天，当真的发生了，你就是出主意解决问题的一个。许多聪明的人不会花那么多时间在思考上。他们能很快冒出主意，有些是很好的，但像我这样一个普通人，如果事先计划周全，你就也能给出很好的意见。”[①]

四、怀旧动机

人类对逝去的历史有一种怀念，希望能够看到历史的遗迹，重温逝去的光阴。在欧洲，怀旧原指一种思乡的痛苦，17世纪时被诊断为一种致命的病。现在怀旧是指对过去事情的失落感，这些东西曾经是过去人们熟悉的东西，具有某种象征和表达感情的符号意义。当代人的怀旧既有人类对工业化时代以前的普遍怀念，也有各国各地区人对其他时代的怀想。不同的人由于生活、教育等背景不同，所怀的旧也各不相同。无论是曾经的盛世还是感伤都可以激发旅游者的怀古之情。有人试图追寻大唐的繁华，有人欲求20世纪30年代旧上海的风味，有人想感受知青下乡时的情景……。“古”、“旧”的味道受到现代人的追捧，怀旧也是一种时尚，历史被人想象得越发浪漫。探古访旧乃契合了都市旅游者的心理。

比如，现在蒸汽火车怀旧游是世界流行的旅游方式，在澳大利亚、美国、马来西亚、荷兰都将蒸汽火车作为独特的旅游怀旧景观，我国内蒙赤峰、哈尔滨兴隆林区也相继开辟了森林蒸汽火车生态游。陕西的铜川自2000年开发“蒸汽机车怀旧游”后，现已悄悄地成为全世界“蒸汽机车发烧友”的观光胜地。为什么会出现这样的情形呢？在全球的蒸汽机车早已被内燃机车取代许多年后，世界上仍然有成百上千万的蒸汽机车迷。这些蒸汽机车迷们把蒸汽机车认为是一种即将失去的文明的象征，对蒸汽机车有一种难以割舍的情怀。他们坐这些蒸汽机旅游，认为是一种时尚。

怀旧可以是对人类历史的怀念，从更具体的层面上看更多地表现在个体相关历史上。寻根问祖，找寻祖先的足迹；自己游过的山水名胜，住过的地方，有机会重游，会感到十分亲切，遐想万千。尤其对上了年纪的人来说，这种感情更为强烈。有人说“把几十年不见的器物展现出来，把早已忘却的一段回忆再现出来，把很久没有体验过的情怀激发出来，直到让你热血沸腾，泪流满面，流连忘返。当然最后你还要心甘情愿地掏腰包——这就是怀旧旅游的魅力。”

乡村生活是城镇化后人们必然怀念的一种生活，乡村旅游的流行也是怀旧动机所引发

---

①《感受登山者的世界一埃德蒙·希拉里采访实录》http://travel.sohu.com/20050527/n225725831.shtml

的。在城市文化中民俗传统逐渐为现代气息所拂去时，都市人又想起了当年的生活。四川的农家乐兴盛，一定程度上正是迎合了城市人的这种心理，久居大城市的人想下乡去。还有人把整个小镇风景和民俗风味搬到城里，直看得人们拍案叫绝。去年荣获“全国百佳茶馆”称号的成都顺兴老茶馆就把伤逝怀旧的情绪推向极致：古旧的铜环，老式的风谷机，一推就咿咿呀呀响的鸡公车。每一个细节，都牵引着你的神经，让你回到遥远的过去。四川的茶文化千百年来享有盛名。竹椅、木桌、盖碗茶具，蜀中的一份闲适情趣，拨动怀旧的心弦。怀旧的魅力也许就在这里：即使人们理性上认识到过去的房屋不适于居住，过去的器物也不可能再去使用，生存环境的卫生条件很差，交通也不方便，但如果重新回到这种环境，即使是人造的，依然令人感到万分亲切。如果有人将现代与传统结合起来，怀旧成为了旅游资源，便有了新的旅游市场。兼顾了人们的两种需求，既传统又舒适，使中外旅游者在这里有认同感和归宿感，最后慷慨解囊的一定是不虚此行的游客。①

五、宗教动机

宗教是人类的一大精神家园。宗教所激发的主要旅游动机表现在信徒们朝拜圣地、以宣讲或学习教义等目的游历。在世界上的一些宗教圣地，宗教偶像的出生地或曾经历大事的地方，或者是一些具有重大意义的宗教场所，旅游者络绎不绝。每当宗教节日，更是四方信徒云集。耶路撒冷可谓世界宗教最著名的圣地，它是三教所尊崇的圣地。

基督教统治的欧洲中世纪，朝圣是非功利性旅行的主要形式，是对上帝的归属。14世纪乔叟的英国名著《坎特伯雷故事集》就讲述了29位到坎特伯雷朝圣者沿途讲的故事。基督教传教士也随着欧洲的地理大发现和殖民扩张走向世界各地，传播教义。

伊斯兰教要求每个身体健康、有足够财力的穆斯林，在路途平安的情况下，为了表示对安拉的敬畏，一生中必须去麦加亲临克尔白一次，按照先知所制定的仪规，完成规定的功课，实现返朴归真和穆斯林大聚会的目的，称为朝觐。每年12月7日到19日是正朝，近年来正朝每次人数就可达200多万，场面蔚为壮观。

道教所追求的世外生活，让人向往。自古就有人为追寻这种生活出游。就在人间的自然，道教定下了“三十六洞天”，“七十二福地”，慕道者前往这些山水间仙游、修炼，试图长生不老、羽化成仙。如东晋著名道士葛洪，号抱朴子，就曾游大江南北，访仙寻药。陶弘景也是仙游的代表。

中国旅游史上佛教旅游为更多的人所了解。佛教徒修行、取经、传经活动和名士追随佛学，与高僧辩难的旅游也都是出于追寻佛法进行的旅游。从东汉明帝梦见西方之佛，派使者前往天竺求经开始，西来东往的佛教使者们就在丝绸之路上为中原带来佛法，后来还传播到东亚、东南亚等国。法显、义净、玄奘是中国历史上西游求法最著名的人物。后来随着佛教在中国的普及，各地寺院林立，游僧成为佛教旅游的典型。具有中国特色的禅宗并不那么重视朝圣，但是他们有一种游历“游方”或“参方”，这是佛教徒从一个佛教中心到另一个佛教中心的徒步行走，求教于高僧，以加深对佛法的理解。

今日，许多虔诚的宗教信仰者仍然会为了宗教的目的不远千里到宗教场所去朝拜，如中国许多佛教徒会前往普陀山、五台山等佛教名山拜谒。这种动机相对其他动机完完全全

① 四川日报 2005年2月22日

体现出一种虔诚，它是希望与敬畏的膜拜，其神圣让世俗者惊叹甚至不解。藏传佛教中那些磕着长头，用身体丈量大地的信徒，背负行囊，不远千里，三步一磕，向前行进，用一年半载甚至几年才能到达圣地，而此间晚上还不能躺着睡觉，只能坐着合眼。正是怀着强烈的宗教动机，信徒们才能完成这样艰难的朝圣之旅。

阅读材料　三大宗教的圣地——耶路撒冷

世界遗产委员会评价：耶路撒冷作为犹太教、基督教和伊斯兰教三种宗教的圣地，具有极高的象征意义。在它的220个历史建筑物中，有著名的岩石圆顶寺，建于7世纪，外墙装饰有许多美丽的几何图案和植物图案。三大宗教都认为耶路撒冷是亚伯拉罕的殉难地。哭墙分隔出代表三种不同宗教的部分，圣墓大堂庇护着耶稣的墓地。

耶路撒冷是块磁石，吸引着来自世界各地的犹太教、基督教和穆斯林朝圣者。

耶路撒冷享有世间唯一的殊荣，犹太教徒、基督教徒和穆斯林均视其为圣城。

犹太人从《旧约》中获悉，先知们预言的弥赛亚终将出现在耶路撒冷的锡安山上，那时候，所有民族都将融合为一。基督教徒引证的是《新约·启示录》，并相信人间的耶路撒冷终将变为天堂。须知正是在耶路撒冷，上帝之子耶稣基督被钉死于十字架并在死后的复活。对穆斯林来说，耶路撒冷的意义，是作为穆罕默德骑着牝马被带往天国的神秘夜行的目的地，乃是仅次于麦加和麦迪那的伊斯兰教的第三大圣地。

一年四季都有成千上万属于这三大神教的虔诚的朝圣者，潮水般涌向耶路撒冷，把这座圣城变成一幅色彩斑谰、汇聚了各色人等的油画作品（如图4.2）。实际上，主要圣地都集中在旧城一个由四公里城墙围起来的相对狭小的区域内。主要的朝圣地包括：

图4.2　麦加朝圣场面①

（一）哭墙

圣殿山是犹太教徒最重要的一处圣地。保护至圣所的那座著名的大殿是希律一世（大

① 图片来源于网站 http://news.xaonline.com/gjxw/179/239560.htm

帝）于公元前37年在由所罗门建造的第一圣殿的废墟上重建起来的。希律圣殿被古罗马提图斯军团毁于公元70年，其遗迹仅为一段12米高的基础墙，通常以“哭墙”闻名于世。以色列人发誓决不废弃“哭墙”。

（二）岩石圆顶清真寺

岩石圆顶清真寺是穆斯林的“庄严的圣地”。公元636年，耶路撒冷被哈里发欧麦尔攻占，他的继承人之一阿卜杜勒·马利克在那遗址上建起了一座八角形的清真寺，以遮盖被认为是先知穆罕默德有过梦境的那块岩石。这也就是该建筑物之所以叫“岩石圆顶寺”的原因所在。“岩石圆顶寺”今天已对所有的人开放，只除了星期五这一穆斯林会众的特殊祈祷日，以及伊斯兰教的各重大节日。

（三）圣墓

由君士坦丁大帝的母亲圣海伦娜开始兴建的这座庞大、阴暗的建筑，盖在骷髅地即基督被钉死于十字架的那个小山包上，五十步开外即是基督墓地。几百年来，不同教派的统治集团都争相守护这些基督教的圣地。苦路祈祷，即穿过狭窄街道——而街面上商店依然开门营业——的复活节仪式队列行进，经常是在一种无可名状的混乱中进行的。作为对这种难堪局面的反应，越来越多的基督教朝觐者宁可选择“落令时节”来拜访耶路撒冷，那样，他们倒可以充分享受他们所弥足珍贵的那种圣地的宁静。

旅游者的动机总是复杂的，很少有人只为了一个纯粹的目的旅游，如探险旅游者，大多就至少有两种动机：好奇和刺激。好奇心使人想了解不知道的东西，刺激则使旅游者愿意冒险。往往是几种动机交叉促发了人的旅游，并影响旅游行为。

第二节 旅游者的文化行为

在旅游过程中，旅游者的活动主要通过三种文化行为表现：审美行为、占有行为、体验行为。

一、审美行为

审美是旅游者在旅途中普遍的文化行为。按逐渐深入的顺序，可以将审美分为三个层次：悦耳悦目的感觉，悦心悦意的理解，悦神悦志的陶醉。

（一）悦耳悦目的感觉

旅游中，景观都要以一定的感性形式表现，风声雨声、鸟语花香、蓝天白云、美味佳肴、精致的手工艺品、气势恢弘的建筑等都作用于人的感觉器官。人的感官所具备的视觉、听觉、嗅觉、触觉等是审美活动的基础。研究表明，尤其是人的视听感官对美感的感受起着重要作用。符合人审美需要的形式刺激人的感官，会使人获得一种心理上的愉悦，这既有波澜壮阔、雄伟崔巍等大、刚的形式，也有小巧玲珑、珠圆玉润等小、柔的形式；既有万马奔腾的动感，也有万籁俱静的静态。如古人归纳的“峨眉天下秀、青城天下幽、剑门天下雄、三峡天下险”就是符合旅游者审美感官的景致，虽然这些美的外在形式不同，却都与旅游者的审美取向一致，因而吸引大量旅游者。嗅觉、味觉、触觉等也在旅游者的审美中起着辅助作用。这些外在的美给旅游者悦耳悦目的感觉。

（二）悦心悦意的理解

感官毕竟只是接受外界信息的门户，人的思维会对这些形式的东西进行更为高层次的加工，激发人的情感。要达到第二、三层次，从“意”和“神”上达到愉悦，旅游者需要具备想象能力和联想能力。通过联想、想象，旅游者的审美不仅仅停留在直觉的直观感受上，而得到深华，感受到对象所蕴含的更深刻的意义中，深入到更高层次的审美阶段。在审美行为中，想象和情感是其中重要的心理活动。想象可分为初级阶段的联想：接近联想、类似联想、对比联想等联想和高级阶段的想象。接近联想是两事物由于时间、空间上的接近引发的稳定思维条件反射，如陆游重游故地沈园，写下“伤心桥下春波绿，曾是惊鸿照影来”。类似联想是两事物在外状或性质上有相似引起的联想，如旅游中人们对奇松异石进行的形象的命名。对比联想是两物在性质外状上对比关系的联想，以丑见美，从事物想到其对立面。联想只是知觉和表象相互的联系，把不同的事物联系在一起；想象则是在已有知觉、表象和相互联系的基础上，对其重新予以组合和安排，赋予新的形式和意义，创造出新的审美意象。

（三）悦神悦志的陶醉

审美的最高层次是主客体的交融，审美主体沉醉于客体。这种悦神悦志的陶醉是主体和客体间的情感交流，表现为感动、移情、共鸣三种形式。感动是客体所蕴含的情感意味作用于审美者，使其进行情感体验。移情是审美者经体验后强化的感情反作用于对象。“感时花溅泪，恨别鸟惊心”，诗人将自己的感觉移置于物上。共鸣是指客体所蕴含的情感和旅游者的情感因相通或相近产生的情感震荡，是二者心物相契，物我合一，情景交融的状态。

旅游者对美的欣赏分为三个层次，但他们对景观的美有着不同的领略。不同的旅游者，在欣赏的选择方向、敏感度、联想内容等方面都会有差异，这些取决于旅游者的主观条件，如民族文化、文化修养、个性气质等。同一旅游者在不同年龄阶段、不同景况时也会产生不同的审美趣味。美国华盛顿的波托马克河畔的公园有一座硕大的雕像。这是一个长头发、长胡须的男子的大半个头部，一只左手、一只右臂和右膝。雕塑名为“觉醒”。“雕像面部的嘴大张着，神情激动，右臂略微弯曲着。它象征着这个觉醒者正从地球内部冲了出来，马上就要露出全身，站立起来了。整个雕塑构思奇特而新颖，气势恢弘，给人们以强烈的视觉冲击和情绪上的震撼。设计者似乎是想要表达一种令人激动的思想，想给目击者一种强烈的感觉。然而，在旅游者的相互交谈以及和导游者的交流中，我们却发现，这座雕像带给观众的印象是不完全相同的。有的参观者明确地提出，这哪里是什么‘觉醒者’，他分明是一个溺水人嘛。他马上就要沉到水里头去了，所以，他张开臂膀挣扎着，头也给水淹了耳朵以下的部分。他脸上的表情充满了痛苦和绝望，嘴张得大大的。他大概就要离开人世了。”[①]但是，旅游者的审美行为毕竟是具有客观共同性的，它不是每个旅游者都完全相异的，而是具有群体性的。而且人类不同时代、不同文化的民族间具有共同性。世界驰名的自然风光如尼亚加拉瀑布、阿尔卑斯雪山等，人文景观如雅典卫城、中国长城、埃及金字塔等都是为不同时代、不同民族、不同个性的广泛人群所欣赏的。

① 曹聪孙．觉醒者还是溺水人．名人文化游记．新世界出版社，2002．

阅读材料　　美哉，一个人的九里沟

成利军

一位在九里沟住了一辈子的老者告诉我，去九里沟旅游，要想发现她的美，日子的选择非常重要，不要在风暖花香的旅游旺季扎堆儿，不要趁人流如织的年节假日赶趟儿；不要选择艳阳高照的开阔，也不要选择黑云压城的窒闷；不要携亲带属，不要呼朋唤友；不要驮着装满了食品的沉重行囊，也不要背着捆实了疲惫的心灵包袱，自己和自己结伴，选择一个蒙蒙的雾天，或绵绵的雨天，就足够了。

于是，我听从了老者。在一个有雾的日子，九里沟以她特有的宁静接纳了一个虔诚的觐见者。

举目四望，不管从哪个角度取景，眼前都是一幅风韵天成的水墨画。在一个湿润润、雾蒙蒙的大背景下，山与水、桥与河、林与石的搭配，红房与黑瓦的点缀，土墙与鸡舍的叠加，色彩远近厚薄、浓淡明暗的变化都一一恰到好处。这真是一种独特的美，丰富却不驳杂，蕴藉却不矜持，含蓄而又大方，工巧而又自然，纤尘不染却不使人觉得隔膜，风姿婀娜又不让人感到轻薄。就这样在不经意间，九里沟便以她特有的宁静淡泊、超然平适征服了我。

雾无声地浸润着九里沟的一切。细密的松针因了雾气的包容陡然变得油绿粗壮，浓浓的湿气已凝聚成针尖的一颗颗水珠，饱满欲滴，玲珑剔透，乍一看，满树的灵光，满枝的晶莹。我不敢发出一点声音，甚至连呼吸都变得格外小心，生怕有一点点响动，惊醒了这些挂在枝头叶尖透明的童话。原本峡谷里那一片硕大无朋的红房子，已经在雾的遮盖下，变得恍惚而迷离。雾或浓或淡，时上时下，似烟似云，如雾如雨，硬是把一幅原本真实的画面变成了让人捉摸不定的海市蜃楼。小河对面蓝色屋顶上淡淡的亮光告诉我，那边正下着萝面雨。

静悄悄的，鸟儿在头顶倏忽飞过时扇动羽翼的响声也变得清晰可闻。除了拾级而上的空谷足音，便是一大群喜鹊在林间追逐嬉戏的声响了。也许是因了“蝉噪林愈静，鸟鸣山更幽”的缘故，就连喜鹊碰掉落叶的声音，在阒寂中也让人感到惊悸、惊讶甚至惊心。“兴来每独往，胜事空自知”的境界，大概也不过如此吧!

峰回路转，一幅最绝妙的画面出现在了眼前。雾似乎在刻意地要把这个山水世界涂抹成属于它自己的单纯色。远近一片空蒙，惟独一个山头立在云端，山体却全然不见，真像茫茫大海中的一个孤岛，又像悠悠云霄里的一座神山。“忽闻海山有仙山，山在虚无缥缈间”，不知白居易他老人家在写下此句的时候是否真正见过如此美景？最起码，“阁楼玲珑五云起，其中绰约多仙子”肯定是大诗人臆想之中的佳境了。

记得有哲人说过这样的话：生命需要平静，需要卸去重妆之后穿过那空旷无人的剧场，让自己的心灵被时空悬置起来，接受平静中产生的思想和智慧的烛照。人在独处时往往能达到这种境界。

我想这种境界，恐怕就是古人讲究的“相看两不厌，只有敬亭山”的豁达，是道家追求的“闲心对定水，清静两无尘”的神韵，是禅者体会的“前不见古人，后不见来者”的觉悟。

偶尔，一个老人持钵从天泉接水，钵小水少，清明透亮的泉水仿佛为所有的山水精华凝聚而致。老人步履轻盈，无语走过寂静的佛龛，令人陡然尘世俱忘。身边水上，山下岩头，隐隐传来深涧溪水悠扬的吟咏，真像一个“琴中藏剑，剑发琴音”的游侠，在弹奏着的一曲千古绝唱。“曲终人不见，江上数峰青”，泉声不辍，琴声已停，漫步下山，一个云雾悠悠、山水悠悠、闲鹤悠悠的天地早已和这能包容一切的雾，化为一片混沌，而一个孤独的觐见者，也随着橐橐的脚步声，化成了或雾珠，或清泉，或雀鸣，抑或无。①

二、占有行为

旅游活动是一种旅游者对目的地的占有行为。旅游者在目的地活动时，他们与当地居民共用着当地的空间，包括旅游景点、宾馆等服务设施、街道等公共设施。不仅仅于此，人对自己喜爱的事物都会不由自主地产生“据为己有”的愿望，旅游者往往会有意识地采用各种方式“占有”目的地。

（一）空间占有

旅游者素质还不够高时，常常喜欢用自己的身体与景观接触，以满足自己对景观的占有。这包括抚摩、拥抱、拍打甚至刻画、践踏景观等粗暴的形式。在作为世界文化遗产的长城、故宫，来自五湖四海的游客，留下了各种各样的笔迹。在天坛回音壁沿着墙壁走上一圈，可以看到游客的名字一个接着一个，连连不断，有的轻描淡写，有的却入木三分。从刻划的时间上来看，有最近来刻的，也有十年前留下的历史陈迹。为了有效地保护这一珍贵的历史遗产，主管部门在回音壁边长设上了护栏，为那些喜欢乱刻乱画的游客制造一点障碍。装了栏杆之后，这种现象大为减少，但还是有人会跳过去。同样，在被围起来的祈年殿丹壁石雕护栏，照样有人跨越，在石雕上轻松漫步。

在圆明园的断壁残垣上，同样能发现游客的字迹，他们在这里或抒发到此一游的喜悦，或感叹国破家亡的耻辱。尽管有禁止攀登的警告牌，可是《焦点访谈》的记者在圆明园观察了四个多小时，还是发现了不少游客在承载着我们民族历史屈辱的圆明园历史遗迹上，不辞劳苦地爬上爬下，还有人爬上了大水法门楼的顶端。南京明孝陵申报世界文化遗产成功之后，数以万计的游客涌向那里，与明孝陵进行“亲密接触”。在陵墓神道，一对年轻夫妻越过护栏，相互帮忙爬上石象，拍照留影，石象身上到处被涂上泥巴；在明孝陵大金门，一个年轻人正用一根粗铁丝在朱红色的门墙上乱刻乱画，遭到周围游客指责时，他竟解释是想在这里刻一句欢庆“申遗”成功的标语；在安葬朱元璋的独龙阜处，一伙游客挤在一起，有人用脚蹬地，有人用石块砸地，探听虚实，以判断地下宫廷是否有回应声。

与这些匆匆过客相比，有条件的旅游者在旅游地流连忘返，就会在那里长住，满足自己长久拥有的愿望。很多老外来到桂林，就先到阳朔的洋人一条街或农民家中住下，再租上一部脚踏车，到处转转，有的一住就是一个月甚至几个月。一些老外们被此地风光迷住，不愿意离去，于是就地成家，开个小店，慢慢地人气旺了，就成了洋人一条街。来阳朔的老外大都是背包旅行者，他们把旅游当成一种生活或工作，专心而又投入。一些到阳朔学习中国武术的欧洲青少年常常在这里住上几个月。在一家酒吧门口，有一位戴着墨绿小帽的德国男人，喝着一瓶啤酒，不停地向来来往往的人问好。他在西街已经生活十年了。每年他飞回德国一次，打一两个月工，赚够生活费，再飞回西街。他说，西街是他的办公室，

① 摘自 www.cctv.com 央视国际 2005 年 01 月 30 日

他每天都来这里“上班”——喝啤酒，跟人聊天，认识新朋友。一位瑞典游客告诉记者，他们全家每年都要出来旅游三至五个月，不是请假，而是辞掉工作，因为那边工作好找。回去工作几个月，有了一定的积蓄后，他们又会计划下一次的旅行。

案例 象形文化下的旅游审美

张远山

中国人旅游时实际上游什么呢？我认为是从按图索骥始，到对号入座终。换句话说，是实地验证旅游地图、旅游指南上介绍的“八景”、“十景”，看看到底“像不像”。所谓按图索骥，比如黄山有一座山峰，原名青鸾峰，但不出名，没人看，主事者附会其形状，改名为“立马峰”，果然大批游客立马赶来，抬头仰望，发现非驴非马，只是“四不像”，但游客不愿白费脚力，只好宽慰自己，“有点像”。这就是大部分中国人在旅游中的实际情形。

谓予不信，请看：某地某报宣称，本地发现天然隐形大佛，惊为天下奇观。于是各地报刊转载，举国欣喜若狂；旅行社立刻辟出专线，八方游客蜂拥而至。若非发生在自己身边，我简直要疑心这是《格列佛游记》中的海外奇谈。几块乱石头，一座破山峰，随意比拟成略有大佛之形——顶多是小人国里的“格列佛”——居然立刻成为宝贵的旅游资源，成为“江山如此多娇”的最新证据。不错，中国山河确实美丽，但决不美在可以从石头里找出神鬼仙佛；旅游确实是一项重要的现代审美活动，但旅游审美决不是去找出鸡鸭猫狗，更不是让孙猴子从石头缝里蹦出来。审美被称为观照，你从审美对象中观出什么，也就照出自己是什么——美学上称之为“移情”或“心理投射”。观出鸡鸭猫狗的，只照出自己是作为美学门外汉的阿猫阿狗；观出孙猴子的，也只照出自己是在审美领域里沐猴而冠。

关于旅游应该游什么，我想每个人都应该游出自己的意味、境界甚至独得之秘来，古之徐霞客、今之余纯顺，都是好例。旅游游什么，在全民素质亟待提高的今天，基本受制于旅游手册和导游，受制于时下旅游文化的许诺和引导。然而目前国内导游的惟一“专家指导”，就是指点江山，让全体游客啧啧称奇：“太像了！”“像极了！”然后拍照，然后回家把照片冲印出来再指给尚未去过的亲友看：“这块石头像不像学舌鹦鹉？那座山峰像不像缩头乌龟？”倘若不幸照片冲印坏了，他会比没去旅游还要懊丧。

每一个导游、每一本旅游手册几乎都在误“导”，我不禁要问：是什么样的思维定势，导致全体旅游手册的作者和导游不约而同地把象形化解说当作惟一的业务指标？又是什么样的文化趋力，导致大部分同胞像小学生完成标准答案一样地以看出指定的“像什么”为最大的精神满足？答曰：源远流长的中国象形文化和范型思维。

以黄山著名的云海为例，那该是最难定形、最难附会的东西了吧？然而旅游图片偏要命名为陈词滥调的“万马奔腾”和“白云苍狗”，似乎非狗马不足以娱声色。当歌中唱道“让我们看云去”，我们应该领悟的正是波谲云诡的大自然的自由精神，同时借助于心与物游，独与天地精神相往来，获得审美愉悦和精神超拔。从瞬息万变的云海翻腾中，牵强地指认物形，虽然也不失为一种富有童趣的儿戏——不少父母都让自己的孩子想像过“云朵像什么”——但如果连成年人也把这视为“看云”的惟一目的，那么可以断言，他一定是以文为神的人云亦云之辈，是拘于范型缧绁的思想囚徒。

摘自《书屋》2002年第7期，原题为《巫风强劲的中国象形文化》，原文有删节

（二）时间占有

相对于注重在目的地留下痕迹，空间占有的行为来说，其他形式的占有更倾向于长时间的，甚至永恒的占有曾经到过的地方。这包括照相摄像、带走目的地的物品等。

旅游者素质提高后，很注重这点，提倡“留下的只有脚印，带走的只有照片”。旅游者大多是匆匆的过客，对于风物美景希望能够长久拥有。照相机、摄影机等可以将所见之物再现眼前的技术应用后，游客采用这种方式将美景保存，可以日后随时翻阅。这种将景物缩小，以图像复制的形式从一定意义上讲是旅游者以“复制”形式对景物的另一种占有。然而，在照相、摄影时，又有不少人如前述“亲密接触”的方式，特别是坐在一些雕塑上，表示出对景观的拥有。

有的游客在拍照时，过分注重这种“复制”占有形式，以至忽略旅游本身。殊不知旅途中将景观以照片等某种具体形式保留是需要以当时的欣赏为基础的。美国著名旅游人类学家内尔森·格兰伯先生讲了自己在一天晚上和妻子来到云南丽江欣赏著名的东巴乐团音乐会。演奏中，一群年轻人走进演奏现场，不停地高声谈论。然后，他们从中间过道一个一个走上前，直接站到大多年过8旬的乐手前面，打起“V”字形手势，叫同伴用闪光灯照相机照相。照完之后，还没等一曲结束，就又吵吵闹闹地离去。据报道，在贵州的一些民族旅游村寨，游客强行与进行歌舞表演的少数民族姑娘合影现象时有发生。

这种只在乎以图像形式留下所到之处并非真正得到了旅游之乐，只是留下一个供日后长期占有的景观复制画面而已。正如林语堂先生在《旅行的享受》中写到的一种虚假旅行——“为了谈话资料而旅行，以便事后可以夸说。我曾在杭州名泉和名茶的产地虎跑，看见过旅行者将自己持杯饮茶时的姿势摄入照片。拿一张在虎跑品茶的照片给朋友看，当然是一件很风雅的事情，所怕的就是他将重视照片，而忘却了茶味。”

摄像以外，通过市场或非市场行为带走目的地的物品也是旅游者普遍采用的一种占有方式。购买纪念品，尤其是带当地文物的仿制品也是旅游者对目的地景观长期占有的方式。在广州长寿路玉器街，花上十块钱，就可以把南越王博物馆镇馆之宝——龙凤纹重环玉佩的克隆品买回家。在陕西省各个旅游景点，几乎每个出售旅游纪念品的小摊上，都摆放着用尼龙网袋装的形象丑陋的兵马俑复制品；不少农民在自家院子里随便挖个坑，烧制兵马俑，在门口自产自销。在文物古都西安，还有唐壁画摹本、碑林碑石拓片等文物仿制品销售。购买这些或粗劣或精致的仿制品放置家中，是旅游者对目的地文化占有的心理表现。在自然景区，也有旅游者采集花木、水石等自然物以供日后怀念。

阅读材料

丽江的外来者

丽江现在已经成了梦幻之城。过去，游客们还只满足于看一个景点什么的，现在，游客们要看一个城市。如果说周庄只是一个在运营中的村庄的话，那么丽江就是周庄的放大了，以后，大概像北京这样的大城，也会成为“以游客为中心”的城市。一个景点也就罢了，圈起来锁起来装饰起来保养起来，还真有些意思，但让一座活生生的城，全部转换成

为景点，就有点荒诞的意思了。

来自全世界的“茶客”、“酒徒”、“书生”、“思想人”、快门师、色鬼、空虚家、暴走族和朝圣者，坐在慢慢入夜的“四方街”周围的茶馆酒吧里，聊天、翻书、打电话、购买纪念品，吃得杯盘狼藉，玩得大呼小叫。不小心走过，一定会有一种强烈的虚妄之感。这到底是个什么样的地方？ 旅游者到了这里，除了看见其他的旅游者之外，看到的就是商铺、客栈、酒吧和茶馆。古城失去了原来的生活，迎来了另外一种生活。旅游者可能不希望看到，但是，恰恰是旅游者刺激了这种替代的发生和成形。

世界上正在出现一批这样的“空壳城市”。它们的名声为当地人带来了收入和文化史上的传奇，同样，也是它们的名声带来了矛盾：一方面剥夺了当地人的生活权利，同时转让给了你——我的外来者们；另一方面加速了当地人改善生活的欲望，他们从你热衷的美景中搬走了，把地方腾给你——我的外来者们。外来者能干什么呢？除了做生意，就是做游客。而这两种人，全是“局外人”，对持续发展当地的经济有好处，对持续发展当地的文化却可能没有什么好处。因为这两种人，多半是追求奇迹的过客，或者是希望暴富，希望心灵得到纯洁、得到长时间的美好，不肯安分地安营扎寨的“外来人口”。对于旅游者来说，美景就像毒品，几天不吸，就要口涎横流、眼角歪斜、心魔狂涌的；而对于开店铺的福建人、浙江人来说，如何在最短的时间内敛集到最多的钱，才是最重要的。

那么文化在哪里？只要真的人活着，文化就不会死，不管住在什么样的地方，受到什么样的物质冲击。真正的活文化，其实已经转移到少有游客到达的“新城”，因为，当地人生活在这里，那么，当地人的文化只在这里。就在建筑师们对丽江的新城建设骂骂咧咧的时候，新城却早已以当时形成老城的那种毫不犹豫和毫不矫饰的态度，平和地扩张着、延续着当地人的血脉。

我总觉得风景都是有灵气的，或者说，身边世界是个既能让你充分感应又能被你无情伤害的世界。风景对人类可能有一个按照各自性格所能支撑的“客流量”，过多了，过狠了，必然慢慢地伤害到风光，进而剥去它的美好，露出它的狰狞。

三、体验行为

“阳光沙滩、异国风情”，这些以往欧美旅行社的主打招牌如今已经不吃香了，代之而起的是各种形式的社会旅游。体验乞丐生活，或者到贫困农村地区走一走，成了欧美游客最时髦的事情，阿富汗、尼泊尔甚至切尔诺贝利核电站都是他们的目标。

荷兰卡姆斯特拉旅行社推出了“巴黎流浪 4 日游”，全程花费 459 欧元。这类旅游一般都是在每年的 4、9 月组团，因为那时的气候比较好。他们的顾客群是些又好奇又有社会责任感的人。这种旅行团一般 10 人起组团，参加旅行团的成员不得随身携带现金、信用卡和手机，他们要学会在行程中像流浪汉一样在街上捡一些有用的东西或者靠卖艺来维持生活。旅行社会向他们提供乐器、画笔等，组织者的任务就是监督他们确实一切都按照要求做。到了晚上，旅行社会发给他们硬纸板和报纸供他们睡觉。不过，最后一晚会让他们住进高级酒店，同时提供给他们一份不错的晚餐，让他们有个鲜明的对比。

这项旅行的策划人冈森斯说，有过这样一次经历之后，旅游者会对巴黎流落街头的人有更深的体会，也许他们以后会帮助乞丐们改变生活状况。如果游客提出特殊要求，旅行社还可以组织他们去布拉格或者其他城市。

旅游从性质上看就是一种对不同生活的体验。有的旅游者为了体验一种不同的生活专门出门。有的旅游者在旅游过程中，为所见所闻吸引，而想亲自参与一些活动，亲身体验别的社会角色。大众经过了观光旅游阶段，逐渐走入了“体验式”旅游。所谓“体验式旅游”，便是安排更多参与性的活动，使游客真正理解相异的感觉。

体验旅游以体验为主要诉求目标，旅游者通过身体器官的活动和感受能够产生比较大、比较深、比较强烈的心理印象。如干部、作家等常需要深入基层，体验生活，与工人、农民等需要了解的普通百姓同吃、同住、亲身感受他们的生活。游客与需要了解的文化及角色一起短暂生活，或是扮演自己想体验的角色，才能够更深地了解。由于体验旅游主要是满足旅游者内在的心理需要，而不同地区、不同国家、不同民族、不同年龄、不同性别、不同教育程度、不同阅历的旅游者，其心理追求差异很大，需要选择不同的角度和切入点，采用不同的方式和手段，在不同层面和水准上，向不同的旅游者提供体验旅游项目。

体验活动较多地表现在民族民俗旅游方面，但现在各种旅游方式，无论工业旅游、农业旅游、科学旅游等都尽可能让游客亲身参与体验，以达到更好的学习效果，或休闲效果。为了满足人的好奇心，还有旅行社组织或个人进行各种千奇百怪的体验旅游，体验与己不同的生活，如体验不同历史时期的人，不同社会身份的人的生活。有的是生活的某部分，如服饰、饮食、住宿等，有的则是比较全方位的体验。体验中的深度也有所不同，不少旅游者的旅途时间有限，停留在表面的体验上，匆匆而过。一些旅游者却为了真正尝试一种不同的生活，深入了解相异的文化进行体验旅游，得到更为深刻的感受。

科技旅游常以参观、介绍的形式表现于游客。而如今，国外科技旅游产品在表现形式上力求新颖，参与性强，以满足旅游者“求新、求奇、重体验”的旅游需求。例如美国波士顿科学博物馆以角色扮演的舞台化形式来组织科技旅游项目，旅游者在活动过程中以科学家的身份参与科学实验，从理论论证到现场实验操作都要亲身经历。美国为了迎合那些太空好奇者，别出心裁地开办了“太空旅游”（图 4.3）。凡报名者只要自己认为身体健康，即可乘坐定名了“凤凰Ｅ”号旅游飞船，享受“直上九重霄”的乐趣以及在失重情况下飘飘欲仙的太空幻想。许多人不惜重金，争相取得太空旅游的机会，报名时先交 5000 美元的定金，全部费用约为 5 万美元。

图 4.3　太空旅游体验场景[①]

① 图为在俄罗斯首都莫斯科加加林阿特拉斯宇航中心，几名中国游客在俄罗斯宇航员的保护之下体验太空失重的乐趣。http://news.xinhuanet.com/st/2004-12/22/content_2365928.htm

游客各不相同，有人想体验科学家的生活，也有人想体验囚犯的生活。美国罗德岛的新巷海岸，有座建于1722年的古老监狱，几年前，商人格拉西把它改为“监狱酒店”，开办“铁窗生活旅游”。来此的游客每人发给一件黑白相间的囚衣，所用食具及作息时间与一般监狱完全一致，这些“游客囚犯”们将同真正的罪犯一样过着铁窗内的生活。不同的是，这些“囚犯”毫无忧郁之情，“囚室”内铺有柔软的地毯、舒适的床铺、彩电及音响等现代化设备，因此很多人愿到此一尝牢狱的生活。

“体验”在于经历一次自己想尝试的生活，所以并不仅限于享受性的体验，也有一些看似“受罪”的痛苦体验。这些体验的目的在于学习知识、挑战极限等。如2002年10月16日，两个英国青年学者马普安和李爱德从江西于都出发，沿着68年前中国工农红军行走的长征路线徒步行走了6100多公里。两人此行的目的是为了采访活着的老红军，也是为了体验长征的艰辛，知道更多“活的历史”。两人的装备比当年红军要先进许多，但为了体验红军的长征，他们专拣当年红军走过的小路走，沿途也绝不搭“顺风车”。面对旅途中可能遇到的危险，他们说“这些我们早都想过了，在弹尽粮绝的紧要关头，我们也会去试试把身上的皮带煮着吃了，这样，就更能体会到当年红军战士的生活了。”

事实上，游客的体验行为大多只是出于好奇，它毕竟不同于专家等长期考察体验型的生活，丰富的生活是不可能从短促的旅途中得到的。游客从这些部分的体验中得到的是粗略的或肤浅的，或者说尝试性的感受，但对于他们来说，这种亲身尝试过的感受比单纯的观看有助于更好地理解需要了解的知识或生活方式。

阅读材料　　做一天上海人

上海市普陀区曹杨新村居民家庭接待外宾，是“做一天上海人”旅游活动的重要节目之一。

如今，“做一天上海人”活动已有七大类参观项目、几十档专题节目。有表现老年人生活的“老妈妈合唱团”、老年晨练、敬老院生活等；有反映中国民风、民俗的“做24小时中国公民”、“中国烹调基础一日通”、“家庭聚餐”等；有适应民间交流的“做一天荣誉村民”、“当一天中国学生”、“民宿”及与新村小朋友联欢等；有进行高雅艺术和专业交流的绘画、书法、音乐、幼儿教育、中华益智养气功、针灸医疗等；有符合旅游观光的“参观新村新貌”、“城乡一日游”、逛集贸市场和商场等。不少参加过这一活动的国际友人回国后广为传播。一些游客说，来上海之前，就知道中国有个上海，上海有个曹杨新村，在这里“做一天上海人”实在太快乐了！

在区内的红十字医院，外国朋友对中国的针灸和推拿总是表现得惊叹不已。在幼儿园，孩子们天真可爱的表演往往让外宾开怀大笑。最让外宾兴奋的是参观菜市场，最令他们激动的是走进居民家，学着主人的样，笨拙地包着饺子。在餐桌上，丰盛的家常菜肴使客人胃口大开。日本人平时一般不吃很油腻的食物，可在这里，他们却对红烧肉、炸春卷、炸藕饼等欢喜不已。美国人在国内吃鸡吃得最多了，可对我们中国的“盐水鸡”、“栗子煲鸡块”等赞叹不已，他们会用刚学会的生硬的中国话说“好吃、好吃”。对中国人的热情好客，他们会真诚地说一声“谢谢侬”。

餐桌上的家常交流是必不可少的，外宾们想了解的问题，尽可以在饭桌上提出来。有的外宾来中国之前听说中国很穷，家里很破。可是到了这里一看，连说他们有的家庭比这里还要小，而租金和各种日常支出却很贵。

“做一天上海人”旅游活动，使各国来宾有机会走进上海居民家庭，外宾们在亲身体验上海人文化风俗和生活情趣的同时，加深了对中国的理解。每逢分手时，外宾们总依依不舍，他们会不停地赞美“太好了”、“太棒了”、“以后还要再来”。①

第三节　旅游经营者的文化动机

一、文化保护

对那些具有独特文化色彩、带有地方神秘性的旅游资源保持长盛不衰的兴趣是现代旅游者的需求特点之一。旅游者的这种需求使旅游经营者开始意识到文化保护的重要性：只有保护好地方文化，才能拥有旅游产品的特色。旅游的文化保护就是对旅游资源的文化内涵和特色的保护。旅游本身就是一项文化活动，增添文化含量将成为旅游业的新的增长点和新的价值取向，开发、利用和保护好旅游业赖以生存的文化生态和自然生态，可使旅游业建立在可持续发展的基础上。一个有作为的旅游经营者会发现文化保护是旅游业赖以生存的基础之一，是赚钱的“金饭碗”。文化多样性、文化保护是旅游发展的重要依托和基础，地方文化保护是旅游发展的最大资源。

（一）旅游经营者主要保护的是何种文化

一个国家或民族的文化可分为两部分：民族性文化和世界性文化。价值、信仰、伦理道德、理想、艺术、制度、礼俗等是民族性较强的文化，是“创造”出来的。我们所说的“传统文化”或“民间文化”主要是指这部分文化。而世界性的文化如科学技术及其所制造的物质文化或物质文明，是“发明”出来的。民族性较强的文化相对性较强，没有先进与落后之分。例如，基督教、佛教和伊斯兰教三大世界宗教没有高低之分，西方人吃饭用刀叉、东方人用筷子等习惯没有优劣之别。而世界性的文化则可比性较强，如科学技术日新月异，不断发展变化。也就是说，各民族的传统文化如风俗习惯、宗教信仰、伦理道德、婚姻家庭、文学艺术、语言文字等，都有其独创性和充分价值。作为旅游经营者应明白，保护文化多样性，主要是保护和传承民族性较强的文化。

民俗、民间文化、遗产遗址有着极高的旅游价值，保护好它们可为当地带来可观的旅游收入。前些年到处搞的各种各样的人工景点和众多的主题公园热了一阵，逐渐冷落下来。而那些货真价实的遗产遗迹、地方民俗等却吸引了越来越多的中外游客，相应地也收到了良好的经济效益。这一切促使旅游经营者们开始重视对遗产遗迹、地方传统文化、民俗民风的保护，纷纷请专家咨询，改善已遭破坏的历史环境。近年来，各地的旅游景点弥漫着浓浓的民俗风情，具有鲜明地方色彩的民间年俗、礼俗、原始古朴的民间手工技艺等成为旅游开发的一大亮点。北京七大庙会(厂甸、天坛、地坛、龙潭湖、白云观、东岳庙、莲花池)，从花会、中幡、戏曲、花灯、小吃，到北京百年民俗展，尽显风采。自帝制被推翻之

① 《人民日报海外版》2003年8月6日

后就不再举行的天坛祭天、地坛祭地仪式，也开始死灰复燃，吸引着无数游客。各地民族风情丰富多彩，别有风韵，是不可或缺的文化生态旅游资源，引起旅游经营者的关注。如茫茫草原上的蒙古包、“世界屋脊”上的帐篷、崇山峻岭中的羌族“邛笼”、依山傍水的侗家吊脚楼和鼓楼、热带丛林中的傣家竹楼、洱海之滨的“三房一照壁”等民居，泼水节、火把节、古尔邦节、那达慕大会、三月街等民族节日，都是极好的旅游产品。旅游经营者越来越意识到要想增添自己的收入，就必须保护好这些传统民俗，否则只会使经营失败。

（二）旅游发展与文化保护间的关系

旅游发展与文化保护是一种相互依存的关系。传统文化是一个民族历史积淀的结晶，作为旅游资源，一旦遭到破坏就难以再生。为了确保传统文化资源的永续利用，必须妥善处理旅游开发与文化保护之间的关系，即如何实现“在保护的前提下进行旅游开发建设，以旅游开发建设促进文化保护”，寻找到文化保护与旅游业发展之间的最佳结合点，谋求最佳的经济效益与社会效益。近年来，旅游经营者以及当地居民通过旅游业发展获取了可观的收益，得到了好处，本能地意识到了文化保护与切身利益之间的关系，具有了不同程度的文化保护意识。

我国文化遗产工作的指导方针和原则是“保护为主，抢救第一”，“有效保护，合理利用，加强管理”。当前，关于文化资源的开发利用，主要是通过旅游开发来进行的，因此，围绕文化资源的保护、管理、利用可以说都和应不应该以及如何在遗产地进行旅游开发具有直接或间接的关系。但是，合理利用与不合理利用的界线是模糊的。美国国家公园管理局首席社会科学家麦切里斯说，在文化资源的开发、利用和管理中，必须坚持保护第一的原则。当您不知道应当怎么办时，保护第一；当您不能确定行动的后果时，保护第一……，这样做准不会错。

随着我国旅游消费的兴起，旅游业在不少地方被当作重要的经济增长点加以扶植，这是无可非议的，但是应当认识到文化资源所具有的价值远远超过狭隘的经济价值或仅在市场上体现的价值。但是，文化遗产同时也具有符号和象征的作用，是一种历史的积淀。是否凡是资源就应该开发和利用，成为开发文化资源的焦点。

案例　　世界遗产的保护与开发

世界自然与文化遗产本质上是一种公共产权，作为这种特殊性质的资源的配置，一方面难以用普通资源的供给、需求与成本来分析，但另一方面，围绕世界遗产资源配置中的利益与成本问题又十分突出。这个问题的紧迫感，不仅仅从全国目前的世界遗产热中反映出来，而且更为重要的是从世界遗产的保护与开发之间的矛盾表现出来。为申报世界遗产，文物管理部门与地方政府会对文物与景区作大量的投入，但这种集中的投入是否能使世界遗产的实际管理者获得回报？这并不是一个确定性的问题。首先是世界范围内每年申报世界遗产的淘汰率大致在 30%～50%。地方政府对申报世界遗产的巨大投入有较大的风险无法收回。其次是申报成功后对世界遗产的保存与保护经费可能远远超过遗产本身的旅游收入，如世界文化遗产重庆大足石刻 1999 年申报世界文化遗产耗资约 5000 多万元，申报成功后旅游收入不断增加，2002 年门票收入达 2000 余万元。但到 2002 年为止，大足石刻管理部门在文物保护、辅助设施建设等方面又投入近 1000 万元，而银行贷款连本带息已增加到近3000万元，仅每年利息就是170多万元。有人戏称：大足石刻已编号保护的5万多个菩萨“人”均负债已6000余元。

2003年10月28日，九届全国人大常委会第三十次会议通过的修订后的《文物保护法》，第一次将“保护为主、抢救第一、合理利用、加强管理”的文物工作方针，以法律的形式写进总则。明确了地方各级人民政府负责本行政区域内文物保护工作的职责。这个法规把各地区的文物，包括世界遗产的管理与保护权力赋予了遗产所在地的地方政府。但是，世界遗产需要投入资金加以维修和保护。为了吸引更多的游客前来参观，还要进行旅游设施的改造和建设，甚至需要修建道路和机场等基础设施，这就必须投入大笔资金。但是资金从哪里来？世界遗产的主管部门中央和地方文物保护部门的经费分别来自中央财政预算和地方财政预算，目前还不可能有能力提供足够的资金对文物和世界遗产进行保护。据国家文物局的统计数字，1996年—2000年期间的文物事业经费投入达到19.6亿元，但全国的重点文物保护单位就达1269处，即使全部投给国保单位，平均每一处每年总共也只有30余万元。如果平摊到全国县级以上的6万多处文物保护单位头上，每单位所得不过3万多元，而在实际上能够得到上述保护经费的不过三四千家。经费的不足，使文化遗产的保护面临严重的问题。多年以来，由于参观的人数过多，导致维修和保护费用居高不下，已经令许多文物保护单位和世界遗产不堪重负。例如故宫，2000年门票收入达2亿元，尽管已经收取比较高的门票费，但还是远远不能弥补巨额维护费用。而地处沙漠地带的敦煌莫高窟，由于维护费用过高，仅仅能够开放为数有限的几个洞窟。全国重点文物保护单位和世界遗产的数目今后只会继续增多，而各级政府显然还不可能为它们提供足额的维护费用。①

（三）保护包括发展、创新

民族文化的保护，除了原物的保护和收集外，另一种保护应是发展、创新、完美。因为人类文化本来就是一种竞争性极强的东西，尤其表演艺术和为表演艺术演奏的乐器以及诸多艺术表现手法等，不发展就会被淘汰。就拿我国民族乐器来说，无论其功能、结构、音域、音量、音色、造型及乐队的组合等，离完美还有相当远的路。所以，这类文化要保护，只有不断地发展、创新。使每个民族的文化艺术都达到一定的高度，才能有持久的生命力。

案例　文化苏州发展策略：历史文化遗产的保护与创新

2004年11月，苏州获评中国十大最具经济活力城市，并摘取含金量最高的“年度城市”大奖。评选委员会的评价是：“一座东方水城让世界读了二千五百年。一个现代工业园用10年时间磨砺出超越传统的利剑。她用古典园林的精巧，布局出现代经济的版图；她用双面刺绣的绝活，实现了东西方的对接。”苏州成功的奥秘是什么？具有二千五百余年建城史的苏州，历史文化是其第一优势。在文化多元激荡和兼容开放的大背景下，始终坚守文化个性，并不断推进综合创新，是苏州经济社会不断走向可持续繁荣发展的巨大动力。苏州所在的江浙沪地域文化各有优势和特色，正是在这一大背景下，苏州市努力把文化建设提升到城市发展的战略高度来研究和认识，提出了建设“文化苏州”的战略目标，成为全

① 谢元鲁.《世界遗产：公共产权的转移与约束》. 桂林旅游高等专科学校学报，2004年1期.

国最早提出“文化立市”的城市之一。

“文化苏州”的发展策略，就是依托上海辐射，找准自身定位，在大力保护优秀传统文化和积极推进文化创新、文化繁荣的基础上，最终实现文化的生活化和生活的文化化、文化的城市化和城市的文化化等。在大力迈向“文化苏州”的创新实践中，苏州市又提出了“文化苏州”目标建设的“双面绣”战略。其含义就是苏州市要努力建设形成科技经济与文化互动发展、历史文化与现代文明交相辉映的共同繁荣格局，进而提出了在市区建设形成三个文化事业与文化产业共同繁荣发展的主要文化中心圈建设规划，即：在古城区形成彰显传统文化的文化中心区域，打造环古城河并串联历史文化街区、以保护古城风貌和优秀民族民间传统文化为目标的“传统文化水廊”；在工业园区金鸡湖畔等形成体现现代文化的文化中心区域，打造工业园区金鸡湖畔以现代文化为标志的“现代文化水廊”，并架接以苏州新区狮山周边以苏州乐园为中心的现代游乐产业区；在古城以南太湖之滨形成以生态和休闲旅游文化为主的中心区域，打造沿太湖的“生态和休闲旅游文化水廊”。“文化苏州”，重在建设。苏州市以实现文化遗产的生态保护和推进文化综合创新为重点，围绕文化遗产保护、文化创新与发展、文艺繁荣和“三贴近”、文化的法制建设和依法管理以及实施“人才兴文”战略五个方面，大力展开了迈向“文化苏州”的创新实践，取得了一系列较好成效，从而勾勒出“文化苏州”建设从实践到理论、从理论到实践的探索轨迹。

苏州市文化广播电视管理局高福民：《迈向“文化苏州”研究》2005 年 9 月

（四）学习他国的保护经验

瑞典、英国、荷兰和加拿大等国家在文化保护方面取得了较成功的经验。这些国家在自然和文化旅游资源开发中强调尊重地方文化传统，鼓励开发与当地文化传统相一致的旅游项目。注重社区的参与，增加当地人管理旅游业的权力。例如，瑞典北部土著萨米人居住区是瑞典重要的旅游区，萨米人的历史、文化和独特的生产、生存方式构成主要旅游吸引物。瑞典政府为保护这一区域的旅游价值，采取严格的文化保护政策，限制其他现代产业的发展，将传统驯鹿业与旅游业有机地结合起来，引导萨米人发展传统文化旅游业。

总之，文化保护是发展地方旅游的前提条件。在旅游发展过程中首先应该强调对体现地方性的本土文化进行保护。扶持被流行趋势冲毁的地方文化原形，这些文化原形和文化生态原貌是地方生存的根基，是地方赖以发展的财富。文化旅游保护开发要坚持真实性、整体性、可读性和可持续性原则，如保护历史文化遗产，对现有的历史环境进行整治，坚持“整旧如故，以存其真”。历史环境在没有实施保护以前往往遭受自然或人为的破坏或干扰，就要采取保护的手段，把已经遭到破坏或干扰的部分加以整修和治理，以维护它原来的历史风貌。重要建筑物维修要遵循“整旧如故”原则，用原材料，原工艺，原式原样，以达到真实性的要求。

案例一　仙人洞彝族文化生态村的文化保护与旅游开发[①]

云南邱北县仙人洞村具有独特的喀斯特山水田园风光和撒尼彝族风情（图 4.4）。仙人

① 王国祥.《民族旅游地区保护与开发互动机制探索——云南省邱北县仙人洞彝族文化生态村个案研究》[J].《云南社会科学》，2003 年第 2 期.

洞村依托传统文化进行旅游特色经营，已经接待游客7万余人次，为村民造就了就业机会，使他们得到直接的收益。仙人洞彝族文化生态村农家旅馆年收入70余万元。村民凭籍民族文化脱贫致富，大大提高了他们对民族文化价值的认识，加强了对民族文化的自信、自强和自觉意识，摆正了民族文化在旅游中的主体位置，同时增进了他们保护和发展民族文化的经济实力和其他物质条件。这就创造出文化保护和旅游开发双向互动、良性循环的机制。

图4.4 仙人洞彝族文化生态村②

2000年，仙人洞村民见旅游业给自己带来了机遇，那时他们所能认识到的只是：步别人的后尘，建“民俗村”、“农家乐”，用民族风情和农家餐饮招徕游客。后来在建设项目组专家启发教育下，明白了保护文化生态的意义，于是向高层次提升，致力于建设民族文化生态村，着眼于建设文化生态理念下的家园，而不仅是为了开办旅游赚小钱，捞些眼前的短期效益。建设文化生态村以来，仙人洞村的历史文化积淀得到发掘，面貌大为改观，民族文化大放光彩，尤其是崭新的文化生态理念以新生事物的锐气在中国大地上独树一帜，吸引了无数来访者。

在此阶段的3年多里，仙人洞村一贯坚持建设民族文化生态村的初衷，把保护生态环境和民族文化放在第一位，同时重视社区经济的发展，谋求优秀传统文化与时代精神、现代文明相结合的和谐的发展模式，使旅游业发展与文化遗产保护相得益彰，仙人洞村沿着可持续发展的道路前进。专家组在建设之初，就对仙人洞彝族文化生态村做了全面的规划，预防无规划开发带来的对传统文化的损坏。在建设过程中，不断与对民族文化轻保护重利用的思想行为进行斗争，多次制止破坏性开发。

要使民族文化生态村良性运作，应当经常教育村民处理好保护与开发、经济效益与社会效益、眼前效益与长远效益、传统文化与现代文明之间的关系。由于个别人一意孤行，听不进项目专家组的意见，于是专家们撤离仙人洞村。大约1年，村民逐渐认识到如此搞法不妥。以错误思想指导仙人洞村建设的人得不到支持，也离开了仙人洞村。2002年，村民派代表上昆明，请求专家组继续支持，共同建设民族文化生态村。专家组回到仙人洞村，制订了仙人洞彝族文化生态村下一步的发展方案，设计民族文化传习馆，引导村民处理好以旅游带动地方经济发展，以经济增长加强文化和环境保护的关系，全面推进整个社区可持续发展。

二、文化品牌

（一）何为文化品牌

品牌是一个综合、复杂的概念，它是商标、名称、价格、包装、历史、文化内涵、声誉、广告风格、符号的无形总和。品牌讲究“品”，即有品位，有文化内涵，有精神价值。

② http://www.yunnanpictorial.com.cn/2002.2/html/1.htm

品牌的背后是文化，不懂文化，是做不好产品的。文化品牌就是源于各地文化，以文化为特色，成为文化商品经济的核心，带动一个综合的经济体系，形成一种有形资产和无形资产的知识总和，是经济效益和社会效益的互动体。文化品牌的显著特点是既有鲜明的文化特色，又有经济运作的效益价值。文化品牌与一般品牌相比具有鲜明的精神境界。它超越物质的功能性，使消费成为一种文化，一种精神追求。

（二）旅游经营者们是如何打造品牌的

对于旅游经营者来说，开发旅游产品重要的一项，就是重视文化内涵，打造旅游文化品牌。因为，只有富含文化意蕴的旅游产品才是最具有生命力、吸引力的产品。用文化来创造品牌，用文化来创造品牌增值的价值是每个旅游经营者成功的前提。因此，在进行旅游开发时，要尽可能地融入文化的含量，使旅游产品成为一种具有文化灵性的名牌产品。

1．反映本土特色的文化品牌

品牌是文化的载体。具有良好文化底蕴的旅游品牌，能给游客带来一种心灵的慰藉和精神的享受。渗透了独特文化的旅游品牌如同精灵一般，有自己的灵魂，有自身的内涵。这种带有灵性的旅游产品一面世，就会深深地抓住旅游者的心，使他们被旅游产品丰富的文化内涵所吸引，并争相传诵，争相消费。

文化品牌的确立，在一定程度上反映一个企业、一个组织、一个区域，甚至一个民族、一个国家的社会经济文化的综合实力。创立优势品牌，就要按照文化品牌运营的机制来操作，选择那些地域特色突出、技术含量高，而且基础好、实力强、文化经济附加值高、市场发育健康、社会需求广阔、能带动相关文化和周边产业发展的品牌，使之形成文化支柱产业。例如，广西南宁国际民歌节、桂林山水文化节、柳州奇石文化节以及合浦珍珠节等由政府积极倡导、组织和推动的大型文化活动，都是在文化品牌运营的操作过程中，成为辐射海内外的文化品牌，成为当地一个新的经济增长点。

2．利用传统文化使品牌富有灵性

文化是品牌的生命，旅游产品的精髓。成功的旅游企业善于把文化、知识、智慧、情感注入到旅游产品的开发、生产、营销的全过程。通过品牌文化来体现旅游产品的特性，增加产品的“含金量”。在塑造品牌形象的过程中，文化起着催化剂的作用，可使品牌更加具有意蕴与韵味，让旅游者回味无穷，牢记品牌，从而提高品牌的认知度、知名度与美誉度，提高品牌的市场占有率。

如何在激烈的旅游市场竞争中脱颖而出，一个有效的办法就是赋予旅游产品以文化，重视旅游产品的文化价值，满足旅游市场对产品文化的要求。利用我国源远流长的历史传统文化，融入旅游产品之中，赋予产品以文化的意蕴，塑造“百年不倒”的旅游品牌形象，是旅游产品生产营销的卖点。中国传统文化的发掘，对旅游产品的开发具有极为深远的影响和重要意义。例如，长江两岸的巴渝古韵，秦蜀古道上的剑阁雄风以及震惊世界的三星堆文物，高踞于世界屋脊的布达拉宫，新疆的西域古国遗存与少数民族文化，甘肃的“丝路花雨”和敦煌，宁夏的西夏王陵等遗存，青海的塔尔寺，陕西的古城风貌、兵马俑、黄帝陵和延安的革命传统遗产以及内蒙古的成吉思汗陵等，都是利用传统文化拓展海内外市场，创建旅游文化名牌。

3．利用名人效应给品牌造势

文化是要由人来创造的，文化名人是文化创造者的代表，往往是某一时代，某一地域文化的集中体现，能得到广泛的尊敬与喜爱。因此，利用名人效应来树立品牌形象，就成为创立品牌的一种重要方式，旅游也不例外。例如，“刘三姐”是壮族及其他一些少数民族民众心目中美丽、聪明、善良、能歌善对，敢于斗争的“歌仙”形象。被编成戏剧曲目、拍成电影后，“刘三姐”形象更为鲜明生动了，不只受到壮族人民的喜爱，而且成为全国各族人民共同欣赏的一个优美的艺术形象，甚至远涉海外，为东南亚等地的观众所津津乐道。此时，走出去的不仅是文化上的“刘三姐”，而是品牌化的“刘三姐”，带来的是丰厚的经济价值。正由于这样，桂林、柳州、宜州等地纷纷争夺“刘三姐”的籍贯，认同她为老乡。尤其是南宁烟草集团将“刘三姐”注册为商标，成为广西最大的香烟牌子，其经济效益可想而知。可见，文化品牌是一种超值资产，具有超越有形资产之外的价值，是运作文化商品和服务所产生的额外收益。文化品牌与一般品牌相比具有鲜明的精神境界。它超越物质的功能性，使消费成为一种文化，一种精神追求。人们欣赏“刘三姐”，是以消费的方式去享受民族文化；正如人们走进“苗寨食府”、“侗乡美食城”，花钱目的不只是填饱肚皮，还是消费一种饮食文化，体验一种奇异的民族生活方式。

4．利用文化活动打造文化品牌

当今，文化旅游正呈现出迅猛发展的势头。文化旅游不仅在国际上深受旅游消费者的欢迎，在国内也逐渐流行，对提升地方经济将会带来深远的影响。让文化与经济互动，利用文化活动打造文化品牌，是近年来各地让地方文化与经济联姻的主要方式。利用传统文化、少数民族文化来吸引现代游客的“眼球”，是达到促进旅游文化发展，丰富大众文化生活，增加旅游娱乐业效益的一个重要手段。云南迪庆州近年来依托“香格里拉”这一文化品牌，把高原美景、民族风情和宗教文化等资源逐步开发和展示出来的同时，还进行具有特色的藏族木碗、银碗加工。丽江县充分挖掘、开发古朴而充满民族韵味的纳西古乐，使其形成品牌。目前，丽江县仅从事商业性演出的纳西古乐队就有十几个。其中以宣扬大研纳西古乐会为代表的民族民间音乐演出最为出色，不足50人的古乐会年演出收入可达100万元以上。节庆活动可以加强宣传效应，会吸引大批观光、休闲、娱乐的客人。各地不定期举行的各种文化节，是典型的利用文化品牌以文兴商，以商促文。

纵观国内外众多成功的旅游产品，他们都十分重视品牌文化的建设，在旅游产品的设计、品牌规划和广告宣传等各个环节上都努力增加对文化的投入，使品牌最大限度地深入人心。使旅游消费者在选择购买的时候，首先便能感受到来自品牌的魅力和吸引力。由此看来，将无形的文化价值转化为有形的品牌价值，把文化财富转化为旅游企业竞争的资本，是品牌文化建设的终极目的。

案例二　“吴文化”旅游品牌的建设[①]

3000多年前“吴文化”在无锡梅里诞生。几千年的源远流长，几千年经济文化的辉煌成就，已经使得“吴文化”与其发源地无锡密不可分、浑然一体。依靠着独一无二的政治、经济、文化优势，作为“吴文化”的嫡系传人无锡，发扬光大“吴文化”的精髓，以“吴文化”作为无锡城市发展的品牌，从建设环保、文明、优美、现代化的21世纪新型城市的

① 邹丽敏.《试论“吴文化”旅游品牌的建设》.《江南论坛》. 2003年12月15日出版，第41-42页.

战略高度出发，以争创中国最佳旅游城市为目标，以培育“吴文化”品牌特色、增强竞争实力为主线，进一步构筑无锡市大旅游格局，全面提升旅游业在整个国民经济中的贡献率。

1．提高文化品位，建设文化旅游名品

以“吴文化”品牌为基础，提高城市品位为目的，促进无锡旅游事业的快速发展。无锡的城市地理环境、人文环境、历史环境具有得天独厚的优势，“吴文化”的影响又始终贯穿其中。将自然资源的开发与人文资源的开发有机结合，凭借争创历史文化名城的契机，依托无锡丰富的人文历史底蕴，培育一批文化旅游名品，提高全市旅游的文化品位，增强城市魅力和旅游竞争实力，促进文化旅游消费。在“吴文化”品牌推广的基础上，从古迹、人物探源、人文景观着手，实施七项文化旅游“名品”工程：一是以二泉、寄畅园、惠山古祠堂群为代表的惠山历史文化旅游区；二是以清名桥水弄堂为代表的古运河历史文化旅游区；三是以吴泰伯为主线的“吴文化”特色旅游区；四是以荣德生故居、荣巷古镇、茂新面粉厂和民族工商业博物馆为特色的民族工商业遗址；五是以“二泉映月”、阿炳故居为代表的民族音乐博物馆；六是以薛福成故居、钱钟书故居、徐霞客故居和东林书院等为依托的名人故居群；七是以小娄巷等若干古街为代表的无锡民居传统街区。

2. 以“吴文化”品牌为契机，旅游兴市，促进无锡经济腾飞

（1）合理配套旅游景点，从绿色、人文、环保出发，对旅游景点的辅助设施进行统一规划。如停车场等辅助设施的配备，从环保及经济角度出发，对太湖景区（包括鼋头渚、唐城、三国城等）的停车场重新规划，在蠡园门口或原水上活动中心建立大型停车场，对进入太湖景区的游客，实行统一电动车接送，这样不但可以减少各景区重复建立停车场，而且可以大大减少景区的汽车尾气的污染。

（2）大力推广“吴文化”旅游在无锡旅游中的地位，以文化取胜，吸引国内外对“吴文化”抱有兴趣的游客，同时满足游客的“回归”、“寻根”的消费心理，吸引游客，特别是“回头客”。

（3）推出“吴文化”旅游的相关纪念品，以书籍、纪念品到饮食，配合改建后的崇安寺、南禅寺景区建设，大力推广“吴文化”主题旅游。

（4）推出以休闲、游憩、放松为主的旅游节目，满足时代要求，吸引特别是无锡周边地区的高层次游客的目光，以古色古香的宾馆、餐饮及相对宽松的旅游安排，让以休息、放松为主要旅游目的的游客把无锡作为一个体味“吴文化”感受、放松紧张情绪的处所。

（5）不定期地组织“吴文化”展演，以歌舞、晚会的形式弘扬“吴文化”精髓，吸引外地游客光临，更重要的是强化无锡人民对“吴文化”历史的感受，体味“吴文化”的博大、精深，体味历史，感受历史，增强其“吴文化”后人的自豪感。

三、文化商品

当今社会，大众文化以商品化、技术化的文化产业方式，为大众的精神需求和娱乐消遣提供了情感的满足和享用。旅游、体育健身、娱乐等文化消费急剧升温，文化消费的市场容量成倍扩张，文化产业增长迅速，潜力巨大。文化产品所产生的巨大经济效益引起各界人士的关注和参与兴趣，各种打着“文化”旗帜的旅游景点、餐饮娱乐等争相入市。“文化搭桥，经济唱戏”的各种文化节日在各地所向披靡。

（一）什么是文化商品化

当代法国著名思想家、社会学家皮埃尔·布迪厄提出“文化资本”概念。布迪厄认为，根据资本在不同场所所起的作用，可以分为三种都有相应的功能和各自的制度化形式、彼此联系和转化的基本形态，即经济资本、文化资本和社会资本。并将文化资本划分为三种存在状态：一是具体化状态，是指个人通过先天和后天的培养所形成的内化于个人身上的学识和修养；二是客观化状态，即指个人拥有的文化物品和对这些物品的解码能力；三是体制化状态，即指由合法机构所颁布的教育文凭和证书。进而他指出：文化资本也可以通过转换成经济资本来获取经济上的利益和回报。

由于文化是一种资本，那么资本必然会向商品转化。澳大利亚麦考里大学经济学教授戴维·思罗斯比根据文化价值和经济价值之间的关系，认为这种转化的途径是：“文化资本是以财富的形式具体表现出来的文化价值的积累。”而且“这种积累紧接着可能会引起物品和服务的不断流动，与此同时，形成了本身具有文化价值和经济价值的商品”。在转化的过程中，“有形的文化资本的积累存在于被赋予了文化意义（通常称为“文化遗产”）的建筑、遗址、艺术品和诸如油画、雕塑及其他以私人物品形式而存在的人工制品之中”，这就是我们通常意义上的文化商品。实际上，无形的文化资本，如情绪、氛围、美感等，同样可以向文化商品转化，而附加于诸如音乐、舞蹈、戏剧、影视、建筑、园林等人类活动或人工制品之上，成为另一类重要的文化商品。

旅游文化资本在旅游开发过程中，向商品化转变。这就是文化的商品化。商品化主要是根据交换价值来评价事物和活动，从而使其在贸易中变为商品（和服务）的过程。旅游中文化的商品化，指旅游使目的地社会关系深受市场交换规则的影响，文化被按照商品生产的法则进行再生产，文化产品以商品形式进入市场，文化生产、流通、交换按照市场规则进行，一切吸引旅游者的东西都可以标上价格，在市场上买卖。文化旅游开发者开始致力于为旅游者提供独具特色、文化内涵丰富的高品位文化旅游产品，以其高质量的旅游产品引导市场，创造市场需求，挖掘潜在市场。对旅游者而言，他们不但在消费旅游商品的使用价值，而且在消费商品作为符号所代表的‘意义’，包括情调、趣味、美感、身份、地位、氛围、气派和心情等，并从中获取各种各样的情感体验，比如快乐、梦想、欲望以及离奇幻想。文化商品化的结果是，文化成为决定现代社会财富价值高低的关键因素，并在全球范围内造就了巨大的文化经济力，成为世界经济新的增长点。

如广西桂林阳朔演出的中国首部大型山水实景演出作品《印象·刘三姐》，以方圆两公里的漓江水域和十二座背景山峰为表演舞台，将刘三姐经典山歌、广西少数民族风情、漓江渔火等文化元素创新组合，巧借春夏秋冬的自然景观，配以变幻莫测的灯光，创造出天人合一的艺术境界，在漓江山水间展现出一幕幕原生态的艺术画面。整个《印象·刘三姐》项目投资近7000万人民币，每场演出成本3万元，每场演出有600多名演员参加。从2004年3月20日正式演出，到2004年底，观众达到35万人次，直接经济效益6000万元，其中门票收入3000万元。预计2005年《印象·刘三姐》的经济效益将达到8000万。同时，《印象·刘三姐》带来了桂林文化、旅游、餐饮等产业链的兴旺，促进了当地经济的发展。

（二）文化商品化的负面效应

作为经济全球化的一种重要方式，地方文化的商品化对地方文化的传承与发展犹如一柄双刃剑，利弊兼备，既充满着极大的发展机遇与希望，又暗藏着许多风险与挑战，关键就看当地政府、居民以及旅游企业如何应对，以实现地方旅游开发成本的最小化与经济、社会、生态和文化效益的最大化。由于旅游文化生产受到供求机制、价格机制和竞争机制的强烈影响，赢利最大化原则不可避免地渗透到文化生产过程中，因此，旅游文化商品的发展也对当地传统文化带来了一些消极影响，主要包括：

（1）为了满足发达国家和地区旅游者的猎奇心理，在民族旅游的文化演示中，对少数民族文化的表述带有失真性。不是根据旅游文化的审美价值和规律去展示富有独特民族风格的现代文明，而是故意追求落后与原始，不分精华与糟粕，极不负责地把那些已经被摒弃了的迷信活动和陈规陋俗原始地展现给旅游者。

（2）在文化商品展示中，存在文化底蕴不足及文化再现偏颇。如，生搬硬套，标新立异，制造一些根本不存在的虚假民族文化；不尊重少数民族感情，不按民族习俗办事，歪曲、丑化、亵渎某些民族文化。

（3）地方文化受到破坏性、掠夺性的过度开发，导致一些传统文化价值观的退化和丧失。

（三）文化商品化的积极作用

另一方面，商品化是地方文化发展的一种方式、一条渠道，商品化所产生的正面效应大于其负面效应。文化商品化是旅游的基础，旅游也是商品全球化过程的一个方面。对落后的少数民族地区而言，也许文化的商品化是达到现代化的一条捷径。

文化商品化是挽救和保护地方传统文化的重要途径。商品化使钱从富人区流向穷人区，为当地工艺品的发展带来市场，提供了更多的就业机会。因此，商品化可为地方文化的保护提供资金来源，使当地居民有动力保护、甚至恢复即将消失或已经消失的传统文化。如果没有旅游中文化的商品化，民族文化中某些值得保留的东西将会在外界的冲击下逐渐褪色消失。比如民族音乐，如果没有旅游及时的关注目光，可能就此销声匿迹。云南丽江古城的东巴象形文字、《白沙细乐》、《纳西古乐》的发现与重振，旅游就功不可没。云南的迪庆、丽江、大理、楚雄、西双版纳等地，把民族文化的继承、保护和旅游开发紧密结合起来，盘活了当地所有的文化资源，带动了相关产业的发展，从而使民族传统文化获得新的活力，走上了一条健康、可持续发展的轨道。

民族文化的商品化有利于各民族传统文化的复兴，增强民族自信心和自豪感，促进民族传统文化变迁朝着健康的方向发展。近年来，随着旅游业对国家经济建设的重大贡献，民族文化因它的旅游市场价值而倍受青睐。民族文化不再被单向度地视为落后、蒙昧的东西，而是被发展为弘扬传统文化，展示本土形象的旅游资源。各民族地区一些原先几乎被人们遗忘的传统习俗和文化活动重新得到恢复，传统的手工艺品因旅游市场需求的扩大重新得到发展，传统的音乐、舞蹈、戏剧等受到重视和发掘，长期濒临毁灭的历史建筑又得到维护和管理等。商品化有助于加速民族文化的世界化进程。当今世界全球化已成为不可逆转的潮流。在全球化的浪潮中，各民族传统文化不可避免地要受到不同程度的影响。

但是，如果认为一个民族一旦进入全球化就会马上丧失自己的民族文化，则是将问题看得过于简单化。根据全球化与民族文化双向影响原理，各民族并不仅是被动地接受外来文化，同时也通过全球化过程使本民族的文化走向世界。一个民族的文化的世界化程度越高，说明该民族文化走向世界的内容越多，对该民族的发展就越有利，该民族文化就能获得更广泛的生存空间和更多的发展机遇。因此，面对全球化对民族文化的巨大压力，各民族绞尽脑汁、想方设法通过各种途径加快民族文化的世界化进程。而旅游就是使各民族文化加速走向外部世界的一种有效途径。与其他跨文化传播媒介相比，以寻求审美愉悦为最终目的的旅游活动具有其他传播媒介不可比拟的优势，它是文化与文化之间，人与人之间亲身的、直接的、互动的、即时的、感知的交流与传播，大大加快了文化之间互相流动的速度。来自世界各地的旅游者在购买、消费商品化的民族传统文化产品时，附着在民族文化旅游商品内的文化观念也就逐渐渗入他们的观念系统，从而扩大了各民族文化生存的空间，使一些不为外界所知的封闭的民族传统文化显现于一种更广阔的文化背景之中，显示出新的价值，甚至使一些发展前景堪忧的民族文化因素重新获得了生存的机会。

案例三　富恩特拉比亚地区“阿拉德”仪式的商品化[①]

为了分析文化商品化的过程，我将用一个特殊的案例，这就是在西班牙富恩特拉比亚（Fuenterrabia）举行的一个大众仪式，这个壮观的仪式就叫“阿拉德”（Alarde）。在这一仪式的准备和完成过程中，该城镇的男女老幼几乎都要参与。这一仪式起初是为了庆祝公元 1638 年在富城打破法国人的围攻并取得胜利而举行的一种带有娱乐性的活动。慢慢地，这一大众仪式活动所具有的文化内涵，远远超过了仅仅只是为纪念这次战役的意义。富城是由一个城堡、一个渔民区和五个地方区组成的，它们都有各自独特的特征。仪式上这座用城墙围起来的城镇和六个区各自都派出一队孩子，由他们吹着笛子、敲着鼓，行进在大街上，他们身穿白色的衬衫和裤子，红色的凉鞋，披着彩带和戴着扁圆帽，所有这一切都象征着巴斯克人的特点。他们还派出一队身带短枪的男人。在年轻的妇女们中，他们还各选出了一名送水人，她是每个区被挑选出来的最漂亮的女人的代表。她一身戎装，还带着军用水壶。各种非本地的专业团体也出场了。其中有一队伐木者，他们穿着羊皮做的外衣，蓄着大胡子，头戴黑色的皮帽。市长和市镇官员们也穿着军装，骑在马上，走在游行队伍的前面。……

随着旅游季节的到来，当这一天到来的时候，相当于当地人口四倍的游客涌向那里。游客们有的到海滨观看龙舟赛，进餐，游泳；有的为那里的农场、旧建筑和古城墙拍照。西班牙国家旅游局把这一仪式列为他们的国家节日之一，并广泛宣传。旅游策划者，包括那些地方政客和承包者，加上那些专长于旅游建筑的大国营公司，他们都把这一仪式做成广告，并加以宣传。有关该仪式的广告画和宣传到处都有，再加上其他的东西，所有这一切都深深地吸引了旅游消费者。

虽然“阿拉德”仪式一直是这个地区旅游活动的热点之一，但也遇到了麻烦，即要让当地人来展示和参与这一活动突然变得困难了，这一仪式遇到了危机。1969 年，西班牙国家信息和旅游局在广场上完成了对查理五世居住过的要塞的维修，并把它作为有名的旅游

---

① 节选自：格林伍德（Davydd J. Greenwood）的《文化能用金钱来衡量吗？——从人类学的角度探讨旅游作为文化商品化问题》，张晓萍等译《东道主与游客——旅游人类学研究》，云南大学出版社 2002 年版，第 188—195 页，个别地方有改动。需要说明的是，该案例是商品化的典型，引用率极高，代表了相当一部分早期人类学者对于少数民族地区的文化商品化的态度。但是，格林伍德在 20 世纪 90 年代则坦言承认了自己对富恩特拉比亚地区节日仪式商品化的愤怒情绪不利于全面、客观地研究文化商品化给目的地社会带来的积极影响。

连锁点之一（包括饭店、餐馆、酒吧）向游客开放。那次庆祝仪式的开幕式还上了国家电视台。随着国家宣传力度的加强，该市政府也感到有责任来解决观看者所带来的问题。他们认为，参观者不仅要观看这一仪式，也应该参加这一仪式。他们宣布，仪式应该在同一天举行两次，以便人人都能看到它。

虽然事实上这一活动最终未能一天进行两次，但就我看来，市政府的这一行为的确是令人吃惊的：出于赚钱的动机，这一活动被当作一种大众表演而向外来者展示。而外来者认为，他们付了钱到这里来，所以他们有权观看这一表演。

对于以上问题，当地人一开始感到惊慌和不安，可不久就慢慢转变了态度，变成了一种商业动机。过了两个夏天以后，我突然发现要让该城的人来参加这一仪式已变得十分地困难了。后来市政府不得不开始考虑，通过付钱的方式让人们参加这一活动，就像付钱给吉普赛人让他们去跳舞、唱歌，付钱给交响乐团去演奏音乐一样。总之，这一仪式已成为了一种为钱而进行的表演，其文化内涵也因此丧失了。

文化的本质只有相信它的内涵的人才能理解。如果把文化当作旅游的一部分，对它进行包装，使之公开化，并作为商品对外出售，这样的文化使得人们不再像以前一样相信它了。所以，文化商品化实际上剥夺了文化的内涵，同时也剥夺了构成文化的方方面面。把文化当作商品展示，这对政府来说只需花几分钟的时间，而这一做法却把具有350年历史的传统仪式毁于一旦。最荒谬的事情还在于，文化被商品化却不经过当地人的同意，而且任何人都能这样做。到了最后，令人尊敬的巴斯克文化变成了商品，如牙膏、啤酒和划船等等。商品化过程不仅指土地，劳动力和资金，最终还包括历史、民族认同以及世界各民族的文化。旅游只不过把一个民族的文化现实包装并连同其他资源一起拿去出售。

第四节　旅游经营者的文化行为

一、文化营销

营销是门艺术，它与文化息息相关。现代市场营销过程中充满了文化的因素：产品、品牌、包装、促销等都包含了深刻的文化内涵。以文化吸引顾客，以文化保持顾客，是企业的重要竞争手段。从经济的角度研究文化、从文化的角度发展经济，成为经济活动中的重要内容。文化作为一种重要经济资源，在推动经济和社会发展中起着越来越大的作用。旅游营销的关键是满足人们精神上，即某种文化情感上的需要，因而讲，旅游市场营销本身就是一种文化营销。以市场为导向，从满足旅游消费者需求出发，运用文化因素吸引消费者的注意力，增加旅游产品的文化品位和灵魂，激发消费者的文化冲动，乃是旅游文化营销的使命。

（一）文化营销的涵义

我们现在所处的时代不再以科技为宠，文化时代已经来临，从许多企业大打“文化”这张牌可窥见一斑。文化是市场营销活动存在的土壤，是营销行为赖以生存的基础，文化营销即是在经济全球化背景下产生的、把文化因素注入市场营销活动的一种新的营销理念。不容置疑，文化对旅游营销领域的影响更为深远和巨大。文化贯穿于旅游营销活动的前前后后，它是旅游市场营销的核心问题。

1．什么是营销

营销是通过对市场需求的判断，使产品和服务极大地满足消费者的需求，即营销的目的是为产品和服务寻求最佳市场定位。读懂营销组合（marketing mix）的各个要素，即产品（product）、定价（price）、营销渠道（distribution）、促销（promotion）是决定营销活动成败的关键。生产什么、以什么价格、用何种方式、在何地销售是对营销组合的简洁概述。

2．文化营销中的“文化”

文化营销中的“文化”既是人类过去文化活动的产物，也是人类社会在此基础上不断创造新的文化的过程。因此，文化营销一方面表现为对传统文化的运用，另一方面又是在营销过程中不断创造新的文化的过程。这样，文化营销中的“文化”就表现为既是一种手段又是一种目的。

3．文化营销的内涵

文化营销指充分运用文化力量实现企业战略目标的市场营销活动，即在市场调研、环境预测、目标市场选择、市场定位、产品开发、定价、渠道选择、促销、提供服务等营销活动流程中均主动进行文化渗透，提高文化含量，以文化作媒介与顾客及社会公众构建全新的利益共同体关系。文化营销主要包括以下四层含义：第一，企业须借助于或适应于不同特色的文化环境开展营销活动；第二，企业在制订市场营销战略时，须综合运用文化因素实施文化营销战略；第三，文化因素须渗透到市场营销组合各个环节中，以制订出具有文化特色的市场营销组合；第四，企业应全面构筑企业文化。总之，文化营销就是把文化融入到营销理念中去，包含于营销战略之中，使企业的营销活动更具有人情味、地域性，更体现企业个性，从而使营销走上差别化、个性化的道路。文化营销对顾客满意度尤其关注，认为文化是客户的一种需求，是需要不断总结、满足和发扬的。

4．旅游文化营销的涵义

旅游文化营销是针对不同区域内的旅游文化、风俗、宗教信仰等存在的巨大差异而进行的市场营销策略，即充分运用文化力量来实现旅游企业战略目标，在市场调研、环境预测、目标市场选择、市场定位、产品开发、定价、渠道选择、促销、提供服务等营销活动流程中均主动进行文化渗透，提高文化含量，以文化作媒介与顾客及社会公众构建全新的利益共同体关系，用文化来增添旅游产品的消费价值链，创造旅游产品的亲和力，增强旅游企业的整体竞争优势。

当今世界科学技术迅猛发展，市场经济繁荣，人民生活水平提高，旅游消费者的品位不断升华，消费需求呈现多样化、感性化、个性化等特点。在竞争白热化的市场情景下，旅游企业必须加强文化营销，弘扬文化特色，形成丰富多彩的差异化竞争优势，取得经营的圆满成功。而我国历史文化源远流长，旅游文化资源十分丰富，这给文化营销的运用和发展提供了雄厚的基础和广阔的空间。各旅游部门应大力挖掘旅游产品的文化内涵，提升旅游产品品牌、价值和品味，设计文化旅游系列之旅。如：民族风情文化、饮食文化、遗迹文化、怀旧文化、雕塑文化、丝绸之路文化、宗教文化、军事文化等，在食、住、行、饮、宿、娱等方面突出区域文化特色，拓展旅游产品营销市场。

（二）旅游文化营销的主要模式

文化营销在营销过程中充分表达了部分消费者的价值取向，从而能引起价值共鸣，在价值共鸣状态中达成促销，完成文化营销的历程。企业实施文化营销主要有如下几种模式：

1．企业文化营销

旅游企业文化是企业在长期生产经营过程中所形成的对全体职工具有约束力的观念、道德水准和价值准则，它的主要内容包括企业指导思想，经营哲学，价值标准等。旅游企业文化营销，就是将旅游企业优秀的文化、理念、行为文化、物质文化通过整合，有序地传达给社会，塑造良好的企业形象，让消费者受到这种文化的感染和鼓舞，自然而然地对企业的产品产生偏爱。企业要实现文化营销战略目标，必须要求员工有崇高的敬业精神、良好的职业道德和深厚的文化修养，因为文化营销策略是依赖企业全体员工的服务经营活动来传播的，只有具备较高素质的员工，才能开展文化营销活动；只有满意的员工，才能做好文化营销工作。企业必须关怀员工、尊重员工、培养员工、造就员工，为员工创造良好的工作学习环境，设计有效的报酬和激励制度，并尽可能地满足员工的内、外需求，从而有效地增强企业与员工之间的亲和力，形成强大的凝聚力和向心力，创造良好的内部文化氛围，促进员工素质与文化修养的提高，实现企业与员工的共同发展。旅游企业应努力创新文化营销方略，形成文化服务特色，不断更新与消费者的价值链关系，才能在激烈的市场竞争中赢得优势。

2．包装文化营销

旅游产品的文化"包装"就是根据目标市场的文化背景和企业本身所在的地域文化环境，使产品的文化包装体现出自身的民族地域文化特色，或是异国他乡文化风采。例如，旅游饭店里菜品的文化"包装"是饭店文化营销的基础，从命名、选料、加工、切配造型、烹调到器皿的选择、装盘等各方面都要充分考虑如何使文化渗透其中。寿宴上的"松鹤延年"、婚宴上的"龙凤呈祥"、喜庆宴席上的"孔雀开屏"、表达美好祝愿的"骏马奔腾"等菜品，在造型上既重形似，亦重神似，在构图上讲究虚实结合，让人赏心悦目，能激起顾客的共鸣与感动，这些文化艺术内涵丰富的菜品不仅能给人以口福，也给人以眼福，极大地活跃了餐饮气氛。

3．品牌文化营销

品牌文化营销是通过对品牌文化构成要素的分析，研究各要素的营销组合，提出有关品牌的文化定位和提升品牌知名度的市场策略。品牌有无竞争力，能否成为名牌，很大程度上在于品牌是否具有深厚的文化内涵。肯德基的炸鸡是企业理念、文化背景、企业行为、店铺氛围等所构成的企业形象在消费者心目中的综合反映。消费者在肯德基餐厅里所消费的不仅仅是鸡，而是一个以"鸡"为核心的文化营销系统。肯德基主卖的炸鸡和其他类似食品本没有太大的区别，它之所以能够成为享誉全球的名牌，是因为肯德基的营销活动无不体现着美国文化，从而使其品牌成为美国餐饮文化的象征。试想，如果把肯德基的炸鸡拿到其他快餐店去卖，能有那么多人趋之若鹜吗？在品牌形象塑造中注入文化因素，可将品牌从一般品牌提升到著名品牌乃至驰名品牌。

以文化为品牌，实现旅游目的地的品牌文化营销，就是从不同层面着手，根据不同的文化元素，利用灵活多样的方式，充分发挥文化对目的地旅游发展的重要促进作用。具体而言，就是在形象塑造、产品开发、项目设计、服务配套等几个层面来体现文化品牌，使其一以贯之地得到彰显。

品牌文化的营销，首先体现在旅游目的地形象的塑造方面。要通过挖掘本地的文化内涵，结合现代旅游者的需求、审美塑造一个特色鲜明而富有文化品位的旅游形象，如浙江的“诗画江南，山水浙江”就是一个成功的例子。在这方面，目的地形象的选择相当于文化营销的一个聚集显现和突出反映，对于统率其旅游相关要素、提高此类目的地的知名度具有重要意义。

案例 闽南文化与泉州旅游品牌的塑造

对于一个旅游目的地来说，确定什么作为本地旅游发展的文化品牌，是一个非常重要的问题。这里面，既需要考虑本地的历史文脉，更需要研究现实的旅游需求；既需要寻找相关文化要素的共性主题，也需要凸现地域文化的独特个性。

在这里我们以地处闽南的泉州市为例。泉州是古代“海上丝绸之路”起点，发达的海上交通和频繁的国际贸易促进了东西方民族交往和文化交融，泉州的宗教、建筑、民间艺术、工艺等均充分体现了这个昔日“东方第一大港”的光辉历史和多样文化。也正因为如此，早在1982年，泉州就成为了国家首批历史文化名城。在旅游发展中，如果能够突破原来的局限，能够以文化为主线确定其旅游发展的总体战略，就能够改变长期以来那种就旅游谈旅游，就历史文化谈旅游发展的思路，从文化型旅游目的地的建设和深度发展来寻找突破口。在文化主线的确立方面，泉州就可以将大闽南文化作为其旅游发展的文化主线和品牌。

据相关学者研究，在地理区域上，闽南文化上接中原、吴楚，下续台湾、东南亚，其涵盖和影响的范围相当广泛，而不局限于字面上的“闽之南”；在文化内涵上，这里所说的闽南文化既包括一般意义上所指的兼融性、开放性、开拓性，更包括以海上丝绸之路为品牌，以宗教、戏曲、建筑、民俗等为支撑和表现形式的丰富内涵和组成。因此在上述两个意义上都需突出“大闽南”概念。在具体构成上，“大闽南”文化以海上丝绸之路文化为品牌，以闽南文化为凝聚，以宗教、戏曲、建筑、民俗等为支撑。在海上丝绸之路文化方面，泉州不仅保存了一些海上交往文物和各种文化遗存，也留下了诸多非物质文化遗产（如南音、提线木偶等民间艺术），在国内外拥有很高的知名度，目前泉州正举全市之力以“海上丝绸之路——泉州史迹”为项目名称，向联合国申报世界遗产，这将对泉州旅游发展起到极大的品牌带动作用。在闽南文化方面，泉州是闽南文化的核心地带，是闽南文化最重要的发祥地。闽南文化形成于多种族文化交融中，具有极强的包容性和开放性，其精髓在于“敢拼爱赢”、“有容乃大”、“信义为先”和“落叶归根”，其涵盖和影响的范围相当广泛，而这一文化特色在海内外闽南人中形成了一种特殊的凝聚力，共同的语言、文化传统以及善观时变的洞察能力、重商主义的经营意识、务实逐利的进取精神和“诚信为本”的致富理念以及心系故里的乡土观念将其联系在一起。作为海上丝绸之路文化和闽南文化的表现，泉州的宗教、建筑、民俗、戏曲等文化形式构成了一个丰富的文化宝库，为泉州旅游发展提供有力的支撑。

（中国社会科学院旅游研究中心 宋瑞：《文化型旅游目的地的深度发展》）

依靠悠久浓重的传统文化进行营销，是很多企业提升品牌的有效手段。近几年来，不少城乡借助保持完好的传统文化，盘活了地方文化资产，促进了经贸活动和旅游业的发展，取得了令人喜悦的效果。利用各种民俗文化节日，举办各种活动展现时代风尚，是旅游企业常用的文化造势手段。例如，重阳节敬老日活动、圣诞节、情人节、中秋节、茶文化节、竹文化节以及其他各类地方节庆，可谓异彩纷呈。用文化的感染力塑造良好的社会形象，用文化的亲和力获得公众的信任和爱戴，使消费者与企业之间不知不觉地产生一种认同感，自然而然地成为企业产品和服务的欣赏者和宣传者。

4．主题文化营销

主题旅游营销就是以主题方式营造一种深层次的文化营销理念，以个性化、定制化、特色化的产品和服务来感动特定的目标市场从而发挥巨大的魅力。特色鲜明的主题和文化内涵浓厚是主题旅游产品的显著特点。主题旅游产品是人类把历史与未来、自然与人文、理想与现实以丰富的想象力、完美的构思进行艺术创造的智慧结晶。一个事件、一个地点、一种思想都可以演变为一种想象丰富、值得回味和逃避现实的主题产品的创意素材，如著名的好莱坞球星餐厅、热带雨林餐厅、迪斯尼乐园和三国城等。主题旅游产品使游客能超越时空隧道，方便地到达世界各地、各个历史时期去亲身体验现实中的风土人情、理想中的童话王国。主题旅游产品的竞争策略强调文化的差异性，不同的主题由不同的文化内涵和消费群体来支撑。因此，主题文化营销充分应用了文化因素进行市场细分、市场定位和目标市场的选择。主题旅游产品成功的关键在于如何有效地创造旅游文化需求，科学和艺术地挖掘文化、塑造文化、设计文化产品与服务，调动各种因素来深化特色、营造文化气氛和丰富文化内涵。

案例 中国绿城南宁

广西南宁市提出以“中国绿城”作为其品牌主题。品牌主题的概念是：以“绿”作为城市特色和突出城市形象的最主要因素，营造良好的生态环境和投资环境，提高市民的居住水平和生活质量，塑造城市旅游形象，提高城市知名度，促进旅游业与经济、社会、环境可持续发展，努力建设具有民族特色和亚热带风格的现代园林城市和现代旅游城市。南宁在实施创建“中国绿城”战略中，城市的规划建设与旅游发展相结合，把整个城市建设作为一个大景区来绿化、美化，注重体现城市建设的旅游观光功能，构筑旅游城市风貌。注重打造生态型的旅游景点和城市基础设施，现已逐步建成一批以南亚热带植物景观为特色的旅游精品景点及城市精品景观：如青秀山风景旅游区是国家AAAA级旅游区，景区内山峦起伏，群峰叠翠，建有世界上最大的苏铁园以及热带雨林大观、棕榈园等景点；良凤江国家森林公园是国家AAA级旅游区，华南地区最大的林木标本园，1294种亚热带树木，85种国家保护植物生长于此；金花茶公园拥有享誉世界的茶族皇后金花茶和各类茶科植物，并建立了世界最大的金花茶基因库；广西药用植物园是目前亚太地区面积最大、品种最多的专业性药用植物园，被誉为立体的“本草纲目”。这些精品城市景观不仅使绿真正融入了南宁市民的生活中，营造了高档的人居环境，而且还成为南宁吸引海内外游客新的强势旅游产品。在整合旅游线路方面，发挥南宁的枢纽地位，借助周边的旅游资源，构建大南宁旅游圈，推出了一批生态型的、以展现绿城风貌、民族风情和异国风光为特色的精品旅游线路，受到海内外游客的青睐。

为了进行品牌营销，南宁建立了“中国绿城”品牌视觉识别系统，以品牌标志、标准色、标准字、品牌口号等基本要素为核心，规划设计了包括旅游办公事务用品、旅游公关事务用品、旅游服务指示物品、旅游机构职员服装、旅游广告应用、旅游推介展示旅游推介展示、旅游目的地标示等城市形象对外推广应用系统。

5．服务文化促销

促销文化，是营销文化的实施，其实质是企业与目标市场的说服性沟通过程，具体表现为公关文化、广告文化、销售促销文化、人员促销文化。企业利用广告、公共关系、营业推广或人员推销等促销手段的目的在于向目标市场传播具有说服力的产品信息或企业信息，以说服顾客购买本企业产品。在一定的促销方式中，塑造一个特定的文化氛围，向目标受众传递文化特质的同时突出企业产品的文化性格，以文化推动消费者对企业的认识，这就是文化促销。以餐厅为例，其服务文化促销成功的关键在于充分调动餐厅服务环境的各种文化因素的力量，烘托餐饮主题，激起顾客精神和情感的共鸣。如，几件象征时代特征的物品、几幅字画、几张老式照片、歌曲音乐或文艺表演，艺术插花、食雕展台、不同文化风格的餐具酒具等，都可产生浓郁的文化情调，激起顾客的情感共鸣。

如何在促销活动中渗透传统文化，结合现代文化，以文兴商，是拓广促销空间，在企业与顾客间架起一座情感桥梁，打动顾客心扉的重要因素。近年来，全国各地举办的文化节、艺术节、体育盛会已经和商贸交流、招商引资的经济活动紧紧地扭在了一起。这种文化艺术与交易会的结合，是一种文化与经济的自然融合，是商品文化的自我表现。上海的南京路、淮海路、四川路是上海率先开展文化促销活动的三大商业街。“黄浦旅游节”、“上海美食节”、“黄浦之春”等系列文化促销活动令“中华商业一条街”的美誉名副其实，取得了较好的经济效益与社会效益。六朝古都南京的文化促销活动更是方兴未艾。号称“金陵第一楼”的金鹰国际购物中心融购物、旅游、消闲、饮食、娱乐、艺术文化为一体，以浓郁的中国传统文化吸引了大批中外游客。

案例　　成都市京川宾馆主题文化营销实例分析①

过去在成都市名不见经传的京川宾馆，选定成都市历史积淀深厚的“三国文化”为主题，经过 2 年多时间的精心构思和创新策划，在特色鲜明的三国主题文化创建实践中，硬是把这座已有着 20 年经营历史的“老宾馆”，打造成了一家独具三国文化魅力的四星级的主题酒店（图 4.5、图 4.6），从而在激活现代酒店资本的探索中，让地域特色文化实现了从文化资源向文化资本的高效转变。特色鲜明的主题文化，为京川宾馆注入了全新的、完全个性化的酒店服务魅力，由此带来了酒店效益的显著增长：开房率从过去的 53%迅速上升至 83%；散客收入比 2002 年同期增长 19.8%；客房、餐饮、康乐及其他收入较去年同期也增长 52%。

那么，在实施主题酒店创建的过程中，结合现代酒店的服务功能，京川宾馆的决策者创造了怎样的特色营销模式呢？

---

① 源自：杜永红著．http://www.newssc.org/gb/Newssc/zt/ml/hdjc/userobject1ai362761.html

图 4.5　京川宾馆外景

图 4.6　京川宾馆大堂

京川宾馆以主题文化定位营销市场，建立全新的营销管理模式。在确定了三国文化主题之后，酒店制定了一整套内容详尽而又思路明确的战略发展目标和计划。通过对三国文化占有市场的细化分析，确立了一大功能强化、两大目标市场定位、三大客源结构调整的营销战略定位。首先，把宾馆的主要服务功能从过去单一的会务接待改变成了富含特色文化内涵的现代商务宾馆，有效提升了酒店的现代服务功能；其次，根据本店文化品味的极大改进和现代服务能力的显著提高，确定了两大市场开发目标，那就是积极开拓东南亚海外市场和努力争取国内外商务散客市场，有效拓宽客源市场；另外，结合客源市场的不断开拓，在对外营销方面提出了确保 20%的外团、20%的中高档会议和 60%的商务散客的客源结构的基本要求。

从现代旅游经济结构的六大要素入手，京川宾馆创新性地开发出一系列既充分体现酒店功能，又尽显主题文化特色的优势服务新产品。"吃"——将三国文化特色融入宴会、菜品的研发中，并以宫廷宴乐为创新基调，现代餐饮为时尚亮点，推出了主打宴席——三国宴、蜀宫乐宴、龙凤呈祥主题婚宴，同时还配套性地推出了备受社会散客青睐的三国百家菜、养生滋补汤锅系列百姓饮食。"住"——充分利用三国地名、人名和诗词、典故等文化要素，对客房主楼、套房、会议室等进行了个性化命名，收到了出乎意料的惊喜效果。比如，我们把商务套房以客人姓氏临时命名为赵府、黄府、李府等，让客人既体验到了古典文化情趣，又深感到了一种如入家宅的心理舒适。"行"——京川金穗旅行社专门为顾客开辟了三国旅游线路，吸引了国内外三国文化爱好者，增添了旅游市场新亮点。"游"——充分利用酒店空间，创作出了许多富于三国文化特色的石雕、壁画、诗赋作品，精心装点出了宾馆的三国主题文化氛围。在这里，顾客足不出户即可欣赏到独创的"刘备入成都"、"桃园结义"等绘画新品，还可以观赏到市文物单位专门在我店设立的"蜀汉文物陈列馆"的一些馆藏文物。"购"——为了满足顾客对三国文化的精神流连，宾馆商场组织有上百种三国文化纪念商品，满足客人选购之需。"娱"——根据历史记载，编创了一台雅俗共赏的"蜀宫乐宴"晚会，融音乐、舞蹈、戏曲为一体，生动地再现了三国时代歌舞升平、君臣尽欢的盛世美景。

在主题酒店创建过程中，将三国文化的"智慧"、"忠义"等核心内涵与现代企业"竞争"、"双赢"的执业理念相渗透，形成了京川宾馆特色鲜明的企业文化。正是依靠这种优势显见的企业文化，形成了一种特殊的心理感触，催化了员工自身潜能的绽放，激发了员工爱岗敬业、勤学上进、勇于竞争的理想心态，引导了员工积极的工作态度和对人生价值实现的事业追求。这一切，最终凝聚成了京川宾馆独具主题魅力的、整体联动效应的、个性化的创业理念，并贯穿到了酒店的各个实际工作环节，最终实现个人素质与销售业绩、企业形象和经营任务的“双赢”。

二、文化企业

20 世纪 90 年代以来，企业文化在我国理论界、企业界受到比较普遍的关注和重视，曾兴起了一股“企业文化热”。这是因为大多数经营者愈来愈相信，企业能否取得成就和发展，与企业是否拥有自己有活力的企业文化有很大的关系。因此，企业文化是企业的灵魂，良好的企业文化是企业生存和发展的源动力，是区别于竞争对手的最根本的标志。那么，什么是企业文化？企业文化的具体内容包括哪些？等等。对这些问题的解释，正是本节要讲述的内容。

（一）什么是企业文化

企业文化学是企业学和文化学的边缘学科。文化是一系列习俗、规范和准则的总和，起着规范、导向和推动社会发展的作用。企业文化是企业中形成的文化观念、历史传统、共同价值观念、道德规范、行为准则等企业的意识形态，对提升企业竞争力，推动企业发展起着重大作用。

企业文化有广义和狭义之分，广义的企业文化是指一个企业所创造的独具特色的物质财富和精神财富的总和；狭义的企业文化是指企业所创造的具有自身个性的经营宗旨、价值观念、道德行为、人际关系、传统习惯以及与此相适应的组织和活动等。任何企业文化都不是一成不变的，它不断地发生变化，就像追求新潮音乐和服饰的人一样，它们总是不断地改变着自己。

优秀的企业文化至少具有四个特点，即适应性、创造性、开放性和导向性。所谓适应性，主要指适应社会发展和市场的变化，即在适应的过程中体现文化的时代特征和先进性，做到与时俱进。创造性是指在适应性基础上对企业文化理念或行为规范进行突破性构思并付诸于实践。如海尔首席执行官张瑞敏将自己的企业始终视为处于竞争斜坡上，强调不进则退，斜坡率决定于市场竞争度，以此增强职工的危机感和忧患意识。开放性强调兼容并蓄、海纳百川。任何企业的文化都是共性和个性的统一。只有破除导致文化封闭的羁绊，广泛吸收海内外企业优秀文化的营养，才能使自身的文化进入优秀文化的行列，使之具有不竭的生命力。

企业文化的导向性是凝聚员工的重要手段。公司常常将一些主要价值观念通过规则或职责规范公诸于众，敦促所有成员遵从。例如，沃尔玛的三大基本价值观念是：尊重个人、服务顾客、追求卓越。这种强有力的文化导向性，使员工产生不同寻常的积极性，产生自愿工作或献身企业的精神。因此，它促进了经营业绩的增长。

（二）旅游企业文化及文化形态的主要表现

由企业文化的定义可引出旅游企业文化的定义：旅游企业文化就是以不断提高旅游服务水平，并积极销售“旅游服务”这一商品，从而获得生存和发展条件为核心内容的团体精神形态的运行方式。积极向上，团结协作的企业文化对旅游企业来说越来越重要。

旅游企业的文化形态是旅游企业文化的感性部分，也称为文化作品，主要表现在以下四个方面。

1．组织结构、管理手段、经营策略和经营风格

要发展中国式的旅游业，其组织结构既要与我国的文化相协调，又要适应旅游业的特殊规律。其管理和经营讲求科学化和现代化，以使管理和经营在文化上具备较高的层次。

2．旅游产品设计

旅游业又可被视为一种出售文化的经济行业。旅游企业设计的旅游产品，必须具有文化内涵，以使旅游产品有明确的文化追求，有高品位的文化价值。

3．接待和服务

游客购买旅游产品的过程也是卖主提供接待和服务的过程，其服务是从业人员职业观的外化，要通过语言、礼仪、表情、行动、服饰装束等，向游客提供标准化的接待和深层次的服务，并处处体现出对游客的理解和尊重。

4．企业设施

对于游客来说，旅游本质上是一种文化消费，以通过对文化的寻求达到精神上的满足。旅游业的企业设施，如交通工具、宾馆、商店、文娱设施等既是游客在旅游过程中的生存空间，又是旅游者的体验对象，是旅游产品的组成部分之一。因此，旅游业的企业设施，要面向国际游客，力争做到现代的科技水准与民族文化传统的有机融合。

（三）旅游企业文化的主要内容

作为旅游企业的精神形态，旅游企业文化势必自然或不自然地与政治的、经济的、文化学的、哲学的、社会学的种种文化相交叉、碰撞，相互影响，并逐步地形成了旅游企业的理想信念、价值观念、行为准则、管理方式等精神形态的内容。

1．企业宗旨

旅游企业的生命运行，取决于以自己良好的旅游服务来换取外部各种养育生命的资源。旅游服务必须保持质量的日益优良，以不断地吸引更多的游客。旅游企业的宗旨就是“游客至上、质量第一、全心全意为游客服务”。

2．企业精神

企业精神，即为职工群众所认同并努力付诸实践的道德观、价值观和行为准则，它以人为载体。如果说实物构成企业的硬件系统的话，那么精神则是企业形象的软件系统。企业精神是企业文化的精髓，是旅游企业的内核，也是凝聚职工力量、鼓舞激励员工奋发向上的驱动器。例如，哈佛商学院分析惠普公司的“惠普之道”时，赞颂了其内部尊重个人、全员平等、全部直呼姓名的人际关系。举例说，惠普的办公场地人人都是一样的。其实这也是全球优秀公司企业文化的精华。

微软的盖茨在公司的每次重大事件发生时都要用电子邮件与全体员工交流看法，并把总部召开的会议在网上直播。在通用公司，从上到下都直呼其名，大家绝无尊卑之分，互相之间关系融洽、亲切。公司最高首脑欢迎职工随时进入他的办公室反映情况，并对职工的来信来访进行妥善处理。公司还每年至少召开一次全员自由讨论会，职工在公司感觉就像生活在大家庭中一样，心情非常舒畅。

3．员工素养

所谓员工素养，即要求员工有较高的道德水准、渊博的学识、坚强乐观的心理、步调一致的工作态度、神态端正的风度、整洁的仪表等。

旅游企业出售的是文化商品，因而格外强调旅游企业的全体员工必须具有广博的知识。

如，导游人员要用好用巧有关景点的知识，为游客提供上佳的“文化”服务。如果一个导游对目的文化的理解不够深入，试问他/她如何满足游客的文化需求？如何为企业塑造良好的口碑呢？

4．企业法规制度

企业制度是完成企业各项任务的重要手段和保证，是企业的根本，这可以以迪斯尼公司为例加以说明。对于迪斯尼公司来说，有两个行为规范是非常重要的，它们是公司的政策——实际上是人人必须遵守的法规。第一，身着演出服装的演员决不能去那些与服装不相称的区域。如一个身着“未来世界”服装的员工就决不能跑到“荒野地带”去。另外，公司也决不允许一个埃博卡特世界公园中国亭阁的员工身着摩洛哥亭阁的服装。违反了这两条准则的员工就会被开除。另一条严格的政策就是，身着迪斯尼人物图案服装的演员必须完全成为这个角色：他们的一切行动必须符合顾客对该人物的预期，不得说话，不得露出身体的任何部分，也不得擅自当众脱掉服装的任一部分，而且决不能做任何可能破坏（任何年龄的）游客心目中对该人物的想象的事情。实际上，迪斯尼公司甚至严禁当众运输任何迪斯尼人物的服装，除非事先用黑色的袋子将它们完全包好，以免顾客看到自己心目中的形象“支离破碎”。

5．故事、传奇和英雄事迹

故事、传奇和英雄事迹也是企业用以传递企业文化、价值观和行为规范的重要手段。仍以迪斯尼为例。为了强化自己的文化信仰，迪斯尼要求自己的员工给各个年龄层次的儿童讲故事，从而使他们相信在迪斯尼魔法王国可以获得魔法般的神奇经历。据说，每个月迪斯尼都会在百忙之中派一名高级行政管理人员到魔法王国工作几天；虽然这些故事不一定完全真实，但却表明，这种企业文化中的员工有这样一个基本信念，那就是，在沃特·迪斯尼乐园，既有卡车司机女儿，也有公司高级职员，他们共同工作，努力完成他们共同创造神奇的使命。英雄模范是企业文化的人格化，是企业员工行为模仿效法的具体典范。几乎没有哪家企业能像迪斯尼公司一样拥有那么多的英雄。管理部门可以通过电影中众多的人物形象传授、颂扬和树立企业推崇的行为和核心价值观。

案例　从青岛海情大酒店的餐桌金鱼缸谈起

走进青岛海情大酒店的餐厅包房，桌上放的不是鲜花，不是艺术雕刻，而是一个如鱼缸般的巨型酒杯，四条红黑金鱼在嫩绿的水草间游弋。酒杯式鱼缸安放在一块杏黄的锦缎上，散散点点的海螺和贝壳如众星拱月。这是酒店采纳餐饮部一位普通员工提出的合理化建议而推出的宴会餐桌设计……

青岛海情大酒店创新的可圈可点之处，并不在于餐桌上放金鱼缸的构思，而是在于员工的投入，在于这个构思来自于最基层员工的主动参与。当我又一次来到“海情”的时候，鱼缸里鱼又换成另一种很美丽的鱼。一了解，原来有位员工觉得金鱼价贵，又不易养，所以又主动去觅寻价低、不易死又能观赏的鱼。每个基层员工如此细微地为饭店动脑筋、想办法，饭店的竞争力将是不可估量的。确实，在青岛的饭店业整体供大于求的情况下，海情大酒店在今年上半年客房出租率上升6.8%，营业收入增长了6.9%。

小小鱼缸的设置，却让人联想到当今世界企业间的竞争。削价竞争是最低层次的竞争手段，而质量竞争、成本竞争、特色竞争、主题竞争才是更高层次、也是更为有效的竞争，而最根本的、也是最高层次的竞争则是企业文化的竞争。五粮液是如此，海尔是如此，英特尔公司也是如此，能成为胜者脱颖而出，且能长期稳定地不断开拓进取的，无一不是企业文化建设成功的企业。对饭店业来说，也不例外。丽思·卡尔顿（The Ritz-Carlton Hotels）（Ritz-Carlton 原为酒店公司，现属马里奥特国际酒店集团下的著名酒店连锁品牌），之所以能成为全球酒店服务的顶级品牌，其后面支撑的也是强有力的企业文化。

三、文化塑造

旅游在很大程度上促进了人们对灿烂文化的创造。挖掘旅游资源的文化内涵，是旅游经营者们发展旅游的重要途径，而追求文化享受是旅游者永恒的目的。为了使旅游这种文化产品具有足够的吸引力，经营者们从吃、住、行、游、购、娱等各项旅游服务着手努力塑造出张扬地方文化魅力的旅游产品。为了满足游客的文化需求，他们越来越注重旅游资源、旅游目的地和客源地的文化特征，开发具有文化特征和特色的旅游产品，力求旅游产品的可持续发展。纵观全世界，成功的旅游经营者无不加大力度开发具有本土文化特色的旅游产品，以提高自己的旅游吸引力。

那么，旅游经营者们又是从哪些方面来塑造文化的呢？总体说来，旅游经营者在开发管理旅游产品时，其文化塑造行为主要包括如下几个方面。

（一）主题文化塑造

突出主题的文化性是旅游的主旨。主题的确立，首先要考虑文化内涵问题，文化的竞争才是最根本的竞争。在新世纪，对文化内涵的注重已经成为竞争的起点，起点高则发展余地大。所以主题文化开发是旅游资源开发中一个比较重要的项目。文化主题是旅游地建设的灵魂，不论是自然景观还是人文景观，都有其确定的主题或提炼设计的主题。一般地，旅游地的文化性越鲜明，主题越突出，也就越具有特色。云南路南石林旅游开发借助路南石林自然奇观，塑造少数民族文化主题，开发相应的旅游产品，包括最近投资上亿元建成的石林夜景工程，仍然是以民族文化为核心。

文化内涵是主题公园的灵魂。事实上，提升主题公园的文化内涵与旅游产品竞争的市场导向是一脉相承的——旅游者到主题公园游览，归根结底所消费的是某种特定的文化及其组合，无论这种文化是以静态陈列，还是以表演欣赏或参与性的娱乐活动等其他手段表现出来。因此，作为一种文化创造活动，主题公园应该比其他类型的旅游企业更注重产品的文化内涵。深圳华侨城没有什么独具优势的自然资源，归根到底它经营的是文化，或者说，其成功之处在于把文化用恰当的形式移植并塑造出来，并巧妙借助了深圳的经济特区性质和优越区位条件。无锡“三城”（三国城、唐城、欧洲城）的迅速发展也要归因于影视文化和旅游开发的有机结合。世界上第一个主题园是 1955 年在加利福尼亚州的阿纳海姆建成的迪斯尼乐园（Disneyland），它使游乐形态以一种戏剧性、舞台化的方式表现出来，使游客很容易进入角色并成为其中的一员，使其暂时忘却了日常生活的枯燥、工作压力以及污浊的环境而沉浸于梦幻的奇妙世界，满足了民众的心理需求。上述主题公园的成功发展之路告诉我们：主题公园必须以文化内涵和时代特征的融合为中心，打好文化牌。

（二）品牌文化塑造

无论哪一种商品和服务，在日益激烈的市场竞争中都必须强化品牌意识。一个旅游地如果没有自己的“品牌文化”，在市场经济的今天是很难存活的。对于一个城市来说，没有品牌的城市就像没有灵魂的凤凰。城市，更多地会以一个品牌的形象出现在世界上。塑造良好的地区形象，就是盘活了无形资产，就是发展社会生产力。因此，今天的许多旅游企业、城市，无论大小，都在努力塑造着自己的品牌文化，在变化莫测的市场竞争环境中创造出与众不同的城市特色、企业个性。我国有着丰富的历史文化资源，使这些资源转化成旅游产品，打造出具有地方特色的文化旅游品牌，定会大大促进区域经济的发展，提高当地的整体形象。因此，许多城市利用其独特的历史、自然和人文特色塑造出有吸引力的品牌，比如云南的民族文化品牌，洛阳的“六朝古都”，徽州的民居，晋商的大院，世界休闲之都杭州，河南开封的“宋城”，香港的“亚洲国际都会”等。

（三）企业文化塑造

企业文化从表层来看，是看得到、摸得着的装潢、设施、服务、活动、制度、规范、标准等有形的东西，但深层次的内核则是企业精神和全体员工的价值观及行为准则。企业文化不是自然而然形成的，而是要通过塑造的方式建立起来，所以必须注重对企业文化的塑造。一个企业往往通过以下几个方面来塑造企业文化：企业文化制度化、企业文化实践化、企业文化教育化、企业文化奖惩化、企业文化系统化。

例如，旅游酒店的企业文化，是酒店以保证利润提升为出发点，在酒店的价值链中有所体现的一个环节。因此，酒店的企业文化就是酒店的一种价值观。企业文化是一种内化于企业每个成员内心的行为方式。酒店的价值观必须体现在酒店员工的行为上，所以酒店文化的核心中的核心就是如何去塑造员工的服务意愿。使员工以在这样的酒店工作而自豪，这种自豪体现在真正的快乐上——不是非要做自己喜欢的事，而是喜欢自己做的事。这种快乐会感染顾客，让他们除了被尊重以外感受到酒店带给他们的人生乐趣。酒店企业文化所形成的价值观将散发出酒店的魅力，真正做到以人为本，从而吸引客人为酒店创造良好的利润。

又如，首都旅游集团在塑造企业文化过程中，提出了“业绩为先，创新为源，团队为上，以人为本”的文化，形成了上下“想事、干事、干成事”的价值取向。业绩为先：不同岗位的工作业绩和成果，是衡量一个人、一个领导班子、一个企业的最终标准。创新为源：就是要结合工作实际，不断解放思想，实事求是，与时俱进。团队为上：就是要强调团队精神，大局意识；要以共同的目标和共同的价值观，在不同的层面上聚合力量，保持团结奋斗的精神面貌和知难而进，勇于攻关的工作作风，为集团的发展提供坚实的组织保证。以人为本：就是要把为顾客服务作为工作的出发点和归宿点；企业要尊重人、爱护人，关心人、理解人，重视人的价值；要尊重和爱护员工的积极性和创造性，给高管人员创造开拓自己才能的机会和发挥才干的空间，年老的给待遇，年青的给机会，中年的给平台，从而最终为客户提供最好的服务。

（四）传统民族文化再造

在许多旅游地，旅游经营者们会对有特色的民族传统文化给予大力的经费投入，以传承保护、重造这些珍贵的文化遗产，如民族建筑，民族音乐舞蹈，乃至民族宗教等。以富有特色的民族传统文化来提升本地的知名度和吸引外来游客，从而发展地方经济，是改革开放以来经济不发达地区的普遍作法。这就是所谓的"文化搭台，经济唱戏"。一时间，以挖掘民族传统文化，主要是以传统节庆为重要表现形式，组织大规模的民族传统节庆活动成为许多省市县兴起的热潮，这股热潮至今持续不断。如内蒙古自治区的那达慕大会，云南大理的白族三月街，西双版纳的傣族泼水节等，都是各级地方政府及旅游经营者们组织的大型民族节庆。而作为文化持有者的当地居民，也从传统文化的再造、复兴中找到了自己在一个开放世界中的表达方式，因而积极地投身于这项活动中。他们尽其所能通过回忆、创造等方式，恢复重建本地的传统文化。

案例　　宜宾酒都饭店的竹文化塑造①

凡到过宜宾的朋友都知道，宜宾的"三化"很盛，那就是历史文化、竹文化和酒文化。酒都饭店客房装修改造就是凭借这种地域文化——竹文化，真正地体现了现代人对"回归自然、返朴归真"这一主题的向往，巧妙地把竹子与三星级饭店客房本来互不相关的二者融合在一起，突破了传统饭店客房装修的格局，创造了酒都饭店独特的竹文化。

推开饭店516房间，一缕淡淡的竹子清香迎面扑来，竹书案上的文房四宝随之映入眼帘，踏着竹地板，穿过很短的门厅，就看到整个房间的全貌——别具一格的全竹豪华套房。

豪华套房面积达70平方米，分三大部分：客厅、餐厅、卧室。除了两个现代化的卫生间，整个套房全部以竹类为原材料。从吊顶到墙面、地面，从坐的沙发、睡的床和吃饭的餐桌，到写字的书桌，无一不是用竹子精工制成。房间的客厅和餐厅之间，用竹竿摆成方格，象征性地隔断，使客厅和餐厅既融为一体，又互不干扰。地面采用宽大结实的楠竹制成长方形竹地板相拼而成，坚固舒适。八盏梅花形状的竹灯，射出淡黄柔和的光，和墙面、地面构成了房间的主色调，使客人仿佛置身于竹的世界，具有天然自成的舒适感。

客厅和餐厅的吊顶采用了两种不同的造型，客厅灯池呈长六角形，凹入顶面10厘米，灯池顶灯是被六个方形竹灯罩罩着的白炽灯，顶部其余部分用小正方形的竹丝制成的竹板覆盖，每个小正方形的竹板上面刻有八瓣梅花形图案。餐厅吊顶灯池为圆弧造型，采用两组顶灯，每组顶灯五个，外面有竹丝灯罩，整个顶部高低不平，错落有致。

客厅墙面挂有一幅2米长、1米宽的长方形竹雕壁画，采用传统的手工竹刻工艺，突出部分轮廓分明，构成了一幅题为《高风亮节》的画，由宜宾老牌竹制品厂——江安县竹工艺厂制作。两边配有一对竹灯罩的壁灯，与餐厅中刻有毛主席诗词《水调歌头》扇形壁画遥相呼应，相得益彰。两幅以竹为原料制作的壁画表现了特有的文化内涵。……

本章参考文献

[1] 王国祥.《民族旅游地区保护与开发互动机制探索——云南省邱北县仙人洞彝族文化生态村个案研究》[J].《云南社会科学》2003年第2期.

① 王大悟著.《当代饭店透视与聚焦》.黄山书社，2002年版，第264-265页.

［2］ 陈蜀玉，王建民.《民族文化保护：经济发展的资源》[J].《西南民族大学学报：哲社版》2004 年第 1 期.
［3］ 刘锡诚.《保护民间文化的迫切性》[J].《西北民族研究》2002 年第 2 期.
［4］ 阮仪三.《保护世界遗产的要义》[J].《同济大学学报：社科版》2002 年第 3 期.
［5］ 牛亚菲.《可持续旅游、生态旅游及实施方案》[J].《地理研究》1999 年第 2 期.
［6］ 王富德.《中国国家历史文化名城与旅游业发展中国国家历史文化名城与旅游业发展》[J].《北京第二外国语学院学报》2003 年第 3 期.
［7］ 朱海鹰.《云南澜沧江流域失落的蛙文化》[J].《云南艺术学院学报》2003 年第四期.
［8］ 何星亮.《文化的民族性与世界性》[J].《云南社会科学》2002 年第 5 期.
［9］ 何星亮.《文化多样性与全球化》[J].《湖北民族学院学报：哲社版》2004 年第 3 期.
［10］ 傅岳瑛，刘琴.《我国西部生态旅游的现状和开发建议》[J].《地理学与国土研究》2002 年第 2 期.
［11］ 闫丽娟，吴建华.《西部开发中的人文视角》[J].《社科纵横》2002 年第 1 期.
［12］ 刘惠余.《旅游商品与中国传统文化》[J].《云南民族学院学报：哲社版》2003 年第 4 期.
［13］ 宋合意.《用好文化资源》[N].《中国文化报》2000 年 3 月 25 日.
［14］ 孙唯一.《品牌提升的另类策略》[J].《企业改革与管理》2004 年第 12 期.
［15］ 何颖.《广西民族文化品牌运营研究》[J].《广西民族研究》2000 年第 3 期.
［16］ 李锐.《云南民族文化产业化研究》[J].《云南行政学院学报云南行政学院学报》2002 年第 4 期.
［17］ 邹丽敏.《试论“吴文化”旅游品牌的建设》[J].《江南论坛》2003 年 12 月 15 日出版.
［18］ 周朝琦，候龙文等编著.《品牌文化：商品文化意蕴、哲学理念与表现》[M]. 经济管理出版社 2002 年版.
［19］ 余明阳主编.《品牌学》[M]. 安徽人民出版社 2002 年版.
［20］ 赵红梅.《旅游业的文化商品化与文化真实性》[J].《云南师范大学学报》2003 年第 3 期.
［21］ 马晓京.《民族旅游文化商品化与民族传统文化的发展》[J].《中南民族大学学报.人文社会科学版》2002 年第 6 期.
［22］ 李大方.《关于文化经济问题的理性思考》[J].《哈尔滨商业大学学报.社会科学版》2002 年第 2 期.
［23］ 李大方.《文化商品的特殊性与文化的经济化趋势》[J].《学术交流》2001 年第 1 期.
［24］ 李贤沛、毛三元.《文化生产能否产业化——关于发展文化产业的几个观念问题》[J].《中南财经大学学报》2000 年第 2 期.
［25］ 格林伍德（Davydd J. Greenwood).《文化能用金钱来衡量吗？——从人类学的角度探讨旅游作为文化商品化问题》. 张晓萍等译《东道主与游客——旅游人类学研究》. 云南大学出版社 2002 年版.
［26］ 余镇邦.《论市场营销的文化化》[J].《当代财经》1996 年第 1 期.
［27］ 李晶.《试论跨文化市场营销》[J].《现代财经（天津财经学院学报）》2004 年第 5 期.
［28］ 罗哲.《西部地区旅游营销的趋势分析》[J].《甘肃理论学刊》2004 年第 4 期.
［29］ 崔霞.《论中国企业文化营销中存在的问题及对策》[J].《商业研究》1998 年第 9 期.
［30］ 袁波、叶祥凤.《文化营销面面观》[J].《经济论坛》2004 年第 6 期第 76-77 页.

[31] 刘宁.《论营销策略中的文化营销》[J].《北方经贸》2004 年第 5 期. 第 48-49 页.
[32] 王维.《文化营销：新世纪的营销选择》[J].《商界论坛》2004 年 7 月，第 48-49 页.
[33] 肖灵机、张镇镇.《文化营销——现代企业品牌创建的法宝》[J].《南昌航空工业学院学报.社会科学版》2004 年第 3 期，第 25-8 页.
[34] 毛勤勇.《试论文化营销的内涵与特征》[J].《江苏商论》2003 年第 2 期，第 72-73 页.
[35] 施仲军.《云南民族文化营销的若干思考》[J].《经济问题探索》2001 年第 11 期，第 101-103 页.
[36] 陈德超.《论餐饮文化营销策略与竞争优势》[J].《华东经济管理》2001 年 12 月第 15 卷第 6 期，第 108-110 页.
[37] 谢宝剑、何苏华.《对文化营销模式的探讨》[J].《经济师》2003 年第 2 期，第 163-164 页.
[38] 刘喜梅.《21 世纪营销——文化营销》[J].《商业文化》1999 年第 6 期，第 31-34 页.
[39] 丁韬.《面向市场话文化营销》[J].《经营管理者》1998 年第 7 期，第 39-40 页.
[40] 朱捍华.《试论中国企业的文化营销》[J].《西南民族大学学报・人文社科版》2004 年第 11 期.
[41] 陈丽清.《文化营销——企业制胜之术》[J]，《商业研究》1999 年总第 212 期.
[42] 王国平.《论现代企业的文化行为》[J].《上海行政学院学报》2002 年第 2 期.
[43] 陈春花. 《企业文化的改造与创新》 [J] . 《北京大学学报.哲社版》1999 年第 3 期.
[44] 马丽娃、郭道荣.《"后文化" 时代的旅游资源开发》[J]. 成都大学学报(社科版)2004 年第 4 期，第 17-18 页.
[45] 彭华.《关于旅游地文化开发的探讨》[J].《旅游学刊》1998 年第 1 期，第 43-47 页.
[46] 马勇/王春雷.《现代主题公园的竞争焦点及创新对策分析》[J].《人文地理》2004 年第 1 期.
[47] 施惟达. 《民族村寨文化的现代建构》 [J] . 《人文讲坛》2004 年第 4 期，第 6-13 页.
[48] 王大悟著.《当代饭店透视与聚焦》[M]. 黄山书社 2002 年版.
[49] 刘光明编著.《企业文化》[M]. 经济管理出版社 2002 年版.
[50] 刘俊心编著.《企业文化学：企业现代管理制胜宝典》[M]. 天津大学出版社 2004 年版.
[51] 贾强编著.《文化制胜：如何建设企业文化》[M]. 沈阳出版社 2002 年版.
[52] 上海春秋国际旅行社编.《现代旅行社管理》[M]. 中国旅游出版社 2002 年版.
[53] 〔美〕Robert C. Ford & Cherrill P. Heaton 编著.《现代美国旅游饭店服务管理》[M]. 湖南科学技术出版社 2003 年版.
[54] 黄静著.《以人为本的企业文化》[M]. 武汉大学出版社 2003 年版.
[55] 刘湘萍编著.《品牌城市》[M]. 东南大学出版社 2004 年版.

第五章　旅游文化交流与冲突

每个人在理解事物时，都是从自己的经历、文化背景来思考的。当具有不同文化背景的人们在旅游中相遇时，他们既想互相了解对方，却又彼此难以捉摸和适应。同时对事物或行为的不同理解和行动，还往往导致矛盾和冲突，这就是旅游文化交流与冲突。

第一节　旅游的跨文化交流与适应

一、旅游的跨文化解读

旅游者追求新奇文化，旅游是一种跨文化交流活动。在人们有了足够的闲暇时间和经济能力时，好奇心驱使着旅游者希望出去感受异文化。不同的地域有着不同的文化，以文化景观的形式面对旅游者，它是地表上的文化印迹，显示出一个地区的综合特征，具有明显的区域性。包括可见的物质外貌，如聚落的形态与格局，土地利用类型，工业布局形态，房屋建筑风格，各民族服饰的差异等实物性的文化外在表现。还包括意识形态的非物质文化景观，如语言、艺术、宗教等制度、精神方面的内容。旅游者的旅行是跨文化的旅行，这注定他们将见到许多与家乡不一样的东西，同时也会有很多不理解或者误解。尤其是到距离越远，与自己的文化背景迥异的地方去旅游，易于误解、不解的东西越多。解读是双方的，旅游者对目的地跨文化解读的同时，当地人也在对旅游者进行跨文化解读。

（一）新鲜、新奇

来到一个新的地方，进入一种新的文化，旅游者首先的感觉是新奇。他们会发现许多与自己家乡不同的东西，尤其是那些一眼可以看出来的物质文化，比如目的地居民身上的衣着、装饰，街头的建筑等能给旅游者崭新感觉的景观。旅游者可能从自己的知识中已经知道那些与自己不同的文化，见到后发现确实新鲜，也可能从未耳闻的东西突然跃之眼前，有耳目一新的感觉。“十里不同风，百里不同俗”。即使是同一地区，从一个城市到另一个城市也会发现这里的方言和自己的有点不一样，或者买卖的习惯和本地有区别。不仅差异吸引游客的注意，相同之处也会引起游客的兴趣，哪怕大洋彼岸的人们吃穿住行也并非和我们完全不一样。这些给游客带来的首先是新鲜感，被视为奇风异俗，有时甚至被不假思索地斥为荒谬。

（二）不解、迷惑

旅游者在见识了丰富多彩的物质文化后，他们所感受到的也许更多是不解与误解。那些五颜六色的符号背后是什么含义，那些深邃的东西不可捉摸，他们只能以一种观赏者的态度看待那些艺术和当地人的生活。他们不太明白看见的景观是什么，又是作什么用的，有着什么样的内涵。由于缺乏深入的思考，实用品在游客看来也许只是一件装饰。即使是有当地人讲解，旅游者也只会似懂非懂，尤其是对于远方来的游客，价值观、世界观的迥然不同，宗教观念的巨大差异使他们难于理解看见的东西。

（三）误读、误解

有一则寓言：当一只青蛙告诉他的好友——无法离开水域的鱼，有关陆地世界的一切的时候，鱼所理解的鸟只能是一条长了翅膀腾空而飞的鱼，鱼所理解的车也只能是鱼的腹部长出了四个轮子，它只能按照自身的模式去认识这个世界。鱼在水里，它永远无法理解鸟，也无法理解鸟告诉它的一切。人在理解他种文化时，首先自然按照自己习惯的思维模式来对之加以选择、切割，然后是解读。这就不可避免地造成误解。这个世界上有多少种生活，其中又有着多大的差异！ 旅游者进入异国他乡，自然地会把看到的现象用自己的文化背景加以解释。“一千个人就有一千个哈姆雷特”，每种文化解读的哈姆雷特都不尽相同，每个个体眼中的哈姆雷特都加入了他自己的理解。

无意识的先入为主是误解的开始。《庄子•秋水》中有“井蛙不可以语于海者，拘于虚也；夏虫不可以语于冰者，笃于时也；曲士不可以语于道者，束于教也。”生活背景不一样，难以猜测别人在这样一种条件下的生活。这也就意味着不能随便判断好坏。每一种生活方式、生活习俗与信仰都是合理的。在误读中，旅游者和当地人都歪曲着他们看到的景观。其一是赋予了新的含义。与不理解时想不到内涵相反，误读则可能根据自己的背景给本来不具备深刻内容的事物添加了丰富的内容。其二则是根据自己的理解改变了原有的内涵。

案例　走进法国裸体村

黄勃

来法国之前，我查过有关法国民风民俗方面的资料，知道有裸体村这么一回事，法国有 150 万名天体主义者，有 60 个天体主义俱乐部，83 个天体中心。其中规模最大、最著名的是阿德格角天体营。这里的游客大多来自法国、德国、英国、意大利、荷兰等欧洲国家，也有亚洲人。天体主义者推崇人的原始状态，自然就是他们崇尚的信条。认为任何非自然的东西都应该摒弃，具体到行为上即使不要任何衣物遮盖身体。因此，在天体营活动的人面对裸体一点儿都不尴尬。尽管我觉得新奇有趣，但这种好奇的感觉很快被传统的观念所湮没。

……

2002 年 12 月的一天，真的要进入裸体村了，我反而有些踯躅——中国“非礼勿视”、“男女授受不亲”等传统观念在我内心深处开始激烈地翻腾，我甚至想到了这样一个问题——要是我在这里遇到了熟悉的人怎么办？同行的杰妮看见我神情恍惚，调侃的说：“喂，你是不是去给孔夫子请假了？”

望着身边神态自如的游人们，我觉察到了自己的失态，回过神来，掩饰地嘟哝道：“程序比登机还复杂。”“这是天体营的规定，每一个游客必须按照规定办理各项手续。任何一个环节都不能省略。”杰妮朝我眨眨眼。

走出营区 20 米，是一排深紫色的圆木搭建成的房子，里面不时走出三五成群的裸体男女，有老也有少，有白种人也有黄种人还有黑种人，一个个神态安详，步履轻松。我远远的瞥了一眼这些裸体者，脸上滚滚烫烫的，杰妮显然注意到了我的尴尬神态，哈哈一笑，问：“你怎么了？不习惯吗？”我愈加羞涩。杰妮伸手拉住我说：“那是营区更衣室，每一个进入天体营的人必须在那里脱光自己所有的衣服。走，我们也进去。”

营区的道路蜿蜒在浓密的树荫里，镶嵌着五颜六色的卵石。不幸在卵石小道上，全身上下有一种痒痒的感觉。不时有不同肤色的游人迎面而来，大家轻松地谈笑着。尽管已经接近中午，但这里并不热。温暖的海风轻轻吹拂着我光光的身子，我有一种被人抚摩的战栗。密林深处，有几间摆卖手工艺品的木头屋。木雕、石雕、绘画等作品精湛秀美，随处可见；木头屋的墙壁、横梁、石基上，皆有各种飞禽走兽、奇花异草的绘画，令人目不暇接，吸引着一拨又一拨的游人驻足观赏。我悄悄打量着这些游人，他们怡然自得，对周围的异性并没有任何刻意的注视，似乎性别的差异在这里已经完全消失。杰妮看中了一个名为“森林女神”的根雕，拿出“0162”的塑料牌给服务小姐看过，服务小姐马上把根雕放在一个大大的竹筐里。杰妮告诉我，会有专门的服务员把根雕送到保管室，取根雕的时候再付钱。

突然，密林深处穿来一阵悠扬舒缓的音乐，我们寻声步行十来分钟，来到一处空旷的树阴下，12个戴着闪光头饰，身上文着花卉图案的法国少女，正在跳一种名叫“Legong”的舞蹈。大约70多个游人正兴致勃勃地观看。前面的人挡住了视线，杰妮爬上了一个树墩，看着她站立不稳的样子，我马上伸手扶着她。这是我第一次如此近距离地和杰妮裸体接触，杰妮身上的馨香混合着树林的清新气味，吸进我的肺腑。杰妮丰腴秀美的胴体，更使我浮想联翩。我马上觉察到自己的思维“污染”了天体营氛围，立即“强迫”自己的全部注意力转移到了“Legong”的舞蹈上。

中午时分，我们用过餐，在木头屋结构的钟点旅社休息了两个多小时后，来到了风景壮美的银色沙滩。沙滩很宽阔，沙粒洁白晶莹，在阳光的照耀下熠熠发光；海水碧蓝平缓，无数只海鸥在远处翻飞翱翔。我和杰妮找到一顶没有人的太阳伞，躺在竹椅上，悠闲地品尝着掺和了苏打水的草莓酒。

在我们对面不远处的太阳伞下，一对满头白发的老年夫妻。丈夫大腹便便，妻子满脸皱纹，两人正专心致志地玩着纸牌。要是平时在大街撒谎能够看到这种苍老的形象，也许我的心底会多一份沧桑。但此时，我却觉得他们和天体营里的其他人物景点一起构成了最自然的画面。杰妮也许看出了我的内心活动，感慨道：“在天体营，没有贫富贵贱的区分，也没有美与丑的概念，大家泰然自若。这里的一切都是大自然里最美好的。人们不必担心自己的体形是否健美，身材是否苗条，皮肤是否光滑……”

《旅游纵览》2004.2

二、旅游跨文化交流的障碍与适应

在某种程度上，我们可以把差异理解为障碍。由于差异，旅游者和当地人在交流时并不像与本地人打交道那么容易。而文化差异是横亘于交流者之间的另一道鸿沟。一个只懂对方语言，而不知道双方物质、制度、精神文化差异的交流者，是不可能顺畅地进行交流的。除了语言差异，文化差异主要表现在以下几方面。

(一) 历史背景、地理条件、经济发展水平、政治体制

显而易见，不同地域的人们拥有并不相同的客观条件。一个城镇有着它著名的历史人物，而外来的游客未必知晓这一点，如同本国人耳熟能详的历史如果不对外国人加以解释，对于外国人来说则将会如坠云雾中。经济、政治、社会的发展程度以及社会体制在全球范

围内差别甚大。落后地区的人到了发达地区被那些现代化的设备弄得无所适从，城市游客到了乡村也会奇怪那些陌生的器物有什么用途。

（二）交际规范

交际规范涉及仪容举止、见面礼节、体态语、称呼语、招呼语、感谢语、受礼语、道歉语等内容。不同文化的人们在交流时，会发现他们彼此的交际方式有着如此大的差别。见面时同样表示礼貌，西方人握手、拥抱、亲吻，日本人鞠躬，东南亚佛教国家行合十礼，西非一些部落用手掌拍打前胸，毛里塔尼亚人要相互询问“牛和骆驼好不好”……。中国人攀谈起来，相互问问年龄、工作、结婚没有，孩子多大，甚至挣多少钱，十分自然。而美国人却不会这样做，因为他们认为这些都是“个人隐私”。曾有在火车上，有一位颇有身份而又敦厚可亲的中国长者同一位懂一点汉语的美国女学生交谈起来，老先生就接二连三地问了一些“个人问题”。那位女郎不能领会“长者垂询”的美意，竟反唇相讥说：“先生，你是在调查户口吧！”欧美人常把“谢谢”挂在嘴边，只要别人为你提供了方便，如帮你让路，开门等，你都要表示感谢，中国人一般不会为细小的事情道谢，这在西方看来是缺乏礼貌的。而中国人对于大事，常“千恩万谢”，这在西方看来却是不必要的，甚至觉得反复感谢太谦卑，有虚伪之感。

（三）词汇和非语言符号内涵的含义

语言是人们交流的工具，语言差异是一大障碍。《圣经》中传说人类齐心修建一座通天之塔——巴比塔，却因为耶和华不愿人类如此协力，使人类的语言变成很多种，他们无法沟通，再也无法修成这座塔。语言的障碍确实不可小视，尤其是语言的文化差异。

交流中有很多陌生的文化概念，以词汇的形式反映。文化词汇是载有特定的民族文化信息的词汇，一种是文化的直接反映，是本民族文化的专有词汇，如“华表”；另一种是间接反映，是双方文化中都有的事物或抽象概念，但其中的内涵却是不同的。以中国文化为例，西方游客来到中国，如果不加解释，会有很多东西听不懂，即使用英语讲解。包括文学领域中，如“孙悟空”、“白娘子”、“红楼梦”、“汤显祖”、“鲁迅”等中国作家、作品、作品里的人物和专门的文学概念如“乐府”、“词”；历史的人物、事件、制度，如“赤壁之战”、“唐太宗”、“秀才”、“中国工农红军”、“梁启超”等；哲学的概念，如“道”、“理学”、“气”、“八卦”；宗教里的专有词汇，如佛教的“观音”、“十二姻缘”，即使英语里有相应的词语，普通游客也不会懂；饮食的名称，如“红烧狮子头”、“蚂蚁上树”、“锅贴”；艺术领域的词语如，“锅庄”、“楷书”。

同样的词汇内容，在不同文化中往往有相异的理解。旅游中见到的事物，尤其是在中国，很多文化景点的摆设都是有文化含义的。如梅、兰、竹、菊在中国文化中被誉为花木中的四君子。梅花在严寒季节盛开，色淡清香，人们常用梅象征纯洁。兰花多生长于空谷山岩，其花淡雅出香，人们常以兰象征高雅的品格。竹因其高直挺拔、冬夏常青、中空有节、质地坚硬等特性，所以人们常用竹象征正直、坚贞、廉洁、有气节、有骨气。菊花具有凌霜耐寒、清香飘透等特性，所以人们常用菊象征坚毅、清雅、淡泊的高尚品格。中国的许多文人居住地或者介绍文人故事传说时都会提到这些植物，而具有不同文化背景的游客只会理解这是植物，美化环境。因为这些词语在他们的词汇中并无如此深沉的含义，而英语文化中的“水仙”等植物有着独特的丰富文化内涵：自爱，无能他爱，春天和丰硕，睡眠和死亡，新娘，复活，基督战胜死亡，不幸的爱情，骑士风度，虚荣。这些典故大都与古希腊有关，也是中国人所不熟悉的。又如在介绍中国的建筑等时，九是一个常用的数字，若不加解释，西方游客并不能理解其中的妙处。在英语里的“九”，只是个平常的数字，而中国的“九”是阳数中最大的，也谐音“久”。

同样的动作、表情未必表示一样的内涵。如吃饭的时候舔手，在中国人看来，是小孩子的表现，甚至小孩子往往都不许这样做，显得好吃，缺乏教养。然而，西方的非正式用餐时却可以这么做，舔手指表示的含义是喜欢，觉得味道好吃。

（四）价值观

价值观是文化中最核心的部分，决定着人们交流的诸多方面，从而形成一大障碍。比如，与中国尊老、崇老的观念不同，西方忌讳“老”。在与西方老年游客打交道时不要对他们的年龄有所暗示，哪怕你是出于关心或者称赞。如导游对老年人不必要的搀扶或者说“您这么大岁数了，身体还这么好”之类的话语都会引起不快。价值观包含的东西很广，历史传统、地理条件、宗教信仰等都对价值观的形成起着重要作用。

（五）审美观和思维方式

不同民族的人思维方式不尽相同。中国的文章讲求华丽、抒情的文笔，能引起读者的共鸣和反应。而对于西方读者，事实性的语句更有说服力，华丽辞藻被视为空话和夸大。思维方式对信息的编排影响主要表现于遣词造句上和篇章的布局上。中国的旅游指南常常会让外国游客觉得缺乏实际的指导意义，而是一大通描述性的语句。在交流时，东方民族含蓄委婉的说话方式也和西方民族的直截了当差别很大。

对景物的审美，不同地区、民族的旅游者也有所差异。一位日本导游接待了一个美国团到著名的大阪皇家园林。一开始，这位日本导游就说他们非常幸运选了这么一个阴天来游览园林。美国人觉得是玩笑，微微一笑，但他们对可能要淋到雨不太高兴。导游继续说这个季节非常适合来旅游，因为杜鹃花谢了，树叶还没变成眩目的秋色。美国人笑起来了，日本人觉得很奇怪。在他的文化里，“简单，自然的石、藓、水的组合”，“柔和的绿色植物”，“朦胧飘逸的景色”很美，而他的美国客人欣赏的是鲜艳绚丽的景色。

三、旅游文化的相互影响

我们却不能忽视，旅游文化又是相互影响的。通过旅游，文化得以传播、扩散，相互影响。旅游者和旅游从业人员负载着各自的文化在交流中完成这种影响。影响有物质的、也有精神的；这种影响可以是像郑和下西洋这样巨大的，更是平时无数旅游者和当地人在不经意中逐渐进行的。旅游者的言行举止、当地人的举动都互相影响。他们会有意无意地互相模仿，将异文化带入本文化。

旅游者回到本地后，会将其看到、听到的各种有关目的地信息通过文字或口头传播的方式扩散给更多的人。一般旅游者都会把自己旅游的见闻讲述给亲戚朋友听，展示他们从目的地带回来的文化，比如照片、工艺品、特产等。现在，越来越多的旅游者还会把经历记述成文，传播给更广大的受众。这种传播虽然会加入很多夸张甚至不实的成分，但毕竟基于游客的亲身经历，带来的影响不可忽视。当地的接待者也会将他们所接触的游客文化说给本地、本民族的人听。

（一）有意识的文化交流

从古代开始，就有许多旅行并非以休闲为目的，而是负载着传播文化的使命。如商贾、僧侣、游学之士等形形色色的行者在旅游中对文化的传播起到了重要作用。张骞出使西域，开辟了丝绸之路，沟通了中原与西域各国的关系。鉴真和尚东渡日本对中日文化交流作出了很大的贡献，不仅传法东洋，而且把佛寺建筑、雕塑艺术介绍到日本，还把本草学传到日本，促进了日本医药学的发展。玄奘从印度取回佛经，将在旅途中的丰富见闻写成《大唐西域记》，记载了中亚、南亚多国的风物。郑和七下西洋，把中国的青花瓷、丝绸等带入南洋各国，也带回了西洋进贡的香料、染料、珍珠、玛瑙、宝石、布匹、珍禽、异兽、胡椒等。在历史上以学习异文化为目的的旅游有不少，现在文化旅游也有这种功能。

（二）无意识的影响

大众旅游所带来的旅游文化影响更多地体现在潜移默化的影响中，休闲娱乐游客虽然没有明显的文化交流目的，却仍在自觉与不自觉中交流着文化，从旅游中获取目的地的文化。

中国国旅咨询开发公司副总经理常玉生先生在二十多年前刚当导游不久时，带一个德国团去日喀则，中午就在雅鲁藏布江畔野餐。用餐完毕，地陪随手把铺在地上的台布撒开，罐头瓶、废弃物顿时滚了一地。客人先是一愣，马上告诉陪同不能把垃圾扔在野外，要保护环境。常先生当时心里一下感觉还是很受刺激，在荒郊野外也不能随便扔东西？这在当时的中国还不曾听说。但也正是这件事，使他有了初步的环保意识。对于这样的告诫，我们应该接纳，不能简单地把什么都说成是“崇洋媚外”，发达国家有许多先进的理念、认识、接受它，对我们发展中国家的健康发展是有益的。而旅游业的发展，使我们有了更多接触这些理念的机会。

旅游者对目的地居民具有示范效应。居民的生活方式也会对旅游者产生影响。尤其是对于那些主要的客源地和目的地来说，大量长期的游客与当地居民交流，使双方的文化都在逐渐变化。

案例　　丢失的周庄

祝勇

同许多人一样，我明知过度开发已使周庄不再是原来意义上的周庄，我还是执拗地来了，从很远的距离之外。本来，进入周庄的道路是幽远的。从上海来，舟车相继，得好几天。空间的阻隔拉大了时间的距离。九百年的周庄，于是成了从年代的巨网脱漏的古币，铜绿斑驳，沉落在旧日的时光里，无法兑现它曾有的价值。石牌坊上“唐风孑遗”四个刻字的笔划沟槽里，分明记录着时间停止运行的时刻。空气、阳光以及一切事物都在静止，只有人们老去。直到有一天，识货的人来了。古建专家、画家和文学家，不知是谁先发现了这个世外桃源，便接踵而至，定格已久的时间才又活跃起来，钟摆重新开始晃动。画家画了一幅画，把周庄的容貌向外界公布，画的名字叫《故乡的记忆》。其实这里并非他的故乡，然而那些错落有致的屋宇、一排排朝街敞开的雕镂精美的窗扇、狭窄得仅能容一人穿行的小巷、面向水道的门扉及小小码头，还有将这一切连接在一起的各种拱桥……却又分明成为他记忆的索引。他的皮鞋不会记得这些，它们与青青石板路相接触的感觉新奇而陌生；但他的内心会记得，而且，熟悉了几十年。周庄就像一件精美的器皿，和他心灵的凹槽刚好吻合。

沪青平和沪宁两条公路拉近了周庄与世界的距离，几百年前的古旧岁月一下子裸露出来，如同一只易碎的古瓷器，美丽对它来说实际上与危险同义。人们常说秀色可餐，但是如果一张清秀的面庞同时成为千百人的猎物，那前景就不甚美妙了。千百年来中国人就一直生存在一种唯美的氛围里，衣食住行的每个细节都浸透着古风。中国自古就是个讲求情韵的国度，这里滋生着普遍的唯美情绪。在这种氛围里，周庄至多只算是个丑小鸭。但是中国人自己把这一切毁了，他们自己毁掉了安放梦想的枕床，幼稚的绝决，带来却是彻骨的荒凉和深深的绝望。他们在灵魂坠落的最后瞬间里抓住了周庄。周庄本来只是一缕空气，我们只消呼吸着它就可以了，本来不必过多去在意它的形貌——它的形貌实在是不足为奇。但是有一天周庄却成了膜拜的对象，成为一种图腾。一个平凡的小镇注定承载不了这样的重负，弯曲和变形似乎已经在所难免。

这一切都在悄悄地进行，甚至连周庄人自己都浑然不觉。起初，他们还在为自己听从了专家的奉劝，没有毁掉周庄而庆幸，然而这种庆幸很快就转化成一种狡猾。拥有别人没有的东西势必给人带来快感和优势心理，他们刚刚掂量出周庄的价值，就迫不及待地将它变成商品奉献出来。游人成群结队而来，操着南腔北调、追随着导游到处招展的小旗和刺耳的喇叭，塞满了周庄狭窄的街衢和水道。人们试图去抓住最后一缕梦境，付出的代价却是从此永远无梦——因为梦幻的蝴蝶不会再光顾一片被破坏的树林。周庄房屋洁白的外墙令我想到它的易于污染。最初到来的那些专家、艺术家对今后的变化大概不会有所意识，几乎在他们对周庄大加惊叹的同时，他们也在无意之中扳倒了第一张多米诺骨牌，以后，便是一条不归路（据说苏州市已经不顾专家的抗议，决定建一条高速公路通过周庄，以开发“旅游业”）。尽管做过抵抗，但小小的周庄终将无力与庞大的现代“文明”对抗——哪怕是后者随意的拨弄，都会使它失去原有的平衡，最终的结局只有无条件投降。周庄人把他们日常生活的周庄打扮成一个吸引外人目光的布景，他们似乎在展示忠诚，实际上恰好暴露了自己的背叛。当然，这并非全然是他们的过错，如果散落在我们生活里的那千百个周庄不曾毁灭，还像空气一样环绕我们周围并且成为我们生活的一部分，今天的周庄也不致招来如此的噩运。

http://www.chinaculture.com.cn/ww/qd/9.htm 原文有删节

第二节　旅游文化的真实性冲突

真实性（authenticity）是一个西方概念，又被译作原真性、本真性、原生性、可靠性、准确性等。它的英文本义是表示真的、而非假的，原本的、而非复制的，忠实的、而非虚伪的，神圣的、而非亵渎的等含义。真实性的观念在中国早已有之，中国文物古迹保护中长期遵循的“不改变文物原状”的法律原则就与之一脉相承。但是中国对真实性的理解更偏重于追求完整“原状”的真实，而不是体现历史延续和变迁的真实“原状”。“真实性”作为一个术语，涉及的对象不仅是有关文物建筑等历史遗产，更扩展到自然与人工环境、艺术与创作、宗教与传说等。

在旅游研究中，authenticity 主要有两种用法：首先，它用来指被旅游的客体对象是不是与文献等媒介传播中的传统、传说、神话等相符，旅游纪念品是否与其标价相称；另外还用以指人本真的存在状态。它的第一种用法比较容易理解，这里不作赘述；第二种用法则涉及到存在主义哲学①，这时的 authenticity 可译为本真。例如，对于发达国家和地区的旅游者而言，都市社会的人情淡薄和人际关系的虚假做作都意味着不真实的存在；而那些居住在偏远贫穷地区的少数民族居民的自然、朴素、诚挚、好客和热情则是一种真实的存在。民族旅游让人相信："在历史发展更低阶段的人的精神表现中，反倒体现着人一种更高的人性美的境界。"似乎，人类社会越发达，依存的社会经验知识越多，离人类的本真就越远。就好像，越是儿童就越具有人的本真，越是大人则越远离本真。旅游中的舞步欢歌已近生命本真，自我快乐、无牵无挂的人生也应是本真的。过去，学界主要讨论的是 authenticity 的第一种用法，近年来越来越多的学者开始从存在主义的角度来研究旅游体验的真实性。

真实性是在 20 世纪 70 年代初被引入旅游动机、旅游体验（tourist experience）的研究中的。从此以后，真实性成为西方国家旅游研究的一个热门问题。真实性首先应是艺术、文化和哲学领域研究的内容，不少学者从人类学、社会学和心理学的角度去研究它。在旅游研究领域，大部分学者所研究的真实性是跟文化类旅游体验有关，事实上以自然环境为背景的旅游体验也存在真实性问题。目前关于真实性的研究仍以国外研究为主，国外学界对于旅游体验的真实性的讨论主要包括三个方面：（1）现代游客在何种程度上追求真实性，他们能否实现追求真实性的目的；（2）通过分析游客是否关心"真实性"来解释游客行为的差异；（3）旅游目的地以及游客在景区的体验会如何帮助游客实现其追求真实性的动机。

从社会人类学的角度，游客在旅游中对真实性的渴望，反映了现代社会的不真实。例如，在紧张、忙碌的工作中，现代人像机器一样不停地转动，烦燥不安的他们常常会发出这样的感慨："天啊，这是真实的生活吗？"这使得人们越来越向往纯洁、质朴、快乐的生活方式。而旅游具有让人忘记烦恼、找到快乐与理想的神奇魔力。到遥远的山村与朴实、友爱的村民共进晚餐，远离世俗的烦恼与种种无奈，去寻找本真的自我。这样，对真实性（或本真）的追求成为现代人旅游的主要动机之一。

从休闲旅游研究的角度，真实性/本真可以定义为游客对某些旅游目的地渴望的一种旅游体验。真实性就是异域情调（exoticism）、地方特色、传统、独特性等，它要求旅游产品的出处、形式、风格、语言、象征等都源于一个假设的没被破坏的传统、传说或神话。本真的生活就是快乐、无忧无虑、寻找刺激，忘掉琐碎的世俗。对于旅游开发者、经营者来说，真实性/本真性应成为从商的一条基本原则，他们往往通过应用暂时的旅游主体与旅游客体间的距离、差异来实现其旅游产品的价值和独特性，生产出旅游体验的真实性/本真性。

---

① 简单讲，存在主义是一种哲学思潮，它兴起于 20 世纪 30 年代末的法国，鼎盛于"二战"后的西方世界。它认为，"存在先于本质"，"世界是荒诞的"，强调"人在存在中可以自由选择"。存在主义是一种人道主义。存在主义哲学提醒我们必须去理解真实的、个体的人如何在真实的时刻创造历史——并非历史影响个体，而是个体创造历史。近年来，越来越多的学者运用这一理论来研究强调个性化、人性化、顾客化的旅游体验经济。

一、旅游体验的客体性真实与主体性本真[①②]

近年来越来越多的学者认为体验式经济（experience economy）时代已经来临。所谓体验经济是继农业经济、工业经济、服务经济之后的人类经济生活发展的第四个阶段，它是一种以商品为道具，以服务为舞台，通过满足人们的体验而产生的经济形态，是一种最新的经济发展浪潮。旅游本身就是一种体验，体验经济赋予了旅游新的涵义。可见，旅游业与体验经济有很好的对接性。旅游消费从本质上就是为了追求一种经历和体验，旅游业的产品设计与服务配置从根本上是为游客塑造独特的旅游体验。因此，旅游体验可以定义为游客购买的一次经历，一种旅游产品，真实（或本真）是对这种产品质量的评价。

对旅游体验的早期定义强调其与日常生活的差异感，如游客对陌生、新鲜、新奇的追求。旅游基本上是对日常生活的一种逃离，如追求一种没有烦恼、没有担忧与压力的境界。目前为止，关于旅游体验的研究大致经历了三个阶段。在20世纪六七十年代，学者们主要关注的是旅游的客观对象的真实，代表人物有柏斯汀（Boorstin）和麦肯莱尔（MacCannell）。两人都是从客观的、博物馆学的角度来看待真实性问题的，强调被旅游的客体（toured object）与原物完全对等，即认为展示给旅游者的客体对象应是完完全全的真，不能掺杂丝毫的虚假。例如，游客在民俗文化村、主题公园的经历不是客观真实的，古代精英旅游者的旅行经历则应是真实的。

到20世纪八九十年代，越来越多的学者从建构主义[③]的角度对客观性真实提出了批评。他们认为应该从一种更为复杂的、建构的视角来阐释真实性。根据建构主义，社会、文化是人建构的、创造的、变化的，不断向前发展的。展示给游客的旅游客体被认为是真实的，并不是因为它们确确实实就是真的，而是因为旅游者、旅游服务供给者依据大众观点、个人感知、权力等对它们进行的建构。这种建构的真实随着社会的发展渐变为真正的真实。因此，客观性真实关注的只是展示给游客的旅游客体的固有特性，建构性真实则开始关注人在建构旅游客体的特性时所起的作用。可见客观性真实是被动的、绝对的、一层不变的，而建构性真实则是主动的、相对的、多元的。然而这两种关于真实性的观点都只强调了旅游企业所提供的景观的真实，即只注意到了旅游客体这一方面，忽视了旅游经历的另一方——旅游主体自身的观点、体验。20世纪90年代已有学者开始从存在的视角来探讨真实性，1999年王宁明确提出“存在的本真”（existential authenticity）这一概念。存在的本真是人潜在的一种存在状态，刚出生的婴儿是最本真的。这种本真可由游客参与的各种令人难忘的、激动人心的旅游活动来激发。如，游客在参加不同于日常生活的活动时，会感到比日常生活中更加真实、自由地展示了自我。又如，在迪斯尼乐园游玩的成年游客会感到

① 王宁认为有关旅游研究中的真实性这一论题包括两层含义：本真的体验与客体的真实。本文中的旅游客体指旅游的对象，包括东道主社会、居民、旅游纪念品、旅游景观等；旅游主体即指旅游者。本节中的客体性真实指旅游客体的真实性，主体性本真指旅游者的本真的旅游体验。所谓“旅游体验”，简单讲就是旅游规划者、管理者、经营者包装出售给游客的一次经历，真实的旅游客体与旅游主体的本真的旅游体验是一对矛盾统一体，是旅游经历的两个方面。

② 这里，Authenticity被同时译成了“真实”、“本真”。这是因为Authenticity的含义本身非常复杂、丰富。在论及旅游景观时，笔者认为Authenticity可译为“真实性”；在谈论旅游主体——旅游者的主观体验时，则译为本真。笔者这样翻译参照的是王宁 1999 发表于 Annals of Tourism Research. Vol.26, No.2, Pages 349-370.的 Rethinking Authenticity in Tourism Experience（《反思旅游体验的真实性》）.以及海德格尔著，陈嘉映、王庆节译的《存在与时间》一书。

③ 建构主义（constructivism）也译作结构主义，是一个来自于社会学的概念，它认为所谓社会事实基本上是人们经由特定过程建构（生产、创造）出来的，并且总是处于不断的变化之中。

找回了童年的快乐，这种快乐就是本真的。

对多数旅游者而言，旅游消费是一种典型的享乐性消费，旅游是一场游戏，是为了寻找快乐，回归生命的本真。因此，旅游者出游的主要动机是追求一种愉悦的体验，只要游客觉得自己在旅游中体验到了愉悦、快乐、自由、自我实现，那就是本真的。而旅游主体能否有一次本真、愉悦的旅游体验，与客体真实有着紧密的关系。作为旅游服务商品的供给者，他们努力营造出各种各样的“真实性”氛围，在他们的旅游产品上贴上各式各样的“真实性”标签，力求诱惑更多旅游者来购买他们的商品，并使旅游者满意，自由自在地体验自我，再带回更多顾客。

旅游业是典型的体验经济，旅游是旅游者从经销商或者经营者那里购买一种体验或者经历的过程。国外学者非常重视游客的体验质量研究，而目前在我国对旅游的研究则侧重于旅游经济、旅游地理和旅游环境方面，对于游客的体验规律较少关注。现在是我国旅游发展的黄金时期，我们在对待旅游商品时不能像一般商品那样只强调消费者的感观体验，单纯追求旅游产品的新、奇、特效果。人们的旅游消费观念在不断变化，他们更期望获得本真的、深入的体验。对于开发商，如果没有针对游客的心理体验或者忽视游客的心理体验规律，可能会导致游客得不到高质量的旅游体验，导致经营失败。在对游客体验的研究中，真实性/本真性是一个核心问题。对景区管理者来说，如何根据游客的真实性体验规律，进行经营管理是至关重要的。国内外学者从旅游体验现象中找到了真实性体验规律，我们可以利用这些规律去指导经营者的经营策略。我们可以从旅游规划管理的角度来理解旅游客体的真实性与旅游主体的本真体验间的关系（如图 5.1 所示）。

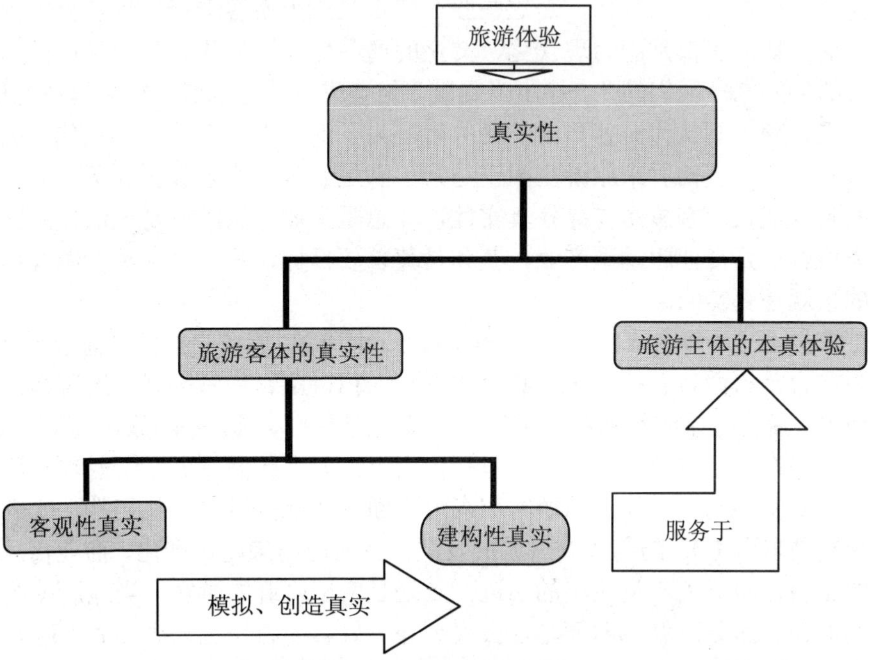

图 5.1　旅游体验的真实性

（一）旅游体验的客体性真实

1．客观性真实

早期学者们倾向于从客观的角度来研究旅游体验的真实性，认为真实性可以用一个绝对的标准来测量。即便旅游者自己认为他们获得了真实的经历，如果被旅游的客体事实上是假的、包装的，是“舞台真实”，它仍应被鉴定为“不真实”。例如，游客到开封的清明上河园游玩，自己觉得“仿佛在千年古都游历了一番”，体味到了隔世的繁华，并认为清明上河园真是美不胜收。但是从客观的角度，清明上河园仍不能被认为是真实的，不值得推崇。

关于客观性真实主要有两种比较著名的观点，即“假事件”（pseudo-events）和“舞台真实”（staged authenticity）理论，分别以美国学者柏斯汀和麦肯莱尔为代表。前者认为现代旅游者出游的目的是追求“假事件”——经过策划的虚假的事件，如同特意组装好摆在柜台里的商品。在回忆古代的精英旅游时，柏斯汀哀叹今天的旅游已丢失了往日的艺术，即今天的旅游已不像传统的旅行那样游者所看到的都是真真实实发生的。例如，中国古代李白周游四方，徐霞客游历山川等，因为他们的旅行过程和体验完全可以按照自己的意愿，所体验到的对象完全没有经过包装，因此是非常真实的。今天的游客追求的是虚假的，预制的（prefabricated）“假事件”。游客轻信地欣赏着“假事件”而不管周围的“真实”世界。例如，游客随团到少数民族地区旅游，却坐在现代宾馆的空调房里、听着现代流行歌曲、隔着窗户观看外面的世界。很少有游客与当地少数民族居民进行亲密的接触，无法体验当地真实的生活。又如，对于多数游客来说，汉族歌手用汉语唱的少数民族民歌也许比当地少数民族歌手用自己的语言唱的原汁原味的本民族山歌更具有吸引力。而所有这一切都并非真实，是虚假的。旅游者的这种态度反过来又诱使旅游企业以及当地居民制造出更多假景观供他们消费，从而加大了旅游者与真实的东道主社会的裂缝。最后，目的地的这种捏造的形象为商业广告所利用宣传，而这些商业广告又成为游客选择、评价目的地社会的依据和标准。这一切似乎都是因为现代化、文化的商品化、同质化、旅游经历的标准化，以及游客自身的偏好——他们的“自愿上当受骗”是造成他们与东道主社会隔离的原因之一。

相反，麦肯莱尔则认为游客出游的目的就是为了追求真实性，因为现代人的日常生活世界是不真实的。在麦氏看来旅游空间正是为了满足游客“追求真实经历”的动机而创造的。遗憾的是，现代游客总是在寻找真实性，却总是失败。旅游业是无法让游客找到真实性的。因为旅游业是商业驱动型产业，获利是其首要目标，只会“欺骗”游客接受其经过精心策划的景观是真实的。

麦肯莱尔提出了“舞台真实性”（staged authenticity）、旅游空间的“前台”、“后台”等理论。认为前台是给游客看的，正如宾馆的大堂、招待室、侍者等展示给游客，是游客能够看到的地方；后台是旅游经营商和出售者准备其产品的现场，是隐藏道具和活动的地方。现代旅游开发中东道主将他们的文化（包括他们自己）当作商品展示给游客，从而导致东道主社会生活真实性的舞台化：当游客和东道主面对面地接触时，他们常常就像是在舞台上演戏（特别是东道主）。随着大众旅游的发展，目的地越来越标准化、商业化。即便是遥远、偏僻的山村，也无处不见旅游的痕迹。到处是密密麻麻的游客，当地居民在牛仔服外面套上传统的民族服装跳舞，即便是过去很纯朴、好客的村民也只会在看见游客手中的钱时才会露出迷人的微笑。这一切都阻碍了游客对真实性的追求。

但是很多学者也认为“舞台真实”在用来研究某些旅游产品时显示出了它的局限性。例如，对历史主题公园以及其他历史景观而言真实性无疑是非常重要的：管理者们在公园的广告宣传材料上运用真实性来描述他们向游客提供的旅游环境和旅游经历，可见真实性是重要的营销工具；真实性在游客的旅游经历中扮演着重要的角色，是决定游客满意度的重要因素，是游客参观历史主题公园的主要动机。又如，仿古建筑会被专家们嗤为假古董，是典型的“舞台真实”，但正是这种“真实的复制”成为游客参观此类景点的主要动机。

另外，不管是对东道主社会还是旅游者而言，舞台真实都能起到一定的积极作用。“舞台真实”如果运用得当会促进民族文化的复兴和保护。如果将少数民族居民的私密生活（属于后台真实）完全展示给外来游客以满足他们的好奇心理，这无疑会激起严重的社会矛盾。因此舞台真实使东道主在满足游客心理的同时保持住了自己日常生活的正常化。

综上所述，客观性真实就是绝对的、非商业化的、与原物完全对等的真实。客观性真实在历史文物的保护方面有其积极意义。但是，不管是从社会发展、或是旅游发展的角度，一味否定“虚假”、“舞台真实”都是不可取的。因为，我们所处的社会、文化都是变化的、发展的，真实性是一个过程，而不是一件一经确定就永远不变的物体。因此真实性是弹性的、多元的、建构的、短暂的和不断进化的。

2．建构性真实

建构主义者认为社会是人类创造、建构的。事物表现为真实，并不是因为它们生来就是真实的，而是因为人们依据观念、信仰、权威等将它们建构成那样。旅游场景中的真实性并不是一种僵化不变的不动产，而是观察者赋予其上的价值或评判，因此有必要从建构的角度丰富真实性概念的定义。

旅游客体被旅游者体验为真实时，并不是因为它们事实上就这样，而是因为它们被当作了真实性的象征。旅游中的真实性是由各种旅游企业、营销代理、导游解说、动画片制作者等生产、制造出来的。例如，许多名人故居的管理人员并不把真实性定义为“事实”或不可重造，而是根据他们印象中的主人及其作品来构建真实。又如，佛罗里达州迪斯尼复制了墨西哥的圣·安琪店（San Angel Inn），二者都展示了墨西哥在世界上独特的文化地位，都与某一具体的文化概念相联系。因此，二者都是真实的，它们反映的是墨西哥文化的不同方面。另外，游客虽然希望获得真实的经历，但不会愿意面对东道主社会的现实。例如，游客不会花大笔钱去观看贫穷、边远地区的少数民族儿童患了疾病却没钱就诊。因此，真实性的社会含义不是给定的，而是相对的，由环境决定的。

舞台化的、重造的真实也能够让游客获得高质量的旅游体验。例如：位于荷兰阿姆斯特丹 30 公里外的 Zuiderzee 户外博物馆，在 2001 年推出一个想象与真实（Imag eand Reality）的活动，重构 1932 年前的历史生活。这里有当地人穿着各种衣服扮演各种角色。他们白天住在村舍里，晚上住在自己家里。他们所起的历史教育的作用，以及基于历史准确性的表演让游客体验到了真实。在欧洲其他国家，例如英国也有类似这种“再现历史”的旅游体验，他们真实自然地扮演各种角色，甚至不会感觉游客的存在。19 世纪 60 年代，一个开发商准备开发密歇根州建于 1763 年的已经破旧不堪的古边关要塞，他用混凝土建成墙体，面层贴上古旧的石头，斥资 300 万美元，吸引了成千上万的游客来参观。所以，游客能否在这类景区获得真实的体验，关键在于经营者对真实性的精心策划并发动社区居民真情参与。

因此，真实性应被看作是“变化的”、“流行于一时的”、“新兴、突现的”。因为个人和集体的观点、文化、传统等都是随着时间的推移而不断变化的。旅游产品会不断地为地方文化注入新的活力，成为民族身份的标志。舞台化的产品所体现出的某些突出的地方特征会使游客认可该产品的真实性，从而满足游客的愿望。而且，多数游客对真实性的要求不高，在许多情况下，文化产品的一些看起来“真实”的特征就足以让游客认可并接受该文化产品为

"真实的"。游客对"真实性"的理解不会像博物馆专家、人类学家、其他某些学者那样严谨。游客并不把舞台真实与对原物的直接体验对比，而是与被媒体宣传渲染了的印象相比。

真实性主要包括四种含义，即逼真、真正（genuineness）、原初（originality）、权威（authority）。首先，真实性指"可靠的"、"有说服力的"。这是真实性的第一种用法，多数博物馆专业人士在生产出让公众相信的展品时，以达到模仿的可靠性。例如，20 世纪 90 年代美国伊利诺伊州的新塞勒姆城（New Salem）很像亚伯拉罕·林肯曾居住过的 19 世纪 30 年代的新塞勒姆城，它是真实的。第二，真实性意为历史的准确、完美的模仿。这种含义以真（genuineness）为基础。如，90 年代建的新塞勒姆城的物质、材料等看起来都是非常真的。这两种含义都是复制品而不是原物的特征。博物馆专家主要运用第一种含义，有时也用第二种。第三，真实性意为"原物"，与复制品相对。从这个角度讲，任何复制品都不是真的。第四，真实性指"权威的"、"批准的"（certified）。

（二）旅游体验的主体性本真

近年来，越来越多的学者开始关注从存在主义的角度理解旅游体验，关注旅游者自身对其旅游经历的评价、叙述。个体的主观感知及行为成为旅游体验研究的核心要素。个体的文化背景不同，对文化景观的体验也不同。不同旅游产品提供不同的旅游体验。旅游体验主要由消费者自身的感知构成，这就需要旅游规划、管理经营者越来越多地关注消费者不同的趋好。

旅游体验的本真性是从存在的角度来研究旅游者的主观体验，以王宁的《反思旅游体验的真实性》为代表。所谓本真的就是一种偶然的、突发的，无牵无挂、无缘无故、愉悦的、自由的存在状态。

存在的本真可以用来解释更多的旅游类型，如自然旅游、海洋巡游、海滩度假、探亲访友、探险旅游、家庭旅游等，这时的游客追求的是本真的自我，与旅游客体是否真实没太多的关系。即，在寻找本真的旅游体验时，旅游者在旅游活动的激发下，处于一种自我实现的存在状态，他们毫不关心被旅游的客体的真实性，只是借助于旅游活动或旅游客体寻找本真的自我（authentic selves）。这时，人们感觉自己比日常生活中的自我更加真实、自由，这不是因为他们发现被旅游的客体是真实的，而是因为他们摆脱了日常生活中的种种约束，能够参加非同寻常的活动。因此，除了客观性真实与建构性真实外，存在的本真性是真实的旅游体验的重要来源。

本真的旅游体验是借助真实的客体提高对自我的理解。例如，游客在参加活的历史展示时，就像被动人的电影吸引时那样，能栩栩如生地感觉到与时间、灵魂的接触。对民族舞蹈表演而言，真实性不但取决于舞蹈本身的风格、形式、内容的客观性，同时还取决于表演者表演舞蹈时的全身心投入。美好的舞蹈表演使人们摆脱日常生活的紧张，与当地人一起翩翩起舞的游客这时会进入一种近似狂欢的状态，对许多游客而言，那特殊的时刻变成了他们的整个世界。这时，游客和表演者都能感觉到一个不同的自我——一个完整的、本真的自我。正如背包族追求浪漫的想象，热忠于本真、冒险的旅游经历、坚持寻找"没被破坏的"目的地。这种目的地常位于乡村，远离到处都是游客的地方。这类游客在寻找真实的目的地的同时，也在追求本真的自我。旅游过程中，意外发现的刹那自然也就是本真的；通过意外发现，游客似乎找到了自身的真实存在。

真实性以怀旧和浪漫主义为特征。它是怀旧的，因为它将生活方式理想化，在本真的状态中，人们被认为比平常更加自由、完美、纯洁、自发、真实。而这种状态常常处于过去或童年。人们怀念这种生活方式，希望以旅游的方式暂时地、移情地、象征地重新生活一回。如迪斯尼成功模拟童话、神话，迎合人们对本真的童年的向往。它同时还是浪漫的，因为现代社会的理智与理性给人们越来越沉重的约束，人们希望通过旅游找回自然、情感。因此，与日常生活中的角色相反的是，旅游者的角色与完美的本真联系在一起。旅游被看作一种更加简单、自由、自发、真实、少功利、浪漫的生活方式。现代社会的游客们似乎在借助旅游找回本真的自我，旅游是医治人们在公共场所失去本真的一剂良药。

下面，我们引用一段游客的自述，来理解旅游的本真体验。

案例　洒落在纯蓝天幕下的欢笑：舞步欢歌已近生命本真①

一直不理解什么是狂欢，也不明白我们过节为什么总那么冷冷清清。这几年在外边走得多了，接触过不同民族的人，过了些不同民族的节，回头一想才理出些头绪。原来活着并不需要太多思考，踏着舞步欢歌已近生命的本真。

去年春暖花开之际，一位云南的大学同学邀我去昆明游玩。对云南深怀神往的我经不住他言辞的诱惑，终于踏上了开往云南的列车。游览石林的时候正赶上彝族的火把节，对于我和小叶来说都是意外的惊喜。

天色渐晚，一片广袤的草地，几堆庞大的木柴，聚集千百个不同民族的人。小叶有些紧张，悄声问我："火把节怎么玩啊，不会有什么危险吧？"我假装平静地说："没什么，有我呢。"我们在人群中观望，人们忽然大声欢呼起来，还没来得及反应，彝族的小伙子和姑娘们已经拉住了我们的手，围成好大的一个圈，把四堆木柴围在中间。只听见"哧"的一声响，四堆木柴几乎同时点燃，爆发出炽烈的火焰，似乎火堆点燃了天上的星星。夜色被映得火红，火焰的影子在地上跳跃着，仿佛火的精灵。

大家拉着手，围着火堆跳舞，一会前靠，一会后退，原本拘束的我们也被热烈的气氛感染，心底的火开始燃烧起来。不同服饰的陌生的人们围在一起，又吼又叫，自己的声音与所有的声音混合，仿佛成了一个生命的整体在歌唱，歌唱自己心中隐藏的欲望和生命的激情。小叶也很投入，完全没有了往日的矜持，她如痴如醉的表情令我着迷。

中间休息时我问小叶："知道凤凰涅磐吗？"小叶说："就是凤凰每三千年集香木自焚一次，然后在火焰中重生，获得另一次生命。是吗？"我笑着点头说："我觉得自己简直是涅磐了一次，心里充满激情，好像年轻了许多！"也许火把节就是这样的节日，让人们唤醒自己潜藏着的生命力，因为火焰原本就是生命力和欲望的象征。

二、后现代旅游境域中的模拟真实②

20 世纪 70 年代后期至 80 年代中期，有关后现代文化视野下的旅游活动、旅游体验刊物开始出现。"后现代旅游"被用来描述各种旅游发展，包括替代传统大众旅游的"替代旅

---

① 引自：http://media.163.com/05/0203/10/1BLLS2CS0014182H.html

② 后现代主义是 20 世纪 60 年代左右产生于西方发达国家的泛文化思潮，以晚期资本主义、后工业社会为背景。后现代社会的主要特征就是强调多元化、相对性。这时，"高雅文化"与"流行文化"间的界线变得越来越模糊；对旧事物的怀旧与对新事物的迷恋交织在一起；现代与传统、秩序与混乱、个体与大众、全球化与地方化、统一与破碎交叉混杂。

游”（alternatives to the conventional mass tourism）、生态旅游、怀旧旅游、遗产或遗址旅游、各种模拟的主题景观等。“模拟”旅游是后现代旅游的主要趋势之一，关注的是“超真实”的经历。模拟的主题公园以及其他各种人造景观是典型的后现代旅游场景。

看过《骇客帝国》以及其他好莱坞科幻电影的人对鲍德里亚（Baudrillard）的模拟、拟像、超真实等概念应该不会感到陌生，而它们正是后现代旅游的基本理论。“模拟”包括对实在之真的模仿，以及没有事实、没有原作、以一种想象出来的、现实中无法找到的像为参照物的模仿。模拟的真实并不来自于事实，而是源于虚构、想象。20 世纪是拟像的世纪。在科学与信息技术的大规模进步下，数字化、遗传学和模控学（cybernetics）乃是拟像发挥作用的关键点。后现代的人们生活在一个模拟的世界，网络、电脑是重要的模拟工具。各种“真实”的符号源源不断地从电脑里生产出来，再将它们以不同的方式组合起来成为“逼真”，以替代真实本身。模拟、拟像并非事实，但却能够超越事实，它们比真实还真，是超真实。有关模拟真实的消费体验包括：以迪斯尼为代表的主题公园、模拟的手工艺品、创造的传统、活历史景观等。

迪斯尼是所有复杂模拟的完美模型（如图 5.2 所示）。它在如何把“娱乐”换算成“货币”方面做得相当成功。1955 年以来，迪斯尼以神话、童话、科幻为基础，为各种年龄的消费者提供了无与伦比的娱乐体验。它把动画片所运用的魔幻、刺激、色彩等表现手法与游乐园的功能成功结合起来。它制造出一场场幻觉游戏，如“加勒比海海盗”、“鬼屋”、“拓荒者”、“未来世界”、“夜间电光大游行”、“太空山”、“巨雷山”、“星河之旅”等。在“未来世界”里，游客以“飞碟”为交通工具，在轨道上进行“星河历险”和“太空漫游”。正是这种虚构的世界使迪斯尼变得很成功。它利用虚构让大家相信周围世界不再真实，而迪斯尼恰恰能带给人们本真。在这儿，人们一会儿走进幻想的未来世界，一会儿又回到几千年前的古代社会；一会儿在太空中翱翔，一会儿又在海底世界漫游。游客随时能碰到米老鼠、唐老鸭，使人童心复萌，回到童年的本真。

图 5.2　迪斯尼乐园里的建筑和游乐项目组合成一个个童话世界[①]（金红炜摄）

其他的模拟真实如：模拟民族舞蹈、民族习俗的民族宾馆；在餐厅、壁窗等显眼的地方模拟海底世界的海味餐馆（如图 5.3 所示）；模拟古董、手工艺品等出售给游客的考

① 引自：http://www.dlgallery.com.cn/Newyork/Disney.

古博物馆；再现原始村落的真实形象，选定一小块地方，布置成文物埋藏区，供游客亲自动手，进行模拟考古挖掘工作的考古旅游；以影视景点加古装表演为核心内容的三国城、水浒城、唐城等影视景点（如图 5.4 所示）；根据各种记载模拟过去的生活方式、过去的建筑样式等。

图 5.3 威尼斯 Rebecca 餐馆①

图 5.4 无锡三国城②

下面，我们以芜湖方特高科技主题公园为例，来说明模拟真实在开发主题公园时的应用。

案例 芜湖方特高科技主题公园——模拟真实③

方特高科技主题公园是以动感、参与为主题，大量运用现代科技手段对现实世界及未来世界进行模拟仿真的主题公园，集高科技、娱乐性于一体。

公园的基本模式是采用美国环球影城的形式，整体设计是以室内项目为灵魂，室外项

① Marlo Seltzer 摄引自：Abbas Daneshvari, 1998 Simulations and dissimulation in postmodern architecture, Cities, Vol.15.No.3. p180.

② 引自：http://www.go8000.com/binhu/bhu3101.htm。

③ 节选自：芜湖旅游城项目规划设计方案(草案)(之二)
www.wuhu-bridge.com.cn/chinese/news_read.asp?newsid=51 - 11k

目为补充，参与型项目和休闲项目相结合的组合方式。高科技主题公园设置了“火星探秘”、“惊魂地心游”、“风暴岛”、“银河系广场”、“魔幻剧场”、“恐龙危机”、“童话故事”、“摩天梭”等十多个大型主题项目。

大型影视特技表演《风暴岛》

“风暴岛”为一个大型的影视特级表演，集中了影视、大型机械特技、现场仿真实景等技术，由排队等候区（渔村）、预演厅（海湾码头）、剧场（轮船）四个部分。游客最后到达的剧场是一艘轮船，通过窗户看见计算机控制模拟的逼真的海浪、房屋、大树等场景，并依照剧情，房屋能产生如摇晃、拟声、水雾、大风等特技效果，能使游客有强烈参与的意愿，产生身临其境的感觉。

“风暴岛”采用电脑仿真技术，配合声、光、电效果，能够清晰真实地模拟出风暴来临时风雨交加、电闪雷鸣、房倒屋塌的情景，逼真地再现狂风暴雨的强大的破坏力，极为紧张刺激。

惊魂地心游

“惊魂地心游”是结合机械运动和仿真视景与仿真特技的大型过山车项目，充分利用魔幻灯光制造出神秘刺激的动感世界，仿真场景、道具结合，配合数字影像所营造的虚幻环境将游客带入神秘的地心世界，从而展开一段风驰电掣的地心旅行。

“惊魂地心游”由一个长度为500米的室内过山车，五个大面积视频系统以及相应的自然特技系统构成游戏的主体部分。“惊魂地心游”项目完全建造在一个山体内部，游客从设置在山体外部的预演厅登上过山车，然后通过一段轨道，随后进入到山体内部，开始长度为1分50秒的“惊魂地心游”。“惊魂地心游”虽然时间非常短，但是由于观众需要乘坐高速运动的过山车，加上整个运动是在全黑的室内空间进行，游客无法预知前面将要发生什么，所以该项目给游客带来的刺激是非常强烈的。

火星探秘

“火星探秘”采用超级模拟飞船运载观众亲近月球，访问太空站，追逐彗星，飞向火星，逼真的飞船设计、宏大的影视场面令游客身临其境，而旋转平台和多自由度的特技达到了几乎乱真的效果。

“火星探秘”是以一个可以同时乘座100人的巨大仿真飞船形式运载游客到火星进行探秘。飞船是仿造未来的大型商业化飞船设计，飞船上除了开启了十几个大小不同的观察视窗之外，飞船在飞行时还将模拟真实飞船的飞行姿态。游客通过飞船中设置的仿真窗口以及通过飞船的模拟运动，可以超前体验飞往火星的感受。

三、旅游产品中的创造真实

关于旅游产品的定义一般从两方面给出：从需求角度，旅游产品是旅游者通过花费一定的货币、时间和精力换来的愉悦、本真的体验；从旅游供给方的角度，旅游产品指旅游经营者凭借各种设备设施和环境条件向旅游市场提供的全部服务要素的总和，以满足旅游者在旅游活动中的各种需求。旅游产品策划的最高境界是创造全新的、本真的生活体验，提供人们向往的生活方式。

作为旅游规划管理者，生产旅游产品的过程也就是创造真实性/本真性的过程，他们必须迎合游客对愉悦、本真/真实的追求，努力让游客满意以达到产品的可持续发展。

真实性是测量旅游产品质量的标尺，是旅游营销的重要工具，各种旅游商品应被当作“一次真实/本真的旅游体验”而生产、消费。旅游中的真实性是由各种旅游企业、营销代理、导游解说、动画片制作者等生产、制造出来的。旅游商品被加上使其看起来真实的符号、标签时，会像多了一个质量保证的标记。旅游产品供应方应根据不同商品所处的不同环境和具体情况灵活运用真实性概念，创造出高度的真实感，使游客获得本真的体验。

创造真实性的关键是要区别旅游主体与旅游客体、观察者与被观察者。原则上，如果真实性存在于被观察的客体，那么客体应与观察方主体在时间、空间上有着鲜明的对比。比如，遥远的空间，古老的过去，陌生的异域，变化的世界，神圣的场所等，以与旅游者的观察点有着明显的区别，而显示其真实性。

将“真实”的客体想象地建构在“不真实”的主体社会的遥远的他方，使其与“我们”、“现在”、“这里”形成鲜明的对比时，将有助于观察者达到“本真的自我”体验。当游客从现在回到过去、从这里到那里时，会突然感到时间与空间的交接，身心受到强烈的震荡。如，游客在参观清明上河园等活历史展示时，会感到进入了“真实性的绝妙时刻”，能栩栩如生地感觉到与时间、灵魂的接触。

文化旅游的真实性离不开对民族或传统文化的舞台化（或重造）。舞台化应包括为适应新的时间、地理位置的条件而作的相应的修改。舞台化并不意味着“不真实”；舞台化的事件只要包括传统的主要成分，就不应是“肤浅的”。事实上，多数游客是根据自己的感觉来评价真实性的。作为逼真的真实是通过满足游客期望，使某地看起来或感觉起来像真实一样而达到的。如果旅游节目被当作吸引游客的关键，那么我们必须明白如何才能让参与者、不同细分市场感觉表演的节目艺术是“真实”的（当然，这种“真实”是舞台化的产品）。

从旅游规划的角度，真实性是规划者、管理者的一种规划、管理方法；真实性意味着技术问题。如何将旅游产品设计得具有高度真实感，以提高游客满意度、体验到“本真”的自我，决定着旅游产品能否成功。景区规划者、管理者可通过以下途径来创造真实：

1. 通过各种让游戏客感觉的方式来创造真实

首先，通过直接体验让游客感觉“真实”的日常经历。如，与当地人一起吃饭、交流。第二种真实化的形式是客观主义者的真实性，即根据现有知识，依据原物的条件和位置展示过去的工艺品。当然，这种真实化形式也是非常强调仔细认真挑选，深思熟虑展示的；在其背景范围内，不得含有其他任何不协调的成分。第三，推销“自然”是普遍采用的另一种创造真实的形式，例如，推销村寨周围的高山、河谷、温泉等。第四，通过强调位置进一步推销“真实的”经历，即让游客觉得“正是这里”曾发生或将要发生某些重大的事件，如重造的隆中三顾堂位于诸葛亮确实曾经住过的地方。第五，让景点与名人联系，推销“真实性”。第六，基于传统技术、通过质量控制、组织培训项目等，保持地方舞蹈、音乐、戏剧表演以及艺术和工艺的真实性和创造性。即，艺术及工艺必须根植于历史传统以及目前生活。真正的真实不能单靠保护来实现，否则只会让人厌倦。第七，传统的生活方式以及活动要尽量在原来的、真实的、传统民族村寨内展示给游客。对这类旅游还应限制团队人数，以及每天应接待的团队数。旅游部门应吸引研究型的“导游”，如人类学、历史学、考古学等方面的教授，由他们讲解当地传统及礼仪等。第八，强调地方感、地方价值、地方特征是创造文化旅游产品真实性的最佳方式。如，保证宾馆饭店，以及其他旅游设施的设计反映当地的建筑特点，使这些设施与当地文化氛围协调，为游客创造一种独特的地方感。另外，还可通过“当地神话”、“地方起源”等创造真实性。“庆典”是创造真实性的另一种重要形式。通过高科技模拟提供日常生活中不能获得的“真实感”，以使产品丰富多样，也很重要。

2. 通过旅游信息服务系统创造真实

营销部门在游客到达目的地前后应为游客提供足够的有关当地民族文化的信息服务。因为游客对目的地文化信息的了解情况将决定他们对所游览文化的真实性的判断，决定他们能否获得一次高质量的旅游经历。通过有效的营销手段，鼓励吸引那些欣赏并尊重当地文化传统的旅游者，也有益于旅游地的“真实文化”的保护，从而促进其旅游的可持续发展。可以在目的地建立游客信息中心，安排对当地文化非常熟悉的人员为游客讲解。中心可出售介绍当地情况的小册子、有关当地文化背景的书籍。

下面我们以美国伊利诺伊州新塞勒姆城为例来说明旅游规划管理人员如何通过再造真实来制造出一件完美的旅游产品的。

案例三　　新塞勒姆①

林肯在19世纪30年代在新塞勒姆度过了6年时间，那里是他事业的转折点。1906年这里还是一片荒凉。当地博物馆专家、历史学者、记者、政治家、企业家、商人、原住居民的后代等组成了一个“真实性委员会”（Authenticity Committees），参与该项目的重造。再造的新塞勒姆精确、真实地遵从了19世纪30年代美国中西部的风格，显现出一种“历史的逼真”。职员们穿的是19世纪30年代的服装，连鼻梁上的眼镜也要尽量看起来“古老”，符合那个年代的特征。同时，他们的衣服也并非就是标准一致的，因为在那个社会不同阶层的人的服装应是不一样的。当20世纪90年代的游客走进这个村子时，他会说：“这看起来真像是19世纪30年代的！”。甚至连19世纪30年代的人走进这个20世纪90年代的村子时，也会完全承认这是他们那个年代的。因为这个村子的各种材料、样式，甚至里面的人似乎都是那个年代的。

为了达到这种真实感，村子的规划管理人员不得不大量地依赖学术界，比如考古资料、契据、法院文件、日记、信件、当时的报刊、陈述记录、当地年老居民的记忆、中西部其他19世纪30年代的村子所遗留的种种痕迹，而这些资料都要由学者、专家作出诠释。新塞勒姆让人认为它真实，还因为它宣称保留了一些来自那个年代的原物，其中有一幢原来的建筑（如图5.5所示），这些都能使这个20世纪90年代的村子处处弥漫着真实的氛围，仿佛那仅有的几件原物的光泽便扫去了整件复制品上面的尘埃。再加上伊利诺伊州官方宣

① 参阅：Bruner, E. M. 1994 Abraham Lincoln as Authentic Reproduction: A Critique of Postmodernism . American Anthropologist 96(2),pp.397–415.

布这个村子是唯一真实的，使它更具有了权威性。至此，这个重造的村子已达到了完美的极致，有谁说它是不真实的呢？

图 5.5　新塞勒姆仿建林肯故居①

第三节　旅游文化的环境冲突

一、旅游地的文化环境与商业环境冲突

近些年来，关于旅游地的文化环境与商业环境的冲突，旅游发展侵蚀文化的批评日渐增多：泰山和黄山建设旅游索道；旅游者的涌入把宁静的边陲小镇丽江变成熙熙攘攘的商业街，“天生丽江，投资福地”成为丽江今日的形象；旅游发展的热潮，使湘西的武陵源脚下建起了无数别墅和餐馆，核心景区建起“天梯”——赫然立起的观光电梯被专家誉为“美女脸上的疤痕”；旅游带来的商机，结束了平遥、西递、宏村等古城老镇居民上百年的平静生活，家家户户变成店铺……凡此种种，不胜枚举。

从理论上讲，旅游业与环境应是相互促进的关系：旅游业以文化、自然生态环境为主要资源，旅游业的开发以环境为依托。因此，旅游业的环境保护与商业利益本质上应是唇亡齿寒的关系，因而能够达成一个互惠互利的良性循环，即旅游发展促进收入增长，同时利用增长的收入致力于环境改善。然而在现实中，恰恰发现，旅游作为一个产业来发展后，与自然、文化生态的环境保护之间的冲突似乎越来越深。例如，作为中华民族五岳之尊的泰山，为了扩建索道，炸掉了约 15000m^2 的主视面山体，并将索道沿途及岱顶的树木砍伐殆尽，严重破坏了泰山的自然环境。另据中国社科院环境与发展研究中心的一份报告显示，中国现有 30 余处世界遗产，其中 29 处不同程度存在人工化、城市化、商业化倾向。不少景区大搞旅游设施，片面追求经济效益，根本不顾景区的自然环境、文化环境保护。某些世界遗产的核心景区被大量的宾馆、商店、别墅、饭店、新建寺观庙宇、人造景点、索道

① 引自：http://showcase.netins.net/web/creative/lincoln/sites/salem.htm

所占据，旅游地的商业环境与文化环境间的冲突呈现愈演愈烈的态势。

（一）旅游地的文化环境与商业环境的冲突原因

旅游开发的初衷应是发展与保护兼顾，在发展中实行保护，可是真正开发时却又往往与保护原则背道而驰。旅游地的文化环境与商业环境的冲突背后到底是什么原因呢？

1．超负荷开发

由于近十几年的错位、超载开发，不少风景区人工化、商业化、城市化严重，结果是自然度、美感度和灵感度严重下降，自然生态、文化生态遭到空前破坏。不少风景区内遍布宾馆、饭店、培训中心、乡村摊点，招商引资而来的索道、旅游列车、娱乐城、主题公园等人造景观，风景区正蜕变为吃喝玩乐的游乐场，人类遗产变成了少数决策者和股民的"摇钱树"。例如，一些地方曾提出"把峨眉山打造成中国第一山"等，使风景区的文化生态遭到严重破坏。由于旅游市场的巨大需求，相当一部分风景区在旅游线路、客流管理上失控，人满为患。有些景区不仅对游客量不加以控制，甚至提出要扩容，用"经济"的眼光指挥一切。为了追求短期经济回报、短期政绩，地方政府直接参与遗产的开发甚至是过度开发，这是以牺牲遗产地的可持续性利用为代价的。我国不少地方却对世界遗产存在错误认识。一旦申报成功，立即在景区内大搞旅游设施，片面追求经济效益，根本不顾景区的自然承载力。殊不知，建一条索道，需砍掉多少古树名木；修一座宾馆，需毁掉多少奇石秀峰。无度开发，往往带来灾难性的破坏。在这方面，武陵源就曾有过教训，由于到处是粗制滥造的人工建筑，如观光电梯、登山索道、宾馆饭店等，自然景观遭受了严重破坏。为此，联合国教科文组织不得不亮黄牌，要求限期拆除人工建筑。

2．管理不力，缺乏权威

世界遗产保护公约要求各国政府竭力保护管理好所在国的世界遗产和国家遗产，而我们却交给地方政府甚至旅游公司去管。例如，东方佛都公司取得了四川乐山大佛一片景区几十年的经营权，非法打造"巴米扬大佛"，对乐山大佛及全国重点文物单位麻浩崖墓造成了严重破坏。陕西省改变秦始皇陵文物保护单位管理体制，交由旅游企业经营。安徽民居宏村由北京市一家公司承包经营，整个遗产地基本没有消防设施。一般说来，管理层次过低，保护和研究方面存在的问题较多。由于我国世界遗产的管理者中相当一部分是就地、非专业地任命，因此遗产的高品位与遗产管理者的低素质之间很不相称。遗产管理需要有专门的知识能力，因此应完全由国有遗产主管部门及下属的遗产管理单位承担。这种管理责任绝不能由旅游部门或企业或私人等代为行使。

3．立法滞后

保护自然文化遗产的立法滞后于开发资源的行为，于是开发者就套用经济开发区的政策用于风景区、遗产地的开发，这就导致错位的破坏性开发。例如，张家界天梯的投资者就认为百龙电梯是按 1990 年编制、1992 年通过建设部审批的《武陵源风景名胜区总体规划》而建的。《规划》有此文字："以现代的技术为人们增添游览趣味和经历……老屋场神兵聚会处，拟建升降梯。"当年经主管部门批准的这个规划就像"尚方宝剑"，1998 年，湖南省建委和环保局都批准了百龙电梯的建设。

（二）如何协调旅游文化环境与商业环境的冲突

也有许多因为保护得好而带旺了当地旅游的例子。武夷山，花了 1 亿多元拆除各种破坏景观的建筑；承德为了保护古迹将上万间新房子拆除；青城山-都江堰，不仅拆除了大量非遗产经营性建筑物和构筑物，还对古迹进行修复，单修葺费用就超过4亿元。这些例子说明环境保护与商业利益是可以协调发展的。

1．保护先于发展

旅游地的文化生态、自然生态是政府、企业获取商业利益的保证，所以一定要加大力度保护，否则破坏了青山秀水，皮之不存，毛将焉附?风景区的保护，是任何时代旅游发展利用的前提，没有保护就没有天下名山，就没有文化遗产和国家公园。应该抓紧风景区的整治，以保护为前提，按功能分区原则整治错位开发。严格整治超载开发，限量旅游，永续利用。景区要协调发展，就必须实行“区内游，区外住”。这样才能做到保护在先、兼顾发展，使景区成为发展文化遗存的精神家园。

（1）立法保护。保护必须立法，没有法就难以有效地保护。风景名胜区资源保护管理既是政府的事，也是全社会的事，同时是中国对世界的责任，对融自然、历史资源于一体的风景名胜，有必要给予应有的法律地位。对遗产旅游地的保护性法规若滞后于开发性法规，势必后患无穷。

（2）遗产旅游地由国家统一管理。成立统一的国家遗产保护机构，以扭转在管理中各自为政的局面。

（3）坚持功能分区原则。应坚持功能分区整治错位开发和过度开发，整治“三化”，立即停止风景核心区的任何商业性建设，实行“区内景，区外商，”“区内游，区外住，”“区内名，区外利”的功能分区。

（4）对参与旅游的各方分别采取不同的规范措施。地方政府，应尽快建立以绿色GDP为核心的国民经济发展核算体系，以生态环境保护作为政绩第一来考核。林业和环保部门，只能充当旅游产业开发的管理和监督者。对旅游部门，要在保护部门的监督下，充分利用市场机制来统一规划和开发。从保护资源的角度看待门票提价，不失为一种通过价格杠杆来限制客流的办法。如果超负荷地接待游客，对风景区的保护不利。对旅游消费者，要积极引导他们的旅游消费方式和旅游价值观，充分挖掘旅游的文化内涵，大力倡导生态旅游以及与观光农业相结合的度假旅游，尽量减少基础设施建设。

2．借鉴他国经验

发达国家的国家公园体制对自然和文化遗产的管理相当有效，这些国家的国家公园都属于公益性的，绝对禁止商业开发利用，根本不允许人工机械进入。在欧洲以及日本、加拿大等国家的世界遗产保护区内几乎见不到索道，即使有，也都远离遗产保护区。其作用更不是运送游人，而是主要为一部分滑雪爱好者服务。在德国，有一个近400平方公里的国家公园，里面一条索道也没有，但外面却有八九条，目的主要是为那些滑雪爱好者提供方便。在日本这种情况也很常见，大量的索道是为了滑雪运动而设置，因此冰雪运动颇受人们青睐。另外，日本在20世纪50年代也曾想在富士山修索道，但在经过就这一问题进行的社会大争论后被否定，因为富士山在日本人心中是神圣的。富士山上的公路只修到2000多米的地方（富士山海拔3776米），再上去全靠步行，而且根本没有台阶，只能艰难爬行到达。到了上面如果要过夜，设施都是一间一间的小木屋，吃的东西也全是人力背上去的。再比如，游客如果要在美国的大峡谷上面过夜，必须提前一年申请，由管理部门统一安排，以保证国家公园的适度利用。在美国，对国家公园的保护水平甚至成为总统政绩好坏的标准之一，每届总统都有自己的国家公园顾问，有的总统的国家公园顾问竟多达七八个，足见其重视程度。

案例　　喜忧参半的旅游“井喷”

近些年来，旅游“井喷”现象导致商业性的旅游开发已成为一种普遍的经济行为。各地方政府的经济利益（往往是眼前利益）和开发商发财动机的结合，便将众多的山川、湖泊、岛屿、海滩、森林和古城纳入了旅游目的地开发和建设工程中。日益显现的是，生态环境、人文环境在一天天地恶化。每一个“黄金周”，都制造着一浪高过一浪的“井喷”。我们常常陶醉于不断增长的游客数量和不断攀升的旅游收入的喜悦中。有人说，旅游业带动了国家的经济繁荣，让我们的钱包鼓了起来。可是金钱让我们意识不到旅游业正跨越生态保护的界限，让我们重蹈早期西方国家旅游业付出惨痛代价的覆辙。

以牺牲生态环境、破坏文化资源开发旅游经济，在中国是一个很普遍的现象，中国一些景区和当地政府至今尚不清醒，还在大兴土木，相当一部分世界遗产地在旅游线路、客流管理上失控，一些地方更是提出“把风景×山改造成经济×山”，“把××山打造成中国第一山”等等。

中国发展旅游业是后起之秀，初始于20世纪70年代末，而至1999年，实施“三个长假”以来，其发展速度更是迅猛。我们在其中获得“巨大收益”的同时，又为之付出了什么样的代价呢？

2003年9月27日媒体报道了这样一个消息，世界古遗迹基金会24日公布了2003年度全球100处最濒危遗址名单，长城因自然破坏以及游客过多、破损严重而入选。其他四处遗址是河北承德的普宁寺、河北一处明代驿站、上海犹太会堂和甘肃天水民居。100处“最濒危遗址”，中国独占鳌头。

我们在搜集的众多有关报道的资料中，选择了下面10个案例，从中窥见一斑。

（1）关于长城：北京八达岭、慕田峪、司马台长城由于游人过多，一些长城砖已经松动；城墙上到处可见“到此一游”的字迹；还有漫山的垃圾、商业的喧嚣以及汽车的尾气。

长期以来由于沿线生态环境的不断恶化，再加上人为因素的毁损，长城破损现象非常严重，特别是在西部干旱荒漠区，有的地段早已被沙漠埋于地下。目前长城的基本状况是：只有1/3修复和保护基本完好，另有1/3残破不全，1/3不复存在。至今毁坏长城的事件时有发生。山西某村想把两个砖瓦厂合二为一，但麻烦的是有一段长城“碍事”。村长一声令下，拆！这段60米长的历史文化遗产，顷刻间湮灭。事后，虽然各级管理部门极为重视，又是发文又是现场办公会，但最后不过是罚款200元钱了事。更有甚者，1999年，内蒙古包头修建公路时，把“挡路”的赵长城遗址全部拆除！有关部门对此事的解决办法也是罚款。

（2）关于北京：为了筹办2008年的奥运会，现在整个北京城就是一个大工地。在危旧房改造的旗号下，房地产开发商正以“推平头”式的摧枯拉朽之势，涤荡北京的每一个角落，致使一大批具有历史、人文、艺术价值的传统建筑未经甄别便被夷为平地。具有850年历史的古都，现在被一个个CBD包围着。但是她的人文价值却只有10%。

（3）关于黄山：自20世纪90年代初黄山列入世界自然与文化遗产名录后，开始了大规模地开发建设。风景区内豪华宾馆、招待所越建越多，档次也越建越高。为解决游人及山上常住人口的衣食住行，景区已建成5条公路，总长23.8公里；三条直插核心景区的索道，总长度8365.9米；新老步行道总长度50988米；大小水库9个、蓄水池21个，拦河坝3个，其中位于温泉游览区的五里桥水库坝高51米，赫然耸立，十分扎眼。另外，九龙溪与钓桥两座水库也已批准立项，预计完工后，全山水库容量可达81万平方米，供水管道总长40余公里。黄山上人的活动日益频繁，还给黄山带来极大的潜在危险。豪华宾馆耗费大量电、气，火灾隐患增加，而职工生活区更是隐患重重。

（4）关于周庄：20年前，因贫困而人迹稀落的周庄，如今一天的游客最多竟有3万人。几年时间，周庄古河道的两旁就冒出200多家饭店，2001年它接待游客208万人次，对于这个只有0.47平方公里的小镇来说称得上饱和。业内人士担心：这样的饱和度对于周庄将是毁灭性的，用不了几年，这里不仅风味会变，几百年留下的古街古道也将面目全非。“金钱吞没名胜周庄水乡变商铺”，不少游客到过有“中国第一水乡”之称的周庄后，都慨叹当地昔日的水边小筑，很多都已变成了一个个鳞次栉比的小商铺，以往纯朴的民风，已逐渐淹没在日益浓厚的商业化气息之中。另据2004年3月20日《新京报》A03版的消息说，小小的周庄古镇，竟有600多家商户，仅丝绸经营户就达278户。这是周庄一味强调发展的后果。据说，目前当地政府将拨出巨资拆除新搭建房舍，重新恢复水乡周庄的自然与古朴。

（5）关于张家界：国家重点风景名胜张家界武陵源，由于近年来无节制、超容量地开发，兴建了许多旅馆、商店，甚至造出“天上的街市”，因而，受到联合国世界遗产委员会的“黄牌警告”，武陵源的自然环境已变成一个被围困的孤岛。专家指出：如果不认真加以整改，张家界-距离联合国《世界遗产濒危名单》（被世界遗产委员会摘牌）真的就不远了！因此，当地政府不得不决定在景区内34万平方米的建筑物和构筑物拆除，而恢复原貌要花费10亿元人民币，比已获得的效益高出数倍！

（6）关于西双版纳：以热带雨林风光和傣族风情闻名于世的版纳，在云南旅游中长期独执牛耳。然而，1998年后，版纳旅游颓势毕现，集中的表现是市场严重地供大于求，引发了经营者之间的恶性竞争；服务水准和质量缺乏保证，消费者权益遭到损害。版纳的各类景点一度达到40多个，规模小，重复建设多，精品名牌少，文化含量低。

（7）关于贵州黄果树瀑布：瀑布告急，夜间蓄水，白天放水，勉强维持“一股细流，几行清泪”。

（8）关于人造景点：其投资额从数亿到数十亿不等，占地面积有数十亩到数千亩之多。1997年全国的统计数字是千余个，因经营不善，已导致各级财政将近数百亿元的损失和巨额的银行“呆账”。到2001年，县以上的人造景点急剧增加了10倍（达上万个）。其中投资额最大的高达上百亿，占地面积最多的达6万多亩。令人心痛的是：这些占用了数量惊人的土地资源并耗费了巨额公共财富的人造景点，多数未能形成新的生产力。由于80%处于亏损状态，还造成了难以计数的银行“呆账”。一些专家毫不客气地批评，那是瞎编滥造“伪民俗”，是花着国家和人民的钱，篡改和糟蹋宝贵的传统文化。

（9）关于主题公园：“主题公园”是开发商的新热点。所谓“主题公园”仅仅是一个幌子，许多后来都变成了房地产买卖。有些“主题公园”只是简单模仿国外的模式与风格，根本不具有娱乐与休闲的功能，更谈不上获得美的享受。还有些开发商为了建主题公园，任意在陡峭的山上劈山凿洞建索道，任意砍伐原始森林人造一些“风景区”，有在湖面建索桥，有在风景区开山毁林建别墅、宾馆、度假村和公墓，有像“克隆”乐山大佛那样搞人造景观的……这些动作打的是"建设"的牌子，造成的却是破坏的后果。另据北京电视台今日话题节目披露，在北京正在经营的50个主题公园中，目前都在走下坡路，绝大多数都是负债经营，能赢利的则很少。

（10）关于"旅游节"：为造"旅游经济"之势，近些年各地市纷纷搞起了"旅游节"，可谓花样翻新，各自都解尽浑身解数，什么民间的、民俗的、民族的，土的、洋的，丑的、怪的，新的、旧的，滑稽的、幽默的，一应俱全。老百姓的评价是："五花八门、热闹非凡、兴师动众、劳民伤财、收效微薄"。当然，这样一个结果决不是创办者的初衷。世界旅游组织的《旅游的精神价值》的报告中有这样一段话："可否设想设立一个旅游节，使之成为所有人的节日，把人们的激情和创造性解放并发挥出来呢？如果相反，旅游节只是一种无规则的游戏中兴致所至的表演，那它不是会变成最蹩脚的艺术吗？""必须避免的是，在作为旁观者和不了解情况的旅游者的目光中，节日的习俗和礼仪是为了商业目的，节日的意义也在故意的安排中改变了、消失了。因为，这种安排强调了仪式最具排场的一面，而使仪式的内容失去了神圣性。这对我们正在大张旗鼓地办各种'节'不也是一种警示吗！"

近日读沈峰先生发表在《北京晚报》上的一篇短文，题目是《有感于"拒绝旅游开发"》，文章说，加拿大南部小镇威斯勒赢得了举办2010年冬季奥运会资格，但却宣布"拒绝旅游开发"，即使有投资商拿来上亿、上千亿美元的投资，也绝不开发一山一水——尽管那里有一座座雪山、大片的森林、蜿蜒千里的海湾。威斯勒小镇也绝不再建任何一座饭店旅馆，不再建任何旅游设施。尽管这个世界级旅游胜地每天给威斯勒带来100万加元的税收，但当地人并没忘乎所以。因为他们知道，旅游业虽然繁荣了当地经济，却也会由于游客的无限制增长导致许多潜在问题的发生，比如，自然生态环境和人文地理环境都将遭受损害，而这些都是不能再生的。据悉，小镇威斯勒限制旅游业的无序发展有许多具体措施，每建一处房子、每增添一项旅游设施，建多大、用什么形式、建在什么地方、需要多长时间，都要经地方议会批准，都要考虑对自然环境质量和当地居民生活的影响。

威斯勒小镇的国民和政府在繁荣经济和保护环境两者之间的选择中，毅然决然地选择了保护环境，这件事很让人感动。

[资料来源：节选自马惠娣著.走向人文关怀的休闲经济[M].北京：中国经济出版社，2004.195—200.（略有改动）]

二、旅游地的文化环境与居住环境冲突

近年来，古镇旅游及边缘地带的民族旅游越来越受到居住在繁华大都市的人们的青睐，因为这类旅游较之博物馆旅游、民俗村旅游更真实、更有生命力，更适合于体验型旅游市场的发展要求。然而，随着这类旅游地的日益红火，旅游所带来的各种社会矛盾也越来越突出，其中比较受到大众关注的就是旅游与当地居民生活环境的冲突。

由于保护意识淡薄，传统民居、历史建筑被新建的方形建筑弄得支离破碎，古村古镇风貌受到日益严重的侵害，地方特色和民俗风格正在逐渐消失。一些古民宅十之五六已不同程度改造和翻新，部分房屋破损严重，岌岌可危，有的已倒塌破败。甚至干脆把破旧之屋拆旧建新，住着舒适又风光。如上海郊区周庄这几年的旅游很火热，生意好做，一般小店一年三四万元，所以很多人背着管理部门偷偷破墙、破窗开店。周庄的门窗原有一百多

种风格和式样，如吊大门、水墙门、屏风门、遮挡门、角门、墙门，吊大窗、海棠窗、板窗、顺风窗、元宝窗等，由于人为破坏，导致很多样式见不到了。地处浙北水乡的乌镇距今已有1300年历史，镇上保留着一大批明清时期的江南水乡民居建筑，因此成为沪杭黄金旅游线上的一个热点。按说旅游带来的经济收入让当地居民也获利不少，他们理应感到幸福满足了。可是，颇受媒体关注的是，2004年夏天，居住在乌镇东大街的低矮、木结构房屋内的几十户居民因为忍受不住闷热又潮湿的日子煎熬，纷纷向管委会“请愿”要求管委会允许他们安装空调。这样的要求被管委会以大量安装空调会破坏古镇原有的外部风貌为由否决。居民们想不通：古镇保护不能以牺牲居民的生活质量与基本生活水平为代价呀。

这些年来，政府及旅游企业也越来越意识到古镇保护的重要性了，因为保护是旅游开发的基本条件，如果保护不好、丢失了传统，又有多少游客会再次光顾呢？但是当地居民却不愿永远地生活在传统里，特别是许多年轻人他们纷纷离开老镇区而迁往新区或大中城市。近年来，丽江旅游业异常兴旺，数百万游客给古城带来了无限商机，吸引着大批外地人到丽江古城租房开店。然而，本地人对这些“商机”却似乎有些不以为然，他们更向往“现代化”的城市生活。于是，他们把古城的旧屋租给外来者，自己则搬到新城去住。就这样，大量原住民搬出古城，大批外地人搬进古城。据当地的一份资料显示，1996年以前，古城内有原住民3万多人，而今仅有6000余人，留守者大多为老年人。这又给当地政府留下一个难题：如果古城里面的居民都不愿意在这里生活，都把房间出租出去，那么这个古城还具备申报遗产时的文化优势吗？对游客还会有长久的吸引力吗？

乌镇及丽江的尴尬一方面是传统与现代的矛盾，另一方面却也暴露了现行文化旅游开发策略的失误，反映了当地居民在旅游开发管理中的参与度不够、对当地的旅游发展控制太弱。

现在许多地区的旅游开发策略，往往把居住在古镇、古村落的居民看作来自过去时代的图画，一种纯洁、原始、静止不变的文化，活的博物馆会告诉游客几十年前，甚至几百年前这些人是如何生活的。旅游开发者似乎认为“过去”就意味着传统、真实。然而，始终不变的“过去”式博物馆会不会让人乏味甚至产生一系列严重的社会矛盾？

传统是变化的，传统并不意味着静止不变的过去，现代化也不意味着磁砖、钢筋水泥楼房。保护是开发的前提。当然，保护不仅仅是对原有景观的保护，而是要用科学的方法进行维护，处理好新建建筑和已有建筑之间的风格、体量、布局等关系。对于抽象的文化、民俗等，则应采取一定的措施，保护原生态的文化和社区居民的利益，使之持续发展。当地人是当地文化的传承者，古城、古镇里没有了人与人、人与景的融会贯通，古城镇将是一座没有生气的“死城”。另一方面，一个街区如果全是某一时期的建筑，只能说明这个街区已经停止了生命。

总之，旅游地的文化环境与本地人的生活环境间的冲突是一个非常复杂的问题，需要从各个层面进行综合、深入的探讨，包括以下三个方面。

1．提高旅游地居民生活水平，保证旅游地居民的社会、经济利益

把改善旅游地人的生活条件，提高当地居民的社会经济利益放在第一步。尊重当地居民的意愿，保护他们的利益，调动村民、居民参与保护性开发的积极性，修复改善古村、古镇、古建筑。可考虑逐步搬迁古建筑群内的住户，改善村民居住环境和质量，使古村建筑群得到更好的保护利用，如南浔镇的“建设新区，保护古镇”的方针。选择在古镇边上发展城市、建设新区，既充分保护了古镇，也同时适度发展旅游等产业。又如，丽江古城

拟定的挽留居民的计划也值得借鉴：即对居住在古城丽江的60岁以上的无固定收入者，给予每个月400元的养老补助。另外，还将承担起在古城中小学就读的学生的学费。

2. 加大当地居民在旅游业的参与度，对他们进行定期的遗产保护及相关旅游知识培训

旅游地的旅游发展必须反映当地人的意愿，保证当地人参与规划管理决策的权利。为了使当地人有效管理本土文化遗产，应该及时引导他们学习了解本地的历史、民俗知识，以及如何经营富有本土特色的宾馆及其他旅游设施等。对当地居民开展定期的旅游培训课，使他们明白有关真实的木土旅游文化的概念、利益以及可能存在的问题，知道当前的旅游发展政策、该地旅游规划、来自不同文化背景的游客的习俗、行为方式以及价值体系等。总之，可持续发展很大程度上是由各利益主体的意愿决定的，因此只有在各利益主体紧密合作的条件下才能实现目标。

3. 制定相关政策法规保证文化古迹的保护利用

政府要制定、完善有关文化遗产保护的法律，使旅游地的文化环境保护做到有法可依。将文化环境保护利用情况纳入当地经济社会发展指标，建立健全文化环境保护利用有效机制，使文化古迹流传万世，永续利用。提高村镇领导和居民保护利用遗产的积极性和主动性，以奖励推动文化古迹的保护利用。

案例二　浙江乌镇遭遇尴尬，居民请愿要求装空调[①]

天气渐热，居住在乌镇东大街的几十户居民，纷纷到桐乡乌镇保护与旅游开发管委会“请愿”，要求管委会允许他们安装空调。一直以来，这一要求都被管委会以大量安装空调会破坏古镇原有的外部风貌为由否决。居民们则认为，古镇保护不能以牺牲居民的生活质量与基本生活水平为代价。

东大街是乌镇最主要的景区，目前居住在此的居民有270户。管委会主任陈向宏告诉记者，2000年前，东大街只有一户居民拥有空调机，这两三年来有相当一部分居民要求在屋顶上安装太阳能热水器、在室外安装空调机，“这对1300米长的东大街来说，已无法保证其质朴的建筑风貌”。

地处浙北水乡的乌镇距今已有1300年历史，镇上保留着一大批独具特色的民清时期的江南水乡民居建筑，被称作中国最后的枕水人家。它和同在浙北的南浔、西塘一起，正在联合申报世界文化遗产。

2001年，乌镇正式对外开放。如今，乌镇已成为沪杭黄金旅游线上的一个热点，去年接待游客超过200万人次，单门票收入就接近6000万元。

随着游客的拥入，居民们强烈要求破墙开店。尽管管委会采取了提供另外的商业摊位、照顾性招工、发放低保等办法，但几乎每天都有居民以各种过激的方式要求开店。

对此，陈向宏感到很头疼。“从规范的工商程序审批来看，老房子的居民利用自己的私房破墙开店无需再有审批前置条件，而禁止历史街区居民随意开店并没有哪部适用的法律法规可依。”

居民们则直截了当地对记者说：“住在老房子里既不让开店又不让装空调，你们专家、学者、领导说老房子是美的，要保护，那么你们在夏天到这种房子来住上一个礼拜试试？”

① 引自：http://news.xzcnc.com/news/nd.asp?id=17244

此外，江南的民居低矮，多是木结构，不少居民擅自将木门木窗进行改建，而现行法律法规中，没有具体的条文可以对这些行为加以规范，这也让管理者无所适从。古镇居民不愿生活在传统中。乌镇越来越感受到保护与发展、保存与利用这一对矛盾的棘手。

管理者认为，既然要保存的是一段已经消亡的历史，就要通过开发，让乌镇恢复古镇的原始状态。“过多的商业行为肯定不属于古镇的原生态，可以想像，如果允许老百姓自由开店，古镇很容易变成一个嘈杂的小商品市场。”现行的古镇保护是在一个相关法律缺失、理论指导相对滞后的大环境下进行的，一方面缺乏可操作性的法律法规来规范规划者、开发商、产权拥有者、居住者都必须遵循的权利与义务，另一方面，保护理论的单一使得不少舆论只提出哪些“不能做”，而很少探讨哪些“可以做”、“怎么做”。

第四节　旅游文化的观念冲击

一、旅游者在异文化环境中的文化冲击

旅游者在异国他乡，往往会受到文化观念的冲击。例如法国人大恩所著的《十二亿火星人——一个法国人眼中的中国人》一书中，记叙他在北京到广州的火车上，邻坐的中国人在三分钟内，就翻看完了作者在中国拍摄的一本厚厚的影集，这是因为这本照片集只有风景照而没有作者的留影，所以中国旅客提不起兴趣。而中国人为了欢迎他远道光临，请他吃狗肉和蛇肉，使实行动物保护主义的法国人感到难以理解。

而最使法国游客大为震惊的旅游项目，是参观广州著名的农贸市场。他们为药类柜台中陈列的海马、蝎子、蛇、蜈蚣、蜥蜴、青蛙的干尸而诧异。在农贸市场的生禽肉类柜台，法国人看到了大量乌龟、猫、鱼、鹌鹑、野鸡、鸡、青蛙、鸭子、螃蟹、黄鳝、田鼠、猫头鹰、鸽子等等各种动物，被关在笼子里正在蹬腿挣扎。他们甚至看到卖兔人为了在顾客来购买的时候能够节省时间。把兔子活剥皮，这一幕使法国游客看得毛骨悚然。从而得出中国人对动物冷酷的结论。

个体进入不同文化环境时将体验到文化冲击（cultural shock，也译作文化震惊）。文化冲击由文化人类学家奥伯格（Kalvero Oberg）在1960年最先提出，定义为“由于失去了自己熟悉的社会交往信号或符号，对于对方的社会符号不熟悉，而在心理上产生的深度焦虑症。”。他认为文化冲击具有的特征包括：吃力地消化各种新印象；对异文化的恐惧；感觉被孤立、被无助地抛弃在一个陌生的世界；认为不被当地人接受。表现的症状也有多种：比如洁癖、在饮食上过分小心谨慎、对小病小痛也表现得大惊小怪、常常认为自己吃亏上当、感到绝望、对客居国语言的学习感到厌恶、只与本国人接触等。

文化冲击对每一个进入异文化的外来者都存在，只是旅游者由于按安排好的路线去旅游，接触的异文化空间相对狭窄，所受到的文化冲击要小一些，表现形式不同而已。文化冲击是跨文化交流中的对进入异文化空间的人所有的一种感觉。空间的转化意味着文化的变化，使人们在社会交往中，因失去自己所熟悉的环境而感到一种焦虑，这些环境包括人们所适应的一切日常生活场景。在异文化空间中，无数的新印象像潮水一般涌来，让人茫然不知所措，因为它们是与以往认为理所当然的那些行为模式、思维方式不相协调的。就像那个童话里的爱丽斯一不小心掉进了兔子洞里面，因而跌入了一个神妙奇幻的的世界，

那里的每一个动物都会说话，就连扑克牌都能自组一个王国。这种冲击对于旅游者来说，有多种表现，包括不习惯、新奇感、称赞、自卑、不知所措等种种感觉。

作为一个旅游者，来到异乡，首先语言不适应。即使没有语言障碍，当地的社会、经济、政治文化都可能让外来者深刻感受到焦虑：旅途中有不少不明白的地方，上餐馆时你不知道怎样点菜，点的菜不知合不合口，结账时不知道小费该付多少；最让你焦虑的可能是你内急的时候不知道厕所在哪儿，好不容易找到厕所后又偏偏是你一点也认不出的当地文字标示的“男”和“女”……如此种种，汇集起来对旅游者形成心理上的冲击。

要减少在不同文化环境中的文化的冲击，旅游者必须了解、适应当地新的价值观、各种规则与风俗习惯。保持开放、宽容的心态，消除偏见，改变民族中心主义的视角，更好地客观看待所见到的文化现象。

案例　又可敬可怕：中国教授在日本感受的三次文化震撼

初到异国他乡，常会遇上美国人说的“文化震惊”（culture shock）。的确，不同文化的碰撞，常会让人领悟到一些什么。去年夏天，第一次踏上东邻日本的土地，就时常感受到这种所谓的“文化震惊”，其中有三次给我印象尤深。

早就听说东京的夜景美丽壮观，是世界著名夜景之一。到日本后不久的一天晚上，我请在日本工作的弟弟陪我上了住友三角街的顶层，这里是东京观赏夜景最佳地点。与纽约、洛杉矶、新加坡等地金光闪亮耀眼的夜晚不同，东京的夜景宛如星河泻地，银灿灿一望无际。看着无数灯光通明的办公大楼，我问弟弟，为什么这么晚了，办公楼还都亮着灯，弟弟答一般公司职员都工作到很晚。在日访问期间，白天我有自己的活动安排，傍晚下班时分，我总在弟弟工作的公司附近与他会合，请他陪我逛逛。有一天我们走岔了，等了很久不见他的踪影，我就进他公司找他。本以为这么晚公司里一定空空荡荡的，可推开办公室的门却吓了我一跳，员工熙熙攘攘，热闹非凡———大半屋子的人都还在忙碌着，而这时已经下班一个小时了。出门遇上了找回来的弟弟，我问他，下班这么久了你的同事们怎么还不走？弟弟说，日本人就这样，其实他们也没干什么，只是干活儿干得意犹未尽，还想再找点什么事干干。这使我想起母亲曾对我说起过，20世纪50年代刚解放时大家下了班都舍不得走，总想再干点什么，晚上办公楼的灯总亮到很晚。那天乘轻轨火车（日本人这样称电车）返回东京远郊的住所时，已是深夜了，而车厢里竟挤得满满的。望着这群满脸倦意、默然站立的日本“上班族”，我内心震动了——我们的近邻竟然是这样地工作着！

日本的国民生产总值居世界第二，是个富裕的国家，这是尽人皆知的。去日本前听人说日本人生活还是比较朴素的，“吃得少、干得多”。到日本访问时就留意观察。日本人在馆店里吃饭一般多采取“定食”的方式，与我们的“份饭”类似。即使是高档餐厅的日餐一般也是这种形式。一份“定食”种类并不少，高档的“定食”往往有十几种菜，但每种数量却少得可怜，有的菜竟是一颗青梅或一块鸡蛋大小的没油没盐的生豆腐。为了搞清日本人的食量，我专门选择了在中国开设连锁店的日本便餐店“吉野家”进行观察和比较。一连几天中午我都在市区的同一个“吉野家”吃中饭，店里没有桌子，只有“吧台”式台子，一到中午，店堂里便人满为患，长条的台子边坐得满满的。现在的日本中青年人的身材已不是当年“小日本”的概念，他们进门后头也不抬，嘴里咕噜一声，伙计听见后一会儿就把一份“定食”端了上来。东京的“吉野家”比北京“吉野家”一份“定食”的数量要少得多——比茶杯大一点的一小碗米饭，刚刚铺满盘底的一小碟涮牛肉片，一小碗酱汤，外加一小撮咸菜，这就是日本一个中年男子的午餐，真有些不可思议。问起一些在日多年的中国留学生，他们回答：这用咱们中国话说叫“常带三分饥与寒”，是日本文化的一种特色。从日本回来后，眼前常常浮现出细细地吃完一小份饭后默默离去的日本人的身影。一个富裕起来的民族，竟然还能保持如此的朴素。这种朴素难道不比日本经济的富裕和强大更有力量吗？！

盂兰盆节假期的最后一天，我与弟弟驾车去日本著名的旅游胜地伊豆半岛游览。由于是长假的最后一天，返城的车流形成了空前的高潮，从伊豆半岛西部通往东京方向100多公里长的公路上几乎全线塞车。日本的道路十分狭窄，我们走的“国道”居然只有上下共两条车道，几乎所有的车都是回东京的，对面的来车很少。这样的塞车是我从来没有见过的，简直可以说是蔚为壮观，顺路望去看不到头的车流在一步一挪地缓慢行驶。100多公里的路，我们从下午四五点钟一直走到深夜12点左右。然而就在这全线堵车的100多公里的路上，居然没有出现一个维持秩序的交通警察，也没有看到一辆车从空荡荡的下行车道向前超行，甚至没有人鸣笛催促前面的车辆。日本人就那样耐心地坐在车里，一步一停地向前挪动、挪动。100多公里长的公路大塞车，日本人竟然秩序不乱；七八个小时的等待，日本人竟然不急，靠着耐心，他们自己竟把这绵延100多公里堵塞的车龙化解了！如此坚忍、守秩序、万众一心的民族，真是可敬又可怕。

http://www.junmeng.org/html_data/50/0508/8494.htm

二、文化观念的冲击在旅游开发中的利用

旅游者与长期定居国外的人不同，旅途中的文化震惊一般不足以使他们失去重心，迷茫。他们对文化震惊怀有一定的期望。这种震惊或者说冲击正是符合旅游规律的。如果缺乏这种刺激，见不到任何与本文化相异的事物，旅游也就失去意义了。旅游者希望能在一定程度上体验异文化的冲击。在旅游开发中，适当利用文化冲击能使旅游者体会到旅游带来的异文化乐趣，亲身感受异文化的魅力。在开发中需要注意以下几点：

（一）突出特色

在开发设计中突出文化特色，采用各种方式给游客制造文化冲击，把握游客对文化冲击的渴望积极营销。发现、挖掘旅游资源的独特性是开发中重要的一点，文化资源更是如此。有专家认为旅游规划的最高价值就是“化腐朽为神奇”，所谓“民族的就是世界的”，许多具有地方特色、民族特色的景观往往为本地人所忽视，只是看作平常生活的一部分，殊不知对于外地人来说这已成为具有观赏价值的艺术了。比如当今热捧的古镇游，对于很多古镇上的人来讲，那些石板路、老街平房、手工工艺、家常食品等都只不过是他们的宁静生活罢了，大城市的人去了却会觉得稀奇，以至于不停地拍照、摄像，激动不已；与此类似，古镇上的人很少进城的，到了大都市，在高楼大厦间，头晕目眩，灯红酒绿的都市生活同样让他们感到目瞪口呆。

在旅游宣传营销中需要善于利用游客的心理，突出能够形成文化冲击的卖点，吸引游客。细分市场，定准目标市场，考虑消费者的需求，有针对性地营销。“互补”是旅游者

旅游的一大因素，只有发现那些与客源地不同的文化卖点，才能使游客能够感觉到这种文化差异所带来的“冲击”。

（二）保护原真

旅游开发中应当有意识地发现并突出对游客有冲击或震惊的文化点，但绝不能以此亵渎本地文化。以盲目取悦旅游者为目的的“滥”开发，将本地文化胡拼乱凑、改头换面、断章取义，甚至无中生有地编造出一些离奇的怪现象来吸引游客，只顾经济效益、忽视社会效益的做法是不可取的。

同时，只有在开发的同时注意保护文化的原真性，才能避免当地文化在旅游业的发展中，被外来文化所同化。保护是为了更好地开发，以利于可持续发展。文化冲击的前提是文化的原真性，如果地方文化失去了原本的特色，还能怎样长远地对游客有吸引力呢？

（三）化解不必要的文化冲击

文化冲击包含的不仅有旅游者的新奇和愉悦，还有不适，这就要求旅游经营者注意防范和化解。在旅游服务中，考虑道德观、宗教观等价值观，避免旅游者难以接受的冲击。考虑旅游者的审美、饮食、交际等习惯，对于文化差异加以解释，使游客能够理解他们所感到的文化震惊。开发者和经营者、服务者都应在设计和营销、服务中尽量把握节奏，使旅游者能够明显感觉到文化冲击，但不至于产生错乱、迷茫等不利于旅游的情绪。

案例 澳大利亚的土著文化旅游[①]

（一）澳大利亚计划推出土著文化游

随着土著旅游成为全球旅游的热潮，澳大利亚越来越多的土著部落打算开始“对外开放”，发展自己的旅游产业。位于澳大利亚北部的约尔古村就是其中之一。

约尔古村距离纽兰拜市大约有一个半小时的车程。村里的土著人希望把这块像天堂一样美丽的地方开放，与来自世界各地的游人们一起分享。然而成为旅游景点并不那么容易，需要克服一些困难，例如必须获得政府的批准。

澳大利亚政府已派出代表前往约尔古村考察当地旅游开发的前景，土著村民向他们展示了一日游的主要内容——参观烹饪表演。来自商业部的代表卡伦·扬表示，政府将会尽全力帮助他们，把开发旅游业当作政府工作的一部分。他同时表示，政府已经与当地文化开发部门等机构合作，共同促进这项旅游计划的实施。

北部旅游委员会的官员马里说，由于土著旅游将成为旅游业的重要组成部分，他们也将会给予更大的支持。

约尔古村土地的拥有者德加瓦正准备致信政府，申请在这块土地上建造旅游企业。由于有著名公司老板的巨大支持，德加瓦和他的家人对申请成功很有信心。德加瓦说，旅游开发计划很重要，因为这不仅关系到他的未来，还关系到整个部族的未来。

（二）“土著人旅游”的开发

西部地区与东南沿海地区经济发展水平存在很大差距。在经济不发达地区，居住的主要是土著人。土著人是澳洲大陆的原住民，有自己独特的文化和传统，加上土著人居住区的独特自然环境，其旅游资源非常丰富。为了缩小地区差距，澳大利亚政府选择以旅游业作为提

① 解放日报，2005年7月11日.

高土著人居住地区经济发展水平的突破口，并于 1997 年推出了“土著人旅游业发展战略”。

首先，澳洲政府在规划上给予了土著地区大力支持，要求各地方政府在制定当地旅游发展规划时，必须统一考虑土著人旅游发展计划，把土著旅游列入当地、州和全国旅游计划的一部分。在政府统一规划下，澳洲沿海发达地区在资金、技术和服务等方面为土著地区提供了大量支持和帮助。有关部门将土著人的旅游点与发达地区连接起来，把游客的旅游线延长到土著人地区，编入全国、州和当地的旅游网。凯恩斯的大堡礁是游客必去之地，现在 60 公里外的土著地区，新开辟了热带雨林游和土著古镇游，旅游线路延长后，新老旅游景点相得益彰，游客在凯恩斯的平均停留时间从 3 天延长到了 4 天。

资金是困扰土著人发展旅游业的一大难题。在强调土著人自力更生的同时，澳大利亚联邦和州政府也根据不同情况给予补助，澳大利亚联邦银行还提供优惠政策，向土著人发放低息和无息贷款。土著人大多以社区团体为单位，用矿山收入、地租、补偿金和银行贷款作投资资金，共同开发和经营旅游业。如位于维多利亚州南部山区的布加拉土著文化中心，共有 300 多土著人经营，在他们 60 万澳元投资中，联邦政府出 10 万澳元，州政府出 20 万澳元，土著人自筹 10 万澳元，其他由银行贷款。当地土著人满意地说，不求发财，但起码使我们经济上自立了。另外，澳政府也投入巨资改善土著地区的旅游基础设施，例如：在凯恩斯投资 900 万澳元兴建了一座土著文化公园，并在北部热带雨林区修建了世界上最长的空中缆车。

澳政府强调，土著人办旅游，要突出土著文化特色，有些特色文化项目还可进行深度开发。澳北方吉伯拉地区有绘画和制衣的传统，旅游部门帮助他们建起了土著服装制作厂，短短几年内，他们生产的土著服装就畅销各地，还打进了日本市场。还有一些旅游项目，如组织游客品尝丛林食物，体验流传了上万年的土著饮食文化，受到游客们的交口称赞。

澳政府非常注重把开发旅游与保护文化遗产结合起来。近年来，澳政府拨出了大量资金，用于修缮和保护土著人的原居住地和文化遗产。澳旅游部门还对土著人展开教育，要搞土著旅游，首先是要保护好土著文化旅游资源，规定搞土著旅游，得拿出一定比例的收入作为再投资，用于文化设施的维护。①

图 5.6 为在澳大利亚街头，一位土著表演者与三位小游客合影留念。澳大利亚独特的土著文化正在吸引着越来越多的游客前来参观。

图 5.6　与澳大利亚土著表演者合影②

① http://www.gmw.cn/01gmrb/2000-03/17/GB/03^18362^0^GMB4-144.htm（标题为作者加，原文有删）
② http://jjckb.xinhuanet.com/www/Article/200582591622-1.shtml

本章参考文献

［1］ Baudrillard, J.（鲍德里亚）1988 Simulacra and Simulations（《仿真与模拟》）［M］. *From* Jean Baudrillard, Selected Writings, ed. Mark Poster. Stanford: Stanford University Press.pp.166-184.

［2］ Boorstin, D. J.（柏斯汀）1992(first published in 1961) The Image: A Guide to Pseudo-Events in America ［M］（《美国假事件的意象指南》）. New York: Vintage Books.

［3］ Bruner, E. M.(布汝勒) 1994 Abraham Lincoln as Authentic Reproduction: A Critique of Postmodernism[J] (《对后现代的评价：以真实的复制品——亚伯拉罕·林肯村为例》). American Anthropologist 96(2),pp.397-415.

［4］ Cary, S. H.(卡里) 2004 The Tourist Moment［J］（《游的瞬间》）. Annals of Tourism Research, Vol.31, No.1, pp61-77.

［5］ Chhabra, D.(卡布拉) Robert Healy and Erin Sills. 2003 Staged Authenticity and Heritage Tourism ［J］（《论遗产旅游与舞台的真实性》）, Annals of Tourism Research, Vol.30, No.3, pp702-719.

［6］ Cohen, E.（科恩） 1988 Traditions in the Qualitative Sociology of Tourism［J］（《定性旅游社会学的传统研究方法》）. Annals of Tourism Research, Vol.15, pp29-46.

［7］ Cohen, E.（科恩） 1995 Contemporary Tourism—Trends and Challenges: Sustainable Authenticity or Contrived Post-modernity［J］?（《当代旅游的挑战与趋势：可持续的真实性还是虚构的后现代性》） *In* Change in Tourism: People, Places, Processes, Richard Butler, and Douglas Pearce, eds., pp. 12-29. London: Routledge.

［8］ Crang, M.（克让） 1996 Magic Kingdom or a Quixotic Quest for Authenticity［J］?（《是美妙的王国还是真实的幻想？》） Annals of Tourism Research, Vol.23, No.2, pp415-431.

［9］ Daniel, Y. P.（丹妮尔） 1996 Tourism dance performances: authenticity and creativity ［J］（《真实性与创造性：以旅游舞蹈表演为例》）. Annals of Tourism Research, Vol.23, No.3, pp780-797.

［10］ Fawcett, C.（弗塞特） and P. Cormack 2001 Guarding Authenticity at Literary Tourism Sites［J］（《守护文学旅游遗址的真实性》）. Annals of Tourism Research, Vol.28, No.3, pp686-704.

［11］ Hughes, G.（修格斯） 1995 Authenticity in Tourism［J］（《旅游真实性》）. Annals of Tourism Research, Vol.22, No.4,pp781-803.

［12］ MacCannell, D.（麦肯莱尔） 1973 Staged Authenticity: Arrangements of Social Space in Tourist Settings［J］(《舞台真实性：旅游场景的社会空间布置》). American Journal of Sociology 79:589-603.

［13］ MacCannell, D. （麦肯莱尔） 1976 The Tourist: A New Theory of the Leisure Class［M］（《旅游：有闲阶层的新理论》）. New York: Schocken Books.

［14］ Moscardo, G. M., and P. L. Pearce （莫斯卡蚪和皮尔斯）1986 Historic Theme Parks: An Australian Experience in Authenticity［J］（《历史主题公园：澳大利亚游客的真实性体验》）.Annals of Tourism Research, Vol.13, pp.467-479.

［15］ Pearce, P. L., and G. M. Moscardo （皮尔斯和莫斯卡蚪）1986 The Concept of Authenticity in Tourist Experiences［J］（《旅游体验的真实性》）. The Australian and New Zealand Journal of Sociology Vol.22, No.1,pp121-132.

［16］ Prentice, R.（普任狄斯） 2001 Experiential Cultural Tourism: Museums & the Marketing of the New Romanticism of Evoked Authenticity［J］（《体验型文化旅游：博物馆以及真实性的新浪漫主义营销》）. Museum Management and Curatorship, Vol.19, No.1, pp5-26.

［17］ Salamone, F. A.（赛拉蒙） 1997 Authenticity in Tourism: The San Angel Inns［J］（《旅游的真实性：The San Angel Inns》）. Annals of Tourism Research, Vol.24, No 2, pp305-321.

［18］ Trilling, L.（崔林） 1972 Sincerity and Authenticity（《真实性与诚信》）. London: Harvard University Press.

［19］ Wang, N.（王宁）1999 Rethinking Authenticity in Tourism Experience［J］（《反思旅游经历的真实性》）. Annals of Tourism Research. Vol.26, No.2, Pages 349-370.

［20］ [德]海德格尔著，陈嘉映、王庆节译：《存在与时间》[M]，北京三联书店 2000 年版（根据 Max Niemeyer Verlag Tubingen,1979 年版译出），第 1-116 页.

［21］ 陈云萍，高兰天：《体验经济的兴起及发展研究》[J]，《商业经济》2005 年第 2 期.

［22］ 吴晓隽：《文化遗产旅游的真实性困境研究》[J]，《思想战线》2004 年第 2 期.

［23］ 钟国庆：《旅游体验真实性规律与景区经营管理问题》[J]，《桂林旅游高等专科学校学报》2004 年第 4 期.

［24］ 皮平凡：《体验经济时代的旅游产品开发探索》[J]，《学术交流》2005 年第 2 期.

［25］ 胡燕雯：《试论体验经济时代的旅游业发展》[J]，《桂林旅游高等专科学校学报》2003 年第 3 期.

［26］ 阮仪三、林林：《文化遗产保护的原真性原则》[J]，《同济大学学报.社会科学版》2003 年第 2 期.

［27］ http://media.163.com/05/0203/10/1BLLS2CS0014182H.html.

［28］ 芜湖旅游城项目规划设计方案(草案)(之二):
www.wuhu-bridge.com.cn/chinese/news_read.asp?newsid=51-11k.

［29］ 刘德谦：《古镇保护与旅游利用的良性互动》［J］，《旅游学刊》2005 年第 2 期第 47-53 页.

［30］ 张跃华、黄洁：《古镇（村落）保护问题的经济学分析》［J］，《农业经济问题》2004 年第 3 期，第 32-35 页.

［31］ 练耀廉：《坚持以人为本保护古村古镇》［J］，《古村古镇》2005 年第 1 期，第 18-21 页.

［32］ 肖华文：《透视中国各地申报世界遗产热》，http://www.mingzhen.com.cn/jjzh.asp.

［33］ http://news.xinhuanet.com/zonghe/2002-07/01/content_464213.htm.

［34］ http://www.qglt.com/bbs/ReadFile?whichfile=331348&typeid=17.

［35］ http://www.nanfangdaily.com.cn/zm/20020905/xw/tb/200209050575.asp.

［36］ http://www.jfdaily.com.cn/gb/node2/node17/node161/node37043.

［37］ http://news.xzcnc.com/news/nd.asp?id=17244.

［38］ http://novel.jschina.com.cn/hanyuwenxue/dilwx/diliwenxue160.htm.

第六章　旅游文化的价值与收益

第一节　旅游文化的价值

文化与旅游结合发展成为当代旅游发展的新趋向，文化性是旅游活动的本质属性，无论是旅游消费行为还是旅游开发、经营活动，都具有文化性，旅游业要实现可持续发展，文化是关键，可以说，“文化是旅游业的灵魂”。对旅游业的发展来说，旅游文化具有非比寻常的价值。

一、旅游文化价值的概念与特点

旅游文化是以一般文化的内在价值因素为依据，以旅游诸要素为依托而作用于旅游活动中的一种特殊文化形态。任何文化都是有价值的，文化作为一个整体单元，对人类社会的发展有重要的价值与意义，文化的价值表现为文化因素对人类社会生活与个人发展的作用与意义，同样，作为文化的一个分支的旅游文化当然也具有重要价值。

（一）旅游文化价值概念

旅游文化价值的概念可以从广义与狭义两方面进行理解。从广义角度而言，旅游文化价值体现在旅游资源与旅游活动的文化因素对社会发展与个人发展所产生的作用与意义上。旅游文化对社会发展的价值体现为，旅游文化促进旅游业与经济的发展，加深了不同文化之间人们的了解与交流，尤其是在全球化的背景下，各国人民跨文化的旅游活动，增进了友谊，提升了旅游业作为世界和平产业的地位。旅游文化对个人发展的价值体现为旅游文化可以调节个体（旅游者）的主观感受，愉悦个体心境，满足个体对美的需求、增加个体知识等。

从狭义的角度而言，旅游文化价值是旅游资源具有的文化因素与旅游活动所体现的文化因素，对于旅游业发展具有的作用与意义。在这里，旅游文化价值排除了旅游文化作为文化概念上的一般意义，而是作为文化的范畴对旅游发展所具有的价值。

旅游文化价值的广义定义的范围要比狭义定义宽泛得多，广义定义涵盖了狭义定义的范畴。广义的旅游文化价值不仅包括旅游文化对旅游业发展的价值，而且还包括旅游文化对社会发展、个人发展甚至世界和平等具有的积极意义。狭义的旅游文化价值仅限于讨论旅游文化对于旅游业发展的价值。广义的旅游文化价值内容虽然宽泛，但由于旅游文化价值的作用效果是无形的也是隐性的，要界定广泛意义上的旅游文化价值是有难度的，因为我们很难确定旅游文化对社会发展和个人发展产生的价值有多大。但我们知道，旅游文化作为促进旅游业发展的文化因素，其价值是明显的，也是很明确的，所以本书采用的是旅游文化价值的狭义定义，讨论旅游文化对旅游业发展所具有的价值。

（二）旅游文化价值的特点

旅游文化对旅游业具有重要的价值，这种价值在作用于旅游业发展中具有如下特点：

1．由于旅游文化类型丰富多样，旅游文化价值的表现形式也具有多样性的特点。中国是个旅游文化资源十分丰富的国家，旅游文化的类型多样，例如山水文化、聚落文化、宗教文化、建筑文化、文学艺术文化、民族民俗文化、饮食文化等，各种不同的文化于旅游业的发展有着不同的价值。旅游文化价值的大小在不同的旅游资源所在地是不同的，园林文化对苏州旅游的发展具有重大价值，而宗教文化、民俗文化的价值则相对小得多，同是以建筑文化取胜的历史文化名城，阆中与苏州也有不同，阆中以风水文化著称，是知名的“风水宝地”。

2．旅游文化价值体现在旅游资源与旅游活动中，通过旅游资源的开发与旅游主体（包括旅游者、旅游业管理者与经营者的活动）的活动产生作用。文化可以是无形的，也可以是有形的，有形的旅游文化体现在各种有形的旅游资源上，随旅游资源的转移而转移，如各种文物等物质文化遗产。无形的旅游文化是通过人的活动创造与传承，如民歌、节日等口头与非物质文化遗产。对旅游业发展来说，一种旅游文化要有价值，就说明这种文化可以对旅游的发展产生积极的意义。旅游资源是旅游文化的载体，旅游活动是旅游文化的传播方式，旅游文化价值要产生作用，需要对作为载体的旅游资源进行开发，使它的价值得到展现，同时旅游主体的活动在产生旅游文化的同时也推动了旅游文化的传播，使它的价值扩大。

3．旅游文化的价值最终通过旅游文化的收益来实现。旅游文化资源开发是实现旅游文化价值由潜在价值转化为现实价值的第一步，但不是最后一步。旅游文化价值与文化的价值不同之处就在于旅游文化价值的最终实现是需要旅游文化收益来检验的，可以说，旅游文化收益的大小决定旅游文化实际价值的大小，有的旅游文化资源或产品潜在价值很大，但由于各方面原因，开发出来后不能够产生积极的经济与社会收益，其旅游文化价值没有得到很好的体现。

对旅游发展而言，旅游文化价值主要表现在提升旅游资源品位、解读旅游者旅游行为规律、主导旅游形象定位与开发三个方面，下面将做详细分析。

二、文化提升旅游资源价值

文化提升旅游资源的价值，这是旅游文化价值的首要表现。“文化是旅游的灵魂”，文化赋予了旅游资源生命，旅游文化不仅从内涵上提高了旅游资源的深度，而且从外延上也增大了旅游资源的价值。具体而言，旅游文化对旅游资源的提升主要表现在以下几个方面。

（一）文化可以提升旅游资源的知名度

文化是人的审美需求，也是人们关注的焦点，所以，一旦旅游资源被赋予了某种文化内涵，那么，其知名度就会随着旅游资源的文化传播而迅速提高，从而成为人们竞相游历的景点。有的地方原是默默无闻，但发掘出其文化上的特别价值与内涵，很容易就成为著名的旅游景点。很多名人故居，如绍兴鲁迅故居、广安邓小平故居等，借助名人的效应，提高了知名度，成为了著名的旅游地。海南的“天涯海角”，只不过是位于南海之滨的一片海滩与岩石，但被赋予了“天涯海角”的文化意义后，其地位就完全不一样了，旅游开发让它成为了人们争相去观赏的著名景点。文化作为旅游资源的内涵有的是旅游资源本身具有的，有的需要旅游开发者的深度挖掘甚至创造，旅游资源的开发在一定程度上就是发掘或创造旅游资源的文化内涵，让旅游资源具有知名度或提升原来的知名度。

（二）文化可以提升旅游资源的附加值

在发展旅游业过程中，旅游资源作为一种商品与其他商品一样，是具有附加值的，旅游资源的附加值需要对旅游资源进行深加工才能体现出来。旅游文化是实现旅游资源附加值的最有效途径，当旅游者把对旅游资源的消费变成消费一种文化的时候，旅游资源的附加值就会体现出来，旅游者会愿意付更多的钱来购买这种消费，就正如人们把喝可口可乐当作一种文化消费的时候，可口可乐的意义就不再是一种简单的饮料了，而是一种文化符号。在旅游业的发展中，文化的这种价值是很明显的。当“迪斯尼”把童话世界里的故事还原到现实的游乐世界的时候，文化作为游乐产业的一部分被包装起来，游客在迪斯尼乐园的旅游就具有了特别的文化意义，这就是消费者争相掏钱到“迪斯尼乐园”里游乐的重要原因。在中国，云南民族村、深圳世界之窗、三峡告别游等，都是由于文化增加了旅游资源的附加值，从而创造了良好的经济价值。随着旅游业的发展，人们对旅游资源文化内涵的要求会越来越高，文化对旅游资源中的价值也会越来越多地得到体现。

（三）文化可以提升旅游资源的可持续发展能力

旅游资源的可持续发展能力不仅取决于资源本身，也取决于其文化内涵，因为旅游资源中的文化一旦形成，它就会在相当长的历史时期内具有吸引旅客的魅力，甚至越随着时间的推移，文化越能体现出它的价值，从而越发能够吸引旅游者的消费。所以在大多数情况下，名胜古迹越是历史悠久，越能对旅游者产生吸引力。文化对旅游资源的作用不但不会消失或减弱，反而会得到巩固和增强，从而使资源具备反复消费的内在价值，体现出可持续发展的资源形态。对旅游者来说，一个纯自然的景观，在游览一次之后，通常它就不再具有多少魅力了，也就不容易回头，但对他感兴趣的、具有某种文化内涵的景点，就可以反复游览而不生厌，这就体现了文化对旅游资源可持续发展能力的作用，即文化能够使旅游资源增值，从而提高旅游资源的可持续发展能力。总之，文化在旅游资源中占据灵魂般的地位，没有文化内涵的旅游资源是缺乏真正的内在价值的。

旅游文化可以提升旅游资源的价值，这对自然旅游资源与人文旅游资源都具有意义。对自然旅游资源来说，具有优美的自然风光是基础，但优美的自然风光如果没有人文景观与之相辉映，就会显得单调与缺乏内涵。对人文旅游资源来说，旅游文化可以增添它的魅力，增加其文化内涵，提高旅游吸引力。

（四）文化可以提升自然旅游资源的品位与内涵

一般来说，自然旅游资源是以自然风光取胜的，但我们在认识到自然旅游资源的自然性的同时也要认识到其文化性的一面，自然旅游资源的文化性主要表现在：首先自然资源能够作为旅游景观被人们观赏，就是由于自然已经被纳入了人类的文化圈，成为人们的审美对象；其次，社会文化对自然旅游动机的形成有着深刻的影响，社会文化的变迁改变着人们的旅游观念，也改变了人们对自然的认识，人们越来越向往远离城市的自然之旅，生态旅游的兴起就是这一文化变迁的突出反映；还有，社会文化作用于自然资源之上产生了旅游文化，导致自然旅游资源人文化。实际上，很多人文旅游资源都是通过人类文化作用于自然之上而产生的。长江三峡本是自然造化之物，但李白的名句“两岸猿声啼不住，轻舟已过万重山”让人们在饱览三峡自然之美的同时增添了一份文化的体验与向往，还有宋玉在《高唐赋》和《神女赋》中描述的关于巫山十二峰的神话传说也会带给人们关于三峡的无限憧憬。

即使是纯自然的旅游风光，也可以深度发掘其文化内涵，用文化提升其旅游品位，有的自然旅游资源在开发中恰当地利用一些神话故事、历史传说、民俗风情等，产生了意想不到的吸引力。云南的迪庆州是一个自然旅游目的地，其主要旅游资源为雪山、冰川、草甸、湖泊，如果迪庆以其自然旅游资源中心树立神山圣湖的旅游形象，那影响力不会太大，因为西部地区像这样的地方不少。后来，云南省想到了“香格里拉”，“香格里拉”在藏传佛教中被称为“香巴拉”，是藏传佛教构建的“理想国”，人类一切美好理想的归宿，并且自从 James Hilton 在《消逝的地平线》中描绘了“香格里拉”雪山环抱的景象后，西方世界对于“香格里拉”到底在何处非常感兴趣，掀起了在青藏高原寻找“香格里拉”的狂热。1997 年 9 月，云南省宣布：香格里拉在迪庆，以香格里拉为文化主题打造迪庆旅游，这一惊人消息迅速传遍世界，由此带动了迪庆旅游的发展。

案例　　藏羌文化提升九寨天堂[①]

九寨沟是著名的世界自然遗产与旅游风景区，九寨的自然风光是美轮美奂的，在世人眼中，九寨是人间天堂，是童话世界。九寨的自然风光，如诺日朗瀑布图 6.1、五花海、镜湖、五彩池、原始森林等，都是绝美的自然旅游资源，也正是凭借这些独特的资源，九寨沟的旅游快速发展起来，成为了知名的世界自然遗产和旅游胜地。

但优美的自然风光绝不是九寨沟的全部，九寨沟还有文化，并且九寨沟的文化丝毫不逊色于其优美的自然资源，九寨沟的文化就是其保留完整的藏羌风情。人们从九寨沟的旅游开发已经认识到旅游离不开文化，离开了文化的旅游是浅层次的旅游，九寨沟旅游要保持长期的可持续发展，需要文化支撑。近年来，九寨沟的旅游开发逐渐转向以藏羌风情为主的旅游文化开发上面，通过藏羌文化的开发与打造提升九寨沟的魅力。如果说九寨沟的第一道风景是被精美绝伦的自然风光填满的话，那九寨沟的另一道风景则被浓郁而极富特色的藏羌风情拉开了。

九寨沟旅游文化的打造是围绕“国际旅游精品”的战略构想展开的，国内外旅游需求的新变化和新趋势，使九寨沟旅游开发者重新审视旅游行为结构调整的新思路与新方法，提出了从“土著文化的保护与开发、产品文化的营造与创新、品牌文化的塑造与传播”三环通路模式，强力打造强势国际旅游文化品牌。一是把餐饮文化与民族风情有机结合起来，重点挖掘地方特色浓郁的风味小吃和美食佳肴，开发具有地方特色和民俗风味的饮食及饮食文化。二是利用九寨沟丰富的农副土特产品资源和原材料产品，加强具有民族特色的旅游系列商品的开发研究，重点发展具有民族特色的工艺美术品和少数民族的服饰及用品、名优食品，形成以旅游纪念品和工艺品为主体，以旅游食品和日用品为两翼，独具民族特色的旅游系列商品开发格局和销售网络。三是充分挖掘有民族特色而又具有参与性、娱乐性的民族文化娱乐产品，定期举办民族文化节庆活动和建立固定的民族文化村，积极发掘

① http://blog.cjzg.com/archives/20.html

和开发传统文化中有民族性、世界性的因素，丰富其文化内涵，全面提升九寨沟的内在品质，构建九寨沟的特色文化品牌。

图 6.1　九寨沟诺日朗瀑布

（五）文化开发对人文旅游资源有更明显的提升作用

对于人文旅游资源来说，文化的提升作用更为明显。

首先，文化是人文旅游资源的重要组成部分，离开了文化，人文旅游资源的价值将无从谈起，人文旅游资源的开发就是对文化的开发。很多民间故事、文学艺术、名人故居、历史遗迹、名家手迹、饮食文化等作为旅游文化的重要内容，成为人文旅游资源开发的重点发掘对象。2003 年，由著名舞蹈家杨丽萍领衔主演的大型歌舞剧《云南映象》，在某种程度上就是对云南少数民族歌舞文化的一种深度发掘与开发；有的人文旅游资源开发是对小说、绘画等文艺作品包含内容的还原，大观园、三国城、水浒城、杭州宋城等旅游项目的开发就属于这种类型；中国是个饮食文化历史悠久的美食大国，为了满足人们对古代传统饮食的向往与追求，近年来，古代饮食的开发成了饮食文化发展的一道亮点，各种“宫廷菜”、“皇家菜”、“红楼饮食”等都被开发出来了，极大地满足了人们对美食的追求。

其次，文化为人文旅游资源增添了内涵与人文吸引力，进一步提升了人文旅游资源的品位与档次。文化在构成人文旅游资源的同时让旅游资源的内涵扩大，因为有了文化，人文旅游资源就有了灵魂。对旅游者来说，人文旅游资源的价值已经超越了旅游本身，而更多的是一种文化体验与享受，这是文化于人文旅游资源开发的最大价值。文化对人文旅游资源的这种提升作用，在人文旅游开发中具有普遍意义。园林作为中国古代建筑的重要代表，它的文化内涵不仅仅表现在建筑层面上，实际上，在园林建筑中，匾额对联作为一种独特的文学、书法艺术，与园林自然融合起来，增添了园林的文化内涵与魅力。有的园林还因为是特定的历史故事的发生地而享有独特的名气，如绍兴沈园因为陆游与唐婉的凄美爱情故事和两首《钗头凤》而大为出名；庐山之所以成为著名的旅游胜地，除了它的气候和自然风光之外，还因为它是中国现代史上许多重大历史事件的见证地。

案例　文化与西湖

杭州是历史文化名城，西湖乃杭州第一旅游胜地，杭州的历史文化，不少都与西湖有关，可以说西湖是“沉淀中国文化之湖”。

西湖处处是明媚的江南景色，有山有水，宜雨宜晴，无时不美，无处不美，“西湖十景”（图 6.2）名扬天下，但是西湖最大的魅力在于它的文化，西湖文化多不胜数，集中表现在她的历史遗迹与文化典故中。

西湖的历史遗迹有雷峰塔、六和塔、岳飞墓、秋瑾墓、灵隐寺、苏堤、孤山等。西湖的文化典故有白蛇与许仙的爱情传说、苏小小的故事、济公等。西湖的文化故事完全可以编成一本厚厚的《西湖民间传说故事》了。同时，由于浙江是人文荟萃之地，历史上很多著名人物都与西湖结缘，从白居易、苏东坡到李叔同、章太炎等，从古到今，中国历史上有名气的文人学者大多都与西湖有缘，他们在西湖留下的诗歌、文章以及各种文化作品等，都是西湖文化的重要组成部分。西湖的文化是如此丰富，形成一门专门的“西湖学”也不为过。西湖景美，文化却更美，西湖是中国文化的一颗明珠。杭州西湖的旅游业一直以来如此发达，更多的是拜西湖文化之赐，可以说，有了西湖文化，杭州西湖将永远保持旅游发展的旺盛。

图 6.2　西湖十景之断桥残雪

三、文化是解读旅游者行为的密码

旅游行为是旅游学研究中的一个重要方面，广义的旅游行为指一切与旅游有关的人类行为，包括旅游者的行为、开发经营者的行为、旅游性质管理者的行为等。狭义的旅游行为主要是指旅游者的行为，从这个角度出发，旅游行为是旅游者在收集有关旅游产品的信息进行决策和购买、消费、评估、处理旅游产品时的行为表现，是一种特殊形式的旅游消费行为。旅游行为受到社会、经济、文化、环境等多个因素的影响。旅游界对旅游行为的定义主要是采用狭义的概念，即旅游行为是指旅游者的行为。

一般来说，旅游者作为旅游的购买者与消费者，其旅游行为受到心理因素、个人因素、社会因素和文化因素的影响（见图 6.3）。在影响旅游者行为的各种因素中，文化是一个更具深刻性的根本因素，任何一名旅游者都生活在特定的文化环境中，文化环境相同的旅游者具有相同或相似的旅游行为，生活在不同文化环境中的人们受到各自文化的熏陶与影响，在行为上的表现也各不相同。文化还可以独立于某个社会而存在，并深深影响着数代人的行为，从这个意义上说，文化比其他因素更为深刻地影响着旅游者的行为，文化对旅游行为的影响具有根本意义。在旅游行为的研究中，文化是解读旅游者行为的密码。一般说来，文化对旅游行为的影响主要表现在以下方面：

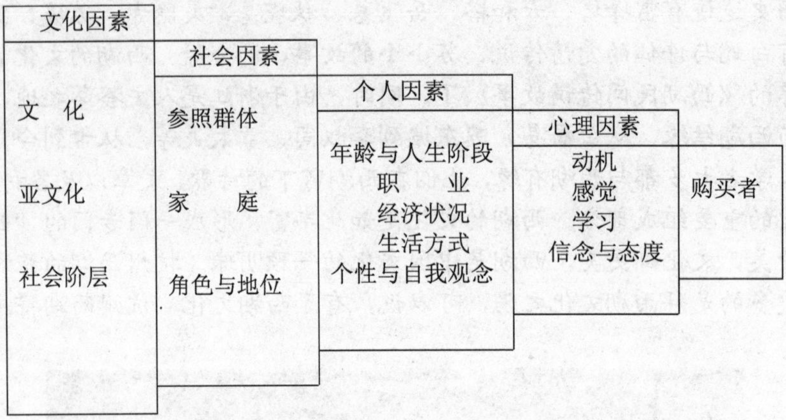

图 6.3 影响旅游行为的诸因素

（一）文化决定旅游者的消费观念与行为规范

每个旅游者都是特定文化环境的的生存者，他们每时每地都受到文化的熏陶，尤其是旅游者经常居住与生活的文化环境，对其行为的影响巨大，正是这种环境建立起了与特定文化相一致的价值观念与行为规范。旅游者文化上的差异主要表现在国家、民族、种族、宗教、生态环境、经济发展水平等方面差异带来的文化传统与价值观点的差异。表现在旅游行为上，旅游者由于文化的不同而产生旅游消费观念与行为规范的不同。如由于宗教信仰的缘故，西方人在出游时很避讳“13”这个数字，出游的时间、住宿的楼层与房间号码等都要回避这个数字。在饮食上，美国人不吃蜗牛、印度人不吃猪肉、犹太人吃鱼类不吃猪肉等。在宴席上，中国人喜欢劝酒，甚至灌酒，这在西方人看来是很不礼貌的行为，这些都是文化的差异导致的。在跨文化的旅游活动中，这种差异表现得尤为明显，旅游者在进行跨文化的旅游活动时，对异域文化的适应是获得旅游满意的一个重要基础。

（二）文化造就和影响旅游者的习性和行为

人的习性不是先天就具有的，而是后天的文化环境造就的。人们主要的价值观、伦理观、风俗习惯，以及信仰等都是在家庭、学校、工作场所以及各种社会环境中自学或向别人学到的，这些都潜移默化地响着人们的习性和行为。文化造就了不同国家、民族人民的性格，如美国人的直率、英国人的沉稳、日本人的勤勉与好胜、中国人的节俭，都是不同的文化影响的结果。反映在旅游者的旅游行为上，不同文化背景的游客在游、吃、住、行、购等都表现不同的特点。

资料　中西文化背景下的旅游者行为比较

由于文化的巨大差异，中西方旅游者在在旅游行为上存在很大的不同，这主要表现在以下几个方面：

1. 旅游动机。总体说来，西方人的旅游动机要比东方人强，旅游是西方人的天性使然，中国人受到儒家传统文化的影响，寻求稳定与有规律的生活的愿望比较强烈，旅游的动机不是那么强烈，但旅游对中国人还是有很大吸引力的，因为中国文化中有这样的理念，没有尝试过旅游就要去尝试一下，没有见识过的东西就要见识一下。

2. 旅游目的地选择。西方人信奉天人对立的自然观，富有冒险精神，喜欢选择非旅游地区或人迹罕至的旅游地，喜欢新奇而不同寻常的旅游场所。挺拔的高山、湍急的大河、险象环生的丛林、民族文化丰富和异域特色浓厚的偏僻地区是西方的旅游者感兴趣之地。中国人信奉天人合一，喜欢小桥流水、波澜不惊的景观，在目的地选择上容易受到别人以及社会流行的影响，不喜欢具有冒险性质的旅游活动，所以在旅游节假日，泰山、长城、故宫、黄山等地总是人满为患。

3. 旅游组织形式。西方文化的个人主义倾向明显，旅游者在旅游中以尽情享受自己的游乐时间与空间为最大乐趣，散客旅游方式深受大多数人的喜欢。中国人有强烈的群体意识与不喜欢冒险的性格，中国人在出国旅游与国内长距离旅游中，多喜欢组团的形式，人们认为这样可以相互照应；近距离旅游也喜欢和家人朋友一起，个人单独出游的情况比较少。

4. 旅游消费支出。由于受传统文化的影响，中国人的旅游消费具有节制现时消费、重视物质产品消费和重视饮食的特点，把娱乐性消费看得很重，轻视发展性消费，所以中国人很少光顾博物馆、艺术馆等具有学习与发展性质的场所。西方人在重视娱乐消费的同时，也经常光顾或参加各种可以提高个人知识与修养的旅游场所与旅游活动。

此外，中西文化差异还导致西方人与中国人在各种具体的旅游习俗上存在明显的不同。

（三）文化是分析旅游者行为变迁的工具

文化与人是相互作用的，文化在改变人的同时也在改变自身，不同的时代有不同的文化，文化的发展必然会导致旅游者旅游行为的变化。从旅游的发展进程中可以发现一个深刻的规律，旅游者行为的变迁在遵循着文化变迁的轨迹，文化是分析旅游者行为变迁的有效工具。

在人类发展已经进入新千年、新世纪的背景下，人类文化的发展处于一个新的全球变迁之中，这次变迁具有不同于以往文化变迁的新特点，主要表现在：首先，21 世纪的文化变迁是全球化为背景的。以信息时代的到来为标志的全球化，加快了世界各个国家、地区文化的交流与碰撞，推动文化的全球化发展与文化的中心-边缘结构的出现。其次，文化的发展出现同化与异化双向发展的轨迹，全球化加强了西方文化的霸权，但也为一些亚文化的发展创造了条件，文化全球一体化与多元化并存发展。文化的变迁深刻地改变着人类的行为方式，在全球文化变迁的背景下，旅游者行为方式具有以下一些特征：

1. 旅游市场细分化，旅游者的参与意识增强，旅游行为的多元化导致旅游需求的多元化，为了满足旅游主体消费需求的多样化，就出现了旅游产品和满足需求方式的多样化，旅游市场上也反映出细分化的特点。譬如，大众旅游市场就细分为：度假旅游、商务旅游、探险旅游、蜜月旅游、家庭旅游等市场类型。

现阶段旅游需求发展的另一个明显特征是，旅游者的参与意识日益增强。旅游者对很多旅游项目都愿意亲身体验，从中分享胜利的喜悦和成功的乐趣。从文化角度上来理解，这也是旅游者追求自我完善，体现自身价值的重要表现。

总之，旅游消费需求的多样化，旅游市场的细分化及旅游者参与意识的增强，充分说明了旅游行为方式表现出多样性的文化过程特征。

2．散客旅游、组合旅游已成为旅游主体消费行为的文化趋势。散客旅游和组合旅游的兴趣，是当今世界现代旅游发展的趋势。散客旅游和组合旅游，特别是散客旅游能够适合各个旅游者的个性，最大限度地满足不同旅游者的文化需求。它反映了旅游者追求自我实现、体现自身价值的文化需要，已经成为现阶段世界旅游消费行为发展中的文化倾向。

3．旅游者的文化动机明显与生态旅游兴起。现代社会人们把自身价值的实现看得更为重要，学习成为终身不能放弃的事情，这促进了以学习为目的的旅游行为的兴起，这主要表现在以学习、修学、探索异域、异质文化为目的的旅游者日益增多和文化旅游成为新兴的发展迅速的旅游方式两方面。

由于受到反现代都市生活与环境保护两股文化思潮的影响，人们回归自然的旅游动机不断强化，表现在两个方面：第一，人们追求返璞归真，崇尚自然、“回归自然”成为社会时尚；第二，“回归自然”的生态旅游、海洋旅游、乡村旅游、探险旅游方式已成为潮流，尤其是生态旅游，已经成为旅游业实现可持续发展的一道亮点。

生态旅游的兴起促使生态旅游开发成为一股热潮，但发展生态旅游就一定能够保证旅游业的可持续发展吗？生态旅游开发的实践有时会出现事与愿违的后果，这方面的问题值得我们深思。

案例　　天堂的困境——生态旅游的困惑[①]

20年来，约翰·格雷只不过是驾船引导旅客游览偏僻丛林河流，途中为游客介绍猴子和珍稀鸟类的一位不出名的导游。当他在距离泰国普吉海滩的一英里处发现了潮汐海沟和孤立的环礁湖之后，一切都改变了。

叹服于清澈透明的海水，精致的钟乳石构造和奇异的鱼类，格雷开始着手开展生态旅游项目。他雇佣本地的导游，并且让他们管理公司。格雷限制每天进入游览区的旅游人数，以确保当地脆弱的生态环境免遭破坏，这项生态旅游成了热点项目，名声逐渐传播开来。

麻烦也随之而来。很快就有贪婪的商人从曼谷远道而来。最终有不少于19位的竞争者在此开店营业。格雷说：“这些地方原本相当纯朴——就好像被时间机器带回到人类出现之前的地球。而现在就好像一个热闹的滑雪胜地。”

有人声称这是他们的地盘，武装进入这个地区采集燕窝。旅游者开始掰下钟乳石作为纪念品。1999年，格雷就收到了当地流氓发出的死亡威胁，他们可以从采集燕窝的人那里得到回扣。格雷一直在反抗——直到有一天，一个持枪歹徒枪射旅游公司经理，造成重伤。格雷说：“我并不想谈论这些，我们努力想要忘记这些事情。”但是据透露，格雷现在已经

① 摘自美国《新闻周刊》，2002年7月22日

屈服，开始支付保护费以避免采集燕窝的人制造更多的麻烦。

生态旅游在十多年前兴起。政府和当地居民把生态资源当作盈利资产来经营，以期保护脆弱的生态系统。目标是邀请外地旅游者参观旅游，体验当地人的感受，而不以破坏环境为代价。事实上，取得成功的潜力是无限的。对落后国家而言，旅游业也许能带来最佳的发展前景。而人们也想探索世界，他们厌倦了大众化的旅游。许多国家没有海滩，它们却能呈现高山、沙漠的壮美景观和独特的文化。生态旅游是一种合理的解决方式。

但是，如果在发展过程中忽略了一些事，那生态旅游很可能是“搬起石头砸自己的脚”。各国发展生态旅游的势头似乎还很强劲：在菲律宾，马尼拉商人已经在推广“生态旅游别墅”了。甚至自然学家也开始讨论生态旅游的确切含义了。以位于加拿大不列颠哥伦比亚省的东库特内为例，这是落基山上一处面积为两万平方英里的公共莽原区。该地区进行市场开发后，旅游者从全球各地蜂拥而至。当地政府已经向6个生态旅舍、11位用直升机进行高山滑雪和旅游生意的老板，以及几十位自称是生态游客的自然学家颁发了许可证。这是件好事，不是吗？游客可以回归自然，欣赏该地区未经雕琢的美。东库特内环保协会的凯塔琳娜·哈特维希却说，没有必要这样做。她指出，当地北美驯鹿的数量已经从2300头下降到1885头，稀有的本地狼也没了踪影。

解决这种问题似乎还有很长的路要走，一些国家已经开始着手建立针对旅游经营者的审批程序，强制其证明旅游项目对生态不会产生不良影响。

四、文化主导旅游形象定位与旅游资源开发

（一）文化主导旅游形象定位

旅游形象是旅游者对某一旅游地的各种感知印象、看法、感情和认识的综合体现。简言之，就是人们对旅游地的总体认识和评价，是旅游地的各种表现和特征在人们心目中的反映。而旅游地形象定位是旅游地形象设计与传播的前提和核心。旅游形象是旅游地的生命，也是旅游业发展的前提和基础。一个良好的、个性鲜明的主题形象可以形成较长时间的垄断地位，因而对游客有较大的吸引力。

文化是旅游形象的灵魂，文化主导旅游地形象的定位，对旅游地来说，对旅游形象进行定位的过程就是确立旅游文化形象的过程。一定的旅游目的地都是一定文化的载体，旅游形象定位就是找出最能代表旅游目的地形象的文化，使之成为目的地的文化象征与形象标志，让旅游者从旅游文化形象的感知中就能对旅游目的地的形象与特色有一整体的认知。文化对旅游形象定位的主导作用表现在旅游形象的构建与重塑两方面。

1．旅游形象的构建

构建旅游地旅游形象，是旅游发展的重要内容。不同的旅游目的地有不同的代表性文化，有的代表性文化是无形的，如阆中是著名的风水宝地，以风水文化为主题的古城建筑是阆中的代表性文化，也是阆中的旅游文化形象。有的代表性文化是有形的，济南以“泉城”著称，“泉文化”可以作为济南旅游文化形象，意大利的威尼斯城内河流很多，“水上城市”就成其为旅游形象。有的城市在塑造旅游形象时，不是从单一的文化象征着手，而是对整个城市的文化格调进行精炼的概括，用简单的语言提炼出城市文化的精髓。成都是全国著名的休闲城市，成都的茶馆、街头娱乐、火锅、川剧、生活节奏等都具有休闲文化

的特色，所以成都在对城市文化进行提炼的基础上，确定了“休闲之都”的城市旅游形象，也是对成都的城市文化的定位。

2．旅游形象重塑

旅游形象重塑是对原有的旅游文化形象进行重新定位，旅游地进行旅游形象重塑的原因，在于原来的旅游形象已经过时，只能代表旅游地的过去，而不能代表现在与将来，需要进行重新定位。如西安作为中华历史上著名的古都，长期以来都是以“文化古都”作为城市旅游形象的，但这形象在促进西安旅游与经济发展上产生的效果并不明显，西安的旅游发展落后于全国，甚至落后于西部的云南、四川等地。面对这一情况，西安在其旅游业“十五”规划中，通过对其文脉挖掘和形象要素整理，把西安的旅游形象定位为：“面向未来的华夏盛世古都，充满活力的内陆现代城市”。这体现了西安的现实特色和未来发展态势，显示了西安在华夏文明格局中独特的地位，展现了西安作为一个内陆城市，其传统的保守思想与锐意进取的新时代精神的冲撞磨合，并在实际变化中发生巨变的演进过程。

案例　　文化建设重塑澳门旅游形象①

古建筑前随风吹送的弦歌雅韵，马路边时时可见的展览招贴，连同东望洋赛道上呼啸而过的各类赛车一起，向世人展现出一个既富诗情画意、又生机勃勃的澳门。在澳门回归祖国的5年多时间里，文化与旅游携手并进，相得益彰，不仅丰富了旅游资源，也让四方游客亲身感受到了澳门文化的独特魅力。

细数澳门的文化建设，回归后颇多大手笔：5年投资1亿多澳门元修缮文物古建，成功地保存了城市的形象语言；将历史悠久的12处建筑物以“澳门历史建筑群”申报世界文化遗产（图6.4），并取得了成功，极大地提高了澳门的知名度；为连续举办十几届的国际音乐节、澳门艺术节赋予新形式，使之成为声誉日隆的国际品牌；常年举办各类展览，让居民和游客耳目常新……这些植根本土、接轨国际的努力，在提升城市文化品味的同时，默默地塑造着这个以博彩业闻名于世的旅游城市的新形象。

在澳门的文化建设中，参与的部门远非文化局一个，文化的内涵也越来越丰富。建基于格兰披治大赛车的赛车文化、富含浓厚历史积淀的饮食文化、承载海内外信众精神寄托的妈祖文化等，都已成为吸引游客纷至沓来的文化“卖点”。一些民间社团也纷纷举办中秋文化展等富有特色的文化活动，以传统之魅力彰显文化之美。经过5年的努力，澳门的文化建设对旅游的推动作用已越来越明显。在特区政府旅游局举办的旅游推介活动中，文化旅游已成为重点推介的特色产品。到访澳门的游客，大多会到历史建筑群中去探幽访古。每年在国际音乐节、艺术节、大赛车、国际烟花比赛等大型活动时，都有世界各地的游客专程前来，亲身感受这些国际盛事的文化魅力。据权威部门的统计，回归后，入境澳门的游客呈节节上升之势，仅2004年上半年，入境旅客总数已逾773万人次，超过了1999年全年的总和。估计2004年全年的入境游客总数将达1600万人次。旅游局局长安栋梁曾表示，旅游局未来的目标是要建立“文化城市”旅游品牌。文化局长何丽钻也多次表示，希

① http://www.people.com.cn/GB/shizheng/1025/3041543.html

望有更多的旅游者不仅仅被博彩业所吸引，而是因澳门的文化魅力而来。

图 6.4　澳门大三巴牌坊

(二) 文化主导旅游资源开发

作为文化创造的旅游资源开发，尤其是人文旅游资源开发，是在对旅游资源进行定位的基础上，通过适当的方式将旅游资源蕴含的文化价值用物化成产品的过程，也是把人文旅游资源的文化内涵外化的过程，这一过程从整体上看是由文化主导的。

在资源文化内涵外化的过程中，由于资源本身蕴含的文化不是单一的，开发者就不得不面临文化的选择，即确定一定旅游资源的“核心文化内涵”与“辐射文化内涵”[①]。在此基础上，开发者要围绕“核心文化内涵”进行开发，同时不忽视“辐射文化内涵”的内容。文化对旅游开发的主导作用是旅游文化价值的重要体现，这在人文旅游资源的开发中表现得很明显。青岛的崂山是一座山海交相辉映的风景名胜区，也是一座远近闻名的道教名山，崂山的旅游开发，道教文化是一个重要的主题。但是道教文化是一个内容庞杂的系统，崂山的开发要选取什么样的“核心文化内涵”呢？从分析崂山特点入手，崂山有优美的自然景观与生态环境，道教文化具有“返璞归真，回归自然”的文化本质，如果把两者结合起来，就构成了崂山旅游开发的“核心文化内涵”，正是依托于这一开发理念，崂山的旅游开发取得了成功。

第二节　旅游文化的收益

上一节向大家介绍了旅游文化的价值，既然旅游文化拥有较高的价值，如果能认真加以利用，必然会给我们带来丰厚的收益，认真分析旅游文化的收益，有助于我们认识到旅游文化的重要性，从而进一步去提高其应有的社会和经济地位。

① 注：这里的“核心文化内涵”与“辐射文化内涵”的提法借鉴了马波所著《现代旅游文化学》中的观点。

一、旅游文化收益的概念及分类

（一）旅游文化收益的概念

旅游的影响随着旅游业的诞生而产生，旅游的影响既有正面的，也有负面的，我们一般把正面影响所带来的结果称为旅游的收益。一提到收益，多数人往往就会想到金钱的收入，但是旅游文化的综合性和广泛的关联性决定了它所能带来的收益并不仅仅简单反映在经济收入上，还体现在我们的社会文化方面。

我们认为旅游文化收益是指：在旅游活动中，因旅游文化因素而给确定主体所带来的实体性或非实体性的积极影响。对于这个概念，大家要注意以下两点：

1．旅游文化收益必须有确定的受益主体。所有的收益都具有鲜明的主体性，如果没有受益主体或是无法确定受益主体，就无法确定旅游文化的收益。2004 年“五一”黄金周 7 天，北京故宫博物院共接待游客 44.6 万人，门票收入 1457 万元。对于购买故宫门票的游客来说，他们获得的收益就是取得了游览故宫的权利、游览故宫所获得的知识和精神上的享受和游览经历；对于出售门票的故宫经营者来说，他们的收益则是获得了旅游者所支付的货币；但对于故宫的游道设施来讲，由于游客的踩踏或者可能的破坏行为，他们得到的不是收益反而是损失。仔细分析，三个不同的主体就有三种不同性质的结果，因此在讨论旅游文化的收益时，首先要做的就是确定收益的主体。

2．旅游文化的收益可能是实体性或非实体性的，也有可能是二者的综合体。旅游拥有经济和文化的双重属性，因此决定旅游的影响在物质和精神两个层面上分别表现出实体性和非实体性。实体性收益主要反映在物质层面，非实体性收益则大多反映在精神层面。在上一个例子中：旅游者购买了北京故宫的门票，他们所获得的收益是得到了游览的权利、知识和精神上的享受，这是非实体性收益；故宫经营者通过向旅游者出售门票，得到货币收入，这是实体性收益；如果游客的事后宣传使故宫的知名度得到提高，那么故宫的经营者前后取得的总收益就是实体性和非实体性收益的综合体。

3．收益不等于收入，尤其是在经济方面。因为存在一定的成本因素，包括旅游经营者的薪酬、旅游产品的包装宣传费用、对旅游设施、吸引物的保护和维修经费等，它们部分来源于对经济收入的分配，所以在核算上，纯收益是收入与相应成本间的差额文化。故宫博物院 2002 年总收入为 3.3 亿元，其中门票收入 3.1 亿元，总开销 3 亿元，其中包括修缮费用 2300 万元，上缴上级单位文化部的资金 1.5 亿元，人员工资 5100 万元，医疗费和生活补贴 3800 万元等。因此该年故宫的经济收益就应为总收入减去总开销，实际经济收益为 3000 万元。

（二）旅游文化收益的分类

1．按收益获得的时间分类，可以分为长期收益和短期收益，二者的区别主要是反映在获得收益的持续时间上。收益主体如果能在相对较长的时间内持续性获益，那么就可以把所得收益称之为长期收益。反之，在较短的一段时间之后，收益主体再也无法取得相应的收益，那么对应的这种收益就是短期收益。区分这两种收益的关键在于如何确定获得收益时间的长短。目前看来，长期收益比较符合旅游的可持续发展战略，应当避免为获取短期收益而做出“杀鸡取卵”的事情。我国著名的云南丽江古城 2001 年游客人数达到 320 万人次，旅游业收入 17 亿元。在旅游黄金周期间，每天中午，大约有 3 万人同时涌入古城狭窄的街道。然而与之形成巨大反差的是，当地政府每年用于古城保护的投入却不足千万元，其中从旅游收益中返还的还不到100万元。追求短期经济收益的结果就是目前古城的水质迅速退化，总体水质目前只能达到三类水标准，同时过于浓厚的商业气息也正在破坏丽江古城的生态平衡和传统的生活方式，如果丽江古城的社会环境和自然环境持续恶化，其旅游的长期收益前景堪忧。

2．按收益的获取环节分类，有直接收益和间接收益。所谓直接收益，就是收益主体不需要经过任何中介环节，就可以直接从旅游活动中获得的收益，它往往表现为经济收益；而间接收益则是指收益主体需要经过某种传导中介，历经一个环节以上才能取得的收益，在现实中表现为旅游地知名度的增加、旅游品牌的推广、对旅游地文化内涵的深入挖掘等。例如德国的汉诺威市只有50万人口，又非旅游城市，但它在2000年举办世博会的5个月里吸引了1900万人次的各国游客，上缴政府的税收超过45亿马克，直接的经济效益相当可观；其间接收益则是汉诺威市因世博会的成功举行，知名度大增，成为“会展之都”，该市的第三产业蓬勃发展，基础设施环境也得到了大幅度的改善。世博会所带动的投资金额高达68亿马克，由投资、就业、参观者构成的总经济效益也将达176亿马克。

3．按收益的性质分类，主要包括经济收益和社会收益。至于通常旅游学理论中谈到的自然环境收益，由于旅游文化的特点是以人文景观为核心，以人类的行为方式和行为成果为主，对自然环境的影响不是研究的重点，虽然旅游文化同样强调保护自然环境，但是自然环境收益相对于经济和社会收益来说，并不属于旅游文化的最主要收益，所以我们将自然环境收益排除在旅游文化的收益讨论范围之外。经济和社会收益在旅游学理论上，分别来源于旅游业的两大影响：经济影响和社会影响，实际上，这两种影响和旅游业之间，存在着一个互相作用的关系。旅游业往往需要考虑的是经济与社会因素共同形成的一个混合体，另一方面，经济、社会又反过来受旅游业发展的影响，这反映出了收益影响因素的多样性和复杂性。接下来，我们将具体就这两种类型进行旅游文化收益的介绍和探讨。

二、旅游文化的经济收益

（一）概念及内容

旅游文化的经济收益是指在合理开发利用旅游文化资源和对社会、环境的保护前提下，旅游活动所产出的直接或间接的经济成果与所占用、投入和耗费的相关经济要素之差。作为收益，这个差额应该为正值。一般来说，旅游文化的经济收益都是属于实体性收益，主要的表现形式是货币及其等价物。

现代旅游经济作为国民经济的重要组成部分，是一个包括微观旅游经济和宏观旅游经济在内的经济系统。[①] 旅游文化的经济收益与总的旅游产业的经济收益类似，旅游文化的经济收益也可以从狭义和广义两个方面，相应分解为旅游文化的微观经济收益和宏观经济收益。

微观经济收益主要是指整个旅游企业的综合经济收益，一般是指相对独立经营者实行独立经济核算的各旅游企业所取得的经济收益。旅游企业是指旅游部门所属的或与旅游有直接联系的旅游社、饭店、餐馆、游览点、娱乐场所、交通运输部门等。微观经济收益主

① 罗明义：《旅游经济学》，348页，天津：南开大学出版社，2005

要来自旅游资源的吸引力增加、旅游目的地品牌的传播，从而为旅游目的地吸引客源，通过他们的旅游消费来创造收益。

宏观经济收益指的是包括旅游业在内的整个社会的经济收益。其中除了旅游业本身产生的直接经济收益以外，还包括发展旅游业带动其他相关产（行）业的发展而带来的间接经济收益。宏观经济收益是相当可观的，即通过旅游相关产（行）业收入的增加，促进社会产业结构合理化，扩大对外经贸技术合作，推动当地全社会的经济发展。①

在获取经济收益方面，旅游文化因素主要从几个方面产生作用：

1. 挖掘旅游地、旅游产品的文化内涵。旅游地和旅游产品要对旅游者保持丰富持久的吸引力，就需要在开发自然风景的同时，增加文化含量，挖掘文化内涵，提升文化品位，同时打出"自然牌"和"人文牌"，增添旅游地和旅游产品的吸引力。尤其对于人文旅游资源，如世界文化遗产、历史文化古迹等，文化内涵就是它们的存在价值。英、美、日、德、法等国的旅游者无一例外把"与当地人交往、了解当地文化和生活方式"当作出境旅游的三大动机之一。各国去欧洲的旅游者中，65%的人是进行文化方面的旅游。1997 年美国获取的 750 亿美元的旅游收入中，至少有三分之二与旅游地的文化因素有关。尤其是中国，自然风光固然迷人，但与其他国家和地区相比，优势与特点并不明显，真正吸引游客的是我国悠久的历史、深厚的文化底蕴和多民族的习俗文化。

2. 以旅游活动为媒介，为经济活动服务。所谓的"旅游搭台，经济唱戏"是当前的热门话题，每年成百上千的各种旅游节庆活动层出不穷，在节庆的主题选择上往往以当地的文化特色为主。实际上政府和组织者的目的并不是获得旅游的直接经济收益，比较多的是从扩大当地影响，利用旅游活动吸引投资，开展贸易活动，从而推动其他产业的发展。以南宁国际民歌艺术节为例，2001 年南宁国际民歌艺术节的经济收益从接待游客方面看并不突出，但以活动为媒介，共签订经济项目合同 248 个，总投资额 84.5 亿元，为当地引进资金 70.43 亿元，同时也带动了整个南宁房地产业的发展。

3. 将旅游文化和各类文化产业相结合，开拓收益渠道。旅游业发展到今天，经济收益的获得渠道似乎已经比较固定，但是随着新兴文化产业的发展，可以考虑将综合性极强的旅游业与文化产业相结合，为旅游业开拓出新的收益渠道。目前多是通过文化因素来提升旅游内涵，取得旅游的经济收益，如门票、旅游服务、旅游纪念品等。但我们认为可以逆向思维，以旅游为主题内容，将其贯穿于各类文化产品之中，通过文化产品的销售来获得经济收益。产品的形式多种多样，比如以旅游为背景和内容的小说、游记、音乐、报章杂志、影视剧、网络游戏、体育活动等。唯一存在的问题就是这些文化产品收益分配主体的确定和协调，相信在今后的发展过程中该问题会得到圆满的解决。

4. 提高和引导旅游者的旅游意识和旅游观念。旅游者对于各种新兴旅游文化产品都需要有个接受的过程，实际就是需要不断更新他们自身的旅游意识和旅游观念。这个更新过程通过文化渠道对旅游者的潜移默化，可以达到引导和加速的作用。典型的如自驾车旅游在我国的兴起，2005 年"五一"期间，南京夫子庙景区停车场上有超过一半的车辆属于外地自驾游或自备车辆，而来宁旅游者的自驾车辆仅在交通支出额上就达到 1.3 亿元。原因有两方面，一是汽车的普及和道路设施的发展提供了必要的条件，而另一方面，文字、影视、网络等各类文化中介对西方国家自驾游的风气、自驾游的优点和乐趣的报道和宣传，

① 王大悟、魏小安：《新编旅游经济学》，352—353 页，上海：上海人民出版社，1998

在意识和观念上都对潜在的消费者有着非常深刻的影响。

案例　世界著名风景杭州西湖：免却一张门票 换回上亿收益[①]

西湖风景区实行“零票制”后，是亏了还是盈了？这是人们最为关注的问题。

有关专家说，西湖不收门票当然“亏”了——每年全市要少掉几千万元的门票收入哩！然而，来杭州旅游的游客却多了许多，游客在景区产生的消费也就相应增加了。一算账，亏的不如游客消费额增的多。随着新西湖免费开放，游客自然而然地会多去一些景点游玩，在杭州逗留的时间相应会延长 1 天左右，住宿、购物、交通、饮食等花销也就相应增加了不少。景点门票收入的减少，可以通过对旅游以及相关产业的带动，将这部分减少补回来。

据杭州市“假日办”统计，2004 年国庆黄金周期间，外地来杭游客达到 140 万人次，游客在杭州平均逗留时间延长为 2.8 天。酒店的入住率比上年同期增长了 7 个百分点。期间接待外地游客的旅游收入达 14.78 亿元，比上年同期增长了 51.43%。

西湖南线未取消门票之前，每年的门票收入为 600 万元。取消门票之后，这里的人气剧增，沿线商铺每年的拍卖总收入达到了 700 万元。浙江省旅游局市场处负责人表示，以往旅游部门只是单纯地利用西湖的风景资源。环湖免票后，就得转向着眼于对人流量资源的开发利用。从表面上看，景点免票对旅游部门的经济效益有很大打击，但相应带来的游客增加和逗留时间延长，却使同一城市内的餐饮、旅馆、零售等整体行业均获得了新的发展空间，政府也能够由此获取更多的财政收益。

一般来说，旅游文化经济收益的受益群体主要是包括旅游业在内的各个经济产业部门的经营者，作为经济部门，它们的唯一目标就是在经营过程中追求利润或者收益最大化。而对于旅游消费者本人而言，旅游是为了追求一种生活的经历。旅游者旅游的动机或目的并不是为了获取经济收益，并且旅游者能够从旅游活动中获得经济利益的事例并不多见，因此具有一定的偶然性，不具备研究的价值。所以我们把旅游文化的经济收益的主体限定在包括旅游业在内的各个经济产业部门的经营者。例如：一名普通游客在澳门旅游，参与了当地的博彩娱乐活动，赢了一笔钱，我们认为这笔钱不应当被纳入旅游文化的经济收益范围之内。

虽然旅游者不是旅游文化经济收益的主要受益群体，可是旅游活动是旅游者的消费活动与旅游产业的经营活动的综合体。[②] 没有旅游者的消费活动，旅游经营者甚至其他产（行）业经营者也就不可能得到经济收益。所以在研究旅游文化经济收益的时候，旅游者与经营者一样，同样是不可或缺的。

（二）影响因素

影响旅游文化经济收益的因素有很多，其中多数与旅游业经济收益的影响因素相同，如旅游产品的质量、定价、成本、总的投入产出状况；社会、政治、经济形势；旅游业与其他产业的关联性等，这里不再一一赘述。那么从旅游文化的特点来看，在影响其经济收益的因素中，最突出的是哪几点呢？

---

① 资料来源：http://city.sina.net/city/2005-01-17/51207.html

② 张辉：《旅游经济论》，45 页，北京：旅游教育出版社，2002

前面提到过，旅游文化经济收益的主体是旅游业和其相关产业。而对于受益主体而言，无论是微观还是宏观方面，获取经济收益的根本，最终归结于成功销售旅游文化产品，所以我们可以看到，以下的影响因素都与旅游文化产品有关。

第一个因素就是旅游文化产品是否拥有持久的吸引力。

旅游者购买旅游文化产品的首要条件是旅游者对旅游文化产品感兴趣，也就是说旅游文化产品要对旅游者有极强的吸引力；同时产品与产品之间存在着激烈的竞争，要推动旅游者最终购买产品，起决定性作用的除了价格外，主要就是旅游文化产品的吸引强度。旅游文化产品与其他旅游产品相比，最突出的特点就在于拥有独特而丰富的文化内涵，同时这也是产品的主要吸引元素。要提升一项旅游文化产品的吸引力，就需要围绕产品的文化吸引物做文章，使产品凸显其核心吸引力；同时这种吸引力还需要保持连续性，因为旅游文化产品都有一定的生命周期，当产品吸引力持续下降或停滞不前时，就要考虑适当调整产品吸引力的方向和内容，不断延长其生命周期。前几年我国一窝蜂地修建各种人造景观，因为粗制滥造、重复建设、缺乏创意和个性，这些起点低、追求短期效益的人造景观，很快失去了吸引力，迅速走向衰败。第一轮主题公园绝大多数失败，3000多亿元资金被深套其中，大部分人造景观名存实亡。

但是要注意一点：这里存在一个产品文化内涵等级的先天限制问题。大多数旅游文化产品的吸引强度和持续性是有限的，这是由其知名度、旅游等级和文化内涵所决定。对于普通旅游者而言，他们对旅游产品的优先选择往往是那些历史年代久远、文化内涵丰富、有较高知名度的旅游文化产品。当然这里的知名度除了产品的宣传力度之外，还要受到旅游者主观的影响，每个旅游者的兴趣和综合素质都影响着旅游产品在其心目中的知名度。一座普通的寺庙，受到本身素质的局限，无论怎样打造，也不可能同北京的故宫博物院、西安的秦始皇兵马俑等世界级的旅游点对游客的吸引力相提并论。关于解决办法，我们会在下一个因素中谈到。

案例　桂林阳朔与《印象·刘三姐》[①]

时至今日，《印象·刘三姐》已成为阳朔的一张旅游王牌，2003年国庆黄金周推出以来，观众达数十万人，使这个中国最早接待外国游客的县城再次成为吸引游客的强大磁场。这台由张艺谋出任总导演的演出以其气势恢宏的山水实景舞台、变幻莫测的五彩灯光、宛如天籁的缥缈音乐、返朴归真的造景和清新隽永的舞美为观众打造了一场梦幻般的视觉盛宴。许多观众看过之后都认为这是自己所看到过的最震撼人心的演出。

《印象·刘三姐》的成功运作，表明一场好的大型实景演出是挖掘景区文化内涵、展示景区形象和魅力的一种新形式。在民族传统文化日渐被现代文明磨蚀的今天，大型实景演出为挖掘、继承和发扬传统文化提供了一种有效形式，也为景区提供了更深刻的文化内涵。正如湖南某旅游社经理所说，以前她带团到桂林都是游玩象鼻山和芦笛岩等常规景区，感觉桂林的旅游资源只有自然风光，没有文化景点。但到达阳朔特别是在欣赏《印象·刘三姐》后，她的这种观念彻底改变了，《印象·刘三姐》总是出其不意地给她惊喜，堪称文

① 资料来源：《中国旅游报》，2005年7月11日

化产业与旅游产业的完美结合。

第二个因素是旅游文化产品的消费者定位。

各种产品的文化背景和内涵不尽相同，想让一种旅游文化产品成为“万金油”，满足所有旅游者的要求是不现实的。旅游文化涵盖的范围非常广，内容包罗万象，加上旅游者主观上的一些限制，如经济能力、个人素养、旅游时间等，因此几乎每一种产品都有与之相对应的消费群体。由于旅游产品的文化内涵之间存在着差异，对应的消费者有明确的覆盖范围，所以即使某种旅游文化产品具有相当的文化内涵和充足的吸引力，但是由于对产品主要消费群体的错误判断，有可能会在产品的包装、运作和宣传上产生错位，反而影响产品的吸引力，围绕明确的市场目标，对产品的消费群体进行精确地定位就显得非常关键。

例如宗教文化旅游产品，其性质决定了对应的消费者群体主要是宗教信仰者、学习型游客。前者会因自身信仰而产生某种心理的归属感，后者的目标则是探寻宗教知识和艺术。据敦煌旅游局统计，2005 年“五一”期间到敦煌旅游的五万多游客中，绝大部分是对佛教感兴趣的散客。而在不多的旅游团队当中，最活跃的是学生旅行团。

上一个因素提到过产品的吸引强度和持续性存在一个资源的先天限制问题，解决这个问题就需要经营者对于自己产品的文化内涵、表现能力有充分的了解，在此基础上，不去勉强追求大而全，而是针对自己产品的文化特色，不断充实和改进产品内容，并从旅游者的文化背景、经济能力、审美喜好、行为方式等因素去确定主要的消费人群，针对特定群体，科学合理地整合各类旅游文化资源，做到准确的定位，尽力去表现自己的特色。倘若能够再借助旅游者的口碑相传，起到对旅游目的地品牌的传播作用，那么产品的经济收益就会进入非常好的良性循环。例如，江南古镇的建筑艺术与园林景观，远远不能和苏州园林相比。但许多江南古镇的民俗文化传统，又非苏州园林所能包容。安徽、江苏、浙江、上海等地大力保护和宣传古镇民俗文化，使宏村和西递两个村庄脱颖而出，成为世界文化遗产。而乌镇、周庄、同里等一批古镇，同样以其浓郁的江南水乡民俗风情，成为不亚于苏州园林的旅游热点。

案例　　波兰卡利什市的旅游消费者定位[①]

波兰的主要旅游区包括波罗的海沿岸（很受国内游客的欢迎）、喀尔巴阡山脉、马祖里湖区和斯图加特山等地。而卡利什市并不在受欢迎的旅游区内，尽管拥有一个宗教朝圣中心。城市的主要产业是纺织业、食品加工业、飞机零件及钢琴制造业。

波兰作为一个发展中国家，旅游业正经历一个快速转型时期。作为一项国际技术协作方案，英国政府帮助波兰卡利什市完成了旅游业的发展规划。规划中认为：发展的当务之急，首先是要建立一系列促进和推广机构，接着，就要明确卡利什市将要开发的目标市场，聚焦主要放在：

1. 国内游客，探亲访友及朝拜宗教圣地的游客；
2. 海外的波兰侨胞，特别是美籍波裔人士；
3. 欧洲及环太平洋地区的居民，45 岁以上，追求清洁、安全的环境和高质量的旅游

① Duncan Tyler 等著，陶犁等译：《城市旅游管理》，35—61 页，天津：南开大学出版社，2004

活动，要求旅游目的地有丰富的历史蕴涵和文化传统；

4. 18至35岁之间的年轻人，追求诸如艰苦的跋涉、乘筏旅行、划船等旅游活动和另类的假日旅游；

5. 临近国家如德国和捷克共和国的居民。

经过了科学的前期规划，目前看来卡利什市的旅游发展正处于一个良好的上升期。

三、旅游文化的社会收益

（一）概念及内容

旅游文化的社会收益是指随着旅游业的发展，在旅游文化作用的范围内，旅游活动给旅游目的地社会、旅游者输出地社会和旅游者所带来影响的正面后果。这种收益在精神和物质层面都能够得到体现，是实体性与非实体性收益的综合体。

从上述定义可以看出，旅游文化社会收益的主要受益群体有三类：分别是旅游目的地、旅游者输出地和旅游者。这其中包括两地的居民和旅游者，以及他们的思维方式、价值观念；以及社会文化传统、文化现象、社会风气、道德观念等比较抽象的受益对象。旅游社会学理论认为：旅游是我们这个时代社会生活的形式之一。[①] 旅游对社会的影响一直都存在，旅游文化的产生就在于旅游者由于对人文景观、异质文化环境等有着强烈的向往和好奇，因此产生旅游动机并付诸实施。有些学者甚至认为旅游实际上就是一种跨文化的交流或想象，它的社会文化属性远大于经济属性。随着旅游的社会影响变得越来越广泛而深刻，旅游文化社会收益的可能来源、发展趋势将会有很大的演变空间。

与经济收益比较单一的货币及其等价物不同，社会收益的具体表现呈现出多元性和综合性的特点，旅游文化因素也从相应的几个方面起作用，归纳一下主要有以下几点：

1. 不同文化之间的交流和传播。旅游者与目的地居民在旅游过程中直接或间接的接触，造成了双方背景文化的互动和交流。人们外出旅游是本土文化与异地文化接触的过程，属于文化传播活动，文化通过信息的传播，可导致不同文化间的冲突和融合，由此而来的文化交流与渗透、文化冲突与矛盾的趋缓以及文化的汇流就不可避免了。这种文化的交流和传播是双向的，对旅游者输出地和旅游目的地都会产生影响，旅游者是其中重要的媒介物。正是由于他们的到来，在和旅游者的交往过程中，旅游目的地居民对旅游者输出地的文化有了一定程度的了解，而旅游者也同样因为旅行中的所见所闻以及与当地居民的交往，使他们对目的地文化有了较深的认识。随着旅游活动的结束，他们回到出发地，同时也带回了对目的地文化的印象，在他们与原住地，也就是旅游者输出地居民的交往中，可能会将他在旅游目的地的感受和认识又一次传递给后者。

一般来说，文化之间的差异性越大，旅游者和旅游地居民的感受就越深，文化信息的增长幅度也就越大。如我国学者对云南大理居民学习英语的情况进行了调查，由于来大理旅游的国外游客增多，居民为了提高自己的知识水平，增加与游客交往和经商的便利，纷纷学习英语。在大理的“洋人街”，80%的居民认为不懂英语影响生意，近70%的居民表示，英语的无处不在使他们迫切想学英语，目前在“洋人街”，有67%的居民能够用英语与外国游客进行日常交流。

---

① 罗伯特·郎卡尔：《旅游及旅行社会学》，北京：旅游教育出版社，1989．第3页．

但是我们要注意：事实上，文化的交流与传播通过旅游活动实现的过程非常复杂，涉及的内容极其广泛，不同文化间存在着冲突和矛盾，如对文化的认识和理解出现误差；传播的文化没有经过良性筛选；文化受到过度加工；旅游地文化的商品化和庸俗化等，文化的传播和交流有可能不会表现为社会收益，而是较为负面或是消极的影响，这个问题会在本书其他章节另做研究。

2．文化及价值观念的保护和更新。旅游业的持续发展需要在保护文化传统的基础上进行，要对文化资源不断地挖掘、保护和弘扬。文化资源的属地不仅仅指旅游目的地，也包括旅游者输出地。从旅游地居民的角度来看，旅游者对本民族文化的欣赏和喜爱能够激发民族的自豪感，使他们能够肯定自己民族的文化，因此珍视本民族的文化遗产、社会文化环境；从旅游者角度看，由于来自同一地区的旅游者在同旅游地居民的交往过程中，体验了不同文化的差异和冲突，从而在旅游者群体中产生了某种一致和亲和感，促进了群体的团结，加强了旅游者所属民族政治共同体的内部一致性，对自己的文化背景同样会产生保护的冲动。像云南省丽江的东巴博物馆，是弘扬东巴文化、宣传丽江的重要基地和窗口，通过大力培养东巴文化传承人，研究东巴象形文字并将研究成果转化为经济效益，现在，博物馆以自己的个性特色和独特魅力越来越受到国内外关注，成了丽江又一文化品牌。

对文化的认同也给旅游目的地和旅游者输出地原有的价值观念提供了一定的生存空间，是对原有价值观念的肯定。旅游在保留原有价值观念的同时，也引发了新的观念和行为的产生。[①] 旅游的行为牵涉到人与人、人与社会之间的关系，旅游活动也因此催生着新的价值观念，在人类社会价值观念的更新过程中占有一席之地。

3．促进旅游目的地的发展和居民生存条件的改善。旅游文化的发展能够使旅游目的地的知名度大大提高。它常常可以使原本默默无闻的偏远落后地区一跃而名闻遐迩，随之会引来大量的投资者和人才，对外交往扩大，从而改变整个地区的面貌。[②] 现在许多城市都把旅游业当作城市名片的最佳的推广手段，通过旅游来宣传城市文化，为城市的建设和发展吸引投资；而在农村地区则把旅游业作为扶贫脱困的主要政策。旅游不但为当地居民创造了就业机会，增加了他们的经济收入，也改善了他们的生存环境。据学者对我国长白山进行的调查，74%的被调查者认为旅游将为他们提供更多的就业机会，又分别有85%、45%、60%、50%的被调查者认为旅游改善了公路、购物、娱乐机会和服务设施等方面的条件。

案例　　国际旅游文化节给北京带来什么[③]

第六届北京国际旅游文化节20日落下帷幕。一年一度世界风情荟萃北京已持续了六年，旅游文化节已成为北京一张金色的名片，一扇亮丽的窗口，一条连接友谊的彩带，一座东西方文化交流的平台。

国际旅游文化节不仅活跃了市民的文化生活，也增强了普通百姓与世界各国人民的友谊。据北京市旅游局国际处处长李继诚介绍，从第一届旅游文化节开始，主办者就明确了一个概念：要办成一个面向广大群众的节日，让更多的普通百姓感受并参与到其中。送“外

① 王雪华：《论旅游的社会文化影响》，桂林旅游高等专科学校学报，1999（10），62页
② 刘振礼、王兵：《新编中国旅游地理》，307页，天津：南开大学出版社，2001
③ 资料来源：http://www.southcn.com/travel/lyxw/200310210795.htm

国戏下乡”，到村民家中做客，吃农家饭，交农家友，中国普通农村纯朴的民风，在外国演员们的心目中都是前所未有的“风景”。国际旅游文化节还将旅游景观的外延扩大到工厂、社区、大学、孤儿院、敬老院等，这种新的文化活动方式，使得外国朋友更全面真切地了解中国，也使不同肤色、不同国籍的人们找到一种最便捷的沟通交流渠道。

作为一种崭新的旅游产品，国际旅游文化节提升了北京的城市形象，也为北京提供了一个向世界推荐自己的好方式。美国一个叫“摇摆猫”的青年歌舞团回国后，给北京市旅游局写信说，所有看过我们在北京留影的人都说，他们看到的北京与想象的完全不一样，他们也要到北京来。美国一个老牛仔还把自己的经历印成宣传册《我在北京》，向身边的人免费发放，传播他们在北京的美好感受。已经参加过 3 次旅游文化节的芬兰团领队阿曼德·艾卡先生，曾在 9 月还在芬兰主办了“中国文化节”，将中国的京剧、杂技、民乐介绍给芬兰朋友。他说：“在中国我找到了一种完整的历史和文化。”每年都接到许多国外友人来信称赞北京的李继诚说，所有这些外国参与者可能一生都在世界的某个角落说着中国的好话。如果把广告分成若干种的话，口碑这种形式是成功率最高的，他们用对北京亲身感受的口碑宣传着中国。

（二）影响因素

旅游与社会的关系一直都是学界研究的主要课题，从大量的研究成果我们可以总结出许多旅游社会收益的影响因素，这些因素同样适用于旅游文化的社会收益。但由于旅游文化的特色使然，在众多影响因素中我们仍然可以找出其中最关键的因素：那就是旅游文化的社会与经济收益二者间存在着激烈的冲突和矛盾，这种冲突和矛盾在现实中，使得社会收益往往让位于经济收益。

旅游文化的社会与经济收益在理论上能够互相转化，并且做到良性循环。旅游地经济效益的提高，可以为当地社会文化的保护和发展提供资金，而旅游地文化的不断发展又可以吸引更多的旅游者前来，使旅游收入得到再次增长。不过从许多实际例子来看，社会收益不但没有随着经济收益的提高而提高，反而成为经济收益增长的牺牲品。意大利水城威尼斯由于旅游者的大量涌入，政府为获得经济收益而取悦旅游者，并且所得收益没有用作改善当地居民的生活质量，而是不断地将各种房屋改建成旅游接待设施，其后果就是原住居民不断外迁，目前，这一传统的城市中心居住着不到 8 万城市居民，每天却要接受超过 4.7 万人的流动人口。而在 1951 年，威尼斯还以拥有 17.5 万的居民而自豪。他们的离开也同时带走了旅游者想看到的本土风情、生活方式。一位法国旅游者就这样说：“在这里，我们无法看到肥胖的意大利厨师做面条，也看不到小孩子在小巷里嬉笑穿梭，更听不到屠夫的咆哮，到处都是和我一样的旅游者。”

旅游文化的社会收益与经济收益之间为什么会产生矛盾呢？我们认为有以下几点原因：

1．政府及旅游主管部门的政策导向过于侧重于经济收益。政府及旅游主管部门往往根据旅游产业的经济增长指标来表现自己的政绩，这与可持续发展、重视长期的、社会收益的工作产生了直接冲突。同时，他们掌握着政策导向的制订，拥有对旅游业施加绝对影响的权力。政府及旅游管理者在实际工作中，往往无视旅游对社会的不利影响，以低品位、商业化、庸俗化的产品吸引游客，自我贬低或是任意夸大当地的传统文化，甚至不惜景区景点超负荷运转，出现伤亡事故或者旅游资源受到严重破坏，这些都对旅游文化的社会收益带来了非常大的负面作用。比较而言，旅游对经济的影响比较直观且迅速，而对于社会文化的影响则比较隐蔽和缓慢，由此造成政策导向偏向于能够在短期内可实现的经济收益。当旅游文化的收益在经济与社会文化收益之间挣扎时，政府及主管部门往往为了追求经济利益，而对社会收益熟视无睹。

2．经济收益的分配不均造成居民牺牲社会收益去追求经济收益。在旅游目的地，除旅游从业人员外的普通居民往往无法直接享受到旅游所带来的经济收益，虽然旅游的发展可能会带动整个地区经济的发展，让居民们间接享受到经济收益，但是这种分配形式不够直接，不易察觉，并且比起居民必须为之承受的成本，如对文化传统、建筑、习俗的保护阻碍了居民提高生活质量，追求现代化、高科技的成果时，他们所能分配到的经济收益也就无法让人满意。埃及开罗吉萨高原的金字塔群世界闻名，每年的旅游收入非常可观，但对1500万开罗当地居民来讲，旅游业的发展并没有能够让他们当中的大多数摆脱贫困，相反，人均收入从1984年的670美元下降到1994年的610美元。这种情况造成的直接后果就是生活在吉萨高原周围的开罗居民视该遗址为一个可赚钱的机会和适合居住的地方。他们在高原旁修建了2座贫民窟，大多数人靠为游客提供向导、轻便摩托车、牵骆驼等非正式的服务来获得收入。以上种种既造成了视觉破坏、管理混乱、空气和固体垃圾的污染，更严重的是排放的污水渗入地下并侵蚀着狮身人面像的地基。

3．旅游作为产业，必然强调经济收益。年度经济指标是一切工作的出发点，尤其对于财务公开、半年一报的上市公司。众所周知，社会收益肯定是外部化的，目前的经济统计指标还无法将这种外部化的社会效益内部化，所以，只会鼓励旅游产业经营者充分利用廉价的旅游资源，尽快尽多地将其转化为经济指标的增长。还有这么一个现象：越是旅游资源富饶的地方，经济往往越落后，开发中的急功近利现象越严重，经济收益与社会收益的对立越深。这样，就会产生把旅游当作一个以获取经济收益为中心目标的产业来发展，与社会收益事实上存在不可避免的矛盾和冲突。如世界自然和文化遗产——泰山，因为建索道已经被联合国教科文组织世界文化遗产委员会出示了黄牌，原因何在呢？因为现在整个泰山的旅游经营已由一家上市公司——泰山旅游股份公司垄断，也就是说，泰山的旅游开发已经变成一家公司的内部经济运作问题，这类情况不得不让人深思。

案例分析　　圆明园系列事件

号称“万园之园”的圆明园是我国珍贵的文化遗产。1860年10月惨遭英法联军野蛮地劫掠焚毁，以后又经历了无数次毁灭和劫掠，一代名园最终沦为一片废墟。20世纪80年代，经过多年努力，圆明园从一个荒芜破败的遗址变成了公园。不过最近发生的一系列事件使其成为社会关注的热点。

2005年3月28日：兰州大学生命科学学院张正春教授质疑圆明园湖底防渗工程破坏园林生态。北京市环保局会同海淀环保局调查后表示，圆明园湖底铺膜工程没有经过环保审批。接着，国家环保总局发出了“最后通牒”：圆明园应从即日起40天内交出环评报告。

5月17日：媒体曝出圆明园将园内福海湖心岛建筑出租给私人居住，使得游人无法靠近该岛。圆明园被指责侵犯公共利益。

5月21日：圆明园内一处占地3万平方米的万春园别墅引发关注，据说别墅区是一家保险公司的接待和会议场所。

5月22日：北京大学6位专家认为，圆明园彻底翻建具有300多年历史的经典园林驳岸，圆明园陆面植物被以近乎“三光”的方式肆意伐掉，是严重的文物破坏行为。

1. 请分析并讨论圆明园的经济收益和社会收益来源和可能的表现形式。

2. 分析并指出圆明园对旅游者的吸引力及其市场定位。

3. 结合影响社会收益的因素，探讨上述事件发生的原因所在？如何避免事件的重复发生？

第三节 思 考 题

1. 旅游文化对旅游资源价值的提升表现在哪些方面，如何理解。

2. 文化作为解读旅游者行为的密码，是旅游文化价值的重要体现，你是如何认识的？举例说明。

3. 对城市旅游形象的塑造来说，文化的主导作用是如何表现出来的？

本章参考文献

[1] Yvette Reisinger、Lindsay W.Turner 著．旅游跨文化行为研究．天津：南开大学出版社，2004年．

[2] 马波著．现代旅游文化学．青岛：青岛出版社，2001年．

[3] 马耀峰，宋保平，赵振斌编著．旅游资源开发．北京：科学出版社，2005年．

[4] 〔美〕哈罗德.L.瓦格尔著．旅游经济学．北京：中信出版社，2003年．

[5] 谢彦君编著．基础旅游学．北京：中国旅游出版社，2004年．

[6] 保继刚等著．城市旅游：原理·案例．天津：南开大学出版社，2005年．

[7] 罗明义．旅游经济学．天津：南开大学出版社，2005.

[8] 王大悟、魏小安．新编旅游经济学．上海：上海人民出版社，1998.

[9] 张辉．旅游经济．北京：旅游教育出版社，2002.

[10] 刘振礼、王兵．新编中国旅游地理．天津：南开大学出版社，2001.

[11] 罗伯特·郎卡尔．旅游及旅行社会学．北京：旅游教育出版社，1989.

[12] 弗雷德·波塞尔曼．弯路的代价—世界旅游业回眸．北京：中国社会科学出版社，2003.

第七章　旅游文化产品与营销

第一节　旅游文化产品

从经济学的角度看，现代旅游活动就是旅游的供应方（旅游经营者）和需求方（旅游消费者）基于旅游产品的交换过程。通过旅游产品与货币的交换，供应方与需求方的利益都得到了满足。由此看出，旅游产品是旅游经济研究的一个最基本的问题，可以说旅游产品是旅游业存在的基础。

一、旅游文化产品的概念和内容

（一）旅游产品的概念

旅游产品是一个非常宽泛的概念，目前学术界还有一定的争论，不过主要的观点是分别站在旅游供应方和需求方的角度来定义旅游产品的。

从旅游消费者看来，旅游产品乃是旅游者为了获得物质和精神上的满足通过花费一定的货币、时间和精力所获得的一次旅游经历。[①] 就旅游经营者而言，旅游产品是指在旅游市场上由旅游经营者向旅游者提供的，满足其一次旅游活动中所消费的各种物质产品和服务总和。[②]

通过上述定义，我们可以看出，对于旅游消费者来说，旅游产品是在旅游过程中，以及结束旅游活动以后，对接触的事物和接受的服务的综合感受及其物质载体，如旅游纪念品。对于旅游经营者来说，旅游产品可能是一个物质性产品，如一间酒店客房、一件旅游纪念T恤；也可能是一项服务性产品，如导游的一次精彩讲解、旅游地居民的歌舞表演；更多的是复合产品，如某一条旅游线路、某一项旅游节庆活动、某个旅游景点等。

（二）旅游文化产品的概念

旅游文化产品作为旅游产品的一个分支，它既有旅游产品的基本特征，也有自己独特的文化特性。本书对旅游文化产品的定义是：以一般文化为内在价值，以人类的行为方式及其创造成果为主要背景和依托，自然景观为补充，由旅游经营者向旅游者提供的服务与实物的组合。为了更好地理解该定义，要注意以下几点：

1. 本书主要以旅游经营者的角度来研究旅游文化产品。因为对于普通旅游消费者而言，购买旅游文化产品与购买其他旅游产品在本质上是没有区别的，也就是说，从旅游者的角度来看，任何旅游产品都只是其自身的一种综合感受，有所不同的只是感受的深与浅，好与坏。

2. 自然景观是旅游文化产品必要的补充环节。例如，许多由自然景观而演绎出的神话、

---

① 林南枝、陶汉军.《旅游经济学》. 40页，天津：南开大学出版社，1994.

② 罗明义.《旅游经济学》. 天津：南开大学出版社，2005. 第121页.

传说是旅游文化产品的重要组成部分，有些甚至是产品的核心内容。

（三）旅游文化产品的构成内容

一般来说，旅游文化产品的具体构成内容包括旅游经营者提供的服务与实物，不过在多数情况下，旅游文化产品的内容是服务与实物的组合，二者缺一不可。由于旅游文化产品定位于满足旅游者不同的需求，所以旅游文化产品的内容非常丰富，概括起来主要包括了以下几个要素：

1. 旅游饮食。饮食是游客在旅游过程中的生活必需品，但是作为旅游文化产品的因素之一，美食对许多旅游者还具有格外的吸引力。能够在游览美景的同时，品尝当地有着独特风味的食品无疑能够增添旅游的乐趣，甚至部分旅游者出游的主要目的就是找到旅游地的美味佳肴，然后一饱口福。比如四川的川菜、火锅和小吃就在四川的旅游文化产品中占有相当的地位，是产品具有吸引力的核心因素之一，甚至还有以美食为主题的旅行团。

案例　　　　广州谋建“美食之都”①

据悉，国家旅游局计划从138个“中国优秀旅游城市”中评选“中国最佳旅游城市”，包括“最佳餐饮”、“最佳购物”等九个单项称号。调查显示，60%以上的羊城市民认为广州获“最佳餐饮旅游城市”的优势最明显，因此广州决定申报这一称号。

目前广州有餐饮企业3万多家，餐饮业年收入近300亿元，均居全国首位。多年来，广州的餐饮零售额增长率都高于社会消费品零售总额增长率，是第三产业中最活跃的行业之一，这是国内大城市中少有的。

根据今年市商业工作会议的要求，广州将加快建设能代表“食在广州”的美食街和一个综合性美食广场、美食城。目前，美食广场初步选址北京路，美食街初步选址泮塘西关民俗风情区内，美食城初步选址康王地下城。今年广州还将开展“十大菜式”、“十大小食”、“十大酒席”等评选。此外，拟把餐饮文化与旅游开发结合起来，将分散的特色美食串起来，组织饮食旅游线路。

2. 旅游住宿。和饮食一样，旅游者需要良好的住宿和休憩条件，有些旅游者只需要有一个干净舒适的房间，但是也有更多的旅游者把住宿也当成了旅游过程中非常重要的一项内容。豪华的五星级酒店、旅游地居民特有的居住环境、稀奇古怪的住宿设施等使旅游者不仅仅可以得到休息，还能从中获得日常无法享受的乐趣。而且如果旅游者入住当地民居，与本地居民们一起生活，还能够体验到不一样的生活乐趣，对旅游地民俗文化的认识也会更加深刻。如欧洲的古堡、日本的榻榻米、草原上的蒙古包等，它们的魅力对于旅游者来说，只是表面观赏还远远不够，更吸引人的地方就是能够让游客去亲身体验居住的感受。

案例　　　　成都“龙堂”开张：游客纷至沓来②

这年7月，赵炜的旅舍在刻满岁月痕迹的宽巷子开张了。赵炜为它取名“龙堂”，出门

① 资料来源：http://www.ycwb.com/gb/content/2004-01/17/content_629041.htm

② 资料来源：http://tour.scol.com.cn/html/2004/03/001033_399795.htm

是古老的石板路，睡的是中国古式雕花木床，住的是川西四合院子，一传十，十传百，龙堂很快成为来蓉自助旅游的老外“驴友”们的根据地。

“就像我们向往奥地利、英国的城堡一样，老外对我们的川西民居非常着迷”。浓厚的民族风格以及宽巷子特有的川西风味，使龙堂在开业的一年多时间里接待游客 15000 多人次，其中有 11000 多位外国客人。有的在龙堂住了一个星期后就决定留下来做义工，有的则因在蓉工作而每周来龙堂过周末。龙堂成了一个小小的“联合国”，宽巷子因此每天出没着许多外国人。

3．旅游交通。旅游交通是构成旅游文化产品的重要因素。尤其对于中远程旅游而言，优质、高效、准时、便捷的交通工具和设施是旅游者在出发地和旅游目的地之间往返的必备条件。此外，由于交通工具和设施在不同的地理条件和特殊的文化氛围中会呈现特别的风貌，因此旅游者在旅游地观赏、乘坐或驾驭特殊的交通工具及其附属设施也成为了极有吸引力的旅游活动。如在中国的古镇街道上坐轿子；乘舟观赏巴黎塞纳河两岸的建筑风貌；在迪斯尼乐园里乘坐古老的蒸汽机车；亲身体验日本新干线子弹列车的高速度等，都能够让旅游者得到非一般的体验和乐趣。

案例　感受伦敦地铁的魅力[1]

地铁对于伦敦，如同女王、戏剧、酒吧，不可或缺。它是建设在先进智能交通体系上的一座文化走廊，是伦敦生活最富魅力的一部分。

伦敦地铁各个车站体现了不同年代的建筑风格，从早期的砖石拱形结构，到后期的纯钢铁架构，再到现代的钢化玻璃站台，让人体会到英国一百多年地铁建筑发展史的巨大成就。地铁建造者将伦敦的历史和文化细致刻画到每条线路上。比如，海德公园站通道的墙壁上描绘的是英国 1851 年在当地举办第一届世界博览会时的情形；因福尔摩斯出名的贝克街，地铁站台的墙壁用一块块小砖拼成，砖上印的全是这位大侦探的头像。

在每个地铁站，乘客都能免费索取地铁图、公共汽车路线图、解释公交资费的宣传册，还有介绍伦敦文化生活、旅游景点的手册。而地铁隧道中、电梯旁张贴的五颜六色的广告招贴画，或商业，或公益，都传递着日常生活的重要信息。

地铁通道也是艺人们在这座城市里最大最长的舞台。2003 年，伦敦地铁公司调查发现，85%的乘客愿意在地铁站里听到音乐。因此，地铁公司从当年起向个体艺人颁发许可证，准许他们在主要的换乘站行艺。行走在涌动的人流中，耳边忽然传来琴声——不管古典还是流行，无论伤感或是激越，都提醒乘客生活不应只是赶路。

4．游览观光。游览观光在大众旅行活动中是最主要的项目，旅游者们通过游览观赏各种人文及自然景观获得更多的知识、更美的感受和身心上更大的满足。因此在旅游文化产品中，游览观光是产品的核心内容。综观整个人类旅游史，可以说从旅游活动诞生的那一天起，游览观光就成为了旅游的基本内容和要素。

5．娱乐项目。随着现代旅游的发展，娱乐对于大多数旅游者来说，都是一种基本的需

① 资料来源：http://61.151.251.83/londoneye/bbs/dispbbs.asp?boardID=14&ID=5805

要。多样、新颖、有趣、刺激的娱乐项目丰富了旅游文化产品的内容，吸引了更为广泛的旅游者。玩耍是人类的天性，作为旅游者来说，都想在旅游活动中最大限度地吃好、住好、玩好。这里的“玩”，不仅包括游览观光，也包括了参加各种娱乐活动。在我国旅游发展的初期，国外游客来中国旅游，对中国的人文和自然景观比较满意，但是对游览之余贫乏的娱乐项目有所不满，俗称“白天看庙，晚上睡觉”。另外，在一些旅游地，娱乐项目本身就是最主要的旅游活动内容，也是吸引旅游者的重要因素，比如到澳门或拉斯维加斯参加博彩、去阿尔卑斯山滑雪等，这充分证明娱乐项目在整个旅游文化产品中的重要性。

案例　　山西高手云集掀起攀岩旅游热[①]

山西是个多山地区，近年来随着这个省大力开发山区旅游，攀岩运动逐渐热了起来，一些市县以此吸引了国内外的众多攀岩爱好者。5月中旬，16个国家和地区的不同肤色的选手将走进山西的太行山深处，进行国际攀岩比赛。

今年5月中旬，将有16个国家和地区的选手参加 “魅力长治·太行山大峡谷国际攀岩邀请赛”。报名参赛的选手中分别来自俄罗斯、韩国、日本、美国、奥地利、菲律宾、马来西亚、印度尼西亚、斯洛伐克、捷克、新西兰、加拿大、泰国、新加坡、中国和中国香港等国家和地区。据悉这是近年来在中国举办的规模最大的自然岩壁赛事。

据悉，一些地方如长治市，当地政府积极地把体育产业与旅游相结合，依托得天独厚的地理优势，引入攀岩运动，通过举办大型国际赛事，宣传当地的旅游品牌。

6．旅游购物。这里所说的旅游购物，除了花色繁多，品味不一的旅游纪念品之外，主要包含购物的时间、场所和过程。从旅游心理学的理论来分析：旅游者们在旅游地购物时，分为有意识购物和无意识购物。前者在出游前就有购物的愿望，有目的、有意识地要在旅游过程中采购物品；而后者的注意力本来集中在其他因素上，但是在旅游过程中往往被购物气氛所影响，情绪激动，无意中临时产生了购物的动机。[②] 旅游购物也从最初为纪念旅游活动、馈赠亲友的次要内容上升为旅游活动的主题内容，甚至仅仅在旅游商业街或商场内闲逛，观看欣赏琳琅满目、令人惊异的旅游商品，也成为一种重要的文化体验。

案例　　香港主题式购物游抢占黄金周商机[③]

据有关统计数据显示，“五一”期间去香港旅游、观光、购物的人数比去年同期大幅增加，当中许多人是选择参加香港商场主题式购物游的方式。

一到香港商场，许多购物团友第一时间喜欢跑到珠宝金行去“寻宝”。在屯门市广场某知名珠宝行内，记者发现一对内地情侣不到十分钟就买了一对白金戒指和一对龙凤手镯，据他们说，参加这次“信和劳动节开心购物游”活动，主要是想买一对结婚戒指及一些首饰金器，准备“五一”结婚用。“早就听说香港的金饰成色比较高，价格也比较便宜，而且

---

① 资料来源：http://trend.sports.cn/travel/news/2005-05-16/563402.html
② 屠如骥.《旅游心理学》. 168-170页，天津：南开大学出版社，1986.
③ 资料来源：http://informationtimes.dayoo.com/gb/content/2004-05/10/content_1532642.htm

在香港买结婚礼物也比较有纪念意义啦……”准新郎何先生开心地对记者说。

7．旅游计划。旅游者对旅游地空间的陌生和旅游时间的约束直接导致了旅游计划的产生。无论旅游者选择跟团旅游还是选择自助旅游，旅游经营者以及旅游者本人都要按照旅游者自身的需要和旅游地的实际情况，在时间和空间上精心设计，将旅游文化产品的各要素有机地结合，最后形成完备的旅游计划。尤其对于旅游经营者而言，向旅游者推销和出售旅游计划（旅游线路）尽可能地把品种繁多的文化活动纳入旅游计划中，以增加对游客的吸引力，这是是旅游经营管理的关键所在。而对于自行出游者来说，了解相关信息，尽可能地享受令人沉醉的异地风情，妥善制定自已的旅游计划，则是提高旅游活动质量和品味的保证。

案例　泰山、曲阜二日游[1]

所属旅行社：泰山明珠旅行社

出团时间：2005-4-1　截止日期：2005-4-3　行程天数：2 天

出发地点：泰安　最终地点：曲阜

途经景点：游览中天门、快活三里、云步桥、迎客松

详细行程：

第一天：早泰安接团，乘巴士赴孔子故里——曲阜，游览天下第一家——孔府，天下第一庙——孔庙，天下第一家族式墓地——孔林；下午返泰安，途中游览中华奇石——木鱼石；品尝泰山女儿茶，观看茶艺表演。住泰安。

第二天：五岳独尊——东岳泰山一日游：天外村路乘景区旅游车至中天门，观沿途风光，徒步登山至岱顶：游览中天门、快活三里、云步桥、迎客松、五大夫松、十八盘、南天门、天街、大观峰、玉皇顶、青帝宫、拱北石、瞻鲁台等景点后，中天门乘车下山；市内参观泰山广场、大型地下购物超市——易初莲花，自由活动！下午送团，结束愉快之旅！

（四）旅游文化产品的具体表现形式和分类

旅游文化产品的具体表现形式主要有：

1．有特定文化内涵和主题的旅游线路，如周庄同里古镇游、黄帝故里寻根游、西南少数民族风情游等；

2．各种综合或专题型旅游节庆活动，如桂林山水旅游节、哈尔滨冰雪节、洛阳牡丹花会、广西国际民歌节、四川凉山彝族火把节等；

3．以人工景观和设施为主要内容的旅游景区景点，如迪斯尼乐园、无锡三国城、深圳世界之窗、北京故宫、苏州园林、敦煌莫高窟等；

4．以宣传和描写旅游地人文和自然景观为目的的各种文艺表现形式，如反映云南民族风情的歌舞剧《云南映象》、张艺谋执导的短片《成都——来了就不想走的城市》等；

5．以各种传统或现代文化为主题的旅游商品和纪念品。如秦始皇陵前出售的大小仿制兵马俑，广汉三星堆博物馆出售的各式仿青铜怪异面具，泰国和马来西亚随处可见的锡制

---

① 资料来源：http://www.mount-tai.cn/line/xl_more.asp?xl_id=41

工艺品，新疆喀什巴扎的英吉沙小刀与五彩缤纷的中亚风格头巾。

旅游文化产品按产品物理性质分类，可分为旅游资源、旅游设施、旅游商品和旅游服务；按旅游性质分类，大致可分为展示型、学习型、休闲型和体验型。在这里要特别指出的是：因为旅游文化产品是多种要素的综合体，所以不同类型之间的产品有可能会出现重叠的情况。

下面将从旅游文化产品的旅游性质入手，分别介绍几种类型的旅游文化产品。

二、展示型旅游文化产品

（一）概念

顾名思义，展示型旅游文化产品是以旅游经营者以陈列展示为主要手段向旅游者提供的，游览方式以被动观赏为主的一种旅游文化产品。产品的核心就在于审美价值，这种审美价值必须具有普遍性。旅游者在产品的消费过程中基本上处于超然和客观的地位。产品的展示形态、媒介主要是实物、影像、高科技技术、书法绘画、雕塑、民间行为、歌舞及其他文艺方式等。

可以说在目前的旅游文化产品中，大多数都属于展示型旅游文化产品。如山东曲阜的孔府、孔庙、孔林三大建筑群；陕西西安碑林的1087方碑石；深圳锦绣中华内近百处我国名胜古迹的微缩景观；电视上播放的各地旅游风光片；以成都金沙遗址为背景的音乐剧《金沙》；香港海洋公园让人忍俊不禁的海豚表演等。

案例　　敦煌石窟[1]

敦煌石窟俗称千佛洞。位于甘肃敦煌市东南25公里的鸣沙山东麓崖壁上，上下五层，南北长约1600米。始凿于366年，后经十六国至元等十几个朝代的开凿，形成一座内容丰富、规模宏大的石窟群。现存洞窟492个、壁画45000平方米、彩塑2400余身、飞天4000余身、唐宋木结构建筑5座、莲花柱石和铺地花砖数千块，是一处由建筑、绘画、雕塑组成的博大精深的综合艺术殿堂，是世界上现存规模最宏大、保存最完好的佛教艺术宝库，被誉为“东方艺术明珠”。本世纪初又发现了藏经洞（莫高窟第17洞），洞内藏有从4—10世纪的写经、文书和文物五、六万件。引起国内外学者极大的注意，形成了著名的敦煌学。1987年12月，莫高窟已被列入《世界遗产名录》。

案例　　景德镇陶艺民俗表演[2]

瓷都晚报、景德镇在线讯：“整场表演的每个部分都让我感到高兴，他给了我一次理解中国文化的绝好机会，我非常珍惜这次机会，相信它会长久地保留在我的记忆里……”看完10月13日上午在古窑进行的“祭祀窑神童宾仪式”民俗表演，美国陶艺家里·密德曼兴奋地向记者谈他内心的感受。

---

① 资料来源：http://www.cnta.gov.cn/8-ssls/point/mogaoku.htm

② 资料来源：http://www.jdzol.com.cn/Get/CDNews/0522117525245904.htm

按照“瓷博会”有关安排，当日上午10时左右，一场反映景德镇民俗风情的“祭祀窑神童宾仪式”在古窑风景区门前举行，来自世界各地的近百位陶艺家和附近居民观看了该场仪式。记者注意到，仪式未进行之前，不少陶艺家便早早来到了现场，表演现场没有放置座位，他们就干脆坐在草地上。同时，参加仪式表演的旗帜、古代服装等道具也引起人们的浓厚兴趣，有的陶艺家和媒体记者纷纷围上前，向演职人员讨教与仪式有关的背景。仪式开始后，陶艺家们看得津津有味，并不时举起相机，留下精彩的瞬间。

在美国常青集团负责雕塑设计的Robert说，他最喜欢仪式演出中的窑工表演那部分，对他来说，男的就像武士，女的就像神灵，那一刻，他仿佛觉得艺术的灵魂就畅游在上空。

（二）展示型旅游文化产品的特点

1．综合性。展示型旅游文化产品的形态包罗万象，既可以是有形的，也可以是无形的；在展示手段上采取动静结合，交错采用各种表现方式；所涉及文化的领域也非常广，包含了建筑、宗教、历史、地理、民俗、文化艺术、现代科技等各个方面。

2．不可操作性。一般情况，展示型旅游文化产品不允许旅游者对其进行任何操作行为，也就是说旅游者在游览过程中不能亲自去创造，或是改变展示型旅游文化产品的外观。

3．非体验性。在展示型旅游文化产品被消费的过程中，旅游者的角色主要是观赏者而非参与者，因此旅游者对展示型旅游文化产品的认识大多流于表面，游客的体验程度不深，这也是展示型旅游文化产品与其他类型产品最主要的区别之处。

（三）展示型旅游文化产品的消费者定位

由于展示型旅游文化产品存在的综合性，以及与其他几类旅游产品都有较大范围的交叉，所以这种旅游产品可以说是拥有最广泛的客户群，无论是什么样的文化程度、生活阅历和价值取向，几乎所有的旅游者都并不排斥，也无法排斥这种产品。尤其对于普通观光游客来说，这部分旅游者以观赏旅游地的自然人文景观为主要目的，旅游行为只是简单地走马观花，拍照留念，并迅速地奔赴下一景点。而对于非普通观光游客而言，无所不在的展示型旅游文化产品同样是他们旅游活动中不可或缺的内容。因为按照旅游者的行为层次的理论：提高层次和专门层次的游客也有可能会进行基本层次的旅游行为。不同的旅游行为层次可以同时并存。[①] 举例来说，一个参加香港购物游的旅游者，在购物的空闲时间也很有可能会去游览香港维多利亚港的夜景。

三、学习型旅游文化产品

（一）概念

学习型旅游文化产品是满足旅游者求知、学习需求的旅游文化产品。这种产品所选择的主题首先应有足够的吸引力，针对修学旅游者的学习需求设计可行的知识容量和可接受性。[②]

这一类产品主要是综合展示、讲解、交流、实践等手段，以人文或自然景观为学习的背景和环境，以设计产品时所定位的文化基因为主题，与旅游者形成互动。这种寓学习于

① 刘振礼、王兵.《新编中国旅游地理》. 天津：南开大学出版社，2001. 第22页.
② 张国洪.《中国文化旅游》. 天津：南开大学出版社，2001. 第35页.

旅游之中的产品在将来大有市场。具体的产品形式如：为少年儿童传播科学知识的夏令营；为弘扬中国共产党光荣的革命传统，而在全国各个革命纪念地开展的红色旅游；到经济特区和发达国家进行综合或专项的考察游；参观各种类型、不同主题的博物馆等。

案例　经济探密游“热”温州[①]

来温州之前，记者就听说当地有一种很奇特的旅游，名曰“温州经济探密游”，至今已开办了 7 年，游客络绎不绝。在温州饭店旁的温州市旅行社，与一位姓叶的导游交谈中得知，该旅行社是最早开辟“温州经济探密游”线路的。

叶导游说，1995 年开始，“温州模式”悄然兴起，很多外省企业家来温州学习考察，令温州市政府有关部门应接不暇。于是，有关部门就将这一信息反馈给旅行社，并建议能否开辟“温州经济探密游”，专门游览温州市部分民营企业和一些专业市场。目前，该市有 10 多个民营企业对旅行社开放。在温州市旅行社，记者巧遇黄山天都旅行社外联部经理胡淑萍，她说，游客来温州主要是“学习型旅游”，很多游客到大企业参观后，学到了对方的经营理念。

刚开始，一些企业大多是副总以上领导接待参观者，后来改由企业专门设立陈列室，再由旅行社配上专职导游。目前，温州有 30 多家旅行社从事这项活动。“温州工业一日游”、“温州私营企业探密游”等，每星期都能接几个团，企业对参观者不收取任何费用，茶水、水果、资料等基本免费。这种旅游既宣传了温州，又为产品做了广告。

（二）学习型旅游文化产品的特点

1. 知识性。学习型旅游文化产品最显著的一个特点就是有着丰富的知识含量，这里的知识可以包括一切自然科学知识和社会科学知识。参与学习型旅游文化产品的旅游者目的性都比较明确，因此决定了产品的内容始终要以一种或多种知识为主题内涵，结合旅游经营者良好的讲解或展示，来为旅游者服务。

2. 灵活性。不同的旅游者有不同的学习需求，每个人的学习态度和方法也不尽相同，因此学习型旅游文化产品的形式和内容不能千篇一律；同时，旅游者毕竟不是在严肃的课堂上接受教育，要在旅游活动中寓教于乐、寓学于乐，让旅游者在陌生的环境中始终保持放松的心情，将游玩与学习二者的氛围有机地结合，就需要产品的具体路线、步骤有很强的灵活性，这样才能取得较好的效果。

（三）学习型旅游文化产品的消费者定位

学习型旅游文化产品的消费者的定位主要取决于产品所包含的具体的知识类型。由于旅游者有着比较具体的学习主题和目的，所以每一种学习型旅游文化产品都有与之相对应的消费群体，当然这是建立在产品拥有充足的、真实合理的知识内涵基础上。正因为有这种对应关系，加上文化知识的广泛性，所以对于这种产品的消费者定位只需要针对产品自身的知识特点，掌握对应原则就能够准确地定位产品的消费者。例如各类博物馆对应相关专业的爱好者、各种主题的夏令营对应满怀求知欲望的青少年等。如果学习型旅游文化产品的文化含量越大，文化包容度越广，那么它的消费者定位也就越广泛。例如法国巴黎的

---

① 资料来源：http://www.jxnews.com.cn/n388/ca204961.htm

卢浮宫博物馆，本身既是法国著名的古典历史建筑，陈列的艺术品又包含了欧洲、美洲、亚洲与非洲的古典与近现代艺术，所以每年吸引数以百万计的各种年龄、各种层次和各种国籍的旅游者。

四、休闲型旅游文化产品

（一）概念

在对休闲型旅游文化产品做出定义之前，先来看看关于休闲的定义："休闲是从文化环境和物质环境的外在压力中解脱出来的一种相对自由的生活，它使个体能够以自己所喜爱的、本能地感到有价值的方式，在内心之爱的驱动下行动，并为信仰提供一个基础。"① 在休闲学的研究理论中，休闲往往是从四种角度来定义，分别是时间、活动、存在状态和心态。

那么休闲型旅游文化产品的定义是什么呢？我们认为休闲型旅游文化产品是：为满足旅游者身心放松的需求，以休闲游憩为主要活动，使旅游者脱离原有的生活环境和生活方式的旅游文化产品。由于休闲活动内容丰富，事实上几乎所有的人类活动都有可能成为休闲，所以休闲型旅游文化产品的具体形式也就多种多样，不拘一格，只要旅游者在旅游过程中感到身心的放松和解脱，产品也就达到了相应的效果。比较典型的例子如目前在我国城市周边蓬勃发展的"农家乐"旅游；夏威夷、三亚等海滨胜地悠闲的度假旅游等。

案例　　休闲阳朔②

现在阳朔西街已经是远近闻名的"洋人街"，上了许多旅行手册，许多老外来中国的第一站，往往就是阳朔。西街是阳朔小镇的精魂。

在西街不用起早，往往日上三竿，我们才在 Drifters cafe（旅行者）吃早餐。Drifters cafe 的苹果蛋糕、肉酱意粉及芝士烟肉比萨都非常美味，我们坐在门口的木桌边，喝红茶，吃西餐，看走来走去的异国面孔，但这一切的背景却都置放在中国民俗和青石板路上，有那么一刻，我们是恍惚的。我甚至在想，生活的本质应该就是这样的，优美而悠然。

掌灯时分，仅有 517 米长的阳朔西街，两边那一排排的铺面上方的招牌，或横七竖八的或歪歪扭扭，以中英文书写、洋人气十足而豪华的店名，如"希尔顿"、"喜来登"、"欧美达"酒家，那让国人奇怪而外国人喜爱的如"没有饭店"、"没有咖啡店"等豪华四溢，引人注目。而店里和那用方块大理石镶成的街面，却早已摆上方桌，点一支蜡烛，暗淡而摇晃的烛光透出几许神秘和安详。稍晚些，散居在阳朔的外国游人，白天尽情爬山玩水，走村串寨归来，此时却自然而然地一同来到这里开始了休闲跳舞；或写中国字、画、中国游景体会。一幅怡然自得的景象，从而形成阳朔，乃至中国旅游的一大奇观。

（二）休闲型旅游文化产品的特点

1．自主性。休闲旅游的核心内容就是旅游者要在旅游活动中要感到非常地自由放松，

① 杰弗瑞·戈比（美）.《你生命中的休闲》. 14 页，昆明：云南人民出版社，2000.
② 资料来源：http://www.toguilin.org/xiuxianyangshuo.htm

因此旅游者大多会去选择比较适合自己的休闲活动，因此在选择活动内容和制定活动计划等方面，休闲型旅游者对产品有着充分的自主性。对于产品提供者来说，设计产品时不用为照顾各个层次的旅游者而面面俱到，只要突出自己的特色，自然就会吸引对此感兴趣的消费者。

2．随意性。正因为旅游者对于休闲型旅游文化产品的选择和消费拥有了自主权，所以旅游者在旅游过程中不需要完全参照产品的设计思路、活动计划、活动内容，也就是说休闲型旅游文化产品的消费过程具有相当的随意性，全凭旅游者的主观意愿来决定，这一点与普通旅行社组团的旅游产品有明显的不同。站在旅游经营者的角度，就需要考虑产品设计时的宽松度、可变度，尽量增加产品的弹性。

（三）休闲型旅游文化产品的消费者定位

人类天生喜欢自由自在，讨厌受到约束。离开自己的常住地，从事与本人日常工作、学习性质相反的休闲活动，可以让他们忘掉烦恼，恢复人类纯真的本性。所以休闲旅游者都希望在一个自由的氛围中进行旅游活动，他们一般都不会选择全程跟随旅行社活动，因为旅游团队的集体活动让休闲型旅游者感到约束，无法畅快随意地进行自己喜欢的休闲活动。从世界旅游发展的趋势看，伴随着休闲旅游的发展，散客的数量也正在大幅增长，因此休闲型旅游文化产品的消费者应主要定位于那些选择自助或半自助方式的旅游者以及有充分的旅游时间的游客，如在山野或村寨中徜徉的背包族，或者是在都市咖啡屋中消磨时间的外地游人。他们个性鲜明，了解自己所喜爱的休闲活动，渴望在休闲旅游中得到解脱。

五、体验型旅游文化产品

（一）概念

1970年阿尔文·托夫勒在《未来的冲击》一书中指出：继服务业发展之后体验业将成为未来经济发展的支柱；美国学者约瑟夫·派恩和詹姆斯·吉尔摩1998年在《哈佛商业评论》中首次指出体验经济时代的来临。他们认为：体验是以服务为舞台、以产品为道具，围绕消费者创造出值得消费者回忆的活动。① 这里的体验是从经济学角度来定义的，而从旅游的本质来看，体验是旅游的核心属性之一，是一种参与的经历，能为参与者提供审美和愉悦的身心享受。

综合上述理论，我们认为：为旅游者提供条件，使他们能够亲身感受到某种影响，这种影响来自与他们日常生活状态有着相当差异的人文与自然环境，这样的旅游产品就是体验型旅游文化产品。体验型旅游文化产品的形式丰富多彩，比如常见的：到少数民族地区体验富有民族特色风俗的旅游项目；在各类主题公园或游乐园里乘坐惊险刺激的游乐设施；到草原、沙漠、海岛、森林等不平常的自然环境中去体验当地人的生活等。

案例　“渔家乐”体验旅游②

做一天彻底的渔民，对城市人来说也许是个梦想，但如今珠海即将成为实现这个梦想

① Pine II, B. Joseph, and James H. Gilmore, Welcome to the Experience Economy, Harvard Business Review, July-August 7-8, 1998
② 资料来源：http://www.nanfangdaily.com.cn/southnews/tszk/nfdsb/zhzz/200403170371.asp

的伊甸园。珠海市致力发展体验型旅游项目“渔家乐”，并将在此基础上向多元化发展。“渔家乐”的全称是“渔家乐海上休闲观光游”。珠海市渔家乐海上休闲旅游有限公司的经理李树岐解释说，这种旅游方式是“观赏渔民作业情景，体验渔民淳朴生活”。

“渔家乐”作为珠海休闲渔业观光项目的代表，其特色突出，社会需求巨大。有关项目负责人认为，“渔家乐”的项目优势在于“朴、奇、鲜、小、活”。“所谓朴，就是那些朴实的渔船、朴素的渔民、淳朴的民风对现代都市人具有强烈的吸引力，能满足他们返朴归真的休闲要求；奇，就在于渔民的现场捕捞能满足游客的猎奇心理；鲜，渔获由渔民现场烹调供游客品尝，独特的渔家风味能满足游客尝鲜的旅游心态；小，休闲渔船载客量少，深受喜欢小团体聚会游乐的现代人欢迎；活，客人可以根据自己的情况约定出航时间，机动性强。”

作为珠海新兴的海上旅游休闲项目，“渔家乐”自去年正式开展以来，得到珠海各大旅行社的认可与支持。采访中，各旅行社负责人均表示，“渔家乐”作为珠海旅游市场新的兴奋点，其前景被业界广泛看好。与李树岐合作较多的珠海国际度假旅行社营销部经理桂克告诉记者，“渔家乐”这种新兴的海上旅游休闲项目，让游客在观光的同时进行体验，受到了游客的热捧。“在国外，体验式旅游占了整个旅游市场60%以上的份额。我们据此有理由相信，‘渔家乐’在珠海拥有较大的发展前景。”

（二）体验型旅游文化产品的特点

1. 参与性。与展示型旅游文化产品不同，体验型旅游者必须要做到亲自参与才能够达到体验的目的。人类的体验是多方面的，有精神上，有肉体上，也有二者的综合，要想深刻体验产品环境与自己生活态度、经历的差异性，就要求体验旅游者在旅游过程中一定要调整心态，积极参与，而不能一直作个旁观者。

2. 差异性。体验型旅游文化产品并不要求作为其依托的人文和自然环境具有普遍的审美价值，体验型旅游的核心要素在于旅游产品所提供的体验对象同旅游者日常生活的差异性，这种差异越大，越能够激发旅游者的旅游愿望，也就越具有旅游开发的价值。但是这种差异必须是真实存在而非人为刻意夸大的，否则游客发现后就会有被欺骗的感觉，进而否定整个产品。

（三）体验型旅游文化产品的消费者定位

体验型旅游文化产品的消费群有两个限制因素：首先，由于体验型旅游文化产品的差异是相对的，因此，对于来自与产品有着同质环境的游客来说，产品没有任何吸引力。其次，体验型旅游同观光型旅游一样，也是属于一次性的旅游活动，大部分旅游者不会愿意重复同样的旅游体验。所以多数情况下，体验型旅游文化产品的消费者应该符合以下三点特征：拥有体验旅游的愿望；来自于文化差异较大的异质环境；从未体验过该产品。

案例　　2005年中国·成都梅花文化年①

活动内容

（一）香海漫游——探梅幸福村

时间：2004年12月26日——2005年1月25日　地点：幸福梅林园区

① 资料来源：http://www.sc-ta.com/D5510104001/readnews.asp?newsid=5213&bigclassid=1&smallclassid=

形式：观赏梅花，集观赏、娱乐、休闲为一体

（二）奇葩争艳——精品梅花展

时间：2004年12月26日——2005年1月25日　地点：幸福梅林精品园区

形式：展示200余个品种的梅花和各种精品梅花盆景

（三）品梅赏诗——咏梅诗碑展

时间：2004年12月26日——2005年1月25日　地点：幸福梅林碑廊

形式：通过书法家书写古今中外赞美梅花的诗词、绝句，刊刻在石碑上，供书法爱好者观摩学习

（四）巧夺天工——梅花插花艺术展

时间：2004年12月26日——2005年1月3日　地点：梅林大观广场

形式：展示梅花插花艺术作品，并邀请游客亲自进行插花活动，体验插花艺人生活

（五）快乐比拼——梅林自行车公路赛

时间：2005年1月8日　地点：幸福梅林园区

内容：青年自行车爱好者，骑手身着骑游服进行自行车公路赛

（六）探梅寻春——梅花展销

时间：2004年12月26日——2005年1月25日　地点：幸福梅林精品梅园

形式：游人到农家赏花、购花

（七）川西农家风味大餐

时间：2004年12月26日——2005年1月25日　地点：幸福梅林园区

形式：品尝梅林农家风味，集赏梅、品茗、农家风味大餐为一体

1. 结合旅游文化产品的定义，分析上述产品是否属于旅游文化产品。

2. 如果上述产品属于旅游文化产品，请分析产品的内容是否比较完善？还需要补充哪些内容？已有的内容是否还可以再做改进？

3. 该产品属于旅游文化产品的哪一种具体表现形式？

4. 将产品的具体活动分别看作不同的旅游文化产品，请按照产品的性质的不同，尝试对它们进行大致的分类。

第二节　旅游文化营销

营销又叫市场营销，是英文“marketing”一词意译过来的。营销的定义，按照美国西北大学著名营销学教授菲利普·科特勒的理解，“是个人和团体通过为他人创造产品和价值并进行交换而满足其需要和欲望的社会过程和管理过程”。

通过这个过程，产品和服务的提供者与需求者之间实现了交换，得到了各自需要的东西。对旅游业来说，营销格外重要，旅游业是一个竞争十分激烈的行业，又是一个以服务为主要产品的行业，销售环节对旅游业来说十分关键，只有做好了营销的工作，旅游业才能实现自己的行业价值。旅游文化营销，是以旅游文化产品的文化品牌和文化内涵，以及文化载体为主要内容和形式的营销过程。

在旅游产业发展逐渐走向成熟与产品竞争越来越激烈的情况下，旅游文化的营销不应该仅仅停留于简单的商业化的市场“炒作”阶段，而是应该寻求实现旅游文化产品保持长久吸引力的可持续发展之道。“文化”是实现这种可持续发展的关键，文化可以赋予旅游产品全新的内涵与持久的生命力，从长远看，旅游文化产品的经营要树立“文化营销”的理念。

一、旅游文化营销环境

旅游文化营销的环境是指与旅游文化营销活动相关的各种外界条件和因素的综合。营销环境能够给旅游企业带来机遇，也能造成威胁，成功的旅游企业都坚持不断地观察并适应着变化的环境。旅游文化营销环境有微观环境与宏观环境之分。

（一）旅游文化营销微观环境

旅游文化营销微观环境包括那些与旅游文化产品经营者密切相关并能够影响经营者向顾客提供服务的能力的各种因素，如旅游文化产品与经营者本身的状况、营销渠道中的合作者、目标顾客等。

旅游文化产品与经营者本身状况是微观环境的关键因素。旅游文化产品的档次高低，例如世界级、国家级、省级、市级景区的等级，是营销行为是否具有优势的一个重要前提与基础。世界自然与文化遗产作为世界级的旅游文化产品，本身就具有较高的知名度与美誉度，具有较大的营销优势，营销行为很容易取得效果，但世界自然与文化遗产的世界级档次对营销的质量要求很高，树立“文化营销”与“社会营销”的观念十分重要。如果营销计划粗糙，文化含量低，反而会损害世界遗产的品牌质量。有的旅游文化产品档次相对较低，营销中就需要充分发掘它相对于其他产品的差异化特色与相对比较优势，寻找到营销的突破点，才有可能取得营销的成功。

旅游文化产品经营者状况也是一个关键的因素，旅游文化产品经营者是旅游文化营销的主体，主体的状况主要包括资金支持能力、创新开发能力、经营管理能力。任何营销计划的实施都需要资金支持，对经营者来说，能够以最低的成本取得最理想的营销效果当然是最好的，但有些旅游文化产品的营销需要大手笔的运作，资金的支持就很关键了。旅游市场环境是不断变化的，旅游文化产品的服务对象的需求也是不断变化的，对旅游经营者来说，能否具有持久的旅游文化产品创新开发能力是维持与壮大经营的保证。还有，旅游文化产品经营者自身的经营管理能力，也会对旅游文化产品的生命力产生重要影响。美国著名的旅游企业，如运通、环球、经纬、东方等大型旅游集团，在市场营销、内部管理，开展电子商务拓展销售渠道，链接相关产业联动发展，形成了全球最大的旅游跨国公司。以美国旅游业“巨无霸”——运通集团公司为例，有一组令国内旅行社深思的对比，中国最大的旅游企业不及美国旅游集团运通公司规模的1%，中国7000家旅行社年营业收入总和（近400亿美元）不抵运通公司一年的销售收入。该公司在130个国家建立了700个办事处，国内用户3300万，每年旅游总收入422亿美元。该国际旅游集团麾下的宾馆、交通、景点培训学校，建成了“一条龙”的接待体系，凸现出品牌管理、信息等多方面的竞争优势。

旅游文化产品营销渠道中的合作者，即旅游文化产品产业链的各方之间会相互影响。旅游文化产品营销渠道中的合作者主要包括旅游文化产品所在地（旅游景区）、旅行社、旅游饭店、旅游交通业、旅游行政管理部门等。产业链中的各方如果能有效配合，那是旅游文化营销成功的保障，如果有一方或者几方的情况发生变化，那就会对整个营销计划产生影响。如美国2001年的“9.11”事件发生，使旅游者不敢乘坐飞机，远距离游客数量大为减少，那些主要依赖于航空公司给他们带来顾客的高档饭店、度假胜地、会议中心的经营就受到了影响，不得不调整营销计划。

对旅游文化产品经营来说，因为经营的产品具有文化上的特殊内涵，所以对营销的目标顾客——游客，就需要做细致的分析，这也是旅游文化营销微观环境分析的一个重要方面，这将在后面的内容中做具体的论述。

（二）旅游文化营销宏观环境

旅游文化宏观环境是指影响整个微观环境的比较大的社会力量，包括经济、自然环境、政治法律、技术、人口、竞争者和文化力量等方面。

经济环境是影响旅游文化营销的主要环境因素，它主要包括经济发展阶段、地区发展状况、产业结构、货币流通状况、收入因素和消费结构，其中收入因素和消费结构对营销活动影响比较直接。

自然环境由一些为营销所必须的或能受到营销活动影响的自然资源所构成。分析自然环境主要从两方面入手：一是自然资源的拥有状况及其开发利用；二是环境污染与生态平衡。近年来，随着旅游开发强调环境保护与可持续发展的重要性，旅游文化营销中“绿色营销”的理念越来越受到重视。

人口环境主要分析的是人口的规模、密度、地理分析、性别、种族、职业等。旅游文化的营销需要特别关注人口环境，原因在于营销的对象——游客，就是由人构成的。比如25岁以下的年轻人喜欢的旅游文化产品就与60岁以上的老年人不同，年轻人喜欢具有体验性的、刺激性的旅游文化项目，如民俗文化旅游中的走婚、对歌、泼水等，而老年人喜欢度假、疗养一类轻松休闲性较强的旅游。

政治法律环境指国家的政治变动，以及政府通过法律手段干预经济生活给营销带来的影响。政治变动带来的影响并不常发生，但一旦发生产生的影响就很大。一般情况下，旅游文化营销都会受到法律法规的制约与影响。目前我国制订的对旅游文化营销有影响的法律主要有《环境保护法》、《专利法》、《产品质量法》、《广告法》、《反不正当竞争法》、《价格法》、《消费者权益保护法》等。各级政府以及旅游行政管理部门颁布的行政法规也会对旅游文化营销产生制约。

技术环境可以对旅游文化营销产生多方面的影响。技术可以为旅游文化营销提供更为先进的物质基础，如计算机、传真机、办公自动化等提高了信息接受、分析、处理存储能力，从而有利于营销决策，也可以降低旅游文化营销的成本。

竞争者是旅游文化营销必须考虑的因素。一个旅游文化产品要获得成功，就必须比竞争对手做得好，让旅游者更满意。旅游文化产品的竞争者就是该产品的同类产品或替代产品，竞争产品能够分散该旅游文化产品的客源，如果一项旅游文化产品在开发、营销等环节上被竞争产品超越，那么该产品的客源很可能会完全被竞争产品吸收。

文化环境由一些影响社会的基本价值观、认知、偏好以及行为的机构和其他势力构成。旅游文化的营销销售的不仅是旅游产品，更是一种文化，所以对营销的文化环境的分析就显得很重要了。尤其是在跨文化的旅游文化营销中，如何满足不同文化群体的消费需求，有时会成为决定营销成败的关键。

营销环境是动态变化的，经营者在不同的时期会面临不同的环境。不同的环境可能带来机会，也可能带来威胁。对旅游文化产品经营来说，对营销环境的分析与评价，始终是制定营销战略策略与计划的依据。高明的旅游文化营销者总是严密监视和及时应对预测相关环境的发展变化，善于分析、评价和鉴别由于环境变化造成的机会与威胁，采取相应的措施。

二、旅游文化营销方式

在分析了旅游文化营销环境以后，接下来就是营销方式的选择了。一般说来，旅游文化营销采用的营销方式主要有：广告、文学与艺术、公共关系、体验营销、网络、会展等。

（一）广告

广告是营销主体为了达到促进销售的目的，付出一定费用，通过特定的媒体传播商品或者服务等有关信息的大众传播活动，是营销中普遍采用且应用最为广泛的营销方式。广告的发布是通过特定的媒体来实现的，旅游文化营销选择的广告媒体主要有电视、报纸、杂志、户外广告等。

1. 电视。电视是产品营销的一种理想媒体形式，除了它有很高的家庭渗透率之外，电视可以为旅游文化产品的营销提供其他媒体都无法提供的有创造性的灵活性，它综合利用了图像、声音、颜色和动作等表现方式，可以一天 24 小时不断地发布信息。电视做为一种营销方式已经在旅游文化营销中被广泛采用。目前国内外旅游文化产品营销选择电视做为营销媒介主要表现在以下方面：

（1）城市旅游形象塑造。大连“浪漫之都”的城市文化形象宣传，就是首先通过在 CCTV、港澳台电视网络以及亚洲主要国家的电视媒体上展开的；香港向全世界打造“动感之都”形象，电视也是主要采用的媒体方式。在中国，随着越多的城市开始重视城市文化形象的定位与塑造，电视做为一种主要的传播媒介将被更广泛地使用。

（2）酒店营销。一些高档次、高品位的旅游度假酒店和商务酒店，在选择广告媒介时往往看中电视做为营销传播途径具有的多样化、立体化的表现方式，向顾客展示其独特的文化品位与理念。在中国，还有一个引人注意的特点就是高档酒店在选择电视媒体时，往往倾向于那些在中国有限落户的电视机构（如凤凰卫视、星空卫视等）和富有特色的地方电视台（如东方卫视、旅游卫视等），这主要是由于中国的媒体管理方式，使高档酒店成为境外电视机构有限落户的有限点之一，这种倾向性的选择可以使酒店的广告营销更能够接近它的高收入目标顾客。

（3）旅游景点、节日、旅游线路的宣传。有的旅游景点为了提高知名度，选择电视这个受众范围最大的媒介做广告，中央电视台综合频道的 5 分钟栏目“请您欣赏”就定期推出“四川世界自然文化遗产”、“云南风光”等短片；有的旅游节日为了吸引游客，在电视上发布节日的举办时间、地点、活动内容等；有的地区为了打造精品旅游线路，也在电视上做广告进行宣传，如“茶马古道”的旅游路线广告就在中央电视台推出。还有，有的电视栏目本身就是对旅游文化产品的广告，如美国“DISCOVERY”频道，专门对世界上的一些历史遗迹、未解之谜等进行探索，从某种意义上说就是对旅游文化产品的最好广告。

2．印刷媒体。报纸、杂志是两种主要的印刷媒体。报纸做为广告媒体具有影响广泛、传播迅速、简便灵活、制作方便、费用较低等优势，但报纸做为旅游文化营销的媒介选择有其不足，报纸刊登的内容庞杂、容易分散对广告的注意力；印刷不精美，吸引力低；广告时效短，重复性差，只能维持当期效果。旅游文化产品的营销需要对广告进行精美的策划，以突出其文化内涵，报纸不是一种理想的选择方式。目前国内选择报纸作为旅游营销的手段主要表现在旅行社对旅游线路的宣传与推广方面，还有一些酒店也在报纸上做广告进行营销，但不是主要的营销方式。相比报纸而言，杂志作为一种营销媒体对旅游文化营销更具有优势，杂志广告针对的目标顾客比较明确、有较长的保存期并且印刷精美，能较好地反映产品的外观形象。对一些专门性的旅游文化产品来说，选择杂志做为营销媒介容易取得明显效果。上海香格里拉酒店选择在“时代周刊”、“新闻周刊”、“财富”等有影响力的杂志上刊登精美的广告，专门针对到上海来的国际商务游客，取得了不错的营销效果。可以供旅游文化营销选择的印刷媒体还有广告册页，在国内外很多机场的候机大厅、出口等地方，都可以看到摆放的各种旅游宣传册页。

3．户外广告。促销商品和服务的户外标志是最古老的广告形式，在今天，它仍然是广告营销的重要组成部分。户外广告方式灵活，有巴士广告、公路广告、机场广告、户外海报等多种类型。当我们的汽车行使在高速公路上的时候，经常可以看见公路两旁很多的广告牌，其中就有不少是旅游景点、度假胜地、名人故居等旅游广告。

（二）文学与艺术

文学与艺术营销主要包括影视和文学两大类。文学与艺术的创作，除了专门的旅游文学与影视外，本身并不是为了旅游而存在的。但是，由于某些文学与艺术作品以具有感染力的特定自然或人文环境作为背景，或者作品的主角受人喜爱而使其生活环境也具有了吸引力，从而使借用这类文学与艺术作品进行旅游文化营销，成为旅游营销的重要方式，产生的效果也很明显，使这些作品本身，也构成了旅游文化产品的重要内容。

在旅游文化营销中，往往借助影视文艺和文学艺术的文化内涵作为营销的主题展开运作。有的影视作品与文学作品在创作当时并没有带来旅游效应，到后来却成为旅游产品的文化内容甚至核心内容，成为旅游开发与营销的主题。借助影视与文学的旅游文化营销在国内外都有不少事例。电影《廊桥遗梦》的问世，使得美国依阿华州的小镇温特塞特一夜之间名声大噪。仅1995年10月，参加为期两天的第26届廊桥节的游人就达到12万人。翻修桥时拆下的罗斯曼桥的废桥板以及桥下的泥土等，也都成了“旅游纪念品”。电影《少林寺》在全球的放映，使少林武术名扬全球，少林寺的旅游也盛况空前。曹雪芹的《红楼梦》向人们展示了大观园的景象，于是近年在北京、上海就各造了一座“大观园”，河北正定还建了“荣宁街”。最近推出的大型舞蹈《云南映象》，由著名舞蹈表演艺术家杨丽萍导演并主演，向全世界展示了云南的民俗旅游文化，效果也很明显。文学艺术于旅游还有以假乱真的效果。三国时，赤壁之战实际发生在湖北蒲忻县赤壁，而苏东坡贬居黄州（今黄岗县）时，常常在黄州赤鼻游憩，他写了《赤壁赋》和《念奴娇•赤壁怀古》，成为千古杰作，使黄州赤鼻之名远在蒲忻赤壁之上，于是人们不得不把蒲忻赤壁叫做“武赤壁”，黄州赤鼻叫做“文赤壁”了。

案例　《失去的地平线》与香格里拉

"太阳最早照耀的地方，是东方的建塘，人间最殊胜的地方，是奶子河畔的香格里拉。"1933 年，英国人詹姆斯•希尔顿出版了长篇小说《失去的地平线》。书中描写了一个世外桃园的理想世界——"香格里拉"，那里有神秘的峡谷、金字塔般的雪峰、蓝色的湖泊、宽阔的草原、喇嘛寺、尼姑庵、道观、清真寺、天主教堂、人与大自然的和谐相处，多民族、多宗教的和平共处，秩序井然，有的是金矿，但人们只是适度开采……

此作品一经问世，便得到强烈反响。"香格里拉"成为西方世界的"世外桃园"。1937 年，好莱坞据此拍摄的影片风靡一时。五星级饭店也命名为"香格里拉"。

但是，半个多世纪以来，人们一直不知道"香格里拉"究竟在哪里。直到 1997 年 9 月，根据十多位中外专家的考证，云南省正式向世界宣布："香格里拉"就在中国云南的迪庆藏族自治州。后来，云南省又组织有关专家进一步考证，证实了"香格里拉"的具体位置就是中甸县，2001 年 12 月 17 日，中甸县改名为香格里拉县，"香格里拉"最终确定。

随着"香格里拉"的发现，众多的探索者与旅游者纷纷赶来，旅游业快速发展起来，为了做大做强"香格里拉"的品牌，云南又联合四川、西藏共同打造"大香格里拉旅游区"，进一步开发"香格里拉"旅游资源。

从这里我们可以看见，"香格里拉"旅游的打造，是充分借助了《失去的地平线》这部文学作品向人们描述的理想世界，文学艺术为旅游的开拓提供了广阔的空间。

（三）公共关系

公共关系（public relations）又称公众关系，"是指企业在从事市场营销活动中正确处理企业与社会公众的关系，以便树立企业的良好形象，从而促进产品销售的一种活动"。对旅游文化营销来说，开展有效的公共关系活动，可以为旅游文化产品的经营创造良好的内外部环境，提高产品的知名度与美誉度。旅游文化营销的公关活动可以通过多种灵活的方式展开，如通过新闻媒体发布信息，举办让公众能够参与的富有人情味的活动，赞助各种社会公益活动等。

案例　公共关系与长城饭店

1984 年，美国总统里根圆满结束了对中国的访问，临别之时要举行答谢宴会，按照惯例，这种规模的国宴一般都在人民大会堂宴会厅举行。当北京长城饭店的总经理美籍华人孙必达先生和公关部经理露西・布朗听到这个消息的时候，立即认识到这对长城饭店来说是一个绝好的公关机会。他们通过与美国驻华大使馆取得联系，最终取得了承办里根总统答谢宴会的资格。

在里根总统刚到北京的时候，长城饭店就邀请了随同访问的美国 CBS、NBS、ABC 等多家媒体的庞大新闻代表团入住，并为他们提供各种便利服务，并向他们提出，只要在播映的时候向观众说明是在中国的长城饭店进行的现场转播就可以一切费用从优，各家美国新闻媒体同意了。

当里根总统的答谢宴会在长城饭店举行的时候，世界各大媒体都在报道美国总统与中国领导人在长城饭店相互敬酒的新闻，在新闻报道当中，每家媒体都无一例外地说到宴会的举办地点——北京长城饭店。由此，长城饭店的名声大振，生意格外兴隆。后来，到中国访问的很多国家的领导人，都选择在长城饭店举行宴会与新闻发布会。

（四）体验营销

体验营销一种新颖的营销方式，与传统的营销方式有所不同。旅游文化体验营销有三个重要的特点：

1. 个性化，旅游文化营销向游客提供的是文化产品，而游客对文化产品的需求是多样化的，做为旅游文化产品经营者来说，要最大限度地满足游客不同的文化需要。

2. 人性化，旅游体验营销是人性营销，要为游客提供无微不至的文化体验，满足游客内心被关爱的需要，让游客留下一个难忘的感受与体验。

3. 互动性：旅游文化体验营销是让游客充分参与的互动，游客在互动中切实感受到一种难以忘怀的、身临其境的体验，互动一定要让游客满意，缺失互动带来的体验不足会影响营销效果。在开展体验营销时，应该注意到：体验要有明确的主题，且主题要与旅游文化产品的文化内涵一致；体验过程一定要精心设计，不能简单粗糙，让游客体验的感觉不真实；体验要体现服务性，一些体验项目在收费环节上要合理，才能让游客满意。目前，体验方式在旅游文化营销中应用越来越广泛。民俗旅游中的泼水节、火把节、花儿会、那达慕大会等，都让游客亲自参与其中，以体验方式吸引游客。迪斯尼乐园和环球嘉年华等游乐项目，都是以向游客提供体验服务为宗旨的。在北京，让老外坐三轮车游北京胡同的体验方式越来越受到欢迎，在外国游客看来，胡同是最能代表“老北京”文化底蕴的东西，胡同旅游可以带给他们一种不同于西方文化的东方体验。

案例　环球嘉年华

2003 年 6 月 28 日，“环球嘉年华”——一个对中国人来说非常陌生的名字来到了上海。作为世界最大型的巡回移动式游乐场，“环球嘉年华”与迪斯尼主题公园、环球影城并称为世界三大娱乐主题之一。环球嘉年华经营模式的特点就是：巡回性、多元性、自主性、互动性。环球嘉年华场内所有的灯光，音乐和设备的运转，都在努力为游人创造一种积极互动的环境，希望游人投身于这个营造出来的欢乐气氛中，尽情享受一切。“环球嘉年华”向游客提供的经典娱乐项目有巨型摩天轮、惊呼狂叫、极速大风车、超级跳楼机等，这些游乐项目往往都具有巨大的刺激性、挑战性、惊险性，可以最大限度地满足游客对极限的追求，获得最大的体验享受。

（五）网络营销

网络营销是以 Internet 为平台的营销方式。网络营销具有跨时空、多媒体、交互式、高效性、技术化等特点。对旅游文化营销来说，网络带来了新经营组织、新经营方式、新传播方式、新技术手段，旅游网络广告、网上旅游、旅游网络交易中心、旅游网络预订和结算等也越来越普及。很多旅游文化产品都建立了专门的网站，旅游者可以很方便地登陆，详细地了解相关的内容。

网络营销的优势在于集宣传画册、多媒体、实时更新和海量检索等功能于一体，而成本却低廉得多，传统营销预算随地理覆盖范围扩大而增加，但网络营销几乎不受地理因素限制。网络于旅游文化产品的营销还有很大的空间，这是一个需要进一步开拓的领域。据统计，目前全球约有 17 万家旅游企业在网上开展旅游业务。在美国，网络旅游服务已经很成气候，美国旅行服务业里排行前六名的有一半是网络公司。美国是全世界最大的网上消费群体，其 38.5%的网上交易涉及旅游、交通和饭店预订业务。法国最受欢迎的网站中，有一半也是关于旅游和交通资讯的。网络旅游正在成为新的旅游营销方式。目前中国国内具有一定旅游资讯性能的网站已超过 5000 家，其中专业性质的大型旅游网站超过 300 家，主要包括地区性网站、专业网站和门户网站的旅游频道三大类。国内旅游网站对网络营销的应用不断深入。

但是，目前我国的网络旅游还存在很多问题。主要是服务内容还不够丰富。网上旅游服务主要局限于订票和订房，对用户提供网上旅游路线预订、安排自助旅游计划、提供旅游目的地气象、交通信息、旅游心得交流等多种业务的互动式旅游服务的网站寥寥无几。大多数网站给人的印象是：只是简单地将线路介绍、价格行情、景点介绍搬上网页。

（六）会展

通过会展方式进行旅游文化营销，是近年来迅速发展的一种营销形式。会展旅游是通过举办展销会、博览会、交易会、节庆活动等形式为旅游产品的营销提供平台。旅游业与会展业具有同属服务业和具有产业相关性两个共同特点，包括完备的会展硬件设施，多层次多功能的会议场所，快速便捷的交通设施，设施完备的大型酒店等，会展旅游业成为都市旅游的重要组成部分。旅游发达国家在开展会展活动尤其是全球性会议或世界博览会的整体促销时，会展部门和旅游业往往能精诚合作，将会议和展览会与城市及周边的旅游景点和旅游接待设施的推介结合起来。近年来，会展旅游发展很快，会展以其影响力大、展示集中的特点在旅游营销中发挥的作用越来越大。中国国际旅游节、上海旅游节、哈尔滨冰雕节、广州国际旅游展销会等一年一度的会展旅游影响越来越大。2008 年北京奥运会、2010 年上海世博会将为会展旅游带来更大的活力。

旅游文化营销的方式是多样的，营销主体决定采用哪种营销方式也是灵活的。可以选择采用一种营销方式，也可以几种营销方式共同采用，在实际的营销过程中，往往是多种营销方式综合采用。旅游文化产品的营销最大的特点是销售的不仅是产品，更是文化，文化是旅游产品的灵魂与生命。营销是在对旅游产品的文化属性定位的基础上展开的，在文化定位明确以后，才决定采用相应的营销方式。在整个营销过程中，文化的理念要贯穿始终，要以“经营文化”的思想指导旅游文化营销。

三、旅游文化营销策略

营销策略是营销主体用以达到营销目标的基本战略方法，它是基于营销主体总体经营战略而制定的。旅游文化营销策略是旅游文化产品经营主体在掌握市场环境的发展变化、识别机会与风险、满足旅游者需求的基础上，为实现营销目的而决定采用的策略，它是旅游文化营销的外部环境、内部条件以及营销目标三者动态协调的过程。旅游文化营销策略主要包括目标市场策略、产品策略、定价策略、促销策略等。

(一) 目标市场策略

目标市场策略的实施分三个步骤完成，第一是市场细分，将旅游文化产品的购买者细分为不同的群体，对不同的群体采用不同的产品和营销组合，并对每一细分群体的总体特征加以描述。第二步是选择目标市场，对每一个细分市场的吸引力进行评价，然后选择一个或几个细分市场。第三步是市场定位，对选择的细分市场进行竞争性定位，并制订适当的营销组合战略（参见表 7.1）。

表 7.1 目标市场营销过程的三个步骤

市场细分	目标市场选择	市场定位
确定市场细分的依据	确定衡量各细分市场	为每个细分市场定位
对细分市场进行全面描述	选择目标市场	为每个目标市场制订组合策略

在旅游文化营销中，明确了目标市场就明确了旅游文化产品的销售对象，营销就具有了针对性。在具体的目标市场策略采用上，可以有三种选择：

1. 无差异目标市场策略。这种策略又叫整体市场营销策略，即在旅游文化产品的营销中，无视市场内部旅游者需求的差异性，把整体大市场做为目标市场。只推出一种旅游文化产品，运用同一的旅游营销组合，为满足共同的需要服务。如历史文化旅游，覆盖了许多不同的景区和内容。这种策略的优点是规模效益明显，可以节约成本，但缺点也明显，在竞争日益激烈的市场环境下，旅游者的需求趋向多样化，无差异目标市场策略无法满足多样化的需求，旅游文化营销采用这种策略的机会越来越少。

2. 差异化目标市场策略。差异化目标市场策略是建立在市场细分的基础上的，根据不同细分市场的需求特点，推出不同的旅游文化产品。如旅行社在推出普通历史文化观光旅游的同时，把历史文化旅游资源细分，面向特别的游客需求推出宗教朝圣之旅、三国遗迹之旅、茶马古道游、丝绸之路游、江南名镇水乡游等文化旅游线路。旅游饭店在推出普通客房的同时，还推出豪华客房、别墅式庭院等，有的饭店还把名人在该店住过的房间保留原样推出，供旅游者参观与入住。这种差异化的营销组合，都是为了满足不同细分市场需求的。差异化目标市场策略的优点是可以很好地满足不同游客的需求，提高旅游文化产品的竞争力，也有利于降低经营风险。这种策略的局限性是如果市场细分程度过深，选择目标市场过多的话、会带来成本压力，同时经营者不是在每个细分市场上都有经营优势，将有限的经营力量分散在各个市场上，必然影响某些优势的发挥。

3. 集中性目标市场策略。旅游文化营销选择这种策略是在市场细分的基础上，只选择一个或少量细分市场做为目标市场，集中力量进行专业化经营的策略。如有的旅行社专门经营几条特色旅游线路、有的饭店主要接待度假旅游者或商务旅游者。对旅游文化经营来说，集中性目标市场策略比较适合于中小型旅游企业经营和经营之初的选择。

(二) 产品策略

旅游文化营销在选择了目标市场以后，接下来就是要针对目标市场的需求推出旅游文化产品，这就是旅游文化营销的产品策略。产品策略主要涉及旅游文化产品的生命周期与新产品的开发。

一般来将，市场上的每种产品都是有一定生命周期的。产品的生命周期是一种产品从开发成功投放市场开始，到最后被市场淘汰为止的全部过程。一个完整的产品一般包括导入期、成长期、成熟期、衰退期四个阶段。旅游文化产品的生命周期也是一样。用产品生命周期来衡量旅游文化产品时，应该注意的是，产品生命周期不是用来确定产品寿命长短的手段，而只是一个工具，用来对市场效应、环境与竞争做出概念性的解释，从而帮助我们理解产品会对各种刺激做出什么反应。有的旅游文化产品不是一定按照四个阶段的周期发展的，如世界自然文化遗产，在开发出来后，如果保护得好，在经历成长期后，可以有一个很长的成熟期而不衰退。如果保护不好，会对世界遗产造成破坏，导致衰退。这方面的案例在国内外都很多。

由于很多旅游文化产品都有一个生命周期的过程，在一种旅游文化产品步入衰退的时候，应该寻求开发新的旅游文化产品来替代。在开发新产品之前，还需要确定老产品衰退到什么程度，在产品生命周期的不同阶段采取不同的策略。在旅游市场上，旅游者的文化需求动机是不断变化的，根据不断变化的市场需求开发新的旅游文化产品是旅游文化企业创新能力的关键表现，新产品的开发是企业创新的重要内容。我国目前的旅游文化产品以观光旅游为主，还不能适应国际旅游市场个性化与多样化的旅游需求，据估算，我国非观光旅游市场比例为30%，东亚非观光旅游市场为81%，世界非观光旅游市场为77.5%，可见我国非观光旅游文化产品开发还有很大的空间。近年来，随着散客旅游的比例逐年提高，散客旅游已经成为最重要的出游方式，开发满足散客需求的产品是旅游文化产品开发的一个重要方向。

（三）定价策略

旅游文化营销的定价策略是为了达到一定经营目标而制定的各种定价方案的总称。一般来说，旅游文化产品的定价主要有以下常用的定价策略。

1．以成本为中心的定价策略。采用两种方法：

（1）成本加成定价法，即以全部成本为定价基础，加上一定的百分率来决定旅游文化产品的价格。

（2）目标利润率定价法，即以估计旅游文化产品的总成本加上由利润率决定的利润额来决定价格。以成本为中心的定价法不一定会找到最适合的价格，因为它没有考虑到旅游文化产品的需求弹性与市场竞争状况，可能会出现价格与市场需求的不一致。

2．以需求为中心的定价策略。这种定价策略也有两种方式：

（1）按市场认可价值定价，旅游文化企业首先通过研究确定该产品在旅游者心中所形成的价值，然后再以游客认可的价值为基础确定旅游文化产品的价格。

（2）按需求差别定价，这种定价的特点是，根据产品需求特征与强度的不同，定出不同价格。按需求定价比较灵活，能够反映旅游文化产品需求的变化，如一些旅游景点进行淡旺季定价、常客价、团体价、家庭价等。

3．以竞争为中心的定价策略。这种定价策略主要着眼于应付竞争，以竞争者的价格为基础，常见的有两种形式：

（1）按流行水准定价，即以本行业的平均价格为定价标准。

（2）渗透定价，即以低价格打入市场扩大市场占有率为目标。采用渗透定价的条件是目标市场必须对价格敏感。

在对旅游文化产品定价时，有一个重要的问题要注意，有的旅游文化产品不完全是商品，如世界遗产、博物馆等国家所有的文化资源，具有公共产品的性质，对这些旅游文化产品的定价不能完全按照市场价值规律来运行，还要考虑到公众对涨价的承受能力。尤其是对价格的调整，最好是要在政府、文化产品经营者与公众多方参与的基础达成一致的方案，尽量避免引起争议。

案例　世界遗产涨价引起的争论

2004年11月30日，北京市发改委就故宫、颐和园等六处世界遗产的门票价格调整事宜举行了听证会，通过了世界遗产涨价方案。六个景点淡旺季门票价格涨幅从6%到230%不等，平均上调将近一倍。随后，又传出武陵源等门票价格上涨的消息。而在此之前，泰山、苏州园林、大足石刻分别于3、4、10月涨价。因此有人戏称2004年为中国世界遗产“涨价年”。世界遗产涨价引起了很大的争议，争论内容主要集中在以下几个方面：

价值特殊论。涨价支持方认为世界遗产资源是高价值资源，与一般的资源有着本质区别，涨价是为了区别世界遗产与一般社会景点的社会功能与价值，现行票价难以体现世界遗产在国内外的地位，不能体现世界遗产的“唯一”、“普遍”的价值。反对方认为世界文化遗产不是商品，不能用涨价来体现价值，更何况“价值”与“价格”是两码事，不能用金钱的数量作比较，同时，参照涨价容易导致价格攀比的恶性循环。反对方进一步质疑，国外世界遗产门票大多低价甚至免费，为什么不参照国外世界遗产门票定价模式。

经费不足论。涨价支持方认为我国世界遗产以木质结构建筑为主，抗风险能力差，保护经费需求高，而政府专项经费不足，再加上现有文化遗产大多只是部分开放，而门票收入却要用来保护其全部，世界遗产保护面临着严重的经费短缺，所以需要涨价。反对方则质疑世界遗产门票收入使用不当，认为世界遗产地的门票收入每年过亿，钱到哪去了？遗产地周边的地产出租、纪念品销售的钱到哪去了？为什么会保护经费不足？

流量调节论。涨价支持方认为涨价是一种管理手段，目前世界遗产地人满为患，已经超过世界遗产地的资源承载能力，涨价可以调节世界遗产地的游客接待数量，从而减轻世界遗产地资源承载负担。反对方质疑世界遗产地客流限制与调节的手段很多，为什么一定要用提价手段。

质量保证论。涨价支持方认为目前世界遗产地门票收入太低，景区建设的投入经费不足，不能保证旅游接待服务质量，提高门票价格可以保证基础设施与服务接待设施建设投入，提高游客满意度。涨价反对方认为旅游接待服务质量的提高关键在于软件建设而不在硬件投入，强调硬件投入的实质是趋利行为。

公共利益论。涨价支持方认为提高门票价格增加景区收入，有利于减轻国家对遗产保护的财政投入负担，让国家有更多的财力去支持其他公共事业建设。涨价反对方认为，提高门票价格，将部分低收入群体排斥在世界遗产地之外，让世界遗产地成为“富人旅游地”，损害了普通老百姓的权益，影响了公共福利。

此外，涨价反对方对涨价方举行的价格听证会充满了疑问，他们认为听证会的听证代表不具备代表性，由当地人听证，外地人买单的听证制度不合理。

世界遗产的涨价行为远没有结束，涨价引起的争论也只是暂时平息，随着中国世界遗产数量的增多与管理体制的改革，相关的争论还会不断出现。(本案例的编写参考了张朝枝：“世界遗产地门票涨价问题的争论与辨析”一文)

(四) 促销策略

旅游文化促销是将有关旅游文化产品的信息通过各种宣传、吸引和说服的方式，传递给产品的潜在消费者——游客，以达到扩大销售的目的。促销的方式是多样的，旅游文化营销的方式也就是促销的方式，这点前面已经有论述。这里主要讨论的是旅游文化的联合营销策略。

联合营销又叫协同营销，旅游文化的联合营销是指旅游文化企业之间为了增强市场开拓、渗透和竞争能力，通过建立联盟合作机制，共同分担营销费用，协同进行营销传播、品牌建设、产品促销等方面的营销活动，在达到共享营销资源、巩固营销网络目标的一种营销理念和营销实践。旅游文化的联合营销有两种类型：纵向联合营销，即上下游旅游企业之间的联合，如旅游文化景点与旅行社的联合；横向联合营销，即旅游文化企业与其他企业的联合，如旅游饭店与航空公司的联合。在具体的营销模式上有强强联合、强弱联合、弱弱联合等选择。

目前，联合营销策略正受到重视，普遍的表现是旅游文化景点与旅行社之间的合作。同时，旅游文化营销的强强联合模式表现也很突出。2001 年 8 月，四川的九寨沟、峨眉山等六大世界遗产通过媒体宣布推出“世界遗产最佳旅游精品四川之旅”，强调通过联合打造游程最短、品位最高、特色鲜明、发展最平衡的世界遗产最佳旅游精品路线。2004 年 9 月，岳阳楼、黄鹤楼、滕王阁、蓬莱阁、鹳雀楼、大观楼中国六大名楼“楼主”齐聚岳阳，正式结成战略同盟，推出“中华名楼游”旅游精品线路。采用联合营销策略之声势最大莫过于“五岳”联合打造中华第一旅游品牌，五岳的联合是国内旅游联合营销“强强联手”的典型案例，目标是面向世界打造中国第一，取得了一定的效果。旅游文化营销以文化联合、一体化推广的“文化联盟”方式，可以实现互补，产生很大的品牌效应，能够取得较好的营销效果。

第三节 旅游文化资源产权结构与管理

作为旅游文化产品的旅游文化资源，是旅游文化的物质载体。如何有效地管理旅游文化资源，让它保持长久的生命力，是发展文化旅游的重要方面。长期以来，由于受体制等多方面原因的影响，我国旅游文化资源的管理一直存在着产权不明晰的问题，这在一定程度上束缚和妨碍了旅游资源的合理开发和充分利用以及旅游业的进一步发展。下面就从产权的角度对旅游文化资源管理做简要介绍。

一、产权与旅游文化资源产权

(一) 产权

“产权（property rights）”来源于西方经济学的产权经济学派，其代表人物 R.科斯将产权表述为“一种通过社会强制而实现的、对某种经济物品的多种用途进行选择的权利”。在西方，人们对产权概念的认识并非统一，主要的观点有：一种观点将产权定义为资产（包括资源）所有和占有者的收益权和剩余索取权利；另一种观点将产权定义行为性权利，即认为出资者向企业投资行为所产生价值形态的一组权利；还有将产权定义为以财产为基础的若干权能的集合，认为产权的基础是所有权，它可以分解为若干可分的、又统一的权能。这些观点和定义的相同点是将产权都定义为一组权利，都强调这组权利的经济价值。

产权最早被引入我国可以追溯到20世纪80年代末，随着股份制的确立和普遍推行逐渐被人们熟知。国内关于产权的概念也没有统一的看法，一般意义上而言，产权就是对物品或劳务根据一定的目的加以利用或处置，以从中获得一定收益的权利，是包括所有权在内的多项权利。

总之，不管人们关于产权的定义如何，财产权是产权的基础，产权是基于财产权之上的包括所有权在内的多项权利。

对产权管理而言，最主要的是要有明晰完善的产权制度。明晰完善的产权制度至少包括以下内容：

（1）交易主体对交易对象拥有明晰的、唯一的产权，而且产权可分解，即产权在量上是可以度量的（通过市场价格反映）；

（2）只要产权的拥有者不违反法律及不损害他人的利益，产权的行使应不受任何限制；

（3）产权具有可交换性，这是市场平等交易与资源自由流动的必要条件；

（4）产权拥有者必须对产权行使的后果承担完全责任；

（5）有效的产权保护，包括合约各方可通过行使退出权，以保护自己的利益，以及法律制度能通过强制惩罚一切破坏现有产权关系的行为和由此产生的威慑力量来实现对产权的保护。对旅游资源管理而言，产权明晰是明确管理责任的前提。

（二）旅游文化资源产权

本书对旅游文化资源产权的定义主要依据的是产权的“财产权”说，即产权就是财产权的简称。旅游文化资源产权就是旅游文化资源的所有权与旅游文化资源利用和管理过程中有关旅游资源的产权。旅游资源产权通常包括旅游资源所有权、开发使用权、经营权及旅游文化资源有关的其他权益。

就旅游文化资源产权制度而言，我国旅游文化资源产权制度安排受我国自然资源产权制度安排的影响，长期以来实行自然资源归国家所有，禁止自然资源市场交易，政府代表国家行使自然资源的所有权，成为自然资源的供给者和分配者的计划经济产权管理体制。随着市场经济的发展，我国对旅游资源产权也进行了一些改革，但是从总体上说来，我国旅游资源的开发和经营仍然以国家所有、政府经营的传统模式为主。目前我国旅游文化资源产权制度安排有以下特点：

1．旅游文化资源的所有权主体只有国家。根据国家相关法律，旅游文化资源所有权属于国家，旅游文化资源是国有资产，具有了公共产品的性质。在市场经济条件下，这种对所有权主体资格的唯一界定，限制了其他主体的进入。由于产权主体的单一，从而阻碍了旅游文化资源产权交易市场的形成。

案例　国内关于旅游资源产权归属的相关法律

（1）《中华人民共和国宪法》第九条规定：“矿藏、水流、森林、山岭、草原、荒地、滩涂等自然资源，都属于国家所有，即全民所有；由法律规定属于集体所有的森林和山岭、草原、荒地、滩涂除外。国家保障自然资源的合理利用，保护珍贵的动物和植物。禁止任何组织或者个人用任何手段侵占或者破坏自然资源。"

（2）国务院发布的《风景名胜区管理暂行条例》（1985 年 6 月 7 日）第八条规定："风景名胜区的土地，任何单位和个人都不得侵占。"

（3）《中华人民共和国文物保护法》第四条规定："中华人民共和国境内地下、内水和领海中遗存的一切文物，属于国家所有。"

（4）《地质遗迹管理规定》（1994.11.12 矿产部令第 21 号）第四条规定："被保护的地质遗迹是国家的宝贵财富，任何单位或个人不得破坏、挖掘、买卖或以其他形式转让。"

除了以上之外，《中华人民共和国环境保护法》、《中华人民共和国矿产资源法》、《中华人民共和国文物法》、《中华人民共和国建筑法》以及其他一些法律都对不同种类的旅游文化资源的产权做出了界定。（参见中国旅游报 2002 年 10 月 30 日）

2. 作为所有权主体的国家对旅游文化资源实行授权管理、授权经营。旅游资源是国有资产，国家对国有资产的管理与经营主要采用授权的方式进行。接受国家授权的具体的旅游资源管理与经营单位主要有各级政府部门，专门的管理与经营单位以及相关机构等，作为旅游资源重要内容的旅游文化资源也不例外。具体说来，风景名胜区属建设部门管理，地质公园属国土部门管理，森林公园属林业部门管理，自然保护区属环保部门管理，江河湖泊属水利和交通部门管理，文物属文化部门管理，寺庙属宗教部门管理等。由于我国的旅游资源管理体制的计划色彩较浓，在具体的管理经营中，被授权单位往往成为实际上的所有权主体，这样就模糊了旅游资源的产权。

3. 社会资本参与旅游文化资源的开发与经营成为改革的主要方向与内容。在传统的国家所有、国家管理、国家经营的体制下，旅游文化资源的管理、保护、开发存在很大问题，保护经费严重不足、开发经营没有形成效益。寻求适应市场经济发展的旅游文化资源管理体制是改革的必然。由于国家是旅游文化资源所有者有法律的明确界定，所以改革的方向，就必然是寻求旅游文化资源所有权与经营权相分离的产权制度。在中国这样一个正进行体制转轨的国家，吸收社会资本参与旅游文化资源的开发与经营，是改革旅游文化资源产权制度的必然的方向与内容。

二、旅游文化资源管理的模式

我国旅游文化资源的管理模式主要有三种：专项型分散管理模式、区域型集中管理模式、社会资本型管理模式。下面将一一进行分析。

（一）专项型分散管理模式

专项型分散管理模式，是不同类型的旅游文化资源归属不同的职能部门管理的旅游资源管理方式，这种管理模式是从旅游资源的行政管理角度来定义的。

具体而言，承载着旅游文化的旅游风景区等名胜，归属建设部门管理；博物馆、历史遗迹等具有文化性质的旅游文化，由文物部门管理；寺庙等宗教场所由宗教部门管理；众多的非物质文化遗产是无形的文明，则归文化部门管理。由于有的旅游文化资源不具有单一归属性，有时存在同一旅游文化资源属于两个或者两个以上的部门管理。如五岳等名山，它们是旅游文化风景名胜区，建设部门要管理；同时它们作为文化载体，有文物、宗教遗存，文物、宗教部门要管理；它们是中国国土资源的组成部分，在涉及国土资源开发方面，国土资源部门要进行管理；旅游行政部门作为旅游发展的管理机构，也要对它们进行管理。

专项型分散管理模式作为旅游文化资源的政府管理方式是有利有弊的。利的方面表现在对任何旅游资源而言，政府管理都是必要而必不可少的。政府管理可以减少旅游文化资源开发过程中的外部负效应，规范开发主体尤其是民间开发主体的旅游开发行为，保护旅游文化资源不受到破坏；政府管理的积极作用还表现在政府作为管制主体可以通过对旅游文化资源开发企业的行业进入、退出，经济性管制等手段，减少重复投资。20 世纪 90 年代初期，全国兴起了一股修建人造景观的风潮，众多的主题公园在全国各大城市出现，其中光是“西游行宫”就有 30 多座，而这其中绝大部分都是简单地模仿，缺乏特色，是典型的旅游文化资源开发的重复投资。几年过去后，绝大部分的主题公园都倒闭，无法经营，这造成了国家与社会的财力、物力浪费。对这种盲目的开发行为，政府管理存在的意义就是及早发现问题，给予规范制止。

专项型分散管理模式的弊端也是很明显的。在这种旅游文化资源管理机构设置中，由于存在旅游文化资源管理主体的多部门性，各个部门之间又没有严格的权责划分，容易导致管理的混乱，甚至还会出现各部门之间在旅游文化资源的开发管理上出现部门利益之争。如在 2001 年，四川省旅游局面向全球出让峨眉山等十大景点的经营权，就引起国家建设部等多个部门以旅游局无权出让经营权为由加以反对，最终没有结果。专项型分散管理模式的多部门管理方式的另一弊端，是没有一个综合统筹协调的部门，旅游局作为旅游管理机构实际上是一个弱势部门，它的职责范围仅在于旅游宣传促销及旅行社、景区外宾馆饭店等的行业管理。旅游文化资源行政管理的分散性导致管理存在混乱，效率不高，这应该是专项型分散管理模式弊端的集中体现。

（二）区域型集中管理模式

区域型集中管理模式是通过建立具有“准政府”性质的旅游资源管理处（局）或管理委员会，对所在区域的旅游资源进行集中管理的管理模式。在这种管理模式下，管理处（局）或管委会得到上一级政府授权，全权负责该区域内所有旅游资源的管理。管理处（局）或管委会下设治安、工商、环保、旅游等各部门分别负责管辖范围内的相关事宜。管理处（局）或管委会在这里相当于一级政府机构，具有相应的行政级别，如庐山管理局相当于厅局级，与一个市的行政级别相同，峨眉山管理委员会是县处级，与一个县的行政级别相同。

在我国，一些大型的，国家级的旅游文化资源往往设立管理处（局）或管委会进行管理，如五岳、黄山、长城等级别很高的旅游文化资源都设立有专门的管理机构进行集中管理。

区域型集中管理模式的优点在于它是一种集中型的管理方式，可以克服管理权分散带来的管理混乱，管理效率相对较高。集中管理使管理处（局）或管委会具有了对旅游资源完全的管理权利，管理处（局）或管委会是一个具有从总体上统筹协调的机构，它可以调解下设的旅游、环保、工商、治安、建设等各部门在旅游文化资源管理与开发上产生的分歧，做出集中统一的决策，从而提高了旅游资源管理的效率。

但区域型集中管理模式也是具有明显弊端的管理模式，这主要表现在：

1．区域型集中管理模式下的管理处（局）或管委会作为实际上的一级政府机构，代表国家对旅游文化资源行使管理权，但是很多管理机构同时也是旅游文化资源的经营者，具有对旅游文化资源的支配权，这就容易导致管理权与经营权的混淆。

2．管理处（局）或管委会作为行政单位，它们往往是无偿使用旅游文化资源，而对旅游文化资源的保护与发展缺乏明确的责任，对旅游文化资源任意处置，保护的观念不强。权责不对等容易产生旅游文化资源得不到有效保护、景区经营效益不佳、国有资产流失等问题。中央电视台《经济半小时》栏目的记者在世界自然与文化遗产黄山作调查时发现，黄山市的一些政府部门，就纷纷在黄山核心风景区内修建自己的招待所，接待游客。比如黄山市气象局的光明顶招待所，西海景区水库的西海水库招待所、黄山市电业局招待所等。像这样的招待所，在黄山的核心风景区内共有14家。

3．管理处（局）或管委会由于具有一级政府机构的性质，下设的机构众多，与正规的地方政府下属部门的设立相差无几，而管理局辖区内的收入来源一般比较单一，主要是依靠旅游业。要维持一个管理处（局）或管委会的正常运行，往往需要投入景区收入的很大一部分，这就加大了管理的成本，这方面的费用最终都转嫁到了旅游资源的消费者——游客身上。实际上，在庞大的管理机构设置中，有些部门的设立是没有必要的，有些部门的管理责任可以交由景区所在的地方政府负责。大而全的管理机构设置，是计划体制影响下的产物，不一定有利于提高旅游资源的管理效率。

案例　　庐山管理局及其机构设置

庐山管理局是江西省人民政府经国务院批准设立的专门负责江西九江庐山景区管理工作的政府机构。庐山管理局的管理职责是代表国家全权负责庐山景区的行政管理、经营开发与资源保护等工作，其行政级别与九江市相当，是地局级政府机构。管理局内部机构设置一如地方政府机关，分党委与行政两大系统，大约有四十多个不同的下属部门（见表7.2）。

表7.2　庐山管理局下属机构设置一览表　（来源于中国庐山网）

管理局办公室	党委办公室	组织部	政法委	统战部
宣传部	纪委	团委	机关工委	发展计划委
公安局	国家税务局	教育科学技术局	监察局	建设处
文化处	旅游局	园林林业局	国土资源房产局	财政处
经贸局	物价局	地方税务局	工商局	审计处
卫生处	民政处	环保局	人事劳动和社保处	档案局
旅游总公司	商业集团公司	粮食集团公司	老干局	工商联
工会	关工委	对台办	妇联	社联
文联	人大联络处	接待办公室	信访办公室	管理局值班办

庐山是九江市最重要的旅游资源，由于负责庐山管理与经营的庐山管理局作为一级政府部门对庐山旅游资源有处理权。在管理权与经营权不分的体制下，管理单位在庐山旅游

资源的开发上存在严重错位，出现了以破坏资源为代价进行开发的情况，2005年的“庐山别墅风波”就是一例。

（三）社会资本管理模式

社会资本管理模式，是在明确旅游文化资源所有权归属国家的前提下，政府向社会资本转让旅游文化资源的经营权，由社会资本（主要是民营企业）负责旅游文化资源的经营、开发与保护的管理模式。在这种管理模式下，社会资本享有旅游文化资源的收益权，同时作为独立经营的法人主体，具有向国家纳税的义务。

在我国旅游文化资源众多，而国家财政用于保护与开发的资金极其有限的情况下，吸收社会资本参与旅游文化资源的开发与保护，是发展旅游业的必然选择。实际上，不少地方政府在发展旅游的实践中，更倾向鼓励民营企业参与旅游资源的开发，并且产生了一些成功的案例，如宋城集团对浙江宋城、千岛湖，万贯集团对四川雅安碧峰峡的开发，都取得了较大的成功。

社会资本管理模式是适应市场经济发展要求的旅游文化资源管理模式。它一方面可以解决旅游文化资源的开发与保护资金不足的问题，另一方面打破了旅游文化资源管理一直存在的计划色彩浓厚的政府体制，引入了竞争机制，有利于提高旅游文化资源的管理水平与经营效益。

但社会资本管理模式也是有弊端的。民营企业投资旅游文化资源的开发，首要目标是为了获得经济效益，在政府管理存在缺位、法律法规不健全的情况下，民营企业可能会为了短期的经济利益而牺牲旅游文化资源的长远发展。最可能出现的情况就是破坏性的盲目开发，这方面的案例已经出现了不少。山东曲阜市文物管理部门把孔庙、孔府、孔林等8个文物景点的管理权，转移到1999年成立的孔子旅游集团及眼下与深圳华侨城等共同组建的中国孔子旅游国际股份有限公司，导致2000年的“水洗三孔”事件，对孔庙等文物造成严重损坏。世界文化遗产武当山的文物管理所，因收取管理费用，于1996年把明代永乐年间修建的遇真宫使用权转让给一家私立“武当山陈逵影视武术学校”。导致遇真宫在2003年1月失火烧毁，重建费用在100万元左右。

三、我国旅游文化资源产权管理中存在问题、原因与改革方向

（一）我国旅游文化资源管理中存在的主要问题

1．“三权”混淆。“三权”混淆指旅游文化资源的所有权、管理权和经营权不分。从旅游资源的所有权归属上讲，我国法律明确规定了旅游文化资源属于国家所有。但这是国家从宏观层面做出的规定。在微观层面，旅游资源的所有权是虚置的，突出的表现是以部门或地方的管理权、经营权取代所有权。

国家拥有全民所有资源的代理权，但它并没有能力直接管理如此众多的资源，因此建立纵向的授权链是不可避免的。对于国有旅游文化资源来讲，通过从中央到地方的层层行政代理转让，对旅游文化资源进行管理的权利，最终被授予了地方政府或管委会等位于代理链末端的基层部门。因此从本质上讲，作为行政单位、行政部门或地方政府只拥有国有旅游文化资源的管理权。但由于旅游资源的地方垄断性，在实践中这些管理机构往往代替

国家成为了旅游文化资源的所有者，对旅游文化资源任意处置并由此获利，甚至直接参与资源经营，从而又充当了旅游文化资源的经营者，这最终导致了微观层面上旅游资源的所有权、管理权和经营权不分。

“三权”混淆是造成我国国有旅游资源资产流失的根本原因。它集中表现在两个方面：

（1）由于行政部门或地方政府以管理权替代所有权，因此它们可以直接向企业转让、出租、抵押旅游资源，并把经营收益化为己有，形成所谓“国家利益部门化，部门利益个人化”的局面，国家的所有权实际上没有得到很好体现。

（2）由于行政部门或地方政府以经营权替代管理权，而作为行政单位，它们经营资源往往是无偿使用旅游文化资源，没有任何风险，缺乏相应的责任感和压力。在这种管理经营体制下，旅游文化资源资产无法盘活，建设和管理落后，甚至出现亏损情况，导致大量国有资产流失。

2．多重管理。我国现行旅游资源管理体制的一个显著特点是多重委托——代理。旅游资源的多重管理主要表现在：一方面是“条条管理”，建设、旅游、地质、林业、环保、文物、宗教等不同部门分别管理不同的旅游文化资源；另一方面是“块块管理”即旅游资源还要受到地方行政部门的控制。在这种旅游文化资源管理机构设置中，各部门权责不明确。各管理部门均代表国家行使所有权与管理权，但哪个部门是综合管理、决策和协调机构，哪个部门是职能监督机构，哪个部门是基层执行机构，以及各种机构应有的权力关系没有界定。这就造成部门之间、地区之间、以及中央与地方之间相互分离，各自为政，使资源的管理和利用在名义上处于统一计划管理下，实际上陷入盲目混乱的状态中。

3．产权缺乏流转性。在传统体制下，文化、自然遗产和风景资源历来被认为是公益物品或公共财产资源，应由国家直接管理，而不应参与市场流通。但现实是，由于国力所限，国家往往没有足够的资金用于资源的维护和保护，所以资源的保护与开发不得不面向市场筹集资金。据统计，自20世纪80年代中期以来，主管国家级旅游文化景区的建设部每年可支配的用于文化景区管理工作的经费是1000万元，平均每个景区8.4万元，但那些较大的景区，如黄山、庐山、泰山等仅职工工资一项每年就需要1000万元以上。在如此紧张的财政约束下，各文化景区早已涉足资源的市场经营。既然事实如此，那么对旅游文化资源的管理就应该遵循市场经济的一般规律。旅游文化属于国有资产，其所有权当然不能进入市场流通，但作为特殊形态的经营性资产，将其经营权纳入市场经济轨道，发挥市场配置效率，从而让其保值、增值应该是合理的。

案例　　国家文物保护经费不足

据国家文物局的统计数字，1996—2000年期间的文物事业经费投入达到19.6亿元，但全国的重点文物保护单位就达1269处，即使全部投给国保单位，平均每一处每年总共也只有30余万元。如果平摊到全国县级以上的6万多处文物保护单位头上，每单位所得不过3万多元，而在实际上能够得到上述保护经费的不过三、四千家。经费的不足，使文化遗产的保护面临严重的问题。多年以来，由于参观的人数过多导致维修和保护费用居高不下，已经令许多文物保护单位和世界遗产不堪重负。例如故宫，2000年门票收入达2亿元，尽管已经收取比较高的门票费，但还是远远不能弥补巨额维护费用。而地处沙漠地带的敦煌莫高窟，由于维护费用过高，仅仅能够开放为数有限的几个洞窟。全国重点文物保护单位和世界遗产的数目今后只会继续增多，而各级政府显然还不可能为它们提供足额的维护费用。[①]

4．法制管理不健全。当前我国旅游文化资源管理的法律法规很不健全，有部分涉及专门性的旅游文化资源的法规，如《文物保护法》已经实施，但它们极少涉及到如何妥善处理一般性的旅游文化资源的利用与旅游开发之间关系的问题。此外，专门规范旅游资源开发行为的法律还没有，我们只能从已有的相关法律中，寻找到适用于旅游文化资源管理和保护的条款。法制不健全使旅游文化资源管理政策具有较大的随意性，这是旅游文化资源遭到破坏的一个重要原因。

5．旅游文化资源产权界定存在盲区。目前对旅游文化资源产权的界定，主要是针对物质旅游文化资源而言。对于非物质旅游文化资源，如一些民间文艺、戏剧等，缺乏相关法律进行严格的产权界定，这就使得我们在对非物质旅游文化资源进行开发时常常由于产权不清而引起争端。还有，对于旅游线路产权的界定，国家目前也没有明确的法律进行说明，争端也时有发生。

案例　非物质文化遗产及其产权

非物质文化遗产又称口头或无形遗产，是相对于有形遗产即可传承的物质遗产而言的文化遗产。2003 年 10 月 17 日，联合国教科文组织在第 32 届大会闭幕前通过了《保护非物质文化遗产国际公约》,《公约》对非物质文化遗产的最新定义为非物质文化遗产是指“指被各群体、团体、有时为个人视为其文化遗产的各种实践、表演、表现形式、知识和技能及其有关的工具、实物、工艺品和文化场所。各个群体和团体随着其所处环境、与自然界的相互关系和历史条件的变化不断使这种代代相传的非物质文化遗产得到创新，同时使他们自己具有一种认同感和历史感，从而促进了文化多样性和人类的创造力。”

“非物质文化遗产”包括以下五个方面：

(1) 口头传说和表述，包括作为非物质文化遗产媒介的语言。

(2) 表演艺术。

(3) 社会风俗、礼仪、节庆。

(4) 有关自然界和宇宙的知识和实践。

(5) 传统的手工艺技能。

中国作为一个历史悠久的文化大国，非物质文化遗产的种类与数量是繁多的，目前，文化部正在征集“中国非物质文化遗产名录，加强对我国非物质文化遗产的保护。

由于中国非物质文化遗产种类与数量众多，又是无形产权，有的还是传统文化与大众文化的一部分，因此要界定其产权是很困难的，如端午节、京剧、川剧等文化。对国家而言，可以从加强立法的角度出发，完善非物质文化遗产的保护。一些具有地方性的非物质文化遗产，可以在明确其地方归属的基础下确立其地方产权，如川剧，可以以法律明确它是四川的非物质文化遗产，文化产权属于四川。一些属于整个国家的非物质文化遗产，如

① 谢元鲁.《世界遗产：公共产权的转移与约束》. 桂林旅游高等专科学校学报，2004 年 1 期.

京剧等，可以明确其相对于外国的文化产权。但是要注意的是，非物质文化遗产产权的确定的根本目的是为了促进非物质文化遗产的保护与发展，而不致于形成阻碍，所以在确定产权时要有一定的宽松度，不能完全按照物质产品的产权标准进行。目前，我国非物质文化遗产的保护已经纳入全国人大立法日程，《中华人民共和国非物质文化遗产保护法》已经被国家列入文化立法十年规划重点项目。

（二）旅游文化资源产权不清晰的主要原因

1. 旅游文化资源产权属社团产权或俱乐部产权，存在难以有效界定的一面。社团产权或俱乐部产权是指当某个人对一种资源行使某权利，并不排斥同一团体内其他成员对该资源行使同样的权利时，这种产权便被称为社团产权或俱乐部产权。社团或俱乐部产权具有以下特征：

（1）有限的排他性：对社团产权来说，只有社团成员才享有资源的支配权与收益权，这是排他性的表现，如各种旅游文化景点，游客不购买门票不能进入，风景区就具有排他性；但是，这种排他性是有限的，当游客购买门票进入景区后，旅游文化资源就成了公共产品，一个游客欣赏美景时，不能阻止其他游客享受同样的美景。所以，旅游文化资源又具有非排他性。

（2）不可分割性：旅游文化资源属于公共产品，产权属于国家，但是这种产权不可能把旅游资源分割到每个所有者身上来体现。

（3）消费上的有限竞争：对旅游资源来说，消费量一旦接近或超过旅游容量，就会存在无法舒适地观光甚至拥挤，消费竞争就会出现。

法律对旅游文化资源的产权界定，决定了旅游文化资源具有社团产权的属性，这也是形成旅游文化资源产权不清晰的法理原因。

2. 旅游文化资源管理体制不完善。我国的旅游文化资源在国家所有的基础上，由地方政府管理和经营。对一些国家级的、知名度高的旅游资源，设立专门的管理机构，相当于一级政府部门。其他一些级别的旅游资源，也设立各种专门的管理机构进行管理。管理者相当于政府官员，其任期和政绩受地方政府政策目标的影响，缺乏长期保护资源和合理利用资源的机制。同时，国家对旅游文化资源合理利用的监督手段和方法不到位，管理信息不对称也较为严重。在传统体制下，用于旅游文化资源保护的资金是国家出的，而收益归地方政府，地方政府对旅游文化资源保护投入不负有全部的责任。这样就不利于旅游文化资源的保护与可持续发展。管理体制不完善是旅游文化资源产权不明晰的制度或体制原因。

3. 国家对旅游文化资源的转让有限制。旅游资源产权问题出现并引起争议，就是由于旅游资源的转让引起的。为了适应市场经济发展的要求与改革完善旅游资源管理体制，提高旅游资源的经营效益，在坚持国家对旅游资源所有权的前提下，向社会资本转让旅游文化资源的经营权是适应市场经济发展，完善资源管理体制的客观必然。然而由于旅游文化资源做为特殊的公共产品有很强的外部性，对其进入市场问题，国家有关政策尚未完全开放。如陕西“兵马俑”作为公司上市受阻，主要的障碍就在于文物资源不能上市。

（三）探索建立我国旅游文化资源产权管理制度的设想

1. 建立所有权与管理权相一致的所有权行使机制。在现有产权制度安排基础上，建立起更加科学的所有权行使机制。实行谁拥有景区所有权，谁就拥有景区监督管理权机制，即所有权与管理权相一致。而对国有景区，政府行使其景区的所有权，并从中获得收益。国家级的景区，由国务院行使其所有权，设置专门的机构进行经营和管理；省市级的景区由相应的地方政府行使其所有权，设置专门的机构进行对口经营管理。除非省市级经营管理者影响到中央政府的职能或宏观战略目标，如破坏环境、毁坏文物等，否则中央政府不予干预。政府对私有和集体所有的景区只进行帮助、建议及行政、社会管理，不能侵犯其所有权益。

2. 在所有权属于国家的基础上，明确企业的经营使用权。在所有权与经营权分离成为旅游文化资源管理体制改革的必然情况下，改革的主要内容是要明确企业的经营使用权。在我国，目前已经有不少旅游文化资源是企业经营的，将来还有更多的会实现企业经营。企业的经营权一旦明确后，企业就要在享有旅游文化资源收益权的基础上对资源的保护、开发承担责任。对国家而言，经营权的下放就意味着要对旅游文化资源承担更多的宏观管理权，通过法律、经济、行政等手段规范企业的经营行为。

3. 健全旅游文化资源产权转让制度。向社会资本转让部分普通旅游资源的经营权，这是适应市场经济发展要求的，应该鼓励与引导。目前在经营权转让中暴露出来的一些问题，不能说明改革的方向是错误的，而是需要加强引导与规范。但是对于重要的、不可分割的旅游文化资源，如世界自然或文化遗产的旅游资源——人类共同的财富，其经营权则不应纳入市场交易的范畴。在探索完善经营权转让之后，应考虑建立旅游资源的产权交易制度，使旅游资源产权可以根据市场需求的变化在全社会自由流动，从而提高资源的配置效率。

4. 健全法律保障体系。任何产权形式，只有获得法律的认可，才能合法地加入社会交易过程。我国允许自然资源使用权自由流转，先后于1996年、1998年对《矿产资源法》、《森林法》和《土地管理法》进行了修订。旅游资源虽然制订了一些法律，但目前为止，还未制订出《旅游资源法》。所以，应加快《旅游资源法》的制订，从法律上明确旅游资源的权利，使作为旅游文化资源的开发与管理有法可依。

5. 借鉴外国旅游文化资源管理经验。如何探索建立适应市场经济体制下的旅游资源管理体制，对中国这样一个处于体制转型中的国家来说，借鉴外国经验是必要的也是必须的。外国的旅游文化资源产权管理主要分为国家管理与私人管理两类。国家管理是政府专门设立相关的旅游资源管理部门，统一管理全国的旅游资源，排除了部门之间的重复管理行为，这点值得我们参考。如美国的国家公园管理体制，就是由内务部下面的国家公园管理局负责的。另一种是私人管理，即私人通过继承或购买的方式获得旅游资源的所有权，并完全负责其管理与经营，如欧洲一些国家的城堡，不少就是由私人进行管理的。目前，这种管理方式在中国要得以实现的可能性不大，但是可以在一些等级较低的、小规模的旅游资源上进行尝试性的探索。对一些重要的旅游文化资源，如世界遗产等，西方国家有一套比较成熟的管理体制，值得我们借鉴。

案例　欧洲国家是如何管理与保护世界遗产的

欧洲各国对遗产的管理与保护非常重视，往往采取中央、地方和民间三管齐下的方法。法国中央政府直接管理的重点文物古迹不足5%，近一半的文物由市级部门管理，而半数则为私人管理，如巴黎的艾菲尔铁塔。意大利政府专门设有文化遗产部，并在保护和管理文物古迹方面摸索出一套由政府负责保护，私人或企业进行管理和经营的“意大利模式”。在立法方面，各国对破坏文物的行为施以重罚。

马德里市政府明文规定，任何单位和个人不得对市中心的古建筑进行任何改动，并且每隔20年必须按照原来模样重新进行维修和粉刷，否则将遭重罚。法国、英国等也出台了类似法令，违法者重则将受牢狱之苦。此外，欧洲国家也开展了积极的跨国合作，保护世界遗产。欧洲遗产事业基金会和欧盟委员会共同建立了一个“欧洲遗产网络”，并曾出资维修法国的阿维尼翁教皇宫和希腊雅典卫城等。

尤其值得一提的是法国的文化遗产保护管理体制。作为全球最大的旅游国家，法国政府每年斥资近3 亿欧元，用于整修1.3万个历史建筑和维修2.4 万个有历史价值的建筑。此外，法国有6000多家基本上以保护地方历史遗迹为使命的协会。为加强政府和民间的合作力度，法国政府最近决定成立一个文化遗产基金会，并筹集初始经费800万欧元。该基金会有权收购濒危的建筑物，在地方古迹的保护上发挥着尤其重要的作用。

（来源于“中国世界遗产网”，摘自人民日报驻法国记者陈源川的报道）

第四节 思考题

1．如何理解旅游文化资源产权概念及其特点。
2．社会资本管理模式的利弊表现在哪些方面，举例说明，并展开讨论。
3．对于世界遗产的管理，你认同哪种管理模式，说出你的理由。

本章参考文献

［1］ 林南枝，陶汉军．旅游经济学．天津：南开大学出版社，1994.
［2］ 罗明义．旅游经济学．天津：南开大学出版社，2005.
［3］ 屠如骥．旅游心理学．天津：南开大学出版社，1986.
［4］ 刘振礼，王兵．新编中国旅游地理．天津：南开大学出版社，2001.
［5］ 张国洪．中国文化旅游．天津：南开大学出版社，2001.
［6］ 杰弗瑞·戈比（美）．你生命中的休闲．昆明：云南人民出版社，2000.
［7］ 赵荣光，夏太生．中国旅游文化．大连：东北财经大学出版社，2003.
［8］ 黄羊山．对旅游产品的几点看法．桂林旅游高等专科学校学报，2001，（01）：39-41.
［9］ 张陆，徐刚，夏文汇．旅游产品的内涵、类型划分及价值问题研究．重庆工学院学报，2001，（01）：9-14.
［10］〔美〕Philip Kotler、John Browen、James Makens：旅游市场营销，第二版，谢彦君译，旅游教育出版社、培生教育出版集团，2002.
［11］〔英〕史蒂芬·佩吉、保罗·布伦特、格雷厄姆·巴斯比、乔·康奈尔：现代旅游管理导论，刘洁莉等译，石应平审校，电子工业出版社，2004.

［12］ 马勇，王春雷：旅游市场营销管理，广东旅游出版社，2002.
［13］ 俞锋：旅游市场营销学，中国商业出版社，2003.
［14］ 惠碧仙，王军旗：市场营销——基本理论与案例分析，中国人民大学出版社，2004.
［15］ 黎洁，赵文红：旅游企业经营战略管理，中国旅游出版社，2000.
［16］ 甄尽忠：中国旅游文化，郑州大学出版社，2002.
［17］ 谢彦君：基础旅游学，中国旅游出版社，2001.
［18］ 刘振礼，王兵：新编中国旅游地理，南开大学出版社，1996.
［19］〔英〕史蒂芬·佩吉、保罗·布伦特、格雷厄姆·巴斯比、乔·康奈尔：现代旅游管理导论，刘洁莉等译，石应平审校，电子工业出版社，2004.
［20］ 罗明义：现代旅游经济学（第三版）——现代旅游经济文化丛书，云南大学出版社，2005.
［21］ 刘红婴，王健明：世界遗产概论，中国旅游出版社，2003.
［22］ 马耀峰，宋保平，越振斌：旅游资源开发，科学出版社，2005

第八章　旅游文化景观

第一节　城市文化景观

一、城市文化景观

（一）文化景观概念

“景观”这个词原来在西方称为风景画（Landscape）。在地理学中，景观是指地球表面各种地理现象的综合体。由于地理现象分为两大类，一类是自然现象，另一类是人文现象，所以景观也分成两类，即自然景观和人文景观，人文景观亦称文化景观。

文化景观的概念产生于地理学研究领域。文化景观一词是德国地理学家拉采尔于 19 世纪末在他的《人类地理学》一书中首先提出的，并认为文化景观（当时称历史景观）是一个独特组合的各种文化特征的复合体。研究文化景观最有成效的是美国的苏尔，1927 年他在《文化地理的新近发展》一文中，把文化景观定义为“附加在自然景观上的人类活动形态”，主张通过人文景观研究区域人文地理特征。我国著名人文地理学家李旭旦认为，“文化景观是地球表面文化现象的复合体，它反映了一个地区的地理特征”。因此，居住于该地的居民为满足其需要，利用自然界提供的材料，叠加上自己所创造的文化产品，也称人文景观，如园林建筑、地名、书画题记、寺庙、纪念碑、音乐风格、校园、农田、道路、城市、村落、工厂等。波格丹诺夫把文化景观解释为人类积极地有目的地参与而形成的景观，而改造了的文化景观则是“在非对抗性人类集团所掌握的高度科学基础上，人类有意识改变的景观。”

从世界遗产保护角度提出文化景观的概念是 1992 年 12 月，在美国圣菲召开的联合国教科文组织世界遗产委员会第 16 届会议中，文化景观被纳入《世界遗产名录》，成为世界遗产的一个种类。但是该文化景观的概念与地理学的文化景观概念有一定的差别，文化景观已经从单纯的地理学名词转化成为世界遗产的一个重要组成部分。遗产公约对文化景观做如下定义：

1．由人类有意设计和建筑的景观。包括出于美学原因建造的园林和公园景观，它们经常（但并不总是）与宗教或其他纪念性建筑物或建筑群有联系。

2．有机进化的景观．它产生于最初始的一种社会、经济、行政以及宗教需要，并通过与周围自然环境的相联系或相适应而发展到目前的形式。它又包括两种次类别：一是残遗物（或化石）景观，代表一种过去某段时间已经完结的进化过程，不管是突发的或是渐进的。它们之所以具有突出、普遍价值，还在于显著特点依然体现在实物上．二是持续性景观，它在当今与传统生活方式相联系的社会中，保持一种积极的社会作用，而且其自身演变过程仍在进行之中，同时又展示了历史上其演变发展的物证。

3．关联性文化景观．这类景观列入《世界遗产名录》，以与自然因素、强烈的宗教、艺术或文化相联系为特征，而不是以文化物证为特征。

综上所述，可以认为，文化景观是指人类为了满足某种需要，利用自然界提供的材料，在自然景观之上叠加人类活动的结果而形成的景观。

（二）城市文化景观的内涵

城市是人类文化发展的结晶，城市的发展、变化、演进过程体现了人类文明的进程。城市的文化和历史蕴涵了城市的特色和风貌，而这些特色和风貌都是以城市的文化景观为载体的。

所谓城市文化景观，指一定城市以其外观建筑、公共设施、机关、学校、企业、商业、道路、交通、自然地理环境、社会秩序、治安状况、人际关系及内隐的法律、制度、治理方式、价值观念、城市精神、生活、工作、行为方式等所形成的城市氛围，作用于社会公众主观意识综合后所形成的基本印象。①

（三）城市文化景观特征

关于城市文化景观的认识，在地理学和建筑学中的认识是不一样的，地理学中更加注重“整体性”，而在建筑学中更注重人对景观主观的感受和认识。城市景观特征，是一个城市在长期的历史演变过程中逐渐形成的城市“个性”，具有相对的稳定性、趋向性和延续性。如在中国古代城市建设中，城市个性的突显是非常明显的，比如北京城以紫禁城为中心展开，包括民居建筑都是非常的格式化，很有规矩和章法，尊重礼法制度，整个体现的核心便是“皇权至上”，这是我们读懂一座城市最基本的情感基调，这就是城市个性。而城市景观特征就是这种个性的外在表现形式，是历史文脉的展现，同时也是城市形象的代表。城市的现今面貌不是突然的结果，而是通过历史的、文化的累积而成为现代景观。城市文化的不断发展变化刺激着城市景观的变化，这也就是人文因素影响着景观的变化。

二、城市结构与建筑

（一）城市结构的模式

城市的形成，需要有最基本的存在条件，而这种条件也就是我们千百年来对城市理想状态的不断追求，这便产生了城市存在的价值，根据这种需要衍生出来的价值，在人们的脑海中形成城市建设的很多原则，这既是历史经验的积累，也是为了维护现实生存与生活状态的需要，这些需要又可以划分为物质上的和精神上的。根据物质需求产生了城市结构的第一个层次——城市组织结构，而根据精神而形成的就是城市文化结构。第一个层次包括城市的布局、发展方向、产业结构等硬环境。而第二个层次则是城市个性、文化特色、城市精神等非物质环境，这两个层次共同组成城市结构。城市结构中最具有表现力的是城市建筑，城市建筑的特色、建筑布局和位置是城市文化景观的体现。

（二）城市建筑

城市建筑是构成城市文化景观的基本元素，也是对人的主观感受产生最直观影响的部分，从城市建筑功能上划分，可以分为基础性建筑和象征性建筑两大类，所谓基础性建筑是指为了满足城市人的基本生活需要而人为营造的城市建筑。比如楼房的基本功能是居住和工作，广场的基本功能是休息、游憩等。象征性建筑是指为了满足除基本生活需要以外

① 郭廷建．城市文化形象塑造刍议．甘肃社会科学．1998年第一期：第75页．

的一切人为营造的城市建筑。通常是精神领域的内容，如几千年来在中国古代都城建设中长期出现，且不断演变的华表，就属于象征性建筑。

城市建筑能满足人们基本的生活需要，这只是城市建筑功能的一个方面，而同时存在的还有建筑在城市中的意义，即我们所说的文化定位，表现在它的地理位置，造型风格，施工规格等方面。比如北京紫禁城的功能，就最为生动地体现了上述内容，其地理位置的选择，处于整个北京市的中央，沿着中轴线向两边分布建筑，体现对称之美，更主要是礼法并用，皇权至上思想的集中反映。其建造风格是在数千年中国古代都城规划思想中演变而来，是一个逐渐使皇权趋于最高的建筑格局和极端严谨的风格。同样，城市建筑不仅仅只为了满足物质层次的需要，同时是城市文化精神的集中体现，具有象征性意义。如美国华盛顿的白宫建筑的外观，特别是圆顶和立柱，通体的白色，使人们会很自然地知道这是美国政府的象征，这种主观意识上的认同，就是城市建筑的象征意义。

三、城市生态与园林

（一）城市生态环境

城市文化景观的又一重要内容，是城市生态与园林。城市是人口高度密集的聚落，其生态主体是人、城市中人与周围非人为因素的关系，共同组成城市生态。而城市生态的背景就是城市生态环境。从城市的产生到现代高度发达的工业化城市，已经使我们周围的自然环境产生了深刻的变化。在早期的城市中，自然环境的变化是形成城市千差万别的重要原因。而工业时代的城市，以越来越快的速度，逐渐地改变着城市本身及周围的自然景观，城市的人文景观成为城市文化景观变化和发展的集中反映。

（二）城市园林

从历史的纵身剖析来看，无论是农业时代、工业时代、或是即将到来的后工业时代，城市文化景观首先要满足人对自然的要求，对生态的要求，这种深层的文化因素，不会因为时代的改变而变化。因此，城市生态环境最直观的表现就是城市园林，对于园林的定义，从字面上去理解为：“园”是一块有边界的土地，这就是私人住宅庭院或公共土地内的一块地域；“林”是指草木茂盛的景观，这里往往是指按人设定的理想美学原则设计的自然景观。园林就是具有花草树木自然景观的有边界范围的地域在这种生态观的影响下所产生的城市园林，即是城市文化景观的重要组成部分。城市园林的造园手法，特别是在对山水、树木、花鸟等园林基本构成的选择和布置，体现了城市文化景观中两个层次的内容，一是城市文化中人的个性与生态的关系，二是园林生态景观所反映的人的文化理想。

四、城市文化形象

（一）城市文化形象定义

城市文化形象的基本概念包括三个方面：

1．城市文化形象是某一特定城市所创造的一切物质文化，制度文化和精神文化所形成的整体景象。

2．城市文化形象不是单个人的认识，也不是大多数人对城市文化个别要素的认识，而是多数人对一城市总体认识的结果。

3．城市文化形象具有主客观的统一性。即城市文化形象既是不以人的感知为转移的客观实在，又是通过人的主观印象而表现出来的。城市文化形象是城市的“灵魂”，是城市有别于其他城市的标志性特征。并不是视觉所看到的城市景观对个人产生的刺激就是城市文化形象的体现，而是多视角，多方面，多层次认知的城市的总体印象才是城市文化形象，即除了包括城市文化景观外，还包含了城市的社会秩序、人际关系、法律制度、治理方式、价值观念、城市精神、生活行为方式等所形成城市文化氛围，作用于社会公众主观意识后形成的基本印象。其含义比城市文化景观更为广阔。

如对成都城市文化形象的总体认识，就不仅仅是视觉上关于成都城市文化的认识，成都城市文化景观，可以用“二江抱城”、“锦江春色”来形容。但从城市文化形象的角度来看，就可以称为“休闲之都”、“美食之都”等。又如苏州城市文化景观可以用“江南水城”或“东方威尼斯”来形容，而其城市文化形象，则有“上有天堂，下有苏杭”的赞美。我们对于城市的认识，从多个角度去看待，会有不同的认识，而这些认识的综合印象就是主观上所相成的城市文化形象。值得指出的是，对于城市的认识，并不一定要求有一句话，一个词汇去总体概括一座城市，因为城市本身的文化形象是一种客观存在，并且是一个综合体，人为地对城市的总结也只是某一群体对城市的认识，就比如学者和大众对城市的认识角度是不同的，因此，与其说形成统一的意见，不如形成一种对某城市文化形象认识的一种倾向性，更加真实，更加符合实际。

（二）城市文化形象的塑造

城市文化形象的塑造，是在现代社会中，对城市的文化内涵，包括文化景观的全方位塑造，产生城市的品牌和增加城市魅力的过程。城市文化的塑造，主要是对原有的客观存在的文化资源进行整合，使其最终获得城市居民的文化认同和获得心灵的归属感。传统的文化形象塑造，是通过人们的口耳相传与文人的归纳整理而成，城市文化形象一经强化，便会成为某一城市的代名词。就像成都的“天府之国”，西安的“十朝古都”，绍兴的“江南水乡”等。在这些城市代名词中，不仅有中国传统文化的内涵，同时又有各自地方的文化特色，以及各自在中国文化中的地位和成就。形成三位一体的城市文化形象。较好地传承了城市文化，形成良好的知名度。但当代的城市文化形象塑造，往往已经成为提高城市知名度与增进旅游吸引力的大众文化传播行为，如杭州的“爱情之都”，成都的“东方伊甸园”、青岛的“帆船之都”等。

（三）城市文化形象与城市旅游形象的关系

由于城市文化形象是指城市给人的印象和感受。一切可以构成使人长久记忆的城市印象的因素，诸如建筑物、道路、交通、店面、旅游景点、生活设施等，都是构成城市形象的基本要素。而市民行为、公职作风、文化氛围、风土人情等，都是形成富于特色的城市形象的关键内容。城市文化形象注重城市对于城市外部公众的影响，其形象系统是建立在外部公众对某一城市的印象和感受这一角度上。因此，城市作为旅游地，城市文化形象会影响旅游者的行为选择，从而出现有利于或不利于该城市的旅游活动，并带来相应正面或负面的经济和社会效益。因此可以说，城市的感受形象对城市来说是至关重要的。城市文化形象对于城市知名度和美誉度，影响旅游者心理，促使有利于城市旅游的行为选择。从这个意义上说，城市文化形象是城市旅游发展水平的重要尺度。

城市功能多元化是人类社会发展的历史必然，旅游功能只是现代城市最基本的功能之一，因为任何城市都有旅游者到来的可能。旅游功能，应是每个现代城市都应具备的功能。因此从这个角度讲，任何城市又都存在旅游形象问题，但是，就城市文化形象与城市旅游形象的关系而言，则主要取决于旅游功能在城市发展中的重要程度。一般来说，可以分为以下两种情况：

1. 旅游功能在城市发展中居主导地位的城市，其城市旅游形象等同于城市形象。这主要指一些单纯依靠旅游功能发展起来的专门性旅游城市①。这类城市多是一些偏僻的风光绮丽或者文化保存比较完整的中小城市，在今天新的政治、技术环境下，其可达性全面提高，城市因为旅游发展而倍受瞩目，或者说其城市旅游开发与城市建设是一体化的，如丽江、桂林、黄山、凤凰、平遥等。毫无疑问，这些城市的旅游形象等同于其城市形象。当然，此类城市在经过一定时间的发展积累后，一般都会发展成为多功能的现代化城市，而旅游则成为其金字招牌，例如今天的杭州、苏州等，但是其城市形象在相当长的时间内很可能依然会被其城市旅游形象所代替。

2. 旅游功能在城市发展中不占主导地位的城市，其城市旅游形象是城市形象的组成部分。这主要指一些旅游功能比较突出的综合性旅游城市。这类城市多为“枢纽型”，国家或区域层面的旅游中心城市，如北京、南京、成都、西安等。这些城市旅游资源一般十分丰富，旅游功能相应比较突出，但在整个城市经济发展中并不处于主导地位，旅游业往往被称为城市经济“新的增长点”。显而易见，这些城市的旅游形象只是城市的侧面形象之一，也就是说，其城市旅游形象只是整个城市形象的组成部分之一。值得注意的是，在现实中，旅游者在有限的时间和空间中所能感知的，一般只能是这些城市旅游功能的形象，即城市的旅游形象，有时候，甚至仅仅是具体某项旅游产品的形象，但旅游者往往都会认为自己感知到的是整个城市的形象，即城市文化形象。或许，这就是公众往往把城市旅游形象和城市文化形象混为一谈的原因之一。

第二节　民俗文化景观

一、民俗文化景观的概念

民俗是指一种与人类社会生活密切相关的文化现象，它存在于社会生活的方方面面，是一定群体在长期历史过程中形成的趋同性的生活模式，它包含着人类在物质生产、经济贸易、社会活动、文化娱乐等方面约定俗成的行为方式和行为模范，包括生产与生活习俗、游艺竞技习俗、岁时岁日习俗、礼仪制度习俗、社会组织习俗、民间文学艺术等。对于人们有约束和规范性作用。

旅游作为一种跨文化的实践活动。了解、体验不同民族的历史文化与民俗，不仅为旅游者提供了开阔视野、丰富知识的机会，同时也让旅游者体验不同生活方式和民族文化。不同地方由于地理、气候等因素，风俗习惯尚存许许多多差异，古代交通不便，生产力发展参差不齐，致使各地民俗景观丰富多彩，各具特色。民俗景观中蕴含着极其丰富的文化

① 许峰．城市产品理论与旅游市场营销［M］．北京：社会科学文献出版社，2004．第189页-191页．

内涵，具有极强的观赏性、知识性、趣味性。正是这些民俗的涓涓小溪，汇成了各民族、各地区的本质特征，可见，民俗是一个民族的文化胎记。体验民俗是旅游者了解不同文化、体味不同民族生活方式的重要途径。

二、民俗文化景观的特点

（一）丰富性

民俗文化景观是一个民族或一个社会群体在长期的共同生产实践和社会生活中逐渐形成并世代相传的一种较为稳定的文化事象。是特定地区历史上形成的生活化的文化形态，往往体现在语言、民居、建筑、生产、餐饮、器皿、服饰、音乐、舞蹈、竞技、礼仪、婚丧习俗、节庆等各个方面。丰富的民俗文化景观可以满足旅游者求知、求新、求乐的旅游动机。

（二）独特性

尽管民俗文化景观丰富多彩、种类纷繁，但能带给旅游者深刻印象的通常是具有独特个性的民俗文化景观。独特的生活方式、价值观念、宗教信仰、生活态度往往能激起旅游者的好奇心，如惠安妇女民俗服饰，客家的民居建筑土楼，畲族的民族歌舞山寨，北京的胡同等。

（三）参与性

民俗文化景观通常具有通俗性、生活性特点。民俗需要旅游者参与其中，才能真正体验民风民俗的真谛与情趣。如北京的“胡同游”、上海的“做一天上海人”，西双版纳的“泼水节”等就是让旅游者能参与其中，在视觉、触觉、肤觉、嗅觉等感官方面，感召、体验民俗文化的意蕴，感受当地百姓的日常和节日生活，获得亲生体验，从而加深对当地民俗的理解。

（四）真实性

真实是旅游者对民俗文化景观的基本要求。民俗旅游者往往希望了解其他民族真实的生活状态，因此无论是民俗生活景观还是表演展示景观，只有地道、真实的民俗文化景观才能带给旅游者置身于“原生态”的民俗生活之中。但现代旅游中，由于旅游行为的组织化、社会化和机构化。在旅游景观系统中，为了保证前台表演的“真实性”和“可信度”，就必须保证后台的封闭性和神秘性。因此，现代旅游中的大多数经历都属于“舞台真实”经历。因此大部分旅游者真正看到的后台是一个“装饰过的后台”，而只有极少数在远离热点旅游地的旅游者方能获得“旅游场合中的真实经历”。

（五）商业性

现代旅游业具有组织化、社会化和机构化的特点。民俗文化景观的开发常常是把把资源进行加工以后才推向旅游市场，因此必然具有商品的特性。如在民族旅游地区或者民族文化村中经常上演的少数民族“婚礼”“对歌”等民俗文化，都不同程度地脱离了文化的原生环境，成为大众旅游者可供“消费”的文化商品。

三、民俗文化景观的分类

民俗文化景观内容丰富，按照不同的划分标准，可以将民俗文化景观划分为以下几个类别。

1．按影响因素划分，民俗文化景观可分为物质民俗文化景观、社会民俗文化景观、意识民俗文化景观。

2．按表现方式划分，民俗文化景观可分为物态民俗文化景观、心态民俗文化景观、语态民俗文化景观。

3．按表现内容划分，可分为生活民俗文化景观、礼仪民俗文化景观、社会结构民俗文化景观、节令民俗文化景观、游艺民俗文化景观、信仰民俗文化景观。

4．按空间形式划分，可分为城市民俗文化景观和乡村民俗文化景观。

本节采用以空间形式划分的标准对民俗文化景观进行分类。

四、城市民俗文化景观

城市是人口聚集地，是一个国家或地区的政治的，或经济的，或文化的，或军事的中心，而现代都市又可能是贸易中心、金融中心、信息中心、教育中心、科技中心、交通枢纽和旅游基地。美国城市社会学派学者帕克等人认为，大城市从来就是各种民族、各种文化相互混合，相互作用的大熔炉。新的种族，新的文化，新的风格与新的社会形态，就是从这些互相作用中产生出来的。多元与开放是城市民俗的特点，同时也促成了民俗文化景观的丰富多彩、异彩纷呈。传统与现代，悠闲与繁忙，粗俗与雅致，都可以构成城市不同的文化侧面。无论是传统的四合院建筑、风格独特的著名老字号店铺、令人叫绝的民间传统杂技等传统民俗文化景观，还是现代城市中颇具情调的酒吧咖啡馆、风格各异的购物街区，都是旅游者认识城市文化、体味城市生活、读解城市风情的重要窗口。城市的真正魅力正在于此。

就城市整体的功能而言，各城市因其文化功能的相异而分属不同的类型。在沿海经济城市，人们更重视经济的发展，形成了码头繁闹、商号林立的景观。在游乐赏玩、安然度日的休闲型消费城市，往往是由于自古地理条件良好，土地肥沃，形成了休闲型的民风民俗。城市的整体个性形成独特的城市文化魅力。可以说，城市的个性是一种历史的产物和文化的凝结，一但形成便永难更改，岁月的变迁只会磨损她的容颜而不会消蚀她的魅力。人们常常通过一条小小街道和别致的建筑物就能识别一座城市的性格特征。

（一）城市传统民俗文化景观

作家周国平曾说过：“一个城市的建筑风格和民俗风情体现了这个城市的个性，它们源于这个城市的特殊的历史和文化传统。消灭了一个城市的个性，差不多就等于是消灭了这个城市的记忆。这样的城市无论多么繁华，对于它的客人都丧失了学习和欣赏的价值，对于它的主人也丧失了家的意义。其实，在一个失去了记忆的城市里，并不存在真正的主人，每一个居民都只是无家可归的外乡人而已。”古城墙、琉璃瓦、大运河、样板戏、丝竹小调、梆子等带有强烈传统文化内涵和历史印痕的城市传统民俗是城市文化的历史记录，是城市得天独厚的资源，它们不但凝聚着古人精湛的技艺和审美观，还隐藏着本土一系列的人文观念、人伦关系等。同时，传统民俗文化景观也为旅游者了解城市文化个性，领悟城市风情，体验城市传统生活提供了载体。北京的胡同、四合院、上海的石库门、山西的大院、南京的夫子庙、成都的茶馆等都是旅游者感受民俗风情的旅游热点。

建筑作为物态文化成果，是城市中最丰厚的民俗资源之一。大大小小的民居、街道、会馆、当铺、作坊、商号、祠堂、府邸、书场、剧院、戏台、庙宇、园林、碑石、城楼、学堂等，均为有形的建筑民俗资源。

传统民居古老街区留下的是历史文化、民俗传统及城市形态连贯的记忆与韵味，城市百姓的生活方式真实地记载在城市的传统生活空间中。如北京胡同、四合院，古人曾用“有名胡同三百六，无名胡同似牛毛”来概述北京的胡同。胡同、四合院是北京的灵魂，北京的同义词。北京的四合院，始于12世纪，它符合封建社会宗法制度的要求，是北京城百年来的传统住宅形式。东南西北的房子都有，布局严整，院落敞亮，使人有雅静舒服的感觉。藏在胡同深处、宅门庭院里那老北京式的宁静生活，那种京味的生活民俗只有在胡同四合院里才能体会。又如，上海的石库门房子，是大多数上海市民的主要生活、繁衍生息的场所，它脱胎于中国传统的四合院，这种中西建筑艺术相融合的石库门作为建筑和文化的产物，在中国近代建筑史上留下了深深的烙印。它的出现是一种城市生活的必然。洋场风情的现代化生活，使庭院式大家庭传统生活模式被打破，取而代之的是适合单身移民和小家庭居住的石库门弄堂文化。石库门里的“亭子间”、“客堂间”、“厢房”、“天井”以及“二房东”、“白相人嫂嫂”、“七十二家房客”等与石库门有关的名词成为老上海们温馨的记忆。正是石库门房子所代表的种种社会人情构成了最富地方情调的上海居住文化特色，也成为旅游者了解上海城市传统民俗的一大窗口。还比如说，苏州的古城，上海的弄堂，广州的西关大宅院，成都的宽、窄巷子，天津的意式风情街等，都因其中蕴涵着浓厚的生活气息而成为旅游者体验民俗真实生活的热门旅游景点。

众多的会馆，著名老字号，民间杂技表演，高超复杂的手工艺制作等也是具有浓浓中国风情的城市传统民俗文化景观。如茶馆就是极富传统民俗文化的景观之一。

在中国北方传统茶馆中，北京“老舍茶馆”最为出名。茶馆里的书画楹联、八仙桌、背靠椅、屋顶上的宫灯无不渗透出浓浓的“京味”；还有门前的吆喝声，更是透着一股子老北京味。老舍茶馆融北京传统的茶文化、小吃文化、戏曲文化等多种文化于一体，底蕴丰厚。是旅游者了解老北京的一大民俗文化景观。再看看南方茶馆，以成都为典型代表。“坐茶馆”是成都人的一种特别嗜好，成都茶馆里讲究竹靠椅、小方桌、三件头盖茶具、老虎灶、紫铜壶等。茶馆除了休闲之外，还是重要的社交场所。旧社会三教九流都在此聚会。七十二行，行行都把茶馆当作交友聚会的好去处，茶馆成了社会生活的一面镜子。此外茶馆里还有评书、曲艺表演等民俗活动。

城市传统民俗还表现在传统节日民俗及传统娱乐民俗中，每一个传统节日都有它的历史渊源、美妙传说、独特情趣和深广的群众基础。它们反映了民族的传统习惯、道德风尚和宗教观念，寄托着整个民族的憧憬，是千百年来一代代岁月长途中欢乐的盛会。我国主要的传统节日有春节、元宵、清明、端午、七夕、中秋、重阳、冬至、腊八等。节日民俗是民俗生活中最为精彩的一幕，人们借助节日的机会，尽情享受平日难以满足的人间趣味，尽情地宣泄平日受到的压抑情绪。大量有趣的节日民俗也是在这样的文化氛围中产生的。汉族地区传统节日民俗常常反映在节令祭祀、饮食、娱乐等方面，如春节有放花炮、贴对联、吃饺子、汤圆的习俗；元宵节有舞龙灯、吃元宵的习俗；端午节有划龙舟、吃粽子的习俗，中秋有吃月饼赏月的习俗等。

不仅传统的饮食习俗是节日中的重要组成部分，节日中及平时生活中的娱乐民俗活动也是传统民俗文化颇具特色的内容之一。如龙舟竞渡、清明踏青、重阳登高、元宵赏灯、春放风筝、夏日赏荷、秋斗蟋蟀、冬作诗会，以及踢毽子、抖箜竹、击棒壤、舞狮子、玩龙灯、打秋千、爬竹竿、翻绳绷、斗鸡子、练拳脚等，都构成城市传统的游乐项目。

案例 尽赏天桥民俗风情 茶园里感受老北京风情

拉洋片、变戏法、打把势卖艺撂地摊，豌豆黄、驴打滚、豆汁焦圈杂碎汤，提起这些，就想起咱老北京的天桥了吧？说起老天桥，老辈人是满脸的兴奋，个个都能讲述一段关于老天桥的故事；年轻人则掩饰不住好奇，巴不得能亲身体会一下那旧时的风光。如今由北京市河北梆子剧团经营的天桥乐茶园就能圆您这个梦，在喊堂、叫卖声中，在手巾板儿的飞舞中让您实实在在地感受到老北京的生活气息。

北京天桥乐茶园是由始建于1933年的天乐戏院改建而成。在这老戏楼子里品着茶、看着戏、听听市井叫卖、瞅瞅满墙的老相片，再接过热乎乎的手巾板儿，那叫惬意！北京市河北梆子剧团发挥“民俗艺术团”的优势，以“天桥乐茶园”为媒介向大众传播传统文化、民俗风情、民间艺术，让中外游客了解北京、了解中国民俗文化，为北京旅游演出市场开创又一新亮点。

“酒旗戏鼓天桥市，多少游人不忆家”是对北京老天桥的真实写照。北京市河北梆子剧团以民俗艺术、市井文化营造的“天桥乐茶园”让您纵观古都市井文化，尽赏天桥民俗风情，同样的精彩，同样令您乐不思蜀。

摘自：人民日报海外版 2004/04/26

（二）城市现代民俗文化景观

中国是一个具有几千年历史的农业国家，古代城市最初是在农村乡镇社会基础上发展起来的，所以中国城市传统民俗在很大程度上带有农业社会的特点。而现代社会是一个商业高度发展，信息迅速膨胀，全球文化交往频繁，生活节奏加快的时代，随之而来的民俗文化也发生了很大的变化。

城市的现代民俗文化景观主要包括：

1．西方文化民俗景观

如喝咖啡、进歌舞厅、吃麦当劳、穿牛仔装，情人节吃烛光晚餐，去教堂体验宗教气氛，到剧院听音乐、开派对等等成为新的民俗文化景观。在现代城市结婚礼俗中，也出现了许多西方文化的特征，如许多年轻人选择白色婚纱、在教堂举行婚礼后结婚旅行。又如在现代都市生活中，泡吧已成为现代城市一种生活方式。酒吧也随之成为城市生活中一个时尚的空间场景。与此同时，具有西方文化色彩的节庆活动如圣诞节、愚人节、狂欢节也日益被大众所接受。2004年的一项城市问卷调查结果显示，有52%的被访者明确表示一定会过圣诞节；另有28%的被访者表示圣诞节如果有时间的话也会庆祝一下。

2．商业文化民俗景观

由于现代城市是商业的中心，商业文化对城市民俗的影响日益增大。城市传统节日民俗也发生了改变，例如现代大城市中的春节，传统的节日气氛在逐渐消退，代之而起的是商业化的习俗。2002年的一项民俗调查显示，对于现代人来说，普遍对传统的春节民俗文化感到陌生，只有 18%的人会“烧纸摆供祭奠祖宗”，16%的人愿意“写对联和福字”。相反，一些商业化的新民俗得到了公众的普遍认同。如有 53%的人表示自己会给家人送上一份礼物，还有 20%的人在饭馆里吃年夜饭。城市的各大饭店配合节日推出花样繁多的年夜饮食菜单，并吸引大量市民举家到饭店团聚，已是春节除夕之夜的新时尚。现代的城市中还根据商业的需要“制造”出来的体现城市新民俗的节日，如啤酒节、风筝节、服装节、火腿节之类以及标以各种特别名目的节庆，实质上也是以民俗节庆为名的商业活动。

3．信息文化民俗景观

随着电视、电话、电脑等现代信息传播方式的普及，城市的民俗发生了巨大变化。看电视成为城市居民的主要娱乐方式。如据上述调查，现代城市中有 77%的人会在春节除夕看电视，特别是春节联欢晚会的节目。同时，电话与电子邮件等成为城市居民人际交往的主要方式。例如节庆祝贺的方式，从 20 世纪 90 年代以来发生了戏剧性的变化。每当春节除夕来临时，拜年电话铃声不断。年轻人更趋时尚，短信拜年、E-mail 拜年、电子贺卡拜年势不可当，成为全国各大城市拜年的时尚潮流。

案例　都市休闲：上海新天地 休闲步行街

上海新天地是一个具上海历史文化风貌的都市旅游景点，它以上海独特的石库门建筑旧区为基础，改造成具有国际水平的集餐饮、商业、娱乐、文化于一体的休闲步行街。

石库门是凝固在建筑上的上海历史文化，它与豫园明清建筑群、外滩金融建筑群、南京路百货公司建筑群等交相辉映，同为上海的都市旅游景观。

位于市中心、淮海中路南侧的上海新天地就是由石库门建筑与现代建筑组成的时尚休闲步行街。它占地 3 万平方米，建筑面积为 6 万平方米。这片石库门建筑群的外表保留了当年的砖墙、屋瓦、石库门，仿佛时光倒流，宛如置身于 20 世纪 20 年代。但是，每座建筑内部则按照 21 世纪现代都市人的生活方式、生活节奏、情感世界度身定做，成为国际画廊、时装店、主题餐馆、咖啡酒吧……。谭咏麟、成龙等百位香港明星经营的“东方魅力餐饮娱乐中心”是明星文化结合餐饮的创意，那里将是追星族经常可以与心中偶像交流的场所；台湾著名电影演员杨慧珊经营的琉璃工房主题餐厅，将使游客置身于七彩水晶宫中用餐；法国餐厅的巴黎歌舞表演和地下酒窖餐室令人神往；日本音乐餐厅夜夜摇滚乐绕梁不绝；巴西烤肉餐厅带来了南美风情表演……。

那里的时尚精品店紧追国际流行色，不逊半步，中华文化商场出售的是艺人工匠们独创的居家用品、工艺品和旅游纪念品，完全是地道的中国味。石库门博物馆通过对一幢楼的重新布置、家具摆设，原汁原味地再现 20 世纪初上海一家人的生活形态，让游客在怀旧寻根的情绪中了解上海的历史文化。

新天地的石库门里弄处处体现 21 世纪的舒适和方便，自动电梯、中央空调、宽带互联网一应俱全。消费者上网可以迅速查询商店的商品价格和餐厅、酒吧的菜单，以及电影院上演的电影，并可以预订座位，还可直接网上浏览，观赏新天地露天广场及餐馆内的文化表演。上海新天地将成为中外游客领略上海历史文化和现代生活形态的最佳去处，也是具有文化品位的本地市民和外籍人士的聚会场所。

摘自：《国际金融报》 2001 年 03 月 08 日

五、乡村民俗文化景观

村落是人类活动的中心，它既是人们居住、生活、休息和进行社会活动的场所，也是人们进行劳动生产的场所。乡村聚落的形态、分布特点及建筑布局构成了乡村聚落景观意象的丰富内涵。这种景观意象具有整体性、独特性和传统性等特点，反映了村民们的居住方式，往往成为区别于其他乡村的显著性标志。

乡村建筑包括乡村民居、乡村宗祠建筑以及其他建筑形式。不同地域的乡村民居，均代表一定的地方特色，景观意象很独特。如东北地区的口袋式民居、华北地区的四合院式民居、南方的天井院、客家五凤楼、围垄及土楼、西南地区干栏式民居等，均具有浓郁的乡土风格；同时，乡村宗祠建筑，如气派恢宏的祠堂、高大挺拔的文笔塔、装饰华美的寺庙等，反映出居民生活的某一侧面，是乡村发展的历史见证，景观意象亦很独特。

乡村民俗因地理环境不同，生产方式不同，劳动对象的不同而形态多样。在以稻麦及各类蔬菜种植、猪牛羊养殖等为主的农业村落，形成了田间劳作的农耕民俗；在以牧马牧羊为主的畜牧民族，形成了与草原密不可分的游牧民俗；在以结网打鱼为生的村落，形成了渔村民俗，而以在山上砍柴打猎为生的山乡村落，则形成了山村民俗。

我国乡村地域广大辽阔，种类多样，又由于受工业化的影响较小，绝大多数地方保持着自然风貌，加上各地风格各异的风土人情、乡风民俗，使乡村旅游在活动对象上具有独特性特点。古朴的村庄作坊，原始的劳作形态，真实的民风民俗，土生的农副产品，这种在特定地域上形成的“古、始、真、土”的独特性特点，具有城镇无可比拟的贴近自然的优势，为游客重返自然、返璞归真提供了条件。茅草房、篱笆墙、乡间小路、豆棚瓜架、农田、辘轳、磨、耧等为人们营造出一个纯朴的乡村自然景观。在一个个民间工艺作坊中您可以观赏到刻瓷、木雕、剪纸、风筝、鲁锦的制做过程和精美的民间艺术品，也可以体验一下纺线织布的乐趣，还可购买一点艺术品回家装饰美化您的生活。在小吃作坊中您可以品尝到煎饼、野菜粥、鱼锅饼子、窝窝头、凉拌野菜、油炸野菜、野味、本地鸡、手擀面及各种野菜水饺等民间小吃。

（一）传统乡村文化景观

古村落是农耕社会的基本生活单元，保存着各种历史记忆和细节。每个古村落都是一个生命的活体，是民族文化的箱底。在那些远离高速公路、远离现代文明的村落、乡镇，有着完全迥异于都市生活经验的生活场景；散布于广袤土地上各个角落的服饰、建筑、生活习俗、节日庆典、文体游戏，是民俗活生生的载体。不同的少数民族、不同的地理环境的乡村民俗文化景观表现出不同的风俗习惯和文化背景，这些特点对于发展旅游产业来说是一种优势。

我国地域辽阔、有各种不同的地理环境，造就了不同地方人民的生活方式。秀丽的自然风光、贴近大自然的生活情趣，让乡村民俗景观呈现多姿多彩的魅力。在乡村社会中，由于狭小生产环境与社会氛围的保守，宗族、血缘关系在人们生活中还起着很重要的作用，因此乡村还相对保留着较城市民俗文化景观更为传统的生活方式和传统的风俗习惯，表现出更为传统和保守的民俗文化景观。包括生产、生活方式、民居、宗教、仪式、庆典、习惯等。比如，傩戏、傩舞、唱麒麟、唱凤凰等带有巫风色彩的艺术活动，在贵州、江苏、安徽等地的一些乡野至今犹见。又如，纳西古乐是广泛流传在纳西族民间的古典音乐，被称为“中国音乐的活化石”。纳西古乐由大型古典乐曲《白沙细乐》和《洞经音乐》两部分构成。《白沙细乐》是纳西族古老的风俗性音乐。关于它的来源，一说为“元人遗音”，一说为“创自民间”。《洞经音乐》是明清时期传入丽江的道教洞经音乐，带有汉曲丝竹乐风。在纳西古乐的演奏中，中原早已失传的拔弹乐器“苏古笃”、大琵琶及竹管乐器“波拔”仍在使用之中。古乐中那些中原失传已久的曲调和乐器，被纳西族知识分子世代相传，保存至今，这正是因为乡村社会的封闭性拯救了古代音乐。

文化遗产皖南古村落黟县宏村，日前挖掘整理了具有浓郁地方特色的徽州婚礼婚俗表演活动，为黟县的乡村旅游锦上添彩。按习俗，婚礼上，新郎、新娘要在宏村村头具有400多年树龄的红杨树下绕三圈，预示新人百年好合，村人大吉大利，村落兴旺发达。然后一路唢呐吹奏，族人簇拥，长褂长辫装饰，由童男童女持红灯笼引路，四人抬轿将新娘接往男方家中。

中国民居按地域主要分为北方民居和南方民居，其中中国南北民居之异同，表现在许多方面：南方的民居精雕细凿。北方民居粗犷简朴。南方的民居多用竹、木。北方民居多用土、石。南方的民居天井较小，以便避日晒。北方民居有较大的院落，以便吸纳阳光。南方民居的屋顶多用坡形，便于排水。北方屋顶多是平顶，利于防止风沙。南方民居有火塘。北方民居有火炕。南方民居与北方民居最大的不同点是南巢北穴。江南水乡的民居以苏州、杭州最具代表性。气候宜人，风景秀美的江南，住宅规模和布局也很有特色。住宅外围的墙壁高大，房房相连，中间由风火墙隔断，庭院的面积不大，高高的楼房，使天井显得分外高深。但不论建筑规模大小，江南民居都体现出一个与北方民居的明显区别，就是雕刻装饰极为繁多，却极少彩画，墙用白瓦青灰，木料则为棕黑色，或棕红色等，十分淡雅。和水路相比，街巷显得十分狭小幽深，造成了曲径通幽的意境。条条水巷四通八达，条条河道轻舟荡漾。旖旎的水乡风光，特有的人文景观，传统的建筑格局，使江南城镇的旅游景观充满诗意。

乡村节日民俗因其具有较好的传统性、完整性、古朴性而成为旅游者体味乡村生活的重要载体。如舞龙灯，也叫耍龙灯，是一种民间舞蹈。其历史久远，形式多样。 舞龙灯的民俗起源于古代人们对龙的崇拜。古人将龙视为能呼风唤雨、降福消灾的神物，舞龙灯就是为了祈祷神龙的保佑。舞龙一般用草、木、竹、布、纸扎成，节数不等，多为单数，以图吉利。除颜色的区别外，还有用荷花、蝴蝶组成的“百页龙”；用木板凳制作的“板凳龙”；用稻草扎成的“草龙”；用布糊制成的“布龙”。龙身内燃烛的称“龙灯”，插香火的为“火龙”或“香龙”。舞龙灯常常具有较强的观赏性、娱乐性、参与性而成为独具特色的旅游文化景观。

总的说来，传统的乡村景观注重人与自然的和谐相处，乡村居民的农田房舍、牛羊稻麦、戏曲娱乐，都渗透着人类对自然环境的适应结果与生态特色。乡村居民的活动，包括耕田插秧、碾米织布、浣衣煮饭等生产劳动和家居生活本身，构成了乡村景观不可缺少的组成部分。所以，传统的乡村景观，往往被人们称为田园诗意的景观。

案例　　乡村饭场

到中原的农村旅游做客，你会发现乡民中间有一种很特殊的风俗，即吃饭的时候，很少有人围桌而坐，吃饭的地点多在饭场。所谓饭场，就是固定的吃饭场所。夏天都在荫凉的大树下，春、秋、冬三季多选择空旷背风的向阳处。每个村子都有几个固定的饭场，饭场是约定成俗形成的，没有特殊原因，饭场的地点轻易不会改变。

民间有一句俗语，叫“东家短，西家长，端起碗，搼饭场”，指的就是这种到饭场吃饭的习俗。俗语中的“搼”是“到”“去”的意思。每“饭时”一到，人们不分男女老少，一手端汤，一手端菜拿馍，三五成群，陆陆续续涌到饭场，或背靠墙根，或倚树而蹲，或将鞋一脱，坐到鞋上；也有三人一堆，五人一伙，将各自的小菜凑在一起，相互品尝。到饭场吃饭的人多端粗瓷大碗，俗称海碗。若饭碗太小，需一趟一趟回家盛饭，都嫌太麻烦。再说，饭场里话题繁多，气氛热烈，若话题至高潮处没了饭菜，岂不减了兴致。所以，赶饭场的人尽量端大碗。吃饭时，人们一手端碗，一手执筷，端碗的手心内还可以放下一个大馍。若是高粱面窝窝，人们将窝窝朝下，底朝上，在凹窝内倒入蒜汁和辣椒。农村人饭食品种单纯，菜的花样也不多，所以到饭场聚餐非常容易。饭场中，大家边吃边谈，边谈边乐。东家长，西家短，上至国家大事，下至村内新闻，无所不谈。

摘自：http://www.ha.xinhuanet.com/add/manbu/2006-01/26/content_4616983.htm

（二）现代乡村文化景观

1．现代乡村文化景观的演变

尽管乡村民俗文化景观相对城市民俗文化景观有其保守、封闭的特点，但受到现代社会的影响，民众的社会生活和思想观念发生了很大的变化，但其表现形式已经与传统民俗有一些区别和发展。在原有的乡村文化景观的基础上有了一些演变，呈现出一些较为现代的乡村文化景观。

在都市发达的工业文明的辐射下，城市郊区已进入现代农业文明阶段。现代农村聚落景观、现代科技农业景观、融入现代美观念的各种观光农园，以及美化了的自然环境构成大都市郊区的农业观光特色，如上海浦东的孙桥、北京的韩村河、江苏的张家港、广东的东莞等；除此，对都市人具有持久吸引力的是一年一度的各类采摘旅游和务农旅游。

但是，在现代化冲击下的乡村景观，已经逐渐远离自然，乡村中瓷砖贴面的小楼，取代了竹林瓦屋，纵横交错的水泥路，取代了乡间小道。城市化的倾向，使千百年来留存的乡土风貌和文化景观，在相当一部分乡村中被毁于一旦。而新的乡村水泥建筑与村落，出现千村一面，毫无特色的现象。传统的风水文化、乡族文化、环境文化、装饰文化逐渐消失，代之而起的往往是沿交通道路两侧的形式雷同的商业化型民居。这种情况往往以城市郊区的交通线两侧最为严重。除了民居建筑景观的变化外，乡村中传统的民俗文化也逐渐式微，而与城市娱乐相似的电视、歌厅等在乡村逐渐成为文化的主流。

总的说来，现代乡村景观的变迁特色，有如下几个方面：

（1）乡镇景观的商业化色彩过于浓厚，使乡村传统景观的真实性面临挑战。

（2）乡村景观的现代化进程过快，使乡村景观的地方文化受到强烈冲击。

（3）乡村旅游主题公园化、城市化、工业化、现代化等趋势突出。

（4）乡村旅游发展模式“克隆”问题严重，旅游资源与产品差异化不明显，替代性突出。

（5）乡村旅游开发过程中“空心化”，缺乏整体人文生态系统的体验。

（6）乡村村落由于人口的流出，成为缺乏原生态文化的躯壳。

2．乡村文化景观的保护与乡村旅游的开展

（1）乡村文化真实性是保护与利用的核心。

（2）对乡村文化景观商业化与城市化的适当控制。

（3）保持乡村区域景观体系的完整性。

（4）以乡村旅游发展作为乡村文化与自然景观保持的动力。

正因为乡村景观的逐渐现代化，所以在城市化的时代背景之下，乡村旅游的发展倾向，表现为向传统文化与农村自然风光的回归。例如四川的农家乐就是近年来兴起的一种旅游景观：旅游以“住农家屋、吃农家饭、干农家活、享农家乐”为内容。他们住在农民的家里，吃着农民自产自制的新鲜食品，观赏农庄周围的自然风景和农舍，到附近不加任何修饰的小池塘里游泳、钓鱼，学习农家制作面包、奶酪、果酱、葡萄酒的手艺，通过感受农家的生活来增加对自己的认识。这种旅游方式具有很强的参与性。“农家乐”在满足口福之乐以外，完全可以被当作一种后现代的“文化文本”来阅读。田园景色，农家小院，鸡鸭猪狗，小桥流水，粗瓷餐具，耕作工具，各种摆设，包括特色饮食等，共同创造了一种“文化符号”。

再比如以收获各种农产品为主要内容的采摘旅游在近年就比较盛行。不同的地方盛产不同的水果。当地作为产地，以采摘节的方式吸引游客。游客亲自摘下树上的水果，其乐趣显然和直接在水果摊上买二者无法相比。不仅解决了水果销售问题，也发展了当地旅游经济。这种销售水果方式已不仅仅是简单的传统销售，而是已经演变为一个采摘节，形成独特的、要求购买者参与劳动的现代乡村民俗文化景观。

案例　成都的“世外桃源”——“农家乐”

“吃农家饭、品农家菜、住农家院、干农家活、娱农家乐、购农家品”。1987年春天，成都第一家“农家乐”诞生在著名的“中国盆景之乡”——郫县友爱乡农科村，一个鲜花盛开的地方。这个“农家乐”开山鼻祖的老板最初不过是想建个花卉苗圃基地，没想到花木一种上，竟有很多成都市内游客慕名而来，一呆就是一天，平均消费都在50至60元以上。老板及时调整了经营思路，搞起了餐饮，增建了体育设施，扩大了接待场地。这种富有乡土气息的旅游方式与城市人回归自然、崇尚天然的生活诉求正好合拍，吸引了越来越多的城里客，不仅名气响了，而且还得到了可观的经济收入。广大村民看到经营“农家乐”的甜头，也纷纷加入，形成了郫县“农家乐”的雏形。

“农家乐”的发展势头很快蔓延到整个成都周边。临近的龙泉驿、温江、双流以及都江堰、彭州、崇州等地，也相继出现了一批规模大小不等、经营内容多种多样的“农家乐”。截至2004年初，成都登记在册的“农家乐”经营户已有4559家。“农家乐”成为成都旅游的特色产品。

目前，成都“农家乐”经营形态多达十几种，各具特色，可谓“万紫千红”。

农家园林型：以郫县友爱乡农科村、温江县万春镇等西部川西坝子农家民俗旅游为代表。这里是享誉全国的花卉、盆景、苗木、桩头生产基地，荟萃着川西平原农家休闲旅游的主要特色。

花果观赏型：以龙泉驿的书房村、工农村、桃花沟、苹果村等东郊丘陵的农家果园游乐为代表。卖果不如卖花，让人先饱眼福，后饱口福，它反映了人们消费观念的嬗变。龙泉山水果在提高科技含量之后又着力提高文化含量，在传统农业基础上发展观光农业，开启了宜林山区发家致富的新思路。

避暑休闲型：以远郊区都江堰的青城后山、蒲江县的朝阳湖、彭州市的银厂沟、大邑县的西岭雪山等自然风景区为代表。依附于著名的避暑景点，以整洁价廉的农家旅舍吸引游客，“花费居家度日的钱，享受生态景区的自然环境”。

花园客栈型：以新都县农场改建的泥巴沱风景区、邛崃市前进农场改建的东岳渔庄等为代表。把农业生产组织转变成为旅游企业，把农业用地建成园林式建筑，使之成为设施功能齐全、沿用客栈式管理的休闲娱乐场所。

农事体验型：青城山后山的绿茶基地就是代表之一。游客享受“农家乐”服务之余，可以亲自到田间地头采上几斤新鲜的茶叶，融入大自然，在劳动中享受休闲的快乐。

川西民居型：改造现有建筑外观，使之与自然生态环境协调融合，成为具有川西民居特色的“农家乐”片区，凸现乡村旅游特色。

成都人以其特有的聪慧与睿智、安逸与休闲创造了一种新型的农业观光旅游形态——“农家乐”；“农家乐”又以其独特的方式成为成都人休闲娱乐、近郊观光的主要场所，并以低廉的价格，日益完善的服务，优美的自然风光等创造着成都人的幸福生活。

（摘自四川日报）

第三节　宗教文化景观

近些年来，随着旅游者对旅游地的认识逐渐由单一的追求感官享受上升到对旅游地文化、景观等内容的理性认识和心理感知。而这一趋势同时也要求我们对宗教旅游地的更深层次认识和研究。宗教是人类文化的外在表现，宗教文化景观是宗教文化的符号，也是宗教文化的一种集中体现。由于文化景观是任何特定时间内形成某地基本特征的自然和人文因素的复合体，文化景观就具有自然和文化二重属性。因此，宗教文化景观文化可以分为三类：生态环境型；建筑艺术型；宗教氛围型。本节重点在于分别阐述三类不同宗教文化景观的本质和存在形态。

一、生态环境型宗教文化景观

生态环境型宗教文化景观是指以自然生态景观为主要旅游吸引力，同时又包含了宗教文化内涵的宗教文化景观。中国传统宗教寺院的选址，都尽量依托于名山大川和风景名胜之地，自古有“天下名山僧占多”的说法。佛教中的深山藏古寺、道家的十大洞天等都是与自然风光分不开的。这就使得许多风光秀美的生态景观因宗教的兴起而闻名于世。这类景观成为宗教文化与现代旅游结合的产物。

以世界自然文化遗产——青城山为例，青城山地处四川省都江堰市，属于亚热带湿润气候区，山间有广阔的亚热带常绿阔叶林，形成完整的植物生态体系。林深叶茂，风景清幽，常年气候变化幅度小。古来就有“青城天下幽”的说法，被道教称为天下“第五洞天”。青城山宗教文化融入自然生态中，在自然生态中得到升华，提高。生态和宗教相互影响，相互作用，成为有机的整体。生态型宗教文化生长的土壤在于历史空间和生态空间的合理搭配。有宗教产生和发展的社会因子，同时又有生态环境优良，又具有可观赏的秀美景观的发展空间存在，才能发展成为生态型宗教文化景观。

二、建筑艺术型宗教文化景观

建筑是凝固的音乐，是人类不同时代最重要的文化特征。建筑做为宗教文化景观，它是宗教文化发展的具体物质体现。是包含了建筑、雕塑、彩绘、装饰、园林等具有不同文化内涵和技术形式的文化景观综合体，具有文化和景观双重属性。文化的属性是所有宗教建筑的共性，他们都是以建筑来体现宗教历史文化，而在另一个景观属性中，这一类文化景观不仅在于体现宗教文化，同时体现建筑艺术特征。因而建筑艺术型宗教文化景观的含义是：具有宗教文化内涵，并且以建筑艺术为主要旅游吸引物的一类文化景观。这里所说的建筑艺术体系是指在特定的时期和地点，通过劳动人民的智慧，形成具有地域和民族文化特征，有别于一般的宗教建筑体系的一类文化景观。比如在我国西北地区形成的敦煌莫高窟，就是一座集建筑、雕塑、绘画等艺术内容为一体的宗教文化景观，在建筑中体现雕塑和绘画艺术、在绘画以及雕塑中体现建筑艺术，集中地体现了宗教文化的内涵，是一座不可多得的艺术珍品。

敦煌莫高窟位于我国甘肃省敦煌市东南25公里处的鸣沙山东麓的崖壁上，是世界文化遗产，我国三大石窟艺术建筑之一（其他为河南洛阳龙门石窟和山西云岗石窟），敦煌莫高窟历经了我国十个朝代，共千余年的历史。不仅凝聚了我国佛教文化的精髓，而且也是一部中华文化的发展史书。特别是建筑、绘画等艺术，反映了各个时代的不同艺术风格，极具观赏和研究价值。敦煌莫高窟的建筑艺术从表现形式，主要分为石窟建筑与佛教塑像及彩绘壁画两大部分，所以在敦煌的建筑艺术里面所表现的不单单是佛教文化的精髓，同时也是中国文化在佛教建筑文化中的体现。在敦煌石窟中，石窟的建筑形式分为三种：禅窟；中心塔柱窟；覆斗顶窟，即殿堂窟。每一种石窟就是不同的文化表示，其本质是佛教文化在中国嬗变的实物表示。各个时期有不同的石窟类型。

敦煌的建筑艺术主要有以下几个特点：第一，建筑形式和内容相互补充、互为表现，在敦煌建筑中，不仅有自己独特的石窟建筑风格，而且在雕塑、绘画上，特别是在壁画内容中，反映的建筑内容不仅丰富，而且具有时代延续性，壁画中所描绘的建筑风格、样式都是在某一特定历史时期所独有的建筑文化，而壁画本身同样也属于建筑单体，自身就具有很高的历史和艺术价值。因而敦煌的建筑艺术是从建筑本身和内容上来共同体现其魅力的。第二，外来建筑文化和本土建筑文化相互融合。在敦煌壁画的图案中，以佛教文化为主要表现内容，但在壁画的背景和装饰上，从北魏开始，一直到元代，都和建筑风格的变化分不开，每个特定时期的内容都是不同的，比如中心塔柱石窟中，采用的是中国传统的人字披顶的房屋构式，上有横梁和椽子，这是我国汉代的特有建筑样式。这表明佛教建筑艺术在向中国传播的过程中，在不断地和本土文化相融合，形成自己特有的建筑风格。第三，注重建筑表现内容的综合效果。早在北魏开始建筑修建时就特别注意建筑与周围环境的关系，比如气候特征、地质特征等自然因素。在很多石窟中，都把阳光照射的角度和时间设计在内，使敦煌石窟具有一种动态的特征。在不同时间、空间所表现的美感都是不相同的。给人的感受也是不同的。敦煌这一文化景观不仅在建筑方面，而且在历史学、美学等方面的价值也是极高的，我们在分析建筑艺术型宗教文化景观时，不仅仅要考虑其建筑学上的建筑价值，还应该考虑在艺术、文化、历史等方面的综合价值。每一种文化表现层次都是许多综合因素的融合，而不是简单的叠加。作为建筑艺术而言，在文化中就属于物质文化的范畴，敦煌的建筑艺术就完美地综合了精神文化层面的佛教精神，这是在壁画主题中表现出来的，能够在每一个点都体现立体的宗教文化。

三、宗教氛围型宗教文化景观

宗教文化是一个立体的多维表现，在不同的方面有着不同的表现形式，表现着宗教文化的内涵，在物质层面上的建筑艺术、在精神层面上就是宗教精神。宗教精神需要有具体能看得见的文化表现，才能称之为宗教文化景观。宗教氛围——宗教精神的集中体现，是能看到的“活”的宗教精神文化。所以我们从宗教精神的具体展示的角度又可划分出宗教文化景观中的另外一类——宗教氛围型宗教文化景观。所谓宗教氛围，具体来说就是宗教活动及其自身的文化内容带给人的主观感受，是一种“活”的文化景观。所以宗教氛围型宗教文化景观，就是以宗教氛围表现景观特色的宗教文化景观。以宗教自身的文化内容去展示景观。这里以宗教旅游胜地海天佛国——普陀山为例，来具体分析这类宗教景观的内容和形式。

普陀山地处我国浙江舟山群岛，面积 12.5 平方公里，据《华严经》中记载，“观自在菩萨在普陀洛迦山”说法。这里既是观音菩萨定居之地，所以就定名为普陀洛迦山，简称为普陀山，附近一个小岛便叫洛迦山。我们说宗教氛围是宗教文化景观“活”的体现，就普陀山而言，可以就以下几个方面来说明。第一，自然景观。普陀山被称为海天佛国，古人说：“山兼海之胜，当推普陀山”。浓郁的宗教气氛与宗教文化，是海天佛国的一大特色。普陀山宗教文化景观文化包括：以佛、法、僧三宝命名的景观，如真歇、善才相传都是在普陀山修行的名僧大德，普陀山也有以他们的名字命名的真歇泉、善才龙女洞等；以佛经名及佛经中的名词命名的景观，如菩提泉、正趣峰、圆通岩等；以佛教故事传说命名的景观，如五十三参石、说法台石、二龟听法石等；以佛教神物命名的景观，如天竺山、灵鹫峰等。第二，普陀山的宗教历史地位。“活”的宗教文化景观氛围不仅仅是视野中能看到的自然景观和宗教建筑，还有历史的累积，也是景观氛围造就的重要因素，是氛围的精髓所在。从旅游文化的角度来看，较宗教景观更深的角度就是从普陀山的历史沿革，通过时间和空间上的延续性形成的宗教文化氛围。普陀山地处浙江舟山群岛，从三国开始就是海上交通的要冲，特别是随着海上丝绸之路形成之后，更是一处文化的交流中心。佛教认为普陀山是南海观音菩萨的道场，观音在佛教中的形象是救助海上受难者，是海神的化身。根据专家考证，不仅在印度，在海上丝绸之路的各个重要的交通要冲上都有关于观音的崇拜，都信仰观音对航海者的保佑。而处于海上丝绸之路的浙江舟山群岛受其影响比较深，也就为普陀山成为中国佛教中观音的道场创造了可能，加之内地佛教的兴起，海上交通的频繁，以及普陀山的特殊地理和历史原因，这就造就了今天的海天佛国——普陀山。

完整的宗教氛围型景观在表现形式上，是宗教文化与自然景观、历史文化三者之间的共存共生。就以普陀山中自然景观名称与宗教文化内涵的有机组合为例，许多自然景观中都是指物为僧为佛，与禅宗教义相一致，如二龟听法石。此外自然景观与佛教主题有巧妙的融合，普陀山是观音的道场，岛上各处都体现以观音为主题的宗教氛围，特别是在舟山本岛和普陀山之间面积最大的自然水体景观，就以莲花洋命名。

第四节 艺术文化景观

艺术是人类把握现实、表达思想、情感和现实审美的特殊方式。艺术可以影响人们的情感、意志直至世界观。优秀的艺术作品能陶冶情操，美化心灵，增长知识，提高人的精神境界。艺术文化包括的种类很多，如诗歌、散文、小说、游记、电影、电视、舞蹈、戏剧、绘画、雕塑等等。它来源于生活，常常能让大众产生强烈的共鸣；艺术文化又高于生活，经过作者的艺术加工之后，往往富有极强的审美性和感染力。因此，艺术文化景观常常具有较广的群众基础，容易引起旅游者的共鸣。

艺术文化对于美的追求，常常能带给旅游者以美的震惊和享受而成为著名的旅游景观。如各类雕塑、工艺品、绘画等等。不仅如此，艺术家的审美眼光也更能发现景观中的独特魅力，通过艺术的手法让旅游者更明白景观美之所在，经过各种艺术作品的渲染而名声大振成为旅游热点。如岳阳楼因为范仲淹《岳阳楼记》的赞美之辞而成为游人必游之地，鹳雀楼就是因为有了王之涣的“欲穷千里目，更上一层楼”而名声大噪。

一、景观联想型

此类景观，往往与文学创作、历史人物、美术音乐等形式的艺术文化有关。较之其他类型的旅游资源，更容易引起人们内心深处的共鸣。游人置身其中，见景物而联想到文学作品、历史人物，融视觉享受和精神享受于一体，在情景交融中得到美的享受，获得理性的升华。此类景观具有很强的感染力，甚至很平常的景观也因为其蕴涵的艺术价值而变得能吸引广大旅游者前往。因此，联想型景观是一种重要的旅游资源。根据此类景观所包含的艺术文化内容表现形式来划分，可分为：

（一）与诗词、散文等抒情性文学形式有关的景观

中国诗词散文，历史悠久，字里行间浓缩了千年古国的灿烂文化。寥寥数字，意味无穷，与各种旅游胜景一样，往往是让人有只可意会，不可言传之美感。这些文学作品，因作者心境各异，遭遇不同，或婉约，或豪放，或思乡怀古、忧国忧民，或心怀壮志、豪情万状。写景壮物，以景寓义。

美丽的景观，对普通旅游者是一种美的享受，对文人墨客更是抒发情怀，激发灵感，歌山颂水，吟风弄月的大好地方。随着历史的沉淀，美景中留下了多少帝王将相，才子佳人的千古绝唱。

“洞庭天下水，岳阳天下楼”。岳阳楼，在湖南洞庭湖畔，为江南三大楼阁之一。楼为纯木结构，四面环以明廊，建筑精湛，颇有气势。相传岳阳楼为三国吴将鲁肃训练水师的

阅兵台，宋朝庆历五年，滕子京守巴陵郡时重修，由于有了范仲淹的《岳阳楼记》而名声大振，成为中国人心中重要的文化旅游景观。范仲淹在《岳阳楼记》中，淋漓尽致地描写了岳阳楼的景观，抒发了“先天下之忧而忧，后天下之乐而乐”的忧国忧民之心。游人到此，往往会联想到《岳阳楼记》，体会作者心境，获得精神升华。岳阳楼也越来越在人们心中占据重要的分量，成为中国重要的文化景观。

镶嵌在吴越之地的一颗明珠——西湖，清山丽水之间留下了众多中华文人名士的身影。与西湖密切联系的文人中，当首推白居易和苏轼。白居易到杭州做官，带领人民兴筑湖堤（即白堤），植树造林，百姓解决了灌溉和饮水问题，西湖环境也得到了美化，加之白居易为西湖作的一系列诗作，使得当时名气还不太大的西湖美名开始走出吴越之地。如果说白居易的大手笔促使了西湖美名远扬的开始，那么苏轼则把西湖推向了辉煌。他带领民众，继续改造西湖，从此，“苏堤”与“白堤”筑在西湖中，也筑在人民心中。“欲把西湖比西子，浓妆淡抹总相宜”，这样贴切的比喻，怎能不让西湖的来访者陶醉其中。

擅长婉约纤艳之词的词人柳永，乍到杭州，也被这座秀丽的文化名城所吸引，抛开其惯有的风格，洋洋洒洒写下一篇颇有气势的《望海潮》：

东南形胜，三吴都会，钱塘自古繁华。烟柳画桥，风帘翠幕，参差十万人家。云树绕堤沙，怒涛卷霜雪，天堑无涯。市列珠玑，户盈罗绮，竞豪奢。重湖叠巘清嘉，有三秋桂子，十里荷花。羌管弄晴，菱歌泛夜，嬉嬉钓叟莲娃。千骑拥高牙，乘醉听萧鼓，吟赏烟霞。异日图将好景，归去凤池夸。

《望海潮》传到北方金主完颜亮耳中，“欣然有慕于‘三秋桂子，十里荷花’，遂起投鞭渡江之志。”最终伐宋失利后被杀。但“三秋桂子，十里荷花”却成了杭州的又一个文化印记，留在古往今来的旅游者心中，为杭州的旅游文化增添了一份魅力。

“苏堤春晓”、“断桥残雪”、“三潭印月”、“平湖秋月”……如此之多的湖光山色，滋润了一代又一代才情俊逸。那些堤上、亭台水榭间、湖光山色中无数的诗词、散文、楹联，如一朵朵鲜花，又给西湖溶入了浓浓的人文艺术，更为游人增添了赏心悦目的气氛，乃是联想型景观的典型代表。

此类景观与诗词等文学形式紧密结合，是一种富含情感色彩的旅游资源。人们借助文学艺术的感染力，把作为资源的客观现实和旅游者丰富的想象结合起来，实现景观和艺术文化的和谐交融，是文化和自然的互相生成，从而形成一种具有隐性特征的旅游资源。旅游者在这类景观中登临凭吊，寻幽探古。在具体的旅游环境中陶醉于现实的景观和优美的文学艺术联想中，使得自然山水和名胜古迹有了更深厚的文化底蕴，增添了旅游资源的自身价值。

（二）与文学故事、影视作品有关的景观

这类景观因为与文学故事的关联而常常被人们所关注。由于文学作品具有很丰富的文化内涵，情节丰富，影响广泛，成为吸引旅客前往的重要因素，甚至影响到人们对此类景观的看法和评价。

陕西骊山烽火台，烽火戏诸侯的故事即发生于此。相传周幽王得到一爱妃，甚是宠爱。但无奈美人总是愁眉紧锁，未曾露笑容。为博美人一笑，周幽王在烽火台上点燃狼烟，令各路诸侯调兵遣将。众诸侯以为有战事，急急赶来，谁知竟只为红颜一笑。这为西周王朝的覆灭埋下了种子。但骊山烽火台也从此名扬天下。

雨果的名著《巴黎圣母院》，以巴黎圣母院为背景展开了一系列的故事。雨果的《巴黎圣母院》在19世纪出版时，巴黎圣母院已经非常破旧。正是在雨果的影响下，法国人重新审视这个大教堂，巴黎政府开始修复圣母院。巴黎圣母院正是随着这部小说的出版而逐渐名扬世界的。也许可以说，是雨果的这部小说赋予了巴黎圣母院新的生命内涵。游客在参观圣母院时必然会想起那个钟楼怪人，想起吉普赛姑娘，想起故事的点点滴滴，小说中的主人公开始浮现在眼前，为这座本来就很重要的建筑更加蒙上了一层神秘的色彩。现在这里每年都吸引大量各国游客前往。

与文学故事有所不同，电影电视艺术是现代社会中借助于科技力量来表现的一中艺术形式。它把文学故事可视化，把装在人们脑海中的故事具体地由真人并借助于或真实或虚拟的环境表现出来。由于现代媒体传播速度快，范围广，加之它能对人直接造成视觉上的感受，对现代人的生活有着不可忽视的重要影响。影视作品往往影响面非常广，会在人群中掀起追求新生事物，甚至重新审视原本忽略的事物的热潮。

罗马是意大利的古都，也是现在的首都，但让其成为旅游者心中浪漫爱情象征地的还是好莱坞的经典爱情片《罗马假日》。因此片而荣获奥斯卡影后的女主角奥黛丽·赫本和英俊潇洒的男主角格利高里·派克除了将观众带入一种纯真爱情的境界中之外，在他们引领下罗马各处的名胜古迹仿佛也让观众对罗马这个神秘的城市充满了向往。旅游者亲临罗马各处名胜，仿佛自己就是《罗马假日》中的公主和男主角。西班牙广场上的破船喷泉和西班牙台阶是电影《罗马假日》的主要外景地，这几层台阶常常坐满了来自世界各地的游客。此时此刻，游客走在罗马的街上，当碰到这些在电影里很熟悉的景象，不断给人一个个的惊喜，看到这些熟悉又陌生的地方，联想起电影里的故事情节，似乎走过前面的拐角，就会看到迎面而来的那个公主，仿佛穿梭于梦幻和现实之间，回味无穷。

银川市西北郊38公里外的镇北古堡，在古时候就是驻军要塞。数百年来，古堡迎来的只是零星的游客。直到作家张贤亮把古堡打造成影视基地，随着《红高粱》、《新龙门客栈》、《大话西游》等一批影片的上映，镇北古堡也开始被世人关注。这里已不再是单一的影视基地，而是成了游人为满足对电影的好奇而前来一探究竟的地方。人们可以亲身体会在那些脍炙人口的电影里所出现的场景。这里现在已经发展到有旅游专线到达景区。古堡内开设有骑射、陶艺的娱乐场所，到处是喜欢电影和喜欢冒险与体验的人们的身影。甚至还可以借用影视城内的道具，为自己制作一个短片。这里也就成了一个名副其实的旅游景观，而不只是单单拍电影的地方。

案例　　畅销悬疑小说带旺巴黎旅游业

相较这年同期的今年头5个月，前往巴黎市的美国游客数目上升一成三，据说这要拜作家丹·布朗的悬念小说《达芬奇密码》所赐。

《达芬奇密码》被喻为2003年最惊艳的小说，自推出以来雄霸欧、美各大畅销书榜，很多游客一书在手，慕名前往故事发生地巴黎的罗浮宫、圣瑟比斯教堂及方尖碑一探究竟。

该书讲述罗浮宫馆长被杀，尸体旁留下一串难解的密码，破案陷入困境，幸得大学的符号学家利用达芬奇的画作，揭示出蛛丝马迹。

巴黎市的导游认为，旅游业界要好好利用这个千载难逢的机会赚钱。小说迄今售出800多万册。一位来自美国弗吉尼亚州的中年游客承认被小说的情节所吸引，会尽可能走访小说提到的地方。而来自德国的女游客却另有一番见解，指出小说真假的界线模糊并不恼人，阅读时最有趣的地方就是猜出有多少是真实的和有多少是虚构的。

摘自：易文网读书频道

（三）与民间神话传说有关的景观

在古代，由于人们对自然界了解有限，对很多现象无法解释，出于对大自然各种事物的敬畏、崇拜甚至恐惧，会把观察到的很多自然现象和景观归结为鬼神的存在。由此产生了众多的民间神话传说。它们是以现实中的事物为原形，展开想象，演绎出各种各样亦真亦幻，丰富多彩的故事。民间神话传说在民间大众中广为流传，深为广大人民喜爱，有非常强大的生命力。在众多绮丽的景观中，往往都有许多美丽的动人传说总是让游人浮想联翩，增强了旅游景观的趣味性。

在这些景观中，因为某些自然景物外型特征像人形或其他生物，人们便将其想象为有思想有行为的生命体，或者是一些在当时的人看来无法解释的自然现象，在人们的想象和猜测中产生了一个个故事。这种情况在很多旅游景观中非常常见。

四川丰都，位于距重庆172公里的长江之畔。传说汉人阴长生和王方平离开朝廷，修道于此，后得道升天。人们把二人的阴、王二姓相加，便成了“阴王”。丰都也就成了鬼城。自唐代以来，民间传说加上《西游记》、《水浒传》、《聊斋志异》等小说的加工，丰都便以鬼城而闻名。鬼城内寺庙林立，香火不断，常年游客不断。

云南石林地质公园位于云南省，总占地面积为400平方公里，是一个以石林地貌景观为主的岩溶地质公园。有最为多样的石林喀斯特形态。其中“阿诗玛”的石峰最为出名。由此还诞生了一个美丽的传说。具有极高的旅游价值。彝族撒尼人已在石林地区居住了两千多年，他们的生活已与石林喀斯特密不可分。脍炙人口的《阿诗玛》史诗，热烈的火把节，欢快的“阿细跳月”，深情的《远方的客人请您留下来》早已广为人知。多姿多彩的民族文化、浓厚的民族风情、优美的神话传说与环境宜人的石林地貌相配合，形成了天人合一的和谐美景，更增添了石林景观的吸引力。

长江三峡中段峡谷深幽，两岸高峰耸立，两岸的石灰岩受大自然力量的侵蚀，形成各种形状的奇峰，非常迷人。著名的十二峰南北两边各有六个。北岸有集仙、松峦、神女、朝云、圣泉、登龙六峰，南岸有聚鹤、翠屏、飞凤、上升、起云、净坛六峰。峰峰奇丽，其中最出名的当数神女峰，因巫山神女的传说而引人注目。天女瑶姬下凡等美丽传说浮现在这众多的山峦中。

苏州梅园第一赏梅点“天心台”上耸立着一组太湖石，前面一块如老丈作揖的太湖石，名叫米襄阳拜石，上有九九八十一个孔，大可容拳，小仅纳指。后面的三块形似福、禄、寿三个大字的太湖石，传说是天上的福、禄、寿三仙羡慕人间的赏梅胜地，他们看到梅园美丽的景色而永远留在了梅园。

山东蓬莱阁，因为“海市蜃楼”这一自然景观，古人还不能认识其科学原因，于是有了“八仙过海”的传说。这个传说在中国百姓中可谓家喻户晓，妇孺皆知。

另一类则是因为景观的历史悠久，见证了千百年沧海桑田，世事变迁。与之发生关联的众多人物都只是历史长河中的匆匆过客。那些经过历史洗刷的过客和故事，流传下来的即是具有很强生命力的典故。经过民间一代代的流传，经过了加工和改造，形成了神话传说。

“昔人已乘黄鹤去，此地空余黄鹤楼。黄鹤一去不复返，白云千载空悠悠。晴川历历汉阳树，芳草萋萋鹦鹉洲。日暮乡关何处是？烟波江上使人愁。”这是描写武汉黄鹤楼的名诗。其中便说了仙人乘鹤的故事。传说道士吕洞宾常在蛇山边一姓辛的老板开的酒楼喝酒，但辛氏从不索要酒钱。吕洞宾远行前用桔子皮在墙上画了一只仙鹤。他告诉辛氏，若有客人来，以手引之，鹤可自墙下，翩翩起舞。人们争相目睹，酒楼生意异常兴隆。十年过后，吕洞宾再次来到酒楼，乘鹤而去，不再复返。辛氏为纪念吕洞宾，修建了黄鹤楼。如果没有王维、崔颢、李白等诗人的传世佳作，没有这个动人的传说，也许黄鹤楼不能够经历1700多年的历史，几番重建后还能耸立在江畔。

这些神话传说包括了历史、民俗等内容，具有浓郁的民族地方特色，最能让人民群众接受。与诗词、散文等抒情性文学形式有关的景观和与文学故事、影视作品有关的景观更受文化层次较高的旅游者所喜爱。他们具有一定的艺术素养和知识，能更好地体会这两种景观的内涵。而与民间神话传说有关的景观则对旅游者没有太多要求，男女老幼皆可。它包含的往往是一些朴素的惩恶扬善、祈求平安、追求幸福的思想，具有趣味性和通俗性。能被不同文化层次、不同年龄阶段的人所认同。因此与民间神话传说有关的景观也就成了另一种非常重要的旅游资源，具有最为广大的群众基础。

（四）与绘画、音乐舞蹈等其他艺术形式有关的旅游景观

想起西班牙，就想到优美的古典吉他，想到极具民族特色的弗拉明哥舞蹈。或者可以这样说，人们正是先认识了西班牙的音乐和舞蹈的魅力，然后产生了前往这些艺术发源地旅游的激情。那些或忧伤或热烈的音乐和舞蹈，那些西班牙姑娘跳动的红色裙子，无一不吸引着游客的向往。在这里，我们看到了音乐舞蹈这样的艺术和旅游景观的和谐结合。这些艺术本身也构成了西班牙旅游景观的灵魂。

在欧洲，音乐在生活中占有很重要的地位。音乐也常常是旅游者不可错过的一大视听盛宴。在音乐之都维也纳，你会经常看到穿着18、19世纪服装的老人和穿着莫扎特衣服的年轻人到处跑，为的是促销音乐会的门票。夜色阑珊，在古典音乐的氛围中，维也纳就开始越来越生动了。在意大利，歌剧季节的开幕日和首次演出时的大厅里往往满是穿着晚礼服和长裙的绅士淑女们，他们精心打扮要穿上不会破坏周围气氛的服装。音乐带给城市以独特的艺术气质，也成为吸引旅游者体验的一大重要的旅游资源。如果到了欧洲不去欣赏音乐，那么去欧洲的旅行就算不上完美。

可以看出，景观联想型艺术文化景观往往是与文化艺术作品有着密切的联系，它可能是一部小说的发生地，或者是一部影视作品拍摄地，又有可能是根据艺术作品的描述而兴建的景观，很多游客往往一书在手，慕名前往故事地一探究竟，或者幻想重温主人公曾经在此地所经历的奇妙人生。近年来电影传媒，尤其是好莱坞的电影巨片对旅游地的形象产生了巨大的作用。例如：电影《鳄鱼邓迪》，取材于澳大利亚的当地风情，第一次把北美游客的目光转向了澳大利亚，以至于影片中的男主角邓迪那口浓重的澳洲口音成为日后旅游广告宣传的绝对样版；奥斯卡获奖影片《走出非洲》，起到了吸引无数美国人游玩肯尼亚的兴致。与此同时，一些发展中国家的居民，由于受到各种旅游限制，他们通常只能借助于西方的电影来形成对西方的形象。总之，众多的旅游地形象常常是通

过非旅游信息而形成的。“文以景生，景以文名”那么，通常文艺作品是如何与景观结合，引起旅游者无限想象呢？

1．景由文生。由于作品中出神入化的描写、扣人心弦的情节以及妇孺皆知的知名度，旅客常常希望见到作品中所描述的具体场面或者故事发生的背景地点，能够从虚幻世界中走出来“身临其境”，因而当他们置于其中时便更容易引起联想和共鸣。因此，此类旅游景观常常是以文学作品的描写为依托，以再现作品中的背景为内容而修建的。比如，北京、上海两地根据曹雪芹的《红楼梦》为蓝本而各自修建了一座“大观园”。

2．景因文著。一些精彩而著名的文化艺术作品常常细腻唯美、生动真实地记录了景观的形象美、意境美和精神美，随着作品的深入人心，所记录的景观也成为游客心驰向往的必游之地。比如苏州的寒山寺因张继的《枫桥夜泊》而名声大作，游人如潮。“月落鸣啼霜满天，江枫渔火对愁眠。姑苏城外寒山寺，夜半钟声到客船。”“江南三大名楼”的武汉黄鹤楼、岳阳市的岳阳楼和南昌市的滕王阁也因崔颢的《黄鹤楼》、范仲淹的《岳阳楼记》、王勃的《滕王阁序》，而成为游览胜地，从而获得美的享受和心灵的升华。不仅诗词作品能带给游客美的享受和联想，而且各种小说、散文、摄影、油画、影视作品也是能够引起游客联想的重要载体和媒介。比如，电影《少林寺》让少林寺和少林功夫名声远扬，近年来随着韩剧《冬日恋歌》、《情定大饭店》、《恋风恋歌》等的热播，使这些影视作品的外景地人气急升，成为韩国旅游的新亮点。陈逸飞先生的《双桥》让周庄镇的美如梦如幻……

案例　全球刮“大长今飓风”，韩剧热触发旅游井喷效应

原先寡淡的韩国旅游业在韩剧热播后也迎来了春天。众多旅行社推出了“复制韩剧”的旅游路线。

《冬季恋歌》里那个充满诗情画意的江原道滑雪场成了著名的“情人之路”，该地去年1至9月就吸引了多达20万人次的日本观光客，相关经济收入高达近3亿美元，免税店的销售额也因此大涨15%;《情定大饭店》的取景地华克山庄喜来登酒店可是跟着电视剧赚大了，剧红酒店也跟着红；而去年年底，《大长今》在韩国一炮打响后，位于京畿道杨州占地2000平方米的拍摄基地立即被命名为“大长今主题公园”，对外开放。

“影视＋旅游”的效应可以说在《大长今》这部剧播出后被发挥到了极致，一股探寻“长今故乡”的韩国旅游潮如井喷般爆发出来，世界各国旅行社都专门开辟了“大长今”精品路线游。据韩国官方统计，在《大长今》的示范效应下，今年前往韩国的游客人数增加了15%之多。

另据日本旅行社巨头JTB公司发布的岁末年初旅行动向预测，韩国在所有海外目的地中高居榜首。今年全年到韩国访问的日本人将达到创纪录的240万人左右。

摘自：http://w.51sobu.com/

二、访古怀旧型

人类活动所留下的痕迹即成为历史的见证。这一发展的历程对于现代人来讲，充满了神秘。随着时间的推移，人类就越有必要去了解历史。历史的演变，也正是人类科学文化

不断发展和积累的过程。

访古怀旧的动机：从旅游的角度来看，首先，符合人们探求自身发展轨迹的好奇心理。其次，历史上出现了众多名人，他们影响着人类文明的进程，可满足人们对历史名人的崇拜心理。再次，历史旅游景观蕴涵了丰富的文化艺术，可满足人们对美的需求心理。

访古怀旧的场所主要有文化名人故居、古代园林、古城镇遗址等。

艺术文化的魅力不仅存在于作者的艺术作品中，也存在于文化名人所生活过的地方。它忠诚地记录了主人在创造辉煌和永恒过程中的点点滴滴。如果说每一位名人都是一部深邃的大书，那么，每一座名人故居都是一段奇妙的故事。也正因为如此，文化名人生活过的地方往往成为旅游者吊古怀今、凭吊艺术家的旅游文化景观。如北京的郭沫若、齐白石、梅兰芳、徐悲鸿故居，成都的杜甫草堂，绍兴的鲁迅故居等等。

案例　魏玛的孔夫子：访歌德故居

法兰克福歌德故居位于鹿沟街23—25号。这是一幢四层坡顶楼房，在当时这算是比较体面的住宅了！由于二百多年来的沧桑，现在你想要知道歌德这位伟大天才究竟降生在哪个房间，就成了问题。人们只能告诉你："大概"出生在三楼他母亲常住的那间卧室隔壁的那间小房间里。这幢房屋里的大多数陈设和家具一样，从造型到雕饰都有巴洛克风格的特征。这种审美特征显然影响到后来魏玛歌德故居的风貌。18世纪的欧洲还有一个时尚，即大型宅第、官邸，尤其是宫廷布局中的"中国风"。歌德故居中的第二层就有一个体现这种"风"的房间，它被称为"北京厅"。

"北京厅"在这层临街的三个房间中面积最大，而且位于中间，不过从现在展出的少量物件中已看不出多少中国痕迹了，只有墙上的壁纸花饰和壁炉上的绘画可以看出些中国的风味来。这种家庭设施中的"中国风"也许与歌德晚年对中国文化发生浓厚兴趣有一定的内在联系吧？

和许多欧洲人习惯于将子女的房间安排在较差的楼层一样，歌德作为这个家庭惟一的儿子，其享有的待遇也不例外。他只在第四层即阁楼层拥有一间书房：一张五屉柜似的齐胸高的写字台处于醒目位置，台面被坎在2/3高处，可以伸缩。这位文豪就是在这张写字台上创作出了轰动欧洲的成名作《少年维特之烦恼》以及反映他"狂飙突进"式思想巨浪的一系列戏剧、诗歌作品的。但书房里更令人感兴趣的也许是另一侧墙面上的一位美丽少女的剪影：夏洛蒂·布芙，她是歌德第二位热恋过的情人，也就是导致小说中的维特自杀的那位主人公。可见爱欲在文学、艺术中的作用有时是不可估量的。

摘自：http://travel.tom.com

古代园林多与历史名人有关。园林之中建筑物多有匾额、楹联，山石多留有前人笔墨，表达主人意趣和思想，激发游人思考。而本身精湛的书法也是一种让人欣赏的重要艺术景观。人处在这个园林的环境中，感觉好象进入了古代的时空。古代园林与名人故居两者相比较，名人故居更贴近名人生活，而古代园林则更具有观赏性，所吸引的旅游者更广泛一些。

案例　杜甫草堂

杜甫草堂，位于成都西门外的浣花溪畔，是唐代伟大诗人杜甫流寓成都时的故居。因避安史之乱流亡到成都，于风景秀丽的浣花溪畔盖起了一座茅屋，即“万里桥西宅，百花潭北庄”的成都草堂。他在这里居住了将近四年，留下诗作240余首，其中《茅屋为秋风所破歌》便是其中非常出名的一首。杜甫在成都寓居交游，吟诗作画，过着田园生活。今日的杜甫草堂是经多次修复而成。草堂内古木参天，楼台亭阁，掩映在绿荫丛中，园林古朴幽美。建筑从正门始，依次递进是大庙、诗史堂、柴门、工部祠。其中大庙、柴门是杜诗中提到的草堂原有建筑，诗史堂正中是杜甫立像，堂内陈列有历代名人题写的楹联、匾额。工部祠内供奉有杜甫画像，并有杜诗传人陆游、黄庭坚陪祀。

（摘自异域之门旅游网）

游人走在这座古代园林中，潺潺小溪边，绿阴小道上，踏着被岁月打磨光滑的小石头，“两个黄鹂鸣翠柳，一行白鹭上青天。窗含西岭千秋雪，门泊东吴万里船。”恍惚中又回到了那个杜甫创作诗歌的古代岁月。

三、艺术欣赏型

艺术欣赏型景观，主要指通过艺术品的陈列、展示来表现自己的旅游吸引力的景观。现代艺术欣赏型景观，通常以博物馆、展览馆的形式向旅游者开放。古代并没有专门的艺术品陈列场所，则以摩岩石刻、庙宇宫殿中的雕塑、绘画、壁画、工艺品等形式展示。许多情况下，这些宫殿、庙宇、博物馆自身的建筑，也具有高度的艺术水平，也成为可供艺术欣赏的景观。

（一）雕塑

雕塑是以坚硬或软质的物质为材料，比如泥、木、石、玉等，用雕、塑、刻、捏等方法，制作出立体的艺术形象的艺术。

中国雕塑的总体特征是安静含蓄，稳健内向，体现了中国人内敛的性格特点。在不同的朝代，雕塑又各具特色。中国原始时期的雕塑艺术，大致可以追溯至公元前四千年以上。每个不同的时期，雕塑的风格都有不同的特点。最初的雕塑可以从原始社会的石器和陶器算起，这是中国雕塑的序幕。秦代在雕塑方面有重大发展，最引人注目的就是大型陶兵马俑和铜车马，总体雕塑风格比较恢宏，强调力度和气势。它显示出我国在两千多年以前就有了很高的雕塑艺术水平。汉代是中国封建社会中最具魄力的一个时期，这一时期的雕塑艺术风格也正是体现了当时的雄厚气魄。霍去病墓石雕群是其代表。其体积之大，风格之独特，在中外雕塑史上都是罕见的。三国、两晋、南北朝时期，我国的雕塑艺术全面发展。佛教的盛行促使佛像艺术蓬勃发展，改变了中国雕塑史的面貌，人物雕塑更加成熟；以墓葬为目的的雕塑也从另一条道路走向繁荣。隋代的雕塑艺术的主要成就，集中在石窟造像上，其中最有代表性的是敦煌莫高窟、麦积山石窟、济南玉函山石窟等处。其造型上的主要特点是，普遍较前代更为健硕，体态丰满。清代的寺庙造像十分发达。雕塑风格受到绘画的影响，风格趋向纤细、概念、世俗。较有名的，比如昆明筇竹寺，内有形神各异的彩塑五百罗汉，以写实性较强而著称。筇竹寺所之谓“五百罗汉”实有雕像68尊，设置在大雄宝殿，动态各异、形象突出，但排列组合在一起，又有很好的整体感。

（二）绘画

绘画是以色彩、线条、明暗塑造形体，在平面上绘制出艺术形象的一种艺术。各种人文景观中，我们常常可以看到这种艺术形式。绘画增添了旅游景观的观赏价值，烘托了自然与人文景观的氛围。各种绘画艺术种类繁多，其中较有代表性的有中国画，简称“国画”，指在中国民族的土壤上长期形成和发展起来的、在世界美术领域中自成独特体系的中国民族绘画。中国画讲究“形神兼备”、“气韵生动”，中国画在画面上还题写诗文，加盖印章，将诗文、书法、篆刻融为一体。另外，还有西洋画，指区别于中国传统绘画体系的西方绘画，简称西画。包括油画、水彩、水粉、版画、铅笔画等许多画种。传统的西洋画注重写实，以透视和明暗方法表现物象的体积、质感和空间感，并要求表现物体在一定光源照射下所呈现的色彩效果。

以绘画艺术为主形成的旅游景观，主要分布于博物馆及其他宗教建筑中。如山西芮城永乐宫元代壁画，法国巴黎卢浮宫，均是中外著名的以绘画艺术为主要特色的旅游景观。

案例　　永乐宫壁画

位于芮城县城北3公里处的龙泉村。是中国著名的道教庙宇，同时也是中国元代壁画的著名观光地。永乐宫，是为纪念中国著名的道教创始人吕洞宾而建，相传，唐代人吕洞宾诞生于芮城永乐镇，后人将其故居辟为“吕公祠”，后扩建为道观，元代中统三年（公元1261年）又扩为现存的“大纯阳万寿宫”，永乐宫因故址在永乐镇而得名。

永乐宫占地面积8.6万平方米，规模宏大，布局疏朗，殿阁巍峨，气势雄伟。中轴线上，纵列着宫门、龙虎殿、三清殿、纯阳殿、重阳殿等五座大型主体建筑。宫内，现存元代壁画960平方米，是我国元代绘画的杰作。三清殿是永乐宫的主殿，殿的四周和神龛内外都绘满了壁画，全部面积有403平方米，好像一条巨大的浮雕带，环绕着整个大殿。根据题记，壁画绘制于元泰定二年（1325年），虽然经过漫长岁月的侵蚀，壁画依然保持着清晰的面貌。

三清殿壁画所描绘的是道教神仙朝元的盛况。在东、西、北三壁及神龛的左右两侧，分别画有8位身高3米的主神。围绕主神，二百八十余位神仙重叠地排成四层，组成长长的行列。在神仙行列中，有肃穆庄严的帝君，仙风飘逸的仙伯、真人、神王，有威武骠悍的元帅、力士，有清秀美丽的金童玉女，他们有的对话，有的倾听，有的顾盼，有的沉思，场面宏伟、庄严、真切，使观者有身临其境之感。

（三）工艺品

中国古代工艺品种类繁多，如青铜器、金银器、玉器、瓷器、漆器、服饰等等，工艺精湛，文化内涵深厚，并且具有历史价值，为许多旅游者喜爱。国内外的几乎所有博物馆都有专门的陈列，甚至成为重要的特色。

案例　　上海博物馆

上海博物馆是中国全国性艺术博物馆。位于上海市河南南路延安东路口。该馆珍藏历史艺术文物 11.2 万余件，包括青铜器、书法、绘画、陶瓷器、玉器、石雕、甲骨刻辞、玺印、钱币、丝绣染织、牙骨雕刻、少数民族工艺品以及上海地区的考古发掘品等，上自旧石器时代，下迄近代和现代。全部收藏以青铜器、陶瓷器和书画最具特色。在青铜礼乐器中，重要的藏品有西周成王时代的德方鼎，康王时代的大盂鼎，孝王时代的大克鼎、小克鼎，懿王时代的师虎簋、师兑簋，宣王时代的颂鼎；春秋时代的有浑源李峪村青铜器群的主要器物牺尊和鸟兽龙纹壶、齐侯壶、邾公华钟，田齐三量和商鞅方升等。瓷器有商原始青瓷尊、唐邢窑盈字盒、唐越窑海棠式大碗、成组的宋汝窑盘、南宋官窑贯耳瓶、元景德镇窑青花莲花罐、明永乐景德镇窑红釉盘、明成化景德镇窑青花孔雀蓝釉盘等等。该馆钱币的收藏，最有规模。另外，明清流派篆刻印章的收藏，还居中国博物馆首位。在考古发掘品中，以大宗的良渚文化玉礼器最具特色。

（四）书法

书法是中国传统艺术的一种。中国书法根据汉字的造型规则，运用点画构成各种形态以表情达意。有正（楷）、草、行、隶、篆（大篆、小篆）等各种书体。书法美在于字里行间气势、节奏、韵律及其所传达的意兴情绪。各种书体均讲究结构横直安排有致，顾盼呼应；布局疏密得宜，首尾连贯。

以书法为代表的旅游景观，以古代的摩岩石刻及碑铭为代表。几乎大多数古代文化遗迹旅游景区，都有多少不一的摩岩石刻，如泰山经石峪，龙门石窟魏碑，福州鼓山刻石，桂林伏波山与月牙山，三峡瞿塘峡等等。至于碑铭石刻，著名的旅游景区有西安碑林、泰安岱庙、曲阜孔庙等，无一不是代表了中国书法文化的精华。例如广东肇庆七星岩摩岩石刻是我国南方保存最多、最集中的一处石刻群，肇庆地扼两广咽喉，历来是县、郡、州、府治所，风景秀丽的七星岩又是历代文人墨客驻足咏叹之地。唐开元十五年（727 年），著名文章家兼书法家李邕在石室洞口留下了著名的《端州石室记》。此后，从唐宋到当代的大批名人在七星岩留下了诗文题记共 531 题，篆、隶、楷、行、草等各种书体，一应俱全，成为书法艺术宝库。石刻文体多样，计有诗、词、歌、赋、对联、题记，其中最大量的是诗，共有 252 首。陈毅元帅赞誉七星岩摩岩石刻“壁上题词句，千年成诗廊”。

案例　　桂海碑林

“北有西安碑林，南有桂海碑林”、“汉碑看山东，唐碑看西安，宋碑看桂林”。晚秋时节，记者来到桂林，参观了桂海碑林。

穿过古朴典雅的博物馆大门，只见数十块珍贵的历代碑刻井然有序地排列在碑廊，五代画僧贯休的《十六尊者像》石刻安放在玻璃陈列柜里，世所罕见的宋代石刻——曲水流觞置放在护碑亭内。桂海碑林博物馆馆长刘玲双女士告诉记者，桂林摩岩石刻最集中的地方在桂林月牙山南麓的龙隐洞和龙隐岩，这里的石刻，由唐朝至清代，经千余年的累积，达 220 多件。龙隐洞早期石刻为唐人张濬、刘崇龟的《杜鹃花唱和诗》及宋人方信孺的《龙隐洞题诗》；宋初，龙隐岩修建了释迦寺，其后又建起以骖鸾阁、环翠阁，明代又相继修建了准提阁、万象阁等建筑，规模蔚为壮观。历代名士到此题名题榜，题诗题记，摹刻书画，歌咏山水，抒发襟怀，形成摩崖殆遍、壁无完石的碑林奇观，展示了一幅绚丽多彩的历史画卷，是一部内容丰富的石刻史书。桂海碑林博物馆就设在此处。

刘馆长介绍，桂林是中原通往岭南的要冲之一，春秋时期起就受到中原文化的影响。桂林石刻，始于东晋，兴盛于唐宋，繁荣于明清。隋唐时，统治者为巩固南疆，重视建设桂林，使之城市日益扩大，经济得到发展，文化不断繁荣。到了唐代，桂林涌现出一批文人才子，一批“中州伟人硕士，或迁谪之经从，或宦游之侨寓”，也来到桂林，这里便成为学士荟萃之地。褚遂良、宋之问、张九龄、柳宗元、元结、李商隐、李德裕等一代名流来到桂林，兴文讲学，吟诗作画，登游记胜，留下了许多传世的诗文佳作和弥足珍贵的摩岩石刻。两宋至明清，桂林成为广西政治、经济、文化中心，不少名人学士慕名而来，八方俊彦会聚桂林，文化活动更为活跃，题名赋诗，留下了大量赞美桂林的诗文和石刻作品，仅宋代留下的摩岩石刻就有500多件。在桂林市内及其附近30多座山崖，随处可见风雅之士的勒石题词。现存自隋朝至民国的摩岩石刻近3000件、近200万字，以宋、清两代为多，题名、题记、诗词、歌赋、铭文等不一而足，以灵活多样的社会文化为主体，涉及政治、军事、经济、文化、民族、宗教、科技诸方面，浓缩了上千年的历史，再现了当时的社会风貌，弥补了史书记载的不足，订证了文献记载的讹误，具有重要的历史、科学和艺术价值，实为中华瑰宝。

各种艺术形式常常为旅游景观画龙点睛之笔，有的具有很高的艺术观赏价值，能带给旅游者美的享受，直接成为旅游文化景观；有的通过形神兼备的刻画，增加了旅游地独特的美感，从而使旅游景观声名远扬。

艺术欣赏型景观既可较为独立地让游人仔细揣摩鉴赏，也可与其他周围的大环境融为一体，成为旅游景区不可缺少的部分。较之景观联想型和访古怀旧型更需要旅游者的文化基础。这种景观的旅游人群往往具有一定的相关知识基础、审美情趣、艺术欣赏能力，只有这样才能对艺术作品中的人物、典故、艺术技巧有深入的理解以及深刻的感悟。

第五节　山水民居景观

一、自然山水景观的概念

自然山水是自然界中最为基本的景观构成要素，是与人类相互影响的景观要素。自人类诞生以来，由于对自然山水的依赖和崇拜，所以长期以来形成人心理上对自然山水的带有趋向性的认识，如恐惧、崇拜等感知，形成人心里牢固的山水观念。我们这里所讲的自然山水景观是指客观存在的，地表非人为形成的，人们所能看到的，以山水为主体的一切事物。它的构成要素主要是自然山水的原生形态，并且能够集中体现某一类自然景观的特色，正如雅克所说，景观是能给人以美学意义的主观感受，即由人对自然的崇拜与归属感，而产生对自然山水景观的亲近与美感。

二、人工园林景观

（一）人工园林景观的概念

园林景观是人们理想意境的现实表达方式，而园林景观是一种被自然山水景观和人的思想意境相融合的一种景观形态，在我国有悠久的历史，一直贯穿着中国古代主流意识的流变，这里所说主流，即为官僚士大夫阶级，拥有脱离现实生存情况困扰的物质条件，并且在思想上继承“达则兼济天下，穷则独善其身”的士人意识。而在现实中又摆脱不了“进则谈孔孟，退则说老庄”的精神打击。而就在这些思想左右中国文人的时候，却孕育了中国不朽的园林景观，通过或缩或放的手法将大自然的山水景观和人心中理想的文化意境相结合，便产生了人工园林，中国古代园林带有强烈的阶级色彩，比如皇家园林和私家园林。同时在园林景观中强调意境，做为个人或是某一部分人的思想表达，用人工景观来突出官僚士大夫内心深处的理想景观境界。

我国古代把自然作为人生的重要思考对象，春秋战国时期道家学派的创始人老子与集大成者庄子，已经注意到了人与外部世界的关系，首先是面对自身赖以立足的大地，人们的悲喜哀乐之情常常来自自然山水。老子从大地呈现在人们面前的鲜明形象主要是山岳河川这个现实中，用自己对自然山水的认识去预测宇宙间的种种奥秘，去反观社会人生的纷繁现象，感悟出“人法地，地法天，天法道，道法自然”这一万物本源之理，认为“自然”是无所不在，永恒不灭的，提出了崇尚自然的哲学观。庄子进一步发挥了这一哲学观念，认为人只有顺应自然规律才能达到自己的目的，主张一切纯任自然，并得出“天地有大美而不言”的观念，即所谓“大巧若拙”、“大朴不雕”，不露人工痕迹的天然美。

老庄哲学的影响是非常深远的，几千年前就奠定了的自然山水观，后来便成为中国人特有的观赏价值观和对美的追求目标。

孔子突破自然美学观念，提出“知者乐水，仁者乐山”的山水观，反映了儒家的道德感悟，实际上是引导人们通过对山水的真切体验，把山水比作一种精神，去反思“仁”、“智”这类社会品格的意蕴。孔子又是一个对山水情有独钟的人，“登东山而小鲁，登泰山而小天下”，高山巍巍培植了他博大的胸怀；“君子见大水必观焉”，江河荡荡孕育了他高深的智慧。孔子由此把厚重不移的山当作他崇拜的“仁者”形象，用周流不滞的水引发他无限的哲理情思，触发他深沉的哲学感慨。有智慧的人通达事理，所以喜欢流动之水；有仁德的人安于义理，所以喜欢稳重之山。这种以山水来比喻人的仁德功绩的哲学思想对后世产生了无限深广的影响，深深浸透在中国传统文化之中。人们以山水来比喻君子德行，“高山流水”自然而然就成为品德高洁的象征和代名词。“人化自然”的哲理又导致了人们对山水的尊重，从而形成中国特有的山水文化。这种山水文化，不论是积极的还是消极的，都无不带有“道德比附”这类精神体验和品质表现，特别是在文学、诗词、绘画、园林等艺术中表现得尤为突出。在园林史的发展中，从一开始便重视筑山和理水，是中国园林发展中不可或缺的要素。

神仙思想是中国园林文化的另一个源流。新石器时代的先民，就已从万物有灵观念中生发出山水崇拜，并引发出原始宗教意识和活动。在古人的想象中，那些不受现实约束的“超人”，飘忽于太空，栖息于高山，卧游于深潭，自由自在，神通广大。古人把自然界种种人力不能及的现象，归属于神灵的主宰，并创造出众多的山水之神，还虚构出种种神仙境界。随着神仙思想的产生和流传，人们从崇拜、敬畏到追求，神仙思想渗透到社会生活的方方面面。在我国的文献中，关于山川之神的记载，远比其他自然神要多，有关的活动也更早。传说舜曾巡视五岳。战国时期的楚国，每年都要举行大规模的祭典，包括天神、地祇（山川之神）、人鬼三大类，现存《楚辞·九歌》即是当时用以娱神的乐歌。秦汉以后，“天子祭天下名山大川”，成为重要的国家事务。在个人生活中，由于种种原因，如对现实的不满，生活的艰辛、理想的破灭等等，也企求在名山大川中通过养心修炼、求神拜佛，以得道升仙来获得解脱。因此在园林文化中，也时常出现以蓬莱、方丈、瀛洲东海三仙岛为蓝本的山水景观，或表现园主的避世心态，或表现园主的求仙思想，或表现园主的飘飘欲仙的人生理想。

（二）人工园林景观的特色

中国人工园林景观的特色是：

1. 以自然山水为蓝本建造，但又对自然山水经过加工与提炼，形成艺术的和浓缩自然山水的造园艺术。传统园林往往形成“壶中天地”式的以小见大的景观布局风格，以及采用中国绘画写意手法，突破园林景观的时空限制，从而使园林景观达到艺术的、哲学的、诗意的境界。

2. 园林中建筑类型多种多样，如厅、堂、馆、榭、轩、楼、台、亭、阁、廊、桥、路等，而且每一种建筑类型又具备多种不同形式，如亭子的样式就有方亭、圆亭、长方亭、五角、六角、梅花、十字等十多种。这是其他类型的建筑，如民居、宫殿、寺观等不具备的特点。

3. 空间布局灵活多变，园林内的建筑，如厅堂、楼阁、亭榭、廊馆等往往采用不规则布局，把园林空间分割成不同形状和不同大小的景点，采用引景、借景、对景、框景、障景的手法，造成各景点与景点之间景观的对比、映衬、转换、渗透等关系，形成移步换景的审美视点。在有限的布局空间内扩张了观赏空间。

4. 讲究细部处理，传统园林对包括门窗、墙面、屋面、梁柱、地面等的细节处理都十分讲究。例如苏州园林中门窗的式样可达上百种之多，如窗有长方窗、圆窗、花窗、漏窗、空窗等，门有长方门、圆洞门、八角门、梅花门、瓶形门等。即使是路面也有多种多样的变化，有砖砌路、石砌路、瓦砌路等，每一种材料，又可铺砌出不同的花样。

5. 园林景观与传统文化艺术，如文学、书法、绘画、雕塑、金石等融为一体。传统园林中大量应用诗情画意构建文化艺术氛围，如景点的命名、楹联、匾额、刻石、装饰、陈设等，成为园林建筑景观的有机组成部分。

6. 园林景观的意象，大量采用源于中国历史文化的象征和比拟手法，如园中人工湖取名昆明池，以历史典故显示皇家气派。湖内岛屿命名为蓬莱、方壶、瀛洲，象征志趣超凡，追求神仙世界。园内花木，或种植松、竹、梅“岁寒三友”，比拟高雅而不同凡俗的情操，或水面种植荷花，象征出污泥而不染的君子品格。

三、民居生态景观

（一）民居生态景观概念

民居生态景观是聚落景观和自然生态景观相结合的特色景观。尤其是人文生态与自然生态相结合的民居建筑，具有很强的地方文化特色。民居建筑不仅是聚落中人与人之间的关系和维系本聚落生存和繁衍的家族体系的外在表现，而且体现了人与自然的关系。民居生态景观包括传统城镇民居和传统乡村民居两类，与旅游景观密切相关的城镇民居以街坊、院落为主要存在形式，乡村民居以村落为主要存在形式。大多数没有受到现代文化冲击的古村落一般处在交通闭塞之地，并且从经济上或文化上自成体系。受外界影响小，而这样的条件又往往是自然生态保存比较完好，很少受到影响的区域，因而能很好地将人文生态和自然生态有机地结合在一起，形成民居生态景观。这一类乡村民居景观是传统聚落文化的现实展示，是中国传统“耕读文化”的活化石。

城镇民居景观则以城镇中未经现代改造或毁坏的传统街区、坊巷、院落为主，并且同样包括其周边的城镇自然环境及风貌。如北京的四合院与胡同，丽江与平遥的老城区，浙江的周庄、同里、乌镇等，均是典型的代表。

1．乡村民居生态景观

乡村民居生态景观是集人文生态和自然生态双属性于一体的景观类型。在我国表现比较突出的实际景观有安徽徽州的西递、宏村等古村落，以及福建的客家土楼等等。他们再现了聚落文化的生态体系。这里就以安徽徽州古村落为例，做简要介绍。安徽南部徽州地区的古民居建筑，以其科学的环境意识，精湛的建筑工艺，精巧的构思设计，在世界建筑艺术和建筑文化史上独树一帜，熠熠生辉。2000年，皖南古村落西递、宏村被联合国世界遗产委员会列入世界历史文化遗产。

徽州古民居建筑从传统的风水观念出发，在选址、布局上讲究风水效果，追求人居建筑与自然环境的和谐融合。徽派古民居建筑多是依水势而建，山环水绕、依山傍水是徽派古民居建筑与自然环境相融合的基本特征，而且徽派古民居建筑的色泽、体量、架构、形式、空间，都与自然环境保持一致的格调。徽州民居村落隐映在青山古树之间，有山泉溪水之便利，以青山绿树为屏障，青瓦白墙高低错落。窗外远眺，天然画图尽收眼底，天井内洒落阳光雨露，小院中植置花木假山。在这里，建筑充满了人情味和乡土气息，建筑与环境相互渗透，人类与自然融为一体。

西递和宏村是目前保留最完整的徽派古民居建筑的代表，被称为是“古民居建筑艺术的宝库”，其村落巧妙的整体布局、极富韵律的空间层次都有典型的徽州地方特色。西递村四面环山，两条溪流穿村而过，自古就有“桃花源里人家”的美誉。整个村落仿船形而建，以一条纵向的街道和两条沿溪的道路为主要骨架，构成东西向为主，南北向延伸的村落街巷系统。街巷两旁建筑淡雅朴素，错落有致，整个轮廓与自然环境和谐统一，具有很高的审美情趣，是徽派古民居建筑中的一颗明珠。宏村的整体布局为牛型设计，整个村落犹如一头斜卧山前溪边的青牛。村落背靠的雷岗山为牛首，村口的一对参天古木为牛犄角，错落有致的民居群宛如庞大的牛躯，顺势而下的邕溪为牛肠，溪水经九曲十弯，穿流于家庭院落，再汇入牛胃形的月塘和南湖，绕村的虞山溪上架起的四座木桥为牛脚。“牛形村落”别出心裁的水系设计，不仅解决了消防用水，调节了气温，为居民生产、生活用水提供了方便，而且极大地美化了环境，给古朴的村落平添了几分清丽、自然的美感，充分体现了以人为本的环境理念。村前南湖碧波荡漾，村中楼院鳞次栉比，四周山色与粉墙青瓦倒映湖中，村落与天水一色，被称为是“中国画里的乡村”。徽州古民居建筑追求人与自然环境的融合，体现了人类对大自然的依恋和向往，也是中国传统哲学中“天人合一”思想的具体体现。

徽州民居“马头墙”的功能是防风、防火，但马头墙的造型又极具装饰性。它犹如昂首振鬣的骏马，腾跃屋脊之上，错落有致、极富动感的形象，大大拓展了徽派建筑的空间感，显示出勃勃的生机和活力，给人以驰空绝尘的奔腾美和外部造型的整体美。

徽派古民居建筑在审美追求上最突出的表现就是广泛采用木雕、砖雕和石雕，并显示出高超的装饰艺术水平。木雕在徽派古民居建筑的装饰雕刻中占主要地位，横梁、立柱和各种构件中，月梁、屏门、隔扇、窗扇和窗下挂板、楼层杆栏围板及天井四周的望柱头上，均有精美绝伦的木雕花纹图案，其表现内容和雕刻手法皆因不同的建筑部位而各异。“徽州三雕”题材广泛，内容丰富，或浑厚沉雄，神威逼人；或质朴简练，工写兼得。“三雕”作品富有强烈的空间装饰效果，显示出雕刻工匠高超的艺术才华，形成了徽派民居建筑艺术独特的审美价值。

明清时期的徽州，已形成非常完善的风水理论，风水理论在徽派民居建筑的形成中有着巨大的指导作用。徽州居民对风水文化顶礼膜拜，笃信不疑，认为村落的整体布局及其所形成的地形轮廓所包含的寓意和内涵，是宗族文化的标志，关系着宗族的荣辱兴衰，宗族建筑必须按风水原则统一规划，讲究群体布局和水口营造。因此，以风水理论为依据，在宗族最高利益的制约下，徽派民居建筑强调整体轮廓的规范化和系统性，形成了如“牛形村”、“船形村”和“棋盘村”等许多风水村落。

2．城市民居生态景观

城市民居生态景观，是以不同性质的房舍、大小不一的街区、纵横交错的街道构成。但作为旅游文化景观，除了民居建筑与街道布局的观赏功能，主要在于其文化内涵。包括建筑文化、生态文化、礼仪文化、商业文化、风水文化等。

以古都北京为例。旧时的北京，除了紫禁城、皇家苑圃、寺观庙坛及王府衙署外，大量的建筑，便是那数不清的百姓住宅。《日下旧闻考》中引元人诗云：“云开闾阖三千丈，雾暗楼台百万家。”这“百万家”的住宅，便是如今所说的北京四合院。而“天棚鱼缸石榴树”，也只能是北京四合院中才有的景致。

所谓的四合院，就是以正房、倒座、东西厢房围绕中间庭院形成平面布局的传统住宅的统称。其历史之悠久，分布之广泛，在中国民居中占据首位，堪称我国汉族居民传统住宅的正宗典型。早在距今三千年前殷商故都的宫室遗址上，已有几座房屋围绕着院子组合；西周时有了较严整的四合院；隋展子虔《游春图》中绘有乡村狭长的四合院；宋代沿用汉以来的前堂后寝的传统，但在待客和日常起居的厅堂与后部卧室之间，有穿廊连成“工”字平面，堂寝两侧有耳房或厢房；直到明、清，经过长期的积累，以北京为代表的四合院才最终形成了一套成熟的结构和造型。北京的四合院以它独特的建筑风格和营建方式，成为中国北方四合式民居建筑的代表，是中国民居建筑史上的一朵奇葩。

而西南的丽江古城处于滇、川、康、藏交通要道，据史料记载，形成于宋末元初，现在面积为 3.8 平方公里。古代丽江商旅频繁，城内市肆云集，商业、民族手工业发达，是滇西北重要的商品集散地和手工艺品产地，它起着纳西、藏、白、汉等兄弟民族文化、经济交流枢纽的作用，从而形成滇西北高原的文化古城。丽江古城选址合理，充分运用了中国传统风水“背阴抱阳”之说，依山就势，街道不求平直，依主干分出的巷道密如蛛网，但又四通八达，路面皆由五花石铺就；建筑多为院落式民居，构造别致，木雕精细，“民房群落，瓦屋栉比”；黑龙潭水系在双石桥分支三岔穿街过巷，形成“家家流水，户户垂杨”的迷人景致；木家院是明代木氏土司官邸，“宫室之丽，拟于王者”。游历丽江的专家、学者对古城的选址、利用及纳西先民的智慧叹为观止，给予了极高的评价。北京的街道胡同与四合院，以及丽江的纳西民居与城内水系，无不体现了这些城镇民居景观的精华。

第六节　历史文化景观

历史文化景观因为其有着丰富的历史文化内涵、悠久的历史文化传承、厚重的历史文化积淀而成为一项重要的旅游文化景观。所谓历史文化景观是指人类历史上遗存的、蕴涵历史文化内涵的文化景观。它是历史文化的物质载体和见证。从形式上讲，它通常包括古建筑、古战场、古遗址、古民居、古陵墓、历史事件纪念碑、历史博物馆等等。

历史文化景观往往是各种历史事件的见证者，构成历史文化最有力的注解。没有历史遗迹的留存，历史的记忆是苍白的、抽象的、空洞的；历史文化遗迹也是人类文明进程的里程碑与审美的标尺。历史文化景观留给我们丰厚的美学遗产和它所凝聚的时代精神。

一、历史文化景观的“信息要素”

历史文化景观虽然包括的种类较多，但无论哪种历史文化景观，都在不同程度地给旅游者传达着以下几类信息，正是这些信息及其之间的组合构成了历史文化景观的丰富的文化内涵和独特的吸引要素：

（一）美学信息

历史文化景观是人类社会创造的产物。虽然历史文化景观建造的最初不是用于审美，如古城墙是为了防御，古城堡是为了居住，神庙教堂是为了宗教祭祀，但人类在创造它们时也有着审美的要求和体现。人在与自然和社会的抗战中感到了自己的本质力量，看到了自己的情感、思想、力量和智慧，因而感到了美，正如余秋雨说：“人至少要在有可能与自然对峙的时候才会酿造美，在这种对峙中，有时人明确无误地战胜了自然，例如汽车、电灯、柏油路的出现，产生了一种轻松愉悦的美；有时人与自然较量得十分吃力，两相憋劲，势均力敌，那就会产生峻厉、庄严、扣人心弦的悲剧美。由于这种美衬托了人类严峻的生存状态，考验了人类终极性的生命力，因而显得格外动人心魂。”[①]所以无论是希腊帕提侬神庙的沉静亲切，还是法国巴黎圣母院的庄严华丽；无论是中国圆明园的残破斑驳，还是罗马大决斗场的恢弘壮观，都因为融入了人类改造自然的智慧和创造而有着美的韵味。

案例　　**“白色的梦幻殿堂”**[②]

泰吉·玛哈尔陵简称“泰姬陵”，无论是原文或中文译名，发音与意象都很美。它是莫卧儿文化的代表陵墓，莫卧儿的陵墓并非单一建筑，而是一系列的建筑群，通常包括：前庭、正门、庭园、水道、喷泉、墓室、尖塔、清真寺……泰吉·玛哈尔陵的建筑布局正是如此，除了大家熟悉的那座白色洋葱顶的主要建筑之外，还有许多附属的建筑与庭园。

泰吉·玛哈尔陵主要是波斯式，但又融入中亚与印度的特色，因而具有伊斯兰建筑的特色：对称、和谐、简洁、工整，但其精妙、纤细、优美之处，远非一般只呈现庄严稳重的伊斯兰教建筑可比。怎么看都不像陵墓，更像一座梦幻殿堂。

---

① 余秋雨．《余秋雨文集》．贵州：贵州人民出版社，83 页．

① 邱秋娟等．《世界遗产之旅——艺术瑰宝》．北京：中国旅游出版社，2005 年．

泰吉·玛哈尔陵的美，必须进入正门之后才能窥见，与其他名胜古迹迥不相同，带给人的震撼效果也更大，让人不得不佩服沙贾汗的眼光与见识！泰吉·玛哈尔陵的正门也是由红色砂岩所建，具有浓厚的莫卧儿风格，壮丽和谐，本身便是建筑精品。正门上面雕饰着白色图案和花纹，顶端前后各有 11 个白色小圆顶，共计 22 个，每个圆顶象征一年，代表泰吉·玛哈尔陵的建造时间。正门隔着花园与水道，与白色的主体建筑遥遥相对，既对照，又和谐。

通道的尽头就是一般人所谓的泰吉·玛哈尔陵。泰吉·玛哈尔陵盖在一个每边长达 100 米的方形大理石平台之上，陵墓及平台全部以纯白的大理石建造。主体建筑呈八角形，中央是洋葱形的穹顶，高 74 米，直径为 17 米。大圆顶四周另有 4 个小圆顶环绕。

陵墓里面分成 5 间墓室，白色的大理石墙上，以各种颜色的宝石，镶嵌成百合花、郁金香等植物图案，五彩缤纷，镶工精细，不见任何接缝。这些出自印度匠师的工艺品，不但独步当年，至今仍是举世稀有的杰作！

（二）历史信息

历史文化景观是历史的产物。作为人类历史进程的见证，它不仅直接体现着一定社会、时代的物质技术水平和政治、经济状况，而且也物化着一定的阶级、民族、时代的心理情绪、精神风貌和审美理想，积淀着历史文化的记忆，蕴涵着丰厚的历史信息，无论是老百姓的日常生活场所，还是王公贵族的宫殿城堡，无论是曾经灰飞烟灭的古战场，还是典雅精致的古园林，都写满了历史的故事，充满了历史的气息，写满了历史的信息。历史无法复制，人们往往可以复原历史场景，重建历史景点，但这仅仅只是模仿历史建筑的外壳，而无法复制发生在历史中的故事。因为历史文化景观已在历史的长河中注入了生活和历史的故事，参与了历史完整的编著。

案例　　遥看古城堡②

欧洲人讲：每座城堡都有一段历史。而每座城堡中，又都曾有过曲折惊险的故事。我相信这话。

两年前去德国，在海德堡参观过一座城堡遗址。城堡的一部分已经坍塌了，残缺的墙垣四周是散落的石块。虽然城堡破败得不成样子，却仍不失当年那种雄踞俯视的英姿。在卢森堡大峡谷两边也错落着城堡，参天的古树将他们环抱起来，落日的霞光里，黑黝黝的城堡越发显得诡秘。……我知道，面前的城堡见证过战争的血腥，也目睹过达官显贵们的荒淫无度。在欧洲的历史上，诸多事件和无数阴谋大都与城堡有关，甚至天崩地坼的朝代更迭，也都发生在阴暗的城堡里。城堡在欧洲是绕不开的话题，于是也就有了关于它的诸多传奇和演义。

可在古代城堡中，我以为，还要数英国的温莎城堡最为显赫。不仅因为那里至今仍居住着英国皇室，有着宏伟的建筑群和皇家卫队的“大头兵”守护，还因为在上个世纪 30 年代，那里曾上演过一出“不爱江山爱美人”的悲情剧而轰动世界。爱德华八世，为了爱情，毅然摘下王冠，由一国之君而自愿去做公爵，携美国妻子来到温莎城堡住下。正是这段浪漫传奇故事，让今天的温莎城堡成了人们更加神往的地方。

② 吴志实.《欧游杂记——记忆的旅程》. 北京：中国社会科学出版社，2004. 55～56 页.

（三）文化信息

景观设计师俞孔坚这样来定义景观：“景观是一本书，一本关于人类社会和自然交流的书；是一个故事，讲述了人与人、人与自然的爱和恨，战争与和平的历史与经验；是一首诗，用最精美简洁的语言，表述了人类最深层的情感；是一幅画，向人类展示自然与社会精彩的瞬间。”景观中写满了人与自然的各种故事。如果说自然景观是大自然的礼物，那么作为历史文化景观的人文景观则更是人类改造自然的见证，是人类文化的凝聚，是人类物质文化和思想文化的承载。无论是古建筑、古代宫殿、古城墙、历史纪念馆都携带着那个历史时期的文化基因，把历史的传统和文化的脉络蕴藏在其中。历史文化景观让游客看到在人类长河中自己所创造的文明的时空坐标，把文化的基因积淀表征出来，把思想文化、信仰物化为凝固的景观。

案例　　西递：桃花源里人家[①]

西递位于安徽省的黟县的东南部，是一个以胡氏宗族血缘为纽带、聚族而居的古村落，至今已有近千年的历史。西递原名西川，又称西溪，取村中三条溪水东向西流之意，又因位于徽州府（今黄山市）之西，村西头原设有古代驿站（又称“铺递所”）故名西递。

西递是徽商聚居之地，他们不仅做生意兢兢业业，克勤克俭（在这方面，徽州人有“徽骆驼”美誉），在住宅建筑上也是“一切围着生意转”——要发财，更要聚财、敛财。所以，在西递的建筑中，天井四边的屋顶都朝家里倾斜，雨水全部朝家里倾泻，叫“四水归堂”，按照徽商的说法，即“肥水不流外”。

更有意思的是，这儿的房子朝向和我们在绝大多数地方看到的相反：别处是坐北朝南，而他们的是坐南朝北或稍微偏向，但绝对不朝正南方向。原来，按照阴阳五行思想，南方主火，火能克金。而北方，正巧主金，是朝向财的。因此，精明的徽商们宁可舍弃明媚的阳光，偏就寒冷的朔风，真可苦心孤诣，一片赤诚！

二、历史文化景观的分类

根据历史文化景观的各要素的组合和吸引旅游者的侧重点的不同，我们把历史文化景观分为：历史审美型和历史体验型。

（一）历史审美型

所谓历史审美型的文化景观的吸引要素主要是它所表现出来的美学特征。帕拉第奥曾说过“美产生于形式，产生于整体和各个部分间的协调、部分之间的协调，以及，又是部分与整体之间的协调；建筑物因而像个整体的、完全的躯体。”

首先吸引旅游者注意进而产生美感的大多是景观的外观或者造型。即使不了解景观的文化内涵，旅游者也能从较纯粹的形式美中产生美的体验。从构成上看，历史文化景观普遍是各种各样的建筑景观，“建筑艺术通过综合运用空间、形体、比例、尺度、质地、色彩、装饰等建筑语言，根据对比、同一、均衡、节律等造型规律，创造出可视的三维空间形象，属于空间造型艺术。”[②]因此，我们从造型、形式、结构和环境四个方面来分析历史审美型

① 后扬.《旅游天地》. 66页.
② 金元浦.《美学与艺术鉴赏》. 北京：首都师范大学出版社，1999. 第162-209页.

文化景观的吸引力。

1. 造型美。建筑艺术的美首先集中表现在它的造型上，造型是指事物具体可以感知的外在形态，也就是实体形象。景观作为一种空间造型艺术，他的审美特征常常首先表现为它的造型美。因此，它也是构成景观美感的重要的感性因素。由于受经济、文化、艺术、材料的影响，中西方的造型各有千秋：“西方建筑以局部的造型构成整体的造型，作为雕塑美，既有整体的美也有局部的美，所以即使建筑倒塌，剩下孤零零的石柱也是美的，如圆明园西洋楼的废墟就是如此。中国古代建筑作为结构美，更依赖于整体的造型，哪怕缺了一只角，也是对结构的破坏，也就不美了。”

案例　　罗马大斗兽场[②]

罗马大斗兽场的艺术在成就上被谈论最多的是它的外型，那是希腊文化与罗马文化的充分融合。我们知道，希腊建筑是建立在单纯的梁与柱关系的系统之上的，希腊人创造了柱式，帕特农神庙就是完美的体现。到了罗马人这里，他们更注重运用拱券，正是拱券的运用和使罗马建筑可以产生复杂的跨度和开敞的室内空间。如果说希腊的建筑是艺术家的创造，那么罗马建筑则更是类似于工程师的构想。

我们注意到，这座大斗兽场是用连续的拱券支撑的，在它的表面，罗马人巧妙地“贴”上了一层古希腊柱式，它的表面虽然只起到装饰作用，却好象比矩墩更突出地起着实际支撑的作用。这简直是希腊柱式的大展览，如果你用有关希腊柱式的知识去辨认，就可以看出第一层是多立克柱式，第二层是爱奥尼，第三层则是科林斯，最上面那层是以科林斯为主题的壁柱。

2. 形式美。马赫在《感觉的分析》中，认为客体世界不过是色、形、声等感觉“要素”的复合。景观的形式美主要由色彩、质感、形体等要素来构成和表达。[③]

（1）色彩。色彩是最大众化的、强烈影响大众视觉感受的美感形式。首先让游客回忆起景观的形态的往往是色彩的刺激以及所带来的心理体验。如一想到江南民居就会联想到白墙青瓦，一提起中国帝王宫殿，大多是金碧辉煌。色彩成为文化景观的一大象征标志。

色彩的最高美感在于它的格调、意韵和和谐。搭配和谐的色调往往能带给游客宁静、舒适、亲切的美感享受。

历史文化景观往往经过历时久远、沧桑变化积淀下来。景观的表面经过空气氧化、酸雨侵蚀、微生物的破坏等等而显得斑驳而破旧。从色彩上讲，它失去了往日的缤纷艳丽、光鲜夺目，但正是这种经过时间浸染的色彩让景观充满了沧桑的历史美感。但一些地方的开发却无法理解更无法珍视这种色彩的美感，许多地方开发这些古老遗迹时，都是里里外外，抹灰刷漆；上上下下，描红画绿，十分光鲜。把老的变成新的，真的变成假的。历史感荡然无存。

案例　　“漂浮于永恒之中”[①]

整座泰吉·玛哈尔陵固然散发出均衡对称之美，但它最美、最难以描绘的则是色彩变化

---

③ 冯骥才.《紧急呼救——民间文化拨打120》. 上海：文汇出版社，2003. 8页.

① 邱秋娟等.《世界遗产之旅——艺术瑰宝》. 北京：中国旅游出版社，2005年. 84～85页.

之妙！拉大视野看，河流的蓝、柑橘与柏树的绿、砂岩盖成的大门、清真寺以及道路的红，浑然一体；而泰吉·玛哈尔陵的主殿便宛如一顶白色的皇冠，熠熠生光，妩媚绝伦！最特别的是，远眺之下，你会觉得整座纯白的泰吉·玛哈尔陵，宛如失重一般，漂浮于空中。这是因为大理石的建材、特别高耸的门廊都会造成这种印象，而四周那四座高高耸立的高塔，更强调了这种“向上飞升”的效果。因此，泰吉·玛哈尔陵便脱离了一般建筑——特别是伊斯兰建筑——的厚重庄严，而产生了独一无二的脱俗出尘之感。

泰吉·玛哈尔陵的纯白色，映在阳光或月光之下，每时每刻都变换不同的色彩和风貌，早就为人所称道。根据实地观察，泰吉·玛哈尔陵每隔30分钟，就会变换一次光影。因此，在任何时候观看泰吉·玛哈尔陵，都有不同的韵味。有人认为，月光下的泰吉·玛哈尔陵是最美、最浪漫的；也有人偏好太阳底下，令人不敢逼视之美。这正是所谓“浓妆淡抹总相宜”了！

（2）质感。质感通常是建筑的材料所带来的，特别是本真的材料所带来的质地感，是美感的重要来源。“原木铺就的小桥显得质朴，钢铁大桥显得工业技术气息，古典的大理石墙面显得粗犷，现代的高层大楼玻璃墙则有晶莹剔透……”[①]历史文化景观的质感因材质的质感、纹理等等的不同而显现出不同的美感想象。厚重的石料给人以庄严和稳定的感觉，粗糙的古城墙给人以粗犷和沧桑之感。

案例　　苏州古典园林[②]

沧浪亭是苏州最古老的园林，早在1000多年以前的北宋，就已经享有盛名。园内用土石堆了一座假山，面积差不多占了全园的一半，但却不显得庞大壅塞。

不过，如沧浪亭这般以土石堆叠假山的毕竟是少数，通常均以黄石或太湖石为之。黄石质地坚硬，纹理垂直，堆叠的假山具有浑厚陡峭的气势。黄石假山看上去玲珑多姿，可以营造出连绵的山势。环秀山庄的湖石假山为园林的极品！山庄只有一亩多大，湖石假山就占了半亩，这是清朝名造园家戈裕良的杰作，峰峦起伏、石骨嶙峋，显得既秀丽又险峻；且脉络分明，加上天然的石纹，形同真山。

（3）形体。形体主要是事物的可感的外在形态，它由基本的点、线、面、体组成。点形成线，线形成面，面移动或旋转形成体。景观的高度与体量因素常常也是给旅游者形成美感的重要原因。

形式美的构成不仅来自于以上构成形式美的感性要素，同时也来自各种要素之间的组织规律。通常可分为对称与均衡、比例与匀称、节奏与韵律等等类型。

① 对称与均衡。对称常常能带给旅游者以和谐整齐的整体美。同时它符合人的一种普遍的心理需求，对于平衡感和稳定感的追求。均衡是一种不对称均衡，它表现为对称双方等量而不等形。中国北方四合院的布局严谨、均衡、明朗，显得秩序井然，常常能给人以和谐的美感。

② 比例与匀称。比例是指一事物整体与局部以及局部与局部之间的关系。我们通常所说的匀称包含着一定的比例关系。那么，什么样的比例关系能让人感到美呢？西方学者认

---

① 庄志民.《旅游美学》.上海：上海三联书店，1999．156页.

② 邱秋娟等.《世界遗产之旅——艺术瑰宝》.北京：中国旅游出版社，2005年．101页.

为黄金分割的比例最能引起人的美感。这种比例关系由于合乎事物的常态，所以能让人觉得顺眼。

③ 节奏与韵律。节奏是客观世界物质运动的一种带有规律性的表现方式。也是建筑构图的重要编排。梁思成先生曾讲："差不多所有的建筑物，无论在水平方向或垂直方向上，都有它的节奏和韵律。我们若是把他分析分析，就可看见建筑的节奏、韵律有时和音乐很相像。"歌德、雨果、贝多芬都也曾把建筑比作"凝固的音乐"，可以看出建筑与音乐的确有着共同的一些审美特性。北京的故宫，从正阳门、端门、午门、太和门到太和殿，到保和殿、中和殿，直到景山，沿长达七华里的中轴线展开，十几个院落纵横交错，有前奏、有渐强、有高潮、有收束，几百所殿宇高低错落，有主体，有陪衬，有烘托，雄伟壮观的空间俨然一组"巨大的石头交响乐"。

3．环境美。景观的美除了与自身的形式、结构等因素有关外，还与周围的环境有着密切的联系。如果景观与周围的环境协调一致、相得益彰，那么景观会产生一种整体的美。"埃及金字塔坐落在广阔无垠的沙漠中才具有粗犷雄伟的阳刚之美，如果将其搬到昆仑山的崇山峻岭之中就不足挂齿了，欧洲的歌特式教堂在中世纪狭窄曲折的街巷中，才显其具有超凡的飞腾向上的气势和某种空灵虚幻之感，如果放在纽约或芝加哥的摩天大楼中间，就会顿失其高大笔直的形象魅力。古今中外，凡是成功的建筑，都是与周围环境协调，融为一体的。例如高大壮观的西安古城楼与它向两边水平延伸的周长万余米的城墙衬托是分不开的；蓝天白云下壮丽的布达拉宫，与其背倚布玛日山峦所构成的高原雄伟的气势是浑然一体的；而充满诗情画意的苏州园林也由于其内部的亭台楼阁、廊桥水榭、假山曲径、花草树木形成了协调统一的环境情态，才显得妙趣横生，意蕴绵绵的。"①

案例　　　　　　感受罗马

徜徉在古罗马广场的遗迹之中，你总会被一种宏大的氛围包裹着，总会感觉到它的某种深不可测。到处都是石头的雕刻，到处都是被一种神秘的古老簇拥着，尽管目睹的是残梁断柱，但当年建筑的那种铺天盖地的雄浑与铺张，不用想，便可以把昔日繁华复原于脑际。这里所发生的故事和帝国的兴盛息息相关，这里曾为战争的胜利铺满鲜花，也为一代天骄恺撒大帝举行过隆重的葬仪，这里是疯狂镇压和破害异教徒的深渊，也是最终承认基督教为国教的伟大圣地。它既是"罪恶之城"，又是"文化的发祥地"。它见证着罗马的历史，饱经着铁与血的洗礼。

（二）历史体验型

历史体验型文化景观主要是指能为旅游者提供历史体验的文化景观。

这里所指的体验主要是一种"移情"。以立普斯为代表的"移情说"认为，"移情"就是把自我的内在的生命、情感、意志转移到对象中，将自己幻想成想象中的对象，从而实现自我的欣赏和情感的暂时转移。因此，与历史审美型文化景观不同的是，体验型景观的吸引力源于它所蕴涵的历史文化内涵和能够提供历史联想、体验、共鸣的要素信息。因此，这类历史文化景观纵然在形式上并不能带给游客耳目一新的视觉冲击力，但它特定的历史文化内涵和氛围能让人仿佛穿越了时空的隧道，重新体验历史的瞬间。

① 傅其三．《生活美学》．知识出版社，1993．58～59页．

那么，一般能引起旅游者历史体验的文化景观的基本要素及特征有哪些呢？我们把它总结为以下三点。

1．丰富的历史文化内涵。丰富的历史文化内涵是能引起旅游者历史联想、体验、共鸣的基本条件。文化内涵包含着历史的年龄、历史的命运、历史的记忆。它的内容通常与特定的历史背景、特定的事件和特定的人物，例如古战场、古遗址等联系在一起。

案例　　滑铁卢[①]

风吹过，似乎听到单调的鼓点声，两支军队排成散兵线，吹着号，打着旗，端起上了刺刀的毛瑟枪，一步一步走向对方，走向死亡。按拿破仑时代的步兵操练，散兵线应当推进至敌方的底线，然后回身涤平战场。实际上，当两军之间的距离为一个足球场大小时，双方举枪射击，未及第二轮的填弹，就开始徒手的肉搏，当手榴弹纷飞爆炸时，血肉横飞，人无分进退了。

拿破仑复辟后，费尽心思动员军队，包括归队的老兵、预防役、国民警卫队、民兵，一共三十万人，而正在包围法国的英国、奥地利、普鲁士和俄国的盟军达一百万。拿破仑有两种战略的选择：第一种为分兵把守巴黎和里昂，但是拿破仑深知，法国已经耗不起一场旷日持久的消耗战，他必须速战速决；第二种即集中优势兵力以黑虎掏心的架势，直取盟军的心脏，他选择了滑铁卢。

能够让游客产生历史联想、体验的还包括名人故居。故居拉进了游客与历史伟人之间的距离，人们来到伟人曾经生活过的地方，一切都那么真实、亲切。正如冯骥才先生所言："一个伟人去了。他的精神，他的往事，他的气质，他独有的人生内容，除去留在他的作品里，还无形和无声地散步在生活过的空间里——这就是他的故居。故居也是他的一种创造，一种生活创造和精神创造。在这里，无处不曾掠过他的身影，吸附他包括呼吸在内的全部生命的声响，侵入他的精神细节。"

案例　　爱因斯坦故居[②]

没有任何醒目的标记，只是沿店面房屋中最普通的一间。一个有玻璃窗格的木门，上面既写着爱因斯坦的名字，又写着一家餐厅的店名，推门进去，原来底楼真是一家餐厅，顺门直进是一条通楼的窄道，上了楼梯转个弯，二楼便是爱因斯坦故居。

这所房子很小，只能说是前后一个通间。前半间大一点，二十平方米左右吧，后半间很小，一门连通，门边稍稍一隔又形成了一个可放一张书桌的小空间。那张书桌还在，是爱因斯坦用过的原物。桌前墙上醒目地贴着那个著名的相对论公式：$E=mc^2$

上面又写了一行字：1905 年，突破性的一年。

故居北墙上还用德文和英文写出爱因斯坦的一段自述："狭义相对论是在伯尔尼的克拉姆大街四十九号诞生的，而广义相对论的著作也在伯尔尼开始。"

在故居里转了两圈，没找到卫生间，开始为爱因斯坦着急起来。怕他也像当初我们住房困难时那样，与别人合用卫生间。这种每天无数次的等待、谦让、道谢、规避，发生在

① 孟蔚彦．《在天地中徜徉》．上海：复旦大学出版社，2004．190 页．

② 余秋雨．《行者无疆》．北京，华艺出版社，2001．178～179 页．

他身上是多么不应该。但一问之下，果然不出所料，顺楼梯往下走，转弯处一个小门，便是爱因斯坦家与另外一家合用的卫生间。

正在这时，钟楼的钟声响了。这是爱因斯坦无数次听到过的，尤其是在夜深人静时分。他在这钟声中怔怔地思考着宇宙的时间，于是，这间小房也就成了无限的空间。

2. 可供参与的历史实物。旅游体验的前提是进行参与，参与是消除旅游者与历史文化景观之间的有利途径。随着旅游业的发展，很多人都不会满足于了解文化景观外在的、物化的、静止的东西，而是要进一步追求了解景观中内在的、活动的、无形的东西。但如果只是走马观花式的泛泛而看，不参与其中，并在其中体会、思索、品位，就不能真正地将自己与景观对象融为一体，从体验中感受历史的魅力。

那么，游客主要通过什么方式参与其中呢？主要通过精神参与和身体参与。精神参与主要是旅游者运用想象和联想，调动已有历史文化知识，去理解景观所蕴涵的历史文化内涵。这需要景观有故事、有历史、有记忆，也就是有丰富的历史文化内涵。另一方面，体验所涉及的感官越多，就愈容易成功、愈令人难忘。所以，需要旅游者的身体参与其中，通过视觉、听觉、触觉、嗅觉等多方面的感官活动和感受，让历史体验不再是空泛的想象，而更加具体、亲切、形象，从而产生比较大、比较深、比较强烈的心理印象。所以，需要历史文化景观能够提供具体可供参与的实物。

案例　　故宫[①]

故宫的容颜随着时间的流逝而转换。清晨是体味紫禁城宫殿建筑之壮美的最佳时机。当我们站在天安门广场，穿过幽暗狭长、空荡神秘的天安门门洞，推开端门、午门那一座座象征着权力的朱红大门时，一种庄严神圣的感觉便会油然萌生。以前在书上常见到“侯门深似海”的语句，作为中华帝国最大侯门的紫禁城，因讲究含蓄和礼数而造成的建筑空间的深度与封闭所形成的森严气氛，在这里得到了淋漓尽致的体现。

3. 原生态的历史文化氛围。旅游体验重要的是给旅游者创造一种身临其中的氛围，体验要求旅游者“身临其中”，仿佛走进了历史的隧道，跨越时空的界限，超越此时此地，那么历史文化氛围为体验提供一个大的原生态背景。试想，如果一切都是崭新的、现代的、没有历史感和文化氛围作为依托，那么，旅游者在游览过程中就会时时被提醒，时时置于此时此刻，仿佛成为一个历史的参观者，而不是历史的体验者。

那么，历史氛围来自于哪里呢？通常来源于历史积淀所积蓄、沉淀的，通过建筑、环境、民俗、装饰等历史文化景观而给予旅游者的整体感觉。

案例　　追询德国[②]

柏林隐隐然回荡着一种让人不敢过于靠近的奇特气势。

① 《中国国家地理》. 2001 年 6 月. 40 页.
② 余秋雨.《行者无疆》. 北京：华艺出版社，2001. 117 页.

我之所指，非街道，非建筑，而是一种躲在一切背后的飘渺浮动或寂然不动；看不见，摸不着，却是一种足以包围感官的四处弥漫或四处聚合；说不清，道不明，却引起了各国政治家的千言万语或冷然不语。

罗马也有气势，那时一种诗情苍老的远年的陈云；巴黎也有气势，那时一种热烈高雅的文化聚会；伦敦也有气势，那时一种繁忙有序的都市风范。柏林与他们全然不同，它并不年老，到13世纪中叶还只是一个小小的货商集散地，比罗马建城晚了足足两千年，比伦敦建城晚了一千年，比巴黎建城也晚了六百年，但它却显得比谁都老练含蓄，静静地让人捉摸不透。

历史审美型与历史体验型景观分类不是泾渭分明的，美感的产生主要在于景观的外观所带给人的感官享受，而体验主要是源于对于景观所蕴涵的精神、内涵的共鸣。有些景观由于同时具备“审美要素”、“文化要素”、“历史要素”而既属于历史审美型也属于历史体验型。同时，客观只是提供一种审美和体验的可能，对于不同的旅游者同一景观也可以从审美和体验两种角度去关照。通常，欣赏历史体验型景观，要求旅游者本身具有一定的历史文化知识的积累或者关于景观背景知识的了解以及对历史美独特的领悟才能了解历史文化的丰富内涵，从而引起人们的联想、共鸣、体验。

作业：

防空洞内体验抗美援朝历史

今天，数以千计的北京市民涌向军事博物馆。在这里开幕的纪念抗美援朝50周年大型展览的900多件展品中很多是首次公开展出的珍贵文物。

今天上午，展厅内人头攒动。展厅被布置得十分别致，有仿真的防空洞立体展区；有前景是真枪实炮的半景画展区；有横铺在地的巨型铜制军事地图；还有战争纪录片的映场。几位参观者在防空洞中被吓了一跳，原来，透过防空洞的观察口，突然看到忽明忽暗的冒着烟雾的战场，还真让人有身临其境的感觉。已经黯淡的军旗上216个弹孔依然清晰可辨，志愿军68军擎旗手张士秀在多处负伤、腿被炸断的情况下把这面光荣之旗插到了522.1高地的主峰上。邱少云烈士破旧的单衣、用敌机残骸制作的小提琴……甚至擀面杖、茶缸、切菜刀都在讴歌50年前的胜利与光荣。

1．根据以上材料分析作为历史体验型的吸引要素有哪些。
2．收集相关背景资料，体验历史人物的感受。
3．以革命历史为背景，防空洞演习为主题，设计一条历史体验型的景观项目。

第七节　民族文化景观

一、民族文化景观的定义

顾名思义，民族文化景观是指民族在长期的历史发展中传承积累而自然凝聚的民族所共有的人文精神与物质体现的总和。通常，通过民族建筑、工艺品、服饰、歌舞、习俗、节庆等形式来表现。其中民族建筑由于已在建筑文化景观中叙述，在本节中不再涉及。

二、民族文化景观的特点

（一）民族性

民族文化景观是各民族在自已历史发展中民族智慧的结晶，凝聚着该民族的感情、意志和追求，体现民族精神，构成民族要素，从而成为一个民族的标志。民族的文化景观因其有很强的民族特色，因此其文化景观有很强的识别性，如在民族歌舞中，土家族的摆手舞，傣族的孔雀舞，回族的“花儿”，侗族的“大歌”等就是民族文化形象的符号象征。旅游者可以通过对旅游景观的观赏、阅读、品位、体验，了解民族文化的内涵，体会不同民族的生活方式、价值观念。

（二）全民性

民族文化景观是民族共同创造的文化景观，因此它所体现的并不是少数人的文化模式及文化现象，而是整个民族共同拥有的文化模式。无论是语言文字、生产劳动，还是民族歌舞、节庆活动，同一民族的人都有类似的文化方式。对于旅游者来说，带给其重大“文化震惊”的是整个民族遵循着同样的文化习惯。

（三）丰富性

民族文化是一个民族在长期历史发展中共同创造的一切文明成果的总和。其中，它包括民族语言、服饰、饮食、交通、建筑、习俗、桥梁等景观现象。可以说，打上民族符号的景观有很多，而旅游者正是通过一些日常生活或者表演展示等多种形式，来了解一个民族的文化底蕴。

三、民族文化景观的表现形式

（一）日常生活景观

日常生活通常是烦琐的、细微的，也是稳定的、持续的。同时，一个民族的文化也最直接地保留在日常生活中的方方面面，也正是通过衣食住行等生活方式和环境的体现，一个民族才和另一个民族产生最为广泛的区别与联系。我们常听到一些顺口溜就是对民俗文化景观的有趣描绘。如新疆的“早穿皮袄午穿纱，晚围火炉吃西瓜”，东北三件宝，“人参、貂皮、乌拉草”，陕西的“十大怪”：面条像腰带，锅盔像锅盖，辣子是道菜，泡馍大碗卖，碗盆难分开，帕帕头上戴，姑娘不对外，不坐蹲起来，唱戏吼起来。这类顺口溜，通俗地概括了气候、特产、吃穿住和起居等日常生活中的民俗习惯。

旅游是一场“脱离”原来文化体系，脱离原有“日常生活环境”，重新“进入”不同日常生活的“文化实践”。旅游者能从司空见惯的衣、食、住、行到婚、丧、嫁、娶，从生产、生活到节日、礼仪、禁忌等日常生活的方方面面感受到文化的差异。日常生活环境的差异越大，旅游体验性越强。可以说，日常生活环境景观是最重要的民族文化景观形式之一。

（二）服饰文化景观

服饰文化景观是民族文化中最容易被人察觉、民族性最为浓厚的景观之一。“无论是满族的旗袍，还是印度人、缅甸人的纱笼；无论是布朗人的黑齿，还是缅甸巴洞地区部族与加里曼丹达雅克人的长颈妇女；无论是苗族重达数公斤的银头饰，还是东南亚一些民族沉重得使佩带者必须以整个头部来承担重量的耳环，以及非洲一些部落上套有重达数十公斤的铁环；都会令人大开眼界。”

那么，不同民族的服饰为什么会有如此大的区别呢？其实大多与不同民族的生活环境有关。比如说，在风沙大的地区，当地人常围围巾、戴帽子以抵制风沙的侵袭，而在多雨地湿的地区，多选择通风散热性好的服饰。不仅如此，服饰文化也与一个民族的文化、价值观念有着密切的联系。纳西人的七星披肩的羊皮之上有两枚较大的圆盘，分别代表日和月，而七枚稍小的圆盘代表七颗星星，象征着纳西妇女“肩担日月，背负繁星”，以颂扬纳西族妇女辛勤劳作之美德，由七枚小圆盘中心下吊的十四根麂皮细线，则表示日月星辰放射出的万丈光芒，给人间带来光明与温暖。服饰的颜色也常常有着特殊的象征含义。如蒙古族男子多喜欢穿蓝色、棕色的袍子而女子则喜欢穿红、粉、绿、天蓝色。蒙古人认为，像乳汁一样洁白的颜色，是最为圣洁的，多在盛典、年节吉日时穿用；蓝色象征着永恒、坚贞和忠诚，是代表蒙古族的色彩；红色是像火和太阳一样能给人温暖、光明和愉快，所以平时多穿这样颜色的衣服；黄色被看作是至高无上的皇权的象征，所以过去除非活佛，或者受到过皇帝恩赐的王公贵族，其他人是一律不能穿用的。

案例　纳西人的“七星披肩”

丽江这个纳西族世代居住的土地，以其雄伟壮丽的自然风光和奇丽迷人的纳西风情令多少游人津津乐道，要说起丽江纳西人的“七星披肩”，真可谓丽江一道独特的风景呢。

七星披肩纳西语称为“优轭”，其羊皮上部剪成四方形，底边近似大括号。冬天寒冷时羊毛朝内，夏天天热时则羊皮光面朝内。羊皮上部缀以长方形的粗毛呢衬布，盖住了近三分之一的羊皮面，称为羊皮颈。上部边沿，缝有一对绣有蝴蝶纹的白布长带，用于将羊皮系在身上，即背带。

纳西人较早的披肩上，在羊皮颈的上部左右对称各缀着一个直径约五寸的圆盘，圆盘上用彩色丝线绣有各种图案。在羊皮颈的下部，缀有七盘直径约三寸，仍绣有彩色图案的小圆盘饰物，每一小圆盘的中心各吊两面三刀条麂皮细线，共有十四条，称“优轭崩”，即羊皮须。

现在纳西人的七星披肩的羊皮之上有两枚较大的圆盘，分别代表日和月，而七枚稍小的圆盘代表七颗星星，象征着纳西妇女“肩担日月，背负繁星”，以颂扬纳西族妇女辛勤劳作之美德，由七枚小圆盘中心下吊的十四根麂皮细线，则表示日月星辰放射出的万丈光芒，给人间带来光明与温暖。

摘自 http://www.56mz.com/zst-c-naxizu.htm

（三）饮食文化景观

“民以食为天”，饮食文化景观从小到原材料的选择、烹饪料理的过程、享受美食的方式大到店面的设计、用餐时的氛围情调、歌舞表演以及有关饮食的相关历史背景、传说寓意等等，都呈现出民族文化的特色。比如吃法国菜很讲究情趣与氛围，餐厅设计得讲究温馨而典雅的气氛，餐厅的桌椅摆放也很讲究，不仅要方便就餐，还要迎合不同顾客的消费心理，空间更要得到充分的利用。法国餐的每一道菜与饮品搭配是一门“艺术”。餐前一杯开胃酒不可缺少，就餐期间酒的种类、甚至颜色都非常讲究。点肉类食品要配红葡萄酒，吃鱼虾一类的海味要喝白葡萄酒，有些人用餐后还喜欢喝一点白兰地一类的烈性酒。每种酒所用的酒杯都不相同。中国菜肴在色、香、味、形方面都有很高的要求，又因为地区风味不同，而分为四大菜系。如粤菜以讲究用料广泛、新奇而著称，平日里难以想象的蛇、鼠、虫、猫、狗都可以作为美味入菜食用。不同的进餐用具含着浓郁的民族特色。如中国大多使用筷子、西方民族大多使用刀叉、东南亚一些民族有用手吃饭的习俗。

除了美食之外，饮料是饮食文化中的又一重要景观。世界三大饮料：茶、咖啡、可可，盛行于各个国家与民族之中，并且互相渗透，互相影响。如巴黎香榭丽舍大街两侧悠闲的咖啡馆，成都街头巷尾喧闹的茶馆，早已成为城市文化的标志。

案例　　土耳其咖啡

咖啡在中东古国，宛如一千零一夜里的传奇神话，是蒙了面纱的千面女郎，既可以帮助亲近神，又是冲洗忧伤的清泉。要说咖啡，不能不提土耳其咖啡，这是因为无论从回教或者从基督教的立场来说，咖啡的故乡都是在遥远神秘的中东山上。咖啡在十六世纪正式传入土耳其，开始商业化，并且迅速传至欧洲大陆。这种盛行于希腊、东欧、中东、北非等地的咖啡饮用法，一般人惯称土耳其咖啡或阿拉伯咖啡，至今仍保持着早期宗教仪式般的神秘感。传统土耳其咖啡的做法，是把烘培热炒浓黑的咖啡豆磨成细粉，连糖和冷水一起放入红铜质料像深勺一样的咖啡煮具里，以小火慢煮，经反复搅拌和加水过程，大约二十分钟后，一小杯50毫升又香又浓的咖啡才算大功告成。由于当地人喝咖啡是不过滤的，这一杯浓稠似高汤的咖啡倒在杯子里，不但表面上有黏黏的泡沫，杯底还有渣渣。在中东，受邀到别人家里喝咖啡，代表了主人最诚挚的敬意，因此客人除了要称赞咖啡的香醇外，还要切记即使喝得满嘴渣，也不能喝水，因为那暗示了咖啡不好喝。阿拉伯人喝咖啡，喝得慢条斯理，它们甚至还有一套讲究的咖啡道，就如同中国茶道一样，喝咖啡时不但要焚香，还要撒香料、闻香，琳琅满目的咖啡壶具，更充满着天方夜谭式的风情。一杯加了丁香、豆蔻、肉桂的中东咖啡，热饮时满室飘香，难怪阿拉伯人称赞它像麝香一般摄人心魂。

摘自《广州日报，2007年3月29日》

无论是藏族的酥油粑，维吾尔人的抓饭与馕，还是苗族的酸菜和蒙族人的马奶子，一旦只要尝过，就会终身难忘。在日常生活中，饮食是最能唤起民族的共同生活的记忆，也是让旅游者在异地旅游时，不可遗忘的旅游体验之一。

案例　　布依族五色花饭

五色米饭是布依人的特产，不但色彩鲜艳，而且味道悠远。色彩一般有红、紫、黑、白、黄几种，叫“五色花米饭”，有的只染红、黄、白三色，叫“三色花米饭”。

每年的秋后，布依人就把上等的糯米挑选出来，单独放好留待做花饭用。到次年三月三民族传统节日时，到山上或房前屋后挖回几种可食用的野生植物，把这些植物的根、茎、花、叶分别捣碎，提取出红、黄、蓝三种色素，再用这三色调出黑、紫两色，做花饭的五种颜色就准备好了。

白色是米的本色，红、大红、紫三色是用一种叫作“姐妹饭叶”的植物的色汁来浸泡，颜色间的区别是叶浓度的差别；黄色是用一种叫作“黄米饭花”的植物花籽浸泡而成，黑色是用麦秆草类烧后用水浸泡，再滤其灰渣，取其色水浸泡而成；紫黑色是用枫香树的叶汁浸泡而成。

泡好的糯米分别装在五个小瓦盆中，将五种色汁分别掺进去搅拌，待色汁完全将糯米浸透后，就把五盆色米拿到小河边淘洗——小河的名字叫多依，多依河畔淘花米饭的布依少女是这条女儿河上最美的风景。淘好后的米才可以搅和在一起，放到甑子里蒸熟，最后倒入簸箕内晾干。这时五色花饭色彩缤纷，清香可口，可凉吃，也可蒸热再吃。喜甜食的，就加上点蜂蜜，又香又甜。

做好的五色花饭如果在节日期间吃不完，还可以做成圆圆的小饭团，或让其自然晒干后收藏起来，日后慢慢吃。小饭团是要用油炸的，膨胀酥脆的花饭团不仅香脆，且外观好看，是最好的下酒菜。晒干的花饭，舀在碗里用开水泡软，即成花粥。如果在粥里再煮几个荷包蛋进去，这鸡蛋花米粥就是布依人待客的最好的食品了。

摘自：《南国都市报》2005-3-24

（四）建筑文化景观

不同民族的建筑文化景观常常丰富多彩、形状各异，是最具特色的人文景观之一。建筑的外部造型、内部空间、色彩搭配、装饰陪衬及与周围环境之间的关系，常常会给旅游者留下深刻的印象。可以说，建筑文化景观较其他的民族文化景观更能带给旅游者以视觉冲击力和震撼力。

建筑材料、结构、样式的不同常常与不同民族的生活环境、生活习惯有密切联系。如在我国，有些建筑形式有利于房屋的通风、防潮、防洪水等等。又如，在蒙古族、藏族地区常常可以看到另外一种居住形式，即多用帐篷、毡房等，这样有利于他们的游牧生活。我国侗族素以高度的建筑艺术而著称，侗寨的鼓楼不用一钉一铆，但却牢固而气势宏伟。

案例　　闽南土楼情思

别具人文特色的闽南土楼集中在福建漳州地区的南靖、永定和华安三县境内。

我们乘车绕着闽南山区的绵延群山，直奔南靖最为精美的田螺坑土楼群。车至半山腰处停下来，只见眼前四座圆楼拱簇着一座方楼，依山势错落布局，在群山环抱下，层层土墙与层层梯田遥相呼应，奇异秀丽，美不胜收。居高俯瞰，像一朵朵梅花怒放在翠绿的山坳。田螺坑土楼的精美建筑组合，构成人文与自然巧妙之成的绝境。土楼是闽南独特的客家山村民居。它体现了客家人聚族而居的传统民俗。土楼分圆形和方形两种，大而封闭，楼中有楼，有较强的防御性，进出的大门用厚实的杂木外加铁板制成。有的门上还装有防火水槽，墙体很厚，墙基牢固，可以防火、防震、防兽和防敌入侵。

南靖先民在土楼建筑史上所创造的奇迹至今仍留下许多让人难以破解之谜。长教官村的土楼古时受火灾烧毁，留下残墙断壁，经受几百年风吹日晒，而今依然屹立，有如长城般坚固；当今最高土楼“和贵楼”却是建造于沼泽地，仍巍然不动，据说当建造此楼时地基下陷了一层深，停了一年多才续建，现今在楼周围仍可用铁条插下几米深；“裕昌楼”是有名的“东倒西歪楼”，楼内梁柱倾斜度达15度，看似十分惊险，楼内居民却安然无恙，繁衍了二十六代，至今是难解之谜。还有最精美的怀远楼，目前墙体光滑无脱落，夯土配方与夯筑技艺极为高超。室内雕梁画栋，古色古香，充满古雅书香气息。

如果说建筑是“凝固的音乐”，那么闽南这些大大小小的土楼奏出的便是一曲气势恢宏、古风沉郁的旋律。据介绍，联合国教科文组织顾问史蒂汶斯·安德烈来中国福建闽南考察土楼，惊叹这是“世界上独一无二，神话般的山区建筑模式”。日本东京艺术大学教授茂本计一郎把闽南土楼描绘成“天上掉下来的飞碟，地下冒出来的蘑菇”。

摘自：黄彩虹.《人民网》，2006年1月12日.

日常生活环境景观常常是散布在旅游地生活环境的细微之处，它带给旅游者的是当地生活环境的整体氛围。如一篇散文所描述的那样，漫步在布拉格街头，身边到处都是有着数百年历史的中世纪建筑，叮叮当当的有轨电车呼啸着穿越街道，露天咖啡座上是谈笑私语的年轻情侣，街两旁散落的各色小店里，摆放着各色水晶和提线木偶……不用刻意追寻，任何一处细节都是风景。

（五）节日狂欢景观

节日是指社会生活中约定俗成、有特定风俗活动，以年为周期而循环的相对稳定的专门时日。节日是文化的一部分，而且是极为重要的一部分，它规定着一个人的文化身份，并以仪式化的方法维系着人与传统的关系。在世界全球化浪潮中，人类的许多价值都在趋同，而节日可能是保持人们文化认同感的最后一道壁垒了。作为民族文化符号系统的一部分，它是最具地方色彩的文化符号，在节日期间，民族文化比平时表现得更典型、充分、丰富。

当代社会学家一般把节日分为：官方的节日和民间的节日。在官方节日中，肯定的是现有的制度、秩序和等级观念。因此参加者必须按照自己的身份、官衔和相应的级别和地位各就各位。其节日的范围是严肃的，人们很难在官方的节日中感受到节日的狂欢氛围。而在民间节日中，人人摆脱一切等级、约束、禁令，过着狂欢式的生活，巴赫金称之为“第二种生活”，是“翻了个的生活”，这样就形成了一个与现实制度相隔离的第二世界，“在这里，节庆性成为民众暂时进入全民共享、自由、平等和富足的乌托邦王国的第二种生活形式。”这种生活由于摆脱了特权、禁忌，人与人之间的关系是平等的，彼此不分高低贵贱过着自由、欢乐的生活。狂欢节不仅仅为大众提供了一个节日形式，他同时也是生活本身。如在巴西旧都里约热内卢的狂欢节的三天三夜里，全城上下倾巢而出，人们不分肤色种族、贫富贵贱，不拘平时礼仪，男女老少个个浓妆艳抹，狂歌劲舞，尽情宣泄。在城市的主要街道上，大型彩车簇拥着“国王”和“王后”领先开路，身材喷火的拉丁女郎身着比基尼或上身全裸，与男舞者大跳热情奔放的桑巴，把气氛带动到最高点。同时，人们戴着假面具，脚踩高跷，身着艳丽服装，以乐队为前导，表演着各种以神话、民间传说和现实生活为题材的滑稽剧、讽刺剧和黑人舞、印第安人舞等民族舞蹈。又如在德国，狂欢节结束前的星期四被称为“女人节”，它是狂欢节进入高潮期的标志。在“女人节”中，往往要表演妇女夺权的喜剧，平素庄重文雅的德国妇女，在这一天犹如火山喷发一样尽情宣泄着自己的感情。她们成群结队地冲进市政大厅，闯入市长办公室，坐在市长办公椅上宣布接管市政权。这一喜剧既表演得惟妙惟肖，又大快人心，充满了浪漫的色彩。

如果说日常生活景观表现的是民族文化平和、安详、和谐的一面，那么节日狂欢景观则反映了一个民族疯狂、颠覆、宣泄的另一面。节日狂欢是另一种生活的开始，是另一种角色的平台，是另一种文化的体验。因此，狂欢化不仅存在于欧洲，同时它也是一个世界性的文化现象。中国的民族节日也有类似狂欢节的，傣族新年节中的泼水节是西双版纳最为隆重、盛大的传统节日。节日氛围非常热烈，已达到了狂欢的程度，被称为是“东方狂欢节”。这一天，大街小巷上人流如潮。人们踏着大芒锣和象脚敲击的节奏，尽情欢歌曼舞，享受着这象征幸福与吉祥的纯洁之水。

不过中国汉族的传统民间节日，如春节、端午、中秋、重阳等，由于儒家礼仪思想的影响，其狂欢程度远比西方的许多民间节日要低，如春节、重阳按传统礼仪都是敬老爱幼的节日，但仍然有狂欢的一面，春节除夕夜燃放烟花爆竹，就是延续了千年的全民性的狂欢活动。首都北京在2006年的春节年味道格外浓，因为北京实施了十二年的禁止燃放烟花爆竹的政策在2006年被取消，因此新年除夕夜见证了十三年来最热闹的一个中国春节。除夕从入夜开始，就陆续爆发出一阵阵烟花爆竹声，有的是市民带孩子燃放，也有的是店铺商家带领员工燃放。到午夜12点左右，爆竹燃放达到最高峰，整个城市鞭炮声震耳欲聋，城市夜空火树银花。又如端午节的龙舟竞赛，同样是水中锣鼓喧天，条条龙舟奋力划行，岸边人山人海，呐喊加油之声震耳欲聋，狂欢之情溢于言表。

城市狂欢旅游也成为概念营销的“盘中餐”。作为舶来品，嘉年华的英文“CARNIVAL”原意为“狂欢”之意。2004年，从沈阳到北京、成都、上海，“嘉年华”成为搅动城市旅游的一个重要力量。特别是2004年7月，投资1.2亿元的北京环球嘉年华，在短短52天里创造了101万的客流量和近1.2亿元的营业收入，并引发了“嘉年华”热潮在全国的掀起。嘉年华的独特运营模式及其移动性、专业性、弹性消费、强势品牌都具有重要的市场示范意义，无疑对国内游乐园和主题公园提出了挑战。而这一概念的引入，也为含蓄的中国人引入了一种新的娱乐概念。

案例　　巴西狂欢节

在狂欢节的游行队伍里，不分贫穷和富有，不分尊贵或卑贱，从白天跳到黑夜，快乐可以传染，不满得以宣泄。狂欢节期间，数不清的罗曼史在发生，点亮人们平庸的日常生活。你有权期待浪漫，期待激情，你有权发泄不满，表达抗议，一切都那么爽，于是你笑了。环顾四周，载歌载舞的游行队伍中，桑巴舞小姐多么美，阳光多么好，开心最重要。

规模盛大的桑巴舞游行中，一辆辆车身长达10米的彩车打头阵，车上装着高音喇叭，车顶上七八名鼓手敲出震耳欲聋的欢乐鼓点，歌手引吭高歌，桑巴舞小姐高高在上，扭动腰肢，跳着欢快的桑巴舞。成千上万的人簇拥在彩车前后，一边和歌手一起歌唱，一边随着节奏跳着桑巴舞。

由于沿途不断有人加入，游行队伍越来越长。人们极尽想象，把自己打扮得千奇百怪，以吸引路人的眼光，参加游行的人有年过花甲的老人，有坐在父亲肩头的儿童。男男女女，老老少少，人人都在唱，个个都在跳。烈日炎炎，气温高达32摄氏度，虽然人人脸上都淌着汗水，但个个脸上都挂着笑容。

摘自：http://www.VeryEast.cn/travel

各民族节日首先是本地居民自已的节日，是为自身的文化价值、情绪释放、风俗传承而举行的。但是，各民族的节日狂欢景观对旅游者有着强大的吸引力。这是因为节日狂欢景观具有集中体现某一民族文化特性的色彩，而且包括下面这些特点：

1. 全民参与性。节日是一次暂时性摆脱社会真实身份和社会秩序的仪式。因而在节日和庆典中，许多传统秩序形成的身份禁忌都可以被打破。中国婚礼仪式上的闹洞房、春节除夕夜燃放烟花爆竹，少数民族的赛歌会、美国今天的万圣节都通过特定的节日仪式取消了人们的社会身份界限，从而使社会成员达到狂欢化的参与过程。欧洲中世纪和文艺复兴时期的狂欢节，是完全独立于教会和国家的真正的全民广场节日的象征和体现。在狂欢节中，没有演员和观众之分，“人们不是袖手旁观，而是生活在其中，而是所有的人都生活在其中，因此从其观念上讲，它是全民的。”如在每年的农历四月到六月，广泛流传于我国西北的甘肃、青海、宁夏、新疆四省的花儿会上，人们聚集在山冈上，田地间，小溪旁。在青海，参加者少者数千人，多者十几万人。又如中国传统节日——元宵节也是一个万民同乐的日子，无论在南方还是北方，街上还是院内，到处张灯结彩，犹如白昼。人们涌向街头，观彩灯、猜灯谜、放烟火、听音乐、看杂耍，热闹非凡。

2. 娱乐狂欢性。在节日狂欢中，人们暂时从现实关系中解脱出来，相互间的身份距离减弱，从而产生一种乌托邦式的人际关系。“不同等级、不同地位的人们在广场上发生随便而亲昵的接触、插科打诨、俯就和粗鄙这一系列狂欢行为，从而打破不可逾越的等级屏障。”如在彝族的火把节上，节日的目的是庆贺丰收，而不是突出阶级意识和等级差别，在整个节日中，土司、奴隶贵族、平民百姓一起唱歌跳舞、斗牛赛马，处处充满着欢歌笑语和节日的狂欢。

中国的传统文化节日有很多既有的规范，人们作为个体的主宰性不强，加上长期以来社会对人的压力，只能遵守这种规范，缺少自主性、自娱性。而在节日狂欢中，人们找到了一个合理、合法、合乎社会规范的形式来释放压力，寻找快乐，快乐成为唯一的理由。因此，可以说狂欢节点亮了人们平淡的日常生活。

（六）表演展示景观

民族表演展示景观是动静相宜的民族文化景观，常常通过挖掘、提炼、包装具有民族文化特色的文娱表演节目，吸引对异质文化怀有兴趣的游客，展示各国或本地的文化特色。从表演展示的内容上分大致有以下几类：

1. 歌舞表演展示，民族歌舞是民族文化中极具艺术感染力的形式之一，有的曲调欢快、节奏多变，如维吾尔族的“赛乃母”；有的热情奔放，旋律悠扬，如蒙古族的“安代”；有的曲调优美，如藏族的“囊玛”等等，这类型的展示类型通常充满喜庆欢乐的气氛，既能活泼生动地展示民族特色，又能让旅游者感受到轻松愉快的民族氛围，因此成为最常见的展示形式。

2. 民族工艺品制作展示。主要是通过展示本民族工艺品的制作过程而吸引旅游者。这类展示形式能激起旅游者了解制作过程的兴趣，增强民族文化知识，调动旅游者参与其中的热情。

3. 民族体育竞技表演展示。通常以竞技性强、民族特色浓郁的表演为主。此类展示形式常伴有精彩刺激的表演竞技场面，常令旅游者叹为观止，留下深刻的印象。如维吾尔语称为“达瓦孜”，是维吾尔族民间传统体育活动之一。表演者手持长竿，不系保险带，在喷呐、羯鼓声中表演走绳。这兼具竞技与杂技的表演常让旅游者感到惊心动魄。

表演展示景观的特点是：

1．动态与静态的结合，动态的民族表演景观与山川水系、建筑、摆设等静态旅游景观有机结合，相互衬托。如大型桂林山水实景《印象刘三姐》演出实际上是一个大的山歌主题公园，演出场地刘三姐歌圩坐落在漓江与田家河交汇处，与闻名遐迩的书童山隔水相望。夜色中，12 座山峰随着灯光渐次亮起，蓝色、红色、黄色……光与水相互掩映，呈现出一种如仙如幻的境界。流动的渔火在水面上不停地变幻出各种图案，几百名身着壮族服饰的少女在水边缓缓前行，她们身上的银络形成一道流动的光影，在漓江上飘动……整个表演以自然造化为实景舞台，放眼望去，漓江的水，桂林的山，化为心中的舞台，给人宽广的视野和超然的感受。

2．观赏性与参与性的结合。在满足游客观赏的同时，游客可以参与到歌舞联欢中或请游客亲自动手参与民族工艺品的制作过程。这样，不仅使旅游者在精神文化生活方面实现了自我娱乐、自我满足，同时也增强对民族艺术的理解。另外，在一些坐花轿、跨瓦盆、掀盖头、拜堂等传统婚俗表演中，旅游者也常常有体验当“新郎”、“新娘”的机会。

3．娱乐性与刺激性的结合。如藏、门巴、珞巴族人民的民族体育竞技往往在集会节日期间与歌舞等穿插进行。体育和歌舞既在竞技斗勇中健全身心，又富有游艺娱乐性。据调查，在西藏元旦、藏历年、劳动节、望果节、国庆节、雪顿节等都要举办传统体育项目比赛，其项目包括赛马、马术、赛耗牛、斗牛、射箭赛跑、抱石头、拔河、下藏棋等一系列娱乐活动。如地处藏北草原的藏族牧民，每年 8 月都要举办羌塘恰青草原赛马会，赛马会上不但要进行跑马射箭，还要举行抱石头、马上射击、马上拾哈达等活动，还伴以歌舞，大家尽情欢乐。门巴族的体育竞技如拔河、抱石、投石、摔跤等，也大多在节日中举行，参加者踊跃、观战者云集，欢声笑语不绝。

表演展示作为一种重要的民族文化景观形式，在开发过程中也应注意文化的原生态环境和文化内涵的真实性，防止一味地迎合市场，出现庸俗化的倾向。如在一些旅游景点，少数民族婚俗由于经营者剔除了与之紧密相连的文化成分，而失去了它真实而神秘的文化内涵，成了一种完全符号化的仪式，变成一场重复而没有情趣的娱乐。

案例　　漂浮在现实和想象之间——《印象·刘三姐》

寻梦，缘于一首老歌随着浑厚的声音响起：“我 1961 年出生，在我出生的那年，有一部叫《刘三姐》的电影诞生了。”一幅放映着老电影的银幕袅袅地在雾气中飘到舞台中央，12 座山峰隐约亮起，竹林剪影绰约，随着晚风轻轻摇曳。15 盏探照灯升起的光束交错映亮整个夜空，动感而温情地拉开了演出的序幕。

音乐和灯光过渡着几艘穿梭舞动的筏子，让人一时眼花缭乱，远方的筏子上有几个挂满银饰的盛装美人在缓缓地变换对形；一队情深意切的舞蹈演员把剪影投射在身后的屏幕上；一个银光闪烁的亭阁上站着一个黑老鸦似的渔夫；一支载着羽毛的筏子缓缓飘来，配合着欢呼、歌声和灯光；一队浴女在左手边的笺桥上飘然起舞；一叶扁舟上，一位翩跹的妙龄少女成了眼睛的焦点，可以断定她就是“漓江女儿”。

一个个衔接有序、瞬间明暗的小舞台，肆无忌惮地调皮着观众的视线。在一片黑暗的停顿中，从远处缓缓飘出一个个亮晶晶的少女，她们身着民族服饰，整个人就像萤火虫一样透着银色的冷光。一个，两个，三个……像依次点燃的烛光，逶迤着向观众席飘来。你想象不到岸边的夜色里可以藏下这么多人，如果说第一个飘出来的“萤火虫”是创意，第一百个就是毅力了。这一道银光持续不断，等约摸近300多人的队伍集合完毕，我们已经消化了最初的惊喜，等待着下一个奇迹的出现。

随着天籁般的低吟，庞大的队伍缓缓舞动，突然，几百号人神奇地消失了，剩下的几对延续着音乐，跳着极具民族风味的舞蹈，瞬间又同时闪亮。姑娘们身上缀满如星星般的小灯泡。姑娘们又出现了，她们只需摁摁开关就可以完成这个魔术，又是一番配合默契的连接动作。

然后，就是渔火了。全是音乐和船，船上点着渔火，几百号渔民又扯起船帆，载着丰收的喜悦，慢慢地退出如梦的境地，而观众久久不愿醒来，不愿离去。

摘自：新浪网2004年3月4日

第八节 思考题

1．谈谈你对城市传统节日民俗改变的看法。
2．以“乡村民俗”为主题，设计一条乡村旅游线路。
3．谈谈景观联想型旅游文化景观的特点。
4．谈谈你对于名人故居开发的建议。

本章参考文献

[1] 韩杰．现代世界旅游地理．青岛：青岛出版社，2001.
[2] 周进步，庞规荃，秦关民．现代中国旅游地理．青岛：青岛出版社，2001.
[3] 林越英．旅游环境保护概论．北京：旅游教育出版社，2000.
[4] 保继刚，楚义芳．旅游地理学．北京：高等教育出版社，2000.
[5] 庞规荃，中国旅游地理．北京：旅游教育出版社，1998.
[6] 丁季华．旅游资源学．上海：上海三联书店出版，1999.
[7] 刘振礼，王兵．新编中国旅游地理．天津：南开大学出版社，2000.
[8] 罗兹柏，张述林．中国旅游地理．天津：南开大学出版社，2000.
[9] 中国自然资源从属编撰委员会．中国自然资源丛书（旅游卷）．北京：中国环境科学出版社，1996.
[10] 丁登山，刘奕频．环球风光旅游——外国旅游地理．北京：高等教育出版社，1996.
[11] 余秋雨．《余秋雨文集》．贵州：贵州人出版社．
[12] 余秋雨．《行者无疆》．北京：华艺出版社，2001.
[13] 邱秋娟等．《世界遗产之旅——艺术瑰宝》．北京：中国旅游出版社，2005年.

[14] 吴志实.《欧游杂记——记忆的旅程》. 北京：中国社会科学出版社.
[15] 金元浦.《美学与艺术鉴赏》. 北京：首都师范大学出版社，1999.
[16] 冯骥才.《紧急呼救——民间文化拨打 120》. 上海：文汇出版社，2003.
[17] 庄志民.《旅游美学》. 上海：上海三联书店，1999.
[18] 傅其三.《生活美学》. 知识出版社，1993.
[19] 孟蔚彦.《在天地中徜徉》. 上海：复旦大学出版社，2004.

第九章　旅游文化品牌

品牌是市场竞争的产物，是现代企业的一项重要无形资产。品牌是企业为了适应大规模的工业生产而应用并发展起来的，它作为市场竞争的一种重要手段，为世界各国工商界所采用。一个企业一旦拥有品牌产品，它就能获得超出一般水平的市场竞争力，同样，一个国家的某个产业拥有世界知名品牌，该产业才能具有较强的国际竞争力。近20年来，我国旅游业取得了长足进展，但同时也暴露出许多问题和不足，旅游品牌缺乏便是很重要的一个方面，这主要表现为我国缺少具有国际竞争力的旅游企业集团。因此，中国要提高国内旅游企业的竞争力，并真正实现从旅游大国向旅游强国的转变，就必须加快建立一批国际知名的旅游品牌，特别是旅游文化品牌。

第一节　文化品牌战略与旅游

一、旅游文化品牌的含义、表现形式及功能

（一）品牌、旅游品牌、旅游文化品牌的含义

品牌，顾名思义，即产品的名字。在一般意义上，品牌指的是产品的商标，尤其是经过注册，受法律制约和保护的商标。菲力普·科特勒在其《营销管理》中将品牌定义为："品牌从本质上说，是销售者向购买者长期提供的一组特定的特点、利益和服务。"[①] 美国市场营销协会（AMA）给品牌下的定义："品牌是一种名称、术语、标记、符号或设计，或者是它们的组合运用，其目的是借以辨认某个销售者或某群销售者的产品或服务，并使之与其竞争对手的产品和服务区别开来。"品牌最持久的含义应是它的价值、文化和个性。它代表着经营者对所提供的商品和服务的质量、性能、效用满足的一贯性的承诺，以及市场定位、文化内涵、消费者的认知程度等。可以说品牌就是优质质量的保证，知名品牌代表着市场和消费者的广泛认可。品牌就是一种口碑，一种品味，一种格调，它体现一种知名度、美誉度和给人的好感度。

由此可见，品牌其实就是商品流通过程的文化外化，或者说是商品流动态势面对消费者的文化诱惑。不同的国家、不同的文化，对品牌的理解也有所不同，比如日本就把品牌理解成诚信的、可靠的东西。品牌要历经两次惊险的跳跃，一次是从产品名变为商品名，另一次是通过不断传播积累使牌子成为资产，品牌的终极形态是无形资产。

旅游品牌，即是指能给旅游者带来独特精神享受的一种利益承诺，它建立在旅游资源或旅游目的地的独特性之上，用来识别旅游目的地或旅游企业的产品或服务的名称、术语、标记、符号、图案或其组合，它是旅游产品或服务的质量、价值以及满足旅游者效用的可

① 菲力普·科特勒著，梅汝和，梅清豪，张桁译.《营销管理——分析、计划、执行和控制》（第9版）. 上海人民出版社，1999年10月第1版. 第415页.

靠程度的综合体现。旅游品牌所具有的属性包括：景点的自然优美、深厚的文化底蕴、优质的服务、持续可靠的承诺、良好的信誉、对人身心的关怀、欢乐与享受、独一无二的体验、对环保的关注等。对旅游业而言，旅游是经验商品，是生产和消费同步的不可逆商品，旅游的实质是服务，服务是建立在人与人关系的基础上的有偿劳动。旅游是人们从A地到B地的整个经历过程，旅游服务至始至终都存在于这个过程中。

旅游文化品牌，即是以文化为依托，是一种浓缩了心理或社会内涵的符号系统，它提供给旅游者多种精神享受和文化的体验，使之能够区分出不同旅游销售者的产品和服务，通过强调与众不同的、对顾客具有特殊价值的服务，从而确定旅游目的地或旅游企业的文化优势，使市场呈现差异化竞争。成功的品牌后面是高品位的文化精品，文化承载量越大，其效益释放量就越大。当旅游文化品牌和品味与旅游者的期望值达成一致时，它将会在旅游者心目中留下极为深刻的印象，甚至可以引起旅游者心灵的震撼，此时的市场影响力和竞争力就极为强大。

（二）旅游文化品牌的表现形式

旅游文化品牌要通过一定的形式来表现，一个旅游目的地或一个景区、一种氛围、一件商品、一项活动、一部音像作品等都可以让人们在购买旅游产品或服务的过程中，感受到文化的熏陶。旅游文化品牌有三种基本形式：

1. 旅游目的地或景区的文化品牌。这是游客对某个地区旅游业的总体感知，它更多地表现为旅游目的地或景区的主题旅游形象。它是旅游资源转化为旅游产品的文化过程，它包括旅游资源的文化特质、目的地或景区的文化内涵、文化构思、文化形象的塑造和表现。一个旅游目的地或景区的建设，必须能够巧妙地利用当地所有可利用的文化资源来塑造品牌形象，独特的文化品牌能转化成巨大的旅游吸引力，进而推动整个地区旅游业的发展。如庐山不仅以自然景观奇秀天下，而且以文化景观丰厚天下。它集文化、政治、宗教、教育、建筑于一身。文化是庐山之魂。“入目三分景，七分在内涵”。几千年传统文化的积淀，100多年中外文化的交流，使庐山蕴藏着众多名山无法比拟的丰富文化内涵。山东曲阜市是我国古代伟大的思想家、教育家、政治家、儒家学派创始人孔子的故乡，曲阜市借孔子盛名，开发了孔子故里婚俗旅游、孔子家乡修学旅游、寻根朝觐旅游、孔府美食旅游、孔子周游列国旅游等。他们还举办了15届国际孔子文化节，这不仅弘扬了传统的儒家文化，而且通过“孔子”这一品牌形象，使曲阜广为人知，成为中华文化旅游的主要目的地，激活了当地旅游业，并使其成为曲阜的支柱产业。良好的旅游文化品牌可以大大提高旅游目的地或景区整体的商业价值及社会价值，提高其在市场上的竞争能力。这种良好的旅游文化品牌是一笔潜力巨大的无形资产，如果运作得当，将为旅游目的地或景区带来无限商机。

2. 旅游企业的文化品牌。旅游企业的文化品牌是旅游企业的标志，它是旅游企业身份、整体形象的品牌。与一般商品品牌不同，企业文化品牌是独一无二的，每个旅游企业只能有一个企业文化品牌，否则旅游者将无法识别。可以说，旅游企业文化品牌是旅游经营主体的代表。在旅游业发展日益走向国际化的今天，旅游企业文化品牌往往是指旅游企业集团的牌号，这一点在饭店业中表现得尤为突出。例如香格里拉、锦江、希尔顿、皇冠假日等著名的饭店集团，就是以它们的品牌作为高层次的服务品质的标志。在国内旅行社中，中国旅行社、中国青年旅行社等旅行社集团的品牌，同样是其较高服务水准的象征。

3. 旅游产品的文化品牌。旅游产品的文化品牌是旅游产品品质及满足顾客需求程度的综合体现。旅游产品的文化价值可以离开生产者而独立存在，它可以通过一定的物质载体而表现出来。品牌的定位关键是发掘出具体产品的精神、文化、人文哲学理念。任何一种旅游产品，不论其质量高低和内在品质如何，都代表着一定地域的文化品格和素质，甚至成为一种象征。如福建莆田湄州岛的妈祖享誉闽台及东南亚地区，新加坡一公司借助“妈祖文化”这一品牌，发行金质妈祖像章，既具有收藏价值，又满足了人们寻求妈祖庇佑的心理，购买者趋之若鹜，这家公司也获得了可观的经济效益。苏州人以唐诗《枫桥夜泊》为引子，以“枫桥夜泊”为主题，开发了一系列有文化品位的产品，使购买者兴趣盎然。具有文化内涵的旅游产品不是被人们一次消费完的，一代又一代的人都可以以自己的体验去领悟产品中的文化价值，并以自己的想像去丰富产品中蕴含的精神意义。

（三）旅游文化品牌的功能

有实力的品牌具有很高的价值，这种价值主要体现在五个方面，即便于消费者识别企业及其产品、有利于企业塑造自身形象、传达产品信息、激发消费者的购买欲望以及促成顾客的长期支持与购买。旅游文化品牌对旅游地和旅游企业的持续发展至关重要，其功能主要有四点：

1. 突出旅游产品或旅游服务的特色。品牌是消费者或用户记忆产品的工具，不仅要将产品销售给目标消费者或用户，而且要使消费者或用户通过使用对产品产生好感，从而不断宣传，形成品牌忠诚，使消费者或用户重复购买。消费者或用户通过品牌，通过对品牌产品的使用，形成满意，就会围绕品牌形成消费经验，储存在记忆中，为将来的消费决策形成依据。品牌的一项重要功能是创造事物差别，即让某个企业或某项产品与其他企业或产品区别开来，一些企业更为自己的品牌树立了良好的形象，赋予了美好的情感，或代表了一定的文化，使品牌及品牌产品在消费者或用户的心目中形成美好的记忆。旅游文化品牌也是如此，比如“希尔顿饭店”，希尔顿饭店的宗旨是“为我们的顾客提供最好的住宿和服务”。希尔顿的品牌名称已经成为“出色”的代名词，客人入住希尔顿饭店就意味着可以获得优质的服务。旅游业的高回报率和低技术性使得提供同类产品的旅游企业大量出现，因此就需要有一种标记来表征同类产品之间的差别，这种差别就是旅游品牌。对于旅游企业而言，品牌是其产品质量的重要标志及产品特色的主要载体，顾客一看到这个品牌，就会联想到企业产品或服务的品质、价格甚至亲身消费后的感受。

2. 树立鲜明的旅游形象。旅游文化品牌的建立是由于竞争的需要，是用来识别不同旅游企业的产品或服务的。旅游文化品牌的设计应具有独特性，有鲜明的个性特征，品牌的图案、文字等应与竞争对手有所区别，代表着本企业的特点。同时，互不相同的品牌各自代表着不同形式、不同质量、不同服务的产品，可为旅游者购买、使用提供借鉴。通过品牌人们可以认知产品，并依据品牌选择购买。每种品牌代表了不同的产品特性、不同的文化背景、不同的设计理念、不同的心理目标，旅游者便可根据自身的需要，依据产品特性进行选择。品牌有利于旅游目的地或旅游企业塑造鲜明的市场形象，主要表现在三方面：其一，旅游文化品牌能体现出旅游产品或服务的特色，从而在顾客心中形成独特的市场卖点；其二，品牌作为旅游目的地或旅游企业的标志，便于旅游者识别和认同；其三，在某个特定时期内旅游经营主体总是以统一的标志、口号进行市场营销，这将增强营销活动的震撼力和影响力，有助于旅游地或企业树立良好的市场营销形象。

3. 降低旅游者的消费成本。旅游企业设计品牌，创立品牌，培养品牌的目的是希望此品牌能代表旅游产品的质量和旅游企业的形象。于是品牌、特别是知名品牌就代表了一类产品的质量档次，代表了企业的信誉。旅游文化品牌大多由文字或图案构成，其特点是形象直观、易记，这便于顾客识别旅游企业及其所提供的产品。另一方面，有经验的旅游者对市场上的一些旅游文化品牌已经有所了解，当决定出游时，就会选择能满足自己需要的品牌，例如某个知名的饭店、旅行社，或者某个著名的旅游景区。

4．反映旅游地的综合实力。树立旅游文化品牌是各旅游地在市场竞争条件下逐渐形成的共识，人们希望通过品牌对旅游产品、旅游企业更易于区别，通过品牌形成品牌追随，通过品牌扩展市场。品牌的形成能更好地反映出旅游地的综合实力，使旅游文化品牌成为旅游地的有力竞争武器。旅游文化品牌的出现，使旅游者形成了一定程度的忠诚度、信任度、追随度，让旅游地在与对手的竞争中拥有了后盾基础。由于旅游文化品牌具有很强的市场渗透力，一旦一个品牌得到了旅游者的认可，除其主导产品外，同一品牌的系列产品或服务也将赢得他们的信赖，因而，拥有卓越品牌的旅游企业通常可以收到较高的市场回报。品牌的树立和成长受产品质量、服务水平、技术创新、资本实力等诸多因素的影响，对于旅游地而言，品牌便成为旅游地综合接待能力及经济规模的反映。以中国世界遗产旅游地品牌带来的旅游经济效益为例：承德避暑山庄和外八庙1994年申报世界遗产成功后，第二年的游人就增加了十分之一；山西平遥1997年列入世界文化遗产名录后，1998年门票收入从申报前的18万元一跃而至500多万元；河北承德金山岭长城由于名列世界遗产由不为人知到声名远扬，1999年旅游收入350万元，长城脚下的村民人均年收入超过3000元；洛阳龙门石窟在2000年底成为世界文化遗产，2002年洛阳市全年旅游总收入达68.3亿元。围绕“关注世界遗产、走近世界遗产、保护世界遗产”三大主题，一股申报世界遗产的热潮正在全国涌动。

案例　苏州木渎巧心打造“姑苏十二娘”文化品牌①

古镇旅游文化牌又出新招，日前木渎正式向外推介“姑苏十二娘”的旅游品牌。今后几年，木渎古镇将围绕“姑苏十二娘”这一核心品牌，充分挖掘古镇的文化资源。水乡心灵手巧的妇女们有望通过“姑苏十二娘”的评选，为木渎古镇做代言人。

“姑苏十二娘”由绣娘、织娘、船娘、茶娘、扇娘、灯娘、琴娘、蚕娘、花娘、歌娘、画娘、蚌娘组成，每一位吴娘都代表了一种吴地风情，浓缩着二千五百年吴文化的精华。今后木渎每年都将举办一届姑苏十二娘品牌形象代言人大奖赛，灵巧秀美的水乡妇女将可参赛，有机会角逐成为古镇文化旅游的代言人。

作为与苏州城一样有着数千年历史的水乡木渎，曾以“乾隆六次到过的地方”为旅游文化线索，叫响了中国第一园林古镇的品牌。今年是木渎发展旅游的第六个年头，作为历史上苏州城西最大的商埠，它再次把目光投向深厚的历史文化资源，挖掘了水乡妇女的典型，全力推出“姑苏十二娘“这一旅游文化新品牌。“姑苏十二娘”可以说浓缩再现了当年《姑苏繁华图》中城西商业和手工业的繁华，以及醇厚的水乡风情、淳朴的民俗。

据悉，今后几年木渎将围绕该品牌，通过市场化运作，开发衍生出一系列文化产品。

---

① 资料来源：www.yangtse.com

比如“姑苏十二娘”海外展示会、“姑苏十二娘”手工艺街、“姑苏十二娘”导游小组、导购网站等。“姑苏十二娘”及其背后的文化、工艺，还将汇编成昆曲、评弹或者影视作品。一些业内人士指出，无论是对于一个古镇旅游文化品牌，还是历史名城苏州打向海外的品牌，“姑苏十二娘”都具有广阔的发展前景。

二、旅游的品牌化趋势

（一）旅游资源的开发竞争

旅游资源是旅游业赖以发展的物质基础，缺少旅游资源旅游业便成为无米之炊，无本之木，而未经开发的旅游资源则无法直接为旅游业所利用。在旅游业迅速发展、旅游者需求日趋多样化、个性化的今天，只有对现有旅游资源进行深层次开发，或者开发新的旅游资源，才能不断满足旅游者的需求，确保旅游业的持续发展。旅游业的发展往往要经历从资源竞争到产品竞争、再到品牌化竞争的阶段。

1．旅游资源性竞争。我国在旅游发展之初，旅游业的竞争主要表现为资源性竞争。一个地区、城市旅游资源禀赋（包括旅游资源的知名度、垄断性、丰富程度、结构组合等）构成其旅游发展的核心竞争力。而我国以大力发展入境旅游作为旅游业成长的切入点，而对于广大海外游客而言，中国五千年的悠久历史和灿烂文化对他们具有极强的吸引力。因此，当时的资源竞争更多地侧重于人文旅游资源方面。例如西安、曲阜、敦煌等一批人文城市，其旅游得以迅速发展的主要原因就在于它们拥有占据较高垄断地位并且知名度很高的人文旅游资源。同时，自然旅游资源的开发也成为各地旅游竞争的又一重要方面。如四川九寨沟、湖南张家界、福建武夷山等自然风光型旅游景区，均是在这一时期得到开发。在这个阶段，大部分地区发展旅游的关注点集中在寻找、发现本地区的名胜古迹、历史遗存、文物资源，认为拥有了这些资源，就拥有了发展旅游的绝对优势。

2．旅游产品性竞争。产品性竞争阶段是旅游业发展的第二个阶段，即由主要依靠单纯的旅游产品（或旅游景点）来吸引旅游者，而发展到依靠旅游“六要素”：吃、住、行、游、购、娱的综合竞争，如在食宿、服务、交通等方面的竞争。这实际上就是由单一的旅游产品竞争向整个旅游产业链竞争发展。

目前，我国大部分地区的旅游业就处于产品竞争阶段，这个阶段的旅游产品综合竞争力不强，或是呈现出简单的、拼价格的竞争，以及零团费竞争等等无序竞争形式，而这种恶性竞争手段的结果往往是两败俱伤。使旅游者产生了上当的感觉，而导致旅游业利润极低。在旅游产品性竞争阶段，人们必须要认识到旅游资源只是构成旅游产品的“毛坯”、原材料，旅游者购买、消费的是系列的旅游产品。因此，对于那些拥有丰富旅游资源的地区而言，要将旅游资源转化为旅游产品，需要经过一个挖掘、策划、开发、展示、包装的过程；即使不具备传统旅游资源的地区，也能够通过开发出符合市场需求的旅游产品在市场上获得竞争优势。例如深圳等一批市场型城市，其旅游得以快速崛起的主要原因就在于其具有市场吸引力的系列旅游产品，包括发达的交通，星罗棋布的餐饮，各种档次的宾馆，最重要的是有高层次的人造景观如“世界之窗”与“锦绣中华”等。在此阶段，一个地区发展旅游除了要关注产品开发外，同时还要依靠旅行社、饭店、旅游交通、旅游购物等与景点开发所形成的产业综合优势进行竞争。

3．旅游品牌化竞争。旅游业的竞争发展到最后就是品牌的竞争。品牌竞争的实质是影响力的竞争和文化的竞争。只有当旅游产品具备了独特的文化背景，拥有了垄断性、不可复制性、不可模仿性，才有可能进入旅游业竞争的最高阶段——旅游品牌化竞争阶段。在这个阶段，品牌就是消费者对旅游产品各种好的感性印象与理性认识的总和。这时消费者所关心的已不再是靠旅游资源和以吃、住、行、游、购、娱等要素而形成的旅游产品本身，而是关心旅游所能带给消费者的愉悦感和身份、地位以及荣誉的象征，以及消费者对于旅游业和旅游品牌的情感认同。例如，在黄金周期间能够去印尼巴厘岛或美国夏威夷度假，成为许多白领阶层的新选择。而利用休假去参加登山队，攀登青藏高原上的雪峰，则成为另一种某些另类高级CEO的个人形象。

品牌蕴含着巨大的无形资产，最鲜明、最集中地标志出产品形象、特色和竞争实力，而不同的旅游景区和企业，也正是运用自身品牌代表的高质量、知名度和保障功能，在旅游市场提高自己的知名度。充分的品牌经营和品牌竞争是市场经济走向高级化的普遍规律，也是任何产业同国际接轨的基石。品牌是诚信的载体，企业或旅游目的地通过品牌对消费者做出质量、服务、价值等多方面的承诺，消费者通过对品牌的选择，寻求自身利益的最大保证。品牌存在于市场当中。市场营销本质上是一场感知的战争，而不是“产品”战争。品牌建立的关键点不是企业想说什么，而是消费者需要你说什么。消费者根据自己的体验、信念、价值观及自己的一套评判规则给旅游企业或旅游目的地的旅游产品打分，决定是否掏腰包，觉得该掏多少钱，这才是真正的旅游品牌化竞争阶段。而品牌的建立，实际上是概念的创造与营销，是企业打在消费者心灵中的烙印。品牌并非仅靠宣传和营销就可以获得的产品，它们是一种文化传统或文化精神，要树立品牌难度很大，但旅游品牌一旦建立，旅游产品就会自己销售自己。例如人们听到“香格里拉”，就能联想到它是高品质、高档服务的旅游产品，但“香格里拉”品牌的建立，从20世纪30年代英国著名小说家詹姆斯·希尔顿出版小说《失去的地平线》以来，直到今天发展成为景区与饭店的著名品牌，已经经历了半个多世纪。

（二）旅游企业的市场竞争

旅游企业的市场竞争是为了满足某种产品或服务的所有现实和潜在的购买者的需求，旅游企业通过降价销售、产品创新、广告宣传、营业推广或公共关系等手段，不断追求优于竞争者的经营业绩的一种市场行为。纵观旅游业的发展历程，旅游企业之间的竞争大致经历了价格竞争、质量竞争、文化竞争等阶段，其中，价格竞争是最低层次的也是最普遍的竞争方式，文化竞争属于高层次的竞争。文化性是旅游活动的一个重要性质，所以在旅游业的发展过程中，文化竞争将越来越突出。例如深圳华侨城，它本身没有什么旅游资源，它经营的就是文化。若企业在旅游开发、经营管理中没有文化，就谈不上竞争力，追求产品的文化底蕴和文化含量已经成为众多旅游企业的共识。

旅游市场是实现旅游经济活动不可缺少的条件，旅游供给和旅游需求正是通过市场连接起来的。只要存在市场，就会存在竞争。旅游市场竞争是旅游经济运行得以实现的内在机制，是与旅游经济存在联系的外部强制形式。旅游市场一般是一个供大于求的买方市场，旅游者在市场上占据主导地位，而且作为一种消费行为，旅游需求的变化性、可替代性是很高的。这些特性使得旅游企业在把握旅游市场的动态，更好地适应旅游者的需求方面，面临着巨大挑战。谁对旅游市场行情看得准，谁就能更好地满足旅游者的需要，谁就能争取到更多的市场份额。因此，这必然激化旅游企业之间的竞争。另外，由于旅游产品的无形性和不可储存性等特点，使得旅游企业对市场的依赖性比其他行业更强，但是旅游市场是比较脆弱的、易波动的，因此，旅游企业必然要为抓住稍纵即逝的机会而展开激烈的竞争。如今，世界上大多数国家或地区，都在为尽可能地吸引国外游客而展开竞争。

国际旅游市场的竞争主要表现在两个方面：一是国内各旅游企业之间在国际市场上为招徕客源而展开竞争，各旅游企业在旅游产品、目标市场、服务质量、价格水平等各方面具有更大的相似或共同点，他们之间是现实的、直接的竞争对手关系；二是与我国旅游企业拥有同一目标市场的其他国家或地区的旅游企业展开竞争，这些国家或地区的旅游企业虽然提供的旅游产品与我国不同，但可能选择的是同一个目标市场，为了吸引更多的客源，彼此间展开激烈的竞争，就必然导致客源市场的重新分配。

旅游企业的市场竞争，无论是国内旅游企业之间的竞争，还是不同国家旅游企业之间的国际竞争，都围绕着扩大旅游产品销售，争取更多的游客，提高市场占有率这一中心而展开的。旅游市场竞争的主要内容包括争夺旅游者、争夺旅游中间商和扩大市场占有率三个方面。

1．争夺旅游者。旅游产品的消费对象是旅游者，客源就是财源。一个国家、一个地区、一个企业所吸引的游客数量的多少及其游客的消费能力，决定着该国、该地区和该企业的收入和利润，即决定着旅游经营的成败。因此，争夺旅游者就成为旅游企业市场竞争的实质。

2．争夺旅游中间商。旅游中间商是代理旅游目的地国家或地区以及大企业旅游产品销售的组织机构与个人，其中以旅行社为主，它们是旅游产品得以实现的中间渠道。在现代旅游活动中，经过旅游中间商销售的旅游产品占有相当的比重，从这个意义上说争夺旅游中间商是争夺旅游者的一种方式。因为争夺旅游中间商，最终是为了争取更多的旅游者，争夺到的旅游中间商越多，争取到的支持就越大，也就意味着该产品赢得的市场越大，旅游产品销售量就越多。因此，必须重视对旅游中间商的争夺，特别要重视与较大的、较有实力的旅游中间商合作。

3．提高旅游市场占有率。旅游市场占有率，指的是旅游接待方在一定范围内的旅游市场上所处的地位或它在所处旅游市场产品总量中所占的比重。市场占有率分为绝对占有率和相对占有率。旅游市场绝对占有率指的是旅游接待方（可以是一个企业或一个旅游点，也可以是一个地区或一个国家）在同一时间内所接待旅游者人数占一定范围内（地区、国家或整个世界）旅游市场所接待的旅游者总人数的百分比。

旅游市场相对占有率指的是一定时期内、一定范围内某一旅游接待方的市场绝对占有率与同期同范围内市场占有率比较高的其他旅游接待方市场绝对占有率的百分比。

通过市场绝对占有率指标，可以清楚地了解本企业、本地区在旅游市场中所处的地位，了解自己所拥有的实力。通过市场相对占有率指标，可以了解到本企业或地区的旅游接待人数同其他企业、地区的旅游接待人数之间的相对关系。若旅游市场相对占有率大于1，则表明本企业或本地区在市场竞争中处于优势地位；若旅游市场相对占有率等于1或小于1，则表明本企业或本地区等于或小于其他企业或地区的市场占有率。

提高旅游市场占有率是争夺旅游者的另一种方式。市场占有率的大小，决定了一个国家或地区的旅游业发达与否，维持和扩大市场占有率是旅游竞争的重要内容之一。[①]

（三）旅游的品牌化趋势

如今的旅游市场走势已经表明，旅游者购买旅游产品时的选择取向越来越指向特定的品牌——旅游目的地或旅游景区品牌、旅游项目品牌、旅游服务品牌，这些旅游品牌多是由著名的旅游供应商提供的。例如中国的世界遗产九寨沟、黄山、长城、故宫等。旅游者之所以选择这些旅游品牌，主要是基于三方面的考虑：一是旅游品牌具有较好的认知特征，旅游者容易对其做出判断；二是特定品牌尤其是著名品牌具有较高的品质保障，可以较大程度地满足旅游者的旅游需求；三是特定品牌尤其是著名品牌能给旅游者带来心理上的满足感，满足其"形象消费"或"意境消费"的需要。旅游者购买并消费旅游产品是与自我形象、自我尊重和美学需求有关的，并不局限于产品单纯的使用性方面。

所谓品牌化即是企业为其产品确定采用品牌，并规定品牌名称、品牌标志，以及向政府有关部门注册登记的一切业务活动。[②]对于旅游产品的生产者和供应者来说，品牌化有诸多优点：

（1）品牌名称和品牌标志易于识别不同旅游企业的产品，可以使企业选择好的旅游品牌产品进行营销；

（2）当旅游品牌商标化以后，就取得了全部或部分专用权，品牌营销就受到特定的市场保护，防止别人仿冒，有利于打假；

（3）品牌化有利于突出品牌特色，提高品牌知名度，使旅游企业有可能吸引更多的品牌忠诚者，扩大市场份额；

（4）品牌旅游可以实现效益最大化，许多世界知名的旅游品牌，如美国的迪斯尼世界、国家地理、发现频道等都能溢价销售。

（5）品牌化有利于针对不同旅游者进行目标市场选择，使旅游企业更好地细分市场；

（6）好的品牌有助于提高信誉度和美誉度，树立良好的企业形象，增加企业对旅游者的吸引力。

另外，品牌化对广大旅游消费者也有好处：

1. 旅游者从品牌化中可以获取大量的旅游产品信息，从各种不同的品牌中得到许多可供选择的对比资料，有利于旅游者认牌购物；

2. 旅游者通过品牌可以了解各种旅游产品的质量优劣，名牌产品具有明显的优势；

3. 品牌化有助于旅游者提高购买效率和降低购买的成本。这是因为有了品牌，就可以使旅游者减少甚至摆脱盲目挑选旅游产品的麻烦；

4. 对一部分旅游者来说，品牌化尤其是名牌的使用，可以满足他们某种特定的心理需要，如成就感、身份地位的象征等。

随着世界旅游的发展，旅游文化产品的品牌化趋势越来越明显。建立旅游品牌有三个重要目的：识别产品、重复销售以及销售新产品。对于旅游文化产品的旅游品牌的设立，有利于旅游营销商将自己的旅游产品同所有其他的产品相区别。旅游文化产品品牌有助于旅游者识别他们想要再次购买的旅游产品而避开不想要的产品，重复销售最有力的推动者

---

① 田里主编.《旅游经济学》. 科学出版社，2004 年 8 月第 1 版，103～104 页.

② 徐子健、朱明侠主编.《国际营销学》. 北京：对外经济贸易大学出版社，1999 年 6 月第 1 版，258 页.

是感到满意的旅游者，所以品牌识别是培养品牌忠诚度的关键。旅游新产品的有形形象和使用价值是建立在旅游者认知过程基础上的。旅游产品品牌的形象，既是情感的又是认知的，品牌在认知方面扮演了更重要的角色，有利于新产品的销售。旅游目的地和旅游企业树立品牌意识，以市场为导向，以产品为基础，是推动旅游业可持续发展的重要手段。

案例　提高品位 丰富内涵，云南腾冲着力打造腾越文化品牌[①]

1988年，云南腾冲县委、县政府提出了建设文化强县的目标，并把文化当做产业、当做企业来运作，走旅游与文化联姻之路，让文化自求发展，努力打造“腾越文化”品牌。在腾冲二千四百多年的历史长河中，留下了无数珍贵的文化遗迹。这里，唐代西源城、明代极边第一城、清代翠翡商城一脉相承，闻名遐迩。这里有浓缩了汉文化精华的绮罗文昌宫、簧学，有弥漫着南诏文化遗风的众多寺观庙宇，有见证腾冲对外开放历程的英国领事馆，有人与自然相映成趣的百姓人家，更有独树一帜的和顺民居建筑群。可以说，集中原文化、南诏文化、异域文化和边地民族文化之大成的腾越文化，天然浑成，其表现形式多姿多彩，文化遗迹星罗棋布。

民族民间文化是腾越文化一个重要的组成部份，几年来，腾冲县加强了对民族民间文化的保护，引导其逐步进入市场，做大做强民族民间文化产业。强化了对民族民间文化的挖掘、整理、升华和提高，使腾冲佤族清戏、傈僳族“上刀杆、下火海”表演、洞经音乐、皮影、鱼灯等优秀传统文艺节目更具生机与活力。同时，结合腾冲民族文化多样性的特点，从民族歌舞、民间书画、地方戏、饮食文化等领域，提炼出了一批精品，创作“古、土、奇、特”的民间文化作品，重新扶持组建了五个民间文艺团体，增强了民族民间文化的吸引力和提高了民族民间文化的档次。目前，“上刀杆、下火海”有4个表演队，可以参加旅游表演的洞经队已发展到4个。

同时，腾冲县还注重有形文化和无形文化建设并重，坚持走文化建设和城市建设、旅游产业开发与公民素质工程建设相结合，实现了文化建设和经济建设发展的最佳结合。在城市建设中确立了集宽敞的道路、优美的绿化、璀璨的灯光、具有文化品位的雕塑和具有特色建筑风格于一身的建设思路。在旅游产业的开发中，把文化作为发展旅游的灵魂来抓，先后建设了和顺乡、艾思奇故居、李根源故居等一批文化品位高的旅游景区景点。组织大量人力物力对景区景点的故事、传说、历史典故、历史沿革、科考成果进行了挖掘、归纳和整理，使景区景点的文化内涵更加完美和更具吸引力。2004年，全县国内生产总值完成24.94亿元，财政收入完成2.6亿元。

如今，到腾冲旅游，品腾越文化，已成为众多游客的首选，腾越文化正以独特的魅力放射出耀眼的光芒!

三、旅游文化品牌战略

（一）单一型文化品牌战略

单一型文化旅游产品品牌的主要特点是以单一的文化资源为主，旅游方式以参观为

① 资料来源：www.yntcbs.com

主。站在旅游企业的立场上，是旅游企业为了满足旅游者在旅游活动中的需要，而向旅游市场提供的单纯以文化旅游资源为主的资源性旅游产品。例如：王府旅游、胡同旅游、名人故居旅游等旅游产品品牌。

（二）复合型文化品牌战略

复合型文化旅游品牌的主要特点是指产品不仅包括自然旅游资源与人文旅游资源相结合的旅游产品，而且还包括能够满足旅游者实际需要和利益的非物质形态的服务和旅游配套设施、旅游商品等多种构成要素。旅游企业凭借着旅游资源和旅游设施等物质载体，向旅游者提供交通、住宿、饮食、游览、购物、娱乐等各种服务，以满足他们的需要。四川甘孜州的首府康定，把文化旅游品牌定位为“康定情歌故乡，魅力康巴文化”的独特品牌。美化康定城，包装跑马山，使《康定情歌》的文化底蕴体现在文化旅游项目上；围绕《康定情歌》，搞情歌比赛、情侣游、中国情人节、多彩婚礼之类的活动，重点办好一年一度的跑马山“转山会”和康定情歌节。围绕《康定情歌》打造文艺精品，如大型交响乐、电视剧、电影等。同时还开发餐饮和住宿，建设康定情歌大酒店和情歌广场，作为旅游的服务设施。使《康定情歌》变成一个巨大的无形资产，成为享誉世界的文化产业品牌和旅游品牌。这样的旅游品牌就是复合型文化旅游品牌。

（三）区域型文化品牌战略

区域型文化旅游产品品牌的特点是，这类旅游产品强调自然资源和人文资源的一致性，地区间多采用联合开发旅游的形式。例如山西省为发挥三晋文化的深厚底蕴，铸造旅游文化品牌，在2004年至2005年间，连续举行了五台山首届国际佛教文化节暨佛教艺术大展、大同云冈恒山旅游节、太原国际面食节、晋阳文化艺术节等旅游节庆活动。其中五台山首届国际佛教文化节以突出佛教文化艺术为主题，重点展示了五台山作为中国四大佛教名山之首的地位，向世界充分展示了五台山博大精深的佛教文化，进一步发挥出五台山在山西旅游中的龙头作用。大同云冈·恒山旅游节挖掘大同的文化内涵和民情风俗。太原国际面食节吸引了来自意大利、日本、印度、巴西、印度尼西亚等10个国家和中国内地的20多个省市的100多家企业参加面食精品展销，显示出山西甚至世界独特的面食文化。这些系列的不同主题的旅游节庆，从自然旅游资源与人文旅游资源的不同角度，为山西的“三晋文化”旅游品牌的建立打下了良好的基础。

第二节 旅游文化品牌的定位与设计

一、旅游文化形象与品牌的差异

旅游品牌，主要是指旅游景区或旅游企业，通过形象识别的方式，把其内容、特色及价值等主体性内容以视觉形式加以标志性外化，充分引起社会公众的注意，以达到产生认同感和识别的目的。而旅游文化品牌，则是以文化为其形象识别主要方式的旅游品牌。

“形象”一词在国外旅游学研究中被定义为一种抽象的概念，它包含着过去存留的印象、声誉以及舆论的评价。形象蕴含着旅游者的期望，形象决不是静止或者客观的，它是由一系列价值组成。“旅游地形象”被解释为旅游者个人的信仰、主张、感觉和对旅游地的印象和期望，研究认为，个人对旅游地的形象往往来源于两个方面：个人的亲身经历和两手的信息来源，后者包括个人间的交谈、新闻娱乐传媒以及广告宣传。同时每个人所形成的旅游地形象又依个人的年龄、嗜好、世界观而不同。由于每个人亲身经历有限，许多旅游地的形象往往来源于多种信息渠道。总之，众多的旅游地形象常常是通过非旅游信息而形成的。

克莱尔·葛恩认为旅游者对旅游地的形象是由两个层次组成，即“固有性”和“诱导性”。前者的形成来自于非旅游性的交流，诸如电影传媒、报刊书籍以及互联网；而后者则通过系列的广告、宣传推动形象的产生。

旅游文化品牌的差异，主要在于运用形象识别方式构建品牌的过程中，是采用哪一种类型的文化取向和文化标识。例如是民俗型文化，还是商业型文化；是西方外来文化，还是中国传统文化。旅游形象的文化取向与文化标识，决定了旅游文化品牌的根本差异。

旅游产品的开发是旅游业发展的物质基础，要使旅游地旅游业可持续发展，保持旺盛的生命力，树立与维持旅游地在旅游者心目中的品牌形象是一个关键。在当今激烈的旅游市场竞争中，旅游品牌已成为旅游地占领市场制高点的关键。而旅游文化品牌的差异与知名度，又是决定旅游者进行目的地选择的重要因素。旅游产品的不可移动性，决定了旅游产品要靠品牌形象的传播，使其为潜在旅游者所认知，从而产生旅游动机，并最终实现出游计划。品牌与形象是吸引旅游者最关键的因素之一，“品牌”使旅游者产生认同感，而“形象”使旅游者产生一种追求感，进而驱动旅游者前往。

二、旅游文化形象与品牌的设计

（一）旅游文化形象与品牌设计

由于旅游文化品牌的重要性日益显著，各个旅游景区和旅游企业，以至于各个旅游城市，都不同程度地对旅游文化品牌进行定位与设计。但是，基于不同文化取向与文化标识的文化形象设计，具有较明显的区别。例如，大众旅游的文化品牌，倾向以商业化、时尚化与民俗化为基本设计理念。而以中国传统文化为取向的文化形象，则往往以传统化、高雅化为其设计思路。

例如广东旅游局准备在 2006 年对广东旅游发展主打文化牌，加大力度对旅游文化进行品牌营销。其方法是：首先，重新梳理本地旅游文化。如民俗风情方面，将按照“广府风”、“客家情”、“潮汕韵”、“南海潮”、“百越神”几大岭南文化精髓进行包装，并将它们引领到海外。其次，大规模造节，让地道的岭南文化深入旅游的各个角落，提升广东旅游的品位。仅 2005 年广东旅游文化节，就有 30 多个节庆以及文化表演活动，分布在 10 多个地市。除了广州美食节外，还有阳江风筝节、韶关茶禅旅游文化节、五邑水上婚礼、蔡李佛国际武术邀请赛、开平曲艺之乡大汇演、清远盘王节、湛江红橙旅游文化节等。今后，这些节庆及民间艺术表演，将作为广东特色旅游项目保留下来，不断发扬光大。在以上设计旅游品牌的方向中，对岭南文化中历史与传统的重新包装，就属于传统文化，而大规模的造节运动，主要以民俗化的餐饮、娱乐、曲艺、武术为主体，则是大众商业文化的显著表现。又如辽宁在高句丽王城、王陵及贵族墓葬、辽宁明清皇家陵寝的盛京三陵和明清皇宫的沈阳故宫成为世界文化遗产以后，在旅游品牌方面在集安市举办高句丽文化旅游节，全面推介高句丽文化。目前已推出“世界遗产高句丽、长白山下小江南、中朝界河鸭绿江”

三张旅游品牌。并将开发东北文化旅游精品线路，形成清文化旅游产业带。这种以历史文化为基础的旅游品牌，就是传统文化的表现。

由于旅游形象是决定旅游地选择的关键，所以如何设计成功的形象成为各个国家、地区的重大挑战。形象设计和市场营销有着密切的关系。旅游者选择某一旅游地的过程是：在早期阶段，旅游动机常常受到诸如资金短缺、时间限制等的影响，在这之后，随着这些限制条件得到逐渐缓解，游客的选择重点开始集中于评估每个潜在旅游地的特征和形象表现，在最后阶段，随着动机增强，在外界诱导性因素影响下，最终作出外出旅游选择。所以，形象设计在旅游开发的早中期阶段尤为重要。正面的旅游地形象特别有助于游客的最终选择，而负面的形象则会抵消其他许多好的特征，并会遗留在旅游的思维中很长一段时间，所以一个旅游地的形象必须不惜一切代价得到维护、扶持和提高。旅游地的正面形象可以通过大量的广告媒介宣传，提高这一旅游地的知名度和独特点，从而使这些形象最终招徕源源不断的游客。

案例　　青岛大打民间传统文化牌

从 2004 年青岛“帆船之都”城市品牌全球推介，以天后宫民间表演艺术团的大规模民俗展示震动韩国与日本民众，到 2005 年首届由政府出面主办的青岛汇泉民俗文化年会即将在大年正月里的隆重开锣；从城区越办越红火的糖球会、萝卜会和现代庙会，到即墨已列入重点规划建设项目的民俗风情古城街，作为传统文化之一隅的民俗文化正逐步向城市主流文化渗透，并成为烘托青岛城市特色文化的先行者。

有关业界人士认为，地方民俗勾勒并凸显了青岛一地文化中的城市特色，而青岛能够为世界留下深刻记忆的，也正是囊括了民间传统文化在内的城市特色人文风貌。而能够反映青岛一地人文风貌的，远不止于五花八门的传统民间工艺与民间小吃。反映近百年来青岛民间居住形式的里院建筑；具有浓郁地方特色的戏剧茂腔、柳腔；以妈祖为代表的沿海民间民俗信仰……青岛文化名人鲁海老先生在接受记者采访时还提出了一个“洋民俗”概念，他认为始于 20 世纪 20 年代的结婚穿白色婚纱的风俗和小脚女人洗海澡的奇观都可以看作是青岛作为早期观念开化的移民城市，地方独有的“洋民俗”。

2005 年初，青岛开始打造真正体现自己城市特色的城市文化活动品牌——青岛汇泉民俗文化年会。汇泉民俗文化年会选择了具有青岛地方民俗特色的即墨祭海仪式作为开幕庆典，并坦言最后展现于世人面前的并不是祭海这一民俗内容本身，而是一场以现代高科技手段表现青岛由海洋走向世界的行为艺术秀，而开幕庆典之后这个集合了大量民间制作、娱乐、餐饮等商业实体的大舞台则在更大程度上像是一个以商贸为主体的传统与时代相结合的现代庙会，是与青岛啤酒节一样体现这座城市人文内蕴与精神风尚的品牌文化活动。正如朱铁臻教授所言：它所要彰显的正是将传统特色、地方特色、时代特色、景观特色乃至于产业特色杂糅的城市特色。（http://www.sina.net 2005 年 01 月 25 日 10:41 新浪城市联盟—青岛）

（三）旅游文化品牌设计与形象效应

旅游文化品牌的设计，与形象效应有密切关系。由于旅游地形象的形成和旅游地的选择有着密切的关系，这使得整个旅游业只有通过市场营销才能迫使游客相信，只有这个旅游地才能满足他所需要的一切。在这一原理的指导下，旅游产业不得不依赖广告宣传来招徕潜在的游客，其目的是为了营造一种美好的品牌形象。值得注意的一个问题是，旅游广告宣传中的“形象”不等同于一般的地理形象，地理形象着重于真实描绘当地的地质构成和风景特征，而旅游学中的“形象”带有很大的市场营销成份，它所强调的是旅游地最能吸引游客的特征。

形象效应常常可以唤起游客对旅游地的意识和初步印象，产生打算旅游的念头，一种好的形象常常可以保留一定的时期，但在这期间任何的负面报道都可能影响形象的持续性。因此，葛恩认为“诱导性”阶段是保持良好形象的关键阶段。西方流行的一句形容形象的成语是，“Out of sight, out of mind.”即不在眼前，不在脑中，只有不断地通过广告市场营销，才能保持长远的良好形象，进而确保稳定的客源市场。在这里最突出的例子便是加拿大的旅游业，由于美加两国不仅互为近邻，而且文化语言相通，美国一直是加拿大旅游业的最大的客源国，但是近十年来，由于加拿大忽略对美国市场的宣传，忽略保持持久形象的重要性，来加的美国游客直线下降，美国游客对加拿大作为潜在旅游地的意识程度也从1986年的72%下跌至1991年的56%。直到1996年， 加拿大国家旅游局改变市场营销政策，加强资金投入，强调树立形象、保持形象的重要性，不惜购买大量黄金时间的广告播放，并且成立了专门策划美国客源市场的研究部，才从1991年的56%回升至目前的61%。由此可见，形象效应对旅游地的品牌有何等重要的关联。

形象效应通常包含很强的市场营销作用。由于旅游市场竞争剧烈，各旅游地都希望通过提高形象来招徕游客，但是近年来，随着大量的广告媒体宣传，一些负面效应也渐渐出现。布列顿解释了为什么在旅游产业中，形象常常不真实甚至被扭曲：首先，一个国家或地区的旅游业常常不得不用华丽的宣传而掩盖“阴暗面”，例如许多夏威夷的旅游宣传经常使用少女的纯真微笑和“Aloha”（当地人的问候语）来描绘这一天堂般的度假胜地，但事实是夏威夷也和其他美国大城市一样，存在非常高的犯罪率和许多社会问题；其次，由于剧烈的市场竞争，大同小异的旅游产品，以及旅游市场的弹性需求，不得不使每个旅游地竭力美化自身的形象。他举例说，可能很少有人会辨别每一个加勒比海小国的不同之处，但每个人都列举得出加勒比海各国的相似点，海洋、沙滩、阳光、微笑，这就迫使这些岛国只有通过树立独特的品牌形象，采取强势的媒介宣传，才能吸引更多的游客。

在一些发展中国家，由于长久的历史原因，这些国家在西方媒介中一直很难获得良好的评价，西方游客对这些国家的“固有性”形象不佳，所以建立一系列美好的“诱导性”形象成为至关重要的问题，但是如何把握好尺度却不是一件容易的事情。为了防止旅游产业的各个部门在宣传口径上不一致，许多发展中国家的对外旅游宣传常常由政府部门控制，在这种情况下，所塑造的形象通常有被夸大的可能性，许多诸如“自然”、“纯真”、“原始”之类的形容词经常可以在这些国家的宣传广告中找到。波得尔得一针见血地指出，在这种现象的驱动下，旅游形象和所创造出的文化无非是一种超现实的幻影。

三、旅游文化形象与品牌的定位

（一）旅游文化品牌定位的复杂性

旅游文化品牌的定位，是从分析、研究市场出发，针对市场需求，基于不同文化资源与价值取向，对资源进行筛选、加工或再创造，根据市场和经济技术实力进行形象策划和创意，从而进行文化品牌定位。定位的目标，是通过品牌形象设计与宣传营销，强化产品识别和选择功能，增加其在旅游市场的竞争力。

如何对旅游文化品牌的定位，是一个复杂而困难的问题。尤其是在旅游资源开发的过程中，在进行旅游规划时，往往出现众口难调，莫衷一是的情况。旅游文化品牌的定位，关键在于策划和创新。即通过品牌定位，显示出特定旅游地域独特的、有明确意义的、与众不同的文化与市场形象。这一文化与市场形象，应是与可以同本旅游地域的旅游产生现实的或可能的竞争的其他旅游地，有明显的差异及强大的市场吸引力。

总的说来，对一个旅游区域旅游文化品牌的定位，要考虑到下列问题：

（1）本旅游区域的文化传统与文化内涵。

（2）本旅游区域的文化可视形象留存。

（3）本旅游区域居民的文化价值取向。

（4）本旅游区域受外来文化的影响程度与未来的可发展性。

（5）本旅游区域的主要客源市场的文化、经济特点，以及对现实或潜在旅游者的影响；

（6）旅游者在本旅游区域旅游过程中可能受到什么样的文化冲击。

以主题公园旅游为例。旅游娱乐业已成为现代旅游业的主要内容。研究自身的文化优势，挖掘自己民族特有的文化内涵，努力建设独具特色的主题公园，成为旅游业下一步发展新的增长点之一。由于竞争的激烈，主题公园建成后亏损甚至倒闭的数量很多。因此，主题公园如何准确定位，就成为其发展的关键。在这方面，旅游发达国家有许多成功的经验。如美国纽约“尼利亚百利社区娱乐中心”，占地只有几公顷，除设有传统的旋转木马、乘骑式游艺机、小孩学步车、小型高尔夫球场、棒球击球室外，还有一些羊、鸡等牲畜家禽。一条连拱廊的两侧分别为小商店和游艺机。在全美600多个大中小型游乐园中，这类娱乐中心占了大部分，多分布在人口稠密的都市社区。在欧洲、日本近年来也出现大量的这类社区娱乐、休闲场所。它们的建成和发展，满足了拥有大量空闲时间、但因各种原因暂时不能参加长途旅游的人的休闲娱乐要求。据报道，目前，美国的大型主题公园已达40余个。加上50多个年接待量在50～100万人次间的中型主题公园，美国的主题公园20世纪90年代年接待量达1.2亿人次，总收入近45亿美元。其中两处迪斯尼主题公园早在20世纪90年代初期观众就平均超过每年1000万人次，收入15亿美元。欧洲现代化大型主题公园共19个，年收入约15亿美元。日本目前已有主题公园29个，年接待量7500万人次，收入15亿美元。主题公园对旅游业的发展起到了极大的促进作用。

（二）旅游文化品牌定位的因素与形象评估

影响旅游文化形象与品牌定位的因素有很多，包括旅游者或潜在旅游者的行为动机、旅游决策、服务质量的感受以及满意程度等因素；旅游区域在景观、气候和交通等方面的差异；旅游地域在娱乐和文化生活模式方面的特色；旅游者或潜在旅游者的行为、态度和社会阶层方面的文化差异；在旅游客源地的影响下，不同文化背景、不同国家的旅游者产生不同的旅游满意度等等。

由于旅游文化品牌定位与旅游目的地形象密切相关，因此，在进行旅游文化品牌定位时，可以通过旅游目的地形象相对于其他目的地形象的优势与劣势进行评估。旅游者以及潜在旅游者的旅游动机，从本质上受制于旅游者对旅游目的地的感知形象。旅游形象可以分为原生形象和诱导形象，原生形象指潜在旅游者还未到旅游目的地之前所形成的旅游形象，而诱导形象则是在旅游者实地旅游之后形成的。而由原生形象和诱导形象构成的混合形象，决定着特定旅游区域的旅游形象在旅游者心目中积极或消极的变化。由于旅游目的地的积极与消极形象的差异，旅游形象优劣的变化可以作为旅游文化品牌定位的重要指标。旅游感知形象是心理预景，只有积极的旅游形象才能影响潜在旅游者，只有当积极的形象对旅游者的影响超过了消极形象的影响时，潜在的旅游者才会选择该旅游目的地。由于旅游形象具有持续性，形象无论是积极的还是消极的，在一段时间内一般不会改变。实际上，旅游形象无论是积极的还是消极的，在形成旅游形象因素改变后，仍可持续相当时间；同时，由于潜在旅游者的体验经历、文化背景、地理渊源、对目的地的熟悉程度以及对目的地的期望值不同，因而对目的地形象感知也会有所不同或改变。

案例　　山东旅游品牌的创建

山东国际旅游名牌的创建对象无疑是两大世界遗产——泰山和曲阜“三孔”。这是山东旅游的重中之重，其次是青岛、烟台、济南和威海。由于山东占有全国 68 种旅游资源中的 66 种，因此全省许多市、县未来可能实现一地至少一个旅游品牌。山东“养在深闺”的大量目的地和吸引物，诸如潍坊风筝、淄博陶瓷、招远金矿和温泉、东营黄河入海口、日照金海岸和太阳文化、梁山水泊、沂蒙山、微山湖等等，如果以品牌经营主导初始开发或中期开发，完全可能更迅速、更有效益地进入国内旅游市场。

山东旅游品牌—名牌的商标化问题。关于旅游品牌的商标注册模式，因为旅游产品的基本原料——旅游资源和旅游地域属于公共物品，不能被某一家企业所垄断，所以单一、具体的旅游产品（线路组合）的商标化、品牌化缺乏可行性。我国《商标法》的总则中规定：“县级以上的行政区划的地名或者公众知晓的外国地名，不得作为商标。”因此，像“泰安”、“曲阜”、“泰山”、“三孔”、“青岛”、“蓬莱”一类名称都不可能独立构成品牌商标专用权。但可以将商标模式简化为“旅游企业品牌 + 目的地旅游”，那么，就会出现“山东国旅泰山游”、“山东国旅曲阜游”、“青岛国旅崂山游”这样的品牌。届时，中外旅游者将是“先买品牌，后买产品”、“先买企业，后买产品”，他们完全可以方便地依据旅游企业品牌找到具体的线路产品和单项委托的“菜单”，轻松地、理智地选购出游。

与此同步，山东旅游现存的最重要的精品活动和节庆（如泰山封山祭天、登山节，曲阜朝圣、孔子文化节，潍坊风筝节，青岛啤酒节，水浒旅游线，齐鲁民俗旅游线等），将由于紧密连接企业品牌而“正本清源”，使劣质企业和“野马”再难欺世盗名，搅乱市场。从这一概念上说，品牌经营正是通过注册旅游企业而“自然注册”了旅游产品，解决了困扰旅游界多年的难题。

第三节　旅游文化品牌的价值取向

一、资源型旅游产品的特点与旅游区品牌的建立

资源型旅游产品，包括宏观资源型旅游产品和微观资源型旅游产品两大类。宏观资源

型旅游产品主要是指以地理区域或行政区域为主的旅游地区，较大的地理区域如东南亚岛屿区、长江三角洲旅游区，较小的地理区域如太湖旅游区、长江三峡旅游区等。在行政区域方面，较大的旅游行政区域如中国旅游区、东南沿海旅游区、海南旅游区等，较小的旅游行政区域如北京旅游区、杭州旅游区、黔东南旅游区等，主要由城市及较小的县、市级行政区域构成。微观资源型旅游产品主要是指具体的旅游景区景点。如张家界风景区、黄山风景区、峨眉山-乐山风景区，甚至更小的故宫景区、秦始皇陵景区、武侯祠景区、上海外滩景区等。

资源型旅游产品的特点是：

（1）具有地理空间性和独立实体性。即无论旅游区域大小，均占有一定的地理空间。并且是以自然景观和人文景观的实体存在。资源型旅游产品不会因为旅游者没有旅游行为而消失，实际上，许多著名的自然风景区，在旅游者到达之前，已在地球上存在了千百万年。即使是无形旅游资源，也必须附着于某一旅游区域，而一般不能独立存在。

（2）相对稳定的可评价性。即可以通过定性评价和定量评价的方式，对资源型旅游产品进行评价。如世界遗产、国家级景区、省市级景区等等。这些评价一旦成立，并且为社会公众所接受，除非该景区遭受重大破坏，就会较长时期地延续下去，成为其品牌的重要依据。

（3）不可模仿性：由于每一个资源型旅游产品都占有地球上的特定地理空间，同时具有特定旅游资源的组合，在这个意义上，每一个资源型旅游产品都是独一无二的，无法模仿的。在旅游资源开发中遇到的不同景区的同质性与可替代性，往往是没有能够深入挖掘其与众不同的特色的结果。

由于资源型旅游产品的特点，旅游区域与旅游景区，较容易建立自己的品牌。在对旅游区域的旅游资源进行较完善的保护条件下，也相对容易保持自己的品牌质量与知名度。如故宫、黄山、九寨沟等景区，均是如此。但如不能进行完善保护，则可能丧失自己的品牌。如张家界虽然是世界自然遗产，但核心景区遭受人为破坏，曾经受到世界遗产委员会取消其遗产名录的警告。

二、服务型旅游产品的特点与旅游企业品牌的建立

服务型旅游产品，指介于旅游景区和旅游者之间的一切旅游服务，主要包括旅行社、宾馆饭店、旅游交通、娱乐服务等方面。

服务型旅游产品的特点是：

（1）无形产品性。它不像有形商品那样，作为一种实物可供事先观察、检验甚至试用或退换；它也不像家居生活那样，要对同一种必需品经常地、反复地购买和使用。旅游产品是一种无形产品，是各方面服务要素的连续组合，是花钱买到一个新鲜的经历，是一种事后获得效果、不能重复而又弹性极大的消费过程。

（2）不可储存性。服务型旅游产品只存在于为旅游者的服务过程之中，一旦服务结束，产品也就随之而消失，仅仅存在于旅游者的记忆与印象之中。

（3）易于模仿性。服务型旅游产品容易模仿，极难垄断，且难以直接注册而取得商标专用权。这种特性是服务型旅游产品难以建立品牌，尤其是旅游名牌的重要原因。服务型旅游产品主要由旅游企业，如旅行社和宾馆饭店、娱乐场所等提供。由于上述原因，旅游

企业要打造自己的旅游品牌，必须付出比实物产品更为高昂的成本，以及经历更为复杂的品牌塑造过程。

对服务型旅游企业而言，打造旅游品牌，主要是通过形象识别这一最有效的传播媒介，它将企业的理念、精神、思想、方针等主体性内容以视觉形式加以外化，充分引起社会公众的注意，留下全面、准确、明了、统一的深刻印象，产生认同感，达到识别的目的。其基本要素包括：企业标志，商品标志；企业名称，商品名称；宣传词，广告语，座右铭，口号，标语；标准字系列；标准色系列；花纹，图案，徽章；象征物，吉祥物；图文版面等。

在上述基本要素中，最重要的是前两项——企业标志和商品标志——亦即品牌，其他要素都可由品牌定位并延伸。因此，旅游品牌的特征，主要有以下五个方面。

（1）旅游品牌必须同一定的旅游企业紧密联系，企业是创建品牌的主体之一，并且独立地、排他性地经营该项品牌。因而，不可能有同旅游企业不相关联的旅游品牌。在中国现阶段，政府也是创建旅游品牌的主体之一，但一般不参与经营。

（2）旅游品牌必然落实到可供游客购买的具体的旅游产品，表现为具有出游使用价值的标价产品，因而不存在“不可购买”、“不可销售”的旅游品牌产品。

（3）旅游品牌只有实现商标化才能经营运作，注册商标成为旅游品牌获得相应市场竞争专用权的前提。其中，极少数经由高科技或风险投资开发的旅游产品以及高难度、非竞争性的探险旅游产品，亦可在一定时期内申请品牌专利。

（4）旅游品牌与品牌企业是一个整体，该品牌不光推出某一种旅游产品，而且涵盖所在企业的主要产品系列。品牌企业往往运用其知名度和衍生功能不断开发新产品、新客源，实现横向代理的网络经营乃至纵向控股的连锁经营。

（5）旅游品牌最终的依托是产品内在质量，优质优价、批量优势成为品牌产品的生命。知识与人才的集聚程度、更新程度左右着品牌企业的兴衰，而客户和旅游者在外的口碑、满意度和再访率则决定相关品牌竞争的存亡。

第四节　旅游文化品牌的推广与传播

旅游消费是分散的、理性的个人消费方式，开拓旅游市场不仅仅是建立在零星的消费需求上，必须通过一定的推广和传播手段对个体需求进行集结。旅游目的地和旅游企业为了满足市场营销战略目标的需要，综合运用各种推广和传播手段，组合成一个系统化的整体，使旅游目的地和旅游企业得以获取最佳营销效益，实现营销战略目标，谋求旅游目的地和旅游企业的长期稳定发展。因此，旅游目的地和旅游企业加大对旅游文化品牌的推广与传播，培育旅游消费意识已经成为企业生存发展的必然之路。

一、广告型传播

广告是指由明确的广告业主，以付费的形式通过媒体作公开宣传，达到影响消费者行为，促进销售相关产品目的的非人员促销方式。它是一种表现方式灵活、生动、形象、传播面广、影响深刻的非人际沟通工具。

（一）媒体传播

旅游广告可资利用的媒体可分为：一类是付费租用的大众传播媒体，主要包括电视、广播、报纸、杂志四大媒体和户外广告、直邮广告和网络媒体；另一类是广告业主自己购买制作的媒体，包括自办宣传物、宣传品。

1．电视。电视是最具有影响力的一种广告媒体，利用电视来传播旅游文化品牌的广告信息，具有其显著的优势。首先，它集声音、图像、色彩、动感四种功能于一体，形、声、情并茂，可以直观、真实、生动地反映旅游景观的特点。特别是具有一定故事性、趣味性、知识性、艺术性的旅游广告，会给观众留下深刻的印象，是最富有感染力的广告媒体，具有良好的宣传效果。在我国，旅游电视广告越来越受到大众的欢迎。其次，电视节目信号由卫星传递，全球大部分地区均可以接收，利用电视节目作为旅游广告载体，可以在大范围内迅速传播。此外，电视广告既最有利于展示旅游地及其景点的特色和魅力，又较适宜旅游航空与旅游线路销售信息的及时发布。目前，没有任何传播媒体能够具有电视像那样强大的力量来吸引观众并激发其旅游的兴趣。电视广告的主要弱点在于其制作费用较高，驻留时间较短，干扰较大，观众选择性差，设计制作有一定难度。

2．报纸。在四大媒体中是旅游广告利用最多的媒体。报纸是最早使用、最为常规、最及时的“有案可查”的信息传递工具，可信度高，可选择性较强，本地市场覆盖面大，而费用远较电视为低。报纸读者层稳定，在一定时间内可反复查阅有关信息，尤其是在报纸旅游专栏上刊登旅游广告效果更佳。在美国约 50%～60%的旅游中间商首选报纸作广告媒体。报纸的局限性主要表现在以下几个方面：一是印刷质量不理想，表现力较弱，一般不利于在上面做旅游景点的展示广告；二是针对性不强，注目率低，在登载条件方面的自由度较小，色彩较为单调；三是主要通过新闻、散记的形式间接传播旅游信息，而且宣传旅游景点时信息量不大，对具有实际意义的旅游路线、景观特征、季节特色等众多领域不能涉足。

3．广播。调频广播的出现和近年经济台、商业台、信息台等的发展，使广播媒体恢复了一定的竞争力，并朝着较强的地区与人口选择性方向发展。广播信息传播最及时、最灵活，广告收费也较低；但缺乏视觉吸引力，一般较适合旅游交通与观光旅游销售信息的辅助广告媒体，尤其是地区性旅游信息发布的媒体。

4．杂志。突出特点是读者的人口类别可选性很强，使旅游杂志广告容易对准目标市场；同时杂志印刷精美，可图文并茂，阅读率高，保存期长，非常适合做旅游地、景点和饭店等的形象广告。专业性、行业性杂志还有利于细选读者群。杂志的短处是广告周期长，版面受限制，是非高频率的地区性旅游销售广告所选的媒体。

5．户外广告。户外广告固定设置在街道两旁、立交桥身、候车棚顶，以及车站、码头、广场、运动场、地铁等公共场所，是目前常见的一种广告媒体。户外广告画面巨大醒目，保存时间长久，游客在都市观光、购物途中反复观看，必定能够留下深刻的印象。同时，旅游业主在户外广告的设置上还很灵活机动，可以选择适合其宣传的城市，租用最需要的场所，而且可以依据旅客客流的变化或景区季节特色及时更换户外广告。户外广告的局限性，在于广告传播信息有限，只能将广告内容中最重要的部分，如旅游区名称、本地特产、购物商厦等加以突出，难以详细说明，广告的宣传范围有限。对于户外旅游广告应加强其图片和简洁文字的创意设计，着重于交通口岸和要道，景区、景点及饭店所在地点的户外广告媒体利用。

6．直邮广告。长处是对目标顾客的针对性很强，非常灵活，受时空条件限制最少，人情味较重；而短处是精力、时间和经济投入相对较高，使用不当还易引起收信人反感。由此也需要高度注重邮件从内涵到外表的创意设计，以引起收信人的兴趣。直邮广告在我国旅游广告中运用还不多，而在西方较常见，美国有不少旅行商采用这种方式做广告。

7．网络。在当今网络技术飞速发展的时代，旅游品牌的网络传播因其快捷、不受时间、空间限制等特点成为不可忽视的传播手段和营销潮流，在各地的门户网站或旅游专业网站加载特定旅游目的地和旅游企业的链接，使潜在游客在出游前收集信息的阶段能够快捷、全面地了解旅游目的地的相关情况，这将帮助企业在激烈的旅游市场竞争中取得一定的优势。

（二）艺术传播

艺术传播又称为“软广告”，它是与通常所说的明显以广告形式刊登的广告相对而言。软广告因为具有较隐蔽、不易辨别的特点，往往比付费的版面广告给人们的可信度更高。它包括报刊旅游专栏中旅游企业对旅游资源和旅游产品品牌的宣传文章、游客写的体会、媒体记者的采访以及小说、诗歌中提及的有现实原形的地名、电影电视拍摄地等等。软广告与有偿新闻不同，软广告多数是旅游企业对旅游资源和旅游产品品牌的纯文字形式的宣传，通常不需要支付费用或只需要付出少量的招待费用。

1．报刊旅游专栏的详细报道

报纸、杂志中的“旅游”栏目，是旅游企业的软广告可以尽情施展的一片天地。记者、编辑需要新鲜的稿子和图片塞满专栏，旅游企业的特色品牌产品也十分希望能有机会得到详细的阐释。类似下面一个“徽州民居”旅游文化品牌产品，通过软广告的推广，效果会比硬广告带给受众的感受更强。

案例 **徽州民居**[①]

徽州民居在徽州文化中占有相当重要的地位，一提起徽州文化，人们就很自然地联想到高高的码头墙，青色的蝴蝶瓦。许多人，包括不少海外人士都想来徽州看看。因此，来徽州的人一年比一年多，而这些观光旅游者一到徽州，便蜂拥到古民居比较集中的某几个地方，一批接一批，很是热闹。但是，这种情形也有它的不好处。由于人们熙来攘往，指指点点，把小村本来幽静典雅的气氛冲淡了，那些原本应当感受到的东西无法完全感受到了，常常留下遗憾。

如果你有时间，如果你想真正感受徽州民居的文化韵味，那就请沿着古道，沿着河边，去看看散落在山间河畔那些不起眼的民居吧。

徽州古民居的一个最显著的特点，就是它分布广泛。在包括婺源、绩溪在内的徽州地界里的千数以上的大村小庄里，几乎每个村庄都有古民居。据专家说，明代民居数以千计，而清代民居则数以万计。徽州古民居的数量之多，建筑风格之美，任何一个地区都无法相比。它将民居建筑推到了极至，在中国有史以来的民居建筑中，徽州民居是一座高峰。

徽州民居建筑，无论是古民居还是近代的仿古式民居，都有一种强烈的、优美的韵律

① 《人民日报》，2001年4月26日．第12版．

感。走进徽州，就走进了一座巨大的园林。这里的每一个村落都依山傍水，十里苍翠入眼，四周山色连天。但这村落里却大都极少有树，即便有，也是一些供观赏的灌木或花草，古木大树往往在村外较远的路口或山脚，并不影响村中的视线。从远处看，一堵堵翘角的白墙被灰色的小瓦勾勒出一幢幢民居的轮廓，像一幅幅酣畅淋漓的水墨画，又像一幅幅高调处理的艺术照片。人在山中走，如在画中行，随时随地都能领略迷人的画意，随时随地都能感到醉人的诗情。在二十世纪三十年代，风流才子郁达夫被徽州的风光感染，写了一首《屯溪夜泊》的诗。诗中写道："新安江水碧悠悠，两岸人家散若舟。几夜屯溪桥下梦，断肠春色似扬州。"徽州民居的外貌是恬淡而清秀的，有着独特的审美趣味。如果你再带着闲淡的心境走进村里，踏着青青的石板小路，静静地穿过几条小巷，再走进几户人家看看，你会有由恬淡进入醇浓的感觉。浓重的文化气氛紧紧包围着你，时时催促你去不停地观看，还觉得眼睛不够用。只要你抬脚迈进一家大门，就会迎面看到厅堂中间挂着的巨幅中堂，接着便会看到中堂下面佛龛上的自鸣钟及其两边摆放着的各种瓷瓶、瓷筒，属于古董类的艺术品，抬眼可以看到，随手可以摸着。

在徽州，木、石、砖三雕最为出名，人称"徽州三绝"，这"三绝"几乎在每家每户都可能看到。那些门坊、门罩、漏窗上的雕刻，一户之内少有雷同，窗槛、裙板、窗扇、斜撑等处，雕刻更为精美。在西递村，有一户人家天井中的十二个门扇上雕刻着二十四孝图，非常精细，虽然封建伦理观念较为浓重，却极有文化研究价值。

初到徽州的人看民居，满眼都是高大的马头墙、灰黑的鱼鳞瓦，以及露了本色的木窗门板等这些居住的地方的景物。其实，徽州民居远不是单纯住人的房子，它是包括祠堂、家庙等建筑在内的整体概念，没有了祠堂也就没有了民居。徽州从外地迁来的富家大户极多，为了巩固他们自己的地位，维护自己的利益，他们聚族而居，形成了极强的宗法观念和极严密的宗族组织。"社则有屋，宗则有祠"。宗祠是他们住宅不可或缺的配套工程，通过它来凝聚宗族里的人心。

在明代以前，民间是不准祭祀始祖的，到了明代嘉靖年间，政府开始允许民间祭祀自己的始祖，从这时起，徽州宗祠才大量涌现。最有典型意义的是绩溪龙川胡氏宗祠。它后枕龙山前伏狮山和象山，一条古道横陈前门，道外的龙川溪水环宗祠流过，注入新安江。站在小溪南岸往北看，宗祠中轴线上的影壁、平台、门厅、正厅、前后天井，寝厅和特祭祠等建筑物，均衡而对称地排列着，纵深 84 米。加上东、西、北三堵无一窗口的高墙，十多米的三重檐门楼以及从平台到寝厅逐步上升的地平、门楼、正厅屋脊和寝厅屋脊又在空中形成三个高峰，这种深邃、高大和宽阔的比例关系，造成了宗祠的雄伟气势，心中渐渐升起一种沉重的肃穆和浩渺的压抑。

徽州宗祠，没有一句话，没有一处说教，无声无息地立在那里；但当你走近它，继而进入它的腹地，就会有一种强大的精神包围着你，激动着你，感染着你，使你不由自主地就接受了这种感染，接受了这种思想，哪怕是一种暂时的感觉，这种感觉也会永远地留在你的记忆里。这是古人的文明。现在再来看看徽州民居，与其说是一种文化，不如说是一种精神。

2．记者采写的文稿

记者采写的对旅游企业的综合报道，也起到了旅游品牌产品的软广告的作用。旅游企业是媒体愿意光顾采访的地方，因此旅游企业应把采访当成企业产品的展示机会。通常情况下，接受采访的准备中，要把特色品牌产品通过记者之口讲出来。这类文稿采用新闻报道体裁，文字比广告生动活泼，但又有明确的品牌与产品指向，是又一类型的软广告。

案例　　　　　绿色奥运澳洲采风团将出发[①]

中国某旅行社总社与澳大利亚旅游局共同操作，一条以 2008 年北京奥运会为主题的崭新的出境旅游线路——“绿色奥运澳洲采风团”将正式推出。

“绿色奥运澳洲采风团”将对成功举办 2000 年奥运会的悉尼的环境、效率、奥运志愿者的工作等方面进行关注。第一团将于今年 9 月——2000 年悉尼奥运会一周年时出发。该团的主题鲜明、特色突出、行程合理、价格适中，对于久怀奥运情节的人将是一个把心底的愿望化作现实的难得机会。参加此团的游客都将获得旅行社特别制作的礼物，以纪念此次难忘的旅程。

3．邀请记者或作家随团考察或采访，以记者或作家名义发表文章

记者或作家写成的文章一般来说比旅游企业的广告更有可能赢得游客的信任。因此，邀请记者或作家对旅游品牌产品随行考察或纪实采访，是艺术传播型旅游品牌战略的又一方面。有些记者实地采写的文章还会对旅游产品进行记者视角的评价，这对左右消费者选择会有很大的影响，这样的投入比之付费广告划算得多，同时因为它比付费广告更可信，也会取得良好的软广告效果。

此外，作家的小说、诗歌中提及的有现实原形的地名，电影电视拍摄地等等都属于软广告，都可以被称为艺术性传播。例如，鲁迅先生的《社戏》使浙江绍兴家喻户晓；电影《阿诗玛》、《五朵金花》使得云南的石林和苍山洱海风光名扬九州，一部《刘三姐》也让“山水甲天下”的桂林响彻海内外。这样的艺术传播型广告会缩短人们的心理距离，产生较大的冲击，刺激人们的消费欲望。

二、体验型传播

所谓体验，就是企业以服务为舞台，以产品为道具，以消费者为中心，能够创造使消费者参与、值得回忆的活动。其中产品是有形的，服务是无形的，而创造出的体验是令人难忘的。体验是来自个人的心境与事件的互动，并从中获得过程中呈现出来的一系列可记忆的体验原点。体验也是让消费者拥有真切的感受、让消费者亲身享受消费的乐趣；从而形成“以自己希望的价格，在自己希望的时间，以自己希望的方式，得到自己想要的东西”的强烈消费欲望。

所谓“体验型传播”，即利用消费者之间的各类关系脉络相互推介或口碑相传促成企业的产品销售。事实上，人们对于“体验型传播”的说法自古就有，中国文化对此有十分生动和精彩的描述，如“一传十，十传百”、“好事不出门，坏事传千里”。体验型传播是一个相当有效的沟通工具，它和传统的沟通方法的重要差异在于，“体验型传播”是直接的、经验的、面对面的过程，在人们的抉择过程中有着巨大的影响力。在信息化的年代，人们通过电话、短信息、网络聊天等新的形式更加快了体验型传播的速度。

---

① 《经济日报》. 2001 的 8 月 12 日.

普通消费者获取产品信息的主要渠道有两种：一是企业所做的各类大众媒体广告或卖场展示，二是通过朋友或他人口头介绍。然而，在激烈的市场竞争时代，传播过度是当前产品宣传的普遍现象。面对每天各类广告的狂轰滥炸，消费者已经麻木，甚至感到厌烦。加之现在许多广告传播虚假信息，或者夸大信息误导消费者，伤害了消费者对广告的信任，从而降低了产品在消费者心目中的可信度。因此，越来越激烈的市场竞争氛围造就了当代理性的消费者。人们已经不再盲目迷信广告的甜言蜜语，而是理性地对待市场消费。因此，在大量的消费者态度和行为研究中，可以发现许多消费者在商品的选择、购买和使用的过程中，都会不同程度地受到家人、朋友、同事或同学等同为消费者的周围人物的影响，如果从信息渠道的角度来说，体验型传播是一个被消费者经常使用且深得消费者信任的信息渠道，是反映“产品及品牌忠诚度”的重要指标。

旅游文化品牌的体验传播是游客在完成一项旅游活动后，对旅游文化产品品牌和服务综合评价并向他人进行传播的过程。口碑是大多数出游者获得旅游信息的主要途径，因此，良好的口碑对于旅游品牌而言尤为重要。得到良好的口碑就应该从涉及到游客旅游过程中的六要素着手，努力营造游客满意而归的条件。另外，产品核心吸引力的打造、娱乐化、互动体验式的游憩方式、良好周到的服务等同样是创造游客良好口碑的重要因素。

在现代社会，各式各样的“背包族”、“驴友”等旅游爱好者出于各种各样的原因，热衷于把自己的亲身经历或体验通过“口耳相传”或“网络旅游论坛”转告他人，譬如购买过旅游产品的那家旅游企业的服务如何，旅游文化产品的品质如何等等；同时也会将他们所听到的各种神话传说、历史故事等告诉他人，而那些美丽而隽永的历史传说又总是能赋予旅游产品品牌深刻而生动的文化内涵。人们在接触到品牌产品时，不由自主地想起那段美丽的历史传说。因为美丽而动人的故事，所以很容易就把该旅游产品品牌铭记在心。其故事本身的真实性和说服力能使消费者产生极大的品牌忠诚度，让文化本身成为口口相传的力量。如果“背包族”或“驴友”们的经历或体验是积极的、正面的，他们就会热情主动地向别人推荐，帮助旅游企业发掘潜在顾客。

潜在消费者中对于旅游文化产品的品质、旅游企业的服务、价格和品牌因素的信息主要来自于第一次购买的群体；第一次购买群体的体验，是最值得潜在消费者信赖的传播形式。正如一项调查表明：一个满意顾客会引发 8 笔潜在的买卖，其中至少有一笔可以成交；一个不满意的顾客足以影响 25 人的购买意愿。由此“游客告诉游客”的体验影响力可见一斑。由于旅游文化品牌具有旅游产品品牌、信誉品牌两重含义，旅游产品品牌是看得见的，是品牌的基础。信誉品牌表面上是无形的，却是“众人的口碑”，是社会的广泛认同，一个旅游品牌的信誉，是有很高“含金量”的，而且是可以转移的。因此，体验传播在获得稳定、忠诚的消费群的同时，更能有效地提升旅游品牌的美誉度。

三、旅游品牌的营销

旅游品牌的营销可以分为三个阶段进行：（1）旅游意识营销；（2）旅游兴趣营销；（3）旅游意向营销。在第一阶段，大量的宣传使潜在的客源市场产生对这一旅游地的意识，意识可以由浅至深，营销宣传着重强调旅游地的重要特征，而并不着眼于细节描述。经过一段时间的宣传和宣传资金的投入，潜在的意识开始在游客脑中生根；在第二阶段，营销宣传在形象上趋于具体，画像化形象成为这一阶段的重要手段，同时潜在的游客开始从被动转为主动，旅游地的营销在这一阶段常反映在旅游宣传画刊上，各大旅行社各种印刷精美的免费画册成为主要的营销对象。因为画册不仅有醒目的旅游地照片，而且有许多简明扼要的介绍，可以很大程度地吸引已有旅游意识的游客，虽然画册本身不反映个人心目中的旅游地形象，但它却成为沟通个人和旅游地的重要媒介。

整个品牌营销的第三阶段，在潜在游客从单纯的意识转入浓厚的兴趣时，旅游地形象已深入游客的脑中，其重要的宣传特征也被接受。意向性成为重要的促销手段，外界的宣传推动，例如减价的飞机票、有保障的优质服务、价廉物美的旅游地消费成为刺激潜在游客的重要手段。近年来，泰国、新加坡在北美的旅游品牌营销产生了巨大的效果，新加坡旅游局专门在加拿大各大旅行社摆放了许多免费的小红包，打开小红包，里面就有一系列赴新旅游的折价票和一份在新加坡的精美礼物。小红包既传统又精美，不但引起许多去旅行社的人的兴趣，而且唤起了一种去新加坡感受“新亚洲”的冲动感。通过对国际旅游地品牌营销的研究，有几点启示值得参考。

（一）必须清楚地认识到旅游地形象是旅游地选择的关键

在市场营销学中，购买任何一件消费品都是经过一系列心理行为过程的，在选择旅游地时，只有在意识、兴趣、意向三个阶段引导下，才能做出最后判断。要清楚地认识到形象的关键性，了解游客的内心想法，通过各种有效的促销手段，才能推动游客作出选择。

（二）旅游形象应当考虑到持久连贯性

中国的旅游业应在突出其悠久历史文化这一形象的同时，了解国外游客的欣赏角度，使所树立的形象简明、清晰。一种形象只有长久连贯才能真正印在游客脑中。千万不能随意改变已有的旅游地形象，否则会造成不必要的混乱并降低游客的意识程度。保持良好的正面形象，尽量排除降低负面形象，只有持久连贯的正面形象才能确保稳定的客源。

（三）注重宣传，只有投入才有产出

由于旅游业竞争剧烈，广告媒介的宣传十分重要。旅游营销应该力争主动，加强资金的投入，增加宣传画册在各旅行社的曝光率，只有投入才有产出。

本章参考文献

[1] 菲力普·科特勒著，梅汝和，梅清豪，张桁译．《营销管理——分析、计划、执行和控制》（第9版）．上海人民出版社，1999年10月第1版．

[2] 马勇、王春雷著．《旅游市场营销管理》．广东旅游出版社2002年6月第1版．

[3] 田里主编．《旅游经济学》．科学出版社，2004年8月第1版．

[4] 徐子健，朱明侠主编．《国际营销学》．对外经济贸易大学出版社1999年6月北京第1版．

[5] 王健民编著．《旅行社产品理论与操作实务》．中国旅游出版社，2004年4月第1版．

[6] 赵西萍等编著．《旅游市场营销学》．高等教育出版社，2002年8月第1版．

[7] 谢飞帆．《旅游地形象研究在西方的崛起》．社会科学（沪）1998第1期．

[8] 林洪岱．《中国旅游业的品牌化诉求》．中国旅游报2000年6月26日．

第十章 旅游休闲文化

第一节 休闲文化与旅游

人类社会发展到今天，随着社会生产力的不断增长，未来人们的闲暇时间将会越来越多。如何健康、科学、合理地休闲度假，是我们面临的一个非常重要的课题。目前的休闲旅游可以说是旅游学的热点话题，究竟休闲、休闲文化的具体概念是什么？休闲与旅游之间的关系是怎样的呢？本节将和大家一起来探讨这些问题。

一、休闲及休闲文化的概念与内容

(一) 休闲的概念

从史前时代到今天，人类一直在渴求休闲。人类社会的进化史表明，休闲与社会进步、人类生命及生活的质量紧密相连，人类社会发展的一条最朴素的道理是人在丰衣足食、安居乐业之后，更多的追求便是向往富有意义的精神生活，每个人都想在充分的闲暇时间中享受文化、科学、艺术、社交等一切有价值的活动，并在休闲中享受自由和创造的快乐。①

既然休闲如此重要，那么休闲的概念到底是什么呢？休闲这个词汇来自于西方，英语中的“Leisure”一词源于拉丁语“Licere”，意思是指合法的或被允许的，泛指在劳动之余获得许可进行的活动。1899 年凡勃伦发表的《有闲阶级论》首开休闲研究之先河，经过一个多世纪的探索，休闲学研究已经有了一定的成果，当前国内外学术界对休闲的种种定义一般从时间、活动、存在状态、心态及综合角度来定义休闲。实际上，这些定义只是分别从不同的角度来考察休闲而已。

1．时间。在主张休闲的时间定义的学者中：

（1）布莱特比尔（Brightbill）认为：休闲是去掉生理必需时间和维持生计所必需的时间之后，自己可以判断和选择的自由支配时间。②

（2）基斯特（Gist）和弗瓦（Feva）则认为休闲是人们从劳动或者其他义务工作中解放出来，自由地放松、转换心情，取得社会成就并促进个人发展的可利用的时间。③

（3）伦敦城市研究所对休闲的定义就更为宽泛了：休闲是除了工作的时间之外，自己能自主地参与活动机会的时间。④ 因为休闲的时间定义容易量化，所以被采用的频率很高。

2．活动。依据活动内容而定义的休闲主要有以下几种：

---

① 李仲广、卢昌崇．《基础休闲学》．北京：社会科学文献出版社，2004．第 27 页．
② Chales K.Brightbill:*The Challenge of Leisure*, p.4,New Jersey:Prentice—Hall,1963
③ Noel P.Gist and S.F.Feva:Urban Society,p.411,New York:Thomas Y.Crowell Company,1964
④ Derrick Anderton:*Looking at Leisure*,p.1,British Library Categorizing in Publication Data,1992

（1）R.皮尔斯（Pierce）认为，休闲是自愿性而非强迫性的活动，休闲的目的并不在于维持生计，而在于获得真正的娱乐。①

（2）法国社会学家杜马哲迪尔认为：休闲是指人们从工作、家庭、社会的义务中摆脱出来，为了休息、转换心情、增长知识而自发性地参与可以自由发挥创造力的任何社会活动的总称。②

（3）威尔逊（Wylson）将休闲视为活动与机会要素的结合体。他认为，休闲是完成工作、家庭、社会及其他义务以后，可以按照自己的意愿进行的活动。③

（4）杰弗瑞·戈比对休闲的定义，是从文化环境和物质环境的外在压力中解脱出来的一种相对自由的生活，它使个体能够以自己所喜爱的、本能地感到有价值的方式，在内心之爱的驱动下行动，并为信仰提供一个基础。④

3．存在状态。亚里士多德认为休闲就是一种不需要考虑生存问题的心无羁绊的状态，也就是古希腊哲学家所推崇的沉思、从容、宁静、忘我的人生最高境界。

4．心态。约翰·纽林格（John Neulinger）强调，休闲是为了达到自己的目的而进行的、从中得到幸福与满足的、与个人内心世界密切相关的体验与心态。他认为：心态自由的感觉是判定有无休闲感的惟一判断依据。只要一种行动是自由的、无拘束的、不受压抑的，那它就是休闲的。⑤

5．综合。我国休闲学者宋瑞把休闲概括为：人们在可自由支配时间内自主地、以自己所喜爱的、认为是有价值的方式，从事某些个人偏好性活动，并从中获得惯常生活事物所不能给予的身心愉悦、精神满足和自我实现与发展。⑥

李仲广、卢昌崇将休闲综合定义为：休闲是以自身为目的的自由活动，是人们在自由时间里所自发选择的。休闲是一种人类行为，它发生在个人的自由时间里，并在个人内心本能喜爱的心态驱动下平和而宁静地进行着。⑦

事实上，究竟什么才是休闲，目前还没有统一的定义。本书对休闲所下的定义为：人们在自主闲暇时间内，在愉悦的精神状态下从事某种自己喜爱的具体活动，活动目的不涉及任何以盈利为主的功利性因素。通过我们对于休闲的定义，大家可以从中看出休闲包括四个要素：第一、拥有自主的闲暇时间。当一个人没有任何不受干涉的自主闲暇时间的时候，是不可能参与任何休闲活动的，这一点很容易理解。第二、从事的是休闲主体喜爱的具体活动。一个人没有任何爱好，或者说对任何活动都没有兴趣，那么无论从事什么活动都不可能会让他感到身心放松、精神愉悦，这当然也谈不上休闲。第三、休闲者在活动过程中要保持良好的精神状态。在休闲过程中，如果休闲主体无法保持愉悦的精神状态时，我们无法想象一个内心愁苦，心事重重的人正在享受着休闲给他带来的乐趣，因为他此时的注意力已经完全脱离了休闲活动。第四、休闲的目的绝不带功利性质。如果一个人是为了获得金钱、权力、工作业绩等目的去参与休闲活动，那么他所从事的活动只是在形式上

---

① Pierce,R.(1980):*Dimensions of leisure III Characteristics*,pp.273-284,Journal of Leisure Research 12
② Joffre Dumazedier:*Toward a Society of Leisure*, pp.16-17,New York:The Free Press,1967
③ Anthony Wylson:*Design for Leisure Entertainment* ,p.1,Boston:Butter Worth Inc,1980
④ [美]杰弗瑞·戈比．《你生命中的休闲》．康筝译，14页，昆明：云南人民出版社，2000.
⑤ John Neulinger:*An Introduction to Leisure*, p.13,Boston:Allyn and Bacon,1981
⑥ 宋瑞．《国内外休闲研究扫描》．旅游学刊，2004（03），46页．
⑦ 李仲广、卢昌崇．《基础休闲学》．98页，北京：社会科学文献出版社，2004.

类似休闲活动，在内涵上与他的日常工作及一切功利活动的内涵完全一致，我们并不将其视为休闲。一项完整的休闲活动，需要休闲主体必须同时具备这四项要素，缺一不可，否则这项活动就不属于休闲范畴。

（二）休闲文化的概念和内容

休闲作为一种现实存在，必然表现为人的外在行为，决定因素取决于休闲主体的个人条件、生活方式和价值取向，因此休闲本身就是一种文化。结合文化定义的分析，我们认为休闲文化是：人类通过从事休闲活动而形成的价值观念、语言、行为和思维模式等物质精神成果和社会关系的总和。这里的休闲活动是建立在本书对于休闲定义的基础之上。

休闲文化主要包括哪些内容呢？正如我们从休闲文化的定义中所看到的，休闲文化涵盖范围非常广，可以是物质精神成果，也可以是社会关系。几乎任何一种人类行为，对于某些特定群体都有可能会成为他们的休闲活动。下面主要从休闲主体和休闲客体两个方面来探讨休闲文化的主要内容。

1. 休闲主体。休闲的主体理所当然是人，也就是休闲活动的参与者。对于休闲主体来说，休闲文化的主要内容包括：休闲主体的休闲动机（需求）和自身条件（自主的闲暇时间、休闲技能和爱好、对休闲的身心投入程度、非功利性的休闲目的）。

休闲主体拥有休闲的动机或需求、自身具备从事休闲活动的各项条件，对休闲都有着决定性的影响，从休闲的决定、方式的选择、参与的程度到休闲的目的，一切都以休闲主体为中心，他们自身状况的改变随时会改变休闲的质量，甚至休闲的性质。虽然在大多数情况下，休闲主体不可能独立完成某种休闲活动，还需要休闲客体（环境）的配合，但是从最根本的角度讲，休闲的四要素大都取决于休闲主体自身，没有休闲主体的存在，也就不存在休闲。

案例　　休闲主体对休闲方式的自由选择①

经过对数个长假“长途奔袭式”旅游热的反思，如今中国人的休闲观念正发生改变：亲情交流、纯粹休闲等更多的度假方式，成了人们理性的选择。近日，哈尔滨一家调查公司的调查显示，理性化休闲已经成了中国人假日休闲的主体。

这项调查显示，今年“五一”期间有旅游计划，但迫于交通压力而放弃长途旅游“打算”的人几乎达到出行人数的50%，即使同样是选择旅游度假，人们对旅游线路方式的选择也有了很大区别。有相当一部分受调查者在“五一”期间选择了外出旅游之外的其他休闲方式。

哈尔滨某机关工作的冯雪在“五一”期间放弃了原定的旅游计划，却选择了回老家“亲情度假”。“五一”给了人们一个亲情“着陆”的机会，许多市民像冯雪一样在这个时间里选择探亲访友，让自己的假期过得更有人情味，但也有一些人选择了其他的过节方式。

如今，人们选择的休闲方式从旅游、健身、读书、游戏到“亲情度假”，五花八门。随

① 资料来源：http://news.sohu.com/2004/05/05/36/news220033644.shtml

着人们休闲方式越来越个性化和理性化，生活正变得更加丰富多彩。

2．休闲客体。休闲客体是指休闲主体所处的场所、条件、情景、时间、文化、社会政治经济状况等一切外在物。可以分为硬环境和软环境，其中硬环境是指提供给人们休闲和从事休闲活动的一切物体实在物，如休闲产品、休闲设施、休闲场地等；软环境是指政府和社会提供给人们从事休闲活动的政策、措施、时间、政治经济保障等行为因素。

休闲环境决定着休闲生活的质量，没有一定的休闲环境作保证，就不可能有真正的休闲。休闲环境是否能够进一步得到完善，尽量满足各种不同的休闲需求是休闲业发展的难题，也是各国政府、组织和广大的社会服务业需要考虑的问题。休闲文化与休闲环境是不可分割的，文化可以是环境的一个因素，环境又可能成为文化的一部分。①

案例　　专为肥胖者们准备的休闲活动②

“超重冒险”活动让原本被排除在服务对象之外的胖子们也享受到了休闲活动的乐趣。事实上，“超重冒险”已经成为美国国内专门为肥胖者量身打造的诸多休闲项目中的新宠。

潜水：43 岁的心理学家尼科尔斯与一些潜水学校合作，共同开办了面向肥胖人士的潜水课程。课程确保向胖人提供为他们量身定做的特殊服务，比如供他们使用的带子可以承受更重的分量。

航海：34 岁的芭芭拉·萨拉斯在两年前就组织了面向胖人的航海运动，许诺“帮助客户获得乐趣”。在设计航海船只时，萨拉斯专门设计了一些适用于胖人的细节，比如给船上的游泳池修建宽阔的台阶，以代替传统的窄梯。去年，她成功接待了 200 多名胖子参加航海活动。

晚会：如果你是不爱运动的胖子也没关系，乔安妮·贝尔莫尔在拉斯韦加斯创办的晚会可以满足你的休闲需求。9 年前，贝尔莫尔和几个朋友一起创建了这项每年一次的“超重美女网”聚会。今年，遍布全美的 600 多名超重男士和女士参加了聚会。聚会活动包括肚皮舞课程、着装比赛以及泳池边派对等。

（三）休闲与旅游的关系

本书认为，休闲包含旅游，旅游是一种非常重要的休闲方式，但它只是人类众多休闲表达形式中的一种（图 10.1）。因为从比较宽泛的角度来看，一般情况下，旅游是人们在自己的闲暇时间内，在愉悦的精神状态下从事自己所喜爱的具体的旅游活动，旅游的目的不涉及任何以盈利为主的功利性因素。这与我们对休闲的定义相吻合，也同时满足了休闲的四个要素，所以我们认为旅游基本上都属于休闲。休闲的方式除了旅游之外，还有文娱、游戏、宴饮、交往等等，它们都符合休闲的要求，但又与旅游有所不同，如许多休闲活动的参与者并不像旅游者那样，有着空间上的移动。因此我们认为，旅游是休闲的一个分支，它与其他休闲形式有不相重合的地方。

---

① 刘邦凡、吴勇．《谈休闲学研究中的若干概念》．唐山师范学院学报，2002（06），45 页．

② 资料来源：《北京青年报》，2005 年 8 月 3 日

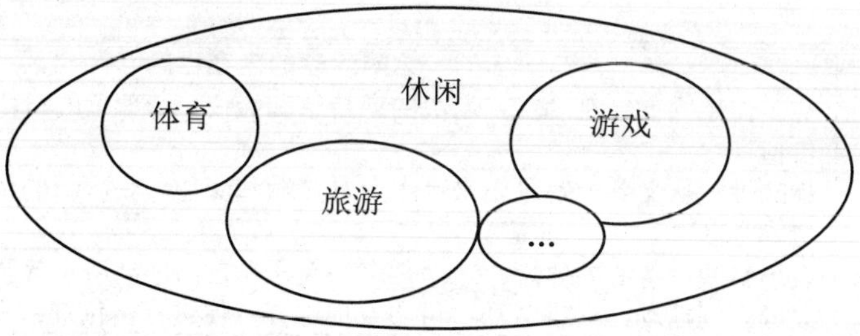

图 10.1 休闲与旅游的关系

二、休闲动机与旅游

（一）休闲动机的定义和内容

1．休闲动机的定义

休闲动机，顾名思义是指引导个人做出决定并参与休闲活动，并努力追求达到某一目标的心理过程。

在整个休闲过程中，最基础也是最初的环节就是休闲主体需要产生休闲动机，或者说是有休闲的需求。有了休闲动机，才会促使休闲主体去进行休闲活动，这一点类似于旅游动机。休闲活动产生的原因很多，与休闲主体有密切的关系。常见的休闲动机有：为了使自己保持身体健康；为了维护和追求自己的亲情、友情和爱情；为了满足心理和生理上的各种需要等等。由于休闲动机是个体的心理过程，所以无法直接观察，即使通过休闲动机所引发的休闲的行为表现来推理，也无法判断推理结果正确与否。

2．休闲动机的内容

休闲动机的存在和产生是由以下三个因素来决定的：

（1）休闲意识。休闲意识并不是与生俱来的，它随着时代的发展而发展。人类社会发展到今天，人们不再需要付出全部的时间和精力来换取基本的生存条件，休闲也就成为他们度过闲暇时间的最佳选择。但并不是每个人都能意识到这一点，许多人在闲暇时间不懂得放松身心，不知道该如何利用时间。他们虽然拥有从事休闲活动的其他条件，但是却偏偏缺乏休闲意识，使自身的休闲动机根本无法产生。其实休闲意识的提高不仅仅限于自身需求，还应当在休闲教育中有所体现。

（2）休闲目的。休闲目的可以说是休闲动机中最核心的部分，二者在许多情况下可以等同（表 10.1）。当个体拥有了基本的休闲意识后，休闲动机就主要源于休闲目的，没有任何休闲主体会无目的地参与休闲活动，因为休闲本身就是一种以自身为目的的自由活动，休闲目的是休闲产生的动机因素。

表 10.1 休闲活动的内在目的

代表观点	休闲活动的内在目的
韩国观光公社	身心的休息和恢复；活动的快乐（积极的和消极的快乐）；自由地创造；解脱；自我实现；自发的选择和参与；有益的旅行体验；生产性活动；符合社会伦理的美好的追求

（续表）

代 表 观 点	休闲活动的内在目的
马克斯·卡布朗	与工作不同的经济功能；愉快的期待感和会议；心理上的自由；人类生活的文化价值
哈维格斯特	趣味性；从义务中解脱出来；跟朋友接触和交往；获得新的体验；消磨时间；创造幸福
旭太阳、车习宾	表现自我；身心的休息；活动带来的快乐；自由地创造；解脱感；自我实现；反复的空间活动；促进劳动；可自发地选择；促进社会伦理；非理性等

资料来源：[韩]孙海植：《现代休闲社会》，白山出版社，2002，第 56 页

（3）休闲障碍。现实状况下，休闲主体具备了休闲意识和休闲目的，还需要克服休闲障碍才能够做到顺利地参与休闲活动。任何人在享受休闲的过程中，都会有这样的时候：因为某些原因的限制而无法去做本来想做的事。当然，一个没有约束的世界是无法想象的。我们所有人都是被约束、被限制的对象。这就是人类的生存状态。① 休闲障碍主要有以下两种：

① 内在心理性障碍。包括影响人们的活动取向的心理的和精神性的特征。主要是指性别、压力、焦虑、沮丧、宗教信仰和对自己休闲技能的不够自信等。所有这一切心理因素都有可能成为个人内心中的障碍，使之无法从事休闲活动，实际的表现往往是放弃休闲。

② 人际关系性障碍，主要涉及到人与人之间的相互关系和相互作用，是由人与人之间的关系所导致的。这类障碍造成休闲主体在参加与他人一起的休闲活动时，由于自身存在某种心理障碍和人际阻碍，使他无法自如地参与需要和他人交流互动的休闲活动。

此外，学术界所认为的结构性障碍我们认为多数都是因为客观休闲条件不具备而造成休闲活动困难，因此不是休闲主体的内心心理过程，与休闲动机无关。表 10.2 所列出的是美国对十几岁的青少年的休闲障碍进行调查时得到的回答。

表 10.2 对于休闲障碍的一些说法

内在心理性障碍
开始一项新的休闲活动时，我感到害羞
如果一项新的休闲活动让我感到不自在，我是不会做的
如果一项新的休闲活动与我的宗教信仰一致，我很愿意做
如果一项新的休闲活动能不让我感到窘迫，我很愿意做
如果一项新的休闲活动不需要很多技巧，我很愿意做
人际关系性障碍
我认识的人住的都离我太远，没法跟我一起开始一项新的休闲活动
我认识的人总是没有时间跟我一起开始一项新的休闲活动
我认识的人总是有太多的家庭束缚，不能和我开始一项新的休闲活动
我认识的人总是没有足够的技巧，跟我开始一项新的休闲活动
我认识的人总是因为交通问题赶不上和我一起开始一项新的休闲活动

资料来源：Raymore,L.,Godbey,G,Crawford,D.and Von Eye,A.Nature and Process of Leisure Constrains: An Empirical test.*Leisure Sciences,Vol.*15,1993 page 104

① [美]杰弗瑞·戈比.《你生命中的休闲》. 康筝译，91-92 页，昆明：云南人民出版社，2000.

（二）休闲动机与旅游的关系

前面我们已经说过，旅游是属于休闲的一个组成部分，休闲动机推动了休闲行为，其中也同样包含了旅游。一般来说，休闲动机和旅游动机对于旅游的作用比较类似。下面我们以几种最常见的旅游类型为例，从休闲动机的角度出发，来对休闲动机与旅游的关系开展新的认识和研究。

1．观光旅游。观光旅游是以游览观光为主要目的的旅游。它是最为普通和常见的旅游活动类型。观光旅游主要表现为寻访名胜古迹旅游、观自然风光旅游、寻根旅游、探亲访友旅游、参观重大建设成就旅游等。[①] 在观光旅游中，旅游者的休闲动机就是通过欣赏自然风光和人文风貌，从中获得心灵暂时的解脱，逃离或忘却日常的工作、生活、情感等方面的责任，有时甚至是为了让游客们在闲暇时间避免无聊，处于无所事事的消极休闲状态。

2．度假旅游。度假旅游是指人们利用假期进行休养和消遣的旅游活动方式。它主要表现为海滨旅游、乡村旅游、森林旅游、野营旅游、度假区旅游等形式。特点是：地点相对固定；活动节奏一般比较缓慢；度假旅游者的重复性较高；有丰富的娱乐活动内容。当前欧美一些国家的度假旅游甚至成为各类型旅游中的主导，据统计，1994 年以度假旅游为主要目的的旅游者的比重——英国占 59%，德国占 75%，法国占 57%，西班牙占 55%，新加坡的入境旅游者以度假旅游为主要目的的人数占旅游总人数的 60%左右。在所有旅游类型中，度假型旅游可以说最接近于一般意义上的休闲旅游，所以在休闲动机中，全身心的放松、寻求不同于日常生活的家庭活动、追求刺激、创造性地发挥平时受到压抑的个人潜能、从事回归自然的活动等都成为了度假旅游者的主要目的。

3．修学旅游。修学旅游是以学习为目的的外出旅游活动。随着各国各地区之间文化交流的加强和人们对知识的渴求不断增强，修学旅游得到迅速发展。修学旅游是休闲者主动对自己感兴趣的知识求知与心灵放松的历程，寓寻求知识于休闲活动之中，类似闲暇时间去图书馆与博物馆随意阅读或潇洒欣赏的人们。外出参加修学旅游的不仅是学生，还包括对旅游地和旅游产品文化内涵感兴趣的各类群体。他们旅游的目的是为了增长知识，不断地充实自己的见闻。据总部设在丹麦哥本哈根的国际学生旅游联合会统计，90 年代初，该会每年就售出专门针对青少年学生的旅游优惠卡 150 多万张。日本 1998 年有 800 所学校实施海外修学旅游，参加学生达 15 万人。休闲动机中，体验异质文化、提高个人修养并获得某种反馈、求知性的审美活动等都是推动和促进修学旅游的重要因素。

4．宗教旅游。宗教旅游是以朝圣、祈祷、求法或宗教考察为主要目的的旅游活动，可以说它是一种最古老的旅游形式。如世界的几大宗教：基督教、伊斯兰教、佛教等都拥有为数众多的忠实信徒，他们由于自己的宗教信仰，对宗教本身以及各种文化表现形式都有着很深的迷恋。如位于沙特的麦加和麦地那作为伊斯兰教的宗教圣地，每年都要接待数百万虔诚的穆斯林前来朝觐。非功利性的目的是休闲的四项要素之一，而宗教以解释自然原始力量和社会现象为主，可以说基本上不存在任何功利性。教徒们为满足自己的内心信仰，结识有相同信仰的群体，通过朝拜宗教圣地的旅游活动，使自已的内心信仰得到升华，既能达到宗教目的又能通过旅游获得审美乐趣。

5．保健旅游。这类旅游主要是为了回避炎热或严寒，调节环境，寻求幽静风雅的生活，

① 田里．《旅游学概论》．29 页，天津：南开大学出版社，1998．

欢乐轻松的休假期，治疗某些慢性疾病，以达到消除疲劳，有益于健康的最终目的。这种保健型旅游的表现形式，主要有疗养旅游、森林旅游、温泉旅游、度假村旅游、治疗疾病旅游等。如罗马尼亚境内，集中了欧洲三分之一的矿泉资源，建起了160多个温泉疗养站，为旅游者治疗各种慢性疾病，从而成为著名的保健型旅游之地。① 休闲动机在保健旅游中所起到的作用在于：旅游者能够利用旅游的机会实现恢复自身身体健康的目的，在旅游中既可以放松身心，又可以满足自己正常的心理或生理需要。

三、休闲过程与旅游

（一）休闲过程的主要内容

1. 休闲过程的内涵。人们参与并完成休闲活动的整个过程就是休闲过程。在此过程中，休闲主体（参与者）的实际精神状态和身心的投入程度取决于休闲过程的内涵。对于休闲过程内涵的研究和概括，目前学术界有了较为一致的观点，认为休闲过程的内涵就是——体验（Experience）。

从心理学角度看，体验往往是指经历了一段时间或活动并对这段感知进行处理的过程，体验是一种由个人通过经历和对经历的解释而产生的情境状态。它主要包括人们亲身的经历、实践、体会、理解、认识、感受等。心理学模式的三大要素是：环境（刺激）、态度（精神状态）与行为。通常的假设认为这三大要素是依次排列的——行为者接受刺激、进行处理、形成态度、导致行为。心理学家在对休闲现象加以研究和解释时，通常将注意力集中在行为者的态度或精神状态上。因为精神状态常常是复杂的，且包含有认知和评价的成分，因此，体验这个词也许比精神状态更能体现出精神过程及其环境依据这两方面的内容。②

休闲作为一个非静止的过程，意味着它不是按照事先设定好的一成不变的计划来实施，而是休闲主体通过休闲体验达到休闲目的的一个自我历程。一方面个人的休闲的过程需要通过体验来感知和理解，另一方面体验也需要在休闲过程中得到产生和发展。

2. 休闲体验的特点。目前对于体验的类型，有多种不同的划分标准，如按人的意愿划分有主动体验与被动体验；按体验层次的高低可分为世俗体验和审美体验；按体验的形态划分可分为内心体验与行动体验；按参与和融入的程度划分可分为娱乐体验、教育体验、遁世体验和美学体验；按体验内容的时序层次划分可分为体验过去、体验现在和体验将来等。任何类型的体验都具有相同的一些特点：

（1）亲历性。包括实际行为和心理活动层面的亲身经历。体验通常是由于对真实的直接观察和感知或是直接参与产生的，无论事件是真实的还是虚拟的。

（2）情感性。体验会涉及人的感官、情感、情绪等感性因素，还包括知识、智力、思考等理性因素。在休闲体验过程中，参与者的上述各项因素都会因为主观认识或客观环境的改变而改变，实际的表现就是多种情感的产生，如喜欢、讨厌、憎恨、蔑视等。

（3）诱发性。体验通常是可以被诱发的，诱发性并非意味着休闲者完全被动，而是说明休闲服务、营销和教育人员采用某些媒介或通过其他途径来引导人们从事体验。对于人们不熟悉的休闲领域，体验的诱发性格外重要。

---

① 田里.《旅游学概论》. 30页，天津：南开大学出版社，1998.

② [美]约翰·凯利.《走向自由——休闲社会学新论》. 赵冉译，33-34页，昆明：云南人民出版社，2000.

（4）个人性。与体验相联系的各种精神状态非常具有个性和主观化。正如宋诗中所言："横看成岭侧成峰，远近高低各不同"，体验本身就是一种个人感受，因此它受休闲主体自身因素的影响非常深，同样的休闲活动和事件对于不同主体来说，最后的体验程度可能完全不同。

案例　迪斯尼乐园的改革——互动体验[①]

据《法新社》7 月 15 日报道，举世闻名的迪斯尼主题公园日前迎来了自己的 50 周年庆典，然而一片歌舞升平的欢乐气氛仍然掩盖不住迪斯尼母公司方面的忧心忡忡。

迪斯尼面临的最大挑战还要数时代的变迁，迪斯尼建立的时期正值美国婴儿潮一代的青年时期，并且当时的科技和娱乐产业还不发达，因此米老鼠和唐老鸭的巨大魅力最终成就了沃尔特·迪斯尼的娱乐王国梦想。然而随着时间的推移，如今的青少年成长于电子游戏的怀抱，他们对于娱乐项目的互动性要求明显提高。"迪斯尼现在提供的所有娱乐项目都属于被动类型，而如今的孩子们希望互动，希望亲自参与其中。"迪斯尼公司顾问马丁·李萨托姆的话一针见血。

目前迪斯尼乐园已经清楚地认识到，强烈的互动性才是抓住游客的关键。最近在美国迪斯尼乐园本部推出的一款游戏"星际光年探险"就是对互动体验概念的最好体现，游戏者在驾驶空间宇航器的同时还要控制激光大炮，反击入侵的邪恶帝国士兵；在另一项名为"虚拟魔法王国"的游戏中，游乐园的游客被安排了任务，如寻找宝藏或者探险营救等，通过携带的虚拟图像链接设备，游乐园对乘客发送信息，达成目标的游客还会得到纪念品。

（二）休闲旅游过程中的影响因素

休闲体验属于个人的精神状态，因此这种精神状态就具有多样性，而且这种多样性与各种环境因素有关（如活动形式和社会环境），在不同的环境下，相同休闲主体的体验度可能会有所不同。而在相同的环境下，不同休闲主体的体验度也会呈现多样性。休闲过程的内涵是体验，旅游过程的内涵也同样是体验。在休闲旅游过程中，主观和客观环境影响着旅游者的体验程度。其中，休闲主体和客体的文化内涵起到了决定性的作用。

1．主观因素。由于休闲主体的文化知识水平深浅不一，志向爱好大异其趣，生活阅历和经验千姿百态，审美追求各有洞天，气质性格种类繁多，因此，在对休闲旅游方式的选择上，不同主体明显表现出价值选择的多元性[②]。普通旅游者往往满足于游览观光；老人们会选择保健旅游；少年儿童大多专注修学旅游；宗教信徒们对于宗教旅游有很深的迷恋等等。究其原因，完全是旅游者个人的经验、习惯、感觉、风俗等使然。

其实上述情况在旅游方式的选择上是如此，在旅游过程中的体验也同样适用。旅游者在旅游过程中的精神状态和身心投入程度会影响整个旅游过程的进行，以及旅游者的自身感受。从旅游文化的角度来观察，旅游过程中的体验程度又取决于旅游者自身的文化背景、休闲技能、沟通交往能力等。

（1）文化背景：每个旅游者都拥有不同的文化背景。个人受教育的程度、文化阅历、

---

① 资料来源：http://news.xinhuanet.com/world/2005-07/17/content_3229484.htm

② 刘晨晔.《论休闲主体素质的提高》. 辽宁教育学院学报，1998（06）：13-15 页.

兴趣爱好、审美能力、风俗信仰都会影响到旅游者从旅游方式、旅游地、旅游产品的选择到旅游过程中的体验程度。一个熟悉《三国演义》的旅游者在游览成都武侯祠时，相对于对三国文化一无所知的游客，会产生更美好和更满意的旅游体验，而后者则觉得整个旅游过程冗长而无趣。又如虔诚的伊斯兰教徒在圣地麦加的清真寺和在青城山的道观旅游会获得迥然不同的体验和感受等。因为人类有这种天性：对未知和陌生的环境和领域总是会产生恐惧和抵制，一般更愿意进入到自己所熟悉的文化领域或氛围中休闲。

（2）休闲技能：有许多休闲活动都要求参与者具有一定的休闲技能，这种要求不会对休闲主体的参与身份有任何限制，但却对参与者在休闲过程中的体验程度有较大的影响，这主要体现在旅游者的身体状况和行为能力上。许多种旅游方式如探险旅游、体育旅游、娱乐旅游等，任何人都可以参与其中，但过程中的体验程度就会因游客的相关技能水平高低而有很大的不同。自身具备良好的相对应的技能，可以让旅游者在旅游过程中实实在在体验到旅游活动的魅力和乐趣。一个不会开车的人只能坐在越野车的后座，埋怨着道路的崎岖，不会体验到其中的自驾乐趣。

（3）沟通交往能力：大多数旅游活动都离不开旅游者同外界的沟通和交往，尤其是以人文资源为主的旅游活动。交往的对象包括旅游目的地居民、旅游接待服务人员和其他旅游者等。一个开朗外向，愿意且擅长与他人交往的游客总是会在旅游过程中克服人际关系的障碍，拉近与其他人的距离。我们知道，旅游过程中的各种信息摄入量决定了旅游体验的深度和广度，与他人的沟通和交往是最佳的信息摄入途径。在异地旅游，要了解当地居民的生活方式、风俗习惯和当地的历史典故，最好的方法就是和他们交流倾谈。有些游客会因为害羞、胆小或是不够大方，而在旅游过程中仅仅依靠自己的观察和导游的讲解，所获得的旅游体验感可谓大打折扣，毕竟独自一人穿越撒哈拉沙漠是很特殊的例子。

案例　中美日文化差异与旅游者的不同感受[①]

国外研究人员发现：中美日三国民众在作为游客和东道主时，由于存在不同文化背景，旅游过程中会有不同的感受。

中国的东道主往往忽视游客的期望，他们陪同客人去所有地方，给客人安排非常紧凑的游览路线，而没有给客人留下私自体验中国生活方式的机会，他们相信这种做法是向其宾客表示了殷勤的礼貌，但是对美国旅游者而言，这种热情好客却可能被视为一种侵犯和缺乏信任。日本的东道主则将其宾客的事务预先都安排好，他们对客人的需求作了预设，其服务甚至超出了需求范围，这种态度也可能使美国的旅游者产生某种挫折感，因为他们相信只有他们自己才最了解自己的需求，美国的旅游者会认为日本式的接待是令人感到不舒服的。而另一方面，美国人对宾客的需求不作事先预设的传统，也可能会负面地影响到日本旅游者对美国东道主接待的满意度。

2．客观因素。旅游者在旅游过程中，其体验程度必然会受到外界环境的影响和种种条件的制约，无论他在主观上是多么地投入。这一点很好理解，也比较常见：旅游景区拥挤

① 维特·雷辛、林德赛·特纳.《旅游跨文化行为研究》. 朱路平译，24页，天津：南开大学出版社，2004.

的人群、不太友善的东道主、糟糕的住宿条件、慕名已久却让人失望的食品、乘坐的汽车中途抛锚、自己的钱包被盗甚至旅伴身体的不适都会严重影响游客的身心，使他们无法在旅游过程中达到百分之百地投入，有时还会让旅游者产生尽快结束游程的想法，当然就更谈不上体验旅游过程了。

在前面叙述关于休闲文化的内容时，我们曾经提到过休闲客体的概念和范围，它主要包括提供给人们休闲和从事休闲活动的一切物体实在物，如休闲产品、设施、场地和政府及社会提供给人们从事休闲活动的政策、措施、时间、政治经济保障等。上述内容和旅游过程中的各种突发事件即影响休闲旅游过程体验的客观因素。要减轻这些因素对旅游过程的影响，只能通过政府、旅游主管部门乃至全社会的重视和努力，采取措施，逐步为休闲和旅游创造较为合理完善的外部环境和条件。

案例　　香港推出多项举措 解决内地游客在港观光障碍①

香港会展中心是很多内地游客来港后的必游之地，记者在这里采访时看到，一摞摞介绍香港交通、观光、购物常识的自由行手册摆在明显的位置由内地游客随便取用。前后四次来香港旅游的深圳游客丁小姐就拿了一本自由行手册做自己的帮手。她告诉我们，这次来到香港感觉和过去不一样了。

地铁是内地游客来港后的主要交通工具，过去一些游客因为听不懂广东话常常搞不清怎样正确乘坐地铁，黄金周前夕，香港地铁开始采用普通话报站了。同时，每一个地铁站里都设立了主要为内地游客服务的咨询台，工作人员用普通话为游客们答疑解惑。

出行方便，纷至沓来的内地观光客更为香港商家带来滚滚财源。香港的数千家商业机构都加入了中银联，提供人民币刷卡服务，有的还鼓励游客直接用人民币消费。这些措施方便了内地居民在港消费。黄金周开始以后，尖沙嘴、铜锣湾等地到处都能看到大批内地游客购物的身影，时代广场旁边的这家化妆品店这几天每天都能迎来上万名内地游客。

案例分析　　天目山农家乐旅游背后的隐忧

近年来，临安天目山农家乐旅游得到了快速发展。目前，已初步形成了十八个农家乐旅游度假点和一个乡镇级农家乐旅游度假区，现有“农家乐”床位近3000张。仅在“十一”长假期间，就有2万游客走进临安的农家，体验农家生活，为该市增添了100万的旅游收入。

但是目前临安市的农家乐旅游存在着一些问题：

生态环境压力不容忽视——游客到来的同时也随之带来了污染。这些搞农家乐的旅游特色村都是山清水秀、环境优美的村庄，也正是这一点才吸引了无数城里人的目光。旅游旺季时，游客在农户家里的排污问题如果不进行处理的话，会引起环境、水质的污染。此外，农户家里必须要建造三格式无害化户厕，村庄下游必须建造二级三格式生活污水净化处理池，目前在旅游特色村中，只有白沙村已经达到了这一要求，除天目村户厕率达到60%

① 资料来源：深圳电视台2004年5月4日电视新闻

左右，其他旅游特色村都没有达到要求。

农家规划和配套设施有待改进——目前临安市还没有对整个农家乐的布局制定具体、详细的规划。许多农户看到农家乐可以赚钱，把原来富有农家色彩的小庭院推倒，建起了四、五层楼高的洋房，力求多接待游客、多赚钱，游客多了，在吃方面也失去了“农家”味，原来的农家菜、土菜不见了，传统的制作方法也不见了。一些上了年纪的老人到农家乐来，一住就是一两个月，因此对他们来说医疗保健站、平价药店、小超市、理发店等配套设施都是必需的，但是目前全市除了白沙村以外，其他旅游特色村的这些配套设施都不健全。

试分析：

1．请思考讨论农家乐旅游的主要内容和特色，它是否属于一种休闲方式？

2．请分析游客选择农家乐旅游的动机、目的以及主要游客来源。

3．结合案例中所谈到农家乐旅游存在的问题，你认为这些问题会影响到游客的旅游体验吗？它属于哪种因素？尝试分析解决问题的办法。

第二节 休闲文化的历史发展

虽然休闲、休闲文化从20世纪以来才纳入人们研究的理论视野，但是作为一种文化的休闲，早已存在于各个民族文化发展的历史中。我们从文化人类学、历史和社会学的角度去考察休闲时，发现休闲总是带有明显的种族特征和民族特性。在各种不同的文化传统下，人们的休闲方式和价值取向各不相同，[①] 下面本节就以中国为背景，介绍休闲的历史和发展过程。

一、休闲的历史变迁

中华民族拥有五千年的悠久历史，传统文化博大精深，休闲文化在这数千年文明演化的历史中，始终具有重要的文化价值。自古以来，人们不同的休闲方式就体现着当时社会的休闲观念，从古代《诗经》、《楚辞》中对休闲的描述到庄子的《逍遥游》，从陶渊明、竹林七贤的隐逸文化到李白、王维寄情于山水间的诗词，再到后来明清时期对精致的艺术化生活的追求，直至目前中国社会不断发展的大众休闲文化，在各个时代、各个社会形态都有着与之相对应的休闲文化。接着本书就从纵向与横向两个方面分析探讨中国休闲的历史变迁。

（一）纵向——不同社会类型

这里的纵向角度是以中国社会发展过程中的各个不同形态为间隔，来研究休闲文化的历史变迁。中国社会的发展过程大致可分为三个时期：农业社会时代、工业社会时代和后工业化时代。

1．农业社会

中国传统休闲文化形成于先秦时期，以儒家思想和道家思想为主形成的儒道互补的心

① 庞桂美.《东西方休闲文化的比较研究》. 青岛科技大学学报，2004（03），50页.

理结构，对传统休闲文化产生了很大的影响，后代许多关于休闲的重要观点皆从此而来。① 在孔子编订的《诗经》和道家哲学中的《庄子》中都有大量体现儒道休闲思想的经典之作，对后人产生了很大的影响，它体现出了对精神自由的追求。魏晋时期频繁的战乱，门阀氏族之间的倾轧使大批知识分子，如陶渊明、谢灵运、“竹林七贤”等人产生了远离政治的心态，他们和大批名士一样，遁迹山林，饮酒清谈，放旷不羁，而且著述有成，偏爱从老庄哲学中探究玄理和隐逸文化。唐宋时期是封建社会文化最为兴盛的时代，由于经济和文化的发展和积累，加上儒、释、道三教的思想发展，中外文化不断地交流与融合，使休闲文化在此基础上有了很大的发展。唐朝的李白、杜甫、王维等游历名山大川所作的旅游诗词，宋代《舆地纪胜》、《方舆胜览》等地理类书籍的出现和普及，各种《行程录》、《游记》类型文学作品的兴起，都从文化的各个方面推动着从名士学人到普通大众参与休闲活动。作为休闲文化成熟期的重要标志是出现了一批集大成性的休闲学著述，如明代陈继儒的《小窗幽记》、洪应明的《菜根谭》，清代李渔的《闲情偶记》等等。在这些小说中开始详细地描写各种游戏等人文雅致，也经常谈论人生处世的态度以及闲雅的生活情趣。这方面既有因明清两代文网严密，文人为避祸，隐居山林，怡情山水，不问政治的背景，也有明代中期以后人文主义、启蒙主义思潮的兴起这一思想因素的作用。

总的看来，我国农业社会的休闲文化的特点在于：休闲文化是中国传统文化中的一个重要组成部分，它与自然哲学、人格修养、审美情趣、文学艺术、养生延年等许多方面都发生着极为密切的关系。② 研究农业社会和狩猎采集社会日常行为的人类学家们都认为：农业社会中“工作-休闲”模式与工业社会相比，人们的工作与休闲之间并没有非常严格的界限。③ 与现代休闲活动不同，休闲群体以文人士大夫为主，所进行的休闲活动如琴棋书画、花鸟鱼虫、游山玩水等，都是需要消耗大量的时间与成本，以及较长期培养的文化休养和技巧。而广大农民却都固守在自己的土地上，在耕种的空闲时间，或者无所事事，或者仍然从事家务劳动，谈不上休闲。

2．工业社会

近现代中国在鸦片战争后，农业社会开始向工业社会转型，尤其是在改革开放之后，社会的全面工业化迅猛加速，至今这个过程仍在继续。由于科学技术的发展，生产力水平得到飞速发展，中国在对外开放后，对发达国家的各种休闲思想和理论也有了很大程度的认识和接受。休闲方式与农业社会相比，有了很大的拓展。尤其是在20世纪90年代以后，中国人民的休闲生活从过去的单调乏味向丰富多彩转变。各种电器设备和休闲用具不断普及，旅游成为人们最大众、最向往的休闲方式。文化事业蓬勃发展，各种艺术表演团体、场所，图书馆、博物馆、文化馆遍布全国，广播、电视覆盖率已达93%和94%，各种游艺场所满足了不同层次居民的生活需求。

在休闲娱乐的参与者方面，在农业社会中，休闲的群体以官僚贵族和士大夫为主，范围极其狭窄，广大农民与手工业者基本上与休闲无缘。在工业社会中，休闲成为大众性参与的行为，休闲方式以群体为主，个性极大地湮没在“众性”之中，休闲活动的同质化、同时化与批量化特色十分明显。但是需要指出的是：工业化和组织化使工作与休闲更为分

① 张培锋．《休闲是一种修养——中国传统休闲文化的现代启示》．道德与文明，1997（02），30页．
② 龚斌．《中国人的休闲》．上海：上海古籍出版社，1998．第1页．
③ [美]杰弗瑞·戈比．康筝译．《你生命中的休闲》．昆明：云南人民出版社，2000．第33页．

化，物质虽然极大的丰富，但普通市民所能享有的休闲时间因此而减少，工作被安排在首位，以适应那些拥有生产工具的人的安排，至于休闲，则成为工作的剩余物。在休闲与工作的关系上，大多数的休闲参与者仍然认为休闲是为了更好的工作，这与工业社会给人的压力有关。尤其是目前我国正处在从一般温饱社会向全面小康社会加快发展，从传统农业社会向工业社会、后工业化社会加速转型的关键时期，工作的压力迫使许多人无法承担较高的时间成本，而选择以快节奏的休闲活动为主，在休闲目的的选择上有功利的成分存在，这与休闲的基本内涵已有了较大的偏差表 10.3。

表 10.3　20 世纪我国休闲活动的变迁

时　期	主要休闲活动
10—20 年代	赌博、泡茶馆、体育、旅游、逛公园
30—40 年代	戏曲及曲艺、逛游艺场、游商业街、看电影、集邮、茶馆聚赌
50—60 年代前期	体育运动、跳交谊舞、集邮、电影、戏剧、逛公园
60 年代后期—70 年代	看样板戏、唱语录歌、跳“忠字舞”
80—90 年代	卡拉 OK、迪斯科和蹦迪、健身、泡吧、看电视、收藏、旅游、探险

资料来源：刘新平：《休闲中国》，中国工人出版社，2002

3．后工业时代

如今许多西方发达国家已经跨越了工业化阶段，进入了所谓后工业时代。大多数劳动者已不再从事物质资料的生产，而是进行以服务业为主的第三产业，正如国外学者认为的：不能说后工业社会已经不存在短缺现象，尽管传统形式的物质短缺如吃住等，对社会绝大多数成员来说已不复存在，但人们面临着新的形式的短缺。这种新出现的需要付出的成本以及因此而导致的短缺包括信息成本、社会协调成本和时间成本。[①] 在后工业化社会里，休闲的地位已经超越工作，上升为体现人生价值最重要的一环，可以说工作是为了更好的休闲。研究休闲的西方学者说：“由于有利于生产，休闲一直是合理的——如果没有夜生活和周末，娱乐业将会崩溃；如果没有假期，旅游业就会衰落。实际上，是休闲而不是劳动使得工业资本主义走向成熟。在这里，休闲的合理性展现出来了。”[②] 相比工业社会时代，休闲方式同大众文化一样，向着更加多元化的方向发展。休闲娱乐的侧重点发生了变化：休闲方式趋于个人化，个性化。各种休闲行为和方式都更侧重于发挥个性、实现自我。个人无需从群体那里争取有限的满足，只要符合个人的喜好，就能通过参与休闲活动达到自身的目的。

不过在后工业社会里，仍然存在一些影响休闲的因素存在：信息爆炸使得学习和接受再教育成了社会成员必须要做的事，这将占去部分闲暇时间；人与人所必需的交流量的增加也需要人们花费大量的精力用于协调人际关系上；数量庞大的休闲产品和媒体强烈的宣传和引导攻势不断地帮助人们制造各种休闲欲望，如何尽量高效地利用闲暇时间成了人们选择的难题。商业化的诱导作用在消费者身上，产生一种从众心理，并使人们在休闲活动的选择上处于被动状态。

① 杰弗瑞·戈比，康筝译.《你生命中的休闲》. 昆明：云南人民出版社，2000. 第 50 页.
② 托马斯·古德尔，成素梅等译.《人类思想史中的休闲》. 昆明：云南人民出版社，2000. 第 118 页.

当前中国的社会发展情况比较特殊，由于全国各个地区发展的速度和情况有很大差异，形成了一种多元化的社会综合体系，有的地区早已进入工业社会；有的地区还停留在传统的农业社会；个别发达地区已经处于工业社会向后工业时代的转型期。因此，各种时代的休闲行为和方式都能够找到相对应的代表。不过总的来说，中国还远未达到后工业社会时代，工业化社会的大众休闲所表现出来的特征，仍然占据休闲的主流地位。

（二）横向——同一社会类型中的不同社会阶层

现在我们再从横向角度来观察中国的休闲历史变迁，着眼点主要是同一社会类型中不同社会阶层的休闲。

1．农业社会

我国有着漫长的农业社会时代，整个社会建立在以农业生产为主的物质基础之上，农业生产要求广大农民在固定的土地上，是一种“农民+农田”的自给自足的小农经济。中国主要的社会阶层由广大农民、官僚士大夫组成，休闲的主力——市民阶层只是在中国农业社会的中后期才有了较大的发展，但是在当时的社会中，还远未占据主流。

中国的大部分人口都属于农民，他们想要从事休闲活动，无论在主客观上，都有许多障碍，包括：缺乏休闲的意识、休闲技能、休闲所需要的金钱、设施、休闲的内容指导、社会的认同和支持等。由于农业社会原始的生产方式和笨重的生产工具，对自然条件的严重依赖以及不合理的分配制度，农民们几乎要付出自己全部的时间和精力，才有可能使自己和家人的生存状况得到保障，所以除了拥有足够的闲暇时间以外，他们根本不具备休闲成立所必需的其他条件。

农业社会中的官僚士大夫阶层主要由较高职位的官吏、有一定社会地位的文人、地主等组成。采用休闲的基本标准来考察这一阶层，会发现他们具备了所有休闲成立的条件：自主的闲暇时间、各种休闲技能、社会的肯定、毫无功利性的休闲目的。事实上，他们也的确是农业社会中休闲最主要的参与者。无论从当时的诗歌辞赋、民间小说、还是史书正传，我们都可以看出，当时几乎所有的休闲参与者都属于官僚士大夫阶层，整个社会对于休闲的认识和休闲活动的选择，无不是以官僚士大夫阶层为风向标。但是官僚士大夫阶层的休闲与现代社会的休闲还有较大的差异：从文明形态看，当时的休闲文化还属于农业文明形态，与现代人的休闲观念不尽相同，其中包括诸如避世思想、归隐思想等消极因素；从文化层次看，主要的休闲活动都属于官僚士大夫阶层所谓的“雅文化”，游山玩水、琴棋书画、花鸟虫鱼这种休闲活动一直都没有在普通民众中得到普及；从时空转换看，官僚士大夫因阶层的条件优越，能够承担较高的休闲时间成本和跨越休闲空间的金钱成本。

总的说来，农业社会以农业为主导产业，因而占主导地位的阶层是农民，整个社会的结构形态是一座金字塔。同处农业社会，休闲只是发生在以官僚士大夫为主的少数社会成员之中，无论是休闲的活动内容、还是休闲参与者的范围都很狭小，休闲活动所需要耗费的时间成本也相当高，这是由农业社会自身的特点所决定的。不管怎么说，休闲在农业社会中还是得到了一定的发展，当时的许多休闲思想和理念直到今天仍然深深地影响着中国社会的休闲发展。

案例 李渔和《闲情偶寄》[①]

《闲情偶寄》，又名《笠翁偶集》，包括词曲、演习、声容、居室、器玩、饮馔、种植、颐养八部，共有二百三十四个小题，论及戏剧创作和表演、妆饰打扮、园林建筑、家具古玩、饮食烹调、养花种树、医疗养生等许多方面，内容相当丰富。

作者李渔（1611—1680），号笠翁，浙江兰溪人。生于明朝后期，二十五岁中秀才，此后两赴乡试，前次名落孙山，后次因兵乱中途折回。入清以后，李渔绝意仕途，从事传奇小说创作、导演以及经营书店等文化活动。

《闲情偶寄》是一部寄情之作，李渔颇看重这部书，他在给礼部尚书龚芝麓的信中说："庙堂智虑，百无一能；泉石经纶，则绰有余裕。惜乎不得自展，而人又不能用之。他年赍志以没，俾造化虚生此人，亦古今一大恨事，故不得以而著为《闲情偶寄》一书，托之空言，稍舒蓄积。"人们普遍认为李渔这些经验之谈，具有重要的理论价值和实践意义，是中国艺术与美学史上不可多得的著作。此外，对于园林建筑，李渔也颇有卓见。这部书较充分地反映了李渔的文艺修养和生活情趣，也是古代文人谈休闲的重要著作。书中虽然所谈不过日常生活中的闲情逸趣，但也间或触物兴感，如以草木喻人，借家事比国事等等，流露了一些感慨。

2．工业社会

工业社会以工业为主导产业，农民阶层不断缩小，工人阶层成为最大的社会阶层，同时还出现了一些新兴阶层，比如企业家阶层、经理人员阶层等等。但这时社会的中间阶层以所谓的老中间阶层为主，其规模较小，所以社会结构的形态仍然是金字塔型。

当中国社会进入全面的工业化以后，社会阶层也在随之发生着变化。2001年，中国社科院发布的《当代中国社会阶层研究报告》提出：当代中国社会已经分化成十大社会阶层，各社会阶层及地位等级群体的高低等级排列，是依据其对三种资源的拥有量和其所拥有的组织资源、经济资源和文化（技术）资源的重要程度来决定的。

按照我国目前社会的具体情况，可以将十个阶层分成三个大的群体（可参见表10.4）。首先来看第一类群体：农业劳动者，2004年该阶层人数占总人口的44%左右，这个数字与中国现有的工业化水平严重不相称。他们中的大多数人的休闲生活与之前数千年的农民们相比，变化仍然不大。生活的主旋律还是工作——休息——再工作。阻碍着他们参与休闲的问题，除了社会的认同与支持以外，基本与农业社会相同。不过目前随着农业生产的现代化，沿海发达地区、大中城市周边的农业劳动者无论工作还是休闲，都有了很大的改善。他们除了仍然从事农业生产之外，闲暇生活的内容与质量已经与城镇居民非常接近。

表10.4 哈尔滨市不同职业类型从业者周平均时间分配状况

（时间：分钟）

职业类型	工作时间	满足生理需要时间	家务劳动时间	闲暇时间
党政干部	431.44	622.29	121.02	270.83
党政机关一般办事员	432.45	625.33	148.34	237.07

① [清]李渔，单锦珩校点.《闲情偶寄》. 杭州：浙江古籍出版社，1985. 前言1～2页.

（续表）

职业类型	工作时间	满足生理需要时间	家务劳动时间	闲暇时间
国有企业管理人员	436.65	595.62	128.18	277.46
三资、民营、私营企业管理人员	292.86	608.57	163.81	379.52
科研、教学人员、技术人员	418.87	612.01	167.91	240.58
文化、卫生、体育工作者	497.62	557.02	77.14	305.72
商业、服务业人员	443.99	632.64	136.07	228.33
国有企业工人	416.25	607.67	145.97	267.33
三资、民营、私营企业工人	514.66	632.92	100.88	194.74
个体劳动者	406.73	634.54	146.53	257.38
自由职业者	510	667.14	64.29	202.14
其他	300.2	596.45	247.55	297.53

资料来源：张景安、马惠娣主编：《中国公众休闲状况调查》，中国经济出版社，2004 年

我们把专业技术人员阶层、办事人员阶层、个体工商户阶层、商业服务业员工阶层和产业工人阶层归为第二类群体，占总人数的 49%左右。他们是工业社会物质生产的基础群体。他们与休闲的关系相比农民阶层要密切的多，因为他们居住地多在休闲条件相对齐全的城市，个人的文化素养也比较高，有着良好的休闲意识和休闲技能，所以他们对从事休闲活动有着浓厚的兴趣。但是需要看到的是，这一类群体普遍有着较重的工作压力，在快节奏的工业社会中，时刻存在的竞争迫使他们放弃休闲，而不断地牺牲闲暇时间用于工作，或是在从事休闲活动时无法全身心地投入。还有个问题就是他们对休闲的认识和观念在很大程度上受到社会舆论、媒体、下一类群体的行为等因素影响，追逐并模仿着对自己来说也许并不太适合的休闲活动。

最后一类群体由国家与社会管理者阶层、经理人员阶层、私营企业主阶层所组成。这一类群体由于对社会资源的绝对掌握，自身的社会地位、经济能力都位于工业社会金字塔的顶端，人数比例约为 4%。同农业社会的官僚士大夫一样，他们拥有从事休闲所需要的全部条件。但是这一类群体大部分目前都有相同的个性，我们称之为“暴发户”，他们休闲的目的不在于放松身心，而是炫耀自己的财富和社会地位，在休闲方式的选择、活动的内容、过程的表现中，他们都会刻意地挑选那些更容易体现自身成功的元素，以此来满足虚荣心。由于休闲正在大众中逐步得到普及，因此在日常的休闲活动中，能够随时随地体现出与其他阶层的差别，引导整个社会的休闲潮流是“暴发户”们的基本目标。

3．后工业社会

当前许多发达国家先后进入了后工业社会（有人称之为信息社会或知识经济社会），以服务业、信息业、知识经济为主导产业，工人阶层的规模开始缩小，而以国家、社会和企业的管理者以及专业技术人员、办事人员等白领为主的阶层，成为社会阶层结构的主要组成部分，社会结构的形态逐渐演变成橄榄型，也就是两头小，中间大的形态。

中间阶层（有些社会学家称之为中产阶级）由于数量的庞大，成为社会最主要的阶层，他们的收入、文化素养、社会地位有很大程度的提高。体现在休闲活动中，他们不再像工业社会的中间阶层那样模仿他人，而是在选择休闲内容时会充分地考虑到如何满足个人的兴趣爱好，彰显自己的个性。他们休闲的目的与工作没有任何关系，只是为了休闲而去休闲，休闲成为了他们生活中不可或缺的部分。休闲在后工业社会里，其意义成为了消费的

对象。休闲成为一种强制性力量。强制力的来源是无孔不入的商业、媒体，它们依靠不断的诱导和潜移默化，制造休闲潮流让人们盲目跟随，又不断地刺激休闲消费者们产生各种休闲欲望。

当前中国的中产阶级还处于一个初级的形成时期，可是从社会的观念和国家的政策导向可以看到，积极培育中产阶级已经形成共识。也许只有当中国全面进入后工业社会，中产阶级才会真正地发展壮大起来，才会影响到整个社会的休闲发展。

二、休闲文化模式的变迁

在休闲文化的历史发展过程中，休闲文化模式的变迁与所处社会的物质基础、社会风气、阶层构成是分不开的，考察各个阶段的休闲文化模式可以通过考察不同社会阶层休闲活动的具体内容来进行。下面我们仍然从三种社会时期的阶层角度来探讨休闲文化模式的变迁。

（一）农业社会休闲文化模式

前面已经讲过，在中国的传统农业社会中，休闲的参与者主要是贵族士大夫阶层。广大的农民及市民阶层由于不具备休闲的基础条件，所以这一阶层的休闲还不够普遍。那么农业社会里的贵族士大夫阶层主要以什么休闲模式为主呢？

1．旅游观光。当时的贵族士大夫阶层中包括相当数量的文人，他们对游山玩水这种休闲方式最为喜爱和推崇，山水是宇宙自然最生动最完美的体现，文人墨客们往往寄情于山水，运用艺术手段将山水人格化，直抒胸臆；当发生战乱、政变或是仕途不顺时，他们也多半选择隐于山水间来逃避。从春秋战国的诸子百家，魏晋的风流名士，到唐宋的文学大家，再到明代的多位旅行家、地理学家，历朝历代都有大批以旅游观光为主要休闲方式的群体存在。这种亲近山水的休闲方式应该是来自于中国传统的农业文化，农业文化是一种亲和大地的自然文化，这种文化体现了中国人悠闲恬适的生活观。

2．与动植物的互动。与花鸟鱼虫做互动从来都是贵族士大夫休闲生活中不可或缺的部分。农业社会的主体文化除了让他们将自己融入山水之中，还使他们沉浸在草木鱼虫的生命律动之内，去感知自然的真美。贵族士大夫们由于痴迷于欣赏花草植物，发展到买花、自己种花；对动物外形、习性的喜爱也使他们热衷于喂养各种宠物。在这种颇为耗费时间的休闲活动中，他们将动植物拟人化，从真实的生命中体会欢乐和情趣。

3．艺术、饮食及游戏。在外出旅游条件艰苦的情况下，贵族士大夫的休闲活动往往都是以艺术、饮食及游戏为主。艺术形式多样，最常见的如琴棋书画、诗词歌赋、戏曲舞蹈、鉴赏收藏等；饮食主要是美食、品茗、饮酒等；游戏的范围则包括一些体育运动、棋牌类。邀约几个知己朋友，或饮酒花下，或曲水流觞，或登高赋诗，或清谈娱心，这种所谓文人的雅集，是中国历代文人生活的重要内容。① 总之，文人的雅集又常常与诗、酒、鲜花、美人、音乐、戏曲等联系在一起，王羲之的《兰亭集序》、王勃的《滕王阁序》、苏轼的《水调歌头》等都是产生于文人集会的不朽篇章。如林语堂先生所云："文化根本是空闲的产物，所以文化的艺术根本是悠闲的艺术。"当时的这种休闲方式充满了文化品味和艺术精神，与现代休闲对比，已大相径庭。

（二）工业社会休闲文化模式

工业社会使得休闲走入大多数民众的日常生活，所以在工业社会中，存在不同的社会

① 龚斌.《中国人的休闲》. 上海：上海古籍出版社，1998. 58页.

阶层，它们之间的休闲文化模式有一定的差异，包括所谓的中下等阶层（市民、农民）和上等阶层（各类管理人员、私营企业主等）。

1. 中下等阶层。我国该阶层人口占总人数的90%以上，他们的休闲活动内容多种多样，包括现代旅游的各种类型、体育健身、影视娱乐、阅读、棋牌、会友、饮食品茗、电脑网络等等。可以说几乎每一种人类行为都可能成为休闲的方式。这些休闲方式明显带着工业社会的影子，可以从几个特点看出，一是所需时间大大缩短，休闲节奏加快，人们由于工业社会人与人之间强大的竞争压力，没有足够的时间去从事慢节奏的休闲活动；二是多数休闲活动需要耗费金钱，那是因为在现代工业社会，休闲作为服务业的一环，毕竟不是福利事业，当然会考虑经济收益的问题；三是工业社会解决了社会物质，尤其是个人生活资料匮乏的问题，使多数人能够加入到休闲活动中来，这与农业社会有较大区别。四是休闲活动受商业广告的影响很大，往往形成批量化与攀比化的休闲方式。

2. 上等阶层。中国工业社会的休闲文化模式比较特殊，无论是上等阶层，还是中下等阶层，所从事的休闲活动内容几乎都相同，上等阶层同样会从事中下等阶层的休闲活动，比如旅游、喝茶、打牌、体育健身等，只是在消费的档次、价格上有所不同。中国目前虽然事实上的贫富悬殊很大，但是由于社会的监督、政府的管制、民间的不满、法制的不够健全以及部分成员财富来源不明等原因，他们与西方工业社会时期的同阶层相比，在炫耀性休闲消费上有非常大的收敛。虽然目前社会上出现了一些奢侈现象，但总的来说，中国工业社会的各个阶层在休闲活动内容的本质上是大致相同的。

案例　　中国人业余生活大型调查①

我国最大的门户网站新浪网在2005年初组织了一项大型调查，调查的题目是中国人如何安排自己的业余生活，调查范围涉及业余活动的主要内容、时间、感受、期望等等。下面是其中关于休闲模式的两个单项问题：

第一个问题是：周末双休日，您一般最喜欢做的是什么？排在前十位的分别是：（1）休息，睡觉，所占比例为21.44%；（2）看电视或者看电影，占13.77%；（3）逛街，占11.68%；（4）做家务，占11.60%；（5）和朋友聚会、聊天，占9.98%；（6）出去旅游或者好好玩一玩，占8.52%；（7）读书、读报，占7.73%；（8）运动，健身，占7.08%；（9）抓紧时间学习、充电，占3.40%；十、参加各种集体活动，占1.82%。

第二个问题：下列娱乐项目，您比较喜欢的是？排在前八位的分别是：（1）看电影，占34.87%；（2）唱卡拉OK，占19.83%；（3）其他，占13.80%；（4）看演唱会，占9.67%；（5）听音乐会，占8.89%；（6）看表演，占6.94%；（7）看话剧，占3.99%；（8）看戏剧，占2.02%。

（三）后工业社会休闲文化模式

从工业社会到后工业社会，主导产业也从制造业变成了服务业和信息业，劳动力的分布随之发生了变化，人们工作与休闲的关系同样在变。当今的美国社会只有3%的人从事农

---

① 资料来源：http://survey.sina.com.cn - 调查_新浪网，2005年1月19日

业工作，13%的人从事制造业工作，余下 84%的人从事服务行业或与信息相关的职业，人们的工作地点随着通讯网络的发展，从办公室和车间走进了自己的家。大量的财富给人们带来了自由，赋予了人们充足的休闲机会。

由于先进技术的不断出现，休闲消费所需要支出的货币成本也随之下降，所以在橄榄型的后工业社会阶层组成中，庞大的中间阶层和上等阶层一样，有很强的消费能力。休闲活动的内容朝着多元化、个性化的方向发展，人们不再会整齐划一地对某一类休闲活动盲从，而是从自身的具体情况出发，找到并从事适合自己的休闲活动。例如随着科技的进步，工作条件得到了改善，降低了工作的强度，使人们更加缺乏身体的运动，因此人们不断加强体育锻炼。

总的来说，后工业社会的各个阶层都可以通过休闲实现自我价值，提高生活质量。他们希望得到与所付出的劳动相当的回报，实现人生的目标，从休闲中获得最佳体验。①

三、休闲文化中的角色变化

休闲的角色变化无论是在休闲的历史变迁，还是现代休闲的社会学研究中，都格外重要。休闲文化中的角色变化主要体现在以下两方面：各个社会时期的休闲主体的变化；同一休闲主体在工作与休闲状态下的角色变化。

（一）不同时期休闲主体的角色变化

在人类社会的各个阶段，休闲主体所在的阶层发生了较大的变化，这种变化与所处社会的整体发展状况有很密切的联系：

农业社会中的休闲主体是官僚士大夫阶层，这与当时的社会生产力水平、分配制度有关。当时只有官僚士大夫阶层才拥有休闲所需要的条件，包括自主的闲暇时间、金钱、休闲技能、社会的肯定等，农民阶层除了有充足的闲暇时间外，其他的条件都不具备。

到了工业社会，由于物质的丰富，休闲条件拥有者的范围逐渐扩大，休闲在普通大众中得到普及，休闲主体扩展到社会的多个阶层。人们纷纷以群体为单位，参与适合该群体的各项休闲活动。但是在休闲文化的潮流中，走在前头的总是那些所谓的“有闲阶级”，他们为了炫耀自身的财富和社会地位，为了吸引公众的赞赏，总是会选择非常醒目且奢侈浪费的休闲方式，而大众也总是对此抱有羡慕之心并尽力去模仿。

后工业社会里，休闲已经成了每个人体现自我价值的舞台，在休闲活动的选择上，不会随大流，受社会、群体、其他阶层的影响，而是基于自身的考虑，模仿他人的休闲方式会很少见，休闲成了非常个性化的一种活动，虽然仍然会受到社会主流文化的影响，但是在多元化和个性化方面，休闲文化模式相比前几种社会形态，有了非常大的改善。

（二）工作和休闲状态、身份角色的变化

研究现代休闲，我们会发现休闲主体在工作和休闲状态下所代表的身份角色有很大的不同，许多休闲学者认为工作与休闲本身就是对立的，尤其是在生产力高度发达的今天，休闲的目的不是为了更好地工作，而是为了体现自我价值。同一主体在工作与休闲这两个对立的状态中，无论从主观还是客观角度来看，其身份角色必然会发生改变。

一个人平时的职业可能是工人、农民、学生、教师或医生，但是当他从事休闲活动时，

① [美]克里斯多弗·阿·埃丁顿.《二十一世纪的美国休闲》. 广州体育学院学报，1996（09），96页.

他是处于休闲而不是工作的状态和环境，他的身份角色应该只是一位普通的休闲者。出外旅游的时候他是游客；在电影院里观看电影的时候他是观众；逛街购物时他是位购物者；在球场上运动的时候他是位业余运动员，在牌桌上的时候他是个棋牌爱好者……诸如此类，可以看出，在大多数情况下休闲主体的身份角色的变化是不可避免的。

同时，这种变化不仅仅是客观角色的改变，还应当是休闲主体内心主观上的改变。休闲与工作是完全不同的两种状态，需要休闲主体在休闲过程中完全抛开自己的地位、职务，将与工作有关的因素彻底忘记，投入休闲活动并从中体验休闲的乐趣。如果休闲主体不能在休闲过程中让自己及时从自己的日常角色转换到休闲者的角色，那么起码在休闲的投入和体验程度上就会大打折扣。如果休闲主体的身份角色在工作和休闲状态中完全一致的话，那么基本上可以说他不是在从事休闲活动。用当下时髦的网络游戏来比喻，每个参加休闲的人实际上都在玩着一种游戏，那就是角色扮演游戏（RPG），玩家在游戏中所扮演的角色与自己的真实身份有很大的不同。

案例分析　　我国休闲业中存在的部分问题

不久前，北京零点公司做的一项名为“您工作后最喜欢什么样的活动”的调查证实了这一点。调查活动涉及北京、上海、广州、武汉、成都、保定、宁波、绵阳、锦州和咸阳 10 个城市和城镇，调查了 5584 位年龄在 18～65 岁之间的居民。调查的结果可说在意料之中，看电视是中国人的首要休闲方式，为 60%以上的人采用。紧接着的是打麻将，有四分之一以上的被调查者表示热衷此道；此外串个门，聊聊天或者陪孩子玩也是很多人的闲暇活动内容，而“在家呆着睡觉”，也是许多人工作之余的首选。这种情况正好折射了现在国内休闲业的一个怪现状：一方面是人们因闲暇时间增多而日益增长的休闲消费需求，而另一方面是人们生活质量和方式没有改变，不知道该怎样去休闲，来度过工作和家务劳动以外的时间。

另外据专家统计，上海南京路步行街日客流量高达 80 万人次，高峰期达 300 万人次，但人均消费量却不足 30 元。我国目前人均用于休闲消费的支出只占总支出的 20%，这与美国 100 年前用于休闲消费的支出相当。

1．请联系现状分析当前中国民众休闲活动内容匮乏的原因。
2．请讨论分析我国民众休闲消费支出不足的原因。
3．尝试提出解决上述问题的对策。

第三节　休闲旅游的开发

“开发”一词是经济学的概念，将资源转变成相关产业的社会劳动过程就是开发。“转变”是一个复杂的技术过程，旅游开发同其他产业的开发有着相似的地方，即通过对旅游资源的规划和开发形成旅游产业。① 在休闲时代即将来临之际，作为未来的旅游从业人员，

① 孙文昌等.《现代旅游开发学》. 青岛：青岛出版社，1999. 第1页.

应当对休闲旅游作全面了解。下面本书就和大家一起来探讨休闲旅游的开发。

一、休闲旅游要素构成

（一）休闲旅游的定义

在本章的第一节我们曾经讲过：休闲包括旅游，旅游只是休闲的方式之一。那么休闲旅游又是什么含义呢？实际上，我们这里所谈的休闲旅游范围较小，是一个狭义的概念，它属于旅游的分支，同观光旅游一样，是一种旅游的方式。休闲旅游的定义是：以自然和人文旅游资源为背景，以体验休闲感受为主要目的，以特定景观和服务项目为内容的旅游。

休闲旅游更注重旅游者体验的深度和广度，人们通过放松身心、参加竞技活动、艺术欣赏、满足好奇心和接触大自然等，为休闲旅游提供了多种具体方式。建立在旅游基础之上的休闲活动，可以是在旅游地休息、娱乐，或者是学习、与人交往，欣赏大自然等等。它们都有一个共同的特点，即获得一种愉悦的心理体验和精神满足，以实现人们学习知识、增进友情、促进沟通、保健娱乐、追求猎奇、丰富个性等多方面的目的。因此，休闲旅游不同于一般意义的旅游，它对传统的旅游概念从内涵到外延都做了新的延伸。休闲旅游与其他旅游类型的差别在于其具有非常明显的休闲特征。

根据 WTTC/WEFA 组织预测，从 2000 年到 2010 年，旅游业所创造的产值（包括直接和间接方式）将占世界 GDP 总值的 11.7%，并提供 2～2.55 亿个就业机会。另据资料显示，在占 83%的国家中，旅游被排在属于五大出口类别之列，可见旅游业将在全球经济的重组中发挥重要的作用。但随着时代的发展，传统旅游的功能已难适应人们的需要，因此应当赋予旅游以更多的内涵。提出休闲旅游，更多地是强调一种个体与群体间的文化氛围、文化经历、文化体验、文化传播、文化欣赏，不仅能满足人的感官需要，更能满足人的心理需求和精神需求。在发达国家，目前观光旅游只占整个旅游市场的 30%，休闲旅游和户外活动则占了 70%以上的份额。[①] 随着我国经济的发展和民众休闲观念的逐步形成，休闲旅游将会成为一种比较普遍的旅游方式。

我们按照比较宽泛的标准来分类，可以将休闲旅游大致分成度假旅游和娱乐旅游两大类型，至于这两种类型的特点以及如何进行开发，我们将在后面做介绍。目前常见的休闲旅游的例子如：地中海、加勒比海的海滨度假旅游、以迪斯尼乐园为代表的主题公园旅游、欧洲阿尔卑斯山的滑雪度假游、流行于北京、成都等大城市的郊野农家乐旅游等等。

案例　　世界旅游组织预测中国将成为世界休闲旅游强国[②]

世界旅游组织亚太部主任哈什·瓦玛博士在中国休闲经济国际论坛上说，世界旅游组织预测，到 2020 年，中国会像法国、西班牙、美国一样，成为占据领先地位的世界旅游强国，成为全球旅游的第四大消费市场。

据美国专家预测，未来 15 年内，发达国家将继续进入“休闲时代”，发展中国家也紧随其后。以会展商务旅游、体育健身、休闲度假、文化传播、社区服务等为主的“休闲经

---

① 吴克祥，李舟.《休闲旅游产业发展模式探讨》、《商业时代》. 2004（08）：62 页.

② 资料来源：《国际金融报》. 2001 年 11 月 14 日

济”将成为下一个经济大潮，休闲产业会在 2015 年左右主导世界劳务市场，并占有世界GDP 近 50%的份额，名副其实成为世界的支柱产业。中国加入 WTO 后，旅游市场全面开放，国际交流日益广泛，面临着休闲经济的大发展。哈什博士说，2000 年中国共接待了 8300 万旅游者，已超过了她的邻国，旅游收入达 162 亿美元。其中国际旅游者在中国每位的平均消费为 137 美元。

（二）休闲旅游要素

按照我们对休闲旅游的定义和解释，从旅游客体（旅游资源）、旅游主体（旅游者）和旅游中介体（旅游服务机构）这三方面，我们可以总结出休闲旅游以下的几个要素：

1．旅游地的资源丰富性。休闲旅游也必然要以旅游地的各类资源为依托，从休闲旅游自身的特点出发，它所依托的旅游资源有一个特点：游客参与休闲旅游大多是为了通过旅游来消除工作和学习的劳累，从日常紧张的生活氛围中解放出来，而不是变得更加繁忙和紧张，所以他们的旅游空间行为以点状为主。旅游地要吸引拥有各种爱好的游客们留下来进行休闲旅游，并且不致因资源的单一而感到厌烦，就需要拓宽旅游地的资源种类，让旅游地的资源类型更加丰富和多样化，将不同内容、不同层次、不同等级的资源组合在一起，这种具有丰富资源的旅游地当然就会受到旅游者的欢迎。一般来说，适合休闲旅游的资源中，自然资源往往都是海滨、森林、山地、湖泊、水岸等，这些地方的环境优越、植被良好、空气清新、多数与水为邻；而人文资源则是以历史文化古迹、主题公园、游乐场、酒店、度假村、休闲农庄等为主，它们的共同特点就是文化内涵丰富、娱乐项目众多；可以为游客的生活起居提供良好的服务。无论是自然还是人文资源，只要全方位地组合，等级规格越高，越能吸引休闲旅游游客。

2．旅游者的休闲感受。对于旅游者来说，休闲旅游与其他旅游的不同之处就在于他们通过参与休闲旅游，能够体验到休闲的感受，达到休闲的目的。虽然每个人的感受不一，但是对大多数旅游者而言，他们的休闲感受还是有一个较为统一的标准，不外乎感到身心愉悦放松、情趣得到了陶冶、见识有了增长。如果旅游者们中绝大多数都认为通过旅游体验到了休闲的感受，那么这次旅游就是一次成功的休闲旅游。这里需要注意的是，拥有不同文化背景或是不同个人条件的游客可能会对某种同样的休闲旅游感受有很大的不同。比如说，对于一名年迈的老人，他在森林中漫步明显会比他去攀岩感觉更加休闲；再比如一名西方游客来到中国旅游，对中国的休闲文化一无所知，对主要休闲方式也毫不熟悉，他就不大可能体验到休闲的感受。所以旅游经营者需要事先了解游客背景，在规划阶段就为其量体裁衣，提供他们所能感受到的，最为有效且方便的休闲旅游方式。

3．服务内容的覆盖范围。从国内外知名的休闲旅游地的例子，如泰国芭迪雅、美国夏威夷等，我们可以总结出这样一条规律：成功的休闲旅游地需要提供全面的、各种档次和类型的服务。旅游地要通过提供各种各样的服务来满足大多数游客的各种需要，这当中既包括高雅的，也包括比较大众化的，甚至包括低俗的，只要不违反当地的法律法规，就应该提供针对各类型游客们的服务。在所有的休闲旅游中，游客都离不开旅游经营者所提供的服务。不管游客采用何种旅游方式，旅游经营管理者所提供的生活、娱乐、咨询、交通、餐饮、安全保障等服务内容都是休闲旅游的重要组成部分，这些服务可能仅是为游客解决基本生活需要，如宾馆酒店的日常服务；餐饮和交通部门的普通服务；也可能就是休闲旅游的核心内容和主要景观，如各种文艺演出、各类文化娱乐项目等。服务内容的覆盖范围、完整性和服务的质量水平将直接影响到游客对旅游产品的体验和感受，是休闲旅游经营的重要因素。

二、现代休闲旅游资源的布局

现代休闲旅游资源以空间分布的标准来划分，可分为三种类型：城市休闲旅游资源、乡村休闲旅游资源以及风景区休闲旅游资源。

（一）城市休闲旅游资源

城市的出现是人类社会生产力水平发展到一定阶段的产物，是人类文明的象征。随着人类社会经济水平的不断发展，城市化水平也随之不断提高。据世界银行1995年度报告预测，全球今后25年内增长的人口中，将有90%集中在城市地区。城市由此也将成为人类重要的活动中心，成为人类社会进一步发展所依赖的重要空间场所。①

由于城市的经济文化发展水平相对较高，更多的就业机会和更高的收入与教育水平使城市居民拥有更好的休闲能力；同时，由于城市基础建设的蓬勃兴起，公共休闲设施也更加完善，城市公共休闲设施一方面拓展了城市居民休闲的空间，另一方面为各种休闲方式提供了载体，而这些休闲方式在为公众普遍接受后，又在市场经济的环境中逐渐成为城市的休闲产品，进而发展成为具有一定规模的休闲产业。② 此外，城市作为地区政治、经济和文化中心、旅游的主要客源输出地和旅游接待地、地区交通枢纽、区域旅游的集散地，市民及流动人口无论从数量还是消费能力上都比较强，旅游的客源市场非常可观，因此也吸引着各种商业性休闲娱乐设施在城市及城市近郊安家，使城市休闲旅游设施的范围不断扩大。

城市休闲旅游资源主要包括以下几种：

1．娱乐型：这种类型的资源涵盖范围非常广，功能都是以娱乐休闲为主，消费者们从中不但能够得到轻松、愉悦和自由的情感体验，还可以通过参与各项娱乐活动达到与人交往的目的，客观上还可以增强社会的安定。如：深圳的主题公园“锦绣中华”、香港的迪士尼游乐场、上海的茶馆酒吧聚集地“新天地”、各个城市都有的影视剧院、歌厅舞厅等。

2．学习型：该类资源以展示和传播各种知识的功能为主，消费群体的目的也比较明确，就是要在自己的闲暇时间通过参与休闲活动而获取知识，提高文化素质。这一类型有博物馆、展览馆、科技馆、艺术馆、图书馆、文化馆、动植物园、网吧、各类专项基地等。如北京的军事博物馆、西安的兵马俑博物馆、上海的野生动物园、酒泉卫星发射基地等。

3．健身型：由于人们日常保健的需要，工作学习的紧张，城市自然环境的恶化，城市居民越来越重视加强健身，以提高自己的生活水平和健康状况，因此城市内有许多为市民提供健身的休闲场所，如各种室内室外的运动场馆、设施；休闲体育中心、各类保健场所等。

4．观光型：城市作为人类长期建设经营的生活、生产空间，留下了许多人工痕迹，这些人工痕迹既有物质性的，也有非物质性的，它们构成了城市观光旅游的主要资源。常见的有城市的著名旅游风景点、人文遗迹、新老建筑、特色街区、景观绿地、城市的传统文化、民俗、节庆活动等等。典型的如欧洲古城的街头建筑、新加坡的花园绿地、杭州的西湖等。

5．其他类型：1933 年《雅典宪章》曾提出游憩、居住、工作与交通是城市最基本的

---

① 俞晟.《城市旅游与城市游憩学》. 上海：华东师范大学出版社，2003. 第17页.

② 陈允文.《城市发展与市民休闲方式的关系》. 九江学院学报，2005（01）：94页.

四大功能。除游憩功能外，后三种功能包括市民的吃、住、行、购物、工作、学习和其他日常活动等，执行这部分日常功能的系统也有可能会成为休闲旅游的资源。比如城市的特色交通系统、餐饮场所、民居建筑、购物中心、夜市、专业店等。如巴黎、纽约、伦敦等大城市的地铁系统、香港著名的珍宝海鲜舫、东京繁华的商业中心等。

案例　杭州构建休闲城市的资源优势①

杭州构建休闲城市的资源丰富，从自然资源看，拥有两个国家级风景名胜区，两个国家级自然保护区，一个国家级旅游度假区。杭州以西湖山水闻名世界，经过数百年的不断经营，杭州已基本形成“一湖、二峰、三泉、四寺、六园、七洞、八墓、九溪、十景”的格局。

从人文资源看，作为中国六大故都之一的杭州，只在西湖风景区就有 65 个各个级别的文物保护单位，如灵隐寺、岳坟、三潭印月、六和塔、胡庆余堂等人文景点长久不衰。

从休闲设施看，拥有六大类旅游休闲场所和设施，即以杭州宋城、杭州乐园、之江度假村为代表的休闲度假类；以茶叶、丝绸等博物馆和新华书店等综合性娱乐场所为代表的文化娱乐类；以黄龙体育中心为代表的体育健身类；以“楼外楼”和各类茶室为代表的休闲餐饮类；以“银泰”和“解百”为代表的都市购物类；以“浙江卫视”等媒体为代表的媒体传播类。

（二）乡村休闲旅游资源

乡村休闲旅游从 20 世纪 70 年代开始至今，得到了很大的发展，旅游者对乡村的农业景观和农业文化消费的自身需求是乡村休闲旅游兴起与发展的根本动因。农业是先民们最主要的谋生方式，虽然目前的社会分工完全多样化，许多人没有再从事农业生产，但是对于人类生存、繁衍具有重要意义的农业在现代人心目中仍具有挥之不去的情结。在潺潺流水旁垂钓，于花果繁密的园林中采撷，再品上一餐原汁原味的农家饭，喧嚣都市的尘埃便在充满乡村气息的世界里被抛却。这样的乡村休闲观光正越来越多地成为都市人旅游度假的方式，并逐渐形成了一种以农业为基础，农业与旅游业相结合的新兴交叉产业。中国国家旅游局 1998 年推出的“华夏城乡游”，2006 年推出的“中国乡村游”，主题除了传统的城市休闲旅游外，还包括了乡村休闲旅游。

虽然乡村休闲旅游资源不包括位于广大乡村地区的各级风景区，所以在自然和人文景观上档次并不高，但由于休闲旅游的主要客源来自于城市，因此在景观以及文化生活方面与城市有着较大差异的乡村，仍然凭借其优美的自然风光、良好的生态条件和田园诗歌般的生活内容和气息，对城市以紧张的快节奏生活的人们散发着吸引力；并且相比较城市休闲旅游，乡村休闲旅游价格的低廉也是吸引游客的一个重要因素。从另一个角度来看，乡村地区开展旅游业是农民脱贫致富的较好途径，游客与当地农民完全可以达到双赢的效果。

由于乡村休闲旅游发展的时间较短，受乡村基础设施条件的限制较大，在资源的种类和内容方面尚有不足，目前比较常见的有如下几种：

1. 农家乐型：这种类型的资源目前在我国的休闲旅游资源中最为常见，一般是依托城

---

① 徐瑞萍.《杭州构建休闲型城市的优势及对策》，《特区经济》，2005（06），126～127 页.

市周边已有的乡村空间与农业资源，对农业的原始功能进行适当的延伸，就能够在农业生产的基础上，具备农业观光、体验、农产品购物品尝等功能，加上与城市间有便捷的交通条件，往往吸引着市民做短程、多次的旅游。其主要的活动方式有吃农家饭、住农家院、品农家菜、娱农家乐、购农家品、看农家景等。开展得较好的如日本 1985 年就设立的大仁、名寄自然农法农场；我国台湾的苗栗县三角湖农业休闲中心，四川成都的三圣乡红砂村、幸福梅林等。

2．农业体验型：该类型随着农家乐的大力发展，也逐步开始进入部分游客的视野。主要内容是在各类农林牧渔地区，人们前来采摘水果、植树、钓鱼、放牧、种菜、野炊、学习园艺等。与农家乐相比，旅游者的乐趣更多地来自于体验农业生产过程的乐趣，干农家活是该类型的核心内容，一般针对的消费群是那些厌烦了城市工作和生活的游客、对于农业生产过程有强烈好奇心的游客，或是有过类似经历，有怀旧需要的游客。如成都市三圣乡红砂村的“江家菜地”；北京锦绣大地的“现代乡村农业示范园区”等。

3．乡村度假型：即以乡村的自然环境和人文活动为背景，将观光、度假、娱乐、经济、生态、保健、教育、社交等多种活动有机结合起来，让游客们达到乡村度假的目的。这种类型的资源可以说是前两种类型的综合，另外还融入了休闲度假的一些因素，时间较长，地点往往远离城市，多在非风景区的山林、湖泊、海滨、草原等地的乡村。著名的有巴西圣保罗市 60 公里远的麦克林 MOA 农业休闲中心，我国上海浦东的孙桥高科技现代农业园区等。

案例　　成都乡村休闲旅游发展状况①

根据成都观光农业课题组的调查，成都市所辖 19 个区（市）县农村现有农业观光旅游休闲点达 5000 家以上，年接待游客达 1500 万人次，年创收 7.5 亿元左右，其中纯收入可达 1.5 亿元，年收入占农业总产值 5%左右，并呈增加趋势。成都市的乡村旅游风景区发展良好。国家旅游局 2004 年 7 月命名的“首批全国工农业旅游示范点名单”中，成都市的红砂村花乡农居，郫县友爱镇农科村，龙泉驿区兴龙镇万亩观光果园以及都江堰市青城红阳猕猴桃绿茶基地等四个上榜的重点旅游区，即是典型的例证。

龙泉驿区参与旅游经营的农户上千家，涉及全区 13 个乡镇，全区以“农家乐”为基础的景点有 8 个，其中著名的有“书房村”、“龙泉乡万亩观光果园”、“柏合千亩梨园”、“龙泉乡桃花故里”等。年接待游客 180 万人次，创经济效益近亿元。其中书房村在 1998 年被农业部授予“全国庭院经济模范村”。

红砂村花乡农居地处锦江区，地理位置优越，位于成龙路以北，东洪路与外环路之间，东、北分别与龙泉驿的大面镇、洪河镇相连。红砂村花乡农居为四川省首批国家 AA 级景区，有 3000 多亩花卉种植基地，其民居建筑富有川西特色，2004 年旅游人次即达 300 万人左右。

（三）风景区休闲旅游资源

我国的风景区是旅游资源和旅游目的地体系的重要组成部分（相当于海外的国家公

---

① 成都观光农业课题组．《关于成都市观光农业的调查与思考》．成都行政学院学报，2000（03），30 页．

园），一般是指风景资源集中，环境优美，具有一定规模和游览条件，可供人们游览欣赏、休憩娱乐或进行科学文化活动的地域。由于休闲旅游活动要求在居住区附近有面积较大的场地，并且这块场地要具有很高的社会及生态价值，所以包括森林、河流、湖泊，旅游休闲的客体（建筑、历史、文化及自然文物）对休闲风景区的需求会远远高于对其他各类土地资源的需求。① 风景区内良好的旅游接待设施、著名的各种旅游吸引物、完善的外部交通条件等对休闲旅游的发展起到了良好的推动作用。

不过，需要指出的是，在风景区开展休闲旅游有个条件：风景区的自然人文景观与休闲娱乐设施不能产生空间上的阻碍，尤其重要的是游客的住宿应当在景区之内，否则游客们不能在风景区内借助休闲设施进行休闲活动，二者之间形成明显的脱节，休闲旅游也就无法顺利开展，而变成纯粹的观光旅游。所以并不是规格等级越高的风景区就越适合开展休闲旅游，因为风景区的高等级使得对风景区的保护措施和标准更加严格，对休闲旅游的开展形成阻力，反而是那些次级的风景区比较适合休闲旅游。从世界遗产名录中看，休闲旅游开展最好的旅游风景区如美国夏威夷、泰国普吉岛、三亚海滨等，几乎无一入选。

因此，风景区休闲旅游资源主要分为以下两种类型。

1．自然景观为主型：这一类风景区吸引游客的主要在于其美丽、独特、壮观的自然风光，拥有大面积、主体性的风光背景，人文景观相对自然景观，较为薄弱。因风景区内自然环境优越，风光绮丽，旅游者们能够在欣赏风景的同时，达到休息身心，陶冶情操的目的。著名的如：新疆的天山天池、赛里木湖、四川的四姑娘山、海南的三亚热带海滨、青海的青海湖等。

2．人文景观为主型：以我国为例，中国的历史文明悠久，人文景观丰富，对于海外旅游者来说，博大精深，源远流长的中国文化相比自然风光来说，更具有魅力。这类资源的核心内容主要以人文景观为主，自然景观仅是作为景观构成中的辅助因素存在，游客们的主要兴趣在于对文化的了解和学习，欣赏自然风光只是次要目的。但由于大多数的人文景观都具有一定保护价值，所以往往景观部分与休闲设施，尤其是游客的住宿地之间被截然分开，能够开展休闲旅游的主要以开放性的人文旅游风景区、旅游节庆和民俗风情为主。典型的如：广西阳朔风景区、云南西双版纳景区、湖南凤凰古城景区等。

案例　千岛湖风景区着力打造旅游休闲胜地②

享受自然、开心度假、参与运动、品尝美食等休闲旅游越来越受到游客青睐。浙西的千岛湖，作为一处“秀水千岛湖，休闲好去处”的休闲度假胜地，越来越吸引海内外游客蜂拥而至，有一组数据为证：今年1—8月在千岛湖住3晚以上的游客有10.36万人次，比去年同期增长12.2%，游客都是慕名来此休闲度假的。千岛湖中，温馨岛的时尚蹦极、五龙岛的垂钓中心、梦菇塘的潜水观鱼、梅峰观岛的滑草、森林氧吧等新项目给千岛湖休闲旅游不断创造了亮点。

为让游客在风景区不是匆匆而过，而是住下来，吃得鲜，游个够，花费多，千岛湖风景

① [白俄罗斯]G. A. 帕塔耶夫．《休闲风景区》．《世界建筑》，2000（03），28页．

② 资料来源：http://www.lsnews.com.cn/2003-08-01/ca14466.htm

区是做足了文章，想尽了花头，利用一切她的休闲度假优势所在：独特的旅游资源量大质优，其一湖秀水，一方文化都是国内独一无二的，跻身一流旅游区轻而易举；旅游要素之游住行吃及景观度假房产、农家渔家餐饮等的强劲产业支撑更为千岛湖发展休闲提供保证；杭千高速、杭千一级公路等杭州1个半小时交通圈的建设和国家重点、国家4A旅游区等金字招牌都为千岛湖成为真正的华东地区后花园和最大的休闲、水上运动福地建设注入力量。

三、休闲旅游的开发

前面讲过，按照较宽泛的标准可以将休闲旅游大致分成度假旅游和娱乐旅游两大类型，二者面对不同旅游目的的游客，既有相似之处，也有各自鲜明的特征，在这里分别介绍一下有关两种资源的开发内容。

（一）度假类旅游资源的开发

1．度假旅游简介。一般来说，度假旅游的节奏相比其他旅游较慢，在旅游地逗留时间较长，对旅游地的服务、设施和环境的要求较高，在日程的安排上也较宽松，选择的自由度和随意性很大，有的往往还带有健身、保健和治疗的目的。目前，世界上的度假旅游区可分为滨海、滨湖、森林和山地等四大类型，其中尤以热带、亚热带的滨海度假区为主流。从世界范围看，加勒比、夏威夷、南太平洋、东南亚岛屿和地中海等度假区域在地理区位上的等距均衡纬向分布，可以勾勒出国际度假市场地域组合的基本轮廓。

案例　　我国度假旅游资源的现状[1]

1996年是国家旅游局确定的“度假休闲游”主题年，国家旅游局制定，国务院批准试办了12个国家（级）旅游度假区（大连金石滩度假区、青岛石老人度假区、苏州太湖度假区、无锡太湖度假区、上海佘山度假区、杭州之江度假区、福建武夷山度假区、湄州岛度假区、广州南湖度假区、北海银滩度假区、三亚亚龙湾度假区、昆明滇池度假区）。

然而，时至今日，除了个别旅游度假区已有小部分投入运营外，大多数度假区则基本上处于停建、待建和改建状况，究其原因，除了缺乏资金外，主要是度假区的市场定位模糊，开发方向迷失，使得政府管理部门和经营开发商对其前景失去信心。甚至将其改为房地产开发项目来摆脱困境。由于度假区的选址和开发在推出度假休闲游主题年之前，缺乏必要的、充分的市场调研和技术经济论证，以至于度假区在开发经营过程中陷入尴尬境地。

2．度假旅游资源的开发。从度假旅游的特点来看，游客参与度假旅游的目的是让身心得到充分的放松，消除日常工作和生活所积聚的疲惫，经过度假休闲调整好自己的心理和生理状态。与观光旅游等其他旅游方式不一样，度假旅游者所欣赏的旅游地不一定要有非常美丽壮阔的自然景观，也不一定有悠久丰富的人文景观或娱乐方式，他们需要的是优越的自然环境和宜人的气候、良好全面的旅游设施和服务，这两点就是度假旅游资源开发中需要重视的要素。针对上述要素，我们可以得出度假旅游开发的原则：

（1）重视自然生态环境的建设和保护。从前述四大国际度假旅游区域具有的某些共同

① 张凌云.《试论我国度假区的市场定位和开发方向》.《旅游学刊》，1996（04），59页.

特点可以看出，度假旅游资源的关键之一在于旅游地拥有一个高标准的自然生态环境，如滨海、滨湖（江河）、森林和山地周边。这四大区域的共性是：自然环境优越；气候宜人、空气质量良好；植被覆盖率高；多为滨水地带（森林与山地中的河流或小溪）。度假旅游区优越的自然环境适宜人类居住，清新的空气、舒适宜人的气候、无污染的水、食物等对恢复身体和心理的健康有很大帮助，这一点对于大多数来自于污染严重的城市的度假旅游者来说，具有很强的吸引力。要成为合格的度假旅游地，首要的条件就是要注意建设并保护当地良好的自然环境，无论度假休闲旅游区域位于城市、郊野、还是风景区，这一点在国内许多知名度假旅游地都得到了体现，如云南丽江、广西阳朔、海南三亚、成都青城山等。只是许多旅游地的自然环境受先天的限制，无法达到满足度假旅游的要求，也就无法开展度假休闲旅游。比如炎热且寸草不生的沙漠、污染严重的工业城市、寒冷的极地、甚至远离水源的广袤的内陆地区等。

（2）重视旅游地的旅游设施和服务的建设管理工作。从大多数度假游客的目的来看，他们离开常住地来到度假旅游地，就是想离开激烈的工作学习压力，从繁重的日常生活中得到解放，因此他们在旅游过程中不可能再想重复那种状态，所以就需要旅游地有良好的接待和生活条件，让他人为自己服务，帮自己处理琐碎繁杂的家务劳作，而自己则可以身心放松地去尽情享受休闲乐趣。旅游度假区是一个相对独立的目的地地区，区域内供应一系列旅游设施和服务，特别是一些用于休闲、学习体验或康体保健的设施与服务。① 所以度假旅游地必须具有良好的旅游设施和服务，范围包括餐饮、住宿、医疗、交通等接待设施的数量、质量、价格、档次的多样化、服务水平、服务态度等软硬件方面。当然，对于广大度假旅游者来说，硬件与软件的档次要求不尽相同，但对旅游设施和服务的基本要求还是有一定的标准，如要求住宿安全、卫生、舒适；餐饮可口、卫生、及时；交通安全、方便、快捷等。旅游经营管理者应保证接待条件在此基础上，并融合当地特色文化，让游客充分领略度假地的魅力。以我国著名的度假旅游地海南为例，预计到2005年底，全省五星级酒店将达到28家，四星级酒店40家，是国内除北京、上海之外，拥有五星级和四星级酒店最多的省份。

案例　　三亚的滨海旅游饭店群②

海南岛最著名的滨海旅游饭店群落，应数三亚亚龙湾国家旅游度假区、大东海和三亚湾椰梦长廊。这里有中国顶级的热带滨海度假酒店。亚龙湾集中了现代旅游五大要素：大海、沙滩、阳光、绿色、洁净的空气于一体，坐落在此的喜来登度假酒店、凯莱度假酒店、仙人掌度假酒店、金棕榈度假酒店等十多家著名度假酒店与金色的沙滩、清澈的海水、绵延的海湾、原始的植被相得益彰，构成一幅店在景中，景在店中的美丽画卷。这里依山傍海，酒店的任何一处都可看海、观山，让您感受到海风轻轻地吹，海浪轻轻地摇的浪漫情怀。这里有中国十佳高尔夫球场之一的亚龙湾高尔夫球场，有长达8公里的洁白沙滩。酒店与大海亲密接触，与球场零距离相拥，与青山碧海相融洽，这一切的一切都会让您流连忘返。

由于海南岛的地理位置、资源环境、气候条件等在中国独一无二，因此它的稀缺性、

① Edward Inskeep著，张凌云译．《旅游规划》．北京：旅游教育出版社，2004．187页．
② 资料来源：《三亚晨报》，2004年8月11日

不可替代性、无法模仿性等特征体现了海南度假酒店在中国旅游饭店业中独树一帜的地位。亲山亲水，亲风亲海的各式景点化度假酒店，彰显了海南岛度假酒店的独特魅力。

（二）娱乐类旅游资源的开发

1．娱乐旅游简介。娱乐业是一个在2000年全球产值即高达4800亿美元的庞大产业。基本的领域包括电影、电视、录像、流行音乐、观赏性体育、主题公园、电台、赌场、杂志、报纸、书籍、玩具等等，娱乐业已成为世界上众多地区的经济增长最快的部门，无论是在发达国家还是发展中国家。正如社会、政治和技术变革带来的新机遇一样，娱乐已经在经济增长和文化演进的前沿占据了不可否认的重要位置。① 当娱乐业与休闲旅游相结合时，就产生了以娱乐游戏为主要内容的旅游资源和产品，它们满足了大量以娱乐休闲为主要目的的游客需求。目前娱乐旅游总体发展趋势是：树立鲜明的主题，深入挖掘主题，创造独特主题，这是各国娱乐旅游共同追求的目标。例如美国夏威夷的波利尼西亚文化中心，即是以当地土著民族文化为主题并通过进一步深入挖掘文化内涵，开发出多种娱乐形式供游客选择。

案例　　快速成长的中国娱乐旅游业②

自80年代起步，到1985年前后，我国的娱乐旅游以中小型的游乐园为主。随后以广州“东方乐园”为代表的机械为主的综合性游乐园兴起，以深圳“锦绣中华”为代表的初级主题公园开始形成。

经过20多年的发展，我国已建成有一定规模的游乐园（场）、主题公园450多家，如深圳“世界之窗”、上海“青浦大观园”、“苏州乐园”、杭州“未来世界”、桂林“乐满地”、北京“石景山游乐园”等。《中国旅游投资指南——项目篇》列出的800余个项目中，旅游休闲娱乐项目为460多个，其中大批是中小型主题公园。从总体来看，我国不少游乐项目已进入到一个同国际相接轨的阶段。如深圳锦绣中华发展有限公司，成功地将各民族节日盛会、村寨民俗表演、大型广场艺术与景区游览项目相结合，达到了轰动效应，并形成了自己的质量管理模式，使景区步入良性发展轨道，年均创利达7000万元人民币，成为海内外最著名的主题公园之一。

2．娱乐旅游资源的开发。参与娱乐旅游的游客们渴望能够体验各种新奇、有趣、刺激的娱乐项目；观赏充满创意、有着深刻文化内涵的文娱表演，游客们可以从中获得在日常工作生活中所无法体会到的乐趣。他们在旅游过程中的节奏不像度假旅游者一样缓慢，对旅游地的自然环境也没有特殊的要求，而是对旅游地所提供的娱乐项目有较高的要求。他们希望娱乐类旅游资源能够根据游客的兴趣需要，设计一系列有特色的娱乐项目，当中要体现一定的文化内涵和主题性。综上所述，在娱乐旅游资源的开发中，需要重视的要素包括针对资源的人性化管理、提高娱乐项目的吸引力这两点。

（1）对娱乐旅游资源的人性化管理。首先，游客的类型不同，各个旅游资源所面对的群体也就不同，娱乐项目和设施永远无法满足所有游客的需要和兴趣，因此要从资源的

① [美]米切尔·J·沃尔夫，黄光伟等译．《娱乐经济》．北京：光明日报出版社，2001．14～15页．
② 资料来源：《中国旅游报》，2004年3月29日

特点出发，找准市场定位，了解自己的客户范围，以便更好地吸引游客并为之服务。其次，由于娱乐旅游资源对自然环境的依赖远远小于度假类旅游资源，所以在资源的开发和管理中可以树立“以人为本”的理念，将游客的需要和兴趣所在放在资源开发考虑的前列，根据资源所能吸引的主要游客群的特征，人性化地设计和开展娱乐项目。这里的人性化主要体现在项目功能设计和服务的个性化上，力求表达人文关怀精神。将娱乐项目的选址、建设与当地的景观、生态、生活民俗等融为一体，从游览项目功能、景区线路设计、游客不同消费时段心理要求上去体现人性化特征，努力营造一种自由宽松、舒适自然的环境。如成都的西岭雪山将冬季的滑雪旅游与花水湾的温泉旅游以及周边的鹤鸣山道教胜地、摩崖石刻、地主庄园等名胜古迹人性化地结合在一起，满足了游客们在较短的时间和较小的空间内的多种娱乐旅游需求。

（2）增加娱乐旅游项目的吸引力。大多数娱乐类旅游资源都面临着吸引力逐渐丧失，生命周期短暂等问题，如何增加娱乐旅游资源的吸引力，让娱乐旅游项目不断得到创新和发展呢？解决问题的途径有以下几点：

① 娱乐旅游项目要表现出充分的文化特征。主要是侧重于民族文化和地域文化的结合，以突出其优势，并注重同时满足旅游者对旅游设施国际化等同质文化和旅游吸引物这种异质文化的追求，这些文化的融合形成了一个旅游目的地的独特文化，要将这种独特文化始终体现在各类娱乐旅游项目中。例如，墨西哥的主题公园，各个项目都以神秘的玛雅文化这一独特的文化符号为核心特色，因而具有与世界上其他主题公园不同的特点和吸引力。

② 不断更新娱乐旅游资源的设施和利用项目的其他效应。这种方法表现在两个方面：一是在设施的更新上，通过不断增加新项目和大量相关辅助设施，使旅游地的娱乐项目内容不断得到更新和扩展。二是利用项目的其他效应来增加娱乐旅游项目的吸引力，可选择对大众有较强影响力的书籍、影视等各种媒体。如著名的迪士尼公司已经从一个单纯的卡通工作室转变为一个综合性的娱乐集团，目前业务涉及影视娱乐、主题乐园度假区、消费品和媒体网络。在迪士尼的卡通形象的综合效应下，上述四大业务互相提供支持和服务，取得了极佳的效果。

资料　　香港迪士尼乐园简介[①]

香港迪士尼乐园会是全球第五个以迪士尼乐园为模式兴建的、迪士尼全球的第十一个主题乐园，以及首个根据加州迪士尼（包括睡公主城堡）为蓝本的主题乐园。到访香港迪士尼乐园的游客将会暂时远离现实世界，走进缤纷的童话故事王国，感受神秘奇幻的未来国度及惊险刺激的历险世界。

除了家喻户晓的迪士尼经典故事及游乐设施外，香港迪士尼乐园配合香港的文化特色，构思一些专为香港而设的游乐设施、娱乐表演及巡游。主要娱乐项目包括：以美国西部情景为主的美国小镇大街、迪士尼经典卡通人物的幻想世界、惊险刺激的探险世界、充满太空幻想的明日世界等。香港迪士尼乐园还可安排迪斯尼童话式婚礼，让客人可在主题度假区举办真正迪斯尼特色婚礼。在迪士尼好莱坞酒店，将捕捉制作电影时的有趣元素，并营

① 资料来源：http://news.sohu.com/20050912/n226936889.shtml

造出装饰派的环境。

案例　　将成都打造为“休闲之都”

根据成都市旅游局的有关报告，成都市将统一建设城市中心游憩区、环城休闲旅游带、外环生态旅游圈，从而让成都真正成为一座“休闲之都”。

其中城市中心游憩区的分布如下：游憩区以天府广场为中心，东起大慈寺，西达浣花溪，南到川大华西校区，北至文殊院片区。重点项目包括：以春熙路为代表的旅游购物，以琴台路为代表的民俗演出，以羊西线为代表的成都美食，以锦绣工场和送仙桥艺术城为代表的传统工艺品展销等。

环城休闲旅游带包括：城东花果观光休闲旅游带、城南民俗休闲旅游带、城西游乐观光休闲旅游带和城北文化休闲旅游带。重点项目有：红砂村花乡农居、万福村荷塘月色、驸马村东篱菊园、幸福梅林、龙泉驿兴龙镇万亩观光果园、锦江成都至黄龙溪段沿岸的农业生态资源、温江“中国花博园”等。

外环生态旅游圈包括几大风景区：都江堰—青城山精品旅游区：突出都江堰水文化和青城山道教文化特色，规划开发“赵公山”景区，形成“游青城道教仙山、观都江堰圣水、拜赵公山财神”的国际旅游精品。龙门山生态旅游区：依托龙门山国家地质公园独特的飞来峰群和岩溶地貌特征，形成国际生态旅游精品。天台山生态旅游区：以天台山国家级风景名胜区、国家级森林公园为基础，打造国家级生态旅游品牌。

1．请思考并讨论成都的资源条件是否符合“休闲之都”？

2．请从休闲旅游的开发角度，结合上述规划，就成都今后怎样成为“休闲之都”提出自己的建议。

本章参考文献

[1] 李仲广，卢昌崇．基础休闲学．北京：社会科学文献出版社，2004.

[2] 杰弗瑞·戈比著，康筝译．你生命中的休闲．昆明：云南人民出版社，2000.

[3] 田里．旅游学概论．天津：南开大学出版社，1998.

[4] 约翰·凯利，赵冉译．走向自由——休闲社会学新论．昆明：云南人民出版社，2000.

[5] 维特·雷辛等，朱路平译．旅游跨文化行为研究．天津：南开大学出版社，2004.

[6] 孙文昌等．现代旅游开发学．青岛：青岛出版社，1999.

[7] 俞晟．城市旅游与城市游憩学．上海：华东师范大学出版社，2003.

[8] Edward·Inskeep，张凌云译．旅游规划．北京：旅游教育出版社，2004.

[9] 杰弗瑞·戈比，张春波等译．21世纪的休闲与休闲服务．昆明：云南人民出版社，2000.

第十一章　旅游文化资源保护与开发

旅游文化资源是指各类旅游资源所蕴涵的文化因素的总和，是把文化因素作为旅游资源的有机组成部分来考察。但是，旅游文化资源往往也是自然旅游资源的有机组成部分，即自然旅游资源中往往也蕴涵着各种文化因素。例如，长江三峡的“神女峰”、云南路南石林的“阿诗玛”等虽是自然景观，但蕴涵其中的文化因素，即旅游文化资源则通过神话传说等附会文化得以体现。而如果从旅游审美角度讲，无论是自然旅游资源还是文化旅游资源，审美主体即旅游者，总是以某种“文化眼光”或“文化心理”对其进行审视的，因此可以说一切旅游资源均具有“文化意味”，同时这也是由旅游活动本身所具有的文化属性决定的。当然，旅游文化资源的保护与开发，其重点都是在保护的前提下，如何挖掘、突出和展现旅游资源的文化内涵。

第一节　旅游文化资源的开发

一、旅游文化资源开发的有限性与无穷性

旅游文化资源开发的有限性首先是针对有形旅游文化资源而言的。例如文物古建筑等有形旅游文化资源，对其进行开发，不仅要受到相关文物保护法规的严格限制，而且由于自身的性质所限，其开发形式也相当有限，几乎只能是通过吸引游客到实地观赏来实现其旅游审美价值。其次，无形旅游文化资源的开发也具有局限性。例如，某个特定地区的风俗习惯或民俗风情往往是与这个地区的生活环境紧密相连的，如果将其移植到其他地区进行旅游开发，往往已失去了原有的文化内涵。对蕴涵在自然景观中的旅游文化资源来说，由于其在整个景观中并不占主体地位，对其进行开发必须从属于整个自然景观的开发需要，因此更具有局限性。例如，在一个以自然风光为主体的旅游区内，其所蕴涵的旅游文化资源的开发均应围绕着保护、衬托、强化自然美进行，切不可“喧宾夺主”，破坏其自然属性。

旅游文化资源开发的无穷性主要是指其具体开发模式或角度可以根据市场需求的不同而多种多样。例如，同样是黄鹤楼，如果从名楼角度出发，可以开发出“江南三大名楼之旅”之类的旅游线路；如果着眼于与黄鹤楼有关的古代诗词，则可以开发出“古诗词之旅”一类的专项旅游产品；而如果从城市旅游角度出发，黄鹤楼作为武汉市标志性建筑之一，则成为“武汉之旅”的必到之处。再例如以自然生态资源为主体的青城山，如果从宗教文化角度进行开发，可以开展道教旅游，如果把青城山道教文化进一步细化，又可以开发出以道教音乐、道教饮食等为主题的旅游产品。

二、旅游文化资源开发的特色定位

特色定位就是指文化特色定位，它是旅游文化资源开发的核心。对那些文化因素占主

体地位的旅游资源来说，特色定位就是要从旅游资源所蕴涵的诸多文化要素中选择或挖掘出一种最能代表该旅游资源特色或最独特的文化来，也就是说要为具体开发的旅游产品寻找出最具吸引力的文化主题。对这类资源而言，文化主题是旅游产品的“灵魂”，同时也对旅游资源开发起到“整合”作用。所谓“整合”，是指文化主题可以将一种文化理念、意识或心理贯穿于看似孤立、分散的景点，做到“景散意连”，使旅游资源开发具有整体效应，而且通常也是旅游产品的“卖点”所在。例如，在通过“出卖荒凉”大获成功的宁夏镇北堡影视城中，各类场景和道具虽关联不大，但整体上却充满了“荒凉”感，从而满足了旅游者，特别是生活在山清水秀的南方旅游者感受“荒凉”的这一文化心理需求。

对自然景观占主导地位的自然旅游资源来说，定位要服从于自然旅游资源开发的特色，即蕴涵其中的各种文化因素主要是为自然景观增添文化内涵，使其特色更加突出。例如，被称为“童话世界”的九寨沟风景区虽然通过藏族歌舞表演等形式展现了九寨沟所蕴涵的藏族文化，但九寨沟风景区的特色定位仍然是其“天堂”般的独一无二的自然风光，藏族文化只是丰富了其旅游产品的内涵，使其更具有旅游吸引力。

三、旅游文化资源开发的周期

（一）旅游文化资源市场开发的阶段

旅游文化资源开发的周期首先是指旅游文化资源开发的理念随着需求市场的变化而变化所经历的不同阶段。例如，以名山大川、生态环境等为主体的自然旅游资源，呈现给游客的是地理的空间维度，在大众化的观光旅游时代，由于旅游者审美能力有限，对蕴涵在自然旅游资源中的旅游文化资源进行开发的理念也处在初级阶段，即要么是借助于单纯枯燥的科学原理解说，要么是依赖于大量庸俗化的神话附会，尤其是山石、洞穴等自然景观的开发，千篇一律地被附会为“像鸡”、“像狗”、“像龙”、“像虎”等，有的甚至编造出一些“关公战秦琼”式的或让人起“鸡皮疙瘩”的故事来，没有逻辑，没有内涵，没有美感，几乎是被硬塞进自然风光介绍之中，使本来品位高雅的自然景观显得浅薄或趣味低级。进入多元化的文化旅游时代后，随着旅游者审美能力的普遍提高，他们往往以“文化”的眼光对自然景观进行观察，自然物往往被人格化、理性化或神化，成为旅游者的某种理念和情感的载体，使空间的形式韵律和人的情绪产生“共鸣”，正所谓“仁者乐山，智者乐水。”所以，对蕴涵在自然旅游资源中的旅游文化资源进行开发的理念也相应地进入高级阶段，即着眼于旅游者的审美文化心理，采取多种手法，对旅游者进行审美暗示，激发旅游者的想象力，留给旅游者更多的体验和感悟空间。

（二）旅游文化资源开发产品生命周期

旅游文化资源开发的周期其次是指利用旅游文化资源开发出的旅游产品的生命周期。作为“原材料”的旅游文化资源，只要保护得当，开发有方，在一定程度上是可以永续利用的，因此旅游文化资源本身并不存在生命周期问题。而利用旅游文化资源开发出的旅游产品则不同，因为旅游产品所针对的客源市场是逐渐变化的，一旦一项旅游产品的客源市场萎缩到不能维持其自身的运转，那么这项旅游产品就只能退出旅游市场的竞争。然而，只要开发理念和手段及时得到调整，同样的旅游文化资源完全可以开发出新的旅游产品，从而实现旅游产品的更新换代。

例如，以静态文化或物化的文化形态为主的文化景观，如文物古迹、名胜建筑等，是旅游文化资源的主要组成部分，最初为满足大众化的观光旅游的需求，文化景观的开发多形成观赏型且比较单调的初级旅游产品，“白天看庙，晚上睡觉”就是这类旅游产品缺乏吸引力的生动写照。但随着旅游者需求的逐渐多元化，文化景观的开发也随之形成了观赏与体验相结合的丰富多彩的旅游产品，力求依托文化景观的内涵及外延，从食、住、行、游、购、娱各方面全方位地满足旅游者的需求。例如，许多历史文化名城都十分注重历史街区的旅游开发，通过举办庙会等形式把城市静态的文化景观与动态的民俗风情、节日庆典、宗教礼仪、游艺竞技等结合起来，从而使历史街区充满鲜活的质感和强烈的动感，让城市历史文化重新焕发出勃勃生机，而且往往也成为旅游者流连忘返的地方，如南京的夫子庙，上海的城隍庙等。

案例　　鼎湖山旅游地生命周期分析

1980年，加拿大学者巴特勒（Butler）在前人基础上提出的旅游地生命周期理论，对旅游地复杂的演变进行了独特描述和分析，一直受到国内外旅游界的关注。巴特勒（Butler）根据产品周期的概念，提出旅游地演化经过6个阶段：探查、参与、发展、巩固、停滞、衰落或复苏阶段。不少旅游地生命周期的探查阶段实际上可追溯到千百年前，但现实意义不大。考虑对实践的指导意义和数据来源的可靠程度，我们把鼎湖山旅游地生命周期分析的开始时间定在1970年。

回顾鼎湖山多年的旅游发展历程，其游客数量与我国旅游业尤其是广东旅游业的发展密切相关。从1970年－1977年，鼎湖山实际上处于该轮生命周期的参与阶段（但已经没有探查阶段），游客多数属于行政事业接待性质，旅游业并未真正起步。1978年－1986年，鼎湖山经历了一个复杂的发展阶段，作为“星湖”国家重点风景名胜区的重要组成部分，虽然当时鼎湖山知名度还不高，但因为七星岩声名远扬，对珠三角、港澳及日本、东南亚地区的游客吸引力很大。因此，在国内旅游尚未成形，旅游市场并不成熟的历史背景下，年均游客保持在35万人次左右，这已是很大的成绩。1986年－1991年，随着国内旅游的起步，鼎湖山游客量上了一个台阶。但客观来说，这仅是一个发展与停滞并存的阶段，每年游客维持在60万人次以上，1991年出现一个高峰值，这与国内旅游开始兴起有关。广东珠三角居民因收入相对较高，出游动机较强，旅游活动比其他地区来得早些。当时鼎湖山向市场推出的是传统观光旅游产品。人们评价说，“绿，绿不过鼎湖山的树；清，清不过鼎湖沟的水”。但当时，人们似乎更喜欢七星岩一类的景观，而追求生态环境、感受人与自然和谐共处尚未成为时代潮流。

随着深圳“锦绣中华”等主题公园的兴起，以及这些地方经济的快速发展，广东境内旅游格局迅速改变，省外游客到广东的旅游动机更多地表现为经济因素。而鼎湖山在旅游开发方面并没有多少进展，肇庆当时也没有危机意识。因此，从1992年－1995年，尽管国内旅游开始迅速发展，鼎湖山却还是老面孔待客，其旅游内容简单、旅游区域狭窄的局面开始凸现。“在飞水潭照一张相，到鼎湖山烧一炷香”成为人们当时游鼎湖山的刻板写照；景区老化现象也很严重，除一些宗教朝拜者和当地居民外，游客回头率并不高。鼎湖山旅游吸引力开始下降，已不知不觉步入一个衰落期。游客量由1991年的83万人次下滑到1995年的50万人次左右，其后一直徘徊不前。面对一个衰落的市场，鼎湖山旅游经营者感到压力很大。为了改变这种局面，鼎湖山在旅游开发方面采取了有力措施。1996~1999年，先后在原天溪谷景区上游开辟了鼎湖新景，开发了湖中游愿望岛、原始次森林探险等旅游项目，以扩大景区容量，丰富旅游内容，阻止游客量下滑的趋势。

1998年底，鼎湖山在我国森林旅游方面的有关专家指导下，成功地对其独特的森林环境资源进行了深度开发，推出以空气负离子为核心的养生保健旅游产品，这是鼎湖山由衰落期转变为复苏期的重要因素。1999年是生态旅游年，“回归大自然”成为时尚。肇庆旅游部门在年初通过新闻发布会的形式适时向外宣传，产生了广泛的“鼎湖山空气负离子效应”。1999年1—7月份游客量与1997年和1998年同期相比，增加了10多万人次。但全年总量比较接近，说明下半年没有增加，反而有所减少。这与空气负离子养生保健旅游产品与旅游季节——夏季密切联系的特性有关；同时也反映出旅游市场呈现复杂化的特点。近年来多数人的旅游消费已经变得理性。旅游需求日益呈现多样化。但以空气负离子为核心的养生保健旅游产品毕竟使鼎湖山增加了一种持久的吸引力，对增加周期性的中老年客源市场极为有利，因此仍是鼎湖山由衰落期转向复苏期的关键。2000年12月，鼎湖山又依据其文脉（主要是地方性），开发建设了高品位的宝鼎园，使鼎湖山有“鼎”有“湖”，名副其实。宝鼎园透过新的岭南园林空间，自然而朴实地展现了中华传统“鼎文化”，其镇园之宝“九龙宝鼎”以其独特的形体、艺术、空间和时效在园中产生了极大的震撼力，为鼎湖山树立了个性鲜明的形象，增添了她的神秘色彩和历史深度，从而使鼎湖山旅游的文化内涵得到极大的充实和提高。宝鼎园不仅是鼎湖山旅游的一个新景区，也是肇庆旅游又一明珠。它进一步巩固了鼎湖山的复苏期，并使之逐渐发展为成熟期。

鼎湖山之所以能够由衰落期步入复苏期，主要原因：一是开发出新的有轰动效应的“新、奇、特、精”旅游产品，且能迎合市场需求。如“空气负离子呼吸区”迎合了都市人“回归大自然”的休闲保健需求，宝鼎文化园体现了人们对历史文化旅游产品的心理需求；二是摈弃了“皇帝女儿不愁嫁”的落后观念，开始重视旅游广告、外联旅行社等市场营销工作，营销手段和方式开始多样化。因此，从1970年－1999年的20年间，鼎湖山经历了参与阶段、发展阶段、发展与停滞阶段、衰落阶段以及复苏阶段，基本上完成了一个生命周期，其特点是没有探查阶段、成熟阶段（巩固阶段），而且发展阶段的一部分与停滞阶段交织在一起。

第二节　旅游文化资源的保护

一、旅游文化资源的保护类别

旅游文化资源的保护类别主要是指《世界文化和自然遗产保护公约》、《风景名胜区管理暂行条例》、《中华人民共和国文物保护法实施细则》等与旅游文化资源保护密切相关的政府性的、各级别的管理或保护措施中对旅游文化资源的分类和定级。例如，作为我国旅游文化资源重要组成部分的风景名胜区源于古代的名山大川和邑郊游憩地，历经数千年的不断发展，荟萃了自然之美和人文之胜，今天已建成以国家级风景名胜区为龙头，省级风景名胜区为骨干，市县级风景名胜区为基础的风景名胜区体系。特别是自《风景名胜区管理暂行条例》由国务院于 1985 年 6 月 7 日颁布后，经全国各地的广泛实施，又总结出一套分级保护措施，即将风景名胜区划分为三个级别的保护区和一个防护地带，并制定相应的保护措施。具体如下：

一级绝对保护区。指景点界线范围内的区域。要切实保护景点的原貌、风格和环境，不准建任何生活性大型建筑物，即使是观赏型建筑也要精、美、少，以突出景物，突出自然美。

二级保护区。指景区界线范围内的区域。区内要保护一切景点和植物，除观赏建筑外，也可适当建设人工与自然融为一体的小型服务设施。

三级环境保护区。指景区视线范围内的区域。区内可搞生活设施建筑，但也要保护好视野空间环境，确保景观的完整度。

防护地带。为保护景观特色，维护区内生态平衡，在风景区专门辟出大面积区域进行绿化，以保持水土；不兴办污染性的工厂和控制农药、化肥的使用以防止污染；搞好居民点的规划，控制不适宜的建设。

需要指出的是，目前我国有不少的国家级风景名胜区同时拥有“世界遗产”、“4A 级景区”、“国家历史文物保护单位”、“国家自然保护区”中两项以上的头衔，其归属部门多达 12 个，有时国家建设、林业、旅游、环保、文化、文物、宗教、水利、海洋、国土、科学院等部门都在管理某一风景名胜区。比如庐山就出现了海拔 800 米以下归星子县管理，海拔 800 米以上归庐山管理局管理的尴尬局面。由于管理者的出发点不同，其对风景名胜区进行保护的侧重点也不同，因此往往导致许多保护措施存在分歧，甚至成为一纸空文。

旅游文化资源的保护还可以分为有形旅游文化资源的保护和无形旅游文化资源的保护两大类，由于这个问题在后面会涉及到，所以这里不再赘述。

二、旅游文化资源的保护层次

旅游文化资源的保护层次主要体现在对旅游文化资源中物质实体的保护和旅游文化资源所赋存的环境的保护这两个层面上。具体而言，对旅游文化资源中物质实体的保护是旅游文化资源保护的基础层次，其目的主要是保护物质实体的真实性和完整性。例如，《世界文化和自然遗产保护公约》的宗旨，就是要保护世界文化和自然遗产“原作”的真实性和完整性，使之世代传承，永续利用。比如保护一座寺庙，就是既要防止其变成“假古董”，又要尽量避免各种自然或人为因素对其建筑实体进行破坏。

对旅游文化资源所赋存的环境的保护是旅游文化资源保护的较高层次，其目的主要是保护旅游文化资源所赋予和生存的环境。这种环境，主要表现为个体旅游文化资源与其周边环境共同构建出的某种独具特色的格调、氛围或意境，而这种独具特色的格调、氛围或意境，往往正是旅游文化资源的核心吸引力所在。例如，世界文化遗产丽江古城的成功之处正在于它从整体上较好地保护了古城的历史风貌与文化特色。1950 年以后，由于丽江政府做出了“保留古城、另辟新城”的决策，没在“旧城改造”的概念下进行城市发展工作，才使古城得以完整保存。丽江古城以海拔 5596 米的玉龙雪山为背景，以世界独有的东巴文化、纳西古乐等为文化内涵，以静态的城市空间格局、环境、建筑等及动态的、富有民族特色的民俗、节庆活动等为文化景观，成为一座享誉世界的旅游城市。在丽江古城中，曲折有致的古老街巷、高低错落的民居建筑、贯穿全城的潺潺流水和古桥、绿树构成了人与自然和谐统一的“浪漫空间”，洋溢着“小桥、流水、纳西人家”的诗情画意。可以设想，如果丽江当初只是象征性地保留下几条具有代表性的古老街巷或是几小片民居建筑，而周边都是大同小异的现代化建筑，或许今天的丽江还只是滇西北高原上一个鲜为人知的小城。

如果从市场营销的角度讲，对旅游文化资源所赋存的环境进行保护类似于“品牌”保护。例如，对于来济南的游客而言，大多数人是冲着“泉城济南”的牌子来的，由于济南泉水开发早，历史上曾吸引了众多著名的文人墨客和帝王将相前来游览，并留下了许多古迹及诗文碑刻，有着独特且深厚的泉文化积淀。游人至此，不仅是要观赏实物形态的泉水，更关键的是要结合与泉水有关的诗词、碑刻、传说、故事来领略泉文化的内涵和魅力。但是，由于近年来济南不注意泉水的保护，加之大量开采地下水，致使地下水位下降，许多名泉要么被掩埋，要么已干涸，就连昔日“水涌若轮”的趵突泉断涌时间也越来越长，而大明湖的湖水污染也十分严重，济南已彻底失去了往日《老残游记》作者刘鹗笔下“家家泉水，户户垂杨”的泉城风采，而昔日“四面荷花三面柳，一城山色半城湖”的美丽景象也无处寻觅。这种状况，使一些国内外游客慕泉城之名乘兴而来，结果却败兴而归，泉城济南的口碑宣传越来越差，这直接导致了济南市潜在旅游客源的减少。为扭转这种不利局面，济南市从各方面采取了诸多保护措施，力求再现“泉城”风貌，因为一旦泉水的生存环境不复存在，那些因泉水而“生”的诗词、碑刻、传说、故事也失去了生存环境，成为“死”的文学遗产或文物，而“泉城”的称号也将名存实亡。

旅游文化资源的保护层次还体现在保护力量上。如前所述，《世界文化和自然遗产保护公约》、《风景名胜区管理暂行条例》、《中华人民共和国文物保护法实施细则》等与旅游文化资源保护密切相关的保护措施主要由政府依靠行政力量来操作和实施，在旅游文化资源保护中处于主导地位。随着国民素质的逐渐提高和旅游文化资源相关保护政策法规的逐步深入人心，我国已慢慢形成了社会舆论谴责和声讨破坏各类旅游文化资源行径的氛围，尽管这种民间力量目前在旅游文化资源保护中还处于次要地位，但往往却是不容忽视的。2001 年，南京著名的紫金山山顶忽然冒出一座刺目的钢筋水泥的三层观景台，由于在南京市区的很多地方都可以看到紫金山，这座观景台就像一块膏药贴在美人脸上，极大地破坏了紫金山整体的视觉效果，后来在市民、人大代表的口诛笔伐下，这座犯了“众怒”的观景台最终被炸掉了。再例如，昆曲等“人类口头遗产和非物质文化遗产”的保护，从根本上来讲更应该依靠民间力量。

此外，在经济利益的驱动下，民间力量主动对旅游文化资源进行保护也正在成为一种普遍现象。例如，云南省邱北县仙人洞彝族文化生态村的村民凭籍民族文化脱贫致富后，大大提高了他们对民族文化价值的认识，加强了对民族文化的自信、自强和自觉意识，摆正了民族文化在旅游中的主体位置，从而积极主动地对其民族文化进行发掘和保护。仙人洞彝族文化村倡议，从 2002 年起，每年火把节都举行民歌比赛大会，目的是抢救和发掘文化遗产、敦促青年继承这份遗产。可以预见的是，只要政府不断加强旅游文化资源相关保护政策及法规的宣传教育，并采取各种方式对民间保护力量适当加以引导，再加上网络等沟通渠道的大幅度拓宽，民间力量将在未来的旅游文化资源保护中占据越来越重要的地位。

案例　　活的“文化”与死的“遗产”

在我看来，在世界遗产委员会的标准之外，世界遗产还可以有一个更本质的区分：“活的”遗产和“死的”遗产。换句话说，有相当一部分世界遗产不是处在“垂死”之中，而是已经死了。

举例来说，埃及的金字塔之所以至今仍是神秘的，是因为埃及文明已经死了；而现在的埃及人并不比我们更了解古埃及人，因为他们是后来才迁徙到这快土地的阿拉伯人。有时候，生活在这片土地上的居民可能比别人距离其祖先更遥远，如阿富汗的塔利班炸毁了巴米扬大佛，尽管佛教曾经是他们祖先的信仰。纳斯卡线条与今天的秘鲁人，斯通汉奇巨石与今天的英国人，婆罗浮屠与今天的印度尼西亚人……都是如此，前者的精神世界对于后者变得隔膜了。它们仅仅是一个失落的文明的符号，而其意义已经难以考索。

除此之外，大部分世界遗产仍然“活”着。

在欧洲的古城里，生活往往是这样的：人们开着车穿行在几百年前的街巷里；儿童在祖父玩过铁圈的教堂前广场上玩滑板；女儿穿着妈妈用过的婚纱，去同一个古老的教堂举行婚礼；在相同的时辰敲响的晚钟，对一个世纪前的年轻人来说，是下班的信号，对今天的小伙子来说，是去迪厅的时候，而对于旅行者来说，则是辨别方向的最好向导。古老的建筑仍发挥着日常的作用，在前人与后人之间，起着相互沟通的桥梁作用；使生活在同一个城市的人，意识到自己属于同一个历史与文化空间。我至今犹记得，七年前第一次发现佛罗伦萨的感觉。那是一个清晨，我推开旅馆的百叶窗，完全没有过渡地，一下子就看到了佛罗伦萨大教堂橘红色的圆顶，和一轮新鲜的太阳。当时我的第一印象是：我见到了文艺复兴的太阳！而这个太阳当时一定同样照在布鲁内奈斯基和他的像我一样惊讶的佛罗伦萨同胞身上。就像真相突然敞亮那样，五百年的岁月被一扇百叶窗蓦地揭开了：我发现1500年的佛罗伦萨大约离我50米。

另外一个证据是，作为欧洲世界遗产的主体的宗教建筑，仍一如既往地履行着宗教作用。以法国为例，这个国家有五万所大小不等的教堂，95%以上的教堂拥有100—1000年的历史。它们本身集建筑、雕塑、壁画、工艺品和收藏为一体，具有博物馆的功能，同时又是所在社区的宗教活动中心。观众在这个“博物馆”里，与信徒一样屏声敛气，心存敬畏；悄悄地进来，悄悄地离开。而且，这个“博物馆”是完全免费的，包括被列为世界文化遗产的6所教堂在内。有一个简明的标准区分“活”的和“死”的遗产：遗产上附着的生活方式和价值观念是否继续对今人产生影响？是，就是“活”的；反之，就是“死”的。

毋庸讳言，中国的大部分世界文化遗产同样是宗教文化的产物。正如青城山、武当山曾是道教的仙境，云岗、龙门、大足、敦煌、承德外八庙和布达拉宫是佛教的圣地，泰山、天坛、故宫和曲阜，则关涉到儒教的“天、地、君、亲、师”的信仰。秦始皇陵（包括兵马俑）和明清皇家陵寝，体现了古人对于死后世界的终极关怀；苏州园林和北京的颐和园，则是古人立足于此世追求天人合一的绝妙范例。即使像武陵源、九寨沟，也不是单纯的自然遗产，而是折射了中国人对于乌托邦世界的想象。它们无疑是一个伟大文明的精神生活的深刻印迹，离开了这些，中国的世界遗产名录上还剩下什么呢？“泥上偶尔留指爪，鸿飞那复记东西”。如今，在旷世未有的功利主义的驱使下，不少中国人正在对作为精神产品的文化遗产，持一种对待恐龙化石的态度；他们对于“指爪”趋之若鹜，而对于那留下创造性印迹的精神本身，是冷漠的，是格格不入的，甚至是仇恨的。由于文化遗产在被创造的时候，涉及到穷年累月的、而且是完全无功利的人力、物力和才智的巨大投入，也许是到了提这么一个问题的时候了：倘若我们的祖先像我们一样功利的话，我们将会拥有那些如今让我们倍感自豪的遗产吗？

中国的文化和自然遗产，并不是从我们的祖先那里直接传承给我们的（虽然我们并没有经历一个被异族长期占领的时期），而是经历了一个价值的断裂过程——它们首先是被破坏、被抛弃了，然后是被忘却、被埋葬了，然后才在新的历史条件下，被我们如恐龙化石般发掘出来。物是而人非，东西在，灵魂却没了。在埋葬之前，它是活的价值；在发掘之后，它仅仅是一件稀有的商品。城市地区的现代化为它的发现准备了前提，而它作为商品的价值也恰恰建立在其他地区的文化和自然遗产被破坏的前提上的。这里的吊诡之处在于，我们越是强调它作为稀有的商品的价值，就等于越是肯定对它破坏的合理，也就越是加速了对它的破坏。

因此，现在是回到《世界遗产保护公约》的真正精神的时候了：归根结底，这个公约是一个“保护”公约而不是一个“开发”公约。比搜肠刮肚的“开发”新的恐龙化石更重要的，是贯彻对已有的文化和自然遗产进行真正的“保护”和“保护性修复”。

作为“文化”的“遗产”，仍带着它的物主的体温，仍能够让我们凭借感性去想象前人的音容笑貌，感觉到我们的祖先凝视我们的目光，而我们身上仍带着他们的遗传密码，凭借这些密码我们将恢复与他们的血肉联系；文化遗产的存在本身，即是对文化作为商品的极端政策的否定。一切都证明：无经济目的的文化投入最终为千秋万代创造了巨大的经济效益，而唯有经济目的的投入则无论如何巨大，它既无法创造文化，最终也必毁掉千秋万代的经济。

三、现代旅游文化资源的发掘与保护

现代旅游文化资源是指以具有大众性、通俗性和时尚性的大众文化为主要旅游消费对象的旅游资源，其一般涵盖了文学、音乐、美术、出版、广播影视、娱乐、休闲等与日常生活密切相关的领域。发掘现代旅游文化资源，就是要根据旅游市场的需求，将大众文化中的某些元素作为旅游资源进行开发。与古建筑等传统旅游文化资源开发相比，发掘现代旅游文化资源更能使旅游业得到创新与发展，而且也使旅游业充满生机和活力，并在一定程度上反映出当代社会文化风貌、人们生活的价值取向以及旅游的主流趋势。

大众文化与现代旅游关系密切。众所周知，现代的旅游活动已不是特权阶层的专利，也不再是少数人的享受活动，而是一种大众性的经济和文化活动，因此旅游本身也是大众文化的表现形式之一。从一定意义上讲，大众文化是对当前各种文化消费方式和潮流的一种概括，而旅游已成为众多文化消费方式和潮流中极具包容性和发展前景的一种。因此，发掘现代旅游文化资源不仅是促进旅游业创新与发展的需要，而且也是大众文化自身发展的需要。包罗万象的大众文化为现代旅游文化资源的发掘提供了一个近乎无穷无尽的“原材料库”，而从大众文化中发掘现代旅游文化资源也越来越受到旅游开发商的重视。例如，以影视、小说、游戏等为主题开发旅游产品，建设影视城等人造景观的例子比比皆是。比如，浙江省绍兴市新昌县虽然有各种自然景观和人文遗迹达300余处，是山水诗画和佛教文化的发祥地之 ，但真正使新昌县旅游业发展突飞猛进的却是影视旅游文化资源。从2000年9月开始，央视版《笑傲江湖》、《射雕英雄传》等影视作品相继来新昌拍摄外景，相关景区因影视获得快速发展。文化积淀需要成百上千年时间，影视作品的拍摄，却能给许多景区添加影视人物、情节的遗存，形成影视旅游文化资源，在一定程度上也实现了文化积淀的“速成”。2000 年以来，新昌政府投入大量的资金建设作为影视拍摄点的大佛寺和穿岩十九峰景区，并结合影视拍摄场景建设新景点。例如 2001 年，为配合《射雕英雄传》的拍摄，新昌投资 500 万元建设了“射雕村”。而市场做出的回报则是，来新昌的游客人数由1998年的45.23万人次增加到2002年的142.67万人次，尤其是2000年以后游客人数直线上升。再例如美国东北部的工业城市克里夫兰，为复兴其城市文化和发展旅游业，克里夫兰在城市旁边的伊利湖滨投资上亿美元修建了“摇滚乐名人堂博物馆”，结果使之成为全美摇滚乐爱好者“朝拜的圣地”。

现代旅游文化资源的保护是贯穿于整个发掘过程中的。现代旅游文化资源的发掘不是“一锤子买卖”，也不是要“打一枪换一个地方”，所谓保护，就是要通过周密策划和严格管理，让发掘出的旅游文化资源具有持久的生命力，因为通过一定时间的积淀，“现代”旅游文化资源也极有可能成为“传统”旅游文化资源或者说成为一种“品牌”。例如，西班牙的奔牛节共有156个活动项目，在长达4个世纪的历程中，每年7月8日至7月14日，这些活动都分布在固定的空间里，年复一年，百年不变。并且每个节目的演出时间，以分计算，到时必演。同时还印刷大量的日程表和节目单，为远道而来的游客提供参考，选择自己喜爱的节目。活动项目的确定性与时间安排等方面严谨周密的管理，成为奔牛节长盛不衰的一大秘诀。而时下国内许多城市举办节事活动，几乎是每年一个“新花样”、“新主题”，这种做法，往往使一些很有旅游开发价值的“主题”失去了深度发掘的机会。

案例　　衡山路上的“东方香榭丽舍”之梦

衡山路是上海一条有点特别的马路，既承继了丰厚的历史遗产，又堆砌了过多的关于历史的想象。衡山路于1922年由法租界公董局修筑，当时取名为贝当路，1943年10月命名为衡山路。衡山路的两侧绿化率很高，尤以茂盛参天的法国梧桐树著名，公共绿地随处可见，许许多多的欧式别墅和异域风格的建筑点缀其中，既有饭店公寓、花园住宅，也有学校和教堂：毕卡第公寓（衡山饭店）、华盛顿公寓（西湖公寓）、会斯乐公寓（集致公寓）、凯文公寓、蒋介石与宋美龄的旧居“爱庐”、法商汇理银行大班的私宅“丽波花园”（云庭吴兴花园饭店）、国际礼拜堂、美童学校，等等。这些“老建筑”既是消逝的浮华生活的见证，又是重现繁荣景象的起点。

由于衡山路一头紧联着繁华的徐家汇，一头毗邻着境外人士集中的领馆区，加之交通便捷，街景风格独特，一个后来被称为“东方香榭丽舍”的方案，就首先由嗅觉敏锐的市场启动了。1996年上海第一条地铁的贯通，算得上是一个良好的商业契机，由英国人开设的Sasha's、寒舍红茶坊和香樟圆、凯文咖啡餐厅、毕卡第西餐厅，以及香港欧登国际有限公司投资经营的欧登保龄球馆等一批专营娱乐、休闲、餐饮的企业相继在衡山路上开业，衡山路成为了高消费顾客的乐园。从此，衡山路告别了70多年来纯粹住宅区的面貌，第一次显露出了商街的特色。

1998年是值得特别关注的一年，在这一年初开业的“领馆广场”真正唤醒了“东方香榭丽舍”之梦，而在这一年底，当衡山路渐成气候的时候，徐汇区政府决定动用行政力量将衡山路规划成一条休闲娱乐特色街，以酒吧、特色餐饮和娱乐为发展龙头，并称之为上海的“香榭丽舍”大道。衡山路特色街实际包括衡山路和整条宝庆路，北端起于淮海路，南端终于衡山路、天平路的十字路口，紧靠繁华的徐家汇，全长约2.3公里。

占地6000平方米的“领馆广场”的业主，是由美国博克（集团）公司在华设立的香港昌源投资有限公司与上海麒麟士经营服务公司合办的上海怡丰文化商娱中心有限公司，它首期推出的企业以家具、精品展示和餐饮、休闲企业为主，但经营业绩并不理想。经过一年时间的调整，“领馆广场”的经营转向以特色餐饮为主，兼营娱乐和休闲，服务对象则为高消费顾客和周围领馆地区的中外客商，引进国际和沪上具有欧陆风情的特色企业15家，其中包括意大利沙华多利餐厅、上海丽舍酒坊、锦亭酒家、美国星期五餐厅、史黛菲服饰、台湾的福庐餐厅、绿茵英式茶点、索列专业咖啡和捷艺花坊、澳大利亚岩烧餐厅、上海赤地俱乐部音乐酒吧、泰国鱼翅坊、伦歌直发美容院和日本“匡香日本、西班牙料理”等。几乎与此同时，衡山路及其支马路上也先后开出了Mandy’s酒吧、红蕃主题音乐餐厅、申申咖啡屋、真爱Disco等，而紧靠衡山路的东平路上也开出了“席家花园”、AliYY清真馆、泰国餐厅等。

行政力量的运作无疑是效果显著的，经过1999年上半年的努力，由政府投资600万元的衡山路一期开发工程宣告完工。于是，衡山路两侧设立起具有欧式风格的人行道隔离栏，铺设了仿台格路的红褐色人行道及行道树盖板，沿线的多处花园别墅也被破墙透绿，还兴建了多处公共绿地，“衡山路油画长廊”原有的32幅欧洲古典油画也得到更新，并新增25幅印象派油画，使油画长廊从宛平路延伸至天平路。衡山路全程的行道灯则改用造型优美的罗马风格铸铁球形装饰灯具。为了体现高雅风格，商业广告被全部清理出了衡山路。区政府还加大了对衡山路的管理力度，按规划对衡山路进行定位，并清理了一些与“东方香榭丽舍”形象不符的商业网点。同时，建立了由分管区长为主席，由商委、区建委、区市政委、区规划局、区财政局、区工商局等有关职能部门参加的联席会议制度，定期召开会议，研究衡山路的综合管理，协调矛盾，并在区商业网点办公室常设联络处，加强日常管理和协调。1999年7月11日，徐汇区政府还举办了“衡山路特色街专家咨询会”。据徐汇区商业委员会2000年1月统计，衡山路共有商业网点175家，主营业态中，以酒吧、餐饮、娱乐三大龙头为代表的休闲娱乐网点共有116家，营业面积为31974平方米，其中衡山路主干道上的网点共70家，营业面积19240平方米。衡山路休闲娱乐网点的全年营业额约为7亿元。

在1999年上海商业10大新闻评选中，衡山路等10条市级商业专业特色街的排名位居第三位。衡山路，特别是衡山路的酒吧，已经成了上海一种“标志性”的文化景观。“东方香榭丽舍”梦的演绎无疑是成功的，以酒吧为领头羊的衡山路休闲娱乐特色街在短短的两三年里已经跃然于世人眼前，有关衡山路的各种报道可谓铺天盖地，标题更是五花八门，从“初露东方‘香榭丽舍’风情”到“重现欧式风格，尽显文化底蕴”，不一而足，甚至还有这样的标题："衡山路：心灵停泊的港湾"。事实上，衡山路酒吧不仅成为了自由资本与国家权力结合的典范，而且也成为了各种力量的会聚之处，一方面是对经济利益的执着追求；另一方面又是对文化意义的苦心构建，而"东方香榭丽舍"的称呼既表达了对于异国情调的缅怀与迷恋，又体现了融入"全球化"进程的强烈愿望。

资料来源：节选自包亚明，王宏图，朱生坚等著.上海酒吧——空间、消费与想象[M].南京：江苏人民出版社，2001.82—84.（略有改动）

第三节　旅游文化资源保护与开发的冲突与平衡

一、旅游文化资源的保护原则与开发失范

（一）有形旅游文化资源的保护原则与开发失范

有形旅游文化资源是指文物古建筑、石窟寺等物质形态的旅游文化资源。

1．有形旅游文化资源的保护原则

有形旅游文化资源的保护首先要遵循"整旧如旧"的原则。例如，文物古建筑的价值就在于它们是历史的载体，尽管许多已经斑驳陆离、风烛残年，甚至是残缺不全，但这正是历史留下的痕迹，往往能带给欣赏者更多的感悟。因此，对其进行维护和修缮，要尽量保持其原始风貌，而不是"修葺一新"。这正如我国著名建筑学家梁思成的一句名言，保护古建筑，"要让它延年益寿，不要返老还童"。比如，西安市荐福寺内的小雁塔历经多次地震后，塔顶被毁，塔身破裂。对其进行保护时，并未推倒重建，而是在塔身加上了混凝土钢箍。正是此种做法，使我们至今仍能目睹这一唐代建筑古朴苍劲的原本面貌。但是，这里所说的"整旧如旧"并非仅仅指在古建筑的外观上要保持原貌，而且还要求在古建筑所采用的结构及工艺等方面要"如旧"，否则有可能会使古建筑原有的、最有价值的特征丧失。例如，山西五台山菩萨顶有座佛殿，俗称"滴水殿"。由于雨后很长时间该殿檐瓦仍会滴水不止，日久天长，檐下的石条、雕刻的石阶竟被小小的水滴凿成了密密麻麻的坑，因而令人称奇，同时也给这座佛殿蒙上了一层神秘的面纱。实际上，这其中的奥秘就在于该殿屋瓦上有小孔，且瓦下又铺有厚厚的一层可蓄水的物质，当降雨时，雨水先通过瓦上的小孔被积蓄起来，然后受重力作用再缓慢地滴落。但遗憾的是，在翻修此殿时，却忽略了其特殊结构而按通常的方法重修，结果使这一奇观不复存在。

有形旅游文化资源的保护其次要遵循与环境不可分离的原则。我国许多著名的旅游文化资源所具有的美学价值，往往同其依存的环境是相辅相成、相得益彰的，甚至是融为一体的。例如，蜿蜒的长城与起伏的群山是无法分割的。而大理三塔若无苍山作背景，纵然复制得再逼真，也无法移植其特有的风韵。因此，保护有形旅游文化资源，一定要与其依存环境一起保护，否则其审美价值将大打折扣。例如，历史上的苏州名园沧浪亭，其园外水景不仅与园内山景互相对映，而且还与远郊西南诸山遥相呼应，构成苏舜钦和欧阳修笔下"清风明月本无价，近水远山皆有情"的千古绝唱风景。但如今，该园墙外林立的现代化楼群使之形单影只、黯然失色，而这种情况在苏州市耦园、怡园等园林周围也同样存在。

有形旅游文化资源的保护最后还要遵循延续原有功能的原则。一般而言，大多数有形

旅游文化资源都是出于某种目的而被创造出来的，因此往往具有某种功能。但是，随着社会变迁，它们的功能也随之发生改变。例如，大部分古塔原有的宗教功能到今天已经丧失了，但它作为文物建筑或旅游文化资源，仍然发挥着自己的作用。然而，真正有生命力的还是那些至今仍能发挥其原有功能的旅游文化资源。例如，目前许多城市非常注重对一些历史街区进行整片保护。历史街区是指保存有一定数量和规模的历史构筑物且风貌相对完整的生活地区。历史街区不仅具有较高的历史和文化价值，而且具有较高的情感价值和社会价值，它始终参与现实的社会生活，一直为居民的日常生活提供物质功能上的服务（尽管内部空间及设施上需要进行改造），因此是一种“活体”，与那些孤立地存在于城市现代化环境中的文物建筑相比，历史街区内的建筑可能并不是个个都具有较高的文物价值，但它们所构成的整体环境和秩序却较为全面而生动地展现了城市某一历史时期的风貌特色，无疑更具有旅游价值。因此，对旅游文化资源的原有功能进行延续，不仅使个体旅游文化资源的价值得到提升，而且也为个体旅游文化资源尤其是为一些“无形”的旅游文化资源的生存与发展提供了必需的“土壤”和“空间”，更重要的是，这种功能的延续在一定程度上也使有形旅游文化资源的价值得以真实地保留。

2．有形旅游文化资源开发中的失范

有形旅游文化资源开发中的失范现象是指违背了上述开发原则的做法和行径。例如，目前许多城市为发掘城市历史文化内涵，促进旅游业发展，纷纷修建“仿古街”一类的以展现历史文化为主的特色街。而实际上，大多数所谓的“仿古街”都是将原先真正的老街拆除后在原址上重新修建的“假古董”，更糟的是，以前的原住民也往往被全部迁走，而是让开发商入住建设旅游设施或搞商业开发。事实上，老街区的真正魅力，绝不仅仅只在于其建筑外壳，而是在于生活其中的居民在历经岁月的沉淀、文化的酝酿之后所自然散发出的一种氛围。去掉这种内在的氛围，老街区只不过是个空荡的、没有灵魂的建筑博物馆罢了。再例如，南岳衡山七十二峰中的三个山峰被人为地削平峰顶，砍掉树林，取而代之的是宾馆、店铺等人工建筑，特别是南天门等核心景区内兴建的 40 多座宾馆、店铺等建筑物，使优美的景区几乎成了嘈杂的闹市，极大地破坏了“五岳独秀”的审美意境。而“五岳独尊”的泰山，尽管其索道问题持续争论了 20 多年，但至今已有三条索道落户泰山。索道不仅破坏了泰山自然景观的美学价值，而且潜在地破坏了泰山的精神文化内涵。因为游客如果乘缆车到山顶，就无法像步行登山那样能很好地体验民族精神之伟大，领略历史文化之辉煌。游客也曾这样评说：“索道上，索道下，索然无味”。这种评说一旦成为“共识”，显然贬低的就不仅仅是泰山的文化价值了。

（二）无形旅游文化资源的保护原则与开发失范

无形旅游文化资源是指语言、生活习俗、氛围等非物质形态的旅游文化资源。

1．无形旅游文化资源的保护原则

无形旅游文化资源的保护首先要遵循自愿原则。无形旅游文化资源一般蕴涵在人们的日常生活之中，对其进行保护往往会涉及到人们的切身利益，因此必须采取自愿原则。例如在民族旅游地区，民族传统服饰虽然属于有形旅游文化资源，但身着民族传统服饰的少数民族往往又是民族风情的重要组成部分，同时也能渲染出一种浓烈的异文化氛围，而这些又属于无形旅游文化资源，因此从旅游开发角度讲，让少数民族身着民族传统服饰有利于保护这种民族风情和异文化氛围。然而，现代化生活的实惠、便捷和时尚化等特点，却往往与民族旅游地区传统文化中的某些方面，尤其是服饰、生活方式和艺术上的既有形式和内容相悖。比如，彝族的传统服装制作工艺相当复杂，一件衣服就要长达4年时间才能完工，而且厚重，不便日常劳作，因此，在现代社会常年穿这样的服装显然是不现实的。现在的少数民族群众，尤其是年轻的一代在服饰和生活方式等方面的变化也大都是从实惠、便捷和时尚等原则出发做出的选择，而并不是对传统的东西有意抛弃。所以，对民族风情和异文化氛围的保护，不能单纯依靠行政手段，也不能作硬性的规定，而是要让民族旅游地区的少数民族群众自愿决定，是否可以为了旅游开发和本地区的长远发展而忍受身着传统服饰可能带来的不适。换而言之，任何一个民族、族群都拥有平等发展本民族或本族群文化的权利，我们必须尊重他们的权利。因此，如果少数民族群众不愿意再穿着传统服饰，我们显然不能为了保护某种无形旅游文化资源而剥夺"主人"追求现代化的美好愿望。

当然，在无形旅游文化资源的保护中采取自愿原则并不是主张要对那些已被"主人""放弃"的文化传统置之不理，而是也应该积极"保存"。例如，一些少数民族地区濒临失传的宗教信仰、祭祀礼仪、民间艺术等对于文化学、人类学的研究具有极大意义，因此，应该通过文字记录、录音、摄影、摄像等方法保存这些"文化标本"，这一方面可以留下珍贵的历史资料，另一方面也可以让这些"文化标本"成为新的旅游吸引物，同时还可以衡量出当地社会发展所取得的进步。

无形旅游文化资源的保护还要遵循整体性保护原则。一般来说，无形旅游文化资源单靠视觉是无法直接感知到的，就拿我们常提及的民族风情来说，它实际上是游客对民族地区各种文化特征的一种综合感受。具体而言，游客往往是通过品尝富有民族特色的食品，亲身穿戴民族服饰，欣赏精彩纷呈的民族歌舞等活动后，即充分运用味觉、嗅觉、触觉、视觉、听觉等之后而获得的一种全方位的审美体验。很多时候，无形旅游资源甚至就是一种只可"意会"而难以"言传"的"氛围"，它像旅游地的气质或个性一样，是一种抽象的感觉，对游客而言，只有全身心地观察和体会旅游地所有包含审美信息的细节，才能真正深刻领悟到它的真谛。此外，就无形旅游文化资源自身而言，它并不是孤立存在的，它的存在与周围的自然地理和人文历史环境有着千丝万缕的联系。一旦这种环境丧失和改变以后，无形旅游文化资源也必然难以生存或保持原样。例如，内蒙古的草原风情是由蓝天、白云、毡房、羊群、一望无际的大草原、剽悍豪爽的蒙古族等要素组成的，但如果生态环境继续恶化，草原沙化成荒漠，草原风情将会失去最根本的"底色"。而生态环境之所以恶化，从大的背景来看，又是因为人类失去了对大自然的敬畏心理，对其进行肆意开发利用和破坏所造成的。因此，无形旅游文化资源的保护不是一种孤立的、单纯的为保护无形旅游文化资源自身而进行的封闭式的保护，而是一种与无形旅游文化资源本身生存的自然地理、人文历史等环境相协调的整体保护，这既是旅游者实现审美目的的需要，也是无形旅游文化资源自身存在的需要。

2. 无形旅游文化资源开发中的失范

无形旅游文化资源开发中的失范现象是指违背了上述原则的做法和行径。例如，在被海外报刊称为"中国第一水乡"的江苏省昆山市周庄镇，其浓郁的江南水乡风情已逐渐被日益浓厚的商业化气息所蚕食。据统计，截止到 2002 年底，周庄全镇的旅游饭店已经超过 150 家，旅游商店则超过 1800 多家，几乎所有的沿街房屋都被开辟成商业铺面。这在很大程度上改变了周庄居民原有的富有情趣的生活方式，从而也使水乡古镇特有的民俗风情氛围被淡化。昔日的“小桥、流水、人家”，变成了如今的“小桥、流水、商铺”，游客几乎很难再体验到周庄淳朴的民风和典雅的人文内涵。

再例如，在一些民族旅游地区建造的“民族村”中，虽然表现民族文化的各种建筑、用具、服饰和礼仪等随处可见，但原本与民族文化紧密相连的地域性特征、当地人的热情、友好、淳朴品性等却半点全无。实际上，这些东西很多已不是民族文化的自然显露，而是出于商业利益的刻意夸示甚至扭曲，在这种地方，游客自然也无法领略到真正的民族风情。还例如，川剧的变脸、吐火只是川剧表演艺术中的一个“小把戏”，但为了满足游客的“猎奇”和“符号消费”心理，一些旅游开发商就专门“截取”和“放大”川剧中的变脸和吐火项目作为川剧艺术的“符号特征”提供给游客，因为这些项目视觉冲击力强，有一定的娱乐性，容易让游客获得满足。但从保护的角度讲，若长期这样“肢解”博大精深的川剧艺术，就会使对川剧艺术不甚了解的一般游客误认为吐火和变脸就是川剧艺术的精髓和代表，比一般杂耍也高明不了多少。这种开发方式，无疑大大简化了川剧艺术的文化艺术内涵，十分不利于川剧艺术的整体保护。

二、可持续旅游发展观及“人文生态”理念与旅游文化资源保护

（一）可持续旅游发展观与旅游文化资源保护

目前，可持续旅游发展尚未形成统一概念，但 1990 年在加拿大温哥华举行的全球持续发展大会旅游组行动策划委员会会议上形成的大会文件——《可持续旅游发展行动战略》中，对可持续旅游发展的概念所作的阐述目前应用最广泛、影响最大，即“可持续旅游发展被认为是在保持和增强未来发展机会的同时，满足外来游客和旅游接待地区当地居民的需要，在旅游发展中维护公平，它是对各种资源的指导，以使人们在保护文化的完整性、基本生态过程、生物多样性和生命维持系统的同时，完成经济、社会和美学需要。”此外，该文件还提出了可持续旅游发展的基本目标：

（1）增进人们对旅游所产生的环境影响与经济影响的理解，加强人们的生态意识。

（2）促进旅游的公平发展。

（3）改善旅游接待地区的生活质量。

（4）向旅游者提供高质量的旅游经历。

（5）保护未来旅游开发赖以存在的环境质量。

从以上内容中不难看出，可持续旅游发展的含义是多层面的，但其中最核心的一点，便是在满足当代人旅游和发展旅游的需求的同时，还要满足后代人旅游和发展旅游的需求。也就是说既要确保旅游开发的可持续发展，又要保证旅游活动的可持续发展。换而言之，可持续旅游发展既包括旅游供给的可持续发展，也包括旅游消费的可持续发展，显然，缺少其中任何一个方面，都不可能实现旅游业的可持续发展。然而，旅游业作为资源型产业，其对旅游资源的依赖性是不言而喻的，因此，在保护的前提下对旅游资源进行合理开发与利用，是可持续旅游发展的物质基础。但就现状而言，无论是旅游供给者还是旅游消费者，他们一般只是意识到自然旅游资源保护的重要性，即便是意识到要对旅游文化资源进行保护，也往往是针对有形旅游文化资源，而很少关注无形旅游文化资源的保护。究其

原因，主要是因为对自然旅游资源和有形旅游文化资源的破坏往往是显性的，例如植被破坏、古建筑崩塌等现象是一目了然的，而且，其破坏程度的衡量标准及补救保护措施相对而言也比较容易操作。但无形旅游文化资源的破坏往往是隐性的，例如就某种“氛围”来说，其破坏程度一直都没有衡量标准，只能是具体情况具体分析，而若要对其采取补救保护措施，所面对的更是一个错综复杂的局面。

实际上，前面所列举的事例可以充分说明，对可持续旅游发展而言，加强无形旅游文化资源的保护更显得重要，因为无形旅游文化资源的破坏常常与有形旅游文化资源和自然旅游资源的破坏是交织在一起的，类似于一种“整体性”破坏，因此其造成的后果也更为严重和致命。更进一步讲，加强对无形旅游文化资源的保护不仅是可持续旅游发展对旅游供给者提出的要求，同时也是对旅游消费者做出的要求。具体而言，只有两者都加强对无形旅游文化资源的保护，才能最终实现可持续旅游发展，即旅游供给者才能从根本上确保旅游产品品质的稳定性，从而实现可持续旅游供给，同时，旅游消费者也才能获得高质量的旅游经历，从而实现可持续旅游消费。

（二）“文化生态”理念与旅游文化资源保护

“文化生态”并非一个新名词，早在 1953 年，美国文化人类学家朱利安•斯图尔德就在其著作《进化和过程》中提出了这一概念，并创立了“文化生态学”(Cultural Ecology)。后经斯图尔德的学生萨林斯等人的进一步发展，“文化生态学”成为文化人类学的重要组成部分。近年来，一些学者在借用生态学的方法来研究文化问题时，也使用“文化生态”这个名词，但其含义与斯图尔德提到的“文化生态”的概念是有所不同的。以斯图尔德为首的美国文化生态学派中所提到的“文化生态”，其含义是指人类的文化和行为与其所处的自然生态环境之间互相作用的关系。而借用生态学的方法来研究文化问题时提到的“文化生态”除了这层含义之外，还包括另一层含义，那就是以一种类似自然生态的概念，把人类文化的各个部分看成是一个相互作用的整体，而正是这样互相作用的方式才使得人类的文化持续发展下去。因此，其实质是把整个人类文化看作一个生态大系统。这个生态大系统一般由自然环境、科学技术、经济体制、社会组织、价值观念等层次组成，它们之间是一种相互依赖、相互影响、相互作用、协同共存的关系。这种协同共存关系不仅影响着人类一般的生存和发展，也影响着人类文化的产生、创造和发展。

从这个角度出发，我们自然会把“文化生态”与可持续发展观联系在一起。可持续发展观本来是人们为应对自然生态危机、使人与自然和谐发展而提出的一种发展战略。但随着可持续发展研究的进一步深入，人们发现，在当今自然界生态平衡遭到破坏时，人类社会所创立的“文化生态”的平衡也一样会遭到破坏。即人类不仅面临自然生态失衡的危机，也面临着“文化生态”失衡的危机，且后者同前者一样威胁着人类社会的生存和发展。因此，可持续发展既需要自然生态平衡，也需要“文化生态”平衡，也就是说，“文化生态”理念实际上是对可持续发展观内涵的一种拓展和延伸。可持续发展观是可持续旅游发展观的理论渊源，所以“文化生态”理念同样也适用于可持续旅游发展观，换而言之，“文化生态”的失衡也会严重影响到可持续旅游发展的实现。例如，各种文化之间关系不和谐导致的民族冲突问题，直接威胁到旅游安全，而色情文化、毒品文化等垃圾文化的泛滥也扰乱了旅游业发展的正常秩序，但其中对旅游的可持续发展损害最大的，莫过于文化多样性的消失。

事实上，文化多样性是文化差异性的另一种表述，而文化差异性正是旅游吸引因素中最关键的，因此，对旅游文化资源进行保护，实际上就是要保护文化的多样性或差异性，而这正是可持续旅游发展的基础所在。再从另一个角度来讲，旅游业发展往往是加速或导致旅游地区文化“同化”，即文化多样性或差异性消失的主要因素之一，因此，以维持其文化多样性或差异性为目的的旅游文化资源保护，不仅是保持“文化生态”平衡和实现可持续旅游发展的需要，而且也是旅游业自身的责任所在。当然，“文化生态”是一个比较抽象的问题，它不像自然生态那样，其失衡和保护问题，容易引起公众注意。“文化生态”是一种无形的观念或理念，其失衡和保护问题在当前常常遭到人们的忽视，从而难以引起足够的重视。然而，当等到我们认识到其重要性的时候，“文化生态”失衡所造成的损失往往是无法挽回的，这也正是旅游文化资源尤其是无形旅游文化资源一旦遭到破坏就难以恢复的深层次原因所在。

三、旅游文化资源保护和开发中的冲突与平衡

（一）冲突的主要表现与平衡

1．传统性和现代化的冲突与平衡

传统性和现代化的冲突首先是指保持旅游文化资源传统风貌与现代化经济发展之间的冲突。例如，我国的历史街区保护概念是 1986 年在国务院公布的第二批国家历史文化名城的文件中提出的，强调对于文物古迹比较集中或能完整地体现出某一历史时期传统风貌和民族特色的街区、建筑群、小镇村落等予以保护。但遗憾的是，当前历史文化名城历史街区保护的现状却是同济大学教授阮仪三所概括的那样，“前所未有的重视，前所未有的破坏”。他还进一步指出，“近年来，随着房地产市场的兴起，对旧城地段的开发也掀起了新一轮的高潮。由于许多城市没有重视历史街区的保护，用一般的城市旧区拆建改造的方式，使得很大一批历史街区在经济发展大潮的冲击下遭到破坏。目前许多地方特别是古城的旧城改造的流行做法是在古城内大动干戈，将老旧城区全部推倒重建楼房。开发商或增加住宅的容积率，或将老的住宅楼改建成公共建筑，以求更高的利润，这种过度开发、全面更新的方法对历史街区造成了极大的破坏，不仅毁坏了历史街区的地方特色，更割断了其历史文脉。”再例如，青城山、西湖周边地区，早已成为房地产开发商“淘金”的宝地，而在距离周庄仅 200 米之外的 500 多亩的土地上，一个由台商投资的大型旅游休闲购物中心也已经初显轮廓。这些做法，显然是严重破坏了这些景区（点）的整体风貌。但是，要解决这种冲突并非易事，因为很难找到一个令政府、房地产开发商、文物保护部门、旅游开发商等利益各方都满意的平衡点。

2．解决传统性和现代化冲突与平衡的途径

首先，从长远来看比较有效的办法是通过立法形式进行调整，例如英国、日本等发达国家就已建立起一套涉及立法、资金、管理等方面的较为完整的历史文化遗产保护制度。就当前而言，激发公众的保护意识，通过公众呼声和社会舆论来进行平衡也是切实可行的。例如，曾经引起社会广泛关注的“圆明园防渗工程”，从 2005 年 3 月份被某学者（兰州大学客座教授张正春）发现有问题到 7 月份国家环保总局同意圆明园环评报告书为止，其间经过了长时间的辩论和反复的环评，而来自民间的身份、职业、经历各不相同、甚至是互不相识的社会

公众，为了保卫圆明园遗址和生态不再遭受破坏，更是奔走相告、献计献策。尽管最后的结果由于种种复杂原因不尽人意，但公众作为利益平衡中的“一极”，其力量是不容忽视的。

其次，在外观风貌与内部设施之间作出调整。传统性和现代化的冲突的另一个方面，是指保持旅游文化资源传统风貌与其所在地居民追求现代化生活方式之间的冲突。例如，在目前一些城市历史街区的保护过程中，经常会面临这样的难题：从保持历史街区传统风貌的角度来讲，应该让保护区范围内的居民继续生活、居住在这里，但历史街区的民居建筑往往又无法满足居民现代化生活方式的需要，因此大部分居民，特别是年青人纷纷搬迁出去居住，反倒是引来开发商成片改造，从而使历史街区的历史文化内涵大大降低甚至是名存实亡。显然，要解决这类冲突，主要还是取决于资金问题。例如，历史街区的建筑除个别以外，大部分实际上一般并不够文物保护的标准，因此对其保护并不要求“原汁原味”、“整旧如旧”，而是要保存其外观，允许改造内部，只要能在外观上保留历史街区的原有风貌即可。所以，只要资金到位，完全可以在其内部进行现代化改造来满足居民生活需要，比如埋设污水管道、安装冲水马桶、由地下引入电线、煤气管道等等。

当然，目前还有一种做法，那就是像阳朔、丽江那样把城市分为新、旧两个城区，新城区专门用于满足居民现代化的生活需要。但这种做法，至少存在两大缺憾：一是由于原住民大量迁移，旧城区旅游价值减低；二是新城区完全按现代化模式修建，毫无旅游价值，而且在客观上也无法缓解旧城区的旅游压力。

3．真实性和商品化的冲突与平衡

真实性和商品化的冲突，主要是指保持旅游文化资源的真实文化内涵或原有文化价值，与旅游开发中的商业化操作对其内涵和价值的消解或扭曲之间的冲突。这种现象，在民族旅游地区表现得最为突出。例如，“跳曹盖”是四川省绵阳市平武县白马藏人最重要的宗教祭祀活动，“曹盖”系白马藏语音译，意为面具，“跳曹盖”就是带着面具跳舞。每逢收播时节、婚丧嫁娶，白马人都要“跳曹盖”，但以春节期间的“跳曹盖”规模最大。而每隔三年在春节举行一次的大祭，又叫“霞道”，则最为隆重。在白马人心中，“曹盖”有撵鬼驱邪、保佑平安的作用，因此家家都供奉有“曹盖”，视其为神圣之物。所以，“曹盖”绝对不能乱放，在不“跳曹盖”的时候，通常都将“曹盖”放在火塘左侧的神龛上，除去道士外，任何人都不能用手去摸。但在该地区的旅游开发过程中，几千年来被白马居民视为神圣不可触碰的“曹盖”，游客竟可以随意抚弄。而神圣的“跳曹盖”也已失去了往日的崇高，当外来考察者想看“跳曹盖”时，当地村民提出给钱才跳。很显然，“跳曹盖”这种本来用于祭祀山神，驱逐恶鬼的宗教活动，已经被商业化成了可以随意向旅游者“出售”的“民族风情商品”，其原有的文化内涵和价值，几乎已丧失殆尽。

当然，民族旅游地区这种为满足游客需要，把那些以前只能在特殊场合和节日才举行的歌舞表演以“舞台化”的形式提供给游客的做法，是能够满足大众旅游时代普通旅游者的需要的，因为对他们而言，这种“舞台真实”就是真实的。但对一些“文化体验型”的游客来说，那种在舞台上过分渲染的歌舞表演，只不过是一种经过商业包装的“伪民族文化”，长此以往，民族歌舞原有的文化价值和内涵也往往会被他们无视和否定，显然，这本身就是旅游文化资源的一种无形损失。因此，要解决这类冲突，实际上就是要在短期利益和长期利益之间找到一个平衡点。例如在民族旅游地区，有必要设计和开发出适合各种层次旅游者的旅游项目。比如，针对一般的“大众型”旅游者，可以给他们提供民族文化中那些能够表演的、舞台化的内容，或是建成一定规模的“民族文化村”专门接待这类旅游者。而对那些“文化体验型”的旅游者，也要为他们能在一定范围内亲身体验当地民族文化或居民的真实生活创造条件，这同时也在一定程度上保持了旅游文化资源的真实文化内涵或原有的文化价值。当然，这样做可能会使旅游开发的成本有所提高，但从长远来看，这样做是值得的。可以这么说，对民族旅游地区来说，没有民族文化的可持续发展，就不可能实现旅游的可持续发展。

（二）导致冲突的根源分析

实际上，只要我们稍加分析就不难发现，经济发展与文化发展之间关系的极端不平衡正是导致上述冲突的根源所在。而其中，以经济价值取代文化价值正是这种极端不平衡的主要表现。从理论上讲，我们一般承认文化的相对独立性，但在实践中文化却很少有过自己独立的地位和作用，它不是被作为实现政治目标的附属物，就是成为实现经济目标的一种手段。流行一时的“文化搭台，经济唱戏”、“文化润色经济”等提法，就遵循着文化价值体现在它作为服务于实现经济价值的手段上，而不是体现在文化发展自身这样的逻辑。换而言之，我们衡量某种文化有没有价值的唯一标准就是其能不能带来经济利益。由此我们也就看到，那些不能带来经济利益或经济效益不显著的文化，往往不是任其自生自灭，就是被经济发展直接破坏甚至摧毁，而那些能够带来经济利益的文化，总是被过度开发和利用，最后变得面目全非。

在旅游业发展过程中，这种现象比比皆是。例如，当某种民族文化未与旅游开发产生联系时，我们对这种民族文化的变迁，并没有表现出太多的关心，而当它可用于旅游开发时，确切地说当它能够带来经济利益时，我们才开始更多地关注这种民族文化，进而提出保护的问题。但是，这种保护一开始就是以发展旅游业，获取经济利益为主要目的，因而带有强烈的功利主义色彩。为获得最大利益，这种民族文化往往还是被过度或不当地开发和利用，当其失去“经济价值”的同时，也失去了“文化价值”。事实上，文化对经济发展的推动作用并非体现在其能不能直接为经济发展所利用或能不能直接带来经济效益上，而是体现在其对整个社会发展所起的润滑和协调作用上，因此，我们保护某种旅游文化资源，不应该仅仅是为了发展旅游业，也应该是为了保持人类文化的多样性和促进整个社会的和谐发展。

更进一步讲，也正是在这种经济发展的巨大压力下，获得经济利益成为发展旅游业的唯一目的，而经济收入也成为衡量旅游业发展成败的唯一标准。例如，每个旅游“黄金周”过后，我们总是满足和陶醉于此次“黄金周”的出游人数和旅游收入的统计，将更多的注意力放到了对数量成分的描述上，而很多重要的社会心理和旅游资源成本指标却被排除在外，这既不符合科学发展观，也不利于旅游业的可持续发展。因此，旅游业发展所取得的成就应当从环境、社会和文化等各方面来综合评价，而不应当完全以经济指标来衡量，我们追求的应当是多元目标，即旅游开发带动下的整个旅游地区社会和文化的可持续发展，而不仅仅是旅游业或经济的可持续发展。

案例 **“苏州现象”**

《艺术世界》的编辑从上海打电话向我约稿的前一天，我参加了巴黎的杜伊勒里公园举办的一个“上海周”的文化活动。那是卢浮宫、协和广场和塞纳河之间，在以沉着的灰色调为主的巨大空间里，上演的一出色彩斑斓的中国戏。精明的上海人搬来了豫园的翘角飞檐和石库门的民居作为道具；请来了陈燮阳执棒的上海交响乐团助兴，清一色的西洋乐器，演奏着民乐铿锵；青瓦白墙下，有老人捻须，美人舞剑；空中漂浮着硕大的红灯笼气球，触目皆是鲜艳的旗袍唐装，盈耳流动着吴侬软语。十二个月的中法文化年下来，月月都有类似的国剧鸣锣登场，巴黎成了中国文化土特产跑龙套的首善之地，巴黎人早已见怪不怪。醉人的暖风，除了经常令数万里外的国人飘飘欲仙，在想象中真的以为自己多少回征服了全世界之外，远不足以把这个西方首府熏成东方胜地。

但这一次，当历史上这个素以“东方的巴黎”自居，中国最国际化的大都会，居然也玩起了这套把戏，而且显然玩得不那么地道时，我还是觉得有点儿诧异。毕竟，打小在杭州生长的我最清楚，骄傲的上海人何曾真的把土气的苏杭放在眼里，不过是偶尔当成郊游的后花园罢了。尤其是，当全国人民都恨不得以上海为榜样，争着与国际接轨，建“国际化大都市”时，为什么轮到它自我定位时，却放着摩天大楼十里洋场不去张扬，非要扭扭捏捏地套上园林、民乐加唐装的行头，让人“直把上海作苏州”看呢？

我百思不得其解。

此时，苏州也正吸引着国人的目光——第 28 届世界遗产委员会年会，正在这个人间“天堂”举行。据说，它也是世界注目的中心。

因为世界遗产委员会所属的联合国教科文组织（UNESCO）就设在巴黎，而我恰好又在巴黎从事文化遗产的研究，《艺术世界》的编辑希望我能就“遗产热”和中国文化的身份写点什么，他们还给我出了一个难题：为什么巴黎最重要的名胜古迹，如圣母院、卢浮宫和艾菲尔铁塔，都不是世界遗产？在联合国教科文组织的官方网站上，除了对具体决议的报道，对苏州大会本身不置一词。其实也不必大惊小怪：不就是一个常设国际机构一年一次的年会吗！似乎也不存在对中国的有意歧视：去年的巴黎会议与今年的一样平淡如水。

相反，国人现今对世界遗产的关注，只有“狂热”一词可以形容！让我尤感兴趣的，也是尤其刺激读者眼球的，是苏州市从 2002 年开始，为这次大会投入的 100 亿元人民币，“力图使苏州恢复到明清时的盛况”。

那么，这次苏州会议“恢复”了些什么？

“路旁电话亭和候车亭全部被更新完毕，有庄严的牌楼式，有简约的长廊式，也有凉亭依傍着长廊的造型。屋顶是灵动的飞檐翘角或者稳重的坡顶式……即使是站名牌，也使用了中国传统的匾额，用不同的书法字体书写。看上去，这确实是一个全新的、古色古香的苏州。”

“一切都是全新的。站在苏州古城墙胥门，河对岸处坐落着一排粉墙黛瓦的仿古建筑，……它们中间包围着的，是第 28 届世界遗产委员会会议的主会场苏州规划展示馆”。（摘自《南方周末》2004 年 7 月 1 日的现场报道）

上述文字以不露声色的冷静，出色地表达了强烈的、甚至连作者自己也未必意识到的反讽。这哪里是古城，这明明是电影厂的摄影棚！在细节上，一个“电话亭”或“候车亭”使用了传统礼制建筑的“庄严的牌楼式”或“稳重的坡顶式”，往浅里说，则犹如在国人中常见的那种西装、领带加旅游鞋的搭配，体现了功能的混淆，了不得就算是缺乏品位罢了；往深里说，则根本上就是价值体系的错乱！在西方，倘若你穿着 T 恤去听歌剧，对不起，你一定会被拒之门外，这不是人权的问题；同理，我们完全无法想象，一个罗马神庙的圆拱会架在一个公共厕所上面，那不是后现代，那是礼崩乐坏。这样的一个社会，即使它的“站名牌”都使用了“传统的匾额”，都用“不同的书法字体书写”，并不能证明它对于传统的了解摆脱了蒙昧状态。

而一个外国人的证词把我们的观察引向深处：

“在苏州古城区，我惊奇地发现，我们去参观的一个塔，它的外观和周围环境保护得十分完好。非常有韵味，可是走进去后发现塔的内部是用钢筋水泥来加固保护的，而且非常脏乱，和它的外表完全是两种不同的感觉，这个问题很严重。”（摘自《南方周末》2004年7月8日，对联合国教科文组织官员赫布·斯托弗尔的采访）

这个问题甚至比想象的还要严重，因为在这里，外表与内里的差异并不是靠修整内部可以做到的，它毋宁反映了塔作为传统的、神圣的、宗教的空间功能的死亡和丧失；正是这个原因导致了对内部的忽视——正如电影的布景那样，外观就是一切，而内部是不必要的。同样的原因可以帮助我们理解，那些天天发生在中国大部分世界文化与自然遗产上面的富有中国特色的破坏。如“水洗三孔”事件，假设没有儒家文化的死亡，怎么可能想象这个文化圣地（孔府、孔庙、孔林）会由一个“孔子国际旅游股份有限公司”经营管理，怎么可能发生该公司出于“卫生”的原因，像冲洗厕所般对“三孔”进行肆无忌惮的“清洗”，导致无可挽回的损失？道家圣地武当山遇真宫的不测火灾，五岳之首泰山的野蛮破颜，都出自同样的原因。而最近发生的张健欲横渡西藏圣湖那木措，歌手韩红计划空降布达拉宫遇到的舆论阻抗，则正好从相反的一方面，从一个尚保留着信仰的少数民族的角度，把自然和文化遗产的神圣性和人的伦理的问题，暴露在世人面前，并向我们揭示，自然和文化遗产的危机，归根结底，是人的危机，是精神的危机。

在这样的背景之下，当我们从同一位外国人那里再次读到下面的话，就不会那么惊奇了：

“我们在参观古城区一个改造过的街坊时发现，那里的原住民已经全部迁走了，原来的居民住宅被用来建设旅游设施和搞商业开发，彻底失去了原来的风貌和生活氛围，……”

原来上海在巴黎想刻意模仿的苏州，即使在真正的苏州也并不是现实。纵然苏州有朝一日如愿以偿，跻身于世界文化遗产的行列，也不足以改变下列事实：这是一个根据申遗需要、被抽空了实质而创造出来的“古城”，它的真实历史还不到两年。它只是一道美丽动人的布景，为了遮住时代精神的空虚。（编者注：苏州已放弃以古城申报“世遗”的计划）

资料来源：节选自流马.活的“文化”与死的“遗产”[J].艺术世界，2004,（8）:22—33.（标题为编者所加）

案例　北京的悲哀

有850年建都历史的北京城可以说是世界闻名，除了它是中国的首都之外，还有金、元、明、清四个朝代在北京留下大量历史遗迹。它的建城格局，它的胡同及胡同中一座座四合院都是世界上任何国家所没有的。皇城、民居、胡同、街道孕育了凝重醇厚、博大精深的京派文化，这是北京的骄傲、中国城市文化历史的骄傲。然而，自1949年建国之初，北京胡同的拆与保的争论便已开始了，虽曾有几代众多的专家、学者就如何保留、保持、保护北京古旧城区提出了许多好的设计方案，但我们仍是走了许多的弯路。一个古典、古老的北京城正逐渐地消失在历史的尘埃中。

当前，北京城内无处不在的“拆”字，让人感到阵阵的切肤之痛。有报道说，被北京市列为第一批 539 个保护院落的四合院中，至少已有 54 个消失。而在网上看到文章说，古都面目被拆得面目全非，北京目前的商业价值不及 10 年前的 1%。如何评估北京的商业价值不得而知，但是一个不可更改的事实是，北京城已经没有申报世界文化遗产的资格了。

为了筹办 2008 年的奥运会，现在整个北京城就是一个大工地。在危旧房改造的旗号下，房地产开发商正以“推平头”式的摧枯拉朽之势，涤荡北京的每一个角落，致使一大批具有历史、人文、艺术价值的传统建筑未经甄别便被夷为平地。

原瑞典驻华公使傅瑞东撰文质问：“北京老墙之内的城区部分仅占现在城区的 5.9%，对这区区 5.9%还要拆、还要占，盖高楼、扩马路，建不伦不类的现代化的东西，难道真的有这个必要，非这么做不可吗？”他说：“2008 年奥运会之际，北京将迎来世界各地成千上万的游客，届时光靠一个故宫、一个鼓楼加前海地区怎能体现老北京的风貌？如果老北京就剩下那么一点点，那么，这个城市似跟其他现代大都市毫无二致，没有自己的个性，没有独特的韵味。游客们会问一座名扬四海、气象万千的城市怎会弄得这般俗气，对自己伟大的历史和文化一向大谈特谈的民族怎会这般作践自己呢？这个民族对自己的文化怎么这么不放在眼里呢？你会说我无权写这篇文章，而我要说我有权写这篇文章，因为老北京是世界文化遗产的一部分，她不仅仅属于北京，更属于世界的。我在北京当了 20 多年的外交官，可算半个北京人，现在却眼睁睁地看着她变得已再不是她，痛苦无奈的我不能不写。”

另外一位英国人，这样地评价了北京，“中国正在发动一场新的文化大革命，他们挥舞的不再是红宝书，而是拆迁令”，“随着中国首都正在经历城市规划史上最大的一场变革，数以千计的四合院被拆除。为了在 2008 年奥运会前加快北京的现代化进程，开发商正将四合院夷为平地，取而代之的是与世界其他城市毫无二致的豪华高层住宅”，“62 平方公里的老城区已经有 1/3 被拆除。尽管北京市政府列出了 200 个受保护的院落，但是，每年被拆除的四合院的数量惊人”，“尽管中央政府承认，四合院和四合院的生活是北京文化宝库的重要组成部分，但是，他们已经控制不了房地产开发商这匹脱缰的野马”，“如果他们还不罢手，作为历史名城的北京将不复存在”。

一位德国历史学家曾针对中国某城市的旧城改造说过：“我们现在有的，你们将来会有；而你们现在有的，我们永远不会有。”这句话意味深长。新的东西可以拆了再建，因为那还是新的，而历史的东西，如果再建，那已经不是历史了。保护好城市的历史，就是保护城市历史文化的连续性，保存城市的记忆和遗产，保存自己民族的渊源和血脉以及深厚的文化传统。而在这方面我们付出的代价是太大了。

具有讽刺意味的是，将投资 2.75 亿美元（约合 23 亿人民币），占地超过 4 万平方米的美国驻华大使馆新馆的设计，将体现美国现代风格，但结构布局则基于中国传统建筑模式。新馆舍按照中国城市院落和园林模式安排三个区，而三个区域之间由花园、院落、木桥、竹林和荷塘相连。这不仅是对中国首都的尊敬，更是对中国传统建筑文化的认同。

第四节 思考题

1．旅游文化资源开发的有限性与无穷性是指什么？
2．举例说明旅游文化资源开发中的特色定位。
3．结合实例，谈谈旅游文化资源开发的周期。
4．举例说明旅游文化资源的保护类别。
5．分析旅游文化资源保护的层次。
6．你认为民间力量在旅游文化资源保护中应发挥怎样的作用？
7．结合实例，谈谈现代旅游文化资源发掘与保护的重要性。
8．列举旅游文化资源保护的原则。
9．结合自身的旅游体验，谈谈你对旅游文化资源开发中失范现象的认识和评价。
10．浅析可持续旅游发展观及“人文生态”理念与旅游文化资源保护之间的关系。
11．结合实例，谈谈旅游文化资源保护和开发中的冲突与平衡问题。
12．结合本章内容，试析导致旅游文化资源保护和开发冲突的原因。

本章参考文献

[1] 肖光明．鼎湖山旅游地生命周期的分析与调控［J］．热带地理，2003,（2）.
[2] 叶荣贵，施瑛，周玄星．融入自然、突出主题的鼎湖山宝鼎园［J］．建筑学报，2002,（9）.
[3] 马晓冬，翟仁祥．论旅游文化资源及其开发——以苏北地区为例［J］．人文地理，2001,（6）.
[4] 谭成文，杨开忠，彭朝晖．论古文化旅游产品的开发——以洛阳为例［J］．人文地理，2001,（2）.
[5] 彭华．关于旅游地文化开发的探讨［J］．旅游学刊，1998,（1）.
[6] 谢春山．旅游文化——大连建成中国旅游名城的深厚底蕴［J］．辽宁师范大学学报（社会科学版），2000,（4）.
[7] 保继刚，徐红罡，郑海燕，龙江智．城市旅游地生命周期［A］．保继刚等著.城市旅游——原理・案例［M］．天津：南开大学出版社，2005.
[8] 保继刚，楚义芳编著．旅游地理学（修订版）［M］．北京：高等教育出版社，1999.
[9] 马永立，谈俊忠著．风景名胜区管理学［M］．北京：中国旅游出版社，2003.
[10] 肖星，严江平主编．旅游资源与开发［M］．北京：中国旅游出版社，2000.
[11] 邹统钎主编．旅游景区开发与管理［M］．北京：清华大学出版社，2004.
[12] 王景慧，阮仪三，王林编著．历史文化名城保护理论与规划［M］．上海：同济大学出版社，1999.
[13] 梅青．济南市的旅游形象及其定位［J］．济南大学学报，1999,（6）.
[14] 王国祥．民族旅游地区保护与开发互动机制探索——云南省邱北县仙人洞彝族文化生态村个案研究［J］．云南社会科学，2003,（2）.

[15] 谷成．城市文脉，保留还是篡改［J］．上海艺术家，2002,（Z1）．
[16] 张建萍编著．旅游环境保护学［M］．北京：旅游教育出版社，2003．
[17] 朱效梅著．大众文化研究——一个文化与经济互动发展的视角［M］．北京：清华大学出版社，2003．
[18] 潘丽丽．标志性事件对目的地旅游发展的影响——以浙江新昌、横店影视城为例［A］．徐红罡，Alan A. Lew 主编．事件旅游及旅游目的地建设管理［C］．北京：中国旅游出版社，2005．
[19] 张国洪．中国文化旅游——理论·战略·实践［M］．天津：南开大学出版社，2001．
[20] 陈飞．节庆活动、文化创新与客源市场的开拓［A］．唐洪广，孙逸民主编．中国旅游景区精品建设探索与实践［C］．北京：商务印书馆，2002．
[21] 杨萍．再论民俗旅游资源的保护：层次、措施及模式［J］．经济问题探索，2004,（5）．
[22] 刘晖．"摩梭人文化保护区"质疑——论少数民族文化旅游资源的保护与开发［J］．旅游学刊，2001,（5）．
[23] 王希恩．论中国少数民族传统文化现状及其走向［J］．民族研究，2000,（6）．
[24] 单纬东．少数民族文化旅游资源保护与产权合理安排［J］．人文地理，2004,（4）．
[25] 黄河．析少数民族文化旅游资源保护的误区［J］．探索，2004,（3）．
[26] 喻学才主编．旅游资源［M］．北京：中国林业出版社，2002．
[27] 邹统钎主编．旅游景区开发与经营经典案例［M］．北京：旅游教育出版社，2003．
[28] 谢元鲁．世界遗产：公共产权的转移与约束［J］．桂林旅游高等专科学校学报，2004,（1）．
[29] 陈亚颦．文化活动与地理环境［A］．陈慧琳主编．人文地理学［M］．北京：科学出版社，2001．
[30] 张要民，彭仑．关于文化旅游资源保护问题的思考．平顶山师专学报［J］．2003,（2）．
[31] 周彬，董杰，刘庆友，徐永辉，任雪梅．可持续旅游在快速发展期旅游地的实现途径探讨——以周庄古镇为例［J］．北京第二外国语学院学报，2005,（3）．
[32] 苏勤．旅游者类型及其体验质量研究——以周庄为例［J］．地理科学，2004,（4）．
[33] 李天元著．中国旅游可持续发展研究［M］．天津：南开大学出版社，2004．
[34] 冯灿飞．可持续旅游与生态旅游刍议［J］．邵阳学院学报（自然科学版），2004,（3）．
[35] 赵媛，仲伟周．国内可持续旅游发展理论综述［J］．学海，2000,（3）．
[36] 李萌，何春萍，张红阳．可持续旅游消费与旅游业可持续发展［J］．兰州商学院学报，2005,（3）．
[37] 高建明．论生态文化与文化生态［J］．系统辩证学学报，2005,（3）．
[38] 柴毅龙．生态文化与文化生态［J］．昆明师范高等专科学校学报，2003,（2）．
[39] 李明伟，梁国华，我国西北旅游资源的自然、文化生态状况与保护［J］．甘肃社会科学，2001,（2）．
[40] 孙卫卫．文化生态与先进文化的发展［J］．理论探索，2004,（3）．
[41] 孙卫卫．文化生态——文化哲学研究的新视野——兼论当代中国文化生态及其培育［J］．江南社会学院学报，2004,（1）．
[42] 方李莉．文化生态失衡问题的提出［J］．北京大学学报(哲学社会科学版)，2001,（3）．
[43] 王玉德．生态文化与文化生态辨析［J］．生态文化，2003,（1）．

[44] 马惠娣著．走向人文关怀的休闲经济［M］．北京：中国经济出版社，2004．

[45] 郑光复．旅游城镇持续的保护与开发——藉阳朔、丽江及江南古村……而析［J］．华中建筑，2005,（2）．

[46] 王景慧．论历史文化遗产保护的层次［J］．规划师，2002,（6）．

[47] 张晓萍．文化旅游资源开发的人类学透视［J］．思想战线，2002,（1）．

[48] 吴晓萍．浅析民族地区旅游可持续发展的某些限制性因素［J］．旅游学刊，2000,（5）．

[49] 连玉銮．白马社区旅游开发个案研究——兼论自然与文化生态脆弱区的旅游发展［J］．旅游学刊，2005,（3）．

[50] 流马．活的“文化”与死的“遗产”［J］．艺术世界，2004,（8）．

[51] 包亚明，王宏图，朱生坚等著．上海酒吧——空间、消费与想象［M］．南京：江苏人民出版社，2001．

[52] 国家文物局主编．中国名胜词典（精编本）［M］．上海：上海辞书出版社，2001．